제5판 증권투자론

증권투자론

감형규 · 신용재 · 이의택 · 김영규 지음

5판

Investments & Security Analysis

율곡출판사

제5판

들어가는 글

Investments & Security Analysis fifth edition Preface

2019년 12월부터 시작된 코로나19(COVID-19) 팬데믹은 국·내외 실물경제에 커다란 불확실성을 가져다주었다. 코로나19로 초래된 사회적 거리두기의 일상화나 비대면 확산 등은 우리로 하여금 일상생활에 중대한 변화를 경험하도록 만들었다.

코로나19 사태가 장기화되면서 실물시장뿐만 아니라 금융부문에도 중대한 영향을 미치고 있다. 특히 제4차 산업혁명의 등장으로 촉발된 금융의 디지털화를 더욱 빠른 속도로 진행시키고 있다. 증권업계에서도 코로나19 사태를 계기로 비대면 서비스가 일상화됨에 따라 디지털 인재 확보에 박차를 가하고 있다. 증권산업 분야에서 중요하게 다뤄지고 있는 디지털 혁신을 성공적으로 이끌기 위해서는 증권투자 전문인력과 더불어 IT(internet technology)분야 인력 충원에도 관심을 기울여야 할 것이다.

본서가 세상에 첫 선을 보인 뒤 이번 제5판 개정이 이뤄지기까지 벌써 16년의 세월이 흘렀다. 그동안 변함없이 성원해 주신 독자 여러분께 진심으로 감사드린다. 개정작업을 할 때마다 저자들은 본서가 우리나라 증권산업의 발전에 기여할 유능한 인재 양성에 일조하였으면 하는 기대를 갖는다.

이번 개정판에서 저자들은 제4판의 골격은 그대로 유지하면서 다음과 같은 사항들을 추가 또는 보완하였다.

첫째, 증권투자의 전체적인 내용을 더욱 체계적으로 구성하여 건전한 증권투자의 길잡이로서 투자 관련 기초지식을 더욱 이해하기 쉽게 전달하고자 노력하였다.

둘째, 새로운 금융환경과 변경된 제도를 반영하여 각 장의 본문 내용은 물론 관련 그림과 표 등을 수정·보완하였다.

셋째, 증권투자 이론과 실무의 관련성을 부각시키고 현실 적용력을 기를 수 있도록 최근의 새로운 사례들을 추가하여 보완하였다.

넷째, 최대한 독자의 입장을 고려한 디자인과 편집 기술을 적용함으로써 본서의 내용을 시각적으로 편안하게 받아들일 수 있도록 배려하였다.

그동안 본서를 교재로 채택해 주신 교수님과 독자 여러분의 격려 및 애정 어린 비평에 감사드린다. 이번 개정판에서도 이전 판에서의 부족한 점을 최대한 보완하려 노력하였다. 그럼에도 불구하고 아직 여러 가지 부족한 점이 있을 것으로 생각된다. 앞으로도 독자들의 기탄없는 비판과 조언에 힘입어 향후 본서가 더욱 훌륭한 작품이 될 수 있기를 기대해 본다.

본서가 출판되기까지 적극적으로 도와주신 율곡출판사의 박기남 사장님을 비롯하여 영업부 박정헌 상무, 탁월한 편집 작업으로 수고하신 방조일 주간께 깊은 감사의 말씀을 드린다. 그리고 본서를 개정하는 동안 고통을 분담하면서 격려와 성원을 아끼지 않았던 저자들의 가족 모두에게 충심으로 고마움을 표한다.

2022년 1월

저자 씀

초판

들어가는 글

Investments & Security Analysis
first edition
Preface

우리나라의 경우 얼마 전까지 개인들은 '부동산 불패' 및 보수적인 성향으로 인하여 보유자산의 대부분을 부동산과 은행예금에 투자하는 한편, 고수익을 얻을 수 있으나 원금의 손실이 초래될 수 있는 주식, 채권 등 유가증권에 대한 투자를 기피하는 경향을 보였다. 그러나 최근 정부의 규제 등으로 인해 부동산투자의 매력이 상실되고 저금리 기조가 유지되는 현실에 비추어 볼 때, 급속한 고령화에 따른 노후대비를 위해서 부동산이나 저축이 아닌 증권투자를 통해 운용수익을 최대한 높여야 하는 시대를 맞이하고 있다.

코스피지수가 작년에 1,000포인트를 돌파한 이후, 사상 최고치를 경신하는 고주가 시대가 전개되고 있다. 최근의 주가상승은 정부의 규제로 인한 부동산투자의 매력 상실, 저금리로 인한 은행저축의 매력 저하, 간접투자의 증가에 따른 기관투자자의 매수기반 강화, 외국인의 지속적인 매수 등에 기인한 것으로 볼 수 있다. 그러나 개인들은 대박의 환상에 사로잡혀 위험관리가 무시된 이른바 '몰빵 투자', 기업의 내재가치를 무시한 '묻지마 투자', 초단기투자 등 과거의 잘못된 투자습관을 버리지 못하고 있으며, 이로 인해 강세장임에도 불구하고 상대적으로 투자수익은 빈약한 실정이다. 이는 기본에 충실한 증권투자만이 성공할 수 있음을 보여준다고 할 수 있다.

본서는 증권투자의 기본적 개념 및 이론을 실무와 조화시키는 관점에서 서술하였으며, 다음과 같은 몇 가지 특징을 가지고 있다.

첫째, 증권투자의 전체적인 내용을 일관성 있게 구성하여, 증권투자의 기초개념에 대한 확실한 이해를 바탕으로 현실 적용력을 높일 수 있도록 노력하였다. 따라서 본서에서는 먼저 증권투자의 기초개념, 발행시장, 유통시장, 사이버증권시장과 주가정보 등 증권과 증권시장에 대한 현실을 파악할 수 있도록 하였다. 그리고 주식투자, 채권투자, 파생금융상품 등을 차례로 설명함으로써 주요 투자대상인 주식과 채권 이외에 최근 금융시장에서 관심의 대상인 옵션과 선물에 대하여 상세하게 소개하였다. 마지막으로 현대자본시장이론인 포트폴리오관리와 시장효율성에 대해서 설명함으로써 증권투자이론이 실무와 어떻게 연결되는지 파악할 수 있도록 하였다. 이상과 같이 본서는 증권투자에 대한 폭넓은 지식을 체계적으로 습득할 수 있도록 하는 데 중점을 두었다.

둘째, 어렵고 복잡한 수식을 가능한 피하고, 다양한 예제와 연습문제를 통해서 증권투자이론의 기본적인 개념을 쉽게 습득할 수 있도록 노력하였다. 과거 컴퓨터가 본격적으로 도입되면서 컴맹(computer illiteracy)이라는 신조어가 사람들의 입에 오르내리게 되었던 적이 있다. 최근에는 개인의 재산형성에 있어서 금융의 중요성이 보다 강조되면서 금맹(financial illiteracy)이라는 신조어가 일반인들 사이에 회자(膾炙)되고 있으며, 사회 각계에서는 남녀노소를 불문하고 누구나 금맹 수준을 벗어나기 위하여 다양한 노력을 기울이고 있는 실정이다. 이와 같은 측면에서 본서는 건전한 증권투자의 길잡이로서 투자 관련 기초지식을 이해하기 쉽게 전달하고자 노력하였다.

셋째, '증권투자 Tip', '신문기사' 등을 이용하여 증권·금융 관련 전문지식 및 사례를 다룸으로써 독자들로 하여금 지루하지 않게 증권투자 관련 지식을 습득할 수 있도록 하였다. 이러한 시도는 충분한 증권투자 이론 및 지식을 가지고 있지 않은 사람들에게도 증권·금융 관련 분야에 흥미를 가지도록 할 뿐만 아니라 증권투자이론이 현실과 어떻게 관련되어 있는지를 이해시키는 데 유용하리라 본다.

넷째, 인터넷, 엑셀 프로그램 등의 도구를 활용한 컴퓨터 및 인터넷 기반의 학습이 가능하도록 하였다. 증권투자론은 증권금융시장에서 실제 벌어지고 있는 현실을 다루고 있다. 과거의 교육환경과 달리 인터넷이 발달한 현재의 여건을 감안할 때, 증권투자론 강의에서는 인터넷을 활용한 다양한 증권·금융 정보검색 및 검색된 정보를 분석하고 활용하는 능력을 길러주는 것이 중요하다고 볼 수 있다. 본서에서는 '엑셀 활용' 을 통하여 증권투자이론이 실무에 어떻게 접목될 수 있는가를 소개하였고, 인터넷에서 조회가 가능한 정보들은 실제 홈페이지를 방문함으로써 현실 감각을 키울 수 있도록 배려하였다. 아울러 홈트레이딩시스템(HTS)을 이용한 모의주식투자 활용법 등을 소개함으로써 독자들로 하여금 실제 증권시장을 대상으로 한 주식투자를 경험할 수 있도록 하였다.

본서는 이상에서 밝힌 네 가지 특징을 살리는 데 주안점을 두고 저술되었다. 그러나 이와 같은 의욕적인 노력에도 불구하고 여러 가지 부족한 점이 있을 것으로 생각된다. 독자들의 기탄없는 비판과 조언을 통하여 향후 완벽하게 수정 · 보완할 수 있기를 기대해 본다. 한편 본서는 국내외 많은 문헌 및 자료들을 참조하여 쓰여졌다. 이 자리를 빌어 국내외 학자들의 양해를 구하며, 그들에게 깊은 감사의 뜻을 표한다.

본서가 출판되기까지 적극적으로 도와주신 율곡출판사의 박기남 사장님을 비롯하여 영업부 윤인용 상무, 탁월한 편집과 깔끔한 디자인으로 본서를 꾸며주신 방조일 부장께 진심으로 감사를 드린다. 끝으로 본서를 개정하는 동안 고통을 분담하면서 격려와 성원을 아끼지 않았던 양가의 가족 모두에게 충심으로 고마움을 표한다.

2006년 2월

지은이 씀

차 례

Investments & Security Analysis
fifth edition
Contents

제2장 발행시장

제3장 유통시장

제4장 온라인 증권거래와 주가정보

II부 주식투자

Investments & Security Analysis part two

제5장 주식의 가치평가

제6장 기본적 분석

제7장 기술적 분석

III부 채권투자

Investments & Security Analysis part three

제8장 채권가격과 수익률

제9장 채권투자관리

IV부 파생금융상품

Investments & Security Analysis part four

제10장 선물

제11장 옵션

Investments & Security Analysis part five

V부 포트폴리오 관리와 시장효율성

제12장 포트폴리오 관리

제13장 효율적 자본시장

부록

증권과 증권시장

chapter 1 증권투자의 기초개념

1. 투자의 의의
2. 금융시장과 증권시장
3. 금융상품

chapter 2 발행시장

1. 발행시장의 의의와 구조
2. 주식의 발행방법
3. 기업공개
4. 주식발행의 유형
5. 채권의 발행
6. 증권회사와 증권 관련 기관

chapter 3 유통시장

1. 유통시장의 의의와 종류
2. 상장제도
3. 매매거래제도
4. 코스닥시장과 제3시장
5. 채권의 유통시장

chapter 4 온라인 증권거래와 주가정보

1. 온라인 증권거래의 기초개념
2. 주가정보

Investments & Security Analysis part one

증권투자의 기초개념

1. 투자의 의의　2. 금융시장과 증권시장

3. 금융상품

Investments & Security Analysis Ch. One

01

[이 장의 개요]

현대인들은 일상생활 속에서 투자라는 용어를 자주 접한다. 최근 컴퓨터 및 인터넷 등 정보기술의 발전은 사람들에게 시간과 공간의 제약에서 벗어나 보다 손쉽게 투자 관련 정보를 접할 수 있는 환경을 제공하고 있다. 이와 같은 상황은 일반투자자들로 하여금 "투자란 무엇이며, 왜 필요한가? 과연 고수익이 보장되는 투자대상은 존재하는가? 투자를 잘하는 방법은 무엇인가?"와 같은 의문을 갖게 한다.

투자(investments)란 미래에 기대되는 수익을 위해서 현재소비를 포기하는 것이라 할 수 있다. 투자는 투자대상에 따라 실물자산(real assets)에 대한 투자와 금융자산(financial assets)에 대한 투자로 구분될 수 있으나, 본서에서는 주식(stock), 채권(bond), 옵션(option), 선물(futures) 등 다양한 금융자산에 대한 투자를 다룰 것이다.

본 장에서는 증권투자를 이해하기 위한 첫 단계로서 투자의 의의, 증권시장 및 금융상품에 대하여 개괄적으로 살펴보고자 한다.

1. 투자의 의의

1.1 투자의 개념

현대 자본시장을 살아가는 대부분의 사람들은 일상생활 속에서 투자라는 단어를 쉽게 접한다. '고수익이 보장된다는 투자에 대한 광고', '외국인의 투자동향과 관련된 TV 뉴스', '증권 또는 부동산에 투자하여 큰돈을 벌었다는 사람들에 대한 신문기사' 등 투자라는 말은 이제 우리 일상생활에서 빈번하게 접할 수 있는 단어가 되고 있다. 또한 가정으로 배달되는 신문에 딸려온 다양한 유형의 광고 전단지에서부터 국내외 금융, 증권, 보험회사 등에서 내놓은 상품소개에 이르기까지 투자에 대한 정보가 하루가 멀다 하고 끊임없이 쏟아져 나온다.

이상과 같이 현대인의 일상생활에서 자연스럽게 사용되고 있는 단어인 투자에는 어떤 의미가 담겨 있는 것일까? **투자**(investment)는 미래 기대되는 수익을 위하여 현재소비를 포기하는 것을 의미한다. 다시 말해서, 투자란 정(+)의 이득을 바라면서 자금의 일부를 투자대상에 투입하는 것이라 할 수 있다. 일반적으로 투자는 두 가지 특성을 지닌다. 첫째, 현재 어떤 특정 투자에 투입된 자금은 다른 용도로 사용될 수 없기 때문에 일종의 기회비용이 발생하게 된다. 둘째, 현재투자로 인한 성과는 대부분 미래에 나타나게 되는데, 미래성과를 확실하게 예측하기 어려우므로 불확실성이 따른다. 이러한 불확실성(uncertainty)은 투자로 인한 성과가 투자자들이 처음 기대하였던 것보다 훨씬 적게 실현될 가능성을 의미하는데, 불확실성이 높을수록 투자자들은 높은 위험(risk)에 직면하게 된다.

이상에서 설명한 투자의 두 가지 특성에 근거하여 투자자들은 투자를 할 때 다음과 같은 두 가지 보상을 기대하게 된다. 하나는 현재의 소비를 희생하는 데 따른 시간적 보상이고, 다른 하나는 투자 결과 나타날 미래성과의 불확실성, 즉 위험에 대한 보상이다.[1]

1. 위험과 보상, 즉 위험과 수익률의 관계는 자본자산가격결정모형(CAPM)을 이용하여 이론적으로 설명될 수 있는데, 이와 관련된 자세한 내용은 '제12장 포트폴리오 관리'에서 다룰 것임.

1.2 투자와 유사한 개념

우리 생활 주변에는 투자와 유사한 의미로 사용되어 구분이 모호한 것들이 있다. 예를 들어, 저축(saving), 투기(speculation), 그리고 도박(gambling) 등이다. 이러한 것들은 미래의 이득을 위하여 현재의 소비를 희생한다는 측면에서 투자와 유사한 행위로 보일 수 있다. 그러나 정확한 의미에서 저축, 투기 및 도박 등은 투자와 구별되는데, 이들을 투자와 구분하여 설명하면 다음과 같다.

저축은 가장 단순한 의미의 투자로서 화폐의 시간적 가치(time value of money)에 대한 보상만을 궁극적인 목적으로 하는 행위라 할 수 있다.

투기는 현재자금의 일부를 투자대상에 투입하여 미래의 성과를 기대한다는 측면에서 투자와 유사하나, 지나치게 높은 위험을 부담하고서 기대 이상의 높은 보상을 추구하는 행위라는 점에서 투자와 구별된다.[2] 투기는 보통 개인적인 직관이나 사적인 정보에 의존하는 경우가 많으며, 대부분의 일반투자자는 참 정보와 루머를 쉽게 구별할 수 없기 때문에 종종 피해를 보기도 한다.

마지막으로 도박은 주로 운(luck)에 의존하는 행위로서 위험과 수익률의 관계를 합리적으로 고려하지 않는다. 투자는 불확실성, 즉 위험에 대한 적절한 보상을 기대하는 행위인 데 반하여, 도박은 적절한 보상이 주어지지 않음에도 불구하고 위험 자체를 즐기는 행위라 할 수 있다. 예를 들어, 카지노, 로또, 경마 등의 공통점은 높은 위험에도 불구하고 정상적인 상황 하에서 기대되는 성과가 투입된 자금에 비해 오히려 낮기 때문에 음(–)의 수익률이 예상된다는 것이다. 이런 점에서 카지노 사업자, 로또 발행자, 마사회 등의 높은 수익은 당연한 것으로 볼 수 있다.

1.3 실물투자와 금융투자

투자는 투자대상이 되는 자산의 형태에 따라 실물투자(real investments)와 금융투자(financial investments)로 나누어진다. 실물투자란 부동산, 건물 등의 실물

---

2. 실상 지나치게 높은 위험의 수준을 어느 정도로 설정하느냐에 따라 투자와 투기를 명확하게 구별하기 어려운 측면이 있다.

자산(real assets)에 투자하는 것을 말하며, 금융투자란 주식, 채권 등의 금융자산(financial assets)에 투자하는 것을 말한다. 실물자산은 그 자체가 미래의 현금흐름을 창출하는 자산으로서 한 나라 경제의 수준을 측정하는 척도가 되기도 한다. 금융자산은 실물자산과 달리 그 자체가 직접 현금흐름을 창출할 수는 없으나, 실물자산이 벌어들이는 현금흐름에 대하여 청구권을 행사할 수 있는 자산을 의미한다. 예를 들어, ㈜S전자 주식에 투자하고 있는 투자자는 ㈜S전자가 실물자산을 이용하여 창출한 이익에 대하여 지분에 따라 배당을 받을 권리를 가지며, ㈜S전자의 채권에 투자한 투자자는 이자 및 원금을 받을 권리를 가진다. 이와 같은 측면에서 금융자산에 대한 투자는 실물자산에 대한 간접적인 투자로서의 의미를 지닌다.

한편, 투자의 측면에서 실물자산은 투자규모가 매우 크므로 일반투자자가 접근하기에 현실적으로 어렵다. 이러한 점을 개선하고자 실물자산을 증권화하여 금융자산으로 바꾸어 투자가 용이하도록 하는 방식이 개발되었다.[3] 이에 따라 최근에는 다양한 신종 금융상품이 늘어나고 있다.

1.4 투자관리과정

투자자들은 투자를 통하여 자신의 효용을 극대화하고자 하며, 이는 합리적인 투자관리과정을 통해 달성될 수 있다. 기업은 경영목표를 달성하기 위하여 계획(plan), 실행(do), 평가(see)라는 일반적인 경영관리의 과정을 거치게 되는데, 이러한 과정은 투자관리에도 적용가능하다. 즉, 투자관리과정은 [그림 1-1]과 같이 계획, 실행, 평가 등의 세 단계로 나타낼 수 있다.

계획단계에서는 투자자들이 투자목표(수익극대화 또는 위험최소화 등)를 설정하고 설정된 투자목표 하에서 자본을 배분하고 자산을 배분하는 계획을 수립한다. 투자자는 자본배분(capital allocation)을 통하여 주어진 투자자금을 무위험자산과 위험자산에 어떤 비율로 할당할 것인가를 계획하며, 그 다음 자산배분(asset allocation)에서는 자본배분결과 정해진 위험자산의 투자금액 한도 내에서 투자에 적절한 종목을 선정한다. 증권투자에 있어서 보다 나은 투자성과를 얻기 위한 방

---

3. 부동산의 증권화, 즉 주택저당증권(mortgage backed securities ; MBS)이 대표적인 예에 속한다.

투자관리과정

그림 1-1

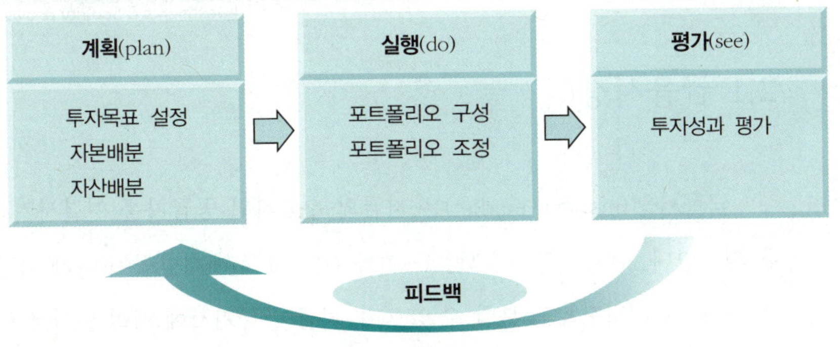

안으로서 증권분석을 들 수 있다. 증권분석(security analysis)이란 투자수익률을 높일 수 있도록 투자의사결정에 유용한 정보를 정리, 요약, 분석하는 것을 말한다. 증권분석은 기본적 분석과 기술적 분석을 포함한다.[4] 이 중에서 기본적 분석은 종목 선정에 유용한 정보를 제공한다.

실행단계에서는 매매시점을 결정한 후, 실제로 포트폴리오(portfolio)를 구성하거나 재조정한다. 앞서 언급한 증권분석 중 기술적 분석은 차트(chart)를 활용한 분석으로서 매매시점을 포착하는 데 널리 사용된다.

마지막으로 평가단계에서는 투자성과를 측정한 뒤, 이를 적절한 성과평가방법에 따라 평가한다. 투자성과를 평가하는 경우 단순하게 수익(또는 수익률)만을 비교하는 것이 아니라 투자위험과 수익률을 동시에 고려한 성과평가방법이 권장된다.

한편, 투자의 관리과정에는 이상의 세 단계 이외에 추가로 피드백, 즉 평가단계에서 도출된 결과를 반영하는 단계가 포함될 수 있다. 성공적인 투자는 계획, 실행, 평가 등의 단계와 더불어 피드백을 통하여 이들 과정이 순환·반복되는 투자관리과정을 거치면서 실현가능하다고 하겠다.

---

4. 기본적 분석과 기술적 분석은 각각 제6장과 제7장에서 구체적으로 다룸.

2. 금융시장과 증권시장

Investments & Security Analysis, Ch. One

2.1 금융시장

금융시장(financial market)은 자금의 수요자와 공급자를 연결시켜 주는 시장을 의미한다. 금융시장은 [그림 1-2]와 같이 자금 매개방법에 따라 직접금융시장과 간접금융시장으로 구분할 수 있으며, 자금 공급기간에 따라 단기금융시장인 화폐시장과 장기금융시장인 자본시장으로 나눌 수 있다.

직접금융시장은 자금의 수요자가 공급자로부터 자금을 직접 조달하는 시장이며, **간접금융시장**은 은행과 같은 금융중개기관이 자금의 수요자와 공급자 사이의 매개체 역할을 담당하는 시장을 의미한다. 그리고 **화폐시장**(money market)은 주로 단기적인 자금의 거래가 이루어지는 시장인 반면, **자본시장**(capital market)은 1년 이상의 장기적인 자금의 거래가 이루어지는 시장이라는 점에서 서로 그 성격

그림 1-2 금융시장의 구조

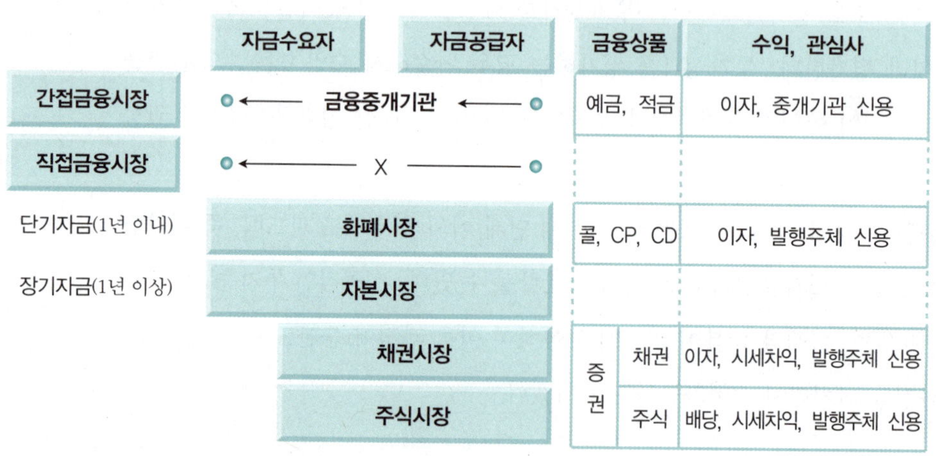

자료 : 한국금융투자협회, 『증권시장의 이해』

이 다르다.

자본시장은 거래대상에 따라 채권시장과 주식시장으로 나눌 수 있으며, 이를 통칭하여 증권시장(securities market)이라 한다. 또한 증권시장은 유가증권의 발행이 이루어지는 시장과 이미 발행된 유가증권이 투자자 상호 간에 유통되는 시장을 포함한다.

2.2 증권시장

증권시장의 개념

일반적으로 시장은 사람들이 매일 또는 정기적으로 만나서 상품을 사거나 파는 등 특정한 거래가 이루어지는 장소를 말한다. 증권시장도 시장이 지닌 일반적인 개념과 마찬가지로 이해할 수 있다. 증권시장은 여러 상품 중에서도 증권, 즉 주식 및 채권 등을 매매하는 곳이다. 증권시장은 기능(function)에 따라 발행시장과 유통시장으로 나누어진다.

증권시장의 분류

▪ 발행시장

발행시장(primary market)은 새로이 발행된 증권이 발행자로부터 최초의 투자자에게 판매되는 시장이다. 발행시장은 유가증권이 최초로 투자자에게 전달된다고 하여 1차 시장이라고도 한다. 발행시장에는 자금수요자인 발행자가 자금공급자인 투자자들에게 증권을 새로 발행하여 제공함으로써 자금을 조달하는 일련의 과정이 포함된다.

한편, 발행시장은 구체적인 물리적 장소가 있는 것도 아니고, 매매시간도 정해져 있지 않으므로 추상적 시장이라 할 수 있다. 이러한 발행시장은 발행주체(발행자), 투자자, 그리고 발행기관 등으로 구성된다. 발행주체는 자금을 조달하기 위해서 증권을 발행하는 당사자로서, 기업과 정부 등을 예로 들 수 있다. 그리고 투자자는 발행시장에서 발행된 증권을 최종적으로 취득하는 자로서, 개인투자자와 기관투자자로 구분될 수 있다. 한편, 발행기관은 발행주체와 투자자를 원활하게 연결시켜 주는 기능을 담당하는 기관으로서, 증권회사, 은행 등을 말한다.

▪ 유통시장

발행시장을 통하여 이미 발행된 증권이 투자자 간에 유통 및 이전되는 시장을 유통시장(secondary market)이라 한다. 유통시장은 투자자들이 증권을 매매할 수 있는 구체적인 장소로서 2차 시장이라고 한다. 일반적으로 유통시장은 투자자, 증권거래소, 그리고 투자자와 증권거래소를 연결해주는 증권회사 등으로 구성된다.

증권시장의 기능

증권시장은 '자본주의 경제의 꽃' 이라 할 정도로 중요한 기능을 수행하고 있다. 그중에서도 가장 대표적인 것들을 살펴보면 다음과 같다.

▪ 산업자본의 조달

일반적으로 기업이 생산활동을 수행하기 위해서는 필연적으로 대규모의 자금을 필요로 한다. 기업은 증권시장을 통하여 대규모의 자금을 조달할 수 있는데, 이는 증권시장이 일반대중으로부터 소규모의 자금을 모아 기업에게 대규모의 자금을 제공하는 방식으로 이루어진다. 이러한 점에서 증권시장은 대규모의 산업자금을 조성하여 기업들에게 제공함으로써 국가경제 발전에 중요한 역할을 담당하고 있다.

▪ 투자수단의 제공

증권을 발행하는 발행자의 입장에서 볼 때 증권시장은 소요자금을 조달하는 자금조달처로서의 역할을 담당한다. 한편, 투자자의 입장에서 보면 증권시장은 저축 내지 재산증식을 위한 좋은 투자수단을 제공하기도 한다. 투자자들이 자산을 운용하는 방법은 대체로 부동산이나 귀금속과 같이 실물자산에 대한 투자와 은행예금 및 증권과 같은 금융자산에 대한 투자로 구분된다.

일반적으로 개인투자자들은 경제가 안정적으로 성장함에 따라 실물자산보다 금융자산에 대한 투자를 선호하게 되며, 금융자산 중에서도 은행예금과 같은 간접투자보다는 경제성장률에 비례하여 수익률이 높아지는 증권투자와 같은 직접투자를 선호하는 경향이 있다.

▪ 금융 · 재정 정책의 목표실현에 기여

정부는 증권시장과 같은 공개시장에서 국공채를 매입 · 매각하여 통화량과 이자율을 조절함으로써 물가안정 등 금융정책의 목표를 달성하고자 한다. 예를 들어, 시중의 자금사정이 악화되어 산업활동이 위축될 우려가 있는 경우 정부가 증권시장을 통하여 공개적으로 국채를 사들여 시중에 통화량을 증가시킴으로써 자금사정을 호전시킨다. 반대로 시중에 자금이 너무 많다고 여겨질 경우 국채를 매각하여 자금을 회수함으로써 시중의 통화량을 줄인다. 한편, 정부는 경기활성화를 목표로 대규모 재정지출이 수반되는 사업을 실시하기도 하는데, 증권시장은 이러한 정부 사업에 필요한 자금의 조달을 용이하게 함으로써 재정정책이 효과적으로 수행될 수 있도록 한다.

2.3 한국거래소

한국거래소(Korea Exchange ; KRX)는 '자본시장과 금융투자업에 관한 법률'에 의거 증권 및 장내파생상품의 공정한 가격 형성과 그 매매, 그 밖의 거래의 안정성 및 효율성을 도모하기 위한 목적으로 설립되었다.

연혁

한국거래소는 대한민국의 유가증권, 선물 등의 거래시장의 개설 및 관리, 유가증권 상장 등의 업무를 담당하는 통합거래소이다. 한국거래소는 '자본시장과 금융투자업에 관한 법률' 시행에 따라 기존의 한국증권선물거래소에서 상호가 변경되어 2009년 2월 4일에 출범하게 되었다. 이런 점에서 한국거래소의 전신은 한국증권선물거래소법에 따라 2005년 1월 27일에 출범하였던 한국증권선물거래소이다. 한국증권선물거래소는 한국증권거래소, 코스닥위원회, ㈜코스닥증권시장,

한국선물거래소 등 기존 4개 기관이 통합되어 설립되었다. 한국증권거래소의 모체는 1956년 금융단, 보험단, 증권단 등이 공동출자하여 회원제 단체로 발족된 대한증권거래소라고 할 수 있다. 코스닥시장은 1996년 7월에 ㈜코스닥증권시장에 의해 개설되었다. 엄밀하게 말하면 그 당시의 코스닥시장은 ㈜코스닥증권시장과 한국증권업협회 내의 코스닥위원회에 의해 운영되었다. ㈜코스닥증권시장은 매매시스템, 공시업무 등을 맡았고, 코스닥위원회는 시장관리, 등록심사 업무 등을 담당하였다.[5] 한국선물거래소는 1999년 2월에 설립되어 그해 4월에 옵션, 선물 등의 파생상품 거래가 가능한 선물시장을 개설하였다.

증권투자 Tip

자본시장과 금융투자업에 관한 법률

'자본시장과 금융투자업에 관한 법률'은 일명 '자본시장법' 또는 '자본시장통합법'이라고도 하는데, 2006년 8월 3일에 제정되어 2009년 2월 4일부터 시행되었다. 이 법률은 자본시장에서 금융혁신과 공정한 경쟁을 촉진하고 투자자를 보호하며 금융투자업을 건전하게 육성함으로써 자본시장의 공정성, 신뢰성, 효율성을 높여 국민경제 발전에 기여하는 것을 목적으로 한다. 그리고 이 법률의 기본 방향은 자본시장의 규제 및 금융관행을 개혁하고 투자자 보호 기능을 강화하는 것이다. 자본시장법은 종전의 증권거래법, 선물거래법, 간접투자자산운용업법, 신탁업법, 종합금융회사에 관한 법률, 증권거래소법 등 6개 법을 폐지하면서 개편된 법률이다. 자본시장법의 주요 내용은 다음과 같다.

1. **금융투자업 상호 간 겸영 허용** : 종전에는 개별 법률에 의거하여 운영해오던 증권업, 자산운용업, 선물업, 신탁업 등 자본시장과 관련된 금융업이 금융투자업으로 통합된다. 이에 따라 일정한 요건을 갖추면 은행과 보험을 제외한 모든 금융업무를 취급할 수 있다. 증권사와 자산운용사를 하나로 합칠 수도 있고, 별도의 법인으로 겸영할 수도 있다.
2. **포괄주의 규제로 전환** : 종전에 금융회사는 법률에서 규정한 금융상품만 판매할 수 있었으나, 포괄주의 규제로 전환함에 따라 일정 요건만 충족하면 법률에서 규정하지 않은 금융상품도 판매할 수 있다.
3. **투자자보호 확대** : 투자자보호를 강화하여 손해와 관련된 입증 책임을 금융투자회사에게 두었다. 이에 따라 금융투자회사는 투자자의 투자목적과 재산상황, 투자경험 등을 파악하여 해당 투자자에게 적합한 상품만을 권유하여야 하는 적합성의 원칙이 적용되고, 설명의무와 손해배상책임을 법률로 규정하며, 투자자가 요청하지 않은 투자권유와

5. 과거 ㈜코스닥증권시장과 코스닥위원회의 업무는 현재 한국거래소 내의 코스닥시장본부에서 담당하고 있다.

투자자의 의사에 반하는 재권유가 법률로 금지된다. 이 밖에 계약해지권과 수수료 비교 공시, 제재조치 공개 의무 등도 규정하고 있다.

4. **증권사에 대한 지급결제 업무 허용** : 증권사에 지급결제 권한을 부여함으로써 이용자가 증권사 종합자산관리계좌(CMA)에 급여를 자동이체하면서 필요할 때 증권이나 파생상품에 투자하고, 신용카드 결제나 각종 공과금 납부, 송금, 현금자동출납기를 통한 입출금 등을 할 수 있게 되었다.

조직구조

한국거래소의 조직구조는 과거 한국증권선물거래소의 형태와 동일하다. 현재 한국거래소는 산하에 경영지원, 유가증권시장, 코스닥시장, 파생상품시장, 시장감시위원회 등 총 5개의 본부로 구성되어 있다. 이 중에서 유가증권시장본부, 코스닥시장본부, 파생상품시장본부는 각각 유가증권시장, 코스닥시장, 파생상품시장에서 시장의 개설 및 운영, 증권 및 파생상품의 매매에 관한 업무 등을 담당하고 있다. 경영지원본부는 인사, 총무, IT, 홍보 등의 업무를 총괄하여 수행함으로써 유가증권시장, 코스닥시장, 파생상품시장 등 3개의 시장본부와 시장감시본부의 원활한 업무수행을 지원한다. 시장감시위원회는 증권 · 선물시장에서 비정상적인 이상매매의 적출 및 심리, 회원 감리, 분쟁조정 등 자율규제업무를 수행한다.[6]

주요 역할

▪ 증권의 상장에 관한 업무

일반적으로 증권시장에서는 일정한 자격이 부여된 증권에 한하여 매매거래가 허용된다. 즉, 모든 회사가 발행하는 유가증권들이 무조건 매매될 수 있는 것은 아니다. 왜냐하면 모든 유가증권이 매매된다면 그중 부실한 기업의 유가증권에 투자한 일반투자자들이 손해를 입을 수 있기 때문이다. 따라서 관련 기관이 엄격

---

6. 증권시장 제도와 관련하여 적출, 심리, 감리 등 일상생활 속에서 접하기 힘든 용어가 등장한다. 이들 용어가 지닌 의미는 다음과 같다. **적출** : 감추어져 있던 것을 들추어 냄, **심리** : 사실을 자세히 조사하여 처리함, **감리** : 감독하고 관리함.

그림 1-3 한국거래소(http://www.krx.or.kr)

한 심사를 통하여 일정한 요건에 해당하는 기업이 발행한 증권만이 증권시장에서 매매될 수 있도록 자격을 주는데, 이를 상장(listing)이라고 한다.[7] 한국거래소는 이러한 상장에 관한 업무를 담당하는 국내 유일의 기관이다. 한편, 한국거래소(유가증권시장, 코스닥시장)에 상장된 증권을 상장증권이라 하고, 상장증권을 발행한 회사를 상장회사라 한다.

▪ 매매체결 및 매매결과의 처리

증권을 사거나 팔고자 하는 사람이 증권회사 영업점에 직접 방문하거나 전화 또는 인터넷 등을 통하여 주문을 내면, 해당 주문은 증권회사 영업점과 한국거래소를 연결하는 컴퓨터를 통하여 즉시 한국거래소로 전달된다. 한국거래소에 전달된 투자자들의 주문은 매매체결 컴퓨터에 의해서 자동적으로 매매가 이루어진다. 한국거래소에서의 매매체결은 일정한 원칙에 의하여 이루어진다.[8] 매매체결 결과는 컴퓨터에 의하여 주문을 낸 증권회사의 영업점에 전달되고, 그 영업점은 주문

7. 상장제도에 관한 세부적인 내용은 '제3장 유통시장'을 참조 바람.
8. 이러한 원칙과 관련된 구체적인 내용은 '제3장 유통시장'을 참조 바람.

을 낸 투자자에게 그 결과를 통지하여야 한다. 또한 투자자의 주문이 제출되고 매매가 이루어질 때마다 그 주문가격과 체결가격 등에 관한 정보가 증권시장과 증권회사 영업점에 설치되어 있는 시세게시판, 증권정보문의 단말기, 컴퓨터 통신망 등을 통하여 투자자들에게 알려지게 된다.

▪ 기업내용 공시

한국거래소는 상장회사의 재무상황, 경영상태 등 증권가격에 영향을 미칠 수 있는 정보를 투자자에게 알려주는 기업내용 공시업무를 담당한다. '자본시장법' 에 따르면 공시제도는 크게 발행시장 공시와 유통시장 공시로 구분하여 정하고 있다. 유통시장 공시에는 정기공시, 수시공시, 주요사항 보고서, 기타 공시 등이 포함된다. 공시제도와 관련된 세부적인 내용은 '제3장 유통시장' 에서 다루기로 한다.

▪ 감리업무

증권시장에서 형성되는 증권가격은 수요와 공급의 원칙에 따라 다수의 투자자 간의 경쟁을 통하여 공정하게 형성되어야 한다. 한국거래소는 공정한 가격 형성과 투자자보호를 위하여 주가감시와 매매심리 등 일련의 과정을 포함하는 업무를 담당하는데, 이와 관련된 업무를 감리업무라 한다.

주가감시는 증권시장의 매매상황을 주시하여 불공정거래 요소가 개입될 수 있는 이상매매를 적출하는 것을 의미한다. 매매심리란 불공정거래와 관련된 각종 풍문정보를 수집 · 분석하는 한편, 이상매매로 적출된 종목에 대하여 불공정거래 여부를 조사하여 그 결과에 따라 해당 증권회사 및 금융감독원에 통보하는 조치를 말한다.

▪ 분쟁조정업무

일상적인 상거래와 마찬가지로 증권시장에서도 매매거래와 관련하여 고객과 증권회사(거래소회원 자격을 지닌 증권회사) 간 또는 증권회사와 증권회사 간에 분쟁이 발생될 수 있다. 이러한 경우 한국거래소에서는 분쟁당사자가 과다한 비용과 오랜 시간이 소요되는 소송절차로 인한 손실을 부담하지 않도록 상호 양보에 의해 신속하고 경제적으로 분쟁을 해결할 수 있도록 도와주는 분쟁조정업무를 수행하고 있다. 분쟁당사자 일방으로부터 분쟁조정신청이 접수되면 한국거래소는 당해 사건에 대한 면밀한 사실조사를 수행하며, 이를 바탕으로 외부의 전문가로 구성된 분쟁조정위원회가 당사자 의견 청취, 사실관계 확인 등을 거쳐 공정하고 합리적인 조정안을 도출하고, 양 당사자가 이를 수락함으로써 조정이 이루어진다.

3. 금융상품

Investments & Security Analysis, Ch. One

일상적으로 언급되는 금융상품으로는 한국거래소에서 거래되는 증권을 들 수 있다. 한국거래소에서 매매되는 증권은 유가증권을 줄인 말이다. 유가증권이란 재산의 소유관계를 표시한 증서로서, 그 자체가 바로 재산권을 표시하고 있으므로 그 증서에 기재된 권리를 행사하거나 이를 처분 또는 양도할 때는 그 증서를 반드시 주고받아야 한다. 유가증권은 화폐증권(화폐, 어음, 수표 등), 상품증권(화물상환증, 선하증권 등) 및 자본증권(주식, 채권 등) 등으로 구분되며, 증권시장에서 말하는 유가증권은 자본증권에 해당된다. 다음에 소개하는 금융상품 중 주식, 채권, 옵션, 선물 등에 대해서는 기초적인 개념 위주로 간단히 소개하고 보다 자세한 내용은 본서의 다른 장에서 다루기로 한다.[9]

3.1 주식

주주는 자금을 출자한 대가로 당해 회사에 대하여 여러 가지 권리를 갖는데, 권리의 유형에 따라서 주식은 크게 보통주와 우선주로 구분된다.

보통주

보통주(common stock)는 주식회사가 출자의 증거로 주주에게 발행한 증권을

9. 주식은 제5장~제7장, 채권은 제8장~제9장, 옵션은 제10장, 선물은 제11장을 참고 바람.

뜻하며, 보통주 주주는 그 기업의 실질적 주인으로서 상법과 해당 기업의 정관이 정한 권리 · 의무의 주체가 된다. 보통주의 주주는 기업의 소유주이므로 경영참가권 및 이익분배권을 갖고 있는 반면, 그 기업의 위험을 부담해야 한다. 보통주의 주주는 기업경영에 직접 참가할 임원을 선출하는 의결권을 가짐으로써 기업경영에 간접적으로 참가하게 된다.

보통주는 주권에 액면가격이 표시되어 있느냐에 따라 액면주식(par value stock)과 무액면주식(no-par value stock)으로 구분되며, 주권에 주식소유자의 이름이 명시되어 있느냐의 여부에 따라 기명주식과 무기명주식으로 구분된다. 우리나라 상법(제329조)에서는 회사가 정관으로 정한 경우 주식의 전부를 무액면주식으로 발행할 수 있고, 액면주식을 발행하는 경우 액면가는 100원 이상으로 정하고 있다.[10]

우선주

우선주(preferred stock)는 배당 및 잔여재산분배에 있어서 그 청구권리가 보통주에 우선하는 주식을 말한다. 우선주에 의해 조달된 자본은 법적으로 자기자본을 형성하나 실질적으로 거의 타인자본과 유사한 성격을 갖는다. 왜냐하면 기업은 우선주 발행 시 미리 약속된 배당률 이상은 지급하지 않는 한편, 기업정리 및 파산 시에도 잔여재산분배의 청구는 우선주의 액면가에 한하도록 되어 있기 때문에 보통주와는 근본적으로 성격이 다르고 오히려 사채와 유사하다고 할 수 있다. 그러나 우선주는 법적으로 자기자본을 형성하고 약속된 배당률을 반드시 지급하지 않아도 법적인 책임을 부담하지 않으며, 이익배당 및 잔여재산분배 청구가 사채보다 후순위라는 점에서 사채와 구별된다.

우선주는 약정된 배당을 지급하지 못하는 경우 미지급된 배당금을 다음해에 누적시켜 지급하는 누적적 우선주(cumulative preferred stock)와 당해 연도에 미지급된 배당을 다음해에 누적시켜 지급하지 않는 비누적적 우선주(non-cumulative preferred stock)가 있다. 또한 우선주는 이익분배 참가 여부에 따라 참가적 우선

---

10. 미국, 일본 등 선진국에서는 무액면주식이 보편화되어 가고 있는데, 이는 주식의 액면가가 현실적으로 무의미함을 시사한다.

주(participating preferred stock)와 비참가적 우선주(non-participating preferred stock)로 구분된다. 그리고 전환사채와 마찬가지로 일정한 기간에 일정한 가격으로 우선주를 보통주로 전환할 수 있는 옵션(option)을 부여한 전환우선주(convertible preferred stock), 기업의 자금사정에 따라 기업이 상환할 수 있는 수의상환우선주(callable preferred stock) 등이 있다.

3.2 채권

채권(bond)은 차입자(정부, 공공기관, 일반기업체, 금융기관 등)가 투자자들로부터 자금을 조달하기 위해 발행하는 일종의 채무증서이다. 채권은 일정한 기간 동안 정기적으로 약정된 이자를 지급하고 만기일에 원금, 즉 채권의 액면가를 상환할 것을 약속한 증서이다. 채권은 발행주체에 따라 국채(government bond), 지방채(municipal bond), 특수채(specific laws bond), 금융채(financial bond), 회사채(corporate bond)로 구분된다. 채권은 이자지급방법에 따라 이표채(coupon bond), 순수할인채(pure discount bond, zero-coupon bond), 복리채(compound interest bond)로 구분된다.

3.3 선물과 옵션

선물과 옵션은 현물자산을 기초로 만들어진 상품으로서 파생금융상품이라 하며, 그 가격이 현물자산의 가격변동과 연계되어 있다는 특징이 있다.

선물

선물(futures)이란 미래의 일정 시점에 특정 상품이나 증권을 계약체결 시에 정한 가격으로 인도 또는 인수하기로 약속하는 계약이다. 여기서 선물거래의 대상이 되는 특정 상품이나 증권을 기초자산이라 하며, 이는 수량, 규격, 품질 등이 표준화되어 있다. 그리고 계약체결 시에 정한 가격은 만기일에 기초자산을 거래하기로 약정한 가격으로서 선물가격이라 한다.

선물계약은 기초자산의 종류에 따라 크게 상품선물과 금융선물로 구분되는데, 상품선물은 금, 원유 등을 기초자산으로 하고, 금융선물은 주가지수, 채권 등을 기초자산으로 한다.

우리나라에서는 KOSPI200에 대한 주가지수 선물시장이 1996년 5월 3일부터 개설되어 선물거래가 시작되었으며, 1999년 4월 23일에 선물거래소가 개장되어 본격적인 발전의 토대가 마련되었다. 그 뒤 2005년 1월에는 증권거래소와 선물거래소의 통합으로 한국증권선물거래소(한국거래소의 전신)가 설립·출범함에 따라 우리나라 선물시장이 세계적 선물시장으로 성장하는 계기가 되었다.

옵션

옵션(option)은 특정 자산을 지정된 날짜 또는 그 이전에 미리 약정된 가격으로 사거나 팔 수 있는 권리를 그 소유자에게 부여하는 계약을 의미한다.[11] 옵션은 반드시 이행할 의무는 없으며, 유리할 경우에만 그 권리를 행사할 수 있는 독특한 형태의 재무적 계약이다.

옵션의 정의에서 특정 자산이라 함은 선물에서와 같이 기초자산을 의미하는데, 옵션의 기초자산은 다양하다. 주식을 기초자산으로 하는 주식옵션이 가장 보편적이지만, 주가지수에 대한 옵션(주가지수옵션), 외환에 대한 옵션(통화옵션), 채권에 대한 옵션(금리옵션), 선물계약에 대한 옵션(선물옵션), 스왑에 대한 옵션(스왑션, swaption) 등 특수한 형태의 옵션도 있다.

한편, 옵션에는 기초자산을 살 수 있는 권리가 부여된 콜옵션(call option)과 팔 수 있는 권리가 부여된 풋옵션(put option)이 있으며, 옵션의 만기일 이내에 언제든지 권리행사가 가능한 미국형 옵션과 만기일에만 권리행사가 가능한 유럽형 옵션으로 구분된다.

우리나라에서는 1996년 5월 주가지수선물거래가 시작된 데 이어 1997년 7월 주가지수옵션거래가 개시되었다. 현재 한국거래소의 선물시장에서는 코스피(KOSPI)200옵션, 개별주식옵션, 미국달러옵션 등이 거래되고 있다.

---

11. 옵션이란 말은 본래 자유로운 선택이라는 의미로 폭넓게 사용되었으나, 상거래 용어로 등장하면서부터 자유로운 선택보다는 다소 한정된 의미로 쓰이고 있다.

3.4 투자신탁상품

투자신탁

투자신탁(investment trust)이란 불특정 다수의 투자자들로부터 모은 자금을 대규모의 기금(fund)으로 조성하여, 그 기금을 증권투자의 전문기관이 투자자들을 대신하여 주로 유가증권에 투자 · 운용함으로써 그에 따른 성과를 투자자들에게 분배하는 제도를 말한다.

수익증권과 뮤추얼펀드

투자신탁상품은 투자신탁과 같은 간접투자의 형태로 이루어지는 금융상품으로서 일명 펀드(fund)라고도 한다. 투자신탁상품은 계약형(contractual type)과 회사형(corporate type) 중 어떠한 형태로 운영되는가에 따라 수익증권과 뮤추얼펀드로 구분된다.[12]

수익증권(beneficiary certificate)은 전문적인 투자대행기관이 일반투자자로부터 소액자금을 모아 대규모의 공동기금을 조성한 후, 유가증권에 분산투자하여 얻은 수익을 투자자에게 분배할 것을 약속한 증서로서 투자자에게 발행해주는 증권이다. 이러한 수익증권은 투자자, 자산운용사, 수탁은행 등의 계약관계에 의하여 관리 · 운용된다. 여기서 계약관계에 따르면 자산운용사는 신탁재산의 운용을 지시하는 위탁자, 수탁은행은 당해 신탁재산의 보관 및 부수업무를 담당하는 수탁자, 그리고 투자자는 신탁재산의 이익 및 신탁원본의 수령권자인 수익자의 지위를 갖는다. 즉, 신탁계약은 위탁자와 수탁자 간에 체결되며 투자자는 위탁자가 발행하는 수익증권을 구입함으로써 수익자가 되어 운용성과를 얻을 수 있게 된다. 수익증권은 펀드에 편입되는 자산의 유형 및 비율에 따라 주식형, 채권형, 혼합형 등으로 나누어지며, 최초 펀드 설정 이후 추가적으로 투자자를 받아들일 수 있는

12. 일반적으로 투자신탁상품 또는 펀드라 함은 수익증권과 뮤추얼펀드를 통칭하는 말이며, 투자자 입장에서 이를 구분하지 않고 받아들여도 무방하다고 하겠다.

수익증권 흐름도

그림 1-4

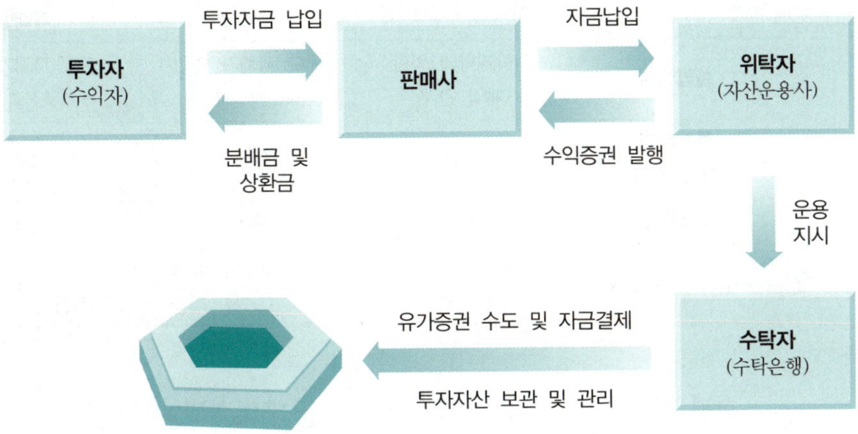

가에 따라 추가형과 단위형으로 구분될 수 있다. 수익증권의 유형을 간략하게 소개하면 〈표 1-1〉과 같다.

표 1-1 수익증권의 유형

구분	명칭	내용
운용자산	주식형	주식 및 주식 관련 파생상품(주식 등)에 신탁재산의 60% 이상을 투자
	혼합주식형	주식 투자비율 50% 이상 60% 미만
	혼합채권형	주식 투자비율 50% 미만
	채권형	채권 및 채권 관련 파생상품에 신탁재산의 60% 이상을 투자
	MMF형	수시 입출금이 가능하고, 단기 자산에 운용하는 상품
	혼합자산형	모든 유형의 금융상품을 투자대상으로 하며, 일명 만능펀드라고도 함.
주식편입 비율	안정추구형	주식 등의 투자비율 30% 이하
	성장추구형	주식 등의 투자비율 30~60%
	고성장추구형	주식 등의 투자비율 60% 이상
추가설정 여부	추가형	추가설정 가능
	단위형	추가설정 불가능
모집방법	공모형	불특정 다수인의 자금을 모집
	사모형	특정인에게 자금을 모집. 투자제한이 적어 공모형에 비해 상대적으로 높은 위험을 지님.

표 1-2 수익증권과 뮤추얼펀드 비교

구분	수익증권 (계약형 투자신탁)	뮤추얼펀드(회사형 투자신탁)	
		개방형	폐쇄형
설립형태	신탁계약에 의한 계약 관계	펀드 자체가 법인 (주식회사)	펀드 자체가 법인 (주식회사)
투자자의 법적 지위	수익자	주주	주주
발행증권	펀드	주식	주식
매도(환매) 방법	환매청구(펀드자산 매각을 통해 지급)	발행회사에 주식매도 (감자)	만기 시 투자자금회수 또는 증권시장 통한 주식매도

한편, 뮤추얼펀드(mutual fund)는 펀드 자체가 상법상 주식회사가 되며 투자자는 주주의 지위를 갖는다. 따라서 뮤추얼펀드의 투자자는 주주총회, 이사회 등을 통해 스스로 이익을 추구하고 보호할 수 있다. 이러한 점에서 뮤추얼펀드 투자 시 수익증권에 비해 투명성이 한층 더 확보된다는 장점을 갖는다. 뮤추얼펀드는 중도환매 여부에 따라 폐쇄형 뮤추얼펀드(closed-end mutual fund)와 개방형 뮤추얼펀드(open-end mutual fund)로 나누어진다. 폐쇄형 뮤추얼펀드는 중도에 환매가 불가능하며, 개방형 뮤추얼펀드는 중도환매가 가능하다. 폐쇄형 뮤추얼펀드는 증권시장에서의 거래를 통하여 환금성이 보완되는 반면, 개방형 뮤추얼펀드는 수익증권과 유사한 방법으로 중도환매가 이루어진다.

이상에서 소개한 수익증권과 뮤추얼펀드는 간접투자증권으로서 유사한 형태를 보이나, 설립형태, 투자자의 지위 등 여러 면에서 차이를 지닌다. 수익증권과 뮤추얼펀드를 비교하면 〈표 1-2〉와 같다.

한편, 우리나라 '자본시장법'에 따르면 집합투자를 담당하는 기관인 집합투자기구는 법적 성격에 따라 투자신탁, 투자회사, 투자유한회사, 투자합자회사 등으로 구분할 수 있다.[13] 이 중에서 투자신탁형 집합투자기구가 발행한 증권은 계

13. 집합투자란 2인 이상에게 투자권유를 하여 모은 금전 등을 투자자 등으로부터 일상적인 운용지시를 받지 아니하면서 투자대상 자산을 취득, 처분, 그 밖의 방법으로 운용하고 그 결과를 투자자에게 배분하여 귀속시키는 것을 말한다. 한편, 집합투자기구는 집합투자의 대상이 되는 투자재산의 종류에 따라 증권집합투자기구, 부동산집합투자기구, 혼합자산투자기구, 단기금융집합투자기구 등의 일반 집합투자기구와 환매금지형집합투자기구, 상장지수집합투자기구 등의 특수 집합투자기구로 구분될 수 있다.

뮤추얼펀드 흐름도

그림 1-5

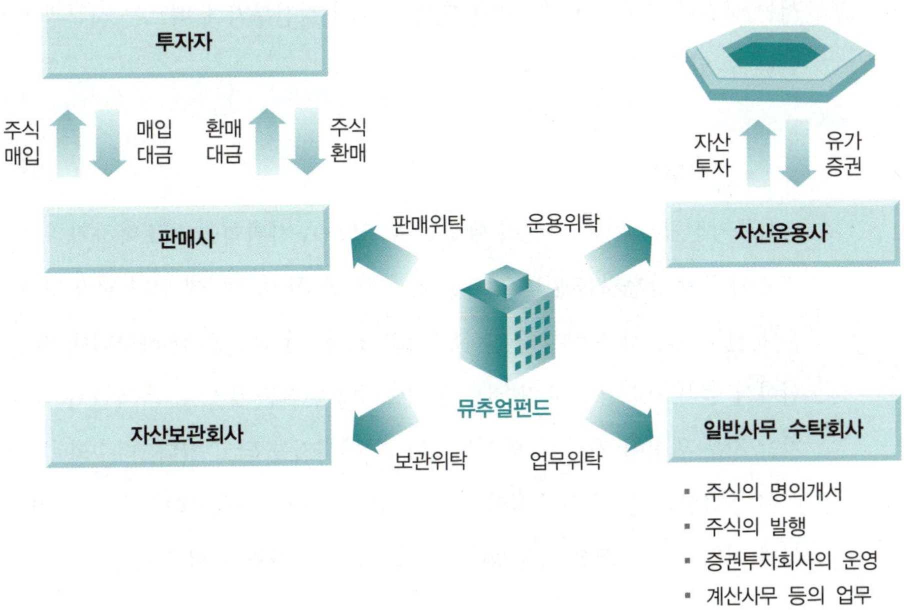

약형 투자신탁상품에 속하고, 투자회사형 집합투자기구가 발행하는 증권은 회사형 투자신탁상품의 성격을 지닌다. 따라서 투자신탁형 집합투자기구와 투자회사형 집합투자기구가 발행하는 증권은 각각 수익증권과 주식으로 분류된다.

투자신탁상품의 특징

▪ 소규모 투자자금도 활용가능

투자신탁은 불특정 다수의 일반투자자들로부터 자금을 모집하여 공동기금을 조성한 후 동일한 관리주체가 유가증권을 합동 운용하는 공동투자 형태이므로 소규모의 자금으로도 유가증권의 투자수익을 향유할 수 있다.

▪ 전문가에 의한 투자대행

투자신탁은 일반투자자들이 직접투자에 따르는 위험을 회피하기 위하여 투자 전문기관인 자산운용회사에 투자를 위임하는 간접투자방식이다. 자산운용회사는 투자전문기관이기 이전에 금융서비스 기관이며, 투자자들에게 최대한의 수익을 분배하기 위하여 직접 관리자로서의 의무를 다해야 한다. 따라서 일반투자자들로서는 양질의 서비스를 제공받을 뿐만 아니라 직접투자에 따르는 시간과 노력을 절약할 수 있게 된다.

▪ 분산투자

투자신탁은 자금운용 시 발생될 수 있는 투자위험을 최소화하기 위해 유가증권에 대한 분산투자를 원칙으로 한다. '계란을 한 바구니에 담지 말라'고 하는 격언은 분산투자의 기본 원칙을 잘 설명하고 있다. 이 격언은 한 바구니에 많은 계란을 담아서 떨어뜨릴 경우 계란 전부를 깨뜨리게 된다는 뜻으로, 특정한 주식에 집중투자할 경우 위험이 커질 수 있다는 경고의 메시지를 담고 있다. 다수의 주식에 분산하여 투자한다면, 일부 주식의 가격하락으로 인한 손실을 다른 주식의 가격상승에 의한 이익으로 상쇄할 가능성이 높기 때문에 그만큼 위험을 줄일 수 있다.

▪ 자산가치의 보전과 수익획득 목적

투자신탁은 투자원본의 실질가치를 유지하면서 배당소득, 이자소득 및 자본이득을 얻는 것을 목적으로 하나, 투자대상 기업의 지배나 통제를 목적으로 하지는 않는다.

한편, 투자신탁상품을 활용한 간접투자는 투자신탁상품이 지닌 장점에도 불구하고 주식, 채권 등에 직접투자하는 방식에 비하여 상대적으로 많은 비용을 수반한다. 전문가를 고용해 투자하거나 재산을 안전하게 보관 · 관리하기 위해서는 일정한 수수료(수탁보수)가 지불되며, 판매사에게는 판매수수료가 지급된다. 이와 같은 제반 비용은 투자신탁의 운용 결과 투자자들에게 돌아가는 몫을 감소시키는 요인이 된다. 아울러 간접투자는 은행예금과 같이 일정한 이자소득이나 원금을 보장해주지 못한다는 점에서 유의할 필요가 있다. 투자신탁 운용 결과 손실이 발생하는 경우, 그 손실도 결국 투자자들의 부담으로 작용한다.

3.5 기타의 금융상품

상장지수펀드

상장지수펀드(exchange traded fund ; ETF)는 특정 주가지수와 연동되는 수익률을 얻을 수 있도록 설계된 지수연동형 펀드(index fund)로서, 거래소에서 주식처럼 거래되는 펀드를 말한다. 거래소 거래시간 중에 자유롭게 매매할 수 있으며, 일반주식과 같이 증권사에 직접 주문을 내거나 홈트레이딩시스템(home trading system ; HTS) 등을 이용한 매매가 가능하다. 한국거래소에서 거래되는 상장지수펀드의 예로 KODEX200(운용사 : 삼성투신운용㈜)을 들 수 있다. KODEX200은 주식시장에 상장된 전종목 중 업종 대표성 및 유동성 등을 감안하여 선정된 200종목으로 구성된 KOSPI200지수를 기준지수로 삼고 있다.

주가연계증권

주가연계증권(equity linked securities ; ELS)은 운용자산의 대부분은 국공채에 투자하여 원금을 보존하고 나머지 일부 자산을 주가(또는 주가지수)와 연동되는 파생상품에 투자함으로써 초과수익을 확보하는 유가증권이다. 주가연계증권은 원금 또는 최저수익률을 유지하면서 주가(또는 주가지수)가 일정 수준에 도달하면 약속한 금리를 지급하는 금융상품으로서 증권회사의 주가연계금융상품에 해당된다. 주가연계증권은 투자성과가 상품의 만기(투자기간) 중의 주가(또는 주가지수)에 의해 결정된다는 점에서 주식의 특징을 지니며, 주가가 일정 수준에 도달 시 사전에 약속한 금리를 지급한다는 점에서 채권의 특징도 지닌다.

주가연계증권과 유사한 금융상품으로는 은행권의 주가연계예금, 투신권의 주가연계펀드 등이 있다. 주가연계예금(equity linked deposits ; ELD)은 원금보장을 위해 고객들이 맡긴 운영자금을 비교적 안전한 채권이나 대출 쪽으로 운용하고, 미래에 지급될 이자의 일부 또는 전부를 주가지수(KOSPI200 등)의 움직임에 연동한 파생상품에 운용하는 상품이다. 주가연계펀드(equity linked fund ; ELF)는 대부분의 펀드자산을 국공채나 우량 회사채 등 안전한 자산에 투자하여 만기 시 원

표 1-3 주가연계금융상품의 비교

구분	주가연계증권 (ELS)	주가연계예금 (ELD)	주가연계펀드 (ELF)
상품성격	유가증권	예금	투자신탁펀드
판매(발행) 기관	증권회사	은행	자산운용회사
예금보호	비보호 (발행사의 신용이 중요)	보호	비보호 (실적배당상품)
중도해지	불가능(유가증권시장에서 매도, 원금손실 발생가능)	가능(원금손실 발생가능)	가능(원금손실 발생가능)
장점	증권사가 제시한 수익을 달성할 수 있도록 상품 구성	은행이 제시한 수익 보장	추가수익 발생가능
단점	추가수익 없음	추가수익 없음	제시한 수익 보장 없음

자료 : 한국은행, 『금융생활 길라잡이』(2012) 수정

금을 확보하고, 나머지 잔여재산을 증권회사에서 발행한 ELS에 투자하여 펀드수익률이 주가에 연동되도록 설계한 펀드이다. 이상의 주가연계금융상품을 비교하면 〈표 1-3〉과 같다.

중요 용어

투자 (6)

저축 (7)

투기 (7)

도박 (7)

실물자산 (8)

금융자산 (8)

투자관리과정 (8)

금융시장 (10)

직접금융시장 (10)

간접금융시장 (10)

화폐시장 (10)

자본시장 (10)

증권시장 (11)

발행시장 (11)

유통시장 (12)

한국거래소 (13)

보통주 (18)

우선주 (19)

채권 (20)

선물 (20)

옵션 (21)

투자신탁 (22)

수익증권 (22)

뮤추얼펀드 (24)

상장지수펀드 (27)

주가연계증권 (27)

주가연계예금 (27)

주가연계펀드 (27)

사례연구 1-1 증권가 'AI 증권맨'이 뜬다

증권가에 인공지능(AI)을 활용한 다양한 서비스가 속속 도입되고 있다. 증권사들은 미래 신사업으로 꼽히는 AI를 단순히 투자상품으로 활용하는 것에 그치지 않고 고객응대 · 자산관리서비스 · 사내업무효율 향상 등 다양한 업무에 응용하고 있다. AI 기술 발전과 더불어 작년 '데이터 3법' 시행으로 금융분야에서 빅데이터 분석, 본인신용정보관리업(마이데이터) 등에 고객 정보를 활용할 수 있게 됐기 때문으로 풀이된다.

금융투자업계에 따르면 신한금융투자는 최근 고객지원센터를 업그레이드해 고객이 음성으로 필요한 사항을 말하면 AI가 답변하는 음성인식 시스템 '알파봇'을 도입했다. 늘어나는 고객상담 요청에 유연하게 대응하고 상담 편의성과 대기시간을 줄이고자 한 것이다. 단순 불편사항 접수만이 아니라 주가 및 시황 문의, 유상증자 청약을 대기시간 없이 가능케 했다.

앞서 한국투자증권은 올해 초 AI에 기반한 '콜봇'을 도입해 고객응대에 나섰다. 콜봇은 고객에게 전화로 금융상품 및 대출만기 등을 안내하며, 금융상품 판매가 적절히 이뤄졌는지 등을 확인한다. 대신증권은 지난해 모바일 트레이딩 시스템(MTS) 개편과 함께 AI 챗봇 서비스인 '벤자민'을 선보였는데, 이를 이용하면 대화 형태로 24시간 고객상담이 가능하다.

전형숙 신한금융투자 ICT본부장은 "고객지원센터 시스템 구축 전반에 퍼블릭 클라우드와 음성변환(STT · TTS) · 자연어처리(NLP) 등 AI 기반 기술을 적용했다"며 "앞으로 빠르고 편리한 고객상담 제공에 기여하고자 한다"고 말했다.

고객응대뿐만 아니라 '자산관리서비스'에도 AI 도입이 이뤄지고 있다. 고객의 관심사나 취향을 파악해 알고리즘에 반영하는 '초개인화'로 고객 맞춤형 자산관리를 강화하려는 것이다. 이미 지난해 이전부터 미래에셋증권, 삼성증권 등이 AI에 기반해 고객들에게 종목을 추천하고 있다. 지난 5월에는 키움증권이 AI 투자서비스 '키우Go'를 출시, 자체 개발한 로보어드바이저가 투자 목표 · 기간 · 예정금액 · 성향 등을 종합적으로 분석해 현재 금융시장 상황에 적합한 포트폴리오를 제공한다.

하나금융투자는 지난 4월 자산관리서비스에 AI를 도입했다. '에이드'는 AI가 개인의 투자 성향을 분석하고 포트폴리오를 구성해 투자종목 선택의 고민을 덜어 주면서 빠른 트렌드 변화에 대응 가능하도록 구축한 초개인화 서비스다. 하나금융융합기술원의 딥러닝 기술이 적용된 'AI 에이드'를 기반으로, 하나금융투자의 투자전략 솔루션을 반영한 '상장지수펀드(ETF) 에이드'와 하나금융투자의 글로벌 자산배분전략을 기초로 하는 '펀드 에이드' 등 총 3개의 서비스로 구성됐다. 하나금융투자 관계자는 "디지털 시대에 높아진 고객의 눈높이에 맞춰 고도화된 초개인화 인공지능 서비스를 선보이게 됐다"며 "AI가 개인 맞춤형 자산 포트폴리오를 제안해 종목 선택 등 투자의 어려움을 해소하고 투자의 진입장벽을 낮추는 계기가 될 것"이라고 전했다.

현대차증권은 AI 로보어드바이저 투자기업 파운트와 업무협약을 맺어 관련 투자상품뿐 아니라 초개인화 맞춤형 금융서비스를 선보일 예정이다.

사내 업무효율을 높이기 위해 AI를 이용하기도 한다. KB증권은 지난해부터 AI를 광고필터링 고도화, 문서관리 자동화 등 업무에 적용해 업무효율을 향상했다. 텍스트 분류 AI는 대 고객문자 발송 시 광고성 문구를 자동으로 탐지하고 경고를 띄워 민원 발생을 사전적으로 방지한다. 기계독해(MRC) AI는 컴퓨터가 문서를 읽고 필요한 정보를 찾아줘 업무시간을 절약할 수 있게 해주는데, 다양한 클래스의 펀드 정보 등록에도 이 기술을 도입했다. 또한 7월부터 사내 메신저 AI 챗봇 '톡깨비'의 기능을 강화해 직원들이 입력한 자연어 질문에 대한 답변을 빠르게 탐색, 필요한 규정이나 자료를 대량의 문서에서 쉽고 편하게 찾아낼 수 있도록 했다. KB증권 관계자는 "고객대응 업무가 많은 영업지점 직원들을 중심으로 AI 기능이 큰 호응을 얻고 있다"며 "단순한 보여주기 식이 아니라 실제로 AI를 통한 업무향상 효과가 매우 큰 편"이라고 말했다.

증권사의 AI 도입 경쟁은 더욱 치열해질 전망이다. 주식시장에 유입된 2030세대 투자자들이 늘어나면서 AI 시장도 커지고 있기 때문이다. 금융투자업계 관계자는 "대부분의 신규 투자자들이 증권사 홈페이지나 유선을 통해 문의하는 것보다 스마트폰 애플리케이션 내 AI 활용에 더 익숙한 상황"이라며 "봇(bot) 이용량이 적게는 2배, 많게는 4배까지 증가하고 있다"고 설명했다.

출처 : FETV(2021년 8월 13일) 수정

사례연구 1-2 '증권가의 꽃' 애널리스트 되려면?

증시가 몇 년간 박스권 장세를 보이며 활력을 잃자 '젊은 억대 연봉자'라는 애널리스트(시장 · 기업 분석가)의 직업 위상도 많이 떨어졌다. 실제로 증권사들은 애널리스트 규모를 계속 줄여가는 추세다. 그런데 업계에 따르면 증권사 신입사원들 희망부서 중 애널리스트 보조연구원(Research Assistant ; RA)이 최상위권을 차지하고 있다. 애널리스트가 되려면 어떤 과정을 밟아야 할까.

우선 증권사에 입사해야 한다. 거의 모든 증권사가 대졸 공채로 들어온 신입사원 중 일부를 애널리스트를 도우면서 일을 배우는 RA로 배치한다. RA는 애널리스트가 보고서를 쓰는 데 필요한 자료나 외신을 검색해서 보고하는 등의 보조 역할을 한다. 영어 등 외국어 실력은 기본으로 갖추고 있어야 하며, 증권분석사나 공인재무분석사(CFA) 등의 자격증도 보유하고 있으면 도움이 된다. 보통 RA 생활을 3~4년 정도 거쳐야 애널리스트가 될 수 있다. 최근에는 업종별 전문성이 커지면서 현장 출신 경력직 애널리스트도 점차 늘고 있다.

애널리스트의 업무 강도는 가히 '살인적'이다. 애널리스트는 '주 7일'을 기본으로 생각한다. 고객사의 세미나 요청, 내부 회의 등에 응하다 보면 보고서 쓸 시간이 없어 보통 밤늦게까지 사무실을 지키거나 주말에도 출근할 때가 많다. 해외시장 상황을 반영해야 하기 때문에 자정 넘어 퇴근하는 날도 부지기수다.

애널리스트의 소득은 얼마나 될까. 애널리스트는 업무 성과를 토대로 매년 연봉이 달라지는 계약직이다. 프로 운동선수들처럼 연봉이 천차만별이다. 2000년대 초반까지만 해도 일부 '스타 애널리스트'들은 4~5억원가량 연봉을 손에 쥐었다. 하지만 업황이 기울면서 애널리스트 연봉도 많이 줄었다. 업계 관계자들의 말을 종합하면 시니어급의 '잘나가는' 애널리스트 연봉은 2~3억원 정도다. 보통 3~4년차 이하의 주니어급 애널리스트들은 증권사 일반 직군 대비 50~100% 연봉을 더 받는다. 한 증권사 관계자는 "대리급 일반 직군 연봉이 5,000~6,000만원이라고 하면 같은 연차의 잘나가는 애널리스트는 8,000~9,000만원 정도 받는다고 생각하면 된다"고 말했다. RA 때는 다른 직군과 비교해서 연봉에 큰 차이가 없다.

경력 20년의 전직 애널리스트는 "애널리스트 연봉을 시급으로 계산하면 5,000원이라는 소리가 있을 만큼 업무 강도가 세다"며 "하지만 유력 회사의 최고경영자 같은 거물급 인사를 비교적 쉽게 만날 수 있고, 고도의 경제분석 능력을 갖추게 되는 등 성장에 큰 도움이 된다. 수십억원을 받는 펀드매니저가 되거나 대기업의 전략 · 재무 담당 임원으로 스카우트되기도 한다"고 말했다.

출처 : 조선일보(2017년 3월 10일) 수정

사례연구 1-3 "여의도 증권맨이 꿈" … 대학생 주식동아리 인터뷰

▲ 성균관대 금융투자학회 S.T.A.R 학회원들

2030 세대를 중심으로 불고 있는 '주식 열풍'에 대학가 주식동아리가 최대 호황기를 맞고 있다. 몇 년간 모아둔 적금을 깨서 '시드머니'로 활용하고, 실현한 수익으로 한 학기 등록금을 해결해 부모님께 효도한다는 대학생까지 등장하는 모습이다.

"코스피·코스닥 차이도 몰랐는데"… 코로나19 폭락 때 진입

최근 매일경제신문이 만난 대학 주식동아리 회장들은 지난해 초 코로나19로 인한 폭락장 이후 학내 주식 열기가 뜨거워졌다고 전했다. 성균관대 금융투자학회 스타(S.T.A.R)의 회장을 맡고 있는 이승우 씨(24·글로벌경제학과 17학번)는 지난해 초 군대를 갓 제대한 후 주식학회를 시작했다. 이씨는 "코스피와 코스닥의 차이도 모를 만큼 아무런 배경지식이 없는 상태에서 학회에 들어왔다"며 "지금이 투자하기 좋을 때란 말을 듣고 곧 적금으로 모아둔 돈을 투자자금으로 활용했다"고 밝혔다.

한양대 주식동아리 '스탁워즈' 회장인 김재원 씨(23·경제금융학과 17학번)도 비슷한 시기 군 적금 400만원을 활용해 주식투자에 본격적으로 뛰어들었다. 김 씨는 "현재는 3,000만원 조금 넘게 운용하고 있다"며 "지난 1월에 투자한 주식이 오르는 걸 보고 부모님도 믿고 맡겨주시고 있다"고 했다. 이 씨도 "부모님께서 평소에 주식투자를 하지 않으셔서 반대가 있었지만, 실제로 수익을 내고 등록금까지 해결하다 보니 결국 응원해주셨다"고 말했다.

동아리 20년 만에 최대 경쟁률 … 리포트 쓰고 펀드 운용도

주식에 입문하는 대학생들은 혼자 공부하기보다 팀으로 활동하고 증권·금융업계 선배들을 만날 수 있는 동아리 활동에 관심을 보이고 있다. 지난해를 기점으로 주식동아리에 지원하는 학생들은 두 배가량 급증했다. 성대 스타는 10명 정도 뽑는 신입기수 모집에 80명가량이 지원하면서 경쟁률이 8대 1까지 치솟았다고 한다.

이 씨는 "2000년에 학회가 만들어진 이래로 지원자가 가장 많았던 것으로 안다"며 "최근 들어온 신입 학회원들은 따로 공부도 많이 하고 들어와서 주식시장에 대한 관심이 평균적으로 많아졌다는 걸 면접 보면서부터 느낀다"고 밝혔다.

동아리에선 실제 증권사처럼 분기별 종목 리포트를 작성하거나 자체 펀드를 만들어 운용하는 등의 활동을 한다. 스탁워즈의 경우 리서치팀, 운영부, 투자부로 나뉘어 각 팀 · 부마다 약 8명씩 총 80명가량이 참여하고 있다. 김 씨는 "기본적인 재무제표 읽는 법도 배우고, 리서치팀의 경우 기업의 적정 주가를 판단하는 리포트를 매 학기 발표한다"며 "운용부는 자체 펀드를 운용하고 투자부에선 산업이나 거시경제 현황을 분석한다"고 설명했다.

스타는 자체 펀드를 운용하며 지난해 5월께 2차전지 관련주인 삼성SDI를 매수해 90%의 수익률을 냈다고 한다. 이 씨는 "학회원들이 배터리 산업을 조금 일찍 발굴해서 30만원 초반 가격일 때 펀드 종목으로 편입했다"며 "펀드매니저 두 명과 담당 교수님이 매주 회의를 통해 펀드 종목 비중 조절을 논의하고 학회원들의 피드백을 거치고 있다"고 밝혔다.

"대학생 투자는 투기? 성공 위해선 공부가 필수"

주식동아리는 학내에서 '증권가 애널리스트 사관학교'라는 별명으로 불리기도 한다. 시험기간을 제외하곤 주말까지 동아리 활동에 전념하고 현직에 있는 선배들의 조언을 들으며 자연스레 꿈을 키워가게 되는 셈이다. 스타 회원들의 경우 졸업 후 대기업 · 증권 · 은행 · 금융공기업 · CPA · PEF · 투자자문 등 다양한 관련 분야에 진출해 있다고 한다. 삼성증권과 연계해 연 2회 현업 실습자를 선발하기도 한다. 스탁워즈 역시 2주마다 증권사 · 금융감독원 등 현직자들이 실무에 관한 'OB 특강'을 진행하고 있다.

이 씨는 "매 학기 고려대 · 연세대 · 성균관대 · 서강대 · 이화여대 주식동아리와 함께 신입기수 세미나 대회도 연다"며 "현직자 선배들의 평가도 받고 우승팀을 뽑기 때문에 경쟁심에 더 열심히 하게 된다"고 말했다.

일각에선 젊은 층의 '빚투'나 투기에 대한 우려도 있지만, 대학생들은 오히려 사회에 진출하기 전 경험과 지식을 쌓아야 한다고 입을 모은다. 이 씨는 "지금 20대는 앞으로 서울에 살기 위해선 근로소득보다는 자산을 가져야겠다는 생각을 하게 된다"며 "직장이 생기기 이전에 학생일 때 제대로 공부하고 배워가는 것이 좋은 것 같다"고 밝혔다. 김 씨는 "공부를 비롯한 대학 생활을 열심히 한다는 것 자체가 성취욕이 있기 때문"이라며 "성공을 위해서는 경제와 관련된 능력이 받쳐줘야 하는 시대인데, 그 능력을 기르기 위해 주식투자에도 관심을 갖게 된다"고 말했다.

▲ 한양대 주식동아리 스탁워즈 학회원들

출처 : 매일경제(2021년 4월 22일) 수정

연습문제

❀ 완성/선택형 문제

01. 투자자는 투자를 통하여 일반적으로 ( ), ( ) 등 두 가지 유형의 보상을 기대한다.

02. 투자와 유사한 의미로 사용되는 것 중 ( )는 감당하기 어려운 위험을 부담하면서 수익을 기대하는 행위를 말하며, ( )은 오로지 운에만 의존하여 위험 자체를 즐기는 행위이다.

03. 건물, 기계, 부동산 등의 자산에 대한 투자를 ( )라 하고, 증권, 금융상품등의 자산에 대한 투자를 ( )라 한다.

04. 투자관리과정은 ( ), ( ), ( )의 단계로 이루어진다.

05. ( )은 단기적인 자금이 거래되는 시장이며, ( )은 장기적인 자금이 거래되는 시장이다.

06. 금융중개기관이 개입하는 시장을 ( )이라 하고, 금융중개기관이 개입하지 않는 시장을 ( )이라 한다.

07. ( )은 증권이 창출되는 시장으로서 1차 시장이라 하고, ( )은 증권의 매매가 이루어지는 시장으로서 2차 시장이라 한다.

08. 금융상품으로는 기본적으로 ( ), ( )을 들 수 있으며 ( ), ( ) 등은 대표적인 파생상품에 해당된다.

09. ( )은 불특정 다수로부터 조성된 기금을 투자자들을 대신하여 전문투자기관이 운용하여 그에 따른 성과를 투자자들에게 분배하는 제도이다.

10. 수익증권은 투자자, 자산운용사, 수탁은행 등의 계약관계에 의하여 설립된 것으로 투자자는 (　　　　)의 지위를 가지며, 뮤추얼펀드는 펀드 그 자체가 상법상 주식회사가 되어 투자자는 (　　　　)의 지위를 갖는다.

11. 다음 중 증권시장의 주요 기능에 속하지 않는 것은?

① 기업의 차입금 보증　② 산업자본의 조달
③ 재정금융 정책수단 제공　④ 투자수단 제공

12. 다음 중 장기자본을 담당하는 시장으로 적절한 것은?

① 화폐시장　② 콜시장
③ 단기차입금시장　④ 주식시장

13. 다음 중 금융자산으로 적절하지 못한 것은?

① 주식　② 채권
③ 영업권　④ 옵션

14. 간접투자금융상품으로서 투자신탁상품이 지니고 있는 특징과 거리가 먼 것은?

① 소액 투자자들에게도 다양한 투자기회 제공
② 전문가의 투자대행으로 양질의 서비스 제공
③ 직접투자에 비하여 수수료 등 제반 비용이 저렴함
④ 분산투자를 통한 위험감소 가능

✻ 서술/계산형 문제

01. 투자란 무엇이며, 투자가 저축, 투기 및 도박과 어떻게 구분되는지 비교하여 설명하라.

02. 투자관리과정에 관하여 설명하라.

03. 증권시장이란 무엇이며, 그 기능에 대하여 설명하라.

발행시장

Investments & Security Analysis Ch. Two

02

[이 장의 개요]

발행시장은 신규 발행된 증권이 발행주체로부터 최초의 투자자에게 판매되는 시장을 말한다. 주식의 발행시장은 자금수요자인 발행주체, 자금공급자인 투자자, 그리고 주식의 발행과정에서 주식발행과 관련된 전문적인 사무를 담당하는 발행기관으로 구성된다.

주식은 발행시장을 통하여 신규로 창출되어 투자자에게 전달되는데, 주식의 발행방법은 발행주식에 대한 수요자를 구하는 형태 및 발행기관의 개입 여부에 따라 다양하게 구분된다. 한편, 우리나라에서는 기업공개(going public)를 통하여 유가증권시장에서 주권을 신규로 공모하는 제도가 마련되어 있다. 기업공개의 목적은 일정한 요건을 갖춘 기업이 공모나 매출을 통하여 주식소유를 분산시킴으로써 소유와 경영의 분리를 촉진하는 데 있다.

본 장에서는 발행시장의 의의와 구조, 주식의 발행방법, 기업공개, 주식발행의 유형 등을 살펴보고, 증권의 발행 및 유통 과정에서 특정한 업무를 담당하는 증권회사와 증권 관련 기관 등에 대하여 설명한다.

1. 발행시장의 의의와 구조

Investments & Security Analysis, Ch. Two

1.1 발행시장의 의의

증권시장은 거래 대상물에 따라 주식시장, 채권시장 등으로 나눌 수 있으며, 기능에 따라 발행시장과 유통시장으로 구분가능하다.[1]

발행시장은 신규 발행된 주식이 발행자로부터 최초의 투자자에게 판매되는 시장이며, 자금수요자인 발행주체(발행자)가 자금공급자인 투자자들에게 증권을 새로 발행하여 제공함으로써 자금을 조달하는 일련의 과정을 포함하는 시장이다.

발행시장은 다음과 같은 특징을 지닌다. 첫째, 발행시장은 물리적 실체가 존재하지 않는 추상적인 시장이다. 둘째, 새로운 주식이 최초로 출현하는 시장이라는 점에서 1차 시장(primary market)이라고도 한다. 셋째, 자금의 흐름이 투자자에서 발행기관을 거쳐 자금수요자인 발행자에게로 이루어지는 수직적 관계를 보이므로 종적시장이라고도 한다.

한편, 자본시장에서 발행시장은 다음과 같은 기능을 가지고 있다. 첫째, 발행시장은 발행주체로 하여금 대규모의 장기 산업자금을 조달할 수 있도록 한다는 점에서 자본조달시장으로서의 기능을 담당한다. 둘째, 발행시장은 자본의 형성을 돕고 아울러 그 자본을 가장 생산성이 높은 분야에 배분되도록 함으로써 효율적 자본배분의 기능을 담당한다. 셋째, 발행시장은 투자자에게 수익성이 있는 투자기회를 제공함으로써 부를 증식시킬 수 있도록 한다. 넷째, 발행시장은 경영자에게 기업의 미래 이익창출능력에 대한 투자자들의 판단 또는 평가와 관련된 정보를 제공함으로써 기업경영의 가이드라인을 제공한다.

---

1. 본서 제2장과 제3장에서는 주식시장을 중심으로 한 발행시장과 유통시장에 대하여 살펴본다. 채권의 발행시장 및 유통시장에 관한 총론적인 내용은 주식시장과 유사하다. 다만, 채권시장에 적용되는 제도 중 일부는 주식시장과 달리한다. 이에 관한 자세한 내용은 한국거래소 홈페이지의 관련 자료를 참조 바람.

1.2 발행시장의 구조

발행시장은 [그림 2 - 1]과 같이 자금수요자인 발행주체(발행회사), 자금공급자인 투자자, 그리고 주식의 발행과정에서 주식발행과 관련된 전문적인 사무를 담당하는 발행기관(중개기관)으로 구성된다.

주식발행의 경우 대표적인 발행주체는 기업이라 할 수 있다. 발행기관은 발행주체와 투자자 사이에 개입하는 기관으로서 간사(underwriter), 위탁자(broker), 인수자(dealer) 등의 유형이 있다. 간사는 주로 발행절차를 대행하며, 위탁자는 단순히 주식의 판매만 대행하는 역할을 담당한다. 그리고 인수자는 발행회사로부터 주식을 매입하여 판매하는 기관을 의미한다. 특히 인수자는 다른 발행기관과 달리 주식발행에 따르는 위험을 부담하게 된다. 그러므로 인수자의 경우 주식발행에 따르는 위험분산 및 주식의 판매를 용이하게 하기 위하여 일반적으로 여러 인수자가 공동으로 주식발행에 참여하게 되는데, 이를 인수단(syndicate)이라 한다. 인수단은 주간사회사와 공동간사회사로 구성된다. 투자자는 보통 개인투자자와 기관투자자로 구분된다. 기관투자자(institutional investor)는 개인투자자에 대비되는 투자자로서 법인형태의 투자자를 말하는데, 법인 중에서도 특별히 전문적인

발행시장의 구조 그림 2-1

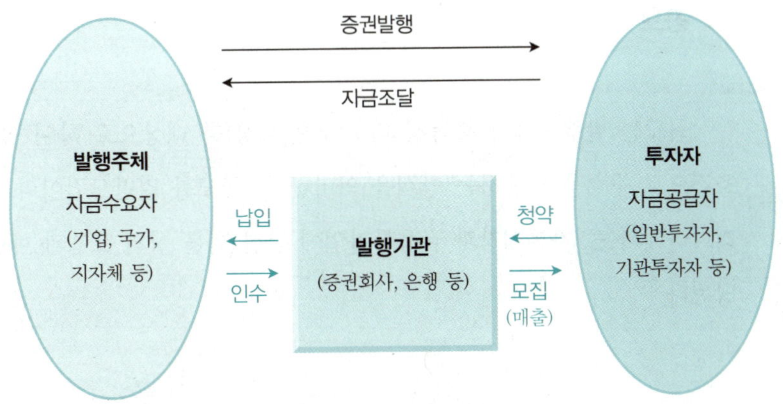

※ 검정색 실선은 직접발행, 천새 실선은 간접발행을 의미함.

증권투자를 통하여 자산운용을 하는 연기금, 투자신탁회사, 증권회사, 보험회사, 은행 등이 이에 해당된다. 이들 기관투자자는 투자금액이 크고 전문적인 투자를 행하기 때문에 증권시장에 미치는 영향이 날로 커지고 있으며, 이를 증시의 기관화 현상이라 한다.

2. 주식의 발행방법

주식은 발행시장을 통하여 신규로 창출되어 투자자에게 전달된다. 일반적으로 신규 주식의 발행을 모집이라고 한다. 일반적으로 주식의 발행은 증권회사의 인수업무와 연관되어 있으며, 주식의 발행방법은 주식의 수요자를 구하는 형태 및 발행기관의 개입 여부에 따라 다양하게 구분된다.

2.1 공모와 사모

주식의 발행은 어떤 수요자를 대상으로 이루어지느냐에 따라 공모(public offering)와 사모(private placement)로 나누어진다.

공모

공모는 발행주체가 불특정 다수(50인 이상)를 대상으로 하여 동일한 가격과 조건으로 주식을 발행하는 방식을 의미한다. 공모를 일반모집이라고도 하며, 우리나라에서는 '자본시장과 금융투자업에 관한 법률' 상의 모집과 매출이 이에 해당된다.[2]

---

2. 증권의 발행방법으로서 모집과 더불어 매출이 있는데, 매출은 모집과 달리 기존에 발행된 증권을 매각함으로써 투자자에게 증권이 전달된다는 면에서 차이를 지닌다.

사모

사모란 불특정 다수를 대상으로 하지 않고 소수의 특정인을 대상으로 주식을 발행하는 방식을 말한다.

2.2 직접발행과 간접발행

주식의 발행방법은 발행과정에서 발행기관의 개입 여부에 따라 직접발행과 간접발행으로 구분된다.

직접발행

직접발행은 발행주체가 스스로 발행과 관련된 사무를 담당할 뿐만 아니라 발행위험까지도 스스로 부담한다.[3] 그러므로 직접발행의 경우 발행주체가 증권발행에 관한 충분한 지식을 갖추고 있어야 하며, 발행예정인 주식을 모두 소화할 수 있는 능력이 있어야 한다. 만약 발행주체가 당초 설정된 발행예정액을 전액 판매하지 못할 경우 기업의 자금조달에 심각한 문제를 초래함으로써 위험에 직면할 수 있다.[4] 일반적으로 직접발행은 발행규모가 작거나 발행예정인 주식이 시장에서 쉽게 소화될 수 있는 경우에 적절하다. 그러나 최근 경제규모가 커지고 구조가 복잡해지는 상황에서 직접발행이 그리 많지 않은 실정이다. 우리나라에서는 공모에 의한 주식발행방식 중 자기모집이 직접발행의 한 형태에 속한다.

간접발행

간접발행은 발행주체인 발행회사가 전문적인 조직 및 경험을 가진 발행기관

3. 발행위험이란 당초 설정된 발행예정액이 전액 판매되지 못할 경우 초래될 수 있는 제반 문제를 말한다.
4. 발행예정액 중에서 미청약분이 발생할 경우 발행주체가 발행규모 축소 및 재모집 등의 추가적인 조치를 실시할 수 있다.

을 통하여 주식을 발행하는 방식이다. 간접발행방식 중에서 일부 발행방식은 발행기관이 주식발행에 따른 발행위험까지도 부담하게 되는 경우가 있으며, 발행기관의 위험부담 정도에 따라 모집주선, 잔액인수, 총액인수로 구분된다.

▪ 모집주선

모집주선(best-effort offering)은 발행주체가 주식발행에 따른 위험을 모두 부담하고 발행기관에게는 발행과 관련된 사무만 담당하게 하는 방법이다. 즉, 이는 주식발행에 대한 전문적인 지식을 가지고 있는 발행기관으로 하여금 발행사무를 시장상황에 맞추어 신속하게 처리하도록 하고, 만약 계약기간 내에 매출하지 못한 주식이 남아 있을 때에는 이를 발행주체에게 반환시킴으로써 발행위험을 발행주체가 부담하도록 하는 것이다. 우리나라에서는 모집주선을 위탁모집(offering on commitment)이라고도 한다.

▪ 잔액인수

잔액인수(stand-by agreement)는 발행기관이 발행주체를 대신하여 발행예정인 주식을 일정 기간 동안 위탁판매한 후, 매각되지 않고 남은 주식에 대해서는 사전에 정해진 가격으로 발행기관이 발행주체로부터 인수하여 자기책임 하에 투자자에게 매각하는 방법이다. 잔액인수는 모집주선과 달리 발행기관이 주식발행에 따른 위험의 일부를 부담한다는 면에서 구별된다. 우리나라에서는 잔액인수를 인수모집이라고도 한다.

▪ 총액인수

총액인수(firm commitment)는 발행기관이 발행예정인 주식의 전액을 자기명의로 인수하여 인수된 주식을 자기책임 하에 투자자에게 매각하는 방법이다. 만약 주식가격이 발행가격 이하로 떨어질 경우 이로 인해 초래되는 손실은 주식을 인수한 발행기관이 전적으로 부담하게 된다. 우리나라에서는 총액인수를 매입모집이라고 한다.

2.3 공개매출과 비공개매출

공개매출은 불특정 다수를 대상으로 균일한 조건에 의해 기발행된 증권을 매각하는 것이나, 비공개매출은 발행주체와 어떤 특별한 관계가 있는 소수의 특정인을 대상으로 기발행된 증권을 매각하는 것이다. 대주주가 소유하고 있는 주식을 일반투자자에게 매각하는 경우가 공개매출의 예에 해당된다.

공개매출은 발행기관의 개입 여부와 매출에 따른 위험을 누가 부담하는가에 따라 자기매출, 위탁매출, 인수매출로 나눌 수 있다. 자기매출은 발행주체가 매출 관련 사무와 매출에 따른 위험을 스스로 부담하는 방식이며, 위탁매출은 발행주체가 매출에 따른 위험을 부담하고 발행기관에게는 매출 관련 사무만 담당하게 하는 방식이다. 인수매출은 발행기관이 발행주체로부터 매출대상 주식을 전액 인수하여 불특정 다수에게 매각하는 형태로서, 매출사무 및 매출과 관련된 위험을 발행기관이 전적으로 부담하는 방식이다. 모집과 매출의 개념적 차이만 없다면 자기매출은 직접발행(자기모집), 위탁매출은 모집주선(위탁모집), 인수매출은 총액인수(매입모집)와 동일하다.

3. 기업공개

Investments & Security Analysis, Ch. Two

3.1 기업공개의 의의

기업공개(going public)는 일정한 요건을 갖춘 기업이 공모(모집, 매출)를 통하여 일반대중에게 발행주식을 분산시키고 기업의 재무내용 등 그 기업의 실체를 알리는 것이다.[5] 기업공개는 일부 주주가 소유하는 사적 기업(private firm)에서 다수의 일반투자자가 소유하는 공적 기업(public firm)으로 전환되는 과정으로서, 한

5. 한국금융투자협회 '증권 인수업무에 관한 규정' 제2조 제3호에서는 기업공개를 유가증권시장 또는 코스닥시장에 주권을 신규로 상장하거나 유가증권시장(코스닥시장)의 주권상장법인이 코스닥시장(유가증권시장)에 주권을 신규로 상장하기 위하여 행하는 공모라고 정의하고 있다.

국거래소에 주식을 상장하기 위한 사전 단계로 이해할 수 있다. 형식적 의미로서의 기업공개는 주식회사가 주식을 일반대중에게 분산시킴으로써 기업공개 그 자체로서의 요건을 갖추는 것이지만, 실질적으로는 소수의 대주주가 소유한 주식을 일반대중에게 분산시켜 증권시장을 통하여 주식을 자유롭게 거래될 수 있게 함으로써 자금조달을 원활하게 하는 한편, 소유와 경영을 분리하여 경영합리화를 도모하는 것이다.

3.2 기업공개의 방법

기업을 공개하는 방법은 신규 자금조달의 필요성 유 · 무에 따라 크게 모집과 매출로 구분한다. 모집은 기업이 투자에 필요한 자금을 조달할 때 기존 주주들의 신주인수권을 포기하게 하고 신주를 발행하여 일반투자자에게 판매하는 방법이며, 매출은 기업이 충분한 자금을 가지고 있어서 더이상 자금조달이 필요 없는 경우 기존 주주들이 소유하고 있는 주식을 일반투자자에게 매각하는 방법이다.

실무에서는 기업들이 자금조달 규모에 따라 모집, 매출, 또는 모집과 매출을 병행하는 방법을 선택적으로 활용하여 기업을 공개하고 있다. 한편, 발행주식을 최초로 일반투자자에게 공모하는 것을 최초공모(initial public offerings ; IPO)라 하고, 이때 발행되는 주식을 최초공모주라고 한다.

신주의 모집

신주의 모집은 기업에서 새로운 자금이 필요한 경우에 주식을 신규로 발행하여 일반투자자로부터 공모하는 방법을 말한다. 이는 당해 기업의 신규 발행주식 전량을 발행기관이 인수하여 일반대중에게 매출하고, 발행주체는 납입 시에 증자금액 전액을 인수하여 자본을 변경하는 식으로 이루어진다.

구주의 매출

구주의 매출은 기존의 대주주들이 소유하고 있는 기발행주식의 일부를 일반대중에게 공개적으로 매출하여 기업을 공개하는 방법이다.

모집과 매출의 병행

신주의 모집과 구주의 매출을 병행하는 방법은 신규 자금조달의 필요성이 있으나, 그에 따른 신주공모만으로는 주식상장에 필요한 주식분산요건을 충족시킬 수 없는 경우에 이용된다.

모집설립

모집설립은 회사설립 후 즉시 상장법인이 되는 경우로서, 발기인이 회사설립 시 발행하는 주식의 총수 중 일부를 인수하고 그 나머지 주식을 일반대중으로부터 공모하는 방법이다.

4. 주식발행의 유형

발행시장에서 주식이 발행되는 유형에 대하여 살펴보면 다음과 같다.

4.1 유상증자

유상증자는 주주들의 주금납입을 통해 기업의 자본금을 증가시키는 것으로서 신주의 발행이 수반된다. 기업이 유상증자를 통하여 필요한 자본을 조달할 경우, 발행되는 주식은 단순한 자금조달의 수단이란 차원을 넘어서 경영권의 재분배라는 중대한 부수적인 결과를 가져오게 된다. 그러므로 신주를 발행하는 경우 이를 누구에게 판매할 것인가 하는 문제는 매우 중요하다. 발행되는 신주를 인수할 수 있는 권리, 즉 신주인수권(preemptive right)을 기존 주주 또는 일반투자자에게 부여할 수 있다. 그러나 우리나라의 경우 신주발행에 있어서 가장 직접적인 이해관계자인 기존 주주에게 우선적으로 신주를 할당하고, 기존 주주가 배정된 주식을 인수하지 않아서 발생되는 실권주에 대해서만 일반공모를 실시한다. 이처럼 기존 주주에게 신주인수권을 우선적으로 부여하는 것은 그들의 의결권 및 재산권을 보호하는 데 그 목적이 있다.

4.2 무상증자

무상증자는 주주들의 실질적인 주금의 납입 없이 기업의 자본잉여금, 이익잉여금 중 이익준비금 등을 자본금으로 전입할 때 기존 주주에게 무상으로 주식을 발행하는 것을 의미한다. 다시 말해서, 무상증자는 자본잉여금, 이익준비금, 기업합리화적립금, 상장법인의 재무구조개선적립금 등 법정준비금을 자본에 전입하고 증가된 자본금에 해당하는 만큼의 신주를 발행하는 것이다. 따라서 무상증자는 회계상 자본계정 간의 변동만 있을 뿐 실질적인 자본조달이 이루어지는 것이 아니기 때문에 기업의 자산가치의 변동이 없고 발행주식 수만 증가하는 것이다.

4.3 주식배당

주식배당은 기업의 영업성과에 따라 발생한 이익잉여금을 자본으로 전환하는 것으로, 기업의 이익을 주주에게 현금으로 배당하는 대신 신주를 발행하여 배당하는 것이다. 그리고 주식배당은 사외로 유출될 자금을 자본화시켜 주식으로 지급하기 때문에 이익의 자본화라고도 한다.

4.4 전환사채의 주식전환

전환사채권자가 전환권을 행사하여 사채를 주식으로 전환시킴으로써 주식을 발행하는 경우 전환액에 상당하는 부채가 감소하고 자본이 증가하나 자산은 변화하지 않는다.

4.5 신주인수권부사채의 신주인수권 행사

신주인수권부사채권자가 신주인수권을 행사하는 경우 신주를 발행하게 되며, 전환사채와는 달리 신주인수권이 행사된 후에도 사채가 존속됨을 유의해야 한다. 신주인수권을 사채와 분리하여 유통이 가능한 분리형 신주인수권부사채의 발행도 허용되어 있다.

4.6 합병

합병을 할 때 존속하는 회사가 소멸하는 회사의 주주에게 신주를 발행하여 교부하게 되는데, 그 배정에 관한 사항은 합병계약서에 기재되어 추후 주주총회의 승인을 받아야 한다.

4.7 주식분할과 주식병합

주식분할(stock split)은 자본이나 재산을 변경시키지 아니하고 기존의 주식을 세분화하여 발행주식 수를 증가시키는 절차이다. 주식분할에 의하여 발행되는 주식은 각 주주의 지분율에 따라 배분되므로 주주의 실질적인 지위에는 아무런 변화가 없다.

한편, 주식병합(reverse stock split)은 주식분할과 반대되는 개념으로서 기업의 발행주식 수가 감소하고 1주의 금액이 변경되며, 주주의 권리는 단주에 의하여 소멸되지 않는 한 병합 후의 신주식에 존속하게 된다. 주식병합에 따른 지분의 변동은 없으나 1주의 금액이 변경된 신주식을 발행하여 교부하게 된다.

4.8 기업공개

앞의 절에서 살펴본 바와 같이 기업공개 시에도 주식의 발행이 이루어진다.

5. 채권의 발행

주식과 마찬가지로 채권 역시 발행시장을 통하여 신규로 창출된다. 채권의 발행시장은 발행대상 증권이 채권이라는 점을 제외하고는 주식의 발행시장과 유사하다. 채권발행시장은 발행주체(정부, 지방자치단체, 금융기관, 기업 등), 투자자(개인, 금융기관 등), 채권발행업무를 담당하는 발행기관 등으로 구성된다. 여기에서는 채권의 발행방법과 상장현황에 대하여 살펴보고자 한다.

5.1 채권의 발행방법

채권의 발행방법은 앞서 소개한 주식의 발행방법을 준용한다. 채권의 발행방법은 채권을 발행하는 대상을 기준으로 공모와 사모로 나누어지고, 공모는 추가적으로 자기모집, 모집주선, 잔액인수, 총액인수 등의 방식으로 구분된다.

회사채는 주로 총액인수에 의한 공모방식으로 발행된다. 국채의 발행은 은행, 증권회사 등이 인수단을 구성하여 공동으로 인수하는 인수발행, 정부가 현금 대신 국채를 발행하여 채권자에게 교부하는 교부발행, 증권회사를 통하여 일반투자자에게 매출하는 공모발행 등으로 구분된다.

5.2 채권의 상장현황

우리나라에서 상장된 채권의 현황은 〈표 2-1〉과 같다. 2021년 11월 11일 현재 상장된 국채는 약 923조원, 지방채는 약 26조원에 달한다. 그리고 특수채와 회사채의 상장규모는 각각 약 725조원과 약 555조원에 이른다.

표 2-1 **채권 상장현황**(2021년 11월 11일 현재)

구분		발행기관 수	종목 수	상장잔액(백만원)	비율(%)
국채		1	138	923,082,107	41.40
지방채		20	1,372	26,010,668	1.17
특수채	통화안정증권	1	39	144,940,000	6.50
	금융특수채	5	1,043	222,393,410	9.98
	비금융특수채	30	3,020	346,478,265	15.54
	지방공사채(A타입)	22	187	10,994,212	0.49
	소계	58	4,289	724,805,887	32.51
회사채	일반사채	567	3,830	295,027,118	13.23
	금융회사채	49	5,527	260,391,796	11.68
	지방공사채(B타입)	0	0	0	0.00
	소계	616	9,357	555,418,914	24.91
외국채권		1	4	170,000	0.01
합계		696	15,160	2,229,487,576	100.00

주 : '자본시장법'에 따른 채권분류 체계의 개편으로 기존에 특수채로 분류되던 금융채(은행채, 여전채, 종금채, 기타금융채)는 '자본시장법' 시행 후 회사채 중 금융회사채로 재분류됨.

자료 : 한국거래소, 『증권시장지』

6. 증권회사와 증권 관련 기관

Investments & Security Analysis, Ch. Two

6.1 증권회사

증권회사는 유가증권의 발행 및 유통에 관한 사무를 담당하는 증권업자로서, 증권을 발행하는 기업과 일반투자자의 중간에서 자금조달과 일반대중의 증권투자를 중개하는 회사이다. 유가증권을 발행하는 기업이나 정부가 직접 발행증권을 일반투자자에게 판매하는 것은 전문적인 지식이나 경험 등의 부족으로 어려움이 따른다. 따라서 증권회사가 발행주체를 대신하여 발행시장업무를 수행한다. 한편, 증권회사는 유통시장업무와 국제시장업무도 담당한다.

증권회사의 업무

▪ 발행시장업무

증권회사의 발행시장업무는 증권회사가 그 발행증권을 처리하는 형태에 따라 유가증권의 인수, 모집 및 매출업무로 구분된다. 유가증권의 인수란 기업이 증권을 발행할 때 그 증권을 증권회사가 자신의 명의로 취득하여 일반인에게 판매하는 것이다. 유가증권의 모집이란 증권회사가 인수하지 않고 새로 발행되는 유가증권을 발행주체를 대신하여 일반인에게 사도록 권유하는 것을 말한다. 그리고 유가증권의 매출이라 함은 이미 발행되어 있는 유가증권을 팔거나 사도록 권유하는 것이다.

▪ 유통시장업무

증권회사의 유통시장업무로는 자기매매와 위탁매매 등이 있다. 자기매매란 증권회사가 자신의 이익을 위하여 다른 투자자와 똑같이 유가증권을 사고파는 것이다. 증권회사는 직접 투자함으로써 유가증권 매매가 원활하게 이루어지도록 한다. 위탁매매란 증권회사가 투자자로부터 주문을 위탁받은 경우 그 주문을 낸 사람을 대신하여 매매하는 것을 말한다.

▪ 국제업무

국제업무란 증권회사가 국제자본시장에 직접 참여하는 업무를 말한다. 예를 들어, 국내 기업이 해외에서 증권을 발행하는 경우 증권발행과 관련된 제반 업무를 증권회사가 주도적으로 행한 후 발행수수료를 받거나, 국내 기업이나 해외 기업이 국제자본시장에서 발행하는 증권을 전부 또는 일부 인수하여 다른 금융기관에 매출을 하거나, 또한 외국의 증권시장에서 직접 증권거래를 할 수 있다.

국내 증권회사의 현황

우리나라 주요 증권사의 홈페이지 주소는 〈표 2-2〉와 같다.

표 2-2 주요 증권사 홈페이지 주소

회사명	홈페이지 주소
삼성증권	https://www.samsungpop.com
신한금융투자	https://www.shinhaninvest.com
KB증권	https://www.kbsec.com
미래에셋대우	https://www.miraeassetdaewoo.com
한화증권	https://www.hanwhawm.com
한국투자증권	https://www.truefriend.com
교보증권	https://www.iprovest.com
NH투자증권	https://www.nhqv.com
유안타증권	https://www.myasset.com
동부증권	https://www.dongbuhappy.com
대신증권	https://www.daishin.co.kr
SK증권	https://www.sks.co.kr
키움증권	https://www.kiwoom.com

6.2 증권 관련 기관

증권선물거래소, 증권회사 이외에도 증권시장과 밀접하게 관련된 여러 조직이 존재한다. 다음은 증권 관련 기관에 대하여 간략하게 살펴보고자 한다.

금융위원회

금융위원회는 금융산업의 선진화와 금융시장의 안정을 꾀하고, 건전한 신용질서와 공정한 금융거래관행을 확립하기 위하여 설립된 행정기관이다. 2008년 2월 '금융감독기구의 설치 등에 관한 법률' 이 '금융위원회의 설치 등에 관한 법률' 로 개정됨에 따라 금융감독위원회가 금융위원회로 개편되었다. 개편 결과, 과거 금융감독위원회의 감독정책기능과 재정경제부의 금융정책기능이 모두 금융위원회로 이관됨으로써, 금융위원회가 금융분야 최고의사결정기구가 되었다. 그리고 과거 금융감독위원회의 수장(금융감독위원장)이 금융감독원의 수장(금융감독원장)을 겸임

하던 체제는 법 개정에 따라 금융위원회와 금융감독원의 수장을 각각 따로 두는 체제로 변경되었다.

금융위원회의 위원은 위원장, 부위원장과 기획재정부 차관, 한국은행 부총재, 예금보험공사 사장, 금융감독원 원장, 금융위원장 추천 2인, 대한상공회의소 회장 추천 1인 등 총 9명으로 구성된다. 금융위원회의 수장인 금융위원장은 국무회의의 심의를 거쳐 대통령이 임명한다. 금융위원장은 금융위원회를 대표하며 회의를 주재하고 사무를 총괄한다. 금융위원회는 금융 관련 주요사항을 심의하고, 재적위원 과반수의 출석과 출석위원 과반수의 찬성으로 의결한다.

증권선물위원회

증권선물위원회는 자본시장의 불공정거래 조사와 금융위원회가 수행하는 주요사항 등을 사전심의하기 위한 기구이다. 증권선물위원회는 1998년 4월 금융감독위원회 설립과 동시에 발족한 금융감독위원회 내부 기구로 시작해 2008년 금융감독위원회의 금융위원회로 통합·변경되어 금융위원회의 소속이 되었다. 위원장은 금융위원회 부위원장이 겸임하고 있으며 상임위원 1명, 금융위원장이 추천한 3인 등 총 5인으로 구성된다. 증권선물위원회의 회의는 3인 이상의 찬성으로 의결하며, 주요 업무는 다음과 같다.

- 자본시장의 불공정거래 조사
- 기업회계의 기준 및 회계감리에 관한 업무
- 자본시장의 관리·감독 및 감시 등을 위하여 금융위원회로부터 위임받은 업무
- 기타 다른 법령에서 증권선물위원회에 부여한 업무

한국예탁결제원

한국예탁결제원은 증권예탁결제제도를 가능하도록 하는 중추적인 기관이다. 증권예탁결제제도는 증권의 매매거래에 수반되는 유가증권을 실물에 의하지 않고

매수자와 매도자의 계좌 간에 대체시킴으로써 결제를 완료하는 제도이다. 이러한 제도는 신속한 결제의 이행과 증권시장의 안정성을 확보하는 데 중요한 요소가 된다.

한국금융투자협회

한국금융투자협회는 대한민국의 금융기관 상호 간의 업무질서 유지 및 공정한 거래를 확립하고 투자자를 보호하며 금융투자업의 건전한 발전을 위해 설립된 법인 단체이다. 한국금융투자협회는 2009년 2월부터 시행된 '자본시장과 금융투자업에 관한 법률' 에 의해 설치가 의무화된 기관으로서 기존의 한국증권업협회, 자산운용협회, 선물협회 등이 합병되어 설립되었다. 금융투자협회의 회원이 될 수 있는 자는 금융투자업자, 그 밖에 금융투자업과 관련된 업무를 영위하는 자로서 대한민국 대통령령으로 정하는 자로 한다. 한국금융투자협회에서 담당하는 주요 업무는 다음과 같다.

- 회원 간의 건전한 영업질서 유지 및 투자자보호를 위한 자율규제업무
- 회원의 영업행위와 관련된 분쟁의 자율조정에 관한 업무
- 투자권유자문인력, 조사분석인력, 투자운용인력 등의 등록 및 관리에 관한 업무
- 증권시장에 상장되지 아니한 주권의 장외매매거래에 관한 업무
- 금융투자업 관련 제도의 조사 · 연구에 관한 업무
- 투자자 교육 및 이를 위한 재단의 설립 · 운영에 관한 업무
- 금융투자업 관련 연수업무
- 자본시장과 금융투자업에 관한 법률 또는 다른 법령에 따라 위탁받은 업무

코스콤

한국증권전산㈜의 새 이름인 코스콤㈜(Koscom)은 증권시장과 증권업계 업무의 전산화를 전담하기 위해 1977년에 설립된 회사로서, 업계 IT 인프라의 구축

및 운용을 통해 증권선물시장의 발전을 견인하는 금융 IT 솔루션 전문회사이다. 코스콤은 1988년 국내 최초의 주식매매시스템을 개발하여 가동시켰으며, 1996년과 1997년에는 KOSPI200 지수 선물 · 옵션시장의 개설에 따라 해당 시장의 매매시스템을 개발하여 가동하였다. 이와 같이 코스콤은 새로운 증권시장 개설과 시장제도 변경에 따른 전산시스템 구축 및 수정 · 보완 등의 업무를 담당하고 있다.

한국상장회사협의회

한국상장회사협의회는 1973년 12월 18일 상장회사 100개사 돌파를 계기로 증권시장에 상장되어 있는 주식발행인인 상장회사를 회원으로 하여 설립된 비영리 사단법인으로서, 상장회사의 권익옹호와 친목을 도모하고 투자자를 보호함으로써 자본시장 발전에 기여하기 위하여 설립되었으며, 1997년 4월 증권거래법에 의해 증권 관련 단체로 전환되었다. 주요 사업으로는 다음과 같다.

- 상장회사 기업내용 공시 및 IR에 관한 사업
- 상장회사 증자 · 배당정책 협의와 지도에 관한 사업
- 상장회사 관련 업무지원을 위한 교육 및 연수에 관한 사업
- 상장회사 관련 제도와 업무의 개선 · 통일에 관한 사업
- 상장회사 자료전산화에 관한 사업
- 상장회사 업무 관련 전문인력 양성 및 자격인증 등에 관한 사업
- 등록법인과 외부감사대상 법인에 대한 제업무의 지도에 관한 사업

증권투자 Tip

IR (investor relation)

IR은 좁게는 주가에 긍정적인 영향을 주기 위해 기업이 투자자를 대상으로 펼치는 홍보활동을 말하며, 넓게는 기업이 투자자와의 관계에서 신뢰를 쌓아가는 모든 활동을 지칭한다. IR 과정에서 기업은 투자자가 필요로 하는 기업실적과 앞으로의 전망 등을 제공하게 된다. IR이 PR(public relation)과 다른 점은 강점과 함께 약점도 공개함으로써 투자자의 이해와 협조를 적극적으로 구한다는 것이다.

중요 용어

발행시장 (40)
발행주체 (41)
발행기관 (41)
기관투자자 (41)
공모 (42)
사모 (43)
직접발행 (43)
간접발행 (43)
모집주선 (44)
잔액인수 (44)
총액인수 (44)
공개매출 (45)
비공개매출 (45)
기업공개 (45)
유상증자 (47)
무상증자 (48)
주식배당 (48)
주식분할 (49)
주식병합 (49)
증권회사 (51)
금융위원회 (53)
증권선물위원회 (54)
한국예탁결제원 (54)
증권예탁결제제도 (54)
한국금융투자협회 (55)
코스콤㈜ (55)
한국상장회사협의회 (56)

사례연구 2-1

'야누스 얼굴' 공모주, 수익률 항상 대박 아니다

지난해부터 역대급 우량 비상장사들이 연달아 기업공개(IPO)를 통해 상장하면서 증시에는 공모주 열풍이 불고 있다. 코스피와 코스닥 시장의 신규상장 기업 수는 지난해 70개를 기록했고, 올해는 80개의 기업이 증시에 등장할 것으로 전망된다.

지난해 IPO 공모금액은 5조 9,000억원으로 최근 3년 중 최고치를 기록했다. 하이브(9,625억원)와 SK바이오팜(9,593억원), 카카오게임즈(3,840억원) 등 대어급 기업들이 잇달아 IPO를 진행한 영향이 컸다. 또 IPO에 나선 대어급 기업들의 상당수가 '따상'(첫 거래일에 공모가 대비 두 배로 시초가가 형성된 뒤 가격 제한폭(±30%)까지 올라 마감하는 것)을 기록하며 공모주 투자자들이 큰 수익률을 거두는 사례가 늘었다.

연도별 공모금액

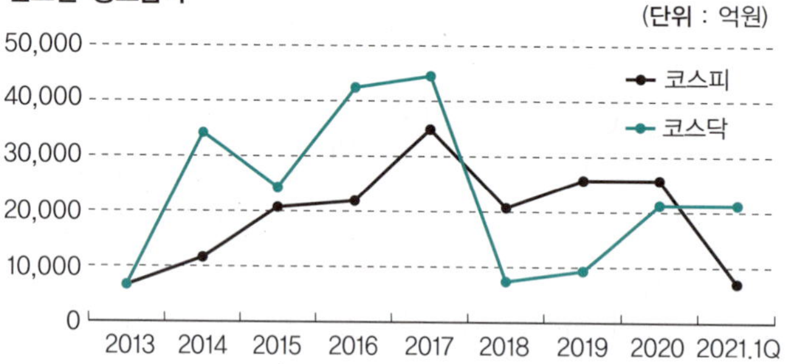

이에 따라 공모주 경쟁률은 천정부지로 치솟고 공모가가 상단을 뚫는 경우도 어렵지 않게 볼 수 있다. 다만 강한 유동성에 힘입어 공모주가 고평가되는 상황은 경계해야 한다는 지적도 나온다. 공모주 투자가 과열된 상황에서 고평가된 기업들이 상장 후 주가 모멘텀을 지속할지는 확신할 수 없기 때문이다.

대어급 IPO에 균등배분 도입 … 개인 자금 유입 '봇물'

지난해 공모주 일반청약 경쟁률은 평균 955:1로 사상 최대치를 기록했다. 과거 2017년부터 2019년까지 3년간 경쟁률은 각각 588:1, 554:1, 413:1 등이었다. 작년 경쟁률이 높았던 배경으로는 ▲ SK바이오팜의 높은 수익률 이후 일반투자자의 IPO 공모 시장에 관심 집중, ▲ 빅히트, 카카오게임즈 등 대어급 IPO 지속, ▲ 개인투자자의 증시 자금 유입 등으로 요약된다. 70개 상장기업 중 33개(43.7%) 기업이 1,000:1 이상의 청약 경쟁률을 기록했다.

지난해 역대급 청약경쟁률을 기록한 카카오게임즈는 1,524:1에 달했고, 공모주 1주를 받기 위해 필요한 증거금은 2,400만원이었다. 증거금이 많을수록 배정받는 공모주 수량도 늘어나는 방식이었기 때문에 공모주 청약은 기관과 고액 자산가의 놀이터라 해도 과언이 아니었다.

기울어진 운동장이었던 공모주 청약 제도가 바뀌었다. 개인투자자들의 공모주 투자 접근성을 높이기 위해 '균등배분' 방식이 도입됐다. 증거금이 많을수록 배정받는 공모주 수량도 늘어나는 비례방식이 아닌, 일반청약자 배정 물량의 일부를 모든 청약자에게 동일하게 배정하는 방식이다. 청약 문턱이 낮아진 만큼 올해 1분기 IPO 시장은 역대급 규모를 보였다. 지난해 코스피 공모금액은 약 2조 1,000억원 수준이었는데, 올해는 1분기에만 2조원을 넘어섰다. SK바이오사이언스는 청약증거금만 63조원을 모집하며 기존 카카오게임즈(약 59조원)의 기록을 돌파했다. 최근 청약이 이뤄진 SK아이이테크놀로지(SKIET)는 증거금만 약 81조원으로 공모 청약 시장의 기록을 새로 썼다.

금융투자업계 관계자는 "올해 연간 기준 사상 최대 수준의 공모금액을 달성할 가능성이 높다"며 "크래프톤, 카카오페이, 카카오뱅크, LG에너지솔루션 등 대어급 신규상장 기업들이 여전히 많이 남아 있는 상황"이라고 밝혔다.

공모주 열풍, 수익률도 대박일까?

지난해부터 공모 청약 경쟁률이 예년에 비해 월등히 높은 수준을 보이는 것은 IPO 시장에서 개인

1~4월 공모주 주가 및 수익률(5월 4일 종가 기준) (단위 : 원)

기업명	상장일	공모가	시초가	첫날 종가	5월 4일 종가	수익률	
						공모가 대비	시초가 대비
엔비티	2021. 1. 21	19,000	38,000	36,500	28,850	51.8%	-24.1%
선진뷰티사이언스	2021. 1. 27	11,500	23,000	29,900	19,200	67.0%	-16.5%
모비릭스	2021. 1. 28	14,000	28,000	36,400	21,350	52.5%	-23.8%
씨엔투스성진	2021. 1. 28	32,000	31,700	28,700	20,450	-36.1%	-35.5%
핑거	2021. 1. 29	16,000	32,000	29,100	20,300	26.9%	-36.6%
솔루엠	2021. 2. 2	17,000	34,000	29,150	24,050	41.5%	-29.3%
레인보우로보틱스	2021. 2. 3	10,000	20,000	26,000	23,000	130.0%	15.0%
와이더플래닛	2021. 2. 3	16,000	24,900	20,000	21,250	32.8%	-14.7%
아이퀘스트	2021. 2. 5	11,000	22,000	20,000	14,350	30.5%	-34.8%
프레스티지바이오파마	2021. 2. 5	32,000	28,800	32,800	30,150	-5.8%	4.7%
피엔에이치테크	2021. 2. 10	18,000	20,500	23,850	24,100	33.9%	17.6%
오로스테크놀로지	2021. 2. 16	21,000	42,000	54,600	42,100	100.5%	0.2%
씨이랩	2021. 2. 24	35,000	46,600	40,800	41,200	17.7%	-11.6%
유일에너테크	2021. 2. 25	16,000	32,000	34,500	20,300	26.9%	-36.6%
뷰노	2021. 2. 26	21,000	32,900	32,150	22,000	4.8%	-33.1%
나노씨엠에스	2021. 3. 9	20,000	33,000	23,950	16,200	-19.0%	-50.9%
프레스티지바이오로직스	2021. 3. 11	12,400	12,100	14,300	15,550	25.4%	28.5%
싸이버원	2021. 3. 11	9,500	18,000	21,200	16,350	72.1%	-9.2%
네오이뮨텍	2021. 3. 16	7,500	15,000	14,350	12,250	63.3%	-18.3%
바이오다인	2021. 3. 17	30,000	40,000	42,600	53,000	76.7%	32.5%
SK바이오사이언스	2021. 3. 18	65,000	130,000	169,000	158,500	143.8%	21.9%
라이프시맨틱스	2021. 3. 23	12,500	25,000	17,500	11,350	-9.2%	-54.6%
제노코	2021. 3. 24	36,000	65,000	80,100	50,300	39.7%	-22.6%
자이언트스텝	2021. 3. 24	11,000	22,000	28,600	39,400	258.2%	79.1%
엔시스	2021. 4. 1	19,000	38,000	31,400	21,700	14.2%	-42.9%
이삭엔지니어링	2021. 4. 21	11,500	23,000	26,150	18,300	59.1%	-20.4%
해성티피씨	2021. 4. 21	13,000	26,000	33,800	23,200	78.5%	-10.8%
쿠콘	2021. 4. 28	45,000	80,000	65,500	58,000	28.9%	-27.5%

출처 : 한국거래소

투자자들이 급격히 증가한 탓이다. 직접적인 원인은 역시 '수익률'이다. 공모주의 상장 첫날 수익률은 지난해 3분기 평균 49%를 기록했다. 문제는 단기 수익률만 좇는 투자자가 급증하고 있다는 점이다. 거듭되는 공모주의 상장 첫날 주가 급등을 당연한 현상으로 받아들이는 현상이 일고 있다는 지적이다.

공모주에 대해 막연히 높은 수익률을 기대하거나 주위의 투자 결정을 따르는 개인투자자들이 늘어날수록 공모주의 주가가 기업의 본질 가치보다 과도하게 높아지는 역효과로 이어질 수 있다. 실제로 최근 상장 첫날 높은 시초가를 형성한 뒤 차익실현 매물이 쏟아지면서 주가가 급락하는 사례가 늘고 있다. 대표적인 사례로 빅히트 엔터테인먼트(현 하이브)가 꼽힌다. 시초가가 공모가(13만 5,000원)의 두 배인 27만원으로 상장됐지만 당일 종가는 25만 8,000원으로 1만 2,000원(-4.4%) 하락 마감했고, 이후 14만원대까지 떨어졌다. 지난 4일 주가는 23만 9,500원(종가 기준)으로 시초가를 하회 중이다.

올해 상장한 공모주들은 어떨까? 4월까지 총 28개 사(코스피 3곳, 코스닥 25곳)가 상장했고, 절반이 넘는 16곳이 시초가가 공모가의 2배를 형성했다. 장 시작과 함께 100% 수익을 안게 된 것이다. 또한 7곳은 '따상'을 기록하여, 공모 청약을 통해 하루 만에 총 160%의 수익을 거둘 수 있었다. 이들 7곳은 각각 선진뷰티사이언스와 모비릭스, 레인보우로보틱스, 씨이랩, SK바이오사이언스, 자이언트스텝, 해성티피씨 등이다. 다만 모든 공모주가 따상을 기록하는 것은 아니다. 오히려 시초가가 공모가보다 낮게 형성된 곳도 있다. 지난 1월 28일 상장한 씨앤투스성진의 경우 시초가가 공모가(3만 2,000원)보다 0.9% 낮은 3만 1,700원에 첫 장을 시작했고, 당일 종가는 2만 8,700원으로 하락했다. 프레스티지바이오파마와 프레스티지바이오로직스 두 곳도 시초가가 공모가보다 각각 10.0%, 2.4% 낮게 출발한 바 있다.

현재 주가가 공모가를 하회하는 곳은 4곳이다. 위에서 언급한 씨앤투스성진(-36.1%)을 비롯해 프레스티지바이오파마(-5.8%), 나노씨엠에스(-19.0%), 라이프시맨틱스(-9.2%) 등이다. 현재 주가를 시초가와 비교하면 결과는 좀 처참하다. 28곳 중 20곳(71.4%)이 시초가보다 낮은 상태다. 라이프시맨틱스(-54.6%)와 나노씨엠에스(-50.9%)는 시초가 대비 절반 수준으로 주가가 떨어졌다. 이 외에도 20곳 중 1곳을 제외한 19곳이 모두 두 자릿수 하락률을 기록했다.

나승두 SK증권 연구원은 "균등배분 제도 도입으로 상장 직후 차익실현을 노리는 투자자들의 유입이 많아져 상장 직후 수익률이 떨어지고 있다"며 "희망 공모가 밴드 상단을 초과해 공모가를 확정할수록 상장 직후 수익률에는 부정적"이라고 분석했다.

이석훈 자본시장연구원 선임연구위원은 'IPO 시장의 개인투자자 증가와 적정 공모가의 중요성' 보고서를 통해 "공모주 수익률만 바라보고 투자하는 개인들은 시장상황에 따라 시장에 일시적으로 몰리기도 하지만 한꺼번에 빠져나가는 경우도 많다"고 밝혔다. 또한 "IPO 시장에서 개인투자자들은 공모주 청약뿐만 아니라 상장 직후 공모주의 거래에서도 상당한 비중을 차지하고 있다"며 "최근 IPO 시장에서 개인투자자들의 참여가 증가하면서 시장이 활성화되는 긍정적 영향이 기대되지만 시장이 과열되거나 냉각될 수 있는 위험도 커질 것"이라고 덧붙였다. 이에 따라 적정한 공모가의 형성이 매우 중요하다고 강조했다.

출처 : 이코노믹리뷰(2021년 5월 8일) 수정

사례연구 2-2 ESG에 속도 올리는 증권사

증권업계에도 ESG(Environmental · Social · Governance, 환경 · 사회 · 지배구조)가 필수불가결한 요소로 다가오고 있다. 글로벌 투자은행과 자산운용사가 자금운용에 ESG를 핵심 투자지표로 삼고 있기 때문이다. 이에 맞춰 대형 증권사는 물론 중 · 소형 증권사들도 경영 패러다임을 바꾸고 있다. 브로커리지 수익에 의존하던 기존 구조를 IB로 변신하려는 전략의 중심에도 ESG는 주요 키워드다. 증권사들이 ESG를 중심으로 변화하는 투자전략을 조망한다.

지난해부터 ESG 경영과 투자 요구가 확산되면서 증권가에도 ESG 열풍이 불고 있다. 국내 증권사들은 발 빠르게 경영과 투자, 채권발행 등에서 ESG를 도입, 접목하기 시작하는 등 활발한 움직임을 보이고 있다. 증권사 최고경영자(CEO)들도 ESG 경영을 강조하며 조직개편은 물론 ESG 채권 발행에도 의욕적으로 나서는 등 강한 의지를 드러내고 있다.

ESG위원회 신설 등 조직개편 '급물살'

가장 먼저 변화를 보인 부분은 '조직개편'이다. ESG에 대한 중요성이 커지다 보니 별도 전담조직 신설이 필요해진 까닭이다.

현재 주요 증권사 중 ESG위원회를 꾸리고 지속가능경영을 추진하고 있는 곳은 미래에셋증권, 삼성증권, KB증권, 한국투자증권, 교보증권, 한화투자증권, KTB투자증권 등이다. ESG위원회는 기업의 ESG 전략 및 정책을 수립하고 이행 내역을 관리하는 이사회 산하 최고 의사결정기구로, ESG 경영이 중요 화두로 떠오르면서 증권사들도 위원회 설립을 서두르고 있는 것이다.

미래에셋증권은 지난 3월 주주총회를 통해 이사회 내 지속가능경영을 위한 최고 의사결정기구로 'ESG위원회'를 설치했다. 위원회 설립 후 3월 30일 열린 첫 회의에서는 ESG 경영 미션과 중장기 전략 방향을 담은 'ESG 정책 프레임워크'와 투자 시 유의 및 배제 영역을 설정함으로써 환경과 사회 리스크 관리에 대한 기준 및 이행 프로세스를 포함한 '사회 환경 정책 선언문' 등 2개 안건을 결의했다. 또 ESG 경영과제의 체계적인 추진 및 이행을 위해 ESG위원회, ESG임원협의회, ESG실무협의회, ESG 추진팀 등 총 4단계 거버넌스 체계를 구축해 운영하고 있다.

삼성증권도 지난 5월 장석훈 삼성증권 사장, 장범식 숭실대 총장, 이영섭 서울대 교수 등 사내이사 1명과 사외이사 2명으로 구성된 ESG위원회를 신설했고 내부 의사결정을 신속하게 수행할 ESG임원협의체도 구성했다.

삼성증권은 지난해 11월 삼성그룹 금융 관계사와

함께 '탈(脫) 석탄 선언'을 시작으로 ESG 경영전략 강화 행보를 본격화했고, ESG연구소 설립, 글로벌 ESG 평가기관인 모건스탠리캐피털인터내셔널(MSCI)과의 전략적 제휴 등 ESG 관련 역량 강화에 나서고 있다.

삼성증권 관계자는 "ESG는 기업의 지속가능한 경영 역량을 평가하는 기준으로 빠르게 자리 잡고 있다"며 "ESG위원회가 '뉴노멀'을 사내 문화로까지 정착시킬 수 있는 계기가 될 수 있도록 위원회 소임을 다할 것"이라고 밝혔다.

한국투자증권 역시 5월 이사회 산하 ESG위원회를 신설하며 ESG 경영과 관련해 일관성 있고 체계적인 정책을 펼치는 것은 물론, 사회적 가치 창출을 선도하는 금융회사로 자리매김할 각오를 밝혔다.

한국투자증권은 ESG위원회를 통해 ▲ 친환경 기업 투자, ▲ ESG 관련 채권 인수 및 상품 출시, ▲ 동반성장 및 상생가치 실현, ▲ 포용적 금융 및 사회공헌 확대, ▲ 지배구조 우수기업 상품 개발 및 투자 등 ESG와 관련한 다양한 사업을 효과적으로 추진할 계획이다.

NH투자증권도 전사 단위 협의 조직인 ESG협의회를 운영 중이다. 지난해에는 ESG 총괄 전담부서를 지정하기도 했으며 국내 증권사 중 처음으로 ESG 리포트와 ESG 인덱스 개발 등을 선보인 바 있다.

SK증권은 기존 대외협력단과 기후금융본부를 통해 개별적으로 진행하던 ESG 활동의 전문성을 높이고 범위를 확대하기 위해 ESG부문을 새로 출범시켰으며, 지난달에는 해당 부문 산하에 ESG금융본부를 신설하며 기존 기후금융본부와 함께 2개 본부 체제로 확대 개편했다.

리서치센터 역할 재조명

증권사의 리서치센터를 활용한 ESG 활동도 가시적이다. 이는 ESG를 접목한 새로운 투자 관점을 기업분석 등에 반영시키기 위함이다.

가장 돋보이는 곳은 삼성증권이다. 지난해 11월 국내에서 처음으로 리서치센터 산하에 ESG연구소를 별도로 설립해 ESG 관련 자문 및 전략 발굴에 선제적으로 나서고 있다. 윤석모 삼성증권 리서치센터장이 이끌고 있는 ESG연구소는 ESG 관련 인사이트를 담은 리포트를 발간하고, 기업 경영활동에 ESG를 접목하는 방식에 이르기까지 ESG 경영의 가이드라인을 제시하고 있다.

NH투자증권은 리서치본부 기업분석부 내 'ESG/금융팀'을 두고 ESG 테마 관련 분야인 지배구조와 환경, 신재생에너지, 금융 등을 다루고 있다. 한국투자증권과 키움증권 등도 ESG 리서치 인력을 채용해 보고서 발간을 준비하고 있는 것으로 알려졌다.

KB증권 역시 리서치센터 내 별도 ESG 섹터를 담당하는 ESG솔루션팀을 신설해 관련 보고서인 'ESG Insight'를 발간하고 있으며, KTB투자증권도 최근 투자 리포트에 ESG 페이지를 추가했고 모든 리포트에 확대 적용할 계획이다.

신한금융투자는 지난해부터 리서치센터와 협업, 모건스탠리캐피털인터내셔널(MSCI)과 스탠다드앤드푸어(S&P) 등 8개 평가기관의 데이터를 취합해 국내 기업들의 ESG 컨센서스 자료를 발표하고 있으며, 섹터별 전문 애널리스트의 기업 ESG 분석자료도 제공하고 있다.

전문가들은 일반 기업의 ESG 경영에 증권사 리서치의 역할이 크다고 조언했다. 박영석 자본시장연구원장과 이효섭 자본시장연구원 선임연구위원이 작성한 '기업의 ESG 경영 촉진을 위한 금융의 역할' 보고서에 따르면 "증권회사들은 리서치 역량을 강화해 개별 기업의 ESG 경영 현황을 일반투자자에게 알리는 역할을 강화해야 하며, ESG 점수의 개선 가능성이 높은 기업들을 찾아 투자를 중개하거나 직접 지분투자를 수행하는 역할도 확대해야 한다"고 밝혔다.

ESG 채권 발행 '봇물' 터졌다

최근 국내 채권시장에서는 ESG 채권 발행이 급증하고 있다. 한국거래소에 따르면 2018년 1조 2,500억원에 그쳤던 ESG 채권(녹색채권, 사회적 채권, 지속가능 채권)은 2019년 발행규모가 25조 6,873억원으로 늘었고 2020년 공기업과 민간기업, 금융기관으로 발행기관이 확대되면서 58조 8,842억원을 기록했다. 이러한 추세는 2021년에도 이어져 6월 말 현재 ESG 채권 발행규모는 47조 6,555억원으로 6개월 만에 작년 수준에 근접할 만큼 빠르게 증가하고 있다.

ESG 채권 연도별 발행 현황

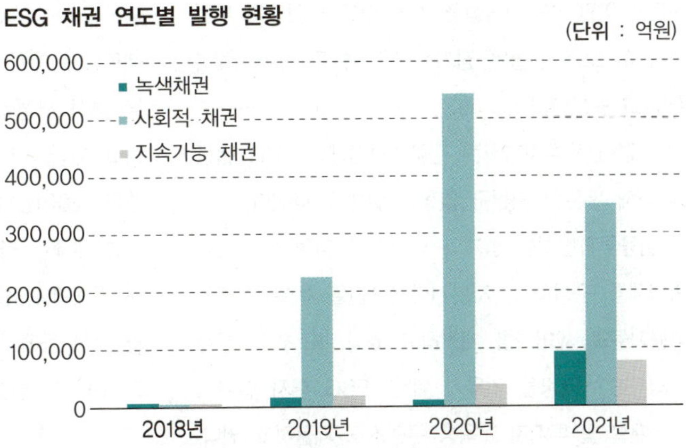

* 2021년은 상반기(1~6월) 집계

출처 : 한국거래소

증권사도 ESG 채권 발행에 뛰어들었다. 올 2월 삼성증권과 NH투자증권이 나란히 ESG 채권 발행에 나서면서 ESG 채권 발행 신호탄을 쏜 것이다.

삼성증권은 ESG 인증등급 채권을 발행했다. 나이스신용평가로부터 녹색채권 등급을 부여받은 채권으로 최우량 등급인 'Green1' 등급을 획득한 5년 만기 700억원 규모의 채권이다. 삼성증권의 경우 신용평가사의 ESG 인증 평가를 통해 최초로 ESG 등급을 획득했다는 데 의미가 있다. NH투자증권은 1,100억원 규모의 5년 만기 ESG 채권을 발행했다.

최근에는 KB증권과 신한금융투자, 한국투자증권 등이 총 3,700억원 규모로 ESG 채권을 발행했다. 채권 조달금 사용처를 살펴보면 KB증권은 '녹색사업', 신한금융투자는 '사회적가치 창출 사업', 한국투자증권은 '태양광 발전 사업 및 풍력 발전 프로젝트' 등이다.

최순영 자본시장연구원 선임연구위원은 "국내 금융투자회사 내부적으로도 ESG 경영 도입을 위해 이사회의 ESG위원회 설치, ESG협의체 구축 등 다양한 활동을 하고 있으나 ESG 경영이 보다 효과적으로 자리 잡기 위해서는 각사의 상황과 철학에 부합한 명확한 원칙을 정립하고 이를 실행할 수 있는 구체적인 프로세스가 마련돼야 한다"고 조언했다. 또한 "ESG 역량 제고를 위해 내부 인력의 육성 및 외부

증권사별 ESG위원회 설립 현황

기업명	설립일	위원장	위원
KB증권	2020년 12월 24일	김인배 사외이사	박정림 사장, 이재하 사외이사
미래에셋증권	2021년 3월 24일	이젬마 사외이사	최현만 수석부회장, 이만열 사장
한국투자증권	2021년 5월 7일	김태원 사외이사	정일문 사장, 조영태 사외이사
KTB금융그룹	2021년 5월 26일	최석종 부회장	각 계열사 대표 및 임원진
삼성증권	2021년 5월 28일	장석훈 사장	장범식 사외이사, 이영섭 사외이사
교보증권	2021년 6월 17일	김동환 사외이사	이석기 사장, 이찬우 사외이사
한화투자증권	2021년 7월 9일	김형태 사외이사	김원용 사외이사, 현종석 사내이사 상무

전문가 영입에도 적극성을 가질 필요가 있으며 무엇보다 이 모든 것들은 장기적 시각을 두고 추진해야 한다"고 덧붙였다.

한편 금융투자협회는 금융투자업계의 ESG 활동에 대해 든든한 지원군 역할에 발벗고 나섰다.

금융투자협회는 업계와 전문가가 참여하는 ESG 협의체를 구성하고, 자본시장연구원을 비롯해 해외 금융사들과 세미나를 개최하고 있다. 또 업계 종사자의 ESG 역량을 키우기 위한 'ESG 투자 실무과정' 개설 및 투자자 교육용 콘텐츠도 제공하고 있다.

이 외 녹색·기후금융 활성화를 위해 녹색채권, 녹색펀드에 대한 세제혜택, 업계의 탄소배출권 거래시장 참여 활성화 등 정부에 정책건의도 꾸준히 지속하고 있다. 나재철 금융투자협회장은 지난 15일 진행한 '2021년 하계 기자간담회'를 통해 "ESG 활성화를 위해서 금융의 역할이 매우 중요하다"며 "협회는 업계의 ESG 경영 확산과 녹색금융 활성화, 인프라 개선 등에 지원센터로서의 역할을 성실히 수행하고 있다"고 밝혔다.

출처 : 이코노믹리뷰(2021년 7월 25일) 수정

사례연구 2-3 인기가 식지 않는 금융공기업

공채 경쟁률 최저 50 대 1 넘어

금감원이 최근 신입사원 지원서류 접수를 마감한 결과 경쟁률은 66 대 1로 나타났다. 지난해 경쟁률(47 대 1)을 훌쩍 뛰어넘었다. 올해 금감원 채용 인원이 55명으로 지난해보다 15명 줄었지만 지원자는 330명가량 늘었기 때문이다. 정보기술(IT) 분야 경쟁률은 230 대 1을 기록했다.

한국은행 등 다른 곳과 필기시험 날짜를 달리 정한 금감원의 전략도 높은 경쟁률을 기록한 요인 중 하나다. 금감원은 지난해까지 한국은행, 산업은행 등 주요 금융공기업 및 유관기관들과 같은 날짜에 필기시험을 치렀으나 올해는 다른 곳보다 1주일 이른 10월 15일로 필기시험 일정을 앞당겼다.

다른 금융공기업 및 유관기관의 채용 경쟁률도 높아졌다. 한국은행은 지난해 58 대 1에서 올해 60 대 1로, 산업은행은 57 대 1에서 70 대 1로 경쟁률이 올랐다. 지원 인원은 작년보다 다소 줄었지만 모집 인원이 더 큰 비율로 감소했기 때문이다. 산업은행은 자회사인 대우조선해양 부실을 방치한 책임 등으로 거센 비판을 받고 있지만 채용시장에서는 건재함을 과시했다.

경쟁률이 가장 높은 곳은 예금보험공사다. 지난해 192 대 1에서 올해 160 대 1로 감소했지만 지원 인원은 지난해 1,920명에서 올해 4,800명으로 두 배 이상으로 늘었다. 금융권 관계자는 "안정적인 근무 분위기 등을 고려한 지원자가 많은 것 같다"고 말했다.

부러운 고연봉과 안정성

구직자들 사이에서 금융공기업 및 유관기관의 인기가 식지 않는 것은 높은 연봉과 안정적인 근무 여건 등의 매력이 부각되고 있어서다. 이들 공기업 및 기관의 신입사원 연봉은 4,000만원을 훌쩍 넘는다. 산업은행의 신입사원 초봉은 4,653만원(2015년 기준)에 달한다. 상대적으로 연봉이 적은 예금보험공사도 3,862만원(2015년 기준)이다.

금융공기업 및 유관기관 신입직원 공개채용 경쟁률 (단위 : 명)

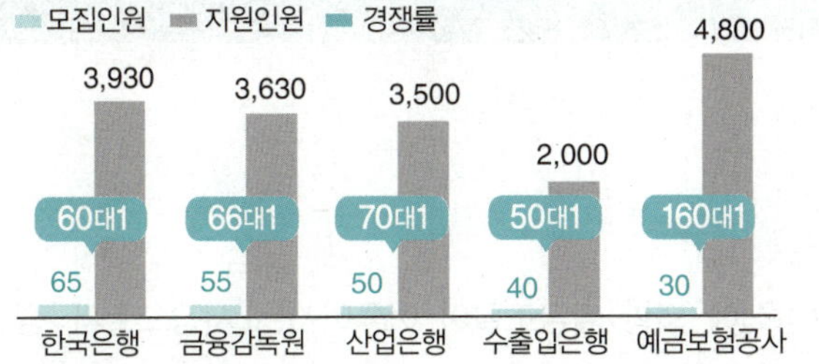

자료 : 각 기업 및 기관

금융공기업 및 유관기관 신입직원 연봉 및 평균근속연수

(단위 : 만원, 년)

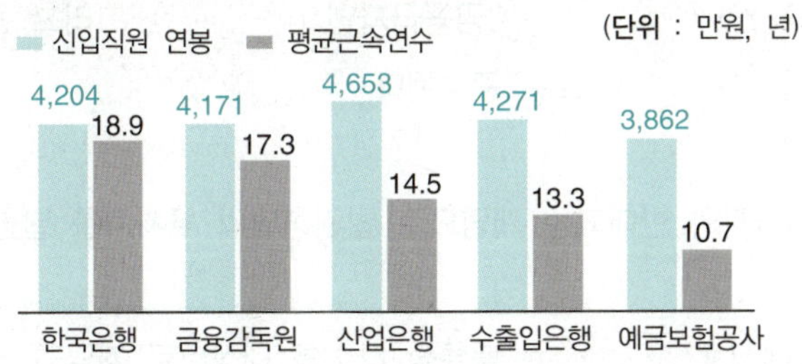

*2015년 기준

자료 : 공공기관 경쟁 정보공개시스템

전체 직원 평균 연봉도 최고 수준이다. 9개 금융공기업 평균 연봉은 지난해 기준 8,525만원으로 공공기관 전체 평균(6,296만원), 금융·보험업 전체 평균(5,849만원)보다 훨씬 많다. 근무 안정성을 보여주는 평균 근속연수도 15년 안팎에 달한다. 퇴직 후 재취업할 수 있는 길도 일반 회사보다 훨씬 넓은 편이다. 다만 금융공기업 및 유관기관들이 올해 일제히 성과연봉제를 도입함에 따라 예전처럼 매년 연봉이 오르는 것을 기대하기는 어려울 것이라는 지적도 있다.

고시보다 어려운 필기시험

금융공기업 입사를 위해선 험난한 필기시험의 관문을 넘어야 한다. 지난해엔 국가고시보다 어려운 논술문제가 나왔다는 게 지원자들의 평가였다. 한국은행의 논술문제 중에는 '빅 아이(Big I)와 스몰 위(Small We)'에 관한 생소한 지문이 나왔다. '빅 아이와 스몰 위'는 미국 심리학자인 마틴 셀리그먼이 현대 미국사회를 설명하면서 내놓은 개념으로 지나친 자기중심주의를 뜻한다.

금감원은 지난해 논술시험에서 '서브프라임 모기지(비우량 주택담보대출) 부실화로 금융기관에 시스템 리스크가 발생한 경우를 가정하고 10조원으로 선택할 수 있는 정책' 등 까다로운 문제를 출제했다. 산업은행 논술엔 삼국지에 등장하는 조조의 인사 방식과 조선후기 영·정조의 탕평책에 대한 의견을 묻는 문제가 나왔다.

출처 : 한국경제(2016년 9월 26일) 수정

연습문제

※ 완성/선택형 문제

01. 증권시장은 직접금융방식에 의한 자금조달이 이루어지는 시장으로서, 증권시장을 기능에 따라 분류하면 (   )과 (   )으로 구분된다.

02. 발행시장은 자금수요자인 (   ), 자금공급자인 (   ), 그리고 증권 발행 사무를 담당하는 (   )으로 구성된다.

03. (   )는 일반투자자와 반대되는 개념으로 법인형태의 투자자를 말한다.

04. 주식의 발행방법 중에서 (   )는 불특정 다수를 대상으로 자금을 조달하는 방법인 반면, (   )는 소수의 특정인을 대상으로 자금조달이 이루어지는 방법을 말한다.

05. 주식의 간접발행은 발행기관이 부담하는 발행위험의 정도에 따라 세 가지로 구분할 수 있다. (   )은 발행기관이 발행사무만 담당할 뿐 주식발행에 따른 위험을 일체 부담하지 않으며, (   )는 발행위험의 일부를 부담하고, (   )는 발행위험을 전적으로 부담하는 방식이다.

06. 모집이란 신규 증권의 발행을 의미하며, (   )은 기발행된 증권을 매각하는 것을 말한다.

07. (   )란 주식을 분산시킴으로써 소유와 경영을 분리하여 실질적인 주식회사 체제를 갖추게 하는 것을 말한다.

08. 증권회사의 업무로는 (   ), 유통시장업무, 국제업무 등이 있다.

09. 다음 중 발행시장에 대한 설명으로 가장 적절하지 않은 것은?

① 발행시장은 물리적 실체가 존재하지 않는 추상적인 시장이다.

② 새로운 증권이 최초로 출현하는 시장이라는 점에서 1차 시장(primary market)이다.

③ 자금의 흐름이 투자자에서 발행기관을 거쳐 자금수요자인 발행자에게로 이루어지는 수직적 관계를 보이므로 종적 시장이다.

④ 투자자들 사이에서 주식의 거래가 원활하게 이뤄지도록 한다.

10. 주식의 발행방법은 직접발행과 간접발행으로 구분된다. 다음 중 직접발행에 해당하는 것은?

① 자기모집 ② 잔액인수
③ 총액인수 ④ 모집주선

11. 다음의 주식발행방법 중 발행기관이 발행에 따른 위험을 가장 많이 부담하는 방식은?

① 자기모집 ② 잔액인수
③ 총액인수 ④ 모집주선

12. 다음 기업공개방법 중에서 기존의 대주주들이 소유하고 있는 기발행주식의 일부를 일반대중에게 공개적으로 매출하는 방식으로 이루어지는 것은?

① 구주의 매출 ② 신주의 모집
③ 모집설립 ④ 직상장

13. 다음 중 주식이 발행되는 경우에 해당하지 않는 것은?

① 주식분할 ② 전환사채의 주식전환
③ 무상증자 ④ 신주인수권부사채의 발행

14. 다음 중 증권회사의 업무로서 가장 적절하지 않은 것은?

① 증권의 모집 및 매출 ② 증권가치의 보증
③ 주식의 위탁매매 ④ 국내증권사의 해외증권발행 지원

✲ 서술/계산형 문제

01. 발행시장은 신규 주식이 창출되는 시장이다. 발행시장의 의의와 기능에 대하여 설명하라.

02. 주식의 발행방법은 주식의 수요자를 구하는 형태 및 발행기관의 개입 여부에 따라 다양하게 구분된다. 주식의 발행방법에는 어떠한 것이 있는지 소개하고, 각 방법이 지니고 있는 특징을 설명하라.

03. 기업공개란 무엇이며, 기업을 공개하는 방법으로는 어떤 유형이 있는지 설명하라.

04. 증권회사 및 증권 관련 기관의 홈페이지를 방문하여 각 기관이 주로 담당하는 업무가 무엇인지 살펴보라.

유통시장

1. 유통시장의 의의와 종류
2. 상장제도
3. 매매거래제도
4. 코스닥시장과 제3시장
5. 채권의 유통시장

Investments & Security Analysis Ch. Three

03

[이 장의 개요]

유통시장은 발행시장을 통하여 발행된 주식의 매매거래가 이루어지는 시장이다. 유통시장은 발행시장과 달리 일정한 조직과 설비를 갖추고 있으며, 구체적인 장소를 지닌 시장이다. 유통시장은 시장조직의 형태에 따라 장내시장과 장외시장으로 나눌 수 있다.

우리나라에서는 2005년 1월 27일 기존의 증권거래소와 코스닥시장, 그리고 선물거래소 등이 통합되어 거대 규모의 한국거래소가 설립되었다. 한국거래소(Korea Exchange ; KRX)는 주식 · 채권 · 선물 · 옵션시장이 개설된 국내 유일의 기관으로서, 각 시장의 매매거래에서부터 상장, 공시, 시장감시 등 전 분야에 걸쳐 시장관리 기능을 담당하는 기관이다. 한국거래소는 유가증권시장본부, 코스닥시장본부, 선물시장본부 등 총 다섯 개의 사업부로 구분되어 있다.

본 장에서는 먼저 유통시장의 의의 및 종류를 설명한 후, 유가증권시장을 중심으로 한 상장제도, 매매거래제도 등에 대하여 소개한다. 다음으로 코스닥시장과 제3시장, 채권의 유통시장에 대하여 설명한다.

1. 유통시장의 의의와 종류

Investments & Security Analysis, Ch. Three

1.1 유통시장의 의의

유통시장은 발행시장을 통하여 이미 발행된 주식이 거래되는 시장으로서 2차 시장(secondary market)이라 한다. 또한 투자자 상호 간의 증권거래는 거래소(organized exchange)라는 조직을 통해 이루어지는 것이 보통이기 때문에 유통시장은 일정한 조직과 설비, 그리고 장소를 가지고 있는 구체적 시장으로 이해되고 있으며, 투자자 상호 간 수평적 관계를 가지고 거래가 이루어지기 때문에 횡적 시장이라고도 한다.

유통시장은 발행시장에서 발행된 주식에 대한 매매거래를 가능하게 함으로써 주식의 시장성과 유동성을 증진시킨다. 그 결과 시장에서 주식의 담보가치를 증가시키고, 기업으로 하여금 자본조달을 용이하게 한다. 또한 유통시장은 기업이 발행하는 주식의 공정한 가격 형성을 돕고, 이와 같은 가격은 추후 신규로 발행될 주식의 가치를 산정하는 데 기초정보로 활용될 수 있다.

1.2 유통시장의 종류

유통시장은 시장조직의 형태에 따라 상장주식이 거래되는 장내시장과 주로 비상장주식이 거래되는 장외시장으로 나눌 수 있다.[1]

1. 일반적으로 장내시장이 장외시장에 비하여 매우 엄격한 시장제도 및 규정의 적용을 받는다.

장내시장

장내시장은 일정한 시설과 장소를 갖추고 있고, 다수의 매매당사자들이 정해진 시간에 일정한 규칙에 따라 계속적으로 주식을 매매하는 고도로 조직화된 시장으로서 거래소시장이라고도 한다. 거래소에서는 거래대상이 되는 주식과 해당 주식의 발행기업에 대해서 엄격한 심사를 실시하여 일정한 요건을 충족시키는 주식, 즉 상장(listing)된 주식에 한해 거래를 허용하고 있다. 우리나라의 경우 한국거래소가 개설 · 운영하는 주식시장, 즉 유가증권시장과 코스닥시장(Korea Securities Dealers Automated Quotation ; KOSDAQ)은 거래소시장으로서 장내시장에 속한다.[2]

〈표 3-1〉은 2021년 11월 11일 현재 기준 세계 주요 증권거래소 시가총액을 보여준다. 미국 뉴욕증권거래소(NYSE)는 시가총액이 29조 달러의 규모로 세계증권시장 가운데 1위를 기록하였다. 세계 3위, 아시아 지역에서 1위인 상해증권거래소(Shanghai Stock Exchange)의 시가총액은 7.8조 달러로 보고되었다. 중국은 세계 10위권 내에 상하이증권거래소, 심천증권거래소(Shenzhen Stock Exchange), 홍콩증권거래소(Hong Kong Stock Exchange) 등 세 개의 증권거래소를 보유한 것으로 나타났다. 세계 4위인 일본의 동경증권거래소(Tokyo Stock Exchange)의 시가총액은 6.93조 달러이고, 13위를 기록한 한국거래소(Korea Exchange)의 시가총액은 2.24조 달러이다.

[그림 3-1]과 [그림 3-2]는 각각 뉴욕증권거래소와 동경증권거래소 홈페이지 메인화면이다.

---

2. 2005년 1월 한국증권거래소가 설립되기 전에는 증권거래소, 코스닥시장이 따로 분리되어 있었다. 그 당시 증권거래소에서 주식이 자유롭게 거래될 수 있도록 자격을 부여하는 것을 상장이라 하였으나, 코스닥시장에서 주식매매가 가능하도록 허용하는 것은 등록이라 하였다. 이후 통합된 거래소가 출범하면서 유가증권시장(기존의 증권거래소에 해당함) 및 코스닥시장에서 주식이 거래될 수 있도록 자격을 부여하는 것을 통칭하여 상장이라 하게 되었다. 다만, 구분을 위하여 유가증권시장에서의 상장을 유가증권시장 상장, 코스닥시장에서의 상장을 코스닥시장 상장이라 한다.

표 3-1 세계 주요 증권거래소 시가총액(2021년 11월 11일 현재) (단위 : 조 달러)

순위	증권거래소	시가총액	소재지
1	New York Stock Exchange(NYSE)	26.00	미국
2	NASDAQ Stock Exchange(NASDAQ)	22.33	미국
3	Shanghai Stock Exchange(SSE)	7.80	중국
4	Tokyo Stock Exchange(JPX)	6.93	일본
5	Shenzhen Stock Exchange(SZSE)	5.69	중국
6	Hong Kong Stock Exchange(HKEX)	5.67	홍콩
7	London Stock Exchange(LSE)	3.69	영국
8	India National Stock Exchange(NSE-INDIA)	3.48	인도
9	Toronto Stock Exchange(TSX)	3.09	캐나다
10	Saudi Stock Exchange(TADAWUL)	2.69	사우디아라비아
11	Frankfurt Stock Exchange(FSX)	2.48	독일
12	Copenhagen Stock Exchange (OMXC-COPENHAGEN)	2.37	덴마크
13	South Korea Stock Exchange(KRX)	2.24	대한민국
14	Bombay Stock Exchange(BSE-BOMBAY)	2.22	인도

출처 : TradingHours.com

미국 뉴욕증권거래소(https://www.nyse.com) 그림 3-1

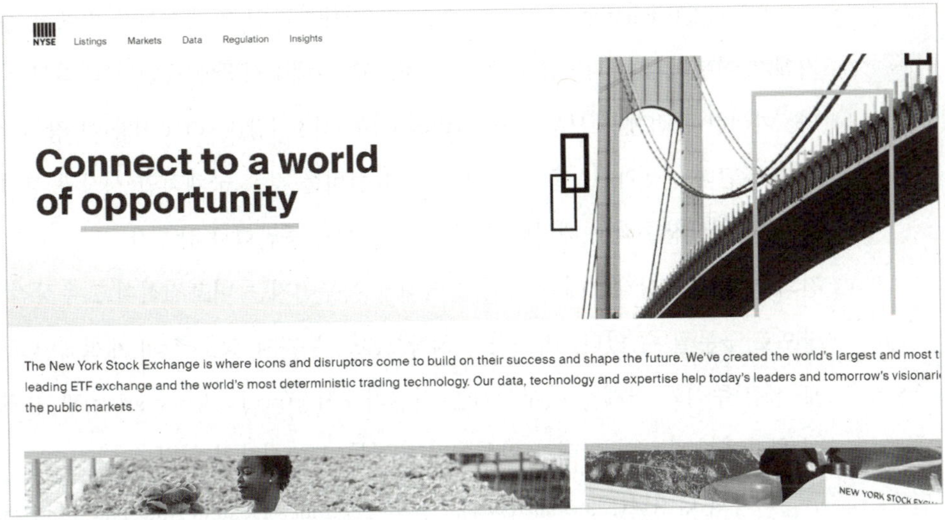

일본 동경증권거래소(https://www.jpx.co.jp) 그림 3-2

장외시장

장외시장(over the counter ; OTC)은 장내시장인 거래소시장 밖에서 주식의 거래가 이루어지는 시장을 총칭하는 것으로 거래소시장에 대한 상대적인 개념이다. 이러한 관점에서 보면, 우리나라의 경우 제3시장(K-OTC시장)이 장외시장으로 분류된다.[3] 장외시장은 일정한 조직과 설비를 갖춘 구체적인 시장과 상장주식은 물론 비상장주식에 대하여 고객과 증권회사, 증권회사 상호간, 또는 고객 상호간의 개별적인 상대매매의 형태로 거래가 이루어지는 비조직적이고 추상적인 시장으로 구분될 수 있다. 비조직적 시장으로는 투자자 상호 간의 개별적인 접속으로 직접 주식의 거래가 이루어지는 직접거래시장(no broker market)과 증권회사의 창구에서 주식의 거래가 이루어지는 점두(店頭)시장이 있다.

미국의 나스닥(National Association of Securities Dealers Automated Quotation ; NASDAQ)은 대표적인 장외시장에 속한다. 미국의 나스닥은 세계 각국의 장외 주

그림 3-3 미국 나스닥(https://www.nasdaq.com)

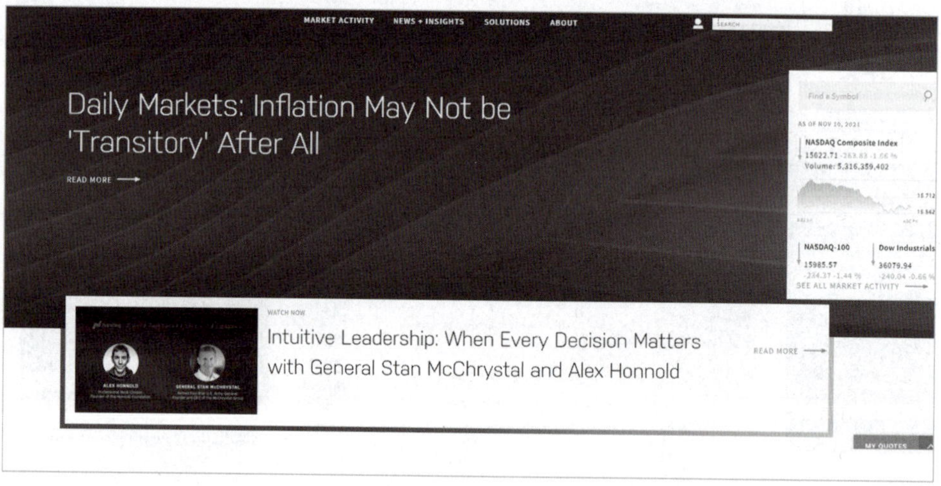

3. 코스닥시장은 과거 증권업협회와 코스닥증권시장㈜에서 공동 운영하였던 당시 장외시장으로 분류되었으나, 2005년 1월 한국증권선물거래소에 통합되어 운영됨으로써 장내시장으로 편입되었다.

식시장의 모델이 되고 있다. 현재 나스닥은 미국뿐만 아니라 전 세계 벤처기업들의 자금조달을 위한 활동기반이 되고 있다. 뉴욕증권거래소 등의 정규시장과 달리 나스닥은 자금조달능력이 부족한 중소기업 또는 회사설립 초기 영업실적이 저조한 벤처기업 등에도 문호를 개방함으로써 중소·벤처 기업들이 자본시장에 쉽게 접근할 수 있도록 하였다. 나스닥에서 거래되는 증권은 위험성은 뒤따르나 높은 이익을 남길 수 있는 기회를 제공한다는 점에서 투자자들에게 매력적으로 인식되어 왔다. 오늘날 선진 각국에서는 장외시장을 제도화함으로써 장외시장을 거래소시장, 즉 장내시장에 준하는 조직적인 대형시장으로 발전시키고 있다. [그림 3-3]은 미국 나스닥의 홈페이지 메인화면을 나타낸 것이다.

2. 상장제도

2.1 상장의 의의

상장(listing)이란 기업들이 발행한 유가증권(주권, 채권 등)이 한국거래소가 개설하는 증권시장에서 거래될 수 있도록 자격을 부여하는 것을 말한다. 여기서 그 자격이 부여된 유가증권을 상장유가증권이라고 하며, 상장유가증권은 한국거래소가 정한 일정한 요건을 충족한 유가증권을 의미한다. 한국거래소의 경우 유가증권의 상장규정은 유가증권시장, 코스닥시장 등 시장유형에 따라 달리 규정되어 있으며 주권, 채권, 상장지수펀드(ETF) 등 유가증권의 종류에 따라서도 각각 별도로 정해져 있다. 이하 본 장에서는 유가증권시장의 주권(주식)을 중심으로 한 상장제도에 관하여 살펴보고자 한다.[4] 주식을 상장한다는 것은 어디까지나 당해 주식이 자유롭게 거래될 수 있도록 그 자격을 부여하는 것을 의미한다. 그러나 상장이 주

4. 주식에는 사원의 출자를 측정하는 단위, 즉 자본을 구성하는 금액이라는 뜻과 회사에 대한 주주의 권리·의무 단위인 주주권(株主權)으로서의 뜻이 있다. 한편, 주권(株券)은 주주권을 표시하는 유가증권에 해당한다. 이와 같이 주식과 주권은 엄격한 의미에서 구별되어야겠지만, 본문에서는 이를 혼용하더라도 관련 내용을 이해하는 데 별 무리가 없다고 판단하여 주식과 주권을 구분하지 않고 주식으로 표현하기로 한다.

그림 3-4 유가증권시장의 상장기업과 상장주식 현황

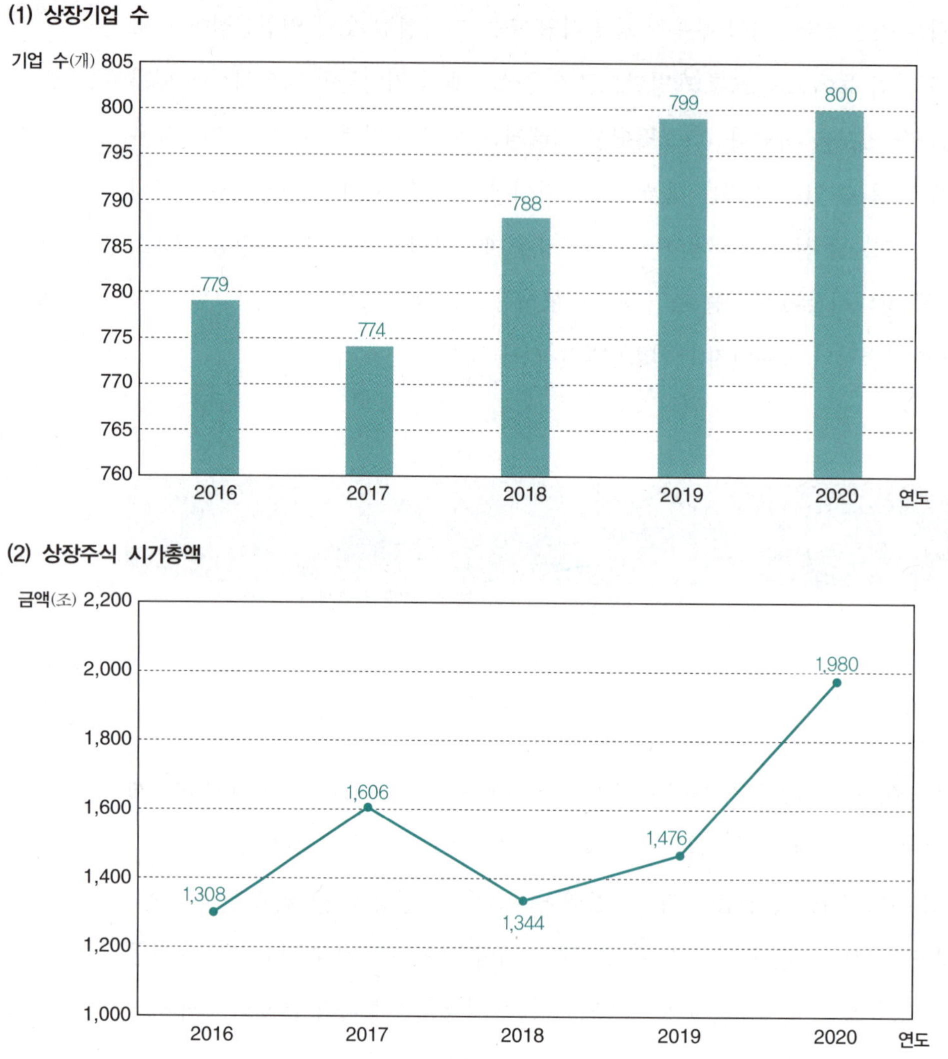

식의 가치를 보증하는 것은 아니다. 따라서 한국거래소는 원활한 유통성을 유지하고 공정한 가격을 형성할 수 있도록 매매거래 대상인 주식에 대하여 일정한 기준에 따라 심사하여 기업의 자금조달과 투자자의 보호를 도모하고 있다.[5] 한국거래소 유가증권시장에서의 상장기업과 상장주식 현황은 [그림 3-4]에 나타나 있다.

5. 상장제도는 '유가증권시장 상장규정'을 참고하여 작성한 것이다.

2.2 상장의 종류

상장형태에 따른 구분

상장은 그 형태에 따라 신규상장, 재상장, 신주상장, 변경상장으로 나눌 수 있다. 또한 주식을 새로 상장시키는 것인지, 주식이 이미 상장되어 있었는지 여부에 따라 신규상장 · 재상장과 신주상장 · 변경상장으로 구분한다. 신규상장과 재상장은 상장되지 아니한 주식을 새로 상장시키는 것이며, 신주상장과 변경상장은 이미 상장된 주식을 추가 또는 교체하여 상장시키는 것이다.

- **신규상장** : 유가증권시장에 주식을 처음 상장시키는 형태
- **재 상 장** : 상장폐지된 후 5년이 경과되지 아니한 기업이나 주식상장법인의 분할 등에 의해 신설된 기업의 주식을 상장시키는 형태
- **신주상장** : 유가증권시장의 상장법인이 유상증자, 무상증자, 주식배당, 전환사채 또는 신주인수권부사채의 권리 행사 등에 따라 신주를 발행하여 추가 상장시키는 형태
- **변경상장** : 상장주식의 상호, 액면금액 등이 변경된 경우, 신주를 발행하여 구(舊) 주식을 신(新) 주식으로 교체 상장시키는 형태

공모방법에 따른 구분

신규상장은 공모하는 방법에 따라 공모상장, 직상장, 국내외 동시 공모상장 등으로 나눌 수 있다. 공모상장과 직상장은 상장예비심사 청구 후 공모(모집, 매출)를 하였는지 여부에 따라 구분된다.

공모상장은 '유가증권시장 상장규정'에서 정하고 있는 일정 기준을 충족하는 법인의 주식을 공모하여 상장하는 방식이다. 직상장(유통상장)은 주식분산요건을 충족한 기업이 공모를 거치지 않고 주권을 바로 상장하는 형태를 말한다. 국내외 동시 공모상장은 국내외에서 10% 이상 동시에 공모하고, 국내에서 공모하는 주식의 수를 100만 주 이상으로 하여 상장하는 것을 말한다.

2.3 상장의 효과

상장은 주식거래에 유동성을 제공하는 한편, 공정한 가격형성에 도움을 준다. 또한 기업의 자금조달능력을 증대시키고, 기업의 이미지를 제고하며, 종업원의 사기를 진작하는 등의 다양한 긍정적인 효과를 가져다준다.

기업의 자금조달기회 확대

상장법인은 유상증자와 사채발행 등 다양한 방법으로 일반투자자들로부터 필요한 자금을 조달할 수 있다.

상장법인은 정관이 정하는 바에 따라 이사회 결의로써 주주의 신주인수권을 배제하고 불특정 다수인을 대상으로 용이하게 신주를 모집할 수 있다. 유가증권시장에 상장된 기업은 자금조달목적에 적합한 유가증권을 발행하여 장기의 안정적인 자금을 조달할 수 있으며, 발행한 유가증권 전체를 유가증권시장에 상장하여 종합적으로 관리할 수 있다.

기업의 국제 신인도 및 인지도 제고

상장법인은 기업의 재무내용이나 경영상황이 신문, TV, 증권관계기관의 각종 자료 등을 통해 국내외에 전달됨으로써 국내외 투자자를 비롯한 많은 사람들로부터 주목을 받으며, 그로 인하여 기업의 인지도를 제고하는 기회를 가진다.

특히 한국거래소의 유가증권시장은 주요 선진국의 증권관계기관으로부터 투자가 적격한 해외지정 증권시장 등으로 인정받고 있으며, 국제 분산투자자 및 해외 바이어들은 국제적으로 인정된 유가증권시장에 상장된 기업에 많은 관심을 가진다. 따라서 상장법인은 해외자금조달뿐만 아니라 해외진출 및 해외합작투자를 추진하는 경우에도 상장법인으로서의 지명도를 활용할 수 있다.

종업원의 사기 진작

상장법인이나 주식을 상장하려는 기업의 근로자는 우리사주조합을 결성할 수 있으며, 당해 기업이 주식을 모집 · 매출하는 경우에 우리사주조합에게 우선 배정해줄 것을 요구하여 자사주를 취득 · 보유할 수 있다. 이를 통하여 근로자의 경제적 · 사회적 지위 향상과 노사협력 증진을 도모함으로써 종업원의 사기를 진작시키고 생산성을 증대시킬 수 있다.

증권투자 Tip

우리사주조합

우리사주조합(employee stock ownership association)은 특정 기업의 종업원들이 자신이 고용되어 있는 회사의 주식을 사들이기 위해 조직한 조합을 말하는데, 이는 종업원이 회사의 주식을 소유하는 이른바 종업원지주제도를 확립하기 위해 도입된 제도이다.

현행 '자본시장법'은 기업이 공개나 유상증자를 할 때 공급주식의 20% 이내에서 우리사주조합에 우선적으로 주식을 배당하도록 규정하고 있다. 우리사주조합은 공개법인이든 비공개법인이든 관계없이 결성이 가능하며, 별도의 기구로 결성할 수도 있고 사우회, 공제회, 노동조합 등 기존의 기구를 활용할 수도 있다. 특정 기업의 종업원은 우리사주조합 가입 여부를 자유로이 선택할 수 있으나, 임원과 그 법인에 계속적으로 고용되지 않고 일급이나 시간급을 받는 종업원은 가입할 수 없다. 우리사주조합에서는 보통 종업원의 급여 중 일정 부분을 공제해 기금으로 적립했다가 회사가 증자할 때에 자기 회사의 주식을 인수하는 것이 보통이다.

기업 및 주주가 누리는 기타의 혜택

앞서 설명한 상장의 효과 이외에 상장기업이 누리는 또 다른 혜택은 다음과 같다. 첫째, 상장기업은 의결권 없는 주식을 발행할 수 있는 한도가 확대되는 효과를 얻게 된다. 이는 상장법인이 외국에서 주식을 발행하거나 외국에서 발행한 해외전환사채, 해외신주인수권부사채, 기타 주식과 관련된 증권 또는 증서의 권리행사로 발행하는 의결권 없는 주식은 상법상의 발행한도(발행주식총수의 25%)의 대상에 포함되지 않기 때문이다. 둘째, 상장기업은 이익배당총액에 상당하는 금액까지 주식배당을 할 수 있다. 따라서 상장기업은 상법상 주식배당이 이익배당총액의 1/2을 초과하지 못한다는 규정의 적용을 받지 않으므로 배당정책을 용이하게 수립할 수 있다. 셋째, 주주총회 소집절차를 간소화 할 수 있다. 비상장기업과 달리 상장기업은 의결권 있는 총발행주식 수의 1% 이하를 소유한 주주에 대해서는 상법 규정에 따라 일간신문에 공고함으로써 서면에 의한 소집통지를 대신할 수 있다.

한편, 상장기업의 주주가 누리는 혜택은 다음과 같다. 첫째, 상장주식 상속(증여) 시 주식은 세법 규정과 달리 평가기준일 전후 각각 2개월간 최종시세의 평균액으로 평가한다. 둘째, 상장주식의 경우 대주주 등을 제외하고는 주식양도에 따른 양도소득세가 부과되지 않는다. 셋째, 상장주식은 비상장주식에 비하여 상대적으로 낮은 수준의 증권거래세율을 적용받아 주식거래에 따른 비용을 줄일 수 있다.

2.4 상장요건 및 상장절차

유가증권시장에서의 상장요건은 크게 양적요건과 질적요건으로 구분된다.[6] 양적요건은 기업규모와 재무내용 등으로 구성되어 있으며, 이는 사전에 상장심사를 청구할 수 있는 자격을 검증하는 기준에 해당된다. 질적요건은 기업의 계속성이나 경영투명성 등으로 구성되어 있으며, 이는 상장심사 청구자격을 갖춘 기업에 대하여 상장의 적격성을 검증하는 기준이 된다.

상장요건은 상장형태에 따라 서로 달리 적용되는데, 다음에서는 유가증권시장의 신규상장을 중심으로 소개한다.

상장요건

▪ 양적요건

상장의 요건 중 양적요건은 상장예비심사청구를 위한 최소한의 자격요건으로 대부분 객관적인 수치로 계량화되어 있다. 신규상장 시 적용되는 양적요건은 영업활동기간, 기업규모, 주식분산, 경영성과, 지배구조 등으로 구성된다. 한편, 유가증권시장에서의 상장요건은 일반회사와 지주회사를 구분하여 달리 적용된다. 일반회사를 대상으로 하는 상장의 양적요건을 간략하게 정리하면 〈표 3-2〉와 같다.

6. 상장요건은 다른 언급이 없는 한 보통주권의 신규상장을 의미한다.

표 3-2 상장의 양적요건 : 일반회사

항목		요건
영업활동기간		상장예비심사일 현재 설립 후 3년 이상 경과하고 계속 영업하고 있을 것
기업 규모 (모두)	상장주식 수	100만 주 이상
	자기자본	자기자본이 300억원 이상
주식 분산 (모두)	일반주주 수	일반주주가 500명 이상
	일반주주의 소유주식 수 등 (택일)	① 일반주주지분율 25% 이상 또는 500만 주 이상(단, 5,000만 주 이상인 기업은 상장예정주식의 10% 이상일 경우에도 충족됨) ② 공모주식비율 25% 이상 또는 500만 주 이상(단, 5,000만 주 이상인 기업은 상장예정주식의 10% 이상일 경우에도 충족됨) ③ 공모주식비율 10% 이상으로서 자기자본(또는 기준시가총액)을 기준으로 공모주식 수가 다음 중 하나에 해당할 것(단, 기준시가총액 = 상장예정주식 수 × 공모가격) 자기자본 / 기준시가총액 / 공모주식 수 500~1,000억원 / 1,000~2,000억원 / 100만 주 이상 1,000~2,500억원 / 2,000~5,000억원 / 200만 주 이상 2,500억원~ / 5,000억원~ / 500만 주 이상 ④ 국내외 동시공모 법인은 공모주식비율 10% 이상이고 국내 공모주식 수 100만 주 이상(액면가 5천원 기준)
경영 성과 (택일)	A. 매출액 및 수익성 (모두)	① 매출액 : 최근 사업연도에 1,000억원 이상이고 최근 3사업연도에 평균 700억원 이상 ② 수익성 : 최근 사업연도에 영업이익, 법인세비용차감전계속사업이익 및 당기순이익이 있고 다음 중 하나에 해당할 것(단, 이익액은 각 사업연도의 영업이익, 법인세비용차감전계속사업이익 및 당기순이익 중에서 적은 금액을 기준으로 함) ㉮ 이익액 : 최근 사업연도에 30억원 이상이고 최근 3개 사업연도의 합계가 60억원 이상 ㉯ ROE : 최근 사업연도에 5% 이상이고 최근 3개 사업연도 비율의 합계가 10% 이상 단, $\text{ROE} = \dfrac{\text{해당연도 이익액}}{\text{자기자본}} \times 100$ ㉰ 자기자본 1,000억원 이상 법인 : 최근 사업연도의 ROE가 3%(또는 이익액이 50억원 이상)이고 영업현금흐름이 정(+)의 값을 지닐 것
	B. 매출액 및 기준시가총액	최근 사업연도의 매출액이 1,000억원 이상이고 신규상장 신청일 현재의 기준시가총액이 2,000억원 이상
	C. 이익액 및 기준시가총액	최근 사업연도의 이익액이 50억원 이상이고 신규상장 신청일 현재의 기준시가총액이 2,000억원 이상
	D. 기준시가총액 및 자기자본	신규상장 신청일 현재의 기준시가총액이 5,000억원 이상이고 자기자본이 1,500억원 이상
	E. 기준시가총액	1조원 이상

안정성 및 건전성	감사의견	최근 사업연도의 감사의견이 적정이고 최근 사업연도의 직전 2개 사업연도는 적정 또는 한정의견(단, 감사범위제한으로 인한 한정의견은 제외됨)
	주식양도 제한	주식의 양도제한이 없을 것
	상장 후 매각제한 (보호예수)	▪ 최대주주 등의 지분 상장일로부터 6개월간 매각제한 ▪ 상장예비심사 청구일 전 1년 이내에 최대주주 등으로부터 소유주식을 취득한 경우 상장일로부터 6개월간 매각제한 ▪ 상장예비심사 청구일 전 1년 이내에 제3자 배정으로 신주를 취득한 경우 신주발행일로부터 1년간 매각제한(단, 그 날이 상장일로부터 6월 이내인 경우 상장 후 6개월간 매각제한)

자료 : 한국거래소 '유가증권시장 상장규정'(2021. 8)

▪ 질적요건

상장의 질적요건은 계속기업과 경영의 투명성, 기타 투자자보호 및 유가증권시장의 건전한 발전이라는 기본 정신을 포괄적으로 담고 있다. 질적요건은 기업의 계속성, 경영의 투명성 등의 항목으로 구성되어 있으며, 그 내용은 〈표 3-3〉에 제시된 바와 같다. 질적요건의 심사는 모든 항목을 종합적으로 검토하여 신규상장신청 기업의 상장 적격성을 판단하는 식으로 진행된다. 한국거래소에서는 상장심사의 객관성을 확보하고자 '질적심사 가이드라인'을 제정 · 운영하고 있다.[7]

표 3-3 상장의 질적요건

기업의 계속성	영업, 재무상황 및 기타 경영환경에 비추어 기업의 계속성이 인정될 것
경영의 투명성	기업지배구조, 내부통제제도, 공시체계 및 특수관계인과의 거래 등에 비추어 경영투명성이 인정될 것
경영의 안정성	지분당사자 간의 관계, 지분구조 변동내용과 기간 등에 비추어 기업경영의 안정성이 인정될 것
주식회사 속성	법적성격상 운영방식 측면에서 상법상 주식회사로 인정될 것
기타	공익실현과 투자자보호를 저해하지 않는다고 인정될 것

7. 유가증권시장의 상장요건에 대한 보다 자세한 내용은 '유가증권시장 상장규정'을 참고 바람.

상장절차

상장은 상장규정에 명시된 소정의 절차에 따라 이루어진다. 한국거래소 유가증권시장의 상장절차를 그림으로 제시하면 [그림 3-5]와 같다. 상장예정기업은 대표주관회사를 선정하여 계약을 체결함으로써 발행주식을 인수하고 상장에 관련된 제반 업무를 원활하게 진행할 수 있도록 한다. 대표주관회사는 상장예정기업에 대한 기업실사를 통해 상장요건 충족 여부 점검, 상장 관련 서류작성 등 제반 절차를 지원하고 인수대상 주식의 가치를 분석한다. 상장을 위한 사전준비가 완료된 기업은 상장예비심사를 청구한다. 여기에서는 신청기업의 재무내용을 기준으로 작성된 상장예비심사청구서와 최근 사업연도의 가결산 재무자료를 토대로 양적 · 질적 상장요건을 심사한다. 상장예비심사 후 신청기업의 적격성이 인정되면 유가증권

상장절차 그림 3-5

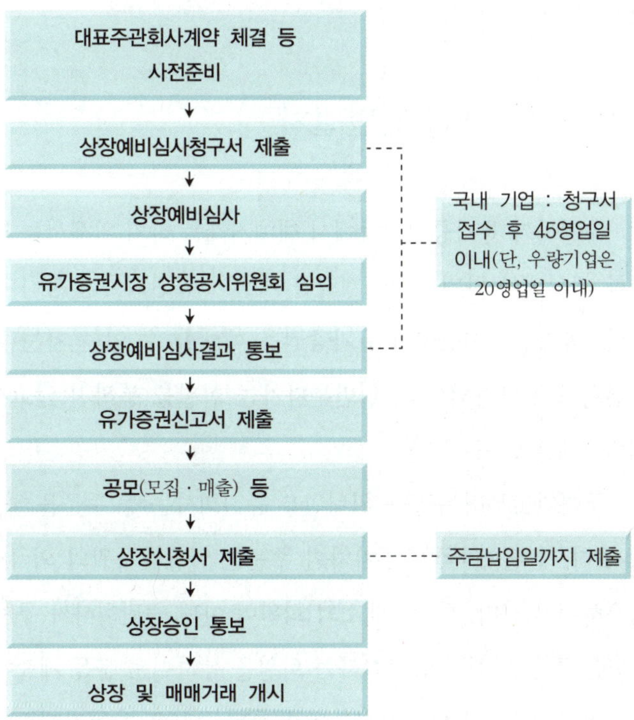

신고서를 제출함으로써 공모 과정을 거치게 된다. 공모가 완료되면 신규상장신청인이 신규상장신청서와 첨부서류를 거래소에 제출한다. 거래소는 이들 서류를 기초로 중점사항의 충족 여부를 심사한 뒤, 별다른 문제가 없음을 확인하면 지체없이 신규상장 승인을 통지하게 된다. 상장신청 기업의 주식은 상장승인일 이후 3영업일 이내에 상장과 동시에 유가증권시장에서의 매매거래가 가능하게 된다.

3. 매매거래제도

매매거래제도는 주식시장에서 거래가 보다 안정적이고 효율적으로 이뤄질 수 있도록 하는 윤활유 역할을 한다. 매매거래제도는 거래 과정 및 절차를 표준화함으로써 대규모 거래가 반복적으로 이뤄지도록 하며, 수많은 수요자와 공급자로 구성된 시장에서 혼란을 방지할 수 있을 것이다. 이러한 점에서 매매거래제도는 의의를 갖는다.

3.1 매매거래의 일반절차

투자자가 유가증권시장에서 매매거래를 하기 위해서는 먼저 증권회사에서 계좌를 개설해야 하며, 해당 계좌를 개설한 증권회사를 통하여 주문을 제출하여야 한다. 유가증권시장에서 유가증권을 매매할 수 있는 자는 한국거래소의 회원인 증권회사에 한정되므로, 일반투자자는 회원을 통하지 않고서는 거래소시장에서 매매거래를 할 수 없다.

투자자로부터 주문을 위탁받은 증권회사는 동 주문을 한국거래소에 제출하여야 한다. 한편, 외국인 투자자의 주문은 금융감독원의 외국인한도 관리시스템을 경유하여야 하며, 한국거래소의 회원이 아닌 증권회사가 투자자로부터 주문을 위탁받은 경우 비회원 증권회사는 회원을 통하여 주문을 제출하여야 한다.

회원으로부터 한국거래소에 제출된 주문은 한국거래소의 업무규정에서 정한 원칙에 따라 매매가 체결되며, 한국거래소는 체결결과를 회원에게 통보하고 회원

매매거래 절차

그림 3-6

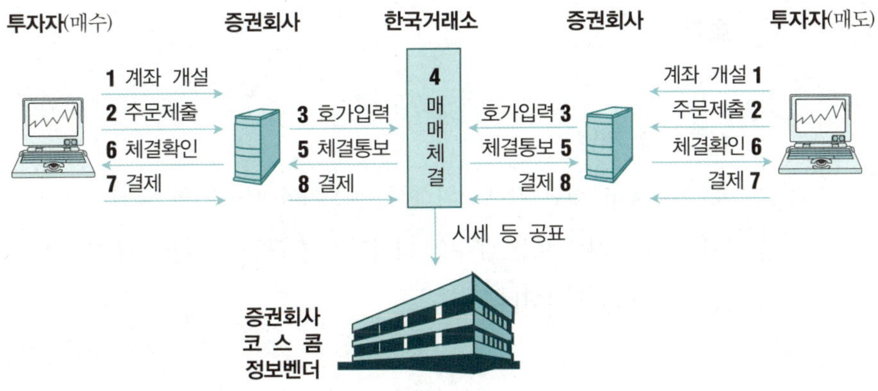

은 이를 다시 고객에게 통지하게 된다. 투자자는 매매체결분에 대하여 매매체결일부터 기산하여 3일째 되는 날(T + 2)까지 매매거래를 위탁한 증권회사에 매수대금 또는 매도증권을 납부하여야 하며, 증권회사는 이를 한국거래소를 통하여 결제함으로써 매매거래가 완료된다. 유가증권시장에서의 매매거래의 절차는 [그림 3-6]과 같다.

3.2 휴장일 제도

매매거래일은 월요일부터 금요일까지이며, 다음의 휴장일에는 매매거래 및 결제를 하지 않는다.

- 관공서의 공휴일에 관한 규정에 의한 공휴일
- 근로자의 날 제정에 관한 법률에 의한 근로자의 날(5월 1일)
- 토요일
- 12월 31일(공휴일 또는 토요일인 경우에는 직전의 매매거래일)
- 기타 거래소가 필요하다고 인정하는 날

3.3 호가와 주문

호가

▪ 호가의 개념

호가(quotation)란 거래소의 회원(매도자와 매수자)이 증권시장에서 매매거래를 하기 위하여 매도 또는 매수의 의사표시를 하는 행위를 말한다. 호가는 정해진 시간에 접수받아 처리된다.

▪ 호가가격단위

호가가격단위란 가격대별로 호가할 수 있는 최소단위의 가격을 말한다. 즉, 호가가격단위는 매매거래에 있어서 유효한 주문이 되기 위한 최소한의 가격단위를 의미한다. 호가가격단위는 거래를 표준화하고 가격협상을 용이하게 하기 위하여 설정하고 있다. 투자자가 주문을 제출하는 경우 〈표 3-4〉와 같이 주문가격대에 맞는 호가가격단위로 가격을 지정하여 주문을 제출하여야 한다.

표 3-4 호가가격단위

구분	호가가격단위
2,000원 미만	1원
2,000원 이상 5,000원 미만	5원
5,000원 이상 20,000원 미만	10원
20,000원 이상 50,000원 미만	50원
50,000원 이상 200,000원 미만	100원
200,000원 이상 500,000원 미만	500원
500,000원 이상	1,000원

▪ 매매수량단위

매매수량단위는 거래소시장에서 호가를 할 수 있는 최소단위의 수량으로서 원칙적으로 〈표 3-5〉와 같다. 즉, 매매수량단위는 매매거래에 있어서 유효한 주문이 되기 위한 최소한의 수량단위를 의미한다. 매매수량단위는 호가가격단위와

표 3-5 유가증권 종류별 매매수량단위

구분	매매수량단위	비고
주식	1주	2014년 6월 2일 개정
외국주식예탁증서	1증서	2014년 6월 2일 개정
상장지수집합투자기구 집합투자증권	1주	2002년 9월 30일 도입
신주인수권증권	1증권	2009년 8월 3일 개정
신주인수권증서	1증서	2009년 8월 3일 개정
수익증권	1좌	2014년 6월 2일 개정
주식워런트증권(ELW)	10증권	2005년 8월 26일 도입

마찬가지로 거래를 표준화하고 가격협상을 용이하게 하기 위하여 설정하고 있다. 투자자가 주문을 제출하는 경우 매매수량단위에 맞는 주문을 제출하여야 한다.

주문

주문(order)은 시장에 참여하는 투자자(위탁자)가 증권의 매매거래를 하기 위한 매도 또는 매수의 의사표시로서 호가와 동일한 의미를 지닌다. 투자자가 제출할 수 있는 주문은 지정가주문, 시장가주문, 조건부지정가주문, 최유리지정가주문, 최우선지정가주문 등이 있다.

- **지정가주문**(limit order) : 투자자가 증권의 종목, 수량, 가격을 지정하는 주문이다.
- **시장가주문**(market order) : 투자자가 증권의 종목, 수량은 지정하되 가격을 지정하지 않고 호가가 시장에 도달했을 때 체결이 가능하도록 시장에서 형성되는 가격으로 매매거래를 하고자 하는 주문이다. 예를 들어, 10시 현재 ㈜S전자의 매도호가가 60만원, 매수호가가 59만원일 때 시장가 매수주문을 내면 바로 60만원에 매매가 체결된다. 따라서 시장가주문은 가격을 지정하는 지정가주문보다 가격적으로 우선하기 때문에 주문 즉시 주식을 사거나 팔 수 있다.
- **조건부지정가주문** : 종가 결정을 위한 호가접수시간 개시(15시 20분) 전까지 매매가 이루어지지 않을 경우, 단일가매매 시작 시점에서 시장가주문으로 전환되는 조건이 부여된 지정가주문이다.

- **최유리지정가주문** : 매도의 경우 가장 높은 매수호가의 가격, 매수의 경우 가장 낮은 매도호가의 가격으로 매매거래를 하고자 하는 주문이다.
- **최우선지정가주문** : 매도의 경우 가장 낮은 매도호가의 가격, 매수의 경우 가장 높은 매수호가의 가격으로 지정하는 주문이다.

한편, 지정가주문, 시장가주문, 최유리지정가주문에서는 해당 주문이 언제까지 유효한 것인지와 관련하여 다음의 조건이 주어질 수 있다.

- IOC(immediate or cancel) : 당해 주문의 접수시점에서 주문수량 중 체결가능한 수량에 대하여만 매매거래를 성립시키고, 미체결 잔량은 취소하는 조건(즉시 체결, 잔량 취소)
- FOK(fill or kill) : 당해 주문의 접수시점에서 주문수량의 전부에 대해 체결가능한 경우에만 매매거래를 성립시키고, 그러하지 아니한 경우에는 당해 주문을 취소하는 조건(전량 체결, 전량 취소)

호가의 취소 및 정정

호가의 취소란 이미 유효하게 접수된 호가의 의사표시를 취소하는 것으로, 취소의 효력은 미체결 잔량에 한하여 유효하다. 취소에는 전량 취소와 일부 취소가 있는데, 일부 취소의 경우 취소 후 잔량에 대한 호가접수시간은 변경되지 않고 최초 접수된 시간으로 간주한다.

호가의 정정은 이미 유효하게 접수된 호가의 가격을 변경하는 것으로, 정정의 효력은 미체결 잔량에 한하여 유효하다.

3.4 매매거래의 체결원칙

우리나라 유가증권시장에서는 가격우선의 원칙, 시간우선의 원칙, 수량우선의 원칙 등의 매매체결 원칙을 순차적으로 적용하여 매도자와 매수자 간 거래를 체결시킨다.

가격우선의 원칙

주식매매 시 해당 주식을 높은 가격에 사려는 쪽(매수자)과 낮은 가격에 팔려는 쪽(매도자)에 우선권을 준다. 즉, 고가의 매수호가는 저가의 매수호가에 우선하고, 저가의 매도호가는 고가의 매도호가에 우선하여 체결된다.

시간우선의 원칙

동일한 가격으로 주식거래 주문을 낸 경우, 시간적으로 먼저 접수된 주문이 우선적으로 체결된다. 시간우선의 원칙은 앞서 적용된 가격우선의 원칙에 의하여 주문 체결의 우선순위를 판단하기 어려울 경우 후차적으로 적용하는 기준이다.

수량우선의 원칙

동일한 가격과 동일한 시간에 접수된 주문 중에서 주식 수량이 많은 주문이 적은 주문보다 우선적으로 체결된다. 수량우선의 원칙은 앞서 적용된 가격우선의 원칙과 시간우선의 원칙에 의하여 주문 체결의 우선순위를 판단하기 어려울 경우 후차적으로 적용하는 기준이다.

위탁매매 우선의 원칙

투자자의 위탁매매 주문이 증권회사의 자기매매 주문에 우선하여 체결된다. 이는 위의 세 가지 원칙과 별도로 증권회사의 자기매매가 위탁매매에 우선할 경우 초래될 수 있는 부작용을 감안하여 증권사 고객의 위탁매매 주문을 우선적으로 체결하고자 하는 취지가 반영된 원칙이다.

3.5 매매체결 방식

투자자가 제출한 주문 간의 매매체결은 단일가매매(periodic call auction) 또는 접속매매(continuous auction) 방식에 의하여 이루어진다.

단일가매매

단일가매매는 매매거래 전 비거래시간이 존재하거나 시장상황에 대한 구체적 정보를 가지지 못하는 경우 등에 적용되는 것으로서, 수요와 공급을 집중시켜 가격을 결정하는 매매체결 방식이다. 단일가매매에서는 일정 시간 동안 매도·매수 호가를 접수하여 체결수량이 최대가 될 수 있는 가격수준에서 가격우선 및 시간우선 원칙에 따라 하나의 가격, 즉 단일가격으로 매매체결이 이루어진다. 이러한 단일가매매는 주로 시가 또는 종가 등을 결정하는 데 이용되고 있다.

과거에는 단일가매매에 참여하는 호가의 우선순위는 동시호가로 간주하여 시간우선의 원칙을 적용하지 않았으나, 2001년 9월부터는 원칙적으로 시간우선 원칙을 적용하되 예외적으로 동시호가를 인정하고 있다. 따라서 단일가매매에 참여한 호가의 경우, 가격우선 및 시간우선의 원칙에 따라 우선하는 호가 간에 전량을 체결하되 동일 가격대의 호가 간에는 수량배분을 하지 않는다. 단, 시가가 상·하한가로 형성되는 때에 한하여 상한가의 경우 당해 가격대의 매수호가, 하한가의 경우 당해 가격대의 매도호가에 대해서만 체결수량을 배분한다. 이는 상·하한가로의 시가 형성 시에 수량을 배분함으로써 당일 중 매매체결을 원하는 투자자의 최소한의 수요를 충족시키기 위함이다.

표 3-6 단일가매매 시 매매체결 사례

매도 수량	가격	매수 수량
	45,400	● 1,000
○ ○	45,350	● 300
○ ○ ○	45,300	● 200
○ ○ ◑ ● 2,000 1,000 500 100	45,250	● 200 ● 300
150 ●	45,200	○ ○
150 ● 500 ●	45,150	○
500 ●	45,100	○ ○ ○
150 ●	45,050	

주 : 1. ○ : 미체결 호가, ◑ : 일부 체결 호가, ● : 전량 체결 호가
2. 매도수량 및 매수수량 중에서 가격이 표시된 열 가까이에 위치한 것일수록 시간적으로 앞서는 주문임.

〈표 3-6〉의 예에서 가장 높은 가격의 매수호가와 가장 낮은 가격의 매도호가를 순차적으로 체결시키고, 45,250원인 동일 가격에서도 시간우선 원칙을 적용해 매매를 체결한다. 그 결과 단일가격인 45,250원에 2,000주의 주식이 체결된다.

표 3-7 **접속매매 시 매매체결 사례**

사례 I

매도	가격	매수	체결결과
	60,600		
	60,500		
② 1,200	60,400		
	60,300	① 1,200	
③ 1,200	60,200		①－③ : 60,300원, 1,200주
	60,100		
	60,000		
	59,900		
	59,800		

사례 II

매도	가격	매수	체결결과
	60,600	① 100	
	60,500		
	60,400	⑤ 400	
	60,300		(1) ①－③ : 60,600원, 100주
③ 300	60,200		(2) ②－④ : 60,100원, 500주
	60,100	② 500	(3) ③－⑤ : 60,200원, 200주
	60,000		
④ 500	59,900		
	59,800		

주 : 1. 번호(①, ②, ③, ④, ⑤)는 호가접수 순서임.
2. 사례 I에서는 ①과 ③의 주문이 성립되어 60,300원에 1,200주의 주식이 체결된다.
3. 사례 II에서는 총 800주의 주식의 매매거래가 성립되는데, 그 과정은 다음과 같다.
우선 ①과 ③의 주문이 성립되어 ①의 매수주문량 100주가 60,600원에 체결되고, ②의 매수주문량 500주는 ④의 매도주문과 성립되어 60,100원에 체결된다. 그리고 미체결된 ③의 매도주문량 200주는 ⑤의 매수주문과 성립되어 60,200원에 체결된다.

접속매매

접속매매는 복수가격에 의한 개별 경쟁매매라고도 한다. 접속매매는 매매거래시간 중에 매도호가와 매수호가의 경합에 의하여 가장 낮은 매도호가와 가장 높은 매수호가가 합치되는 경우 선행호가(먼저 접수된 호가)의 가격으로 매매거래를 성립시키는 매매방법으로서, 가격우선의 원칙, 시간우선의 원칙, 그리고 수량우선의 원칙이 적용된다. 〈표 3-7〉에서는 매매거래 성립에 대한 두 가지 사례를 소개하고 있다.

3.6 기세제도

기세란 당일 중 매매거래가 성립되지 않은 상태에서 기준가격에 비하여 낮은(높은) 매도(매수)호가가 있는 경우 가장 낮은(높은) 매도(매수)호가의 가격을 말한다. 대부분의 경우 당일 중 매매거래가 성립하므로 종가가 형성되나, 일부 종목에 중요 정보가 발생하는 경우 매수호가 없이 낮은 가격의 매도호가만 있거나 매도호가 없이 높은 가격의 매수호가만 있을 가능성이 있다. 이 경우 기세를 인정하지 않고 직전일의 종가를 다음날의 기준가격으로 한다면 당해 정보가 주가에 반영될 수 없다. 기세는 종가로 인정되므로 다음날의 기준가격이 되고, 코스피지수 산출 등 주가지수 산출 시에도 반영된다.

3.7 시장의 안정 및 관리를 위한 제도

가격제한폭제도

가격제한폭은 일반적으로 기준가격(전일 종가 등)에 일정 비율을 곱하여 산출되며, 호가는 가격제한폭 범위 내의 가격으로 하여야 한다.[8] 일별로 상승할 수 있

8. 기준가격은 증권시장에서 주식 및 수익증권 등의 가격제한폭을 정하는 데 기준이 되는 가격으로, 기준가격을 기준으로 하루 중 가격변동의 범위가 결정된다. 일반적으로 기준가격은 전일 종가를 적용하나, 전일 종가를 적용할 수 없는 경우, 즉 유·무상증자에 따른 권리락, 주식배당에

증권투자 Tip

상 · 하한가 산출 사례

기준가격이 9,980원인 주식의 상 · 하한가를 구하면 다음과 같다.

① 1차 계산 : 9,980원 × 0.3 = 2,994원

② 2차 계산 : 2,990원(9,980원의 호가가격단위인 10원 미만 절사 : 1차 절사)

③ 3차 계산 : 상한가 및 하한가 최종 산정

- 호가가격단위 적용 전 상한가 : 12,970원(합산가격 : 9,980원 + 2,990원 = 12,970원)
- 호가가격단위 적용 : 12,950원의 호가가격단위인 50원 미만 절사(2차 절사)
  → 상한가 : 12,950원
- 호가가격단위 적용 전 하한가 : 6,990원[차감가격 : 6,990원 (9,980원 – 2,990원)]
- 호가가격단위 적용 불필요
  → 하한가 : 6,990원

는 최고가격인 상한가는 기준가격에 가격제한폭을 더한 가격을 말하며, 일별로 하락할 수 있는 최저가격인 하한가는 기준가격에서 가격제한폭을 뺀 가격을 말한다. 주식, 외국주식예탁증서, 상장지수펀드 및 수익증권 등의 가격제한폭은 현재 상하 30%로 되어 있다. 다만, 정리매매종목, 신주인수권증서, 신주인수권증권 및 채권의 경우에는 가격제한폭을 두지 않고 있다.

서킷브레이커

서킷브레이커(circuit breakers)는 주식시장의 매매거래중단제도로서, 증권시장의 내 · 외적인 요인에 의하여 주가가 급락하는 경우 투자자들에게 냉정한 투자판단 시간을 제공하기 위해 시장에서의 모든 매매거래를 일시적으로 중단하는 제도이다. 서킷브레이커는 2015년 6월 가격제한폭이 ±30%로 확대되면서 기존과 달리 3단계로 구분하여 적용하는 방식으로 변경되었다. 1단계는 최초로 코스피지수가 전일 종가 대비 8% 이상 하락하여 1분간 지속하는 경우 발동되며, 2단계는

따른 배당락, 수식분할, 액면병합 등에 따라 그 전 · 후의 주식가치를 일치시킬 필요성이 있는 경우(이론가격으로 산출)와 신규상장 등으로 인하여 전일 종가가 없는 경우(시장에서 결정)에는 기준가격을 새로이 하여 적용하고 있다.

1단계 매매거래중단 발동 이후 코스피지수가 전일 종가 대비 15% 이상 하락하고 1단계 발동지수 대비 1% 이상 추가 하락하여 1분간 지속하는 경우 발동된다. 1단계 또는 2단계 서킷브레이커가 발동되면 20분 동안 유가증권시장내 호가접수와 현물시장(채권시장 제외)과 연계된 선물 · 옵션시장의 호가접수 및 매매거래도 중단되며, 이후 10분간 단일가매매로 거래가 재개된다. 매매거래중단 시간 중에는 신규 호가의 제출은 불가능하나 매매거래중단 이전에 접수한 호가에 대해 취소주문을 제출하는 것은 가능하다. 한편, 3단계는 2단계 매매거래중단 발동 이후 코스피지수가 전일 종가 대비 20% 이상 하락하고, 2단계 발동지수 대비 1% 이상 추가 하락하여 1분간 지속 시 발동된다. 이때 당일 발동 시점을 기준으로 모든 매매거래를 중단함으로써 장이 종료된다. 서킷브레이커는 각 단계별로 1일 1회 발동으로 한정되고 당일 종가 결정시간 확보를 위해 장종료 40분전 이후에는 발동되지 않는다. 다만, 3단계는 장이 끝날 때까지 발동이 가능하다. 서킷브레이커는 1998년 12월 7일 도입된 이후 현재까지 다섯 차례에 걸쳐 발동되었다.[9]

사이드카

사이드카(side car)는 프로그램매매 호가관리제도라고도 하는데, 프로그램매매를 규제하는 가장 대표적인 방법으로 시장상황이 급변할 경우 프로그램매매의 호가 효력을 일시적으로 제한함으로써 프로그램매매가 주식시장에 미치는 충격을 완화하고자 하는 제도이다.

사이드카 제도에 따르면 선물시장에서 기준종목(코스피200선물 종목 중 직전 매매일의 거래량이 가장 많은 종목)의 가격이 기준가 대비 5% 이상 상승 또는 하락하여 1분간 지속되는 경우, 상승의 경우에는 프로그램매수의 호가 효력을, 하락의 경우에는 프로그램매도의 호가 효력을 5분 동안 정지한다. 프로그램매매의 호가 효력이 5분 동안 정지된 후에는 접수순서에 따라 매매를 체결시킨다. 또한 기준종목의 가격이 기준가 대비 5% 이상 상승 또는 하락하는 경우 프로그램매수호가

---

9. 우리나라의 유가증권시장에서 서킷브레이커가 발동된 날은 2000년 4월 17일(미국의 금리인상 우려 및 IT 거품론), 2000년 9월 18일(포드의 대우차 인수 포기와 유가급등), 2001년 9월 12일(미국의 9 · 11 테러), 2020년 3월 13일 · 2020년 3월 19일(COVID-19로 인한 세계경제 불안) 등이다.

또는 매도호가의 효력이 정지될 수 있다는 사실을 예고할 수 있다.

장종료 40분 전 이후, 그리고 프로그램매매 호가의 효력정지 시간 중 주식시장의 매매거래중단제도에 의하여 주식시장의 매매거래가 중단된 후 당해 매매거래가 재개된 때에도 사이드카의 발동을 해제하도록 한다.

증권투자 Tip

프로그램매매

프로그램매매는 일반적으로 시장분석, 투자시점 판단, 주문제출 등의 과정을 컴퓨터로 처리하는 거래기법을 통칭하는데, 시장상황별로 실행할 투자전략을 사전에 미리 수립하여 그 내용을 컴퓨터에 프로그래밍하고, 시장상황의 분석과 분석내용에 따른 주문 등을 프로그램에 따라 컴퓨터로 처리하는 매매방법을 말한다.

한국증권시장에서의 프로그램매매는 모든 지수차익거래와 동일인이 일시에 KOSPI200 구성종목 중 15종목 이상을 거래하는 비차익거래를 의미한다. 지수차익거래란 KOSPI200 구성종목의 주식집단과 KOSPI200선물 또는 옵션의 가격차이를 이용하여 이익을 얻을 목적으로 주식집단과 선물 또는 옵션을 연계하여 거래하는 것이다. 주식집단과 선물 또는 옵션의 매매시기는 동시임을 전제하지 않으므로 선물 또는 옵션을 매수한 후 주식집단을 순차적으로 매매하거나, 또는 그 반대의 경우도 포함된다.

종목별 매매거래정지제도

종목별 매매거래정지제도는 특정 종목과 관련된 풍문 등으로 인하여 투자자에게 기업의 정보를 충분히 주지시킬 수 있는 시간이 필요하거나, 호가폭주로 인하여 시장에서 정상적인 매매체결이 불가능할 경우 해당 종목의 매매거래를 일시적으로 정지시키는 제도이다. 이는 투자자의 주의를 환기시키고 시장에서의 안정적인 매매거래를 도모하기 위한 조치이다. 풍문 등의 사유로 매매거래가 정지된 경우 매매거래가 재개되는 시점은 일반적으로 해당 기업이 매매거래 정지 사유에 대한 조회결과를 공시한 시점부터 30분이 경과한 때로 정한다. 그리고 매매거래 폭주로 매매거래가 정지된 경우에는 호가 및 매매거래 상황을 감안하여 매매거래 재개시기를 결정한다.

시장경보제도

시장경보제도는 투기적이거나 불공정의 개연성이 있는 종목 또는 주가가 단기간에 비정상적으로 급등하는 종목을 대상으로 투자자에게 주의를 환기시키고자 시장감시위원회에서 운영하는 제도이다. 시장경보제도는 상장주권 등이 일정 요건에 해당하는 경우 투자주의종목, 투자경고종목, 투자위험종목 등의 3단계 유형으로 지정함으로써 일반투자자의 추종매매를 억제하고 불공정거래의 확산을 사전에 차단하기 위한 경보 조치이다.[10] 투자경고종목 및 투자위험종목으로 지정되는 경우 매매거래에 제한이 따를 수 있다. 투자경고종목으로서 그 지정일 이후 주가가 계속 상승하는 경우 매매거래가 정지될 수 있다. 투자위험종목으로 지정되는 경우에는 그 즉시, 또는 투자위험종목 지정 후 주가가 계속 상승하는 경우에도 매매거래가 정지될 수 있다. 한편, 투자경고종목 및 투자위험종목에 대해서는 신규의 신용거래가 제한되고 매매주문 시 위탁증거금은 100%를 충족하여야 한다. 아울러 투자위험종목은 대용증권으로도 사용할 수 없다.

단기과열종목 지정제도

단기과열종목 지정제도는 단기적으로 이상급등, 과열 현상이 지속되는 종목을 단기과열종목으로 지정하여 매매거래에 제한을 가함으로써 과도한 추종매매 및 불공정거래를 예방하고 효율적 균형가격 발견을 도모하기 위한 제도이다.

단기과열종목은 앞서 소개한 시장경보제도에 따라 매매거래가 정지된 종목 또는 주가상승률, 거래회전율 및 주가변동성 등이 유가증권시장 관련 규정에서 제시한 일정 기준을 충족하는 종목을 말한다.[11] 단기과열종목으로 지정될 경우, 지정 첫날에 매매거래가 정지되며, 그다음 3일 동안에는 단일가격에 의한 개별경쟁매매방법에 의한 매매체결이 적용됨으로써 매매에 제한이 따른다.

---

10. 투자주의종목, 투자경고종목, 투자위험종목 등의 지정요건과 관련된 세부 내용은 시장감시규정 시행세칙 제3조, 제3조의 3, 제3조의 4 등을 참조 바람.

11. 주가상승률, 거래회전율, 주가변동성 등을 적용한 단기과열종목 지정요건에 대해서는 유가증권시장 업무규정 시행세칙 제133조와 제133조의 2를 참조 바람.

관리종목 지정제도

관리종목 지정제도는 상장 후 정기보고서 미제출, 감사인 의견 미달, 자본잠식, 주식분산요건 미충족, 기업지배구조 불량 등으로 향후 상장폐지 위험이 높은 주식을 관리종목으로 지정함으로써 투자자에게 주의를 환기시키고 아울러 당해 법인에겐 해당 사유를 해소하도록 하여 조속한 정상화를 유도하기 위한 제도이다. 관리종목은 신용거래 대상에서 제외되며 대용증권으로도 활용될 수 없으나, 그 매매체결방식은 다른 일반종목과 동일하다.

증권투자 Tip

신용거래, 위탁증거금, 대용증권

신용거래(margin transaction)는 융자와 대주 두 가지 방식이 있다. 융자는 증권사로부터 현금을 빌려 주식을 사는 것을 말하며, 대주는 주식을 빌려 시장에서 판 뒤 나중에 주식으로 되갚는 방식이다. 신용거래에서는 일반적으로 대주보다는 융자가 활발한 편이다. 신용거래는 종전에는 위탁자계좌를 개설하고 3개월이 지나야 가능했으나 1995년 5월 1일부터는 계좌를 개설하는 즉시 신용융자를 받는 자격이 생긴다. 신용거래계좌설정 약정서를 작성하고 신용거래계좌설정 보증금을 내면 신용거래를 할 수 있다.

위탁증거금(customer margin)은 투자자가 주식을 사거나 팔 때 증권사에 미리 예치하는 일종의 계약금으로 위탁보증금이라고도 한다. 주식을 사고파는 과정이 하루에 끝나지 않기 때문에 수도(受渡)결제가 제대로 이뤄질 수 있도록 하기 위해 마련된 제도이다. 오늘 매수주문을 내면 매매체결은 오늘 이루어지지만 거래대금은 3일째 되는 날인 모레에 결제가 되는 만큼 결제가 이루어지지 않는 것을 예방하기 위해 증권사는 투자자가 위탁증거금을 미리 내야만 주문을 받아준다. 위탁증거금은 통상적으로 거래대금의 20~40% 수준에서 결정된다.

대용증권(substitute securities)은 투자자들의 결제불이행 사태를 방지하기 위해 위탁증거금이나 신용거래보증금을 납부하는 경우, 현금 대신 현금화해서 쓸 수 있도록 지정된 주식이나 채권 등의 상장유가증권을 대용증권이라 한다. 그리고 대용증권에 대한 평가액을 대용가격이라 부른다. 대용증권으로는 상장주식, 상장채권, 수익증권 등이 있다. 대용증권은 증권시장에서 위탁증거금, 신용거래보증금, 금융기관대출보증금 등으로 쓰인다.

공매도 과열종목 지정제도

공매도(short selling)란 주식을 보유하고 있지 않은 사람이 주식을 파는 거래 행위이다. 이러한 행위는 주가하락을 미리 예상하고 주식을 빌려 매도한 뒤, 실제 주가하락 시 그 주식을 낮은 가격에 매수함으로써 누릴 수 있는 차익을 목표로 한다. 공매도는 무차입공매도와 차입공매도로 구분된다. 무차입공매도(naked short selling)는 주식을 보유하지 않은 상태에서 먼저 주식을 매도한 뒤 결제일 전에 주식을 확보하여 반환하는 방식으로 현재 우리나라에서는 금지되어 있다. 한편, 차입공매도(covered short selling)는 증권회사, 한국증권금융, 한국예탁결제원 등으로부터 주식을 빌려 매도하는 방식이다. 공매도는 주가가 비정상적으로 급등하는 것을 방지하여 주식투자에서의 위험 요소를 줄일 수 있으나 시세 조종과 채무불이행 등의 심각한 문제점을 유발할 수 있다.

한국거래소의 유가증권시장은 차입공매도로 인한 문제점을 완화하고 증권시장의 안정성 및 공정한 가격형성을 유도하고자 공매도 과열종목 지정제도를 도입하여 공매도 과열종목으로 지정된 주식은 그 다음 매매거래일 1일간 공매도 호가를 제한한다.[12] 다만, 시가기준가종목, 당일 정규시장에서 매매거래가 성립되지 않은 종목 또는 정리매매종목의 경우에는 공매도 과열종목에서 제외한다.

증권투자 Tip

대차거래와 대주거래

차입공매도 시 주식을 빌리는 방법으로서 대차거래와 대주거래가 있다. 대차거래는 주로 기관과 외국인이 주식을 장기간 보유하고 있는 기관으로부터 주식을 빌리는 거래를 말한다. 대주거래는 개인투자자가 일정한 증거금을 내고 증권회사로부터 주식을 빌리는 거래이다. 한편, 대차거래잔고(대차잔고)는 대차거래로 빌린 주식 중 아직 상환하지 못한 물량을 말한다. 일반적으로 대차거래잔고가 증가할수록 공매도가 증가하며, 이는 향후 시장의 상승 여력이 부족함을 시사하는 요인으로 작용한다.

12. 공매도 과열종목을 지정하는 데 사용되는 세부 기준은 '유가증권시장 업무규정 시행세칙' 제24조의 3을 참조 바람.

종목별 변동성 완화장치

종목별 변동성 완화장치(volatility interruption)는 개별종목의 가격 안정화를 위해 도입한 제도로서, 주문실수 및 수급 불균형 등으로 인해 일시적인 주가급변이 초래될 때 단기간의 냉각기간을 부여함으로써 투자자에게 주가급변 상황에 대한 주의를 환기시켜 가격급변을 완화하도록 하기 위한 제도이다. 종목별 변동성 완화장치는 세부적으로 동적 변동성 완화장치와 정적 변동성 완화장치로 구분된다.[13] 동적 변동성 완화장치는 특정 호가에 의한 순간적인 수급 불균형이나 주문착오 등으로 야기되는 일시적 가격 변동성을 완화시킬 목적으로 실행된다. 한편, 정적 변동성 완화장치는 누적적이거나 장기간의 가격 변동성을 완화할 목적으로 실행된다.

변동성 완화장치가 발동된 종목은 2분간 단일가매매에 의한 호가접수 및 체결의 방식으로 매매가 진행되며, 이때 가격우선의 원칙과 시간우선의 원칙만 적용된다. 서킷브레이커 발동 시 이미 발동된 변동성 완화장치는 취소되고, 이미 발동된 변동성 완화장치로 인해 단일가매매가 진행 중인 종목에 대해서는 새로운 변동성 완화장치가 중복 적용되지 않는다. 이는 투자자 편의 제고 등을 위해 여러 가격 안정화 장치가 중복적으로 발동 시 원칙적으로 하나의 제도만 적용한다는 취지를 반영한 것이다.

3.8 대량매매제도

대량매매제도는 거래규모로 보아 일반 매매방법으로는 시장에서 처리하기 곤란한 대량물량에 대하여 일시적인 수급불균형과 시세급변을 방지하면서 매매를 원활하게 처리할 수 있도록 도입한 제도로서, 신고대량매매, 장중대량바스켓매매, 시간외대량매매 및 시간외바스켓매매로 구분된다.

신고대량매매는 종목 및 수량이 동일한 대량주문에 대해 양 당사자 간에 단일

---

13. 종목별 변동성 완화장치의 발동 요건에 관한 세부 내용은 '유가증권시장 업무규정' 제26조의 2 및 '유가증권시장 업무규정 시행세칙' 제41조의 2를 참조 바람.

가매매 시 형성되는 가격(시가 또는 종가)으로 거래를 체결시키는 제도이다. 장중대량바스켓매매는 정규시장의 매매거래시간 동안 당해 호가의 접수 직전까지 형성된 최고 · 최저가격 이내의 가격으로 거래를 체결시키는 제도이다. 시간외대량매매는 장개시 전 또는 장종료 후 시간외매매시간 동안 종목 및 수량이 동일한 대량주문에 대하여 당일의 상 · 하한가 범위 이내에서 거래를 체결시키는 제도이다. 시간외바스켓매매는 장개시 전 또는 장종료 후 시간외매매시간 동안 5종목, 10억원 이상인 바스켓주문에 대하여 당일의 상 · 하한가 범위 이내에서 거래를 체결시키는 제도이다.

3.9 공시제도

공시제도(disclosure)는 기업의 중요 정보, 즉 영업실적, 재무상태, 합병, 증자 등을 이해관계자들에게 정기적, 그리고 수시로 공개하도록 하여 투자자 스스로 자유로운 판단과 책임 하에 투자결정을 하도록 하는 제도이다. '자본시장법' 상 공시는 발행시장공시와 유통시장공시로 구분하여 실시되고 있다.

발행시장공시

발행시장공시는 기업이 자금조달 필요에 의해 직접금융을 조달하는 대가로 실시하는 일회성 공시로서, 당해 기업에 대한 최초의 투자자를 대상으로 하는 공시이다. 발행시장공시로는 유가증권신고서, 사업설명서, 유가증권발행실적보고서 등과 관련된 공시를 예로 들 수 있다.

유통시장공시

유통시장공시는 현재의 주주와 채권자, 그리고 미래의 투자자에게 투자판단에 필요한 과거, 현재, 미래의 투자정보 등의 공시를 말한다. 유통시장공시의 유형에는 정기공시, 수시공시, 특수상황공시 등이 있다.

정기공시는 사업보고서, 반기보고서, 분기보고서, 연결재무제표, 결합재무제표 등의 공시이다. 수시공시는 기업경영에 중요한 영향을 미치는 주요 경영정보에

증권투자 Tip

조회공시, 공정공시

- **조회공시** : 투자자보호를 위하여 풍문, 보도내용 등의 사실 여부 및 주가와 거래량의 급변 시에 투자자의 투자판단에 중대한 영향을 미칠 수 있는 미공개정보가 있는지 유 · 무를 유가증권시장본부가 상장법인에게 확인하여 공시하도록 하는 제도이다. 시황급변에 대한 답변은 1일 이내로 해야 하며, 풍문에 대한 답변은 조회공시 요구시점이 오전인 경우 당일 오후까지, 오후인 경우 익일 오전까지 해야 한다.
- **공정공시** : 기업이 증권분석가나 기관투자자 등 특정 집단에게만 기업의 중요 정보를 제공하는 경우에 그 내용을 일반투자자에게도 즉시 의무적으로 공시하게 만드는 제도이다.

대한 공시로서, 주요 경영사항의 신고 및 공시, 최대주주 등과의 거래공시, 조회공시, 공정공시 등이 있다. 특수상황공시는 공개매수신고서, 합병 및 영업양 · 수도 신고서, 자기주식취득 · 처분신고서, 주식매입선택권제도 등과 관련된 공시이다.

4. 코스닥시장과 제3시장

Investments & Security Analysis, Ch. Three

4.1 코스닥시장의 의의

코스닥시장(Korea Securities Dealers Association Automated Quotation ; KOSDAQ)은 미국의 나스닥(NASDAQ)을 벤치마킹한 시장으로서, 소규모이지만 성장잠재력이 높은 유망 중소기업과 벤처기업 등의 자본조달에 편의를 제공하기 위한 목적으로 탄생된 시장이다.

1996년 7월에 개설된 코스닥시장은 정부의 중소 · 벤처 진흥정책 및 한국 IT 산업의 발전과 함께 짧은 기간에도 불구하고 괄목할 만한 성장을 보였다. 초창기의 코스닥시장은 한국증권업협회에 등록된 유가증권이 ㈜코스닥증권시장의 중개에 의해 매매가 이루어지는 형태로 운영되었다.[14] 코스닥시장은 2005년 1월 한국

14. 이 시기의 코스닥시장을 '협회중개시장'이라고도 하였다.

그림 3-7 코스닥시장의 상장기업과 상장주식 현황

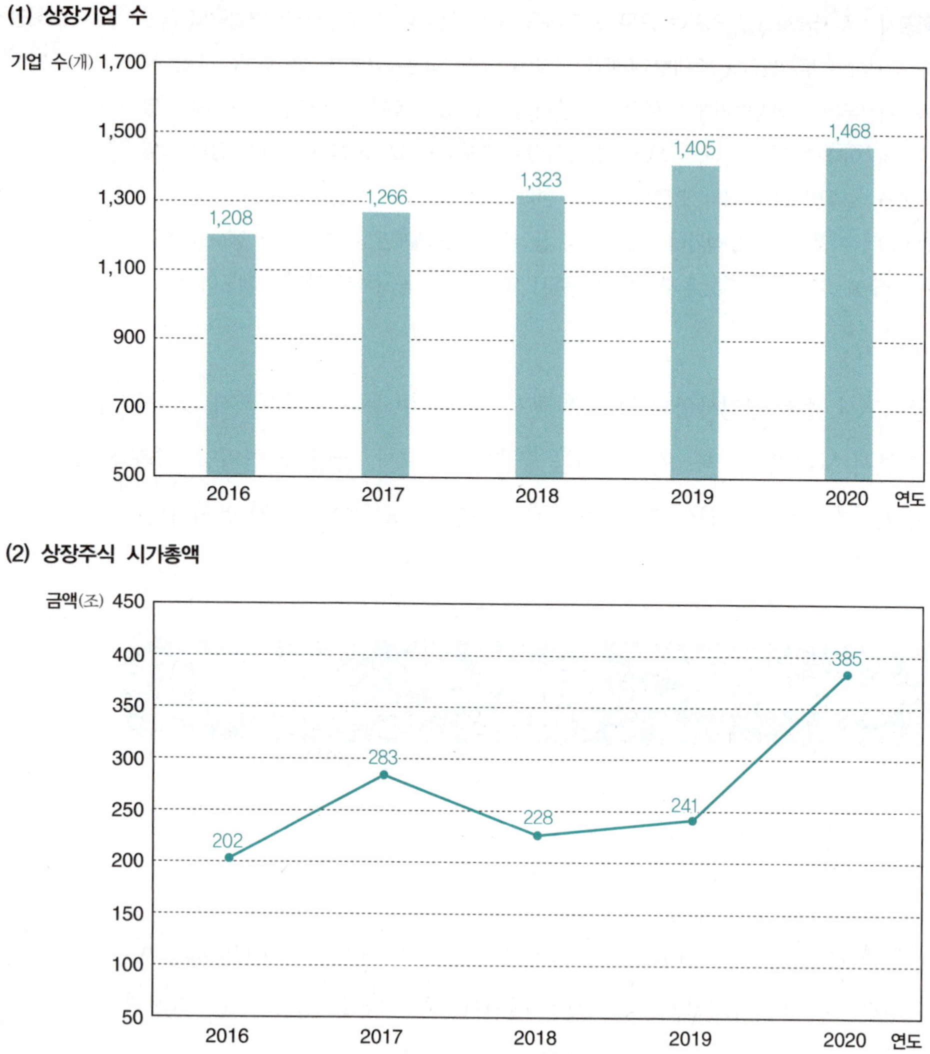

거래소로 통합되는 계기를 맞이하여 거래소 내 유가증권시장과 함께 명실상부한 증권시장으로서의 위용을 갖추게 되었다. 코스닥시장은 한국거래소 유가증권시장보다는 상장기준이 완화된 편이어서 유가증권시장의 상장요건에 미달되는 기업 중 유망 중소기업, 벤처기업 등에게 자금조달기회를 제공하는 한편, 투자자에게는 고위험 · 고수익의 투자수단을 제공한다. 코스닥시장에서의 상장기업과 상장주식 현황은 [그림 3-7]과 같다.

4.2 코스닥시장 상장요건

코스닥시장에 상장하기 위해서는 '코스닥시장 상장규정'에서 정하는 요건을 충족하여야 한다. 코스닥시장의 상장요건은 일반기업, 벤처기업 등 기업의 특성에 따라 선택적으로 적용된다. 여기에서는 일반기업과 벤처기업의 상장요건을 중심으로 간략하게 살펴보기로 한다. 〈표 3-8〉은 일반기업과 벤처기업의 상장요건 중 양적요건의 일부를 나타낸 것이다.[15]

한편, 상장요건을 심사함에 있어서 기술성, 시장성, 수익성, 경영성과 및 재무상황 등을 반영할 수 있으며, 이 경우 기업별 특성에 따라 심사항목의 우선순위가 달라질 수 있다.

표 3-8 코스닥시장 상장요건

<table>
<tr><th>구분</th><th>일반기업</th><th>벤처기업</th></tr>
<tr><td>주식분산
(택일)</td><td colspan="2">① 소액주주가 500명 이상, 소액주주지분율이 25% 이상이고, 상장 청구 후 공모주식비율이 5% 이상(단, 소액주주지분율이 25% 미만 시 공모주식비율이 10% 이상)
② 자기자본이 500억원 이상, 소액주주가 500명 이상, 상장 청구 후 공모주식비율이 10% 이상이면서 자기자본 또는 기준시가총액별로 일정 주식 수 이상
③ 공모주식비율이 25% 이상이고, 소액주주가 500명 이상</td></tr>
<tr><td>경영성과 및 시장평가 등
(A, B 중 택일)</td><td>A. 수익성 또는 매출액 등이 다음 중 어느 하나를 충족할 것
① 법인세차감전계속사업이익이 20억원 이상이고, 시가총액이 90억원 이상
② 법인세차감전계속사업이익이 20억원 이상이고, 자기자본이 30억원 이상
③ 법인세차감전계속사업이익이 있으며, 시가총액이 200억원 이상이고, 매출액이 100억원 이상
④ 법인세차감전계속사업이익이 50억원 이상</td><td>A. 수익성 또는 매출액 등이 다음 중 어느 하나를 충족할 것
① 법인세차감전계속사업이익이 10억원 이상이고, 시가총액이 90억원 이상
② 법인세차감전계속사업이익이 10억원 이상이고, 자기자본이 15억원 이상
③ 법인세차감전계속사업이익이 있으며, 시가총액이 200억원 이상이고, 매출액이 50억원 이상
④ 법인세차감전계속사업이익이 50억원 이상</td></tr>
</table>

15. 코스닥시장의 상장요건에 대한 보다 자세한 내용은 한국거래소의 '코스닥시상 상장규징'을 참조 바람.

	B. 시장평가 또는 성장성 등이 다음 중 어느 하나를 충족할 것 ① 시가총액이 500억원 이상이고, 매출액이 30억원 이상이며, 최근 2개 사업연도 평균 매출증가율이 20% 이상 ② 시가총액이 300억원 이상이고, 매출액이 100억원 이상 ③ 시가총액이 500억원 이상이고, PBR이 200% 이상 ④ 시가총액이 1,000억원 이상 ⑤ 자기자본이 250억원 이상	B. 시장평가 또는 성장성 등이 다음 중 어느 하나를 충족할 것. ① 시가총액이 500억원 이상이고, 매출액이 30억원 이상이며, 최근 2개 사업연도 평균 매출증가율이 20% 이상 ② 시가총액이 300억원 이상이고, 매출액이 50억원 이상 ③ 시가총액이 500억원 이상이고, PBR이 200% 이상 ④ 시가총액이 1,000억원 이상 ⑤ 자기자본이 250억원 이상
감사의견	최근 사업연도의 감사의견이 적정일 것	
주식양도	주식양도에 제한이 없을 것	
지배구조	사외이사 및 상근감사 요건 충족	
질적 요건	기업의 성장성, 계속성, 경영의 투명성 및 안정성, 기타 투자자 보호, 코스닥시장의 건전한 발전, 업종별 특성, 고용창출 효과 및 국민경제적 기여도 등을 종합적으로 고려할 때 공익과 투자자 보호상 부적합한 사유가 없을 것	

주 : 1. 기술성장기업은 일반기업 및 벤처기업에 비해 상대적으로 완화된 상장요건이 적용됨.
2. 현재 코스닥시장에서는 코넥스시장에서 코스닥시장으로 신속하게 이전 상장할 수 있도록 한 신속이전 상장(fast track)과 관련된 제도도 시행되고 있음.

자료 : 한국거래소 '코스닥시장 상장규정'(2021. 8)

4.3 코스닥시장 매매거래제도

코스닥시장의 매매거래제도는 대부분 유가증권시장과 유사하다. 다소 큰 차이를 보이는 매매거래제도를 중심으로 살펴보면 다음과 같다.

호가가격단위

코스닥시장에서의 호가가격단위는 유가증권시장과 동일하다. 〈표 3-9〉는 코스닥시장의 호가가격단위를 나타낸 것이다.

표 3-9 코스닥시장 호가가격단위

주권 가격	호가가격단위
2,000원 미만	1원
2,000원 이상 5,000원 미만	5원
5,000원 이상 20,000원 미만	10원
20,000원 이상 50,000원 미만	50원
50,000원 이상	100원

매매수량단위

코스닥시장에서의 매매수량단위는 주식의 경우 1주이다.

4.4 코스닥시장의 안정 및 관리를 위한 제도

코스닥시장에서도 유가증권시장과 유사하게 시장의 안정 및 관리를 위하여 서킷브레이커, 사이드카, 가격제한폭, 종목별 매매거래정지제도, 시장경보제도, 단기과열종목 지정제도, 관리종목 지정제도, 공매도 과열종목 지정제도, 종목별 변동성 완화장치 등이 운영되고 있다. 여기에서는 서킷브레이커와 사이드카에 대하여 구체적으로 살펴보고자 한다.[16]

서킷브레이커

서킷브레이커는 코스닥지수가 전일 대비 일정 수준 이상 급락하는 경우 투자자에게 시장상황을 판단할 수 있는 시간을 제공하기 위하여 시장에서의 모든 매매거래를 일시적으로 중단하는 제도이다.

코스닥시장의 서킷브레이커도 코스피시장과 같이 3단계로 적용된다. 1단계는

16. 서킷브레이커와 사이드카 외의 다른 제도와 관련된 세부적인 내용은 '코스닥시장 입무규정'과 '코스닥시장 업무규정 시행세칙'을 참조 바람.

최초로 코스닥지수가 전일 종가 대비 8% 이상 하락하여 1분간 지속하는 경우 발동되며, 2단계는 1단계 매매거래중단 발동 이후 코스닥지수가 전일 종가 대비 15% 이상 하락하고 1단계 발동지수 대비 1% 이상 추가 하락하여 1분간 지속하는 경우 발동된다. 1단계 또는 2단계 서킷브레이커가 발동되면 20분 동안 호가접수 및 매매거래가 중단되며, 이후 10분간 단일가매매로 거래가 재개된다. 한편, 3단계는 2단계 매매거래중단 발동 이후 코스닥지수가 전일 종가 대비 20% 이상 하락하고 2단계 발동지수 대비 1% 이상 추가 하락하여 1분간 지속하는 경우 당일 발동 시점을 기준으로 장이 종료된다. 코스닥시장에서의 서킷브레이커는 2001년 10월 15일 도입된 이후 현재까지 아홉 차례에 걸쳐 발동되었다.[17]

사이드카

유가증권시장과 마찬가지로 코스닥시장에서의 사이드카는 시장상황이 급변할 경우 프로그램매매의 호가 효력을 일시적으로 제한함으로써 프로그램매매가 코스닥시장에 미치는 충격을 완화하기 위한 제도이다.

한국거래소에서 거래되는 코스닥 스타지수선물 종목 중 직전매매일의 거래량이 가장 많은 종목을 기준종목으로 하고, 기준종목의 가격이 기준가격 대비 6% 이상 상승(또는 하락)한 상태에서 선물거래대상지수가 3% 상승(또는 하락)해 1분간 지속되는 경우 그 이후에 접수된 프로그램매매 매수호가(또는 매도호가)의 효력을 5분 동안 정지한다. 프로그램매매호가의 효력정지 시점부터 5분이 경과한 때, 장종료 40분 전 이후, 프로그램매매호가의 효력정지 시간 중 코스닥시장에서 서킷브레이커 발동으로 매매거래가 중단된 경우 등의 3가지 상황이 발생하면 그 효력정지를 해제한다.

---

17. 코스닥시장에서 서킷브레이커가 발동된 날은 2006년 1월 23일(뉴욕증시 급락 및 국내 증시 단기급등에 따른 차익매물 출현), 2007년 8월 16일(미국 서브프라임 모기지 사태로 인한 글로벌 증시 악화), 2008년 10월 23~24일(미국 증시 급락과 파키스탄의 IMF 구제금융 신청), 2011년 8월 8~9일(글로벌 금융위기로 인한 증시 악화), 2016년 2월 12일(글로벌 경기침체 우려 확대), 2020년 3월 13일 · 2020년 3월 19일(COVID-19로 인한 세계경제 불안) 등이다.

증권투자 Tip

코넥스시장

코넥스(Korea New Exchange ; KONEX)시장은 실적이 가시화되지 않은, 성장 초기 중소기업의 자금조달을 용이하게 할 수 있도록 지원함으로써 초기 중소기업에 최적화된 생태계 기반을 조성할 목적으로 개설된 중소기업 전용 자본시장이다.

중소기업의 자금조달은 대부분 은행대출에 편중되어 있는 반면 주식발행 등의 직접금융을 통한 자금조달은 매우 낮은 수준이다. 이런 환경은 중소기업 등 비상장기업으로 하여금 지나치게 높은 부채비율과 과도한 이자비용을 부담하게 함으로써 중소기업 존립 자체를 불확실하게 만들 수 있다. 자금을 필요로 하는 중소기업이 주로 은행대출에 의존하게 된 원인 중 하나로 코스닥시장 및 제3시장(K-OTC시장)이 중소기업의 자금조달 지원을 제대로 수행하지 못하였다는 점을 들 수 있다. 코스닥시장은 그동안 투자자 보호를 위해 상장요건을 지속적으로 강화하여 왔다. 그 결과 성숙단계 이상의 중소기업과 달리 초기 중소기업이 코스닥시장에 진입하기란 쉽지 않게 되었다. 게다가 코스닥시장에 비해 중소기업의 접근가능성이 상대적으로 높다고 평가되는 제3시장(K-OTC시장)은 계속된 거래부진으로 시장 본연의 기능을 제대로 발휘하지 못하고 있다. 이상과 같은 이유로 초기 중소기업에 최적화된 증권시장의 필요성이 제기되었다. 다만, 그 증권시장은 기존의 증권시장을 활용하기보다 제로베이스에서 새롭게 설계되어야 한다는 의견이 지배적이었다. 바로 이러한 배경에서 2015년 코넥스시장이 개설되었다.

코넥스시장의 상장요건은 유가증권시장 및 코스닥시장과 크게 다르다. 코넥스시장은 초기 중소·벤처기업이 원활하게 상장할 수 있도록 매출액, 순이익 등의 재무요건을 적용하지 않는다. 아울러 초기 중소·벤처기업의 실정에 부합하지 않는 상장요건은 완화 또는 아예 배제하였다. 다만, 증권의 자유로운 유통과 재무정보의 신뢰성 확보를 위한 최소한의 요건만 규정하고 있다. 2020년도 말 현재 코넥스시장에 상장된 기업 수는 143개이며 시가총액은 약 5조 6,106억원에 달한다.

4.5 제3시장

제3시장은 비상장주식이나 상장이 폐지된 주식에 대해 유동성을 제공하기 위해 설치·운영되는 장외호가중개시장이다. 우리나라의 경우 제3시장을 프리보드(free board)라 하였으나 2014년 8월에 K-OTC시장으로 개편되었다.[18] K-OTC시장과 같은 제3시장의 목적은 다음과 같다. 첫째, 비상장주식의 거래를 장외주식호가중개시장 중심으로 집중·재편함으로써 거래의 편의성과 가격의 공정성을 도

18. K-OTC시장은 한국금융투자협회 장외시장(Kofia Over-The-Counter Market)이라고도 함.

모한다. 둘째, 투자자에게는 아이디어와 기술력이 있는 유망기업이 발행한 주식을 상장 이전의 단계에서 투자할 수 있는 기회를 제공한다. 셋째, 기존 장외주식거래를 통해 발생할 수 있었던 불공정거래나 사기행위로부터 투자자보호를 도모한다.

4.6 시장제도의 비교

시장제도를 중심으로 유가증권시장, 코스닥시장, 그리고 제3시장(K-OTC시장) 등을 서로 비교해보면 〈표 3-10〉과 같다.

표 3-10 시장제도의 비교

구분	유가증권시장	코스닥시장	제3시장(K-OTC시장)
매매거래 시간	정규시장 09:00~15:30 시간외 시장 ▪ 장개시 전 : 08:30~09:00 ▪ 장종료 후 : 15:40~18:00	정규시장 09:00~15:30 시간외 시장 ▪ 장개시 전 : 08:30~09:00 ▪ 장종료 후 : 15:40~18:00	정규시장 09:00~15:30
가격제한폭	기준가 ±30%	기준가 ±30%	기준가 ±30% 단, 최초매매개시일의 신규 종목은 달리 적용
매매방식	경쟁매매	경쟁매매	상대매매
위탁증거금	증권사 자율	증권사 자율	매수 : 현금 100% 매도 : 당해 주식 100%
위탁수수료	증권사 자율	증권사 자율	증권사 자율
결제 전 매매	가능	가능	가능
양도소득세	면제	면제	벤처기업 소액주주 : 면제 중소기업주권 : 양도차익의 10% 대기업주권 : 양도차익의 20%
증권거래세	매도가액의 0.03% (2025년부터 0%, 농특세 0.15% 별도 부과)	매도가액의 0.18% (2025년부터 0.15%)	매도가액의 0.23%
주문	시장가, 지정가 등	시장가, 지정가 등	지정가
수도결제	3일 결제	3일 결제	3일 결제
기준가	전일 종가	전일 종가	전일 거래량 가중평균주가 단, 최초매매개시일의 신규 종목은 주당순자산 가치
매매단위	1주	1주	1주

자료 : 각 시장제도 관련 규정

5. 채권의 유통시장

Investments & Security Analysis, Ch. Three

전통적으로 채권의 유통시장은 투자자가 거래상대방을 찾는 방식에 따라 직접탐색시장, 대리인을 이용하는 대리인시장, 채권거래전문가가 자기계산으로 재고를 보유하고 자신의 호가에 따라 거래에 응하는 딜러시장(dealer market), 투자자들이 매수 및 매도주문을 집중하여 시장수급에 따라 가격이 결정되는 경매시장(auction market)으로 구분된다.

5.1 채권유통구조의 변화

기존 채권시장은 딜러인 증권회사 중심의 상대매매시장으로서 회사채, 금융채 등의 거래가 주종을 이루어 왔다. 그러나 국채의 대량발행과 함께 정부의 국채전문딜러제도의 도입으로 전산스크린에 의한 딜러 간 경쟁매매시장(inter-dealer market)이 개설되었다. 경쟁매매시장의 개설에 따라 거래대상 채권도 국채도매거래시장과, 회사채 · 금융채 · 특수채 등의 일반채권의 거래시장으로 대별되고 있다.

5.2 채권유통시장의 구분

채권유통시장은 조직적 시장인 한국거래소의 채권시장과 비조직적인 시장인 장외시장으로 구분된다.

한국거래소 채권시장

- **일반채권시장** : 불특정 다수의 일반투자자가 참여할 수 있는 시장으로서 경쟁매매시장(auction market)에 해당된다. 현재 주식 관련 사채와 일반국민이 의무적으로 매입하는 첨가소화 국공채가 주로 거래되고 있기 때문에 소

액투자자 보호시장이라 할 수 있다.

- **국채딜러 간 경쟁매매시장** : 국채자기매매업을 허가받은 기관인 국채딜러 간 매매거래 및 증권회사를 통한 위탁매매를 위하여 유가증권시장본부가 개설한 시장으로서, 시장참가자들의 매도 · 매수주문이 집중되어 거래되는 경쟁매매시장이다.

채권 장외시장

- **대고객 상대매매시장** : 거래장소, 거래유가증권, 조건의 비표준화 등 유가증권시장에서 거래가 곤란한 채권에 유통성을 부여한다는 특징이 있다.
- **딜러 간 경쟁매매시장** : 회사채, 금융채, 특수채 중심으로 매도 · 매수 양방향 상대거래에 응함으로써 중개거래를 수행하는 시장으로, 증권회사가 부분적으로 딜러 브로커(inter-dealer broker) 역할을 수행하고 있다. 최근 딜러 간 경쟁매매시장은 익명성이 보장됨으로써 포지션 노출 없이 대량매매를 할 수 있는 딜러 간 경쟁매매시장이 되었다. 그 결과 경쟁매매가 일반화되면서 브로커의 개입 없이 전산스크린에 의한 완전자동매매시스템에 의한 거래형태로 전환되고 있다.

중요 용어

유통시장 (72)
장내시장 (73)
장외시장 (76)
상장 (77)
상장요건 (82)
매매거래제도 (86)
호가 (88)
호가가격단위 (88)
매매수량단위 (88)
주문 (89)
단일가매매 (92)
접속매매 (94)
기세 (94)
가격제한폭 (94)
서킷브레이커 (95)
사이드카 (96)
종목별 매매거래정지제도 (97)
시장경보제도 (98)
단기과열종목 지정제도 (98)
관리종목 지정제도 (99)
공매도 과열종목 지정제도 (100)
종목별 변동성 완화장치 (101)
대량매매제도 (101)
공시제도 (102)
코스닥시장 (103)
제3시장 (109)
채권의 유통시장 (111)

사례연구 3-1 코로나-19에 시가총액 톱10 격변 … 바이오 · IT '씽씽' 차 '급제동'

코스피 시가총액 순위 변화(단위 : 원)

	2016년 말	2017년 말	2018년 말	2019년 말	2020년 5월	시가총액(2020년 5월)
1	삼성전자	삼성전자	삼성전자	삼성전자	삼성전자	286조 5,495억
2	SK하이닉스	SK하이닉스	SK하이닉스	SK하이닉스	SK하이닉스	58조 6,769억
3	현대차	현대차	셀트리온	NAVER	삼성바이오로직스	40조 4,929억
4	한국전력	POSCO	삼성바이오로직스	삼성바이오로직스	NAVER	35조 9,736억
5	현대모비스	NAVER	현대차	현대차	셀트리온	29조 2,314억
6	NAVER	LG화학	LG화학	현대모비스	LG화학	24조 3,190억
7	삼성물산	KB금융	SK텔레콤	셀트리온	LG생활건강	22조 7,244억
8	삼성생명	현대모비스	한국전력	LG화학	삼성SDI	21조 1,794억
9	POSCO	삼성생명	POSCO	POSCO	현대차	19조 7,215억
10	신한지주	삼성바이오로직스	NAVER	삼성물산	카카오	19조 5,906억

코로나19(신종 코로나바이러스 감염증) 확산 이후 국내 증시 시가총액 상위 10개 기업 순위가 지각변동을 겪고 있다. 전염병 이슈에 삼성바이오로직스와 셀트리온 등 바이오 기업이 주목받았고 IT(정보기술)가 언택트 수혜를 입으며 카카오는 처음으로 10위권에 안착했다. 배터리 수요가 확대되며 LG화학과 삼성SDI도 나란히 상위권에 안착했다. 반면 코로나19가 글로벌 경제위기를 불러오며 '전통 강호'들은 위기에 몰렸다. 재계 2위인 현대차는 시총 10위권도 위태로운 상황이 됐고 삼성물산, 현대모비스, 포스코 등 작년 말까지 10위권을 지키던 기업들은 랭크아웃되는 수모를 겪었다.

코로나에 언택트 주목 … 바이오 · IT기업 4개 포진

15일 한국거래소에 따르면 14일 현재 코스피 시가총액 상위 10위권 기업 중(우선주 제외) 지난해 말에도 포함된 기업은 삼성전자, SK하이닉스, 삼성바이오로직스, 네이버, 셀트리온, LG화학, 현대차 등 7개 기업이다. LG생활건강과 삼성SDI, 카카오는 올해 들어 10위권에 새롭게 편입됐다. 이 중 카카오는 상장 이후 처음으로 시총 10위권에 올랐다. 외국인이 4거래일 연속 카카오 주식 2,328억원을 순매수하면서 카카오는 14일 장중 현대차를 넘어 시총 9위까지 오르는 기염을 토했다. 14일 기준 카카오 시총은 19조 5,906억원으로 현대차(19조 7,215억원)를 바짝 추격하고 있다.

지난해 말 3위에 있던 네이버(35조 9,736억원)는 5월 현재 4위로 내려왔다. 그 자리엔 삼성바이오로직스(40조 4,929억원)가 올라섰다. 코로나19가 글로벌 확산세를 보이며 삼바 주가는 지난 3월 35만 2,000원까지 하락했으나 1분기 굵직한 수주와 계약을 잇달아 따내며 하락폭을 모두 만회했다. 연초 대비 삼바 주가는 39% 가까이 급등했다.

셀트리온(29조 2,314억원) 역시 글로벌 성장세를 거듭하며 시총 순위를 지키고 있다. 지난해 말 시총 7위로 마감한 셀트리온은 5개월 만에 2계단 상승했다. 코스닥에 상장한 셀트리온헬스케어와 셀트리온제약 역시 각각 코스닥 1위, 3위를 수성하고 있다.

자동차 지고, 배터리 뜨고 … 현대차 제친 LG화학 · 삼성SDI

전기차와 스마트폰 배터리 수요가 늘며 '배터리 2형제' LG화학과 삼성SDI도 질주를 거듭하고 있다. LG화학(24조 3,190억원)은 지난 2017년과 2018년 시총 6위를 유지하다 작년 말 8위로 밀려났으나 올해 다시 6위를 되찾았다. 국제유가가 급락하며 석유 · 화학 부문은 최악의 성적을 거뒀지만 배터리 수요 확산 기대감이 주가를 끌어올렸다. 특히 테슬라와의 2차 전지 공급 계약으로 향후 전망도 밝은 상황이다.

삼성SDI(21조 1,794억원)는 지난해 말 16조원 수준이던 시총이 5개월 만에 4조원 넘게 불어났다. 같은 기간 시총 순위는 19위에서 8위로 11계단이나 상승했다. 삼성SDI의 경우 기업 내 배터리 실적 기여도가 높다는 편에서 주목받고 있다. 삼성SDI는 에너지솔루션, 전자재료 등 2개 사업부에서 배터리 생산을 담당하는 에너지솔루션 비중이 70% 이상으로 높다.

반면 자동차 기업들은 맥을 추리지 못 하고 있다. 재계 2위이자 형님격인 현대차는 시총 순위 9위까지 밀려났고 현대모비스(16조 1,117억원)는 14위로 떨어지는 수모를 겪었다. 현대차는 지난 2016년과 2017년엔 시총 3위를 지켜냈으나 2018년과 2019년 5위로 떨어졌고 올해 들어 10위권도 위태로운 상황이 됐다.

최근 5년간 시총 10위권을 지켜오던 기업들도 대거 '물갈이'됐다. 지난해 말 9위, 10위에 올랐던 포스코와 삼성물산은 현재 15위와 11위로 밀려났다. 2017년 말까지 시총 상위권을 지키던 삼성생명(2016년 8위 · 2017년 9위), 신한지주(2016년 10위), KB금융(2017년 7위) 등 금융주들은 2018년을 기점으로 자취를 감췄다.

출처 : 뉴스웨이(2020년 5월 15일) 수정

사례연구 3-2

한국 증시 붕괴 주범은 공매도? … 대형주별로 살펴봤더니

국내 증시가 연일 하락하면서 개인투자자들을 중심으로 '공매도 폐지론'이 다시 고개를 들고 있다. 외국인 투자자들이 공매도 수익을 위해 우량주들의 주가까지 누르고 있다는 이유에서다. 공매도 폭탄을 맞은 삼성전자 등 대형주들의 부진이 계속되는 가운데 공매도와 주가 간 연관성을 놓고 금융전문가들의 시각도 엇갈리는 모습이다.

한국거래소에 따르면 지난 12일 코스피지수는 전 거래일 대비 1.35%(39.93포인트) 하락한 2916.38에 마감했다. 불과 3개월 전 3305.21(종가 기준)까지 치솟았던 코스피는 연고점 대비 12%가량 급락한 상황이다. 특히 증시 활황을 이끌었던 대형주들의 부

국내 대형주 주가변화 추이

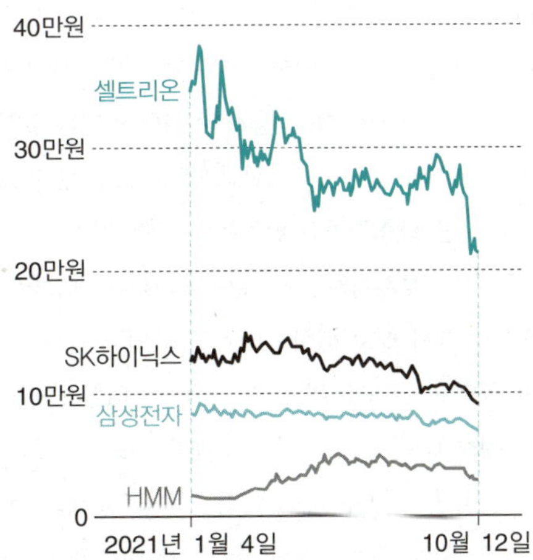

자료 : 한국거래소

공매도 거래대금 상위종목

기관	거래대금	비중
삼성전자	661억원	3.07%
LG화학	348억원	8.78%
셀트리온	327억원	19.46%
LG전자	241억원	11.01%
SK하이닉스	230억원	5.30%

※ 2021년 10월 12일 기준

공매도 잔고금액 상위종목

기관	잔고금액	비중
셀트리온	8,606억원	2.93%
HMM	6,625억원	5.19%
LG디스플레이	5,067억원	7.89%
현대차	2,843억원	0.66%
금호석유	2,382억원	4.27%

※ 2021년 10월 7일 기준
공매도 잔고금액은 당일 기준 2거래일 전 거래내역까지만 확인 가능

자료 : 한국거래소

진이 두드러지고 있다. 이날 삼성전자는 7만원 밑으로 내려가는 등 3분기에만 39조원의 시가총액이 증발했다. SK하이닉스도 이달 들어 9만원대로 급전직하했고, 지난달 말 28만원을 재돌파했던 셀트리온은 21만원대까지 추락했다. 한때 '흠슬라'로 불렸던 HMM도 지난 5월 고점(5만 600원)을 찍은 뒤 2만 8,000원대까지 떨어졌다. 올해 초 100만원을 돌파하며 황제주에 등극한 LG화학 역시 70만원 대로 급락하는 등 대형주들의 하락세가 뚜렷하다.

국내 개인투자자들은 이 같은 증시 부진의 원인을 공매도에서 찾고 있다. 기관 또는 외국인 투자자들이 공매도 수익을 위해 주가하락에 대한 불안감을 조성해 매도 또는 단타성 매매를 유도하고 있다는 주장이다. 공매도 세력이 증시 하락에 베팅하면서 우량 대형주들까지 힘을 잃고 있다는 이야기다.

실제로 코스피 시장의 공매도 잔고금액은 지난달 29일 연중 최고치인 9조 2,450억원까지 불어났다. 코스피의 9월 일평균 공매도 잔고는 8조 7,783억원으로, 특히 삼성전자의 공매도 잔고가 빠른 속도로 증가하고 있다. 지난달 1일 1,039억원에 그쳤던 삼성전자의 공매도 잔고금액은 현재(7일 기준) 1,901억원으로 급증했다.

한국거래소의 공매도 데일리 브리프를 살펴보면 12일 코스피 공매도 거래 상위종목 5곳 가운데 3곳의 주가가 전날보다 떨어졌다. 공매도 거래대금이 하루 만에 425억원 증가한 삼성전자는 3.50% 하락했고, 3위 셀트리온(-4.24%)과 5위 SK하이닉스(-2.66%)의 주가도 뒷걸음질쳤다.

한 개인투자자는 지난 7일 청와대 국민청원 게시판에 글을 올려 "공매도의 명분은 외국인 자본 유치이지만 외국인 자본의 76%는 공매도"라며 "건전하고 우량한 기업에 실적을 보고 투자하는 주주들의 의욕을 상실하게 만드는 공매도를 완전 폐지해 달라"고 호소했다. 현재 이 청원은 13일 현재 4만 9,000여 명이 동의한 상태다. 이에 대해 정의정 한국주식투자자연합회(한투연) 대표는 뉴스웨이와의 통화에서 "지난해 3월 16일 1,457까지 떨어졌던 코스피지수는 공매도 금지 이후 사상 최초로 3,000선을 돌파했다"며 "그런데도 공매도와 주가하락이 관련이 없다는 금융당국의 태도는 납득하기 어렵다"고 설명했다. 이어 "정보력과 자금력을 가진 공매도 세력은 보유한 현물을 매도해 주가를 내린 뒤 공매도를 쏟아붓는 방식을 쓰기 때문에 현행 제도에선 백전백승"이라며 "금융당국은 기관과 외국인의 공매도 상환기간 및 담보비율을 개인과 동일하게 통일하고 증거금도 법제화해야 한다"고 강조했다. 그러면서 "지난 10년간 공매도 주체의 수익률을 조사해 다른 국가와 비교해볼 필요가 있다"며 "우리나라의 공매도 수익이 다른 국가에 비해 지나치게 높다면 공매도 제도에 허점이 있는 것"이라고 지적했다.

금융전문가 역시 개인투자자들과 같은 목소리를 내고 있다. 3분기 사상 최대 실적을 달성한 삼성전자의 주가가 하락한 건 8월 대비 4배가량 증가한 공매도 거래와 관련이 있다는 분석이다. 서지용 상명대학교 경영학부 교수는 "삼성전자는 이달 들어 공매도 거래 급증과 맞물려 주가도 바닥을 기고 있다"며 "증권가에선 기업의 펀더멘털이 좋으면 주가가 오른다고 하지만, 우리 증시에서 1년 이상 홀딩하지 않는 외국인들은 공매도를 통해 수익을 실현하려는 성향이 강하다"고 지적했다. 특히 서 교수는 국내 증시의 부진 원인은 미국 등 글로벌 증시와 다르다고 꼬집었다. 40%가량의 외국인 투자자들이 단기차익만 얻고 나가는 국내 증시는 장기투자 중심의 선진국 시장보다 공매도의 영향을 더 많이 받는다는 설명이다. 서 교수는 그러면서 "금융당국은 공매도 전면 재개에 앞서 문제점을 확실히 보완해야 할 필요가 있다"며 "공매도 제도와 관련된 정책연구용역과제를 6개월 이상 수행한 뒤 공청회를 통해 의견을 수렴해야 한다고 본다"고 주장했다.

반면 일각에선 주가하락의 직접적인 원인이 공매도가 아닌 펀더멘털 약화 때문이라는 반론도 나온다. 미래 실적 전망이 어두워 공매도 잔고가 급증하는 것이지, 공매도 자체가 주가하락의 주범은 아니라는 이야기다. 황세운 자본시장연구원 연구위원은 "표면적으로 공매도가 증가하면 주가가 하락하기 때문에 투자자들이 착각하기 쉽지만, 주가는 펀더멘털에 달려 있다"며 "공매도는 주가하락의 도관체(pipe line) 성격일 뿐, 실적 개선이 기대되는 기업에 공매도가 집중되는 경우는 거의 없다"고 설명했다. 이어 "공매도가 주가하락의 원인이라면 주가상승도 공매도 때문이라고 해석해야 하나"라며 "주가 상승도 하락도 공매도가 아닌 펀더멘털의 변화에 달린 것"이라고 강조했다. 그러면서 "주식시장은 약 6개월을 선행하기 때문에 지금 당장의 매출보다는 내년 실적 전망이 더 중요하다"며 "이 때문에 3분기 호실적을 기록한 삼성전자도 내년 반도체 업황 부진 우려가 커지면서 주가가 부진한 것"이라고 덧붙였다.

출처 : 뉴스웨이(2021년 10월 13일) 수정

연습문제

※ 완성/선택형 문제

01. (   )은 장내시장에 해당하는 거래소시장 밖에서 증권의 거래가 이루어지는 시장을 총칭하는 개념으로 거래소시장에 대한 상대적인 개념이다.

02. (   )이란 한국거래소가 정한 요건을 충족한 기업이 발행한 주식을 증권시장에서 자유롭게 거래할 수 있도록 그 자격을 부여하는 것을 의미한다.

03. (   )은 주식분산요건을 갖춘 기업이 모집, 매출 등의 공모를 거치지 않고 주권을 바로 상장하는 것을 말한다.

04. 우리나라 거래소시장에서는 (   )의 원칙, (   )의 원칙, (   )의 원칙 등의 매매체결 원칙을 순차적으로 적용하여 매도자와 매수자 간 거래를 체결시킨다.

05. (   )는 수요와 공급을 집중시켜 균형가격 형성의 필요성이 큰 경우에 이용되는 매매방법으로서, 일정 시간 동안 매도·매수호가를 접수하여 가격우선 및 시간우선 원칙에 따라 우선하는 호가 간에 하나의 가격, 즉 단일가격으로 매매체결이 이루어진다.

06. (   )는 복수가격에 의한 개별 경쟁매매라고도 하는데, 이러한 매매방식은 가격우선의 원칙, 시간우선의 원칙, 수량우선의 원칙 등 매매거래체결 원칙에 따라 매매거래를 성립시킨다.

07. (   )란 거래소의 회원(매도자와 매수자)이 시장에서 매매거래를 하기 위하여 매도 또는 매수의 의사표시를 하는 행위를 말하며, 또한 매매거래를 위하여 주문할 수 있는 최소단위의 가격을 의미하기도 한다.

08. 가격제한폭은 일반적으로 전일 종가에 일정 비율을 곱하여 산출되며, 호가는 가격제한폭 범위 내의 가격으로 하여야 한다. 일별로 상승할 수 있는 최고가격인 (   )는 기준가격에 가격제한폭을 더한 가격을 말하며, 일별로 하락할 수 있는 최저가격인 (   )는 기준가격에서 가격제한폭을 뺀 가격을 말한다.

09. (   )는 주식시장의 내 · 외적인 요인에 의하여 주가가 급락하는 경우 투자자들에게 냉정한 투자판단 시간을 제공하기 위해 시장에서의 모든 매매거래를 일시적으로 중단하는 제도이다.

10. (   )는 기업의 중요 정보, 즉 영업실적, 재무상태, 합병, 증자 등을 이해관계자들에게 정기적, 그리고 수시로 공개하도록 하여 투자자 스스로 자유로운 판단과 책임 하에 투자결정을 하도록 하는 제도를 말한다.

11. (   )은 한국거래소 유가증권시장의 상장요건에 미달되는 기업 중 유망중소기업, 벤처기업 등에게 자금조달 기회를 제공하는 한편, 투자자에게는 고위험 · 고수익의 투자수단을 제공하고 있다.

12. 다음 중 한국거래소 상장법인이 유상증자 등에 따라 신주를 발행하여 추가 상장시키는 상장의 형태는?

① 신규상장　　② 재상장
③ 신주상장　　④ 변경상장

13. 상장의 효과로 가장 적절하지 않은 것은?

① 기업의 자금조달 기회 확대　　② 기업의 인지도 제고
③ 종업원의 사기 진작　　④ 주주의 고수익 보장

14. 다음 중 매매거래제도의 체결원칙이 아닌 것은?

① 가격우선의 원칙　　② 소액투자자우선의 원칙
③ 시간우선의 원칙　　④ 수량우선의 원칙

15. 우리나라 주식시장에서 적용되는 매매체결 방식은?

① 단일가매매와 격탁매매　② 접속가매매와 상대가매매

③ 격탁매매와 접속가매매　④ 단일가매매와 접속가매매

16. 우리나라 주식시장에서의 매매거래제도에 대한 설명으로 옳은 것은?

① 휴장일 제도가 있다.

② 정규매매거래시간은 오전 9시부터 오후 3시까지이다.

③ 주식은 일괄적으로 100원 단위로 주문할 수 있다.

④ 주식의 매매수량단위는 전일 종가 수준에 따라 다르다.

17. 다음의 주문 중에서 종가 결정을 위한 호가접수시간 개시 전까지 매매가 이루어지지 않는 경우, 단일가매매 시작시점에서 시장가주문으로 전환하는 주문방식은?

① 지정가주문　② 조건부지정가주문

③ 시장가주문　④ 최유리지정가주문

18. 다음은 한국거래소 유가증권시장의 안정을 위한 제도에 대한 설명이다. 적절하지 않은 것은?

① 가격제한폭제도는 급격한 일일 가격변동에 따른 위험을 줄이고자 당일 시가를 기준으로 상하 15%로 정한다.

② 서킷브레이커(circuit breakers)는 증권시장의 내 · 외적인 요인에 의하여 주가가 급락하는 경우 투자자들에게 냉정한 투자판단 시간을 제공하기 위해 시장에서의 모든 매매거래를 일시적으로 중단하는 제도이다.

③ 사이드카(side car)는 선물시장에서의 프로그램매매가 주식시장에 미치는 충격을 예방하기 위한 제도이다.

④ 단기과열종목 지정제도는 단기적으로 이상급등하는 종목의 매매거래에 제한을 가함으로써 추종매매 및 불공정거래를 예방하기 위한 제도이다.

19. 다음 중 유통시장공시에 속하지 않는 것은?

① 사업설명서공시　② 사업보고서공시

③ 조회공시　④ 특수상황공시

20. 다음 중 비상장주식이나 상장이 폐지된 주식에 대하여 유동성을 제고하기 위하여 설치 · 운영되는 장외호가중개시장은?

① 코스닥시장 ② 선물시장
③ 유가증권시장 ④ 제3시장

✻ 서술/계산형 문제

01. 유통시장의 의의와 그 종류에 대하여 설명하라.

02. 주식시장에서 상장의 의의, 종류 및 효과를 설명하라.

03. 주식매매거래의 체결원칙에 대하여 설명하라.

04. 호가란 무엇이며, 주문의 종류로는 어떠한 것이 있는지 설명하라.

05. 우리나라에서는 유가증권시장의 안정 및 관리를 위하여 어떠한 제도를 두고 있는지 설명하라.

06. 우리나라 주식시장과 관련된 공시제도에 대하여 설명하라.

07. 다음을 간략하게 설명하라.

(1) 기세제도 (2) 가격제한폭제도
(3) 단일가매매 (4) 접속매매
(5) 사이드카 (6) 공매도 과열종목 지정제도
(7) 코넥스시장 (8) K-OTC시장

온라인 증권거래와 주가정보

1. 온라인 증권거래의 기초개념　2. 주가정보

Investments & Security Analysis Ch. Four

04

[이 장의 개요]

온라인 증권거래(on-line trading)란 홈트레이딩시스템(home trading system ; HTS) 및 모바일트레이딩시스템(mobile trading system ; MTS), 자동응답시스템(automatic response system ; ARS) 등 유 · 무선 매체를 이용하여 투자자가 직접 시세조회부터 주문입력, 체결확인 등을 하는 거래방식을 말한다. 온라인 증권거래는 1970년대 후반 미국에서 일부 기관투자자들이 증권회사 주문시스템에 접속하여 매매주문을 전산화하면서부터 시작되었으며, 이후 정보기술(information technology ; IT)산업의 발전과 더불어 급속히 확산되었다. 온라인 증권거래가 활성화되면서 증권사의 인터넷 지점뿐만 아니라 온라인 전문증권사도 설립되었으며, 나아가 인터넷 등 통신망을 통하여 신주공모가 이루어지는 등 사이버 증권시장의 개설이 가능하게 되었다. 최근 온라인 증권거래의 성장세가 다소 주춤하는 경향을 보이고 있으나, 증권산업의 사이버화가 급속히 진행되면서 투자환경 및 증권거래방식에 더 큰 변화가 있을 것으로 예상된다.

본 장에서는 먼저 온라인 증권거래의 기초개념을 설명한 후 주식투자에 있어서 유용한 주가정보에 대하여 살펴본다.

1. 온라인 증권거래의 기초개념

1.1 온라인 증권거래의 의의

그동안 컴퓨터, 인터넷 등 정보기술(IT)의 발전은 증권산업을 크게 변모시켜 왔다. 온라인 증권거래란 홈트레이딩시스템(home trading system ; HTS) 및 모바일트레이딩시스템(mobile trading system ; MTS), 자동응답시스템(automatic response system ; ARS) 등 유 · 무선 매체를 이용하여 투자자가 직접 시세조회, 주문입력, 체결확인 등을 하는 거래방식을 말한다.[1]

온라인 증권거래가 활성화되면서 증권사의 인터넷 지점, 온라인 전문증권사 등이 설립되었고, 나아가 인터넷 등 통신망을 통하여 신주의 공모 및 발행이 이루어지는 사이버 증권시장이 개설되었다.

온라인 증권거래에서는 계좌를 개설하는 경우에만 증권사 영업점에 방문하면 되고, 그후 매매주식 선정, 시세조회, 주문 등은 모두 인터넷을 이용하여 투자자가 직접 할 수 있기 때문에 종목을 선택하거나 매매시점을 결정할 때 영업점 직원의 개인적이고 주관적인 정보들이 개입될 여지가 적다. 반면, 사이버공간상에서 제공되는 정보를 이용할 때는 개개인의 종합적 판단이 필요하다.

증권투자자들이 온라인 증권거래를 선호하는 이유를 살펴보면 다음과 같다.

첫째, 거래수수료가 저렴하다. 온라인 증권거래가 활성화되면서 기존의 증권사와 온라인 증권회사 간의 수수료 경쟁이 더욱 치열해지고 있다. 온라인 증권회사는 기존의 증권사와 달리 특히 수수료 면에서 차별화된 전략을 구사하고 있어 앞으로의 수수료 인하 경쟁은 더욱 치열해질 것으로 예상된다.

둘째, 시간과 공간의 제약 없이 매매가 가능하다. 인터넷이 우리에게 가져다 준 가장 큰 혜택은 시간과 공간의 한계를 극복할 수 있다는 점이다. 인터넷이 존

1. 온라인 증권거래는 사이버 증권거래와 크게 구별되지 않고 사용된다. 굳이 구분하자면 사이버 증권거래는 주로 인터넷에 기반을 둔 홈트레이딩시스템(HTS)을 이용한 증권거래에 한정한 것인 데 반해, 온라인 증권거래는 HTS뿐만 아니라 MTS, ARS 등 다양한 온라인 매체를 이용한 증권거래를 포함한다.

재하지 않는 상황에서 기업의 정보를 직접 얻고자 한다면 현재와 달리 많은 시간과 비용을 부담하여야 할 것이다. 온라인 증권거래는 기업 관련 정보를 얻기 위하여 기업을 실제 방문하거나 증권전문가와의 직접적인 만남을 추진하는 등의 수고를 줄일 수 있다.

셋째, 풍부한 실시간 투자정보를 얻을 수 있다. 정보력이 부족한 개인투자자들이라 하더라도 HTS 및 MTS 등의 온라인 증권거래상에서 각종 투자정보를 실시간으로 참고할 수 있으며, 정보의 종류 또한 매우 다양하다. 오히려 너무 많은 정보로 인해 투자결정 시 혼란을 초래할 수 있기 때문에 보다 정확한 정보를 선별할 수 있는 능력이 무엇보다 중요하다.

넷째, 객장 분위기에 영향을 받지 않으며, 개인의 프라이버시를 지킬 수 있다. 증권회사에 방문하지 않고 인터넷상에서 투자자 본인이 직접 매매거래를 실시하므로 주변 분위기에 현혹되지 않고 자신의 의사결정에 대하여 스스로 책임지는 풍토를 조성할 수 있다.

1.2 온라인 증권거래의 수단

홈트레이딩시스템

홈트레이딩시스템(HTS)은 인터넷을 기반으로 증권거래에 사용되는 전용프로그램으로서 에뮬레이터(emulator)라고도 한다. HTS는 인터넷을 통해 주식매매를 하는 시스템으로서, 투자자가 증권회사를 방문하거나 전화를 이용하지 않고 가정이나 직장에서 컴퓨터를 이용해 주식매매 주문을 가능하도록 하는 도구이다.

HTS는 1980년대 말과 1990년대 초에 단순히 주식시세를 조회할 수 있도록 제공되던 가정용 투자정보시스템에서 발전된 것으로 인터넷 환경이 좋아진 1997년 이후에 여러 증권회사에서 도입했다. HTS를 이용하는 경우 거래수수료가 저렴하고 인터넷이 연결된 곳이면 어느 곳에서나 거래할 수 있다는 장점이 있다. 초창기의 HTS에는 주식시세 보기와 매매주문 등 단순한 기능 정도밖에 없었으나, 2000년대에 들어와 각종 분석은 물론 매매상담까지 할 수 있도록 기능이 향상되었다.

홈트레이딩을 통한 사이버 주식투자를 하기 위해서는 먼저 증권회사를 방문

그림 4-1 홈트레이딩시스템(HTS)의 준비절차

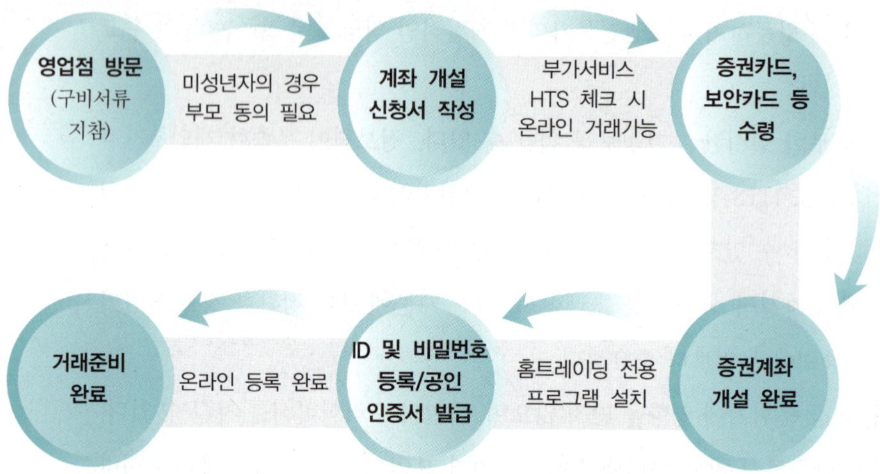

주: 스마트폰 등을 이용할 경우 영업점을 방문하지 않고 비대면으로도 증권계좌를 개설할 수 있다.

하여 계좌를 개설하여야 한다. 현재 대부분의 증권사들은 은행과 연계하여 가까운 은행에서도 증권계좌를 개설할 수 있도록 하고 있다. 계좌 개설 시에 HTS 이용신청을 하여 증권카드 및 보안카드를 수령하면 계좌 개설이 완료된다. 계좌를 개설한 후 증권회사 홈페이지에서 홈트레이딩 전용프로그램 등을 다운로드받아 설치하고, 온라인 서비스 이용을 위한 ID 및 비밀번호 등록, 공인인증서 발급 등의 부차적인 절차를 이행하면 사이버 주식투자를 하기 위한 사전준비가 완료된다. 이상과 같이 HTS를 사용하기 위한 준비절차를 그림으로 제시하면 [그림 4-1]과 같다.

HTS 하나면 실시간 종목검색, 투자지표 분석, 주가동향 점검에서부터 주식, 채권, 선물, 옵션, 펀드 거래까지 마우스 클릭 한 번으로 간편하게 해결할 수 있다. 개인투자자들은 기관투자자나 외국인들에 비하여 정보력 측면에서 열세를 면치 못하고 있는 실정이므로 HTS가 없는 주식거래는 이제 상상하기조차 힘든 일이 되어버렸다. 이처럼 개인투자자들에게 필수품이 된 HTS가 최근에는 증권회사마다 첨단기능과 한층 차별화되고 다양한 서비스를 선보이면서 개인투자자들의 관심의 대상이 되고 있다. 일반적으로 HTS가 제공하는 서비스 유형은 [그림 4-2]와 같다.

그림 4-2 HTS 서비스 유형

주식

- 현재가
- 관심종목(주가시세, 주가분석, 기업정보, 종목뉴스, 종목 기술적 지표 현황, 실시간 지표신호발생종목 등)
- 주가분석
- 재무분석
- 호가분석
- 예상체결가분석
- 거래량분석
- 외국인매매현황
- 투자자매매현황
- 거래원매매현황
- 신용매매현황
- 자사주매매현황
- 공매도매매현황

투자정보

- 뉴스시황종합(뉴스시황종합, 음성시황, 매매동향, 리서치시황, 공시, 일별종합뉴스, 증시일정 등)
- 투자정보센터추천종목
- 리서치정보
- 리서치종목분석
- 맞춤형 투자정보
- 시장동향
- 경제지표
- 지수현황
- 예상지수
- 업종분석
- 투자자분석
- 프로그램매매분석
- 해외증시차트

주문체결

- 주식주문/신용/대출(주식매도주문, 주식매수주문, 주식 정정주문, 주식 주문취소 등)
- 주식 단주주문
- 주식 주문체결조회
- 선물옵션 주문
- 선물옵션 주문체결조회

계좌/잔고

- 주식 잔고평가
- 선물옵션 잔고평가
- 자산 종합평가
- 주식 수익률/손익현황
- 주식거래내역
- 선물옵션 거래내역
- 위탁계좌 미수금현황
- 증권계산기

종목검색

- 쉬운종목검색
- 차트패턴분석
- 전문가검색
- 주가시세종목검색
- 거래량종목검색
- 재무종목검색
- 외국인종목검색
- 투자자종목검색
- 업종별종목검색
- 특이종목검색
- 추천섹터종목검색
- 그룹사종목검색

차트

- 주가차트(매물분석차트, 일봉차트, 주봉차트, 주가 대비/지수선물차트, 주식분봉차트, 장기분석주가 차트 등)
- 지수시장
- 종합차트
- 옵션차트
- ELW차트
- 해외지수차트

선물/옵션

- 선물 현재가
- 옵션 현재가
- 선물옵션스프레드
- 옵션 변동성
- 옵션 민감도
- 선물옵션 전략
- 주식선물 시세
- 주식옵션 시세
- 스타선물 현재가

ELW

- 현재가
- 월물별 종합
- 차트
- 종목검색
- 저평가 주식
- 주문
- 현재가
- 시세표
- 투자정보

금융상품

- 금융상품주문
- 금융상품잔고
- 전문가칼럼
- 펀드리서치
- 채권리서치
- ELS

온라인지점

- 이체(증권계좌↔은행계좌)
- 청약
- 대출/신용
- 서비스신청
- 계좌관리
- 개인정보

모바일트레이딩시스템

최근에는 스마트폰을 이용하여 주식매매를 가능하게 하는 모바일트레이딩시스템(MTS)의 인기가 급증하고 있다. MTS는 [그림 4-2]에 제시된 바와 같이 HTS가 제공하는 서비스를 대부분 그대로 제공하되 스마트폰에서 사용되는 주식거래 전용프로그램이라는 점에서 HTS와 구분된다.

2010년 이전에는 온라인 주식거래 대금 중 HTS를 이용한 거래가 대부분을 차지하였으나 최근에는 스마트폰의 대중화와 MTS의 기능 향상에 힘입어 MTS를 이용한 주식거래가 급속도로 늘어나고 있다. 2009년에 MTS를 이용한 주식 거래량은 유가증권시장과 코스닥시장에서 각각 2.4%, 2.8%에 불과했으나 2016년엔 각각 39.3%, 39.5%를 차지하여 매우 큰 폭으로 성장했다. 한편 HTS를 이용한 주식거래는 2010년까지 95% 안팎의 높은 점유율을 보였다. 그러나 최근 MTS 주식거래가 급성장함에 따라 HTS를 이용한 주식거래의 비중이 매년 줄어드는 추세를 보이고 있다. MTS는 인공지능(AI)을 접목한 투자지원서비스를 제공하는 등 보다 특화된 서비스를 실행함으로써 향후 눈부신 발전을 거듭할 것으로 예상된다.

증권투자 Tip

증권사 HTS(MTS) 명칭

국내 주요 증권사들의 홈페이지 주소 및 HTS(또는 MTS)의 명칭은 다음과 같다.

회사명	홈페이지 주소	HTS(MTS) 명칭
삼성증권	https://www.samsungpop.com	POP
신한금융투자	https://www.shinhaninvest.com	SHINHAN α
KB증권	https://www.kbsec.com	H·able
미래에셋대우	https://www.miraeassetdaewoo.com	KAIROS
한화투자증권	https://www.koreastock.co.kr	SmartOne
한국투자증권	https://www.truefriend.com	eFriend
교보증권	https://www.iprovest.com	PROVEST K
NH투자증권	https://www.nhqv.com	QV
유안타증권	https://www.myasset.com	더레이더
DB금융투자	https://www.db-fi.com	Happy+

대신증권	https://www.daishin.co.kr	CYBOS 5
SK증권	https://www.sks.co.kr	주파수W
키움증권	https://www.kiwoom.com	영웅문

인터넷 홈페이지

인터넷 웹브라우저를 이용하여 각 증권사의 홈페이지에 접속하여 매매할 수 있다. 인터넷 홈페이지에는 각종 투자정보가 제공되어 있으며, 과거 자료도 잘 정리되어 있다. 초보자들을 위하여 다양한 용어정리, 매매방법, 기타 거래방법들에 대한 자세한 정보도 제공한다. 각 증권사에서는 HTS 및 MTS와 홈페이지가 상호 연결된 통합된 서비스를 제공하고 있다.

ARS

자동응답전화서비스인 ARS는 전화를 통하여 시세정보 조회, 매매, 자금이체 서비스, 청약예약서비스 등을 할 수 있다. 일부 증권사에서는 컴퓨터에 익숙하지 않거나 이동 중인 투자자가 편리하게 사용할 수 있는 ARS 서비스를 제공하고 있다. ARS 서비스는 해당 증권사에 방문하여 직접 신청하여야 하는데, 홈트레이딩을 신청할 때 함께 하는 것이 편리하다.

1.3 온라인 증권거래의 현황

온라인 증권거래는 1970년대 후반 미국에서 일부 기관투자자들이 증권회사 주문시스템에 접속하여 매매주문을 전산화하면서부터 시작되었다. 컴퓨터가 보급되기 시작한 1980년대 중반부터 상용 온라인을 사용하여 증권사와 거래를 하는 형태로 개인 증권거래의 전자화가 진행되었다.

그러나 그 당시만 하더라도 온라인 증권거래는 일부 위탁매매전문증권사에 한정되어 있었다. 1990년대 들어오면서 찰스 스왑(Charles Schwab) 등의 온라인 증권사가 사용하기 편리한 가정용 증권거래 소프트웨어를 도입하여 전용회선을 통한 거래를 시작해 폭발적인 인기를 모으기 시작하였다. 1996년에는 인터넷을 이용한 증권거래가 급속히 보급되기 시작하였으며, 1996년 2월에 E*트레이드(E*Trade)가 5,000주까지는 상장주식의 주문건당 14.95달러의 수수료라는 파격적인 가격을 무기로 대대적인 선전을 한 끝에 인터넷을 활용한 저렴한 중개회사들이 급속히 확산되기에 이르렀다.

우리나라의 온라인 증권거래는 1998년 9월 증권전산㈜(현, 코스콤㈜)이 사이버 주식거래시스템을 개발함으로써 시작되었다. 증권전산이 이 시스템을 개발한 것은 재일교포 손정의 씨가 운영하는 일본 소프트뱅크(SoftBank)사의 국내 사이버 주식투자 진출이 계기가 되었다. 이전에는 막대한 개발비용과 해커 등 보안상의 문제로 활성화되지 못하였다. 다만, PC통신을 통한 홈트레이딩 거래가 사실상 전부였으며, 인터넷 거래는 동원증권(현, 한국투자증권), 대신증권 등 일부 증권사에서만 자체 시스템을 통하여 가능하였다. 그 뒤 컴퓨터 보급이 대중화되고 인터넷이 급속하게 확산되면서 사이버 증권거래 비중은 그야말로 폭발적인 증가세를 보였다.

인터넷 · 정보통신기술의 발전과 스마트폰의 인기에 힘입어 주식시장에서 HTS 및 MTS를 이용한 온라인 주식거래가 차지하는 비중이 점차 늘고 있다. HTS 및 MTS를 이용한 온라인 주식거래 비중은 2009년 유가증권시장의 거래량 중 98.7%를 차지하였다. 그 후 약간 줄었으나 2015년까지 매년 95% 이상의 높은 수준을 유지하였다. 그리고 2016년엔 99.6%를 차지할 정도로 온라인 주식거래가 대세로 자리 잡고 있다.

한편, 정보기술의 지속적인 발전과 소위 제4차 산업혁명에 따른 산업 간 융합으로 증권산업 및 온라인 증권거래의 방식에도 급격한 변화가 초래될 것이며, 그로 인한 증권사들 간의 경쟁도 더욱 치열해질 것으로 예상된다. 따라서 온라인 증권거래가 증권사들의 안정적인 수익원으로 자리 잡기 위해서는 온라인 증권거래에 따른 부작용을 최소화하기 위한 노력과 함께 온라인 증권거래의 양적 성장의 한계를 넘어 시스템 개발 및 보안성 강화 등 질적 성장을 위한 노력이 전제되어야 할 것이다.

1.4 온라인 증권거래의 영향

온라인 증권거래가 확산됨에 따라 증권시장 및 증권산업에 많은 변화가 초래되었다. 또한 온라인 증권거래는 투자자들의 투자행태에도 적지 않은 영향을 끼친 것으로 나타났다.[2]

개인투자자들의 지위 강화

온라인 증권거래는 증권 관련 정보를 일반화하여 개인투자자들의 지위를 강화시키는 결과를 초래하였다. 온라인 거래시스템의 발전으로 개인투자자들은 적은 비용으로 다양한 투자정보를 쉽게 활용할 수 있게 되었으며, 이것은 개인투자자와 기관투자자 사이의 정보격차를 해소시키는 계기로 작용하였다. 이와 같은 개인투자자들의 지위 강화는 반대로 기존 증권사의 역할을 감소시키는 원인이 되기도 한다.

수수료 인하 및 시장유동성 강화

온라인 증권거래로 인해 훨씬 저렴해진 거래비용과 보다 편리해진 매매주문은 기존의 투자자들로 하여금 더욱 잦은 거래를 수행하게 하며, 신규 투자자들의 증권시장 유입을 촉진시킨다. 이는 결국 증권시장의 거래량을 증가시켜 유동성을 향상시키는 결과를 가져다준다.

투기적 거래 조성

온라인 증권거래의 저렴한 수수료 및 증권시장에로의 접근 편의성은 개인투자자로 하여금 우량주에 대한 장기투자보다는 저가주에 대한 단기투자를 하도록 하는 환경을 제공하였다. 최근에는 주가 변동에 따라 하루에 몇 번씩 매매하는 일

---

2. 한국금융투자협회, 「온라인 증권거래 실적분석」(2004).

일거래(day trade)가 사이버거래의 상당부분을 차지하고 있는데, 일일거래는 증권시장의 매매체결시스템에 과부하를 일으켜 심각한 문제를 발생시키는 요인이 된다. 이것은 결국 시장을 혼란스럽게 만들고 증권가격을 왜곡시킴으로써 투자자에게 막대한 손실을 끼칠 가능성이 높다.

온라인 투자환경에서는 인터넷상에서 범람하는 불완전한 정보들이 제대로 여과되지 못한 채 투자자들에게 전달된다. 그 결과 검증되지 않은 불완전한 정보에 의존한 채 투기적인 매매에 몰입하게 되는 문제도 발생할 수 있다.

주문 및 거래 시스템 장애 초래

사이버 증권거래가 활성화되고 거래량이 급증함에 따라 주문 및 거래 처리시스템이 이를 수용하지 못하여 시스템 장애 등의 문제가 발생하는 경우도 있다. 이러한 문제를 해결하기 위해서는 매매체결시스템의 용량을 확충하는 것이 최선의 해결책이나 여기에는 상당한 시간과 비용이 소요된다.

한편, 시장을 교란시킬 수 있는 성격의 거래 또는 과도한 투기적 성격의 일일거래를 방지하기 위해서는 주문 건당 최저수수료 적용, 사이버계좌 개설 시 최소증거금 징수, 일부 종목의 주문최저수량 및 최소주문금액 제한 등을 시행하여 주문 건수를 줄일 수 있도록 하는 제도적 장치가 필요할 것이다.

증권산업의 구조개편 초래

증권사 간에 고객유치를 위한 수수료 인하 등 경쟁이 심화되는 가운데 전산시스템 구축 및 지나친 광고비 지출은 증권사의 수익구조를 취약하게 만드는 요인이 되고 있다. 온라인 거래수수료가 오프라인 수수료보다 비교할 수 없을 정도로 낮은 상태에서 시스템개발을 위한 막대한 투자비용은 증권사 입장에서 매우 큰 경제적 부담이 된다.

사이버거래로 인해 신규 고객이 유입되고 거래량이 증가하였지만, 사이버거래수수료 하락으로 인해 증권사의 수익성은 오히려 저하되었다. 그 결과 증권사들은 주식중개업무 이외의 새로운 부가가치를 창출할 수 있는 방안을 강구하게 되었다. 증권사들은 중개업무 중심에서 자기매매업무, M&A, 사모주선업무, 투신판매업무, 자산관리업무 등 대규모의 자본이 필요하고 높은 수준의 위험을 부담하는 업무로의 다양화 전략을 추진하고 있다.

2. 주가정보

Investments & Security Analysis, Ch. Four

주식투자자는 개별주식의 가격뿐만 아니라 주식시장 전체의 주가동향을 파악할 필요가 있다. 주가지표는 주식시장 전체의 움직임과 주가수준, 주가변동을 통계적 방법에 의하여 하나의 수치로 나타낸 것으로 주식시장의 체온계라고 할 수 있다.

주가정보로는 주가평균, 주가지수, 유동성지표, 장세지표, 그리고 투자판단지표 등을 들 수 있다.

2.1 주가평균

주가평균(stock price average)은 시장의 전체적인 주가수준을 판단하는 데 사용된다. 주가평균은 주식 수의 가중 여부에 따라 단순주가평균과 가중주가평균으로 구분된다.

단순주가평균

단순주가평균은 대상종목의 주가 합계를 대상종목 수로 나누어 산출되며, 주가의 일반적인 수준을 관찰하는 데 활용되고 있다.

$$\text{단순주가평균} = \frac{\text{대상종목의 주가 합계}}{\text{대상종목 수}} \qquad (4-1)$$

단순주가평균의 산정방법은 상장회사의 규모나 시가총액의 크기에 관계없이 각 종목의 가중치가 같으므로 주가가 높은 종목의 영향을 많이 받는다. 한편, 이

방법은 권리락, 배당락, 주식분할, 채용종목의 변경 등이 발생될 경우 전일의 주가평균과 당일의 주가평균 사이에 단층이 생겨 연속성이 결여된다는 문제점을 가지고 있다. 따라서 단순주가평균은 장기적인 주가의 추세를 측정하는 데에는 부적합하다.

가중주가평균

가중주가평균은 상장주식 수를 가중치로 사용하여 계산한 주가평균이며, 그 산식은 다음과 같다.

$$\text{가중주가평균} = \frac{\text{대상종목의 시가총액 합계}}{\text{대상종목의 주식 수 합계}} \qquad (4-2)$$

가중주가평균은 단순주가평균과 달리 주식 수를 가중치로 사용하여 주가평균을 계산한다는 면에서 구별된다. 예를 들어, 상장주식 수가 2천만 주, 주가가 10,000원인 A사와 상장주식 수가 5백만 주, 주가가 5,000원인 B사가 있다고 하자. 이 경우 단순주가평균은 7,500원$\left(\frac{10{,}000\text{원} + 5{,}000\text{원}}{2}\right)$이며, 가중주가평균은 9,000원$\left(\frac{10{,}000\text{원} \times 2\text{천만 주} + 5{,}000\text{원} \times 5\text{백만 주}}{2\text{천만 주} + 5\text{백만 주}}\right)$이다. 즉, 단순주가평균은 A사 1주의 가격과 B사 1주의 가격을 같은 가중치로 평균한 것이나, 가중주가평균은 A사가 B사보다 상장주식 수가 4배나 많기 때문에 A사의 주가에 그만큼 가중치를 많이 부여해서 계산한 것이다.

일반적으로 상장주식 수가 많은 대형주의 주가가 상장주식 수가 적은 소형주의 주가보다 낮으면 가중주가평균이 단순주가평균보다 낮고, 반대의 경우에는 가중주가평균이 단순주가평균보다 높게 나타난다. 따라서 시황의 변동에 따라서는 단순주가평균이 더 높게 나타나기도 하고 가중주가평균이 더 높게 나타나기도 한다. 그러나 가중주가평균은 단순주가평균과 마찬가지로 권리락 등 시황 변동 이외의 요인에 의하여도 그 수준이 변동하기 때문에 장기적으로 주가변동을 계속적으로 관찰하는 데는 적당하지 않다.

2.2 주가지수

주가지수의 개념

주가지수(stock price index)는 주식시장 전체의 움직임을 파악하기 위한 지표이다. 주가지수는 개별주식의 주가변동을 종합하여 작성한 지수로서 기준시점과 비교시점의 주가수준을 비교하여 산정한다. 주가지수는 주가의 평균수준을 측정하는 가중방법에 따라 가격가중식 주가지수와 시가총액가중식 주가지수로 구분된다.

가격가중식 주가지수

대표적인 가격가중식 주가지수(price-weighted index)로는 뉴욕증권거래소(New York Stock Exchange ; NYSE)에서 거래되는 30개의 우량주식을 대상으로 주가평균을 지수화하여 산정된 미국의 다우존스 산업평균지수(Dow Jones Industrial Average Index)가 있다. 이 외에도 동경증권거래소(Tokyo Stock Exchange ; TSE)에 상장된 주식 중 유동성이 높은 225개 종목을 대상으로 지수를 산정하는 Nikkei225지수가 있다.

■ 산정방법

가격가중식 주가지수를 산출하는 식은 다음과 같다.

$$\text{가격가중식 주가지수} = \frac{\text{비교시점의 단순주가평균}}{\text{기준시점의 단순주가평균}} \times 100 \qquad (4-3)$$

가격가중식 주가지수는 대상종목의 주가합계를 종목 수로 나누어 산출하는 단순주가평균 개념을 그대로 사용하지만, 차이점은 권리락 등의 주가단층요인이 발생하면 연속성을 유지시키기 위하여 비교시점의 단순주가평균을 구할 때 종목 수 대신 조정된 제수(divisor)를 사용한다는 점이다.[3]

▪ 가격가중식 주가지수의 특성

가격가중식 주가지수는 지수의 산정이 간단하고 주가의 순수한 움직임을 파악하는 데 용이하지만, 다음과 같은 단점이 있다.

첫째, 가격가중식 주가지수는 미국의 다우존스 산업평균지수와 같이 일부 종목만으로 구성되어 있기 때문에 시장 전체의 주가흐름을 적절히 반영하지 못할 수 있다.

둘째, 가격가중식 주가지수는 가격가중에 의한 주가평균이므로 가격변동이 심한 고가의 소수종목에 의해서 큰 영향을 받게 된다.

이와 같은 가격가중식 주가지수의 문제점 때문에 대부분의 주가지수는 다음에 설명할 시가총액가중식 주가지수로 산출되고 있다.

시가총액가중식 주가지수

앞에서 설명한 가격가중식 주가지수에 대해 제기되고 있는 문제점은 주로 가격가중식 주가지수가 증권시장의 전체적인 동향을 잘 나타내고 있는가 하는 것과 산정방법에 있어서 가격가중방식이 합리적인가 하는 것이다. 이에 따라 채용종목 수를 대폭 확대하고 상장주식 수를 가중치로 사용한 시가총액가중식 주가지수(market value-weighted index)가 등장하게 된다.

미국의 S&P500 및 NASDAQ 종합지수, 일본의 TOPIX, 한국의 코스피지수 및 코스닥지수 등 세계 주요 국가의 주가지수는 대부분 시가총액가중식으로 산출되고 있다.[4]

▪ 산정방법

시가총액가중식 주가지수를 산출하는 식은 다음과 같다.

---

3. 조정된 제수 $= \dfrac{\text{권리락 후 주가합계}}{\text{권리락 전 단순주가평균}}$

4. 코스피지수는 기준시점을 1980년 1월 4일로 하여 상장주식 전 종목을 대상으로 산정한 시가총액가중식 주가지수이다.

$$\text{시가총액가중식 주가지수} = \frac{\text{비교시점의 시가총액}}{\text{기준시점의 시가총액}} \times 100 \qquad (4-4)$$

■ 시가총액가중식 주가지수의 특성

시가총액가중식 주가지수는 개별주식의 주가에 상장주식 수를 가중한 주가지수로, 비교시점 시가총액을 기준시점 시가총액과 비교한 변동률로 표시된다. 따라서 시가총액가중식 주가지수는 시장 전체의 주가수준을 반영하고 소수 고가주의 영향을 적게 받는 장점이 있지만, 시가총액이 큰 종목의 영향을 지나치게 많이 받게 된다는 단점도 있다.

예제 4-1 주가지수의 산정

현재 증권시장에는 단지 A와 B주식만이 존재한다. 기준시점과 비교시점에서의 주식 A, B와 관련된 정보는 다음과 같다.

구분	기준시점		비교시점	
	A	B	A	B
주식가격(원)	20,000	15,000	22,000	18,000
주식 수(만 주)	20	40	20	40

위의 자료를 참고하여 다음 물음에 답하라.

(1) 가격가중식 주가지수를 구하라.
(2) 시가총액가중식 주가지수를 구하라.

해답

(1) 기준시점과 비교시점의 단순주가평균은 다음과 같다.

$$\text{기준시점 단순주가평균} = \frac{20{,}000 + 15{,}000}{2} = 17{,}500\text{원}$$

$$\text{비교시점 단순주가평균} = \frac{22{,}000 + 18{,}000}{2} = 20{,}000\text{원}$$

$$\text{가격가중식 주가지수} = \frac{20{,}000}{17{,}500} \times 100 = 114.29$$

따라서 가격가중식 주가지수는 114.29이다.

(2) 기준시점과 비교시점의 시가총액을 구하면 다음과 같다.

기준시점의 시가총액 = 20,000 × 20 + 15,000 × 40 = 1,000,000만원

비교시점의 시가총액 = 22,000 × 20 + 18,000 × 40 = 1,160,000만원

$$\text{시가총액가중식 주가지수} = \frac{1,160,000}{1,000,000} \times 100 = 116.00$$

그러므로 시가총액가중식 주가지수는 116.00이다.

증권투자 Tip

상장주식 시가총액

상장주식 시가총액(이하 시가총액이라 함)은 일정한 시점에서 상장되어 있는 주식을 현재의 시장가치(market value)로 평가하였을 때의 금액이 얼마인가를 나타내주는 것이다. 시가총액은 개별 상장종목의 경우 주식시장에서 형성된 현재주가로써 평가된 그 기업의 주주지분의 현재가치이며, 전 상장종목을 합계할 경우 주식시장 전체의 시장가치로서 주식시장의 총규모를 나타내는 것이라 할 수 있다.

증권선물거래소의 유가증권시장본부에서 발표하고 있는 시가총액은 일정 시점에서 주가와 상장주식 수를 곱하여 다음과 같이 산출된다. 이때 적용되는 주가는 거래가 있었던 종목의 경우에는 매매가격(기세포함)으로 하고, 권리락 또는 배당락 등의 권리관계의 변동이 발생했을 경우에는 기준가격을 적용하여 산출한다.

$$\text{시가총액} = P_1 N_1 + P_2 N_2 + \cdots + P_m N_m$$

여기서 P_i : i 종목의 보통주 주가 ($i = 1, 2, \cdots\cdots, m$)

N_i : i 종목의 주식 수 ($i = 1, 2, \cdots\cdots, m$)

이렇게 산출된 시가총액은 주식시장의 규모를 나타내는 지표일 뿐만 아니라 때로는 경제지표로 이용되기도 한다. 예를 들면, 우리나라의 소득수준과 경제활동의 크기를 측정하는 척도인 국민총생산(GNP) 또는 통화량 등과 비교함으로써 국민경제 전체에서 차지하는 주식시장의 비중을 가늠해볼 수도 있으며, 경제성장과 비교하여 주식시장의 성장이 선행하고 있는가, 동행 또는 후행하고 있는가도 알아볼 수 있다. 그리고 주식시장의 규모가 크다는 것은 주식의 유동성이 높다는 것을 의미하는데, 특히 대량의 자금을 운용하는 기관투자자의 입장에서는 풍부한 유동성이 필수불가결의 조건이라 할 수 있다.

한편, 개별종목 각각의 시가총액은 그 회사의 자산총액, 매출액 등과 함께 회사의 규모를 나타내는 중요한 지표가 되는 동시에 그 회사의 현재가치를 측정하는 척도가 되므로 회사 간의 현재가치를 비교해볼 수 있는 편리한 지표이다.

또한 시가총액은 보다 실제적인 주가지수로서도 이용될 수 있다. 즉, 시가총액은 전 상장

주식의 가격상승과 하락이 실제가격으로 파악되기 때문에 매일 발표되는 주가지수나 가중주가평균 등에 의해서 시장 전체의 시황을 판단하는 경우와는 다른 각도에서 시장을 판단할 수 있다. 다만, 시가총액으로 주가동향을 판단하는 경우 증자에 의한 권리락과 상장종목 수의 증감 등 주가변동 이외의 요인에 의해서도 시가총액에 단층이 발생하므로 권리락 등에 따른 주가의 변화를 수정한 수정 후의 시가총액으로 비교하여야만 한다. 시가총액은 상장주식 수가 가중되기 때문에 상장주식 수가 많은 대형주의 가격이 크게 움직이면 시가총액도 크게 증감하는 특징이 있다.

2.3 주식시장의 유동성지표

주식시장에서 유동성이란 주식의 현금화를 의미한다. 따라서 최고의 유동성은 '주식이 현금과 동일하게 시장에서 유통되는 상태'로 정의될 수 있을 것이다. 여기에서 현금과 완전하게 동일하다는 것은 주식을 현금으로 전환하는 데에 비용과 시간이 소요되지 않는다는 것을 의미한다. 이러한 의미에서 유동성은 시장성(marketability) 또는 현금전환가능성의 의미로 해석될 수 있다.

비용발생에 따른 가치손실을 유발하지 않고 주식을 현금으로 전환할 수 있기 위해서는 무엇보다도 거래가 활발하게 이루어져서 원하는 시점에서 신속하게 현금으로 전환할 수 있어야 하며, 신속한 거래를 위해서는 비용을 부담하지 않아야 할 것이다.

대부분 각 나라의 증권시장은 시장의 유동성을 대표하는 지표로서 거래량, 거래대금, 회전율, 거래체결률 등을 발표하고 있다.

거래량 및 거래대금

거래량은 일정 기간에 매매가 체결된 개별종목의 주식 수량을 나타낸 것으로, 매수주문과 매도주문이 체결된 거래에 대해 증권거래소에서는 한쪽 수량만으로 집계하고 있다. 즉, S전자 종목의 매수주문 500주와 매도주문 500주에 대한 거래가 상호 체결되었을 때 거래량을 1,000주로 집계하는 것이 아니라 500주로 집계한다는 것이다. 그리고 이를 금액으로 표시하여 나타낸 것이 거래대금이다.

이러한 거래량과 거래대금은 유동성을 나타내는 대표적인 척도이며, 동시에 주식시장의 시황을 파악하는 척도로서 중요한 의미를 가지고 있다. 일반적으로 주가가 상승국면에 있을 때는 주가가 더 상승할 것이라고 기대하기 때문에 매수가 증가하는 한편, 주가의 상승을 기다리던 매도물량도 증가하기 때문에 전반적으로 거래량은 증가하는 경향이 있다.

또한 거래량은 시장의 활발한 정도를 판단하는 지표로 이용되기도 한다. 그리고 시장의 에너지를 알기 위해서는 거래대금을 파악하여야 하는데, 이는 거래대금이 거래량에 비해 오히려 시황을 더 잘 나타내기 때문이다. 즉, 주가가 낮은 종목에 매매가 집중된다면 거래량의 증가에 비해 거래대금의 증가는 상대적으로 적다. 반면에, 주가가 높은 종목의 거래가 활발할 때는 일반적으로 거래량이 적지만 거래대금은 많아지는 것이 일반적이다. 거래량만으로는 이러한 상황을 파악하기 어렵다.

장기적으로 거래량은 상장주식 수의 영향을, 또 거래대금은 상장주식 수 및 주가변동의 영향을 받는다고 하겠다. 이와 같이 거래량과 거래대금은 경제규모의 확대를 반영하기 때문에 우리나라와 같이 매년 경제가 급성장하는 나라에서는 이들이 증가추세에 있게 된다. 따라서 장기간의 실질적인 거래량 또는 활황 정도를 파악하기 위해서는 자연증가분의 영향을 제거한 상장주식회전율과 시가총액회전율을 함께 보는 것이 타당할 수 있다. 그러나 이때에도 일반적으로는 이해하기 쉽고 투자자들에게 친숙한 거래량과 거래대금을 가장 많이 이용하고 있다.

한편, 거래량과 거래대금을 투자자별로 살펴보는 것도 필요하다. 투자자별 주식거래통계는 일정 기간 동안(일간, 월간, 연간) 개별투자자들의 주식거래동향을 파악한 것이다. 기관투자자와 외국인 투자자의 주식거래동향은 투자의사 결정 시 활용 가능한 중요 정보 중 하나로 인식되고 있다. 기관투자자는 대규모의 자금과 전문적인 지식 및 고도의 투자기법을 가지고 주식투자를 하므로 기관투자자들의 투자동향은 주가형성에 큰 영향을 미치게 되기 때문이다. 최근에는 외국인 투자자들이 우리나라 주식시장에 대규모로 투자하여 많은 수익을 얻은 것으로 알려지면서 외국인 투자자들의 투자동향도 매우 중요한 정보가 되고 있다. 따라서 기관투자자와 외국인 투자자의 주식거래동향을 파악하게 되면 시황을 분석하는 데 많은 도움이 될 것이다. 이와 같은 투자자별 주식거래통계에는 투자자별 주식거래

유가증권시장 거래량 및 거래대금 추이

그림 4-3

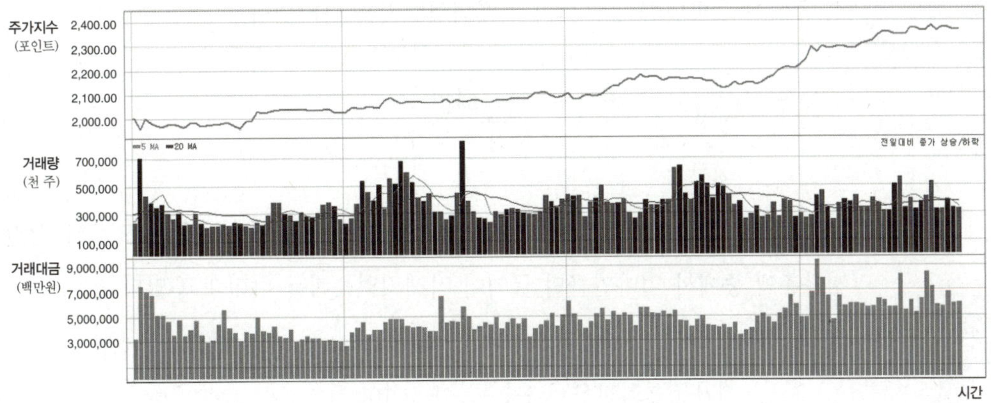

량과 투자자별 주식거래대금이 있다.

한국거래소에서는 투자자별 주식거래통계 집계를 위하여 투자자를 정부, 기관투자자, 개인투자자, 외국인 투자자, 기타 법인 등 5가지로 분류하고 있다.

[그림 4-3]은 종합주가지수와 더불어 유가증권시장 거래량 및 거래대금의 추이를 보여주고 있다.

회전율

주식거래실적은 주식시장의 상황을 파악하는 척도로서 중요한 의미를 갖고 있다. 그러나 신규상장 주식 수의 증가나 증자로 인해 상장된 규모가 증가할 경우 거래량도 증가하게 된다. 경제성장 또는 증권시장 규모의 양적 성장으로 인해 거래도 자연적으로 증가하는 현상을 감안하지 않고 각기 다른 시점에서 거래실적만을 단순히 직접 비교하여 주식시장의 상황을 판단하는 것은 의미가 줄어들 것이다. 따라서 이와 같은 점을 보완하고 시점이 다른 거래량을 똑같은 기준에서 비교할 수 있도록 한 것이 회전율지표이다.

회전율은 일정한 기간 동안 상장된 주식 중에서 얼마만큼의 주식이 거래되고 있는지를 나타내준다. 회전율지표는 거래량기준의 상장주식회전율지표와 거래대금기준의 시가총액회전율지표가 있다.

상장주식회전율은 거래량을 상장주식 수로 나누어 산출한 것으로서, 상장주식 중에서 얼마만큼의 주식이 거래되었는지를 나타낸다.

$$\text{상장주식회전율} = \frac{\text{거래량}}{\text{상장주식 수}} \times 100 \tag{4-5}$$

시가총액회전율은 거래대금을 시가총액으로 나누어 산출한 것으로서, 상장된 시가총액 중에서 얼마만큼의 금액이 거래되었는지를 나타내고 있다.

$$\text{시가총액회전율} = \frac{\text{거래대금}}{\text{시가총액}} \times 100 \tag{4-6}$$

예를 들어, 연간 상장주식회전율이 100%일 경우 1년 동안 상장된 모든 주식이 1회 정도 매매되었다는 것을 의미하고, 연간 시가총액회전율이 50%라고 한다면 1년 동안 상장주식 시가총액의 절반이 매매된 것으로 해석할 수 있다.

주식시장의 개괄적인 장세를 파악하기 위해서는 시가총액회전율과 상장주식회전율을 상호 비교할 필요가 있다. 예를 들어, 시가총액회전율이 상장주식회전율을 크게 상회하고 있을 때에는 전반적으로 고가 주식의 매매가 많았다는 것을 의미하며, 그 반대의 경우에는 저가 주식의 매매가 많았다는 것을 의미한다.

거래체결률

거래체결률은 주문량 중에서 거래가 체결된 비율을 나타내는 것으로, 시장에 제시된 주문 중에서 얼마나 거래가 체결되는가를 측정하는 지표를 말한다.

$$\text{거래체결률} = \frac{\text{거래량}}{(\text{매수주문량} + \text{매도주문량})/2} \times 100 \tag{4-7}$$

2.4 주식시장의 장세지표

고객예탁금, 미상환융자금, 위탁자미수금 등 증권시장의 자금동향을 나타내는 지표와 더불어 등락주선, 등락비율 등은 증권시장의 장세를 판단하는 데 유용한 지표에 속한다.

증시자금동향

▪ 고객예탁금

고객예탁금은 고객들이 주식이나 채권 등을 사거나 신주를 청약할 때 또는 신용거래를 하기 위해 담보금 형식으로 증권사에 맡긴 돈을 말한다. 이는 증시 주변의 자금사정을 알아보는 중요한 지표 중 하나이다.

일반적으로 고객예탁금이 늘어나면 주가가 올라갈 것으로 생각할 수 있다. 그러나 대부분의 경우 예탁금은 증시가 좋아진 다음에 커지는 것이 보통이므로 주가등락을 미리 알려주는 지표가 아니라 주가등락 다음에 움직이는 이른바 후행지표에 속한다. 또한 예탁금의 구성내용이 다양해 예탁금 전부를 주식 매입을 위한 대기자금으로 보기도 어렵다. 고객예탁금에는 주식이나 채권을 사고 남은 자투리 돈, 주식을 팔아 들어온 대금, 채권 만기에 상환된 것을 미처 찾아가지 않은 자금 등도 포함되어 있다. 증권사는 고객이 맡긴 돈의 일부를 금융채, 보증사채, 통화채, 투신사 수익증권, 콜론 등의 재원으로 이용하고, 나머지는 현금 또는 예금으로 보유한다. 증권사는 그 대가로 고객에게 이용료를 지불한다. 예탁금은 주가가 급락하거나 고금리 현상이 지속되면 줄어드는 경향이 있다.

▪ 미상환융자금

주식을 매입하기 위하여 고객이 증권회사 혹은 증권금융으로부터 융자받은 신용거래 융자대금은 융자받은 날로부터 150일 이내에 상환하도록 되어 있다. 그러나 장세가 하락국면이 지속되는 경우 상환기간 내에 매도상환을 하지 못하고, 현금상환도 하지 않아 상환기간이 초과된 융자금을 미상환융자금이라고 한다.

미상환융자금은 상환기간 만료일 다음날에 강제로 반대매매하도록 되어 있다. 따라서 대세 하락 시 깡통계좌 발생 등 사회적 물의를 일으키기도 하며, 대기매물로 잠재하고 있어 장세압박요인으로 작용하기도 한다. 이러한 점에서 미상환융자금이 증가한다는 것은 주식시장의 장세가 하락장세를 벗어나지 못하고 있다는 점을 대변한다.

▪ 위탁자미수금

위탁자미수금은 투자자들이 주식을 매입한 후 수도결제일까지 결제자금을 계좌에 입금시키지 않아 발생한 외상주식매입대금을 말한다. 일반적으로 주식 매입자금의 20~40%에 해당하는 위탁증거금만 있으면 주식의 매입주문이 가능한데, 거래가 체결된 경우 나머지의 자금은 수도결제일(매매체결일 후 두 번째 거래일)까지 입금해야 한다. 그러나 고객이 수도결제자금을 결제일에 입금시키지 않을 경우 증권사는 일단 회사자금으로 결제를 해준 다음에 부족자금을 위탁자미수금으로 처리한다.

증권사는 위탁자미수금의 회수를 위해 수도결제 다음날 아침 단일가매매 시간에 매입주식을 강제로 반대매매하도록 되어 있다. 미수금이 증가할 경우 반대매매로 인해 매도물량이 증가할 수 있기 때문에 주가가 하락할 수 있다. 따라서 미수금 추이는 주식시장의 장세를 판단할 수 있는 지표라 할 수 있다.

등락주선과 등락비율

▪ 등락주선

등락주선(advance-decline line ; ADL)은 전일 종가를 기준으로 오른 종목 수에서 내린 종목 수를 차감한 값을 매일 누계해서 그것을 선으로 나타낸 것이다. 등락주선은 주가가 전체적으로 상승추세에 있는가 아니면 하락추세에 있는가를 판단하는 데 이용된다.

등락주선과 주가와는 다음의 관계를 갖는 경향이 있다.

첫째, 코스피지수가 상승하고 있는 중이라도 등락주선이 하락하고 있다면 시장은 곧 하락세로 전환하게 된다.

둘째, 코스피지수가 하락하고 있을지라도 등락주선이 상승하고 있다면 시장

유가증권시장의 ADL

그림 4-4

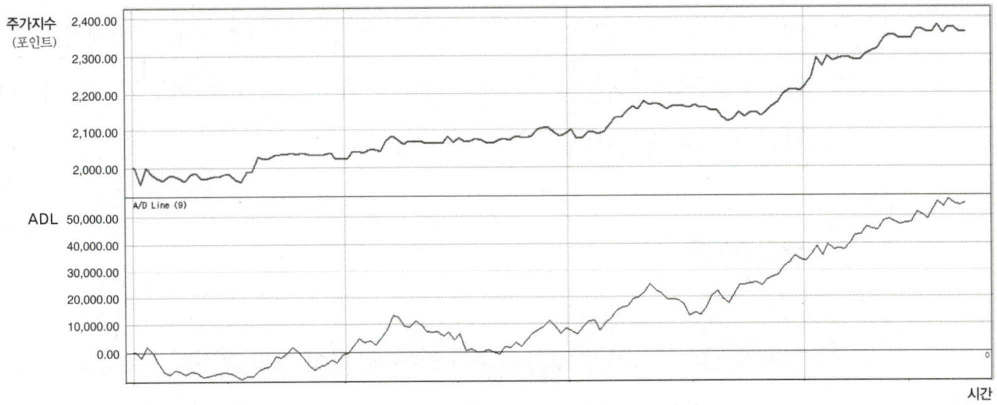

은 곧 상승세로 전환하게 된다.

그러나 등락주선으로 상승 또는 하락의 정확한 타이밍을 맞출 수는 없고, 단지 가까운 장래의 상승 또는 하락을 예상할 수 있을 뿐이다.

[그림 4-4]는 종합주가지수와 유가증권시장 ADL의 추이를 보여준다.

▪ 등락비율

등락비율(advance-decline ratio ; ADR)은 오른 종목 수를 내린 종목 수로 나누어 구한 비율이다. 등락비율이 100%라면 상승종목 수와 하락종목 수가 같다는 것이고, 110%라면 상승종목이 10% 더 많다는 뜻이다. 등락비율은 천장권을 예측하는 기능보다 바닥권을 발견하는 기능이 뛰어난 것으로 알려지고 있다.

등락비율을 투자전략에 활용하는 경우 다음을 참고할 필요가 있다.

첫째, 등락비율이 120% 이상일 때는 경계를 요하는 시점이고, 시세는 그 후 반락하는 경우가 많다.

둘째, 등락비율이 70% 이하일 때는 시세는 바닥권을 의미하고, 시장은 그 후 상승으로 전환한다.

셋째, 등락비율의 고점은 주가의 고점보다 선행하는 경우가 많다.

2.5 투자판단지표

배당수익률, 주가수익비율, 주가장부가치비율, 토빈의 q비율, 경제적 부가가치 등은 개별주식과 더불어 주식시장 전체를 대상으로 투자 여부를 판단하는 데 참고하는 지표로 사용한다.[5]

배당수익률

일반적으로 투자자가 자금을 운용하는 데 있어 가장 우선적으로 고려해야 하는 것은 투자대상으로부터 얼마만큼의 수익을 얻을 수 있는가 하는 것이다. 은행에 예금할 경우 예금금리만큼의 이자수익을 받을 것이고, 채권에 투자할 경우에는 확정된 이자율(채권수익률)에 따라 이자수익을 얻을 것이다. 한편, 주식에 투자할 경우 주요 투자수익은 기업이 지급하는 배당수입과 시세차익에 따른 수입일 것이다. **배당수익률**(dividend yield)은 주당배당금을 현재주가로 나누어 다음과 같이 산출한다.

$$\text{배당수익률} = \frac{\text{주당배당금}}{\text{주가}} \times 100 \tag{4-8}$$

배당수익률은 어떤 주식에 투자할 경우 그 투자자금이 배당에 의하여 연간 어느 정도 수익을 실현시킬 수 있는가를 나타내는 지표로서, 금융기관 예금이나 채권 등 주식 이외의 투자대상과 수익성 정도를 비교하거나 여러 종목의 주가수준을 상호 비교할 때 이용되는 주식투자판단지표이다.

한국거래소에서 공시하는 배당수익률을 사용하는 경우 다음과 같은 점을 유의해야 한다. 배당수익률을 산출할 때 배당금은 전기에 지급된 보통주배당금을 이용하고 있다. 따라서 실제로 당기에 지급받는 배당금과는 일치하지 않는다. 그리고 배당금은 현금배당금만을 대상으로 하고 주식배당금은 포함되지 않는다. 그 이유는 현금배당과는 달리 주식배당은 이익잉여금계정에서 자본금계정으로 대체

---

5. 주가수익비율, 주가장부가치비율, 경제적 부가가치 등에 대한 자세한 내용은 제5장 참조.

코스피 및 업종별 배당수익률(2020년도 평균)

그림 4-5

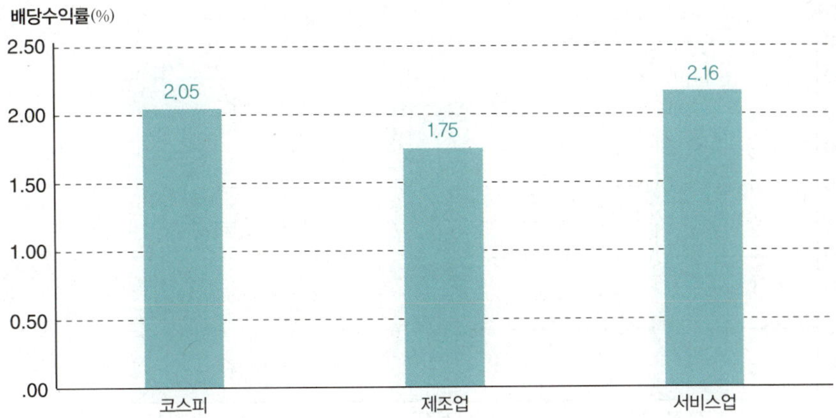

자료 : NICE평가정보 KisValue

되기 때문에 기업의 자산총액에 대한 변동이 없을 뿐만 아니라 주식시장에서도 주식배당이 확정되면 무상증자의 권리락 때와 같이 주가가 조정되기 때문이다. 한편, 해외 주요국의 배당수익률은 대부분이 가중평균방식이므로, 국제 간에 배당수익률을 비교하고자 할 때에는 가중평균배당수익률을 이용하여야 한다. [그림 4-5]는 유가증권시장의 코스피 및 업종별 지수 산정에 포함되는 종목들을 대상으로 구한 배당수익률 평균치를 나타낸 것이다.

주가수익비율

주가수익비율(price-earnings ratio ; PER)은 주가를 주당순이익(earnings per share ; EPS)으로 나눈 것으로, P/E비율이라고도 한다.

PER은 주가가 주당순이익의 몇 배인가를 나타내는 것으로, 기업의 주당순이익 1원에 대한 질적인 가치 또는 시장에서의 평가를 의미한다. 일반적으로 PER은 성장성이 높거나 위험이 낮을수록 높아진다. 또한 회계처리방법에 의해서도 영향을 받을 수 있다. 회계이익을 가능한 적게 계상하려는 보수적인 회계처리를 하는 기업의 PER이 높게 나타날 수 있다. [그림 4-6]은 유가증권시장의 코스피

그림 4-6 코스피 및 업종별 PER(2020년도 평균)

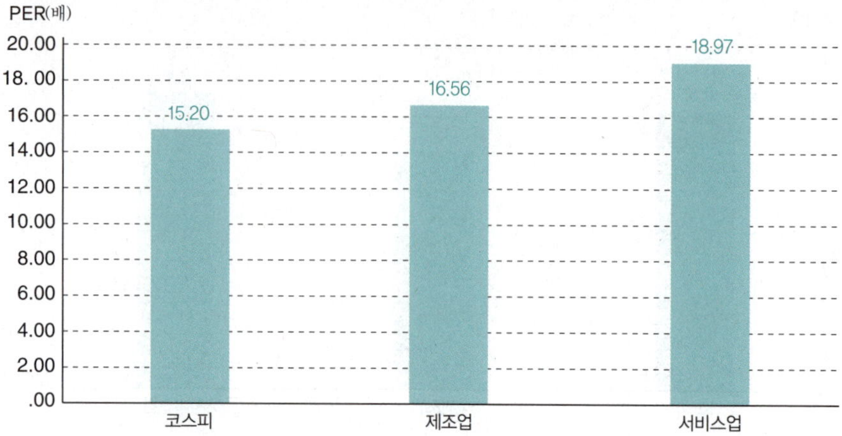

자료 : NICE평가정보 KisValue

및 업종별 지수 산정에 포함되는 종목들의 평균 주가수익비율을 보여준다.

주가장부가치비율

주가장부가치비율(price-book value ratio ; PBR)은 주가를 주당순자산(장부가치)으로 나눈 비율로, 주가순자산비율이라고도 한다.

기업의 미래 수익전망이 밝고 경영이 효율적일수록 주식의 장부가치와 시장가치 사이의 차이가 커져서 PBR이 높아진다. 따라서 주식의 장부가치보다 시장가치가 훨씬 높게 평가되고 있는 기업은 시장에서 그 기업의 성장전망이 클 것으로 기대하고 있다는 증거로 해석할 수 있다. 그러나 물가상승으로 장부가치가 낮게 평가되어 있는 경우에도 이 비율이 커질 가능성이 있다. [그림 4-7]은 유가증권시장의 코스피 및 업종별 지수 산정에 포함되는 종목들의 평균 주가장부가치비율을 나타낸다.

코스피 및 업종별 PBR(2020년도 평균)

그림 4-7

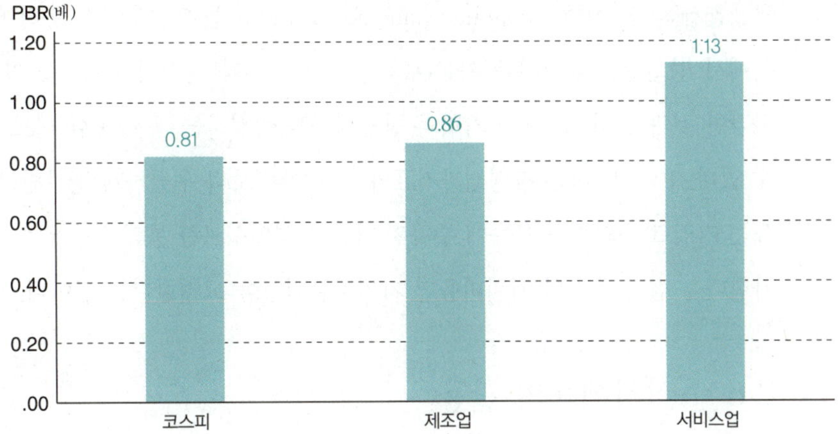

자료 : NICE평가정보 KisValue

토빈의 q비율

토빈의 q비율(Tobin's q ratio)은 기업이 보유하고 있는 자산의 시장가치를 그 자산에 대한 대체원가(replacement cost)로 나눈 비율이다.

$$q\text{비율} = \frac{\text{자산의 시장가치}}{\text{자산의 대체원가}} \tag{4-9}$$

토빈의 q비율은 PBR과 유사하다. 그러나 q비율의 경우 분자가 주식과 부채 모두를 시장가격으로 평가한 값이며, 분모는 그 기업의 보유자산을 장부상의 취득원가가 아닌 대체원가로 측정한 것이라는 점에서 PBR과 다르다. 인플레이션을 고려한다면 대체원가가 취득원가를 초과하게 되며, 이 경우 대체원가를 추정하는 것이 중요하게 된다.

일반적으로 q비율이 1보다 큰 경우에는 자본설비(capital equipment)의 시장가치가 대체원가보다 큰 가치를 가지므로 기업들이 투자하려는 유인(incentive)을 갖게 되며, q비율이 1보다 적으면 투자유인이 없다고 할 수 있다. 이는 q비율을 투자결정기준으로 활용할 수 있음을 시사한다.

경제적 부가가치

경제적 부가가치(economic value added ; EVA)는 영업활동을 통하여 얻은 이익에서 영업활동에 투자된 자본(부채 및 자기자본)과 관련된 비용, 즉 자본비용을 차감한 것과 같다. EVA는 기업의 경영성과를 측정하는 데 유용한 척도로 사용될 수 있다. EVA가 다른 경영성과지표와 비교하여 보다 우월하게 평가받고 있는 이유는 기업 고유의 영업활동에 투자된 자산과 영업성과를 통해 창출된 이익으로 평가한다는 점과 주주의 기회비용인 자기자본비용을 고려한다는 점이다.

2.6 주식시세표의 활용

주식시세표는 주식가격의 시세 및 거래현황들을 일목요연하게 보여주는 표이다. 온라인 증권거래가 활성화되기 전에는 투자자들이 주로 일간신문에 실린 주식시세표를 활용하여 각종 투자정보를 참고할 수 있었다. [그림 4-8]은 주식시세표의 일부분을 나타낸 것이다.

그림 4-8 주식시세표

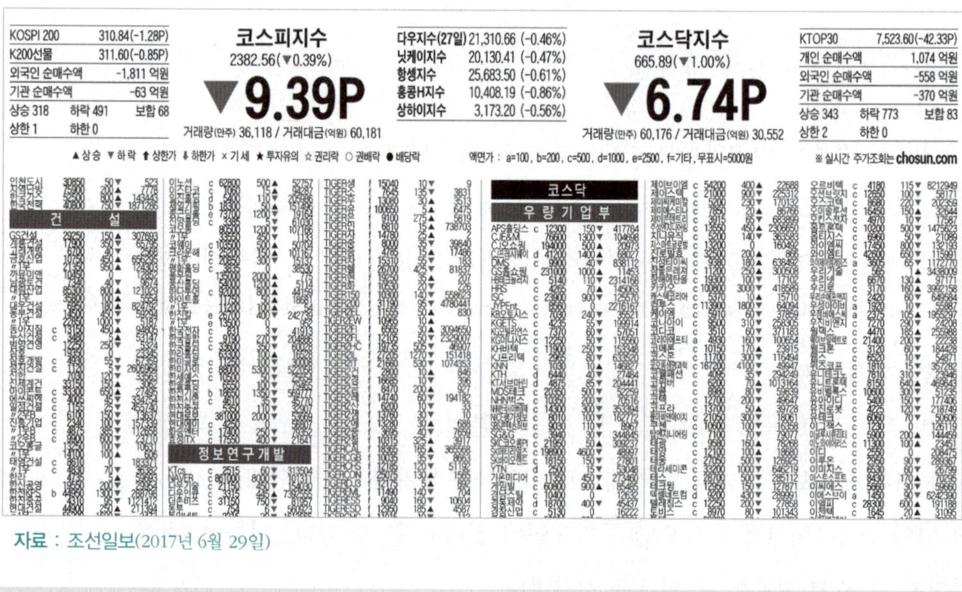

자료 : 조선일보(2017년 6월 29일)

한편, 주식시세표에는 각종 기호와 범례가 사용된다. 정보를 제공하는 기관마다 기호와 범례를 달리 표시하고 있으나 그것이 지니고 있는 실질적 의미는 동일하다. 주식시세표를 충분하게 활용하기 위해서는 사전에 시세표상에 표시된 기호 및 범례와 관련된 주요 용어를 이해하여야 한다. 주식시세표와 관련하여 주요 용어가 지니는 의미는 다음과 같다.

종목명

종목명은 보통주를 발행한 기업명을 말한다. 우선주는 별도로 기업명 아래에 1우, 2우 등으로 구분하여 표시하는데, 이러한 구분은 각각 다른 조건에 따라 발행된 우선주라는 것을 의미한다.

액면가

액면가는 과거 5,000원으로 통일되었으나, 1997년 12월 상법 개정으로 다양한 액면가가 허용되었다. 그리고 2012년 4월 상법 개정안이 시행되면서 무액면주식의 발행도 허용되었다. 현재 한국거래소 상장기업이 사용하는 액면가로는 100원, 200원, 500원, 1,000원, 2,500원, 5,000원 등이 있다.

시가, 고가, 저가

시가는 거래당일 중 처음 형성된 가격으로서 오전 8시 40분부터 9시까지 접수된 주문에 대해서 단일가매매로 체결된 개장 시의 가격을 말하고, 고가는 거래당일에 체결되었던 가격 중에서 가장 높은 가격을 의미한다. 저가는 거래당일에 체결되었던 가격 중에서 가장 낮은 가격에 해당한다.

종가, 전일 종가

종가는 거래당일에 체결된 가격 중 최종가격으로서 시장이 마감될 때의 가격을 말하고, 전일 종가는 전날의 최종가격을 의미한다.

등락, 상승, 하락

등락은 거래당일의 종가와 전일 종가를 비교하여 전일 종가에 비하여 가격이 올랐거나 내린 정도를 의미한다. 상승은 거래당일의 종가와 전일 종가를 비교하여 주가가 상승한 경우에 상승금액을 의미한다. 하락은 상승과 반대의 의미를 갖는다. 상승은 ▲, 하락은 ▽로 표시한다.

상한가, 하한가

상한가는 당일의 종가가 전일 종가에 비해 가격제한폭까지 오른 것을 의미하며, 하한가는 당일의 종가가 전일 종가에 비해 가격제한폭까지 내린 것을 의미한다. 상한가는 ⬆, 하한가는 ⇩로 표시한다.

권리락, 배당락

주식을 소유한 주주에게는 신주를 받을 권리와 배당을 받을 권리가 부여되는데, 이러한 권리가 상실됨으로써 주가에 영향을 미치게 된다. 권리락은 유상증자, 무상증자 등 주권에 부여된 권리, 즉 신주를 배정받을 권리가 소멸되는 것을 말하며, 배당락은 배당에 대한 권리가 소멸된 것을 의미한다.

신고가, 신저가

일정 기간을 대상으로 최근 현재까지 거래된 가격 중 최고의 가격을 신고가라 하고, 최저의 가격을 신저가라고 한다. 일정 기간은 특정한 제한을 두지 않고 120일, 200일, 또는 1년을 대상으로 삼을 수도 있다.

기타

거래량은 당일에 매매가 체결된 주식 수량을 말하며, 이 외에 기세, 관리종목 등 나머지 용어들은 '제3장 유통시장'에서 소개한 관련 내용을 참고하기 바란다.

증권투자 Tip

주요 주식투자 격언

1. 주식을 사기보다는 때를 사라

주식투자의 가장 큰 목적은 투자차익에 있다. 최대의 투자차익을 남기기 위해서는 사는 시점과 파는 시점의 선택이 가장 중요하다.

2. 숲을 먼저 보고 나무를 보아라

주가의 일일변동이나 단기적인 파동만 보고 투자를 하면 시세의 큰 흐름을 보지 못한다. 강물의 잔파도만 보고 노를 저어가면 자기도 모르는 사이에 배가 엉뚱한 곳으로 흘러 내려가고 만다. 먼저 시세의 큰 흐름과 그 배경을 이해하고 그러한 바탕 위에서 눈앞의 시세를 해석해야 한다. 증권시장에는 정치, 사회, 경제 등 모든 부문의 각종 요인이 작용하므로 이를 종합적으로 해석할 수 있는 안목을 기르는 것이 중요하다.

3. 사는 것보다 파는 것이 중요하다

주식투자는 차익이 나고 있을 때에는 파는 시점이 중요하다. 불안해서 너무 일찍 팔아도 안 되고, 욕심 때문에 너무 끝까지 이익을 추구해서도 안 된다. 손해 보고 있을 때도 적은 손해로 투자를 마무리, 즉 손절매를 할 줄 알아야 한다. 손절매란 현재 보유하고 있는 주식의 시세가 매입한 가격 이하인 상태에서 향후 주가가 단기간에 상승할 희망이 없거나 추가 하락할 것으로 예상될 때 손해를 감수하고 매도하는 것을 말한다. 손절매는 주로 신용거래에서 기간도래 또는 보증금 부족 등으로 손해를 보고 매도하는 경우에 많이 발생한다. 주가가 매입가격보다 몇 % 이상 하락할 경우 추가 하락을 줄이기 위해 매각하는 행위가 손절매의 대표적인 유형에 속한다. 손절매의 영어식 표현으로는 로스컷(loss cut) 또는 스탑로스(stop loss) 등이 있다.

4. 모두가 좋다는 종목은 피하는 것이 좋다

모든 사람이 다 좋다는 주식은 모든 사람이 다 이미 주식을 사놓고 주가가 오르기만을 기다리고 있는 상태라고 볼 수 있다. 모든 사람이 주식을 다 사놓았기 때문에 더 이상 살 사람이 없어 주가가 오르기 어려울 뿐만 아니라, 주가가 오르면 모든 사람이 다 팔려고 하기 때문에 주가는 오히려 떨어지기 쉽다.

5. 손해 보고 있는 종목부터 팔아라

경험 없는 투자자들은 이익이 나는 종목은 얼른 처분하고 손해 본 종목만 장기간 가지고 있는데, 돈을 벌려면 그 반대로 해야 한다.

6. 사고팔고 쉬어라, 쉬는 것도 투자다

빈번한 매매는 실패의 근본이다. 프로라도 약세장에서 큰돈 벌기는 어렵다. 대세의 큰 장에서 수익을 올렸으면 다시 들어갈 것이 아니라 쉬어라.

7. 생선의 꼬리와 머리는 고양이에게 주라

주식을 천장에서 팔고 바닥에서 살 생각을 버려야 한다. 무릎에서 사고 어깨에서 팔아야 한다. 바닥에서는 사기 어렵고, 천장에서는 팔기 어렵기 때문이다.

8. 팔고 나서 올라도 애통해하지 마라

주식을 팔고 나서 오르면 일반투자자들은 몹시 애통해하는 것이 보통이다. 팔고 나서 오르는 것이 겁이 나서 제때에 팔지 못하는 사람도 많다. 주식은 천장에서 파는 소수의 사람을 제외하고는 팔고 나서 오르는 것이 정상이다. 팔고 나서 오르면 여유있게 웃어라.

9. 여유자금으로 투자하라

급하게 사용해야 할 돈이나 비상금으로 주식투자를 해서는 안 된다. 주식시장의 시세가 좋다고 해서 생활비나 용도가 정해진 자금들을 동원해서 투자했다가 주가가 크게 하락하면 큰 손해를 보고 팔아야 한다. 그러므로 투자자금은 여유자금으로 한정해야 하며, 투자자금을 항상 100% 주식에 투자한 상태로 끌고 가는 것은 좋은 방법이 아니다. 항상 현금보유비율이 30% 정도는 유지되는 것이 좋다.

10. 매입가격은 잊어버려라

많은 투자자들이 자기의 본전을 기준으로 매매를 결정하기 때문에 적절한 매도시점을 놓친다. 매매시점 결정에 있어서 자기가 매입한 가격 같은 것은 전혀 고려되어서는 안 되고, 오로지 앞으로 주식이 더 오를 것인가 또는 내릴 것인가의 전망에 따라 결정해야 한다.

11. 매입은 천천히, 매도는 신속하게 하라

매입은 좀 느긋한 마음으로 낮은 가격을 골라서 사야 하며, 조급하게 따라 사는 것은 금물이다. 반대로 매도는 판다고 일단 생각했으면 가격고하를 불문하고 하루라도 빨리 파는 것이 좋다.

12. 나누어서 사고, 나누어서 팔아라

투자자들은 누구나 시세에 대한 100% 확신을 가질 수 없기 때문에 나누어서 매매함으로써 시황의 변화에 따라 매매를 조정할 수 있다.

13. 소문에 사고, 뉴스에 팔아라

재료는 소문 단계에서 이미 주가에 대부분 반영되어 버리는 것이 보통이기 때문에 그것이 공식적으로 발표되면 재료로서의 가치가 거의 없어진다.

14. 천장권의 호재에는 팔고, 바닥권의 악재에는 사라

주가는 오르는 힘이 다하면 저절로 떨어지고, 장기간 바닥을 굳힌 후 서서히 오르기 시작하는 주가는 어떤 악재가 나와도 오른다. 그러므로 천장권에서 큰 호재로 주가가 폭등하면 팔아야 하고, 바닥권에서 악재로 주가가 폭락하면 사야 된다.

15. 달걀은 한 바구니에 담지 마라

주식시장에는 성격이 다른 여러 종류의 주식이 거래된다. 안정적인 자산주, 꿈이 있는 성장주, 인기류주, 저가부실주 등은 그 움직임이나 패턴에 있어서 한두 종목에 집중하면 성공할 때에는 크게 남기지만 실패하면 크게 손해 본다. 그러므로 적당한 종목 수로 나누어 분산투자하는 것이 종목선택의 기본이다.

중요 용어

온라인 증권거래 (124)

홈트레이딩시스템 (125)

모바일트레이딩시스템 (128)

주가평균 (133)

단순주가평균 (133)

가중주가평균 (134)

주가지수 (135)

가격가중식 주가지수 (135)

시가총액가중식 주가지수 (136)

거래량 (139)

거래대금 (139)

회전율 (141)

상장주식회전율 (142)

시가총액회전율 (142)

거래체결률 (142)

고객예탁금 (143)

미상환융자금 (143)

위탁자미수금 (144)

등락주선 (144)

등락비율 (145)

배당수익률 (146)

주가수익비율 (147)

주가장부가치비율 (148)

토빈의 q비율 (149)

경제적 부가가치 (150)

주식시세표 (150)

사례연구 4-1 증권사 K-MTS 무한변신 … '엄지 개미' 업고 세계로

국내 증권사가 만든 모바일 트레이딩시스템(MTS) 'K-MTS'는 시시각각 바뀌는 투자 환경에 맞추어 지금도 진화하고 있다. 우리 온라인 주식거래 시스템은 이미 2000년대 중반부터 해외로 수출할 만큼 역량을 일찌감치 인정받았다. 동학개미 절반 이상이 쓰고 있는 MTS 콘텐츠 진화는 현재 진행형이다.

세계로 뻗어나간 K-MTS

금융투자업계에 따르면 국내의 뛰어난 MTS 시스템이 해외에 수출된 경우도 적지 않다. 실제 대신증권은 2004년 대만 폴라리스증권에 18억원 규모의 온라인 주식거래 시스템을 수출한 것을 시작으로 2005년 태국 셋트레이드사, 2011년 인도네시아 만다리증권, 2017년 태국 부알루앙증권까지 총 4개국에 온라인 주식거래 플랫폼을 팔았다. 대신증권은 국내 주식시장에서 홈트레이딩시스템(HTS) 시대를 가장 먼저 주도한 증권사로, 일찌감치 IT 부문에 많은 투자와 개발을 해왔다. 당시에도 시스템 개발에 있어서 가장 중요한 기술력 구성과 이를 위한 소프트웨어 개발까지 자사 IT 인력이 전담할 정도로 당시부터 기술 역량을 갖추고 있었다.

대신증권뿐이 아니다. 온라인을 기반으로 국내 주식시장에서 독보적인 개인투자자 점유율 1위를 지키고 있는 키움증권도 2017년 태국 피낸시아 사이러스 증권사와 온라인 주식거래 시스템 라이선스 계약을 체결하고 같은 해 3월 현지에 영웅문을 출시했다. 계약기간은 그때부터 15년으로, 키움증권은 현재도 태국 피낸시아 사이러스 증권사로부터 영웅문 사용료(러닝 로열티)를 받고 있다. 당시 수출을 주도한 고(故) 권용원 키움증권 전 대표는 "동남아 증권사에 MTS와 HTS를 결코 '박리다매' 식으로 싸게 팔지 않고 제값을 받으며 수출했지만 통했다"며 "국내 MTS와 HTS 등이 국제적인 경쟁력을 갖춘 것으로 판단된다"고 했었다. 키움증권은 1세대 IT벤처기업 가운데 몇 안 되는 '성공 케이스'로 꼽히는 다우기술의 자회사로, 애초부터 IT 기반 금융기업으로 출범했다. 당시에는 혁신적이었던, 지점 없는 '점포 증권사'로 이름을 날렸고, 온라인 특화 전략에 따른 저비용 사업 구조와 낮은 수수료로 현재까지 15년 동안 국내 주식시장에서 개인투자자 점유율 1위를 달리고 있다. 키움증권의 온라인 시스템 전반과 MTS 생체인식 기능 등은 다우기술에서 지원한다.

이 밖에도 NH투자증권은 인도네시아 현지법인인 NH-코린도증권과 2018년 사용권 계약을 맺고 HTS와 MTS 인프라를 제공하고 있다. 온라인 매매 플랫폼을 현지법인에서 사용할 수 있도록 한 것이다. 미래에셋대우도 지난해 초 자체 IT 기술을 기반으로 개발한 원장관리 시스템을 베트남 현지법인에 수출하는 계약을 체결했고, 현재는 마무리 단계에 접어든 것으로 전해졌다.

동학개미는 '엄지족'… 절반 이상 MTS 이용

K-MTS의 발달은 국내 증권사들의 뛰어난 IT 기술력뿐 아니라 국내 많은 엄지족(휴대폰을 많이 사용하는 사람)이 이끌고 있다. 한국거래소 매체별 국내 주식매매 현황을 보면 동학개미(국내 개인투자자) 가운데 절반 이상이 엄지족이다.

실제 지난 한 해 동안 동학개미 코스피 주식 거래량을 수단별로 집계한 결과 MTS 비중이 54.8%로 1위를 차지했다. 주식거래 체결 금액으로 따지면 56.6%로 비율이 더 높아진다. MTS 다음으로는 HTS가 거래 체결량과 체결대금 기준 각각 42.4%, 39.1%로 2위를 차지했고 영업단말기(2.4% · 4%), 유선단말기(0.2% · 0.2%), 기타(0.1% · 0.1%)가 뒤를 이었다. 코스닥 시장에서도 동학개미 전체 거래량에서 MTS가 차지하는 비중이 53.9%를 기록했다. 이어 HTS(43.8%), 영업단말기(2.1%), 유선단말기(0.2%), 기타(0.1%) 순이었다. 주식 체결대금 기준으로도 MTS(53.4%)와 HTS(43.5%)가 각각 1 · 2위를 차지했고 3~5위는 영업단말기(2.9%), 유선단말기(0.1%), 기타(0.1%)였다.

꼭 동학개미가 아니더라도 코스피 투자자 가운데 MTS를 이용한 주식 거래량은 46.79%로 전체의 절반에 육박하고 있다. 다음으로 이용 비중이 큰 HTS(36.56%)와의 격차도 13.23%포인트에 달했다. 그 뒤로는 기타(7.25%), 영업단말기(3.16%), 유선단말기(0.14%) 순이었다. 코스닥 시장에서도 MTS를 이용한 비중이 49.17%로 코스피보다도 더 많았고, HTS 거래량은 43.8%에 그쳤다.

갈수록 MTS를 이용하는 투자자는 더 늘어나는 추세다. 2018년까지만 해도 코스피 거래량 기준 MTS 비중은 35.58%로 HTS(39.65%)에 뒤졌지만 2019년에는 40.66%로 추월한 뒤 가파르게 증가하고 있다.

MTS로 주식거래를 한다는 직장인 A씨(29 · 여)는 "HTS를 사용해 본 적이 없다"며 "휴대폰은 항상 가지고 다니는 소지품이라 언제 어디서나 (주가를) 확인할 수 있는 것이 편리하고, 주변(같이 투자하는 친구들)에서도 거의 MTS만 쓰는 것 같다"고 했다. 그러면서 "가끔 점검이나 오류가 뜨는 것만 빼면 이용하는 데 딱히 큰 불편함도 못 느끼고 있다"고 했다.

K-MTS 진화 현재도 진행형

늘어나는 '엄지 개미' 덕에 국내 증권사들도 꾸준히 MTS 콘텐츠 다변화를 시도하고 시스템 안정화를 꾀하고 있다. 최근 증권사 MTS를 보면 만화, 동영상 등으로 제작된 투자 관련 콘텐츠를 한데 모아 제공하는 게시판이 있는가 하면 서학개미(해외주식 투자자)를 위해 밤에 접속하면 해외 증시를 바로 보여주는 자동 접속 시스템도 나왔다.

NH투자증권은 얼마 전 MTS에 '콘텐츠포유'라는 게시판을 새로 만들었다. 증권사가 발간하는 투자정보 리포트는 초보투자자가 이해하기 어렵다는 점에 착안해 친근한 용어와 화면구성을 바탕으로 한 알기 쉬운 콘텐츠를 공유하는 게시판이다. 이뿐 아니라 오후 6시~오전 6시 MTS에 접속하면 해외주식 거래 고객이 보다 편리하게 거래할 수 있도록 나이트홈 모드로 자동 변경되도록 플랫폼도 업그레이드했다. 나이트홈 모드에서는 해외 증시를 실시간으로 확인할 수 있고, 국가별 종목 실시간 순위는 물론 다양한 종목 순위 정보를 볼 수 있다. 과거에는 해외주식 주가는 15분가량 지연됐는데, 이제는 MTS를 이용하면 누구나 실시간으로 시세를 확인할 수 있게 된 것이다. 주식 관련 해외뉴스를 실시간으로 번역해주는 서비스도 있다. NH투자증권은 MTS 해외주식 현재가(現在價) 뉴스 화면에 톰슨로이터

(Thomson Reuters)로부터 실시간으로 받은 뉴스를 외부의 인공지능(AI) 번역엔진을 통해 제공한다. 그 동안 해외뉴스는 국내 언론사가 번역한 기사로 접했지만, 이번 서비스로 투자자는 24시간 해외시황·종목 뉴스를 번역본과 영어 원문으로 볼 수 있게 됐다.

미래에셋대우는 종목명이나 종목코드를 몰라도 해외주식 종목을 검색할 수 있도록 하는 검색 서비스를 내놓기도 했다. 상품명, 서비스명, 섹터, 한자어 독음, 중국어 발음, 영문 발음 등으로 연관 해외주식을 쉽게 검색할 수 있는 서비스다. 특히 중국이나 홍콩 기업은 다양한 표기 및 발음으로 검색이 어려웠으나 중국을 대표하는 국주인 마오타이를 만드는 기업을 찾으려고 할 때 서비스에 마오타이를 입력하면 귀주모태주라는 중국 주식을 바로 검색할 수 있다.

올해는 핀테크 기반 증권사인 카카오페이증권과 토스증권이 자체 MTS를 출시할 예정이라, 기존 전통 증권사들과 차별화된 주식거래 서비스가 등장할지 기대감도 크다. 시장에서는 토스증권과 카카오페이증권의 자체 MTS 개발이 금융투자업계에 끼치는 영향이 상당할 것으로 기대를 모으고 있다. 토스증권 자체 MTS는 이미 막바지 단계로, 이르면 이달 말이나 내달 초 서비스를 할 예정인 것으로 알려졌다.

출처 : 아주경제(2021년 1월 8일)

사례연구 4-2

주식투자, 이것만은 알고 하자!

2009년의 주식시장은 희망과 꿈의 향연이었다. 2007년도의 활황세에 대한 파티의 여운이 채 가시지도 않은 채 2008년 글로벌 경제위기로 샴페인을 빨리 터뜨린 나머지 잘못의 대가를 톡톡히 치렀다. 불안과 반성으로 시작한 2009년 상반기 주식시장의 모습은 적어도 긍정 그 자체였다. 2007년은 1,897포인트로 마감하여 30% 이상의 상승세를 맛보았고, 2008년은 1,124포인트로 마감하여 그 이상의 아픔을 겪었다. 하지만 2009년 들어와서 7월 말 현재 1,557포인트를 기록하는 등 나름대로 선방 차원을 넘어서는 성장세를 보여주고 있다. 시가총액도 2007년의 951조 9천억에서 2008년 576조 8천억으로 급락했지만, 2009년 8월 현재 다시 829조 2천억으로 글로벌 금융위기 이진으로 서서히 회복하는 모습이다. 코스닥 역시 같은 모습을 보이면서 국내 주식시장의 회복세를 이끌었다. 하지만 늘 그랬듯이 실제로 개인들이 주식투자로 성공했다는 얘기는 주변에서 듣기가 어렵고 오히려 2009년 상반기를 달구었던 '슈퍼개미'들에 대한 열전만 난무했다. 필자 역시 슈퍼개미도 아니고 전업 주식투자자도 아니다. 그렇다고 증권회사에서 근무하지도 않는다. 그래도 15년 이상 제도권 금융권에서 근무하고 현재도 많은 부자들과 투자자들을 만나면서 느낀 원칙, 즉 주식투자에 있어 최소한 지켜야 할 기본에 대해 알아보고자 한다.

최근 주식시장의 상승세는 기업들의 실적호전도 원인이 있지만 개인들을 중심으로 한 직접투자나 펀드 등을 통한 자금유입이 늘어나면서 시작되었다. 현재도 호시딤딤(虎視眈眈) 주식투자를 버르고 있는 주부들이 많이 있다. 그렇지만 아직까지도 분위기에 편승해서 남들이 하니까 따라 하는 주부들을 볼 때 걱정이 이만저만이 아니다. "주식투자를 하시는 분 손 한번 들어보세요?" 백화점 문화센터나 외부의 재테크 강의 때 이런 질문을 하면 요즘에는 꽤 많은 수강생들이 손을 든다. "자 그럼 본인이 투자하신 기업의 대표이사 이름이 뭔지 아십니까? 아니면 작년에 그 회사의 매출액이 대략 얼마나 되었는지 아십니까? 혹시 PER(주가수익비율)나 PBR(주가장부가치비율)등의 수치에 대해서 파악하고 계십니까?"라는 질문에 답한 사람은 거의 찾아볼 수 없다. 바로 이것이 일부 투자자들의 현실이다. 이렇게 추가 질문을 던졌을 때 정확하게 알고 있는 투자자는 그리 많지 않았다. 대부분의 투자자들은 남들이 하니까, 또 아는 사람이 하자고 해서 했다는 등 소극적인 답변을 많이 한다. 하지만 이제부터라도 주식시장에 대해서 조금만 공부하고 연구하면 얼마든지 나름대로 손해 안 보는 짭짤한 주식투자를 할 수 있을 것이다.

우리나라 전체 경제활동인구 2,435만 명 가운데 463만 명이 주식투자를 한다고 한다. 그런데 이러한 주식투자 인구가 점점 늘어나고 있다. 최근에는 거의 대부분의 대학교에 주식투자 동아리가 있고, 주식투자 자문이나 일임 회사들도 성업 중이란다. 하지만 실제 주식투자를 하고 있는 사람들 중에 실제로 자신이 투자하고 있는 종목에 대해서 100%, 아니 60~70% 정도라도 제대로 파악하고 투자하는 경우를 거의 본 적이 없다. 그냥 아는 증권회사 직원의 말만 듣고 하거나 사람에 대한 믿음(?)으로 투자를 하기도 한다. 또는 예전에 어떻게 하다 보니 주식투자를 통해서 꽤 짭짤한 이익을 본 지인이나 친지 분의 얘기를 듣고 투자를 하는 경우, 또 친구들과의 우연한 모임에서 잠깐 나온 술자리 안주거리 얘기를 통해서 투자를 하는 경우가 대부분이다. 물론 모든 개미 투자자들이 그렇다는 것은 아니다. 하지만 아직까지도 상당한 투자자들이 체계적인 분석이나 확신을 통해서 투자를 하는 것이 아니라는 점을 지적하고 싶을 뿐이다. 따라서 우선 경제에 대한 관심을 갖고, 투자한 종목에 대한 정보와 위험요소 등 주식투자를 하는 데 있어서도 최소한의 노력이 필요하다. 그러한 노력은 아래의 몇 가지로 구분해 볼 수 있다.

첫째, 신문기사를 스크랩하라

매번 강조해도 지나치지 않은 것이 바로 신문 스크랩이다. 신문기사에는 경제와 투자에 대한 따끈따끈한 정보가 넘쳐날 정도로 많다. 그러한 정보를 매일매일 챙긴다는 것은 쉽지가 않은 일이지만 적어도 투자에 대해서 관심을 갖고 재테크를 제대로 하고자 한다면 신문 스크랩은 기본이다. 주식투자나 재테크 관련 도서를 10권 읽은 사람보다 신문을 1년 동안 꾸준하게 스크랩한 사람이 훨씬 시장의 흐름을 빨리 파악하고 지식도 많다. 부자들만 보는 신문이 있는 건 아니다. 누구나 볼 수 있는 신문기사를 가지고 부자들은 돈을 만들고 부(富)를 쌓는다. 인터넷으로 주식 시세표 들여다볼 시간에 신문의 경제면과 산업면을 꾸준히 정독하면 경제의 흐름을 이해할 수 있다. 이는 좋은 주식을 고를 수 있는 안목을 키울 수 있는 가장 좋은 방법이다.

둘째, 자신만의 목표 수익률과 손실 수익률을 만들어라

모 신문사에서 설문조사를 했다. 802명의 투자자들에게 '참을 수 있는 원금손실 범위'를 물은 결과 '10% 미만'이라고 답한 응답자가 34.7%(278명)로 1위를 차지했다. 이어 '10~20%'는 33.4%(268명)로 뒤를 이었다. 20~30%은 15.2%(122명), 30% 이상은 9.2%(74명)를 차지했다. 원금손실은 절대 안 된다는 투자자도 7.5%(60명)에 달했다. 이 설문조사 결과를 보면 국내 주식투자자들의 원금손실 감내 폭이 확대됐다는 점을 알 수 있다. 반면, 감내하는 리스크에 비례해서 기대수익률도 높아졌다. 부담하는 위험에 비례해서 주식투자 기대수익률은 지난해보다 높아졌는데 최소 10%라고 답변한 응답자는 지난해 35%에서 올해 29.6%로 낮아졌다. 반면, '최소 20%'라는 응답자는 올해 39.7%(318명)로 지난해(36%)보다 3.7%포인트 높아졌다. 30% 이상 응답자도 올해 19.1%로 지난해(17%)보다 2%포인트 높게 나왔다.

지난해보다 올해 증시가 연초부터 상승세를 타고 있어 기대수익률이 높아졌다고 분석할 수 있다. 물론 투자라는 것이 수익을 내기 위한 것이니만큼 목표 수익률과 감내가능 손실률의 괴리는 있을 수 있다. 주식투자는 사는 것보다 파는 것이 더 어렵다고 한다. 그만큼 매도 타이밍을 잡기가 어렵다는 얘기다. 위의 통계를 예로 들면 자신의 주식투자 목표 수익률을 20%로 잡고 매도 타이밍 손실률을 −10%로 잡는다. 주식에 투자해서 20%의 수익률을 거두었다면 과감히 매도를 하는 것이다. 정 미련이 남는다면 분할 매도 전략이라도 실천하도록 하자. 반대로 −10%의 손실이 발생했을 때 매도를 하는 것이다. 역시 분할 매도라고 하는 전략을 구사하자. 그러면 개인적인 생각인데 남들처럼 주식에 투자해서 깡통이 되었다는 소리는 피할 수 있지 않을까? 자신만의 목표 매도 수익률과 손실률을 정해 놓으면 충분히 안정적인 주식투자를 할 수 있을 것이다. '주식투자는 매수는 새색시처럼 얌전하게 하고, 매도는 미친 여자가 부엌칼로 도마질하듯이 과감하고 신속하게 하라'는 격언의 의미를 되새겨야 할 필요가 있다.

셋째, 반드시 여유자금으로 하라.

항상 코스피지수는 올라가는데 꼭 떨어지는 주식이 있다. 우리는 보통 그런 주식들을 '내 주식' 또는 '내가 보유 중인 주식'이라고 한다. 반대로 코스피지수는 떨어졌는데 올라가는 주식이 있다. 그런 주식을 우리는 '남의 주식'이라고 한다. 오늘 상한가 친 종목은 우리가 '어제 판 주식'이 되고 오늘 하한가 친 종목은 우리가 '어제 산 주식'이 되기 십상이다. 우리의 투자성과는 어쩜 이렇게 시장과 거꾸로 갈까? 늘 고민하고 속상해하다가 이성을 잃고 판단력을 잃어서 그만 낭패를 보는 경우를 많이 봤다. 그만큼 개인들이 주식투자에서 높은 수익률을 올리기가 어렵다는 얘기일 것이다.

개인투자자에게 주식투자는 본업이 아니라 부업이다. 집 살 돈으로 주식을 사거나 마이너스통장으로 대출을 받아 투자하는 일은 없어야 한다. 손실이 생겨서 잃어도 될 만한 돈으로 주식을 해야 한다. 절대로 생활자금으로는 투자하지 마라. 주식의 대가인 피터 린치도 이런 말을 했다. "적어도 내 집은 마련하고 주식투자를 해라."

넷째, 남의 말 절대로 듣지 말라

주식투자를 하는 사람들에게 물어본다. "도대체 그 주식을 왜 사셨나요?" 거의 대부분의 주부들은 아래 다섯 글자로 답변이 시작된다. "아는 사람이……" 시장 루머나 정보에 의존해서 재미를 본 사람은 많지 않다. 귀가 얇아서도 안 된다. 뒤늦게 추격매입을 하다가 작전세력에 걸려 땅을 친 사람들이 한둘이 아니다. 소신을 지켜라. 모든 투자의 책임은 본인에게 있다. 만약에 원금손실이 났다면 주식 손실 금액을 일부라도 보상해주는 보험이라도 있었으면 좋겠다. 주식투자는 모든 손실의 100% 모두 내 주머니에서 나가는 돈이고 그 책임을 누구에게 돌릴 수도 없다는 점을 명심해라. 따라서 다른 사람들의 의견은 투자할 때 해당 산업이나 경제의 동향에 대한 참고사항 정도로만 활용하고 실제 투자의 판단과 진행은 스스로 해야 한다.

다섯째, 회사를 알아보고 투자하라

시장에서 생선이나 수박을 살 때도 상품이 좋은지 나쁜지 알아보는 방법이 다 있다. 요즘 같은 세상에 맘만 먹으면 회사에 대한 정보는 얼마든지 구할 수 있다. 어떤 회사인지 파악하는 건 '기본 중의 기본'이다. 금융감독원 홈페이지 전자공시에 들어가면 모든 회사의 재무제표를 볼 수 있다. 영업이익이 꾸준하게 증가했는지 알아보고 매출액은 얼마나 늘어났는지를 살펴봐야 한다. 또한 원가의 비중에서 노무비가 지나치게 높지나 않은지 알아봐야 하고 PER, PBR, PSR, ROE 등 기본적인 주식투자 요소 중에 기본적 분석에 필요한 요소들을 꼼꼼하게 챙겨봐야 한다. 업종 전체보다 이 회사가 높은지 낮은지도 살펴보고 투자 가치를 따져봐야 한다. 투자대상인 회사를 어느 정도 파악하여, 최근 몇 년간의 주가 동향과 함께 해당 업종의 전망, 산업의 발전 가능성 등을 꼼꼼하게 따져봐야 한다.

출처 : 한국경제(2009년 9월 27일) 수정

연습문제

❋ 완성/선택형 문제

01. ( )란 인터넷을 통한 홈트레이딩시스템(HTS) 또는 무선단말기, ARS 등 유·무선 매체를 이용하여 투자자가 직접 시세조회부터 주문입력, 체결확인 등을 하는 거래방식을 말한다.

02. ( )은 인터넷을 통해 주식매매를 하는 시스템으로서, 투자자가 증권회사에 가거나 전화를 이용하지 않고 가정이나 직장에서 컴퓨터를 이용해 주식매매 주문을 가능하도록 하는 도구이다.

03. ( )는 개별주식의 주가변동을 종합하여 작성한 지수로서 기준시점과 비교시점의 주가수준을 비교하여 산정된다. 이는 주식시장 전체의 움직임을 파악하기 위한 유용한 자료가 된다.

04. ( )은 고객들이 주식이나 채권 등을 사거나 신주를 청약할 때 또는 신용거래를 하기 위해 담보금 형식으로 증권사에 맡긴 돈을 말한다. 이는 증시 주변의 자금사정을 알아보는 주요한 지표로 활용된다.

05. ( )은 전일의 종가에 비해 오른 종목 수에서 내린 종목 수를 뺀 것을 매일 누계해서 그것을 선으로 나타낸 것이다.

06. ( )은 투자자들이 주식을 매입한 후 수도결제일까지 결제자금을 계좌에 입금시키지 않아 발생한 외상주식매입대금을 말한다.

07. 다음 중 온라인 증권거래 형태로서 가장 적절하지 않은 것은?

① 증권회사 교환원을 통한 매입거래 주문
② 인터넷 홈페이지를 통한 체결현황 조회
③ 전용프로그램에 의한 매도거래 입력
④ 스마트폰을 이용한 주가정보 조회

08. 다음 중 온라인 증권거래의 장점으로 가장 적절하지 않은 것은?

① 저렴한 수수료

② 실시간 정보 활용

③ 투자자 본인에 의한 직접거래 가능

④ 매매체결 보장

09. 온라인 증권거래가 미친 영향으로 가장 적절하지 않은 것은?

① 증권산업의 구조개편　② 증권사의 수익성 개선

③ 개인투자자들의 지위 강화　④ 투기적 거래 조장

10. 다음 중 기준시점의 시가총액과 현재시점의 시가총액을 대비함으로써 현재의 주가수준을 판단하는 주가지수에 속하지 않는 것은?

① 미국의 다우존스 산업평균지수

② 미국의 S&P500지수

③ 일본의 TOPIX지수

④ 한국의 코스피지수

11. 주식시장의 유동성을 알아보는 지표로서 가장 적절하지 않은 것은?

① 거래량　② 거래대금

③ 회전율　④ 등락주선

12. 다음 중 투자판단 지표로 가장 적절하지 않은 것은?

① 배당수익률　② 주가수익비율

③ 시가총액회전율　④ 주가장부가치비율

✻ 서술/계산형 문제

01. 온라인 증권거래란 무엇인가? 증권투자자들이 온라인 증권거래를 선호하는 이유는 무엇인가?

02. 온라인 증권거래가 증권시장 및 증권산업, 그리고 투자자들에게 미친 영향에 대하여 설명하라.

03. 모의주식투자가 가능한 증권회사 한 곳을 선택하여 HTS에 의한 주식거래를 실시해보고, 해당 HTS가 지닌 기능에 대하여 설명하라.

04. 주식시장에서 유동성이 높다는 것은 주식을 현금으로 전환하는 데 비용과 시간이 소요되지 않는다는 것을 의미한다. 주식시장에서 유동성을 측정하는 지표에 관하여 설명하라.

05. 주식시장의 장세를 판단할 수 있는 지표에 대하여 설명하라.

06. 다음의 용어를 간단하게 설명하라.

(1) 고객예탁금
(2) 미상환융자금
(3) 위탁자미수금
(4) 배당수익률
(5) 홈트레이딩시스템(HTS)
(6) 모바일트레이딩시스템(MTS)
(7) 종가
(8) 신고가

07. 주가지수의 산정

현재 증권시장에는 A, B 두 종목의 주식만이 존재한다. 다음 자료를 참고로 물음에 답하라.

구분	기준시점		비교시점	
	A	B	A	B
주가(원)	10,000	25,000	12,000	27,000
주식 수(만 주)	20	10	20	10
합계(만원)	200,000	250,000	240,000	270,000

(1) 시장 전체의 주가수준을 판단하고자 한다. 기준시점의 단순주가평균 및 가중주가평균을 구하라.

(2) 가격가중식에 의한 주가지수를 구하라.

(3) 시가총액가중식에 의한 주가지수를 구하라.

주식투자

chapter 5 주식의 가치평가

chapter 6 기본적 분석

chapter 7 기술적 분석

Investments & Security Analysis part two

주식의 가치평가

1. 배당평가모형
2. 성장기회와 주식평가모형
3. 경제적 부가가치
4. 주가배수모형

05

[이 장의 개요]

증권시장에서 주식의 내재가치(주식의 적정 가격, 본질적 가치)와 시장가격(시장에서 형성된 주식가치)이 서로 다를 경우 합리적인 투자자는 과소평가된 주식(시장가격 < 내재가치)을 매입하고 과대평가된 주식(시장가격 > 내재가치)을 매도함으로써 높은 투자수익을 얻을 수 있을 것이다. 그렇다면 주식의 과소평가 또는 과대평가의 여부는 어떻게 결정할 수 있는가? 이를 위해서는 무엇보다도 주식의 과대평가 및 과소평가의 기준이 되는 주식의 내재가치에 대한 이해가 필요하다.

주식의 내재가치(intrinsic value)란 주식을 보유함으로써 얻을 수 있는 미래 현금흐름을 적절한 할인율로 할인한 현재가치를 말한다. 주식의 내재가치를 추정하기 위해서는 주식으로부터 기대되는 미래 현금흐름(배당금 등)과 적절한 할인율(위험조정할인율)에 대한 추정이 선행되어야 하지만, 이는 매우 어려운 일이다.

주식의 내재가치를 추정하는 방법에는 배당평가모형, 성장기회를 이용한 주식평가모형, 경제적 부가가치모형, 주가배수모형 등 여러 가지 방법이 있다. 본 장에서는 이와 같은 주식의 가치평가방법들에 대하여 살펴보고자 한다.

1. 배당평가모형

1.1 기본적 주식평가모형

주식의 가치는 주식으로부터 기대되는 미래 현금흐름의 현재가치에 의해서 결정된다. 주식을 보유하는 경우 두 가지 종류의 현금흐름, 즉 대부분의 주식들이 정기적으로 지급하는 배당금과 주식을 처분하였을 때의 매도금액을 얻을 수 있다. 그러므로 먼저 주식을 1년 동안만 투자한다고 가정한다면, 주식의 현재가치를 다음과 같이 구할 수 있다.

$$P_0 = \frac{D_1}{1+r} + \frac{P_1}{1+r} \tag{5-1}$$

여기서 P_0 : 주식의 현재가치
P_1 : 1년도 말의 주식가격
D_1 : 1년도 말의 배당금
r : 주식의 할인율

이 경우 1년도 말의 주식가격 P_1은 그 시점에서 주식을 매입하려는 투자자가 기꺼이 지불하려고 하는 가격으로서, 2년도 말의 배당금 D_2와 주식가격 P_2에 의해서 결정된다.

$$P_1 = \frac{D_2}{1+r} + \frac{P_2}{1+r} \tag{5-2}$$

이상의 두 식에 의해서 다음과 같은 식을 도출할 수 있다.

$$P_0 = \frac{D_1}{1+r} + \frac{1}{1+r}\left(\frac{D_2}{1+r} + \frac{P_2}{1+r}\right) = \frac{D_1}{1+r} + \frac{D_2}{(1+r)^2} + \frac{P_2}{(1+r)^2}$$

또한 위 식에서 P_2는 2년도 말의 주식가격으로서, 3년도 말의 배당금 D_3와 주식가격 P_3를 얻기 위하여 2년도 말에 투자자가 지불하려는 가격이다.

이와 같은 논리를 계속적으로 적용해 나가면, 다음과 같은 기본적 주식평가모형을 얻을 수 있다.

$$P_0 = \frac{D_1}{1+r} + \frac{D_2}{(1+r)^2} + \frac{D_3}{(1+r)^3} + \cdots \tag{5-3}$$

그러므로 보통주의 현재가치는 미래에 기대되는 배당금의 현재가치와 동일하다. 비록 투자자가 영구적으로 주식을 소유하지 않고 일정한 기간이 지난 후 매도한다 하더라도 그 판매가격은 매도시점 이후에 발생하는 배당금에 의해서 결정되므로, 결국 주식의 가치는 그 보유기간에 관계없이 식 (5-3)에 의해서 결정된다.

1.2 단순화된 배당평가모형

이상에서 설명한 바와 같이 주가는 미래 배당금에 의해서 결정된다. 그러면 이와 같은 개념을 실제에 있어서 어떻게 적용할 수 있겠는가? 앞에서 도출한 식 (5-3)은 기대배당금의 수준이 어떻게 변하더라도 적용가능한 가장 기본적인 모형이다. 이와 같은 기본적인 주식평가모형은 기업의 배당금이 일정한 형태를 따른다고 가정한다면 보다 단순화될 수 있을 것이다.

성장 없는 주식의 평가모형

배당금이 매년 일정할 것으로, 즉 성장이 없다고 기대되는 주식(zero growth stock)의 현재가치는 다음과 같이 결정될 수 있다.[1]

$$P_0 = \frac{D_1}{1+r} + \frac{D_1}{(1+r)^2} + \frac{D_1}{(1+r)^3} + \cdots = \frac{D_1}{r} \tag{5-4}$$

---

1. 이는 무한등비수열의 합을 구하는 공식을 이용하여 다음과 같이 구할 수 있다.

$$P_0 = \frac{\text{초항}}{1-\text{공비}} = \frac{\frac{D_1}{1+r}}{1-\left(\frac{1}{1+r}\right)} = \frac{D_1}{r}$$

예제 5-1 성장 없는 주식의 가치

한경㈜은 금년도에 주당 1,000원씩 배당하였다. 이 회사의 배당금은 매년 1,000원으로 일정하게 유지될 것이라고 기대된다. 대전㈜의 주식에 대한 요구수익률이 10%일 경우, 이 주식의 현재가치는 얼마인가?

해답

한경㈜의 주식의 현재가치는 다음과 같다.

$$P_0 = \frac{D_1}{r} = \frac{1{,}000}{0.1} = 10{,}000\text{원}$$

일정성장배당평가모형

만약 주식에 대한 배당금이 매년 일정한 비율 g로 성장한다고 가정한다면, 이 주식에 대한 각 연도 말의 배당금은 [그림 5-1]과 같이 나타낼 수 있다.

그러므로 배당금이 매년 일정한 비율로 성장하는 주식, 즉 일정성장주식(constant growth stock)의 가치는 다음과 같이 구할 수 있다.[2]

$$P_0 = \frac{D_1}{1+r} + \frac{D_1(1+g)}{(1+r)^2} + \frac{D_1(1+g)^2}{(1+r)^3} + \cdots = \frac{D_1}{r-g} \quad (5-5)$$

그림 5-1 일정성장주식의 배당금

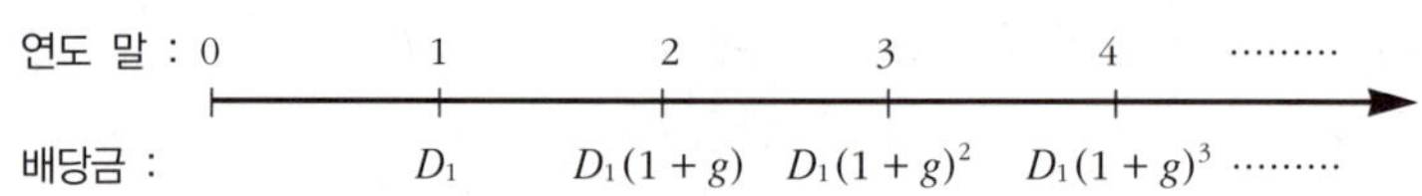

2. 일정성장주식의 가치는 공비가 $\left(\frac{1+g}{1+r}\right)$인 무한등비수열의 합이므로 다음과 같이 구할 수 있다.

$$P_0 = \frac{\left(\frac{D_1}{1+r}\right)}{1-\left(\frac{1+g}{1+r}\right)} = \frac{D_1}{r-g} \quad (\text{단}, r > g)$$

식 (5-5)를 **일정성장배당평가모형**(constant growth dividend valuation model)이라 한다. 일반적으로 **배당성장률** g는 다음과 같이 추정될 수 있다.

$$g = \text{유보비율} \times \text{투자수익률} \tag{5-6}$$

$$\text{여기서 유보비율} = \frac{\text{순이익} - \text{배당액}}{\text{순이익}} = 1 - \text{배당성향}$$

새로운 투자안에 대한 정보는 공개적으로 이용가능한 정보가 아니기 때문에 투자수익률을 정확하게 추정하는 것은 어려운 일이다. 그러므로 현재 실시하려고 하는 투자안이 과거 투자안들과 동일한 수익률을 올릴 수 있다고 가정하여, 일반적으로 자기자본순이익률(return on equity ; ROE)을 그 대용치로 사용한다.

예제 5-2 일정성장주식의 가치

청운㈜은 금년도에 주당 1,000원씩 배당하였다. 청운㈜의 배당금은 매년 10%씩 증가하고 있으며, 이러한 증가율은 앞으로도 계속될 전망이다. 이 기업의 주주의 요구수익률이 15%라고 할 경우, 이 주식의 현재가치는 얼마인가?

해답

$D_1 = D_0(1+g) = 1{,}000(1+0.1) = 1{,}100$원

그러므로

$P_0 = \frac{D_1}{r-g} = \frac{1{,}100}{0.15-0.1} = 22{,}000$원

2. 성장기회와 주식평가모형

Investments & Security Analysis, Ch. Five

미래의 성장가능성이 높은 기업의 주식은 성장가능성이 낮은 기업에 비해 상대적으로 높게 평가될 수 있다. 이는 기업의 미래 성장기회가 현재의 주가에 반영된 결과라 할 수 있다. 지금까지 설명한 배당평가모형과는 다른 관점에서 기업의 성장기회를 분리하여 그 가치를 평가한 후, 그것을 이용하여 주식의 가치를 평가

할 수 있다.

2.1 성장 없는 주식의 평가모형

기업이 순이익을 모두 배당을 한다면, 유보비율(retention ratio)은 0이므로 성장률이 0이 된다. 이 경우 주주들은 매년 일정한 주당배당금(= 주당순이익)을 받게 된다. 이와 같은 주식의 가치는 다음과 같이 평가될 수 있다.

$$P_0 = \frac{D_1}{r} = \frac{EPS_1}{r} \tag{5-7}$$

여기서 EPS_1 = 1년도 말의 주당순이익

2.2 성장주식의 평가모형 : NPVGO모형

기업이 높은 수익을 얻을 수 있는 투자기회를 가지고 있는 경우, 순이익 중 일부를 유보하여 투자함으로써 성장기회를 가질 수 있다. 이 경우 주식의 가치는 투자의 순현가, 즉 **성장기회의 순현가**(net present value of the growth opportunity ; NPVGO)만큼 증가하게 된다. 따라서 새로운 투자안을 선택함으로써 성장기회를 가질 수 있는 기업의 주가는 다음과 같이 나타낼 수 있다.

$$\begin{aligned} P_0 &= \text{성장 없는 주식의 현재가치} + \text{성장기회의 순현가} \\ &= \frac{EPS_1}{r} + NPVGO \end{aligned} \tag{5-8}$$

예제 5-3 성장주식의 가치

참치통조림을 생산하고 있는 부산산업㈜은 새로운 투자기회를 가지지 못한다면 영구적으로 매년 1억원을 벌 수 있다고 기대된다. 이 기업의 총발행주식 수는 100,000주이다. 이 기업은 다음 연도에 1천만원이 소요되는 새로운 광고를 계획하고 있다. 이 새로운 광고로 인하여 참치통조림의 수요가 증대되어 광고를 실시한 이후 연도부터 매년 210만원의 영구적인 순이익 증가가 기대된다. 부산산업㈜ 주식의 요구수익률은 10%이다.

(1) 새로운 광고를 실시하지 않는 경우, 부산산업㈜의 주가는 얼마인가?

(2) 새로운 광고를 실시하는 경우, 부산산업㈜의 주가는 얼마인가?

해답

(1) 새로운 광고를 실시하지 않는 경우, 성장기회를 가지지 못하게 된다. 이와 같은 성장 없는 부산산업㈜의 주식의 가치를 구하기 위하여 먼저 1년도 말의 주당순이익(EPS_1)을 구하면 다음과 같다.

$$EPS_1 = \frac{100,000,000}{100,000} = 1,000\text{원}$$

그러므로

$$P_0 = \frac{EPS_1}{r} = \frac{1,000}{0.1} = 10,000\text{원}$$

(2) 새로운 광고를 실시하는 경우, 성장기회를 가질 수 있다. 이 경우 광고는 1년도 말에 실시되므로 먼저 그 시점에서의 순현가를 구한 후, 다시 현재시점의 가치로 할인하면 성장기회의 순현가를 구할 수 있다.

- 1년도 말에서의 광고의 순현가 $= \frac{2,100,000}{0.1} - 10,000,000 = 11,000,000$원
- 현재시점에서의 광고의 순현가 $= \frac{11,000,000}{1+0.1} = 10,000,000$원

그러므로 광고의 주당 순현재가치(NPVGO)는 다음과 같다.

$$NPVGO = \frac{10,000,000}{100,000} = 100\text{원}$$

따라서

$$P_0 = \frac{EPS_1}{r} + NPVGO = 10,000 + 100 = 10,100\text{원}$$

이상과 같은 결과는 배당평가모형을 이용하더라도 동일하다.

증권투자 Tip

성장기회와 주가

주식투자자들은 모든 방법을 동원하여 주가를 예측하려고 한다. 그러나 실제로 주가를 정확하게 예측하는 방법을 개발하는 것은 매우 어려운 일이다. 이와 같은 상황 하에서 주식투자에 성공하기 위해서는 주가에 영향을 미칠 수 있는 요인들을 발견하고, 빠른 시간 내에 분석하는 등 부단한 노력을 기울이는 수밖에 없을 것이다. 특히 기업의 성장기회를 포착하는 데 중점을 두어야 한다. 예를 들어, 최근 우리나라의 모제약회사가 신약을 개발하는 데 성공했다는 사실에 의해 그 회사 주가가 상당한 기간 동안 수직상승한 적이 있다. 이러한 주가 상승은 그 회사의 성장가능성을 반영한 것으로 볼 수도 있다. 그리고 외국의 경우에도 알파벳(구글의 지주회사), 아마존, 페이스북 등 무한한 성장기회를 가진 주식들의 경우 성장기회를 반영하여 주가가 높게 형성되는 것이 일반적인 현상이다. 이와 같이 높은 성장성을 가진 주식들을 성장주(growth stock)라고도 한다.

3. 경제적 부가가치

Investments & Security Analysis, Ch. Five

3.1 경제적 부가가치의 개념 및 측정

경제적 부가가치(economic value added ; EVA) 개념은 경제학자인 마샬(Alfred Marshall)에 의해서 처음으로 사용된 경제적 이익(economic profit ; EP)과 같은 개념이다.[3] 마샬은 1890년에 "기업소유주 또는 경영자가 얻은 이윤에서 현재 이자율 수준으로 계산된 투자자본에 대한 이자를 차감한 나머지가 기업을 경영함으로써 얻게 되는 이익이다" 라고 서술하였다.[4] 즉, 마샬은 기업이 어느 일정기간 동안 창출한 경제적 이익(EP)은 회계상 기록된 비용뿐만 아니라 투자된 자본에 대한 기회비용까지도 감안한 결과이어야 한다고 역설하였다.

경제적 부가가치는 영업활동을 통하여 얻은 이익에서 영업활동에 투자된 자

---

3. Stern Stewart & Company는 EVA라는 용어를 사용하는 반면, Mckinsey & Company는 EP라는 용어를 주로 사용하고 있다.

4. Alfred Marshall, *Principles of Economics*, Vol. 1(New York : Macmillan & Co., 1890), p.142.

본(부채 및 자기자본)과 관련된 비용, 즉 자본비용을 차감한 것과 같다.

$$EVA = \text{세후 영업이익} - (\text{세후 이자비용} + \text{자기자본비용(금액)})$$
$$= \text{투하자본} \times (\text{투하자본수익률} - \text{가중평균자본비용(\%)}) \qquad (5-9)$$

$$\text{여기서, 투하자본수익률} = \frac{\text{영업이익} \times (1 - \text{법인세율})}{\text{투하자본}} = \frac{\text{세후 영업이익}}{\text{투하자본}}$$

EVA의 창출에 필요한 조치를 다음과 같이 단순화시킬 수 있기 때문에 EVA는 하나의 매력적인 지표이다.

첫째, 영업비용을 감소시키거나 매출을 증가시킴으로써 **세후 영업이익**(net operating profit less adjusted taxes ; NOPLAT)을 증가시켜야 한다. 둘째, 자본구조를 변경함으로써 **가중평균자본비용**(weighted average cost of capital ; WACC)을 감소시켜야 한다. 셋째, 운전자본에 대한 투자 또는 쓸모없는 자산을 줄이는 등 영업이익에 영향을 미치지 않는 범위 내에서 **투하자본**(invested capital ; IC)을 축소시켜야 한다.

이와 같은 접근법에 의하면 정(+)의 스프레드(투자수익률 > WACC)를 갖는 사업에 대한 투자를 증가시키는 한편, 부(−)의 스프레드(투자수익률 < WACC)를 갖는 사업으로부터 자본을 철수시킴으로써 효율적으로 투하자본을 재배치할 수 있다.

EVA는 단기성과를 측정하는 데 유용한 척도로 사용될 수 있으나, 장기성과를 측정하는 데 다소 문제가 될 수 있다. 예를 들어, 단기적인 EVA를 너무 강조하는 경우 당장은 수익성이 떨어지나 향후 잠재적 이익이 매우 높을 것으로 기대되는 사업을 포기하는 등 미래의 성장기회를 희생시킬 가능성이 높아진다.

3.2 EVA모형에 의한 기업가치평가

EVA모형에 의하면 기업가치는 투하자본(IC)에 예상 EVA의 총현재가치를 합한 것과 같다.[5]

---

5. 예상 EVA의 현재가치는 투자로 인해 얻을 수 있는 성장기회의 순현재가치(NPVGO)와 동일한 개념으로 다음과 같이 구할 수 있다.

$$\text{예상 } EVA\text{의 총현재가치} = \frac{EVA_1}{1+r} + \frac{EVA_2}{(1+r)^2} + \frac{EVA_3}{(1+r)^3} + \cdots$$

$$기업가치 = IC + 예상\ EVA의\ 총현재가치 \tag{5-10}$$

실제로는 투하자본을 기초시점에 측정된 자본으로 이용하거나, 기초시점과 기말시점의 자본액을 평균한 평균자본으로 이용하기도 한다. 자본시장이 효율적일 경우 예상 EVA의 현재가치는 자기자본의 시장가치에서 자기자본의 장부가치를 차감한 값, 즉 **시장부가가치**(market value added ; MVA)와 같이 나타날 것이다.

투하자본수익률(return on invested capital ; ROIC)과 자본비용(WACC) 사이의 관계에 따라 다음과 같이 나타낼 수 있다.

- ROIC > WACC → 예상 EVA의 총현재가치 > 0 → 기업가치 > IC
- ROIC = WACC → 예상 EVA의 총현재가치 = 0 → 기업가치 = IC
- ROIC < WACC → 예상 EVA의 총현재가치 < 0 → 기업가치 < IC

예제 5-4 경제적 부가가치 및 시장부가가치

20×1년도 말 현재 신규로 설립된 ㈜한경전자는 총 1,000억원을 투자하였다. 투자 실시 이후 영구적으로 매년 매출수익은 1,500억원, 현금지출비용은 800억원이 될 것으로 기대된다. 투자설비로 인하여 매년 200억원의 감가상각비용이 발생하며, 감가상각비에 해당하는 금액만큼 매년 재투자를 실시한다. ㈜한경전자의 자본비용(가중평균자본비용)은 10%이며, 법인세율은 40%이다.

(1) ㈜한경전자의 경영자는 경제적 가치 개념에 근거한 가치평가를 실시하고자 한다. 다음 연도에 기대되는 ㈜한경전자의 경제적 부가가치(EVA)는 얼마인가?

(2) ㈜한경전자의 시장부가가치(MVA)를 구하라.

해답

(1) ㈜한경전자의 경제적 부가가치(EVA)는 다음과 같다.

$$\begin{aligned} EVA &= 투하자본 \times (ROIC - WACC) \\ &= 세후\ 영업이익 - 투하자본 \times WACC \\ &= (1{,}500 - 800 - 200)(1 - 0.4) - 1{,}000 \times 0.1 = 200억원 \end{aligned}$$

(2) ㈜한경전자의 시장부가가치(MVA)는 다음과 같다.

$$\begin{aligned} MVA &= 예상\ EVA의\ 총현재가치 \\ &= \frac{EVA}{WACC} = \frac{200}{0.1} = 2{,}000억원 \end{aligned}$$

증권투자 Tip

새 기업진단 지표 각광 : EVA 등

독일의 지멘스사가 미국 기업이었다면 주주이익의 극대화를 최우선 목표로 잡은 이 회사의 경영방침이 많은 사람들로부터 찬사를 받았을 것이다. 유감스럽게도 경제적 부가가치(EVA) 지표를 오는 10월부터 도입하기로 한 지멘스의 결정은 자국 내에서 논란을 불러일으킬 것 같다. 종업원 이익을 주주이익만큼이나 중요시하는 '제3자 자본주의'(stakeholder capitalism) 관행 때문이다. 그러나 미국에서 처음 도입된 EVA 지표는 요즘 유럽뿐만 아니라 아시아, 남미지역의 기업들도 앞다퉈 실행에 옮기고 있다. 전 세계적으로 3백 개 이상의 기업들이 EVA를 경영지표로 삼고 있다.

EVA 등은 자본회수율, 주당순이익과 같은 경영실적을 중시하는 전통적인 방식에 비해 기업의 가치를 보다 정확히 진단한다는 점에서 장점을 갖고 있다. 물론 새로 개발된 경영진단기법에도 문제점이 없진 않다. 이런 지표들은 제조업분야에서는 잘 먹혀들겠지만, 예컨대 브랜드와 같은 무형의 자산가치를 정확하게 진단할 수 없다. 또 지급준비금으로 자본의 일부를 유보시켜야 하는 금융기관이나 신생기업의 경우도 EVA 스타일의 경영분석으로는 진단이 어렵다.

한국경제(1997년 8월 5일), 영국 Economist지(1997년 8월 3일)

4. 주가배수모형

Investments & Security Analysis, Ch. Five

주가배수모형(price multiple method)은 주가배수를 이용하여 주가를 다른 주당가치(value per share), 즉 주당순이익, 주당장부가치, 주당매출액 등과 단순하게 비교함으로써 주가가 어느 정도의 수준에서 거래되고 있는가를 평가하는 방법이다. 여기서 주가배수는 기업의 시장가치를 나타내는 주가와 주당순이익, 주당장부가치, 주당매출액 등의 관계를 분석하는 비율로, 시장에서 특정 기업의 과거 성과 및 미래전망이 어떻게 평가되고 있는지를 보여주는 지표이다.[6] 일반적으로 주로 사용되는 주가배수로는 주가수익비율(price-earning ratio ; PER), 주가장부가치비율(price-book value ratio ; PBR), 주가매출액비율(price sales ratio ; PSR), 주가현금흐름비율(price cash flow ratio ; PCR) 등을 들 수 있다.

6. 주가배수는 기업이 제공하는 가치(다양하게 표현된 주당가치)에 대하여 투자자들이 지불하여야 하는 대가를 의미하는 한편, 주식의 위험과 수익의 대용치로 사용되기도 한다.

주가배수모형은 정상적인 주가배수를 이용하여 주식의 내재가치를 추정하거나, 특정 주식의 주가배수를 비교대상의 기준이 되는 주가배수와 비교함으로써 주식의 매입 또는 매도에 관한 의사결정 시 유용한 정보를 제공한다. 예를 들어, 주가수익비율을 제외한 다른 조건이 동일한 A, B 두 기업이 존재한다고 하자. 기업 A의 주가수익비율이 기업 B의 주가수익비율보다 지나치게 높을 경우, 기업 A는 기업 B에 비하여 과대평가되어 있다고 할 수 있다.

주가배수모형은 주가배수의 계산이 용이하며, 그 적용방법이 간단하고 편리하여 전문가뿐만 아니라 일반인들에게도 널리 알려진 방법이다. 하지만 실제 주가배수모형을 적용함에 있어서는 다음과 같은 점을 유의하여야 한다.

첫째, 주가배수에는 순이익, 장부가치, 매출액 등의 회계자료가 일부 사용되므로 이들 회계자료가 지니고 있는 한계점으로 인한 문제가 발생될 수 있다.

둘째, 정상적인 주가배수 및 비교대상의 기준이 되는 주가배수를 선정하는 과정에서 주관이 개입하기 쉽다.

4.1 주가수익비율 모형

주가수익비율

주가수익비율(PER)은 주가를 주당순이익(EPS)으로 나눈 것으로, P/E비율이라고 한다.[7]

$$PER = \frac{\text{주가}}{\text{주당순이익}} \qquad (5-11)$$

PER은 주가가 주당순이익의 몇 배인가를 나타내는 것으로, 기업의 주당순이익 1원에 대한 질적인 가치 또는 시장에서의 평가를 의미한다. 다시 말해서, PER은 기업이 벌어들이는 한 단위의 이익에 대하여 투자자들이 얼마의 대가를 지불하고 있는 것인가를 뜻한다.

---

7. $\text{주당순이익} = \frac{\text{순이익} - \text{우선주배당금}}{\text{평균발행주식 수(보통주)}}$

PER의 활용

주가수익비율(PER)을 이용한 주식의 내재가치(본질적 가치)는 다음과 같이 주당순이익에 정상적인 주가수익비율을 곱하여 구할 수 있다. 정상적 주가수익비율은 이론적 주가를 산정하는 데에 필요한 가장 이상적인 주가수익비율을 의미한다.

$$P_t = EPS_t \times \left(\frac{P}{EPS}\right)^* \tag{5-12}$$

여기서 P_t : t시점의 내재가치
EPS_t : t시점의 주당순이익
$\left(\frac{P}{EPS}\right)^*$: 정상적 주가수익비율

식 (5-12)에서 계산된 내재가치는 주식의 투자결정에 중요한 자료가 된다. 만약 현재 특정 주식의 가격이 내재가치에 비하여 낮은 수준이라면 과소평가되어 있다고 볼 수 있으므로 매입하는 것이 유리할 것이다.

식 (5-12)를 이용하여 내재가치를 올바르게 추정하기 위해서는 정상적 PER을 어떻게 산정하느냐가 중요하다. 정상적 PER을 구하는 방법으로는 해당 기업의 과거평균 PER을 이용하는 방법, 동일한 위험을 지닌 기업의 PER을 이용하는 방법, 동종 산업의 평균 PER을 이용하는 방법, 배당평가모형을 이용하는 방법 등이 있다.

한편, PER은 상대적 주가수준을 판단하는 데에도 유용하게 이용된다. 특정 주식의 PER을 다른 시점의 PER 또는 다른 주식 및 시장 전체의 PER과 비교함으로써 특정 주식의 주가가 상대적으로 과대 · 과소평가되었는지를 판단할 수 있다. 만일 과거에 비해 PER이 낮을 경우 현재주가는 주당순이익 1원에 대해 시장에서 저평가되고 있다는 것으로 주가가 상승할 가능성이 높다고 판단할 수 있다. 이는 향후 주가가 적정하게 평가될 경우 주가가 상승하리라는 믿음에서 비롯된 것이다. 즉, 기업의 수익성에 근본적인 변화가 없을 경우 PER이 과거 평균수준으로 회귀할 것으로 기대한다는 것이다. 과거 PER 수준과 비교하는 데 활용되는 것 외에도 어느 한 시점에서 산업 또는 시장평균 PER 수준과 비교하여 해당 기업의 주가수준의 고평가 또는 저평가 정도를 판단하는 데 활용되기도 한다. 최근에는 주식투

자가 국제화되면서 국가 간 증권시장의 평균 PER을 비교함으로써 국가별 증권시장의 상대적 주가수준을 평가하기도 한다.

결론적으로 기업(또는 산업, 국가)의 PER이 과거 수준에 비해 낮다거나, 비교대상이 되는 기업(또는 산업, 국가)에 비해 낮을 경우 주가가 상승할 가능성이 높다고 판단할 수 있다. 그러나 기업간, 산업간, 국가 간 PER을 비교하여 주가를 평가할 경우 회계처리방법 또는 회계기준의 차이, 산출방식의 차이 등으로 인하여 그 결과가 왜곡될 수 있음을 유의해야 한다.

주식가치를 평가하는 데 있어서 PER은 다음과 같은 이유에서 유용성이 인정된다. 첫째, 이익창출능력을 반영한 주당순이익은 기업가치를 결정하는 가장 중요한 요소 중의 하나이다. 둘째, PER은 이해하기 쉽고, 모든 주식에 광범위하게 이용될 수 있다. 셋째, PER은 주식의 장기평균수익률과 밀접한 관계를 지닌다.

한편, 이러한 PER의 유용성에도 불구하고 PER을 이용한 주식의 가치평가 시 다음과 같은 점을 유의하여야 한다. 첫째, 주당순이익이 음(-)이거나 0인 경우 PER의 경제적 해석이 어렵다. 둘째, 이익에 영향을 미치는 여러 요인들이 변하거나 일시적일 수 있으며, 이러한 요소들이 주식가치를 왜곡시킬 수 있다. PER모형은 정상적인 경제여건 하에서 정상적인 이익이 발생할 때에 사용가능하지만, 특별히 일시적인 상황에 따른 이익 변화가 발생하는 경우에는 사용하기 어렵다. 셋째, PER모형은 주식가치를 당기순이익에만 지나치게 의존해 평가한다. 초기에 대규모의 자금이 투입되고 현금회수가 느린 반도체, 석유화학 등의 장치산업의 경우에는 낮은 주당순이익으로 인하여 주식가치가 과소평가될 수 있다. 넷째, PER의 분모값인 주당순이익은 짧은 기간의 순이익을 고려함으로써 장기적으로 성장성이 높은 기업을 제대로 평가하지 못한다.[8] 다섯째, 다양한 회계처리방법 및 기업환경의 차이 등은 PER에 의한 상대가치 평가를 어렵게 만들 수 있다.

8. 한편, PER에 미래 성장가치가 반영되지 못한다는 단점을 보완하기 위해서 실무에서는 PEG ($\frac{\text{PER}}{\text{EPS증가율}}$) 지표를 함께 사용하기도 한다. 예를 들어 A기업과 B기업의 PER은 5로 동일하나, EPS증가율은 A기업이 10%인 반면, B기업은 5%라고 하자. 이 경우 A기업의 PEG는 0.5이며, B기업의 PEG는 1.0으로 A기업이 B기업에 비해 저평가된 것으로 볼 수 있다. PEG는 주로 인터넷, 바이오 등 고성장 기업들의 평가에 활용될 수 있다.

예제 5-5 PER모형

20×1년도 말 현재 ㈜서울의 주가는 20,000원이고, 주당순이익은 2,000원이다. 그리고 이 기업의 주당순이익성장률은 매년 10%로 기대되며, 정상적 주가수익비율은 5.0(배)이다. 이러한 경우 20×4년도 말에 기대되는 ㈜서울의 이론적인 주가를 추정하라.

해답

20×4년도 말에서 ㈜서울의 주당순이익은 다음과 같다.

$$EPS_3 = 2{,}000(1+0.1)^3 = 2{,}662\text{ 원}$$

따라서 이론적인 주가는 다음과 같이 추정할 수 있다.

$$P_3 = EPS_3 \times \left(\frac{P}{EPS}\right)^* = 2{,}662 \times 5.0 = 13{,}310\text{ 원}$$

4.2 주가장부가치비율 모형

주가장부가치비율

주가장부가치비율(PBR)은 주가를 주당순자산(장부가치)으로 나눈 비율로, 주가순자산비율이라고도 한다.[9]

$$PBR = \frac{\text{주가}}{\text{주당순자산}} \tag{5-13}$$

PBR은 주가가 1주당 자기자본(순자산)의 몇 배인가를 나타내기 때문에 PER과 마찬가지로 주가의 상대적 수준을 나타내는 지표라 할 수 있다. 여기서 주당순자산은 기업이 파산하여 청산할 때 주주에게 분배될 수 있는 금액을 의미한다. 따라서 PBR이 1 미만인 회사는 순자산의 시장가치가 장부가격인 청산가치보다 작

9. 우리나라의 경우 실무에서는 우선주와 보통주를 구분하지 않고 주당순자산을 다음과 같이 구한다.

$$\text{주당순자산} = \frac{\text{자본총계} - \text{무형자산}}{\text{기말발행주식 수(보통주 + 우선주)}}$$

다는 것을 의미하므로 주가가 저평가되었다는 해석이 가능하다. 따라서 기업의 수익성 측면에서 주가를 평가한 PER과 달리 PBR은 재무상태 측면에서 주가를 평가하는 지표이다.

PBR의 활용

주가수익비율(PER)의 활용에서 소개한 바와 같이 정상적 주가장부가치비율을 이용하여 주식의 가치를 추정하거나, 특정 주식의 주가장부가치비율(PBR)을 다른 시점의 PBR 또는 다른 주식 및 시장 전체의 PBR과 비교함으로써 특정 주식의 주가가 상대적으로 과대 · 과소평가되었는지 평가할 수 있다. 이와 관련된 내용은 PER에서 자세하게 소개하였으므로 여기에서는 생략한다.

한편, 기업의 미래 수익전망이 밝고 경영이 효율적일수록 주식의 장부가치와 시장가치 사이의 차이가 커져서 PBR이 높아지는 경향이 있다. 따라서 주식의 장부가치보다 시장가치가 훨씬 높게 평가되고 있는 기업은 시장에서 그 기업의 성장전망이 클 것으로 기대하고 있다는 증거로 해석할 수 있다. 그러나 물가상승으로 장부가치가 낮게 평가되는 경우에도 PBR이 커질 가능성이 있다.

PBR은 다음과 같은 점에서 유용하게 사용된다. 첫째, 일반적으로 기업의 장부가치가 0보다 큰 경우가 대부분이므로 PBR은 PER보다 사용상 제약을 덜 받는다. 심지어 파산기업의 경우에도 장부가치는 존재하므로 PBR모형에 의한 평가가 가능하다. 둘째, 장부가치는 이익보다 시계열적으로 안정적이므로 이런 점에서 PBR모형은 PER모형보다 유용하다. 셋째, 유동성이 매우 높은 기업에서는 장부가치가 실제 시장가치의 적절한 측정치가 될 수 있다. 따라서 이와 같은 경우 PBR모형에 의해 보다 정확한 평가가 이루어질 수 있다. 넷째, 기업의 장기수익률이 PBR과 밀접한 관계를 지니므로 PBR을 이용한 가치평가는 의의가 있다.

한편, PBR은 다음과 같은 점에서 한계를 지닌다. 첫째, PBR의 분모인 장부가치는 기업의 성장동력이 될 수 있는 종업원의 기술력과 교육의 수준 등의 질적가치를 반영하지 못한다. 둘째, 기업별로 보유하고 있는 자산의 유형이 매우 상이할 경우 PBR을 이용한 가치평가는 무의미할 수 있다. 셋째, 장부가치는 회계처리방법에 따라 영향을 받을 수 있으며, 또한 기술력의 변화, 인플레이션 등으로 인한 영향을 반영하지 못하므로 이러한 경우 PBR모형을 적용하기가 곤란하다.

4.3 주가매출액비율 모형

주가매출액비율(PSR)은 주가를 주당매출액으로 나눈 비율로, 주가가 주당매출액의 몇 배인가를 나타내는 지표이다.

$$PSR = \frac{\text{주가}}{\text{주당매출액}} \tag{5-14}$$

PSR은 전통적으로 벤처기업 등 소규모 기업의 평가에 이용되어 왔으며, 최근에는 상장기업의 평가에도 자주 이용된다. PSR을 이용하여 이론적인 주가를 계산하는 방법은 PER의 경우와 유사하다.

PSR은 다음과 같은 점에서 유용하게 사용된다. 첫째, PSR은 분모에 매출액이 사용됨으로써 이익, 장부가치에 의해 산출된 PER, PBR보다 광범위하게 활용될 수 있다. 이익이 발생하지 않았거나 자본잠식이 이루어진 기업들을 대상으로 할 경우 PER 및 PBR과 달리 PSR은 적용상 제약을 덜 받는다. 한편, 매출액은 항상 0보다 큰 값을 지니므로 모든 기업을 대상으로 적용할 수 있다. 소규모 벤처기업의 경우 대부분은 초기에 이익을 실현하지 못할 뿐만 아니라 자산가치 또한 매우 낮은 경향이 있다. PSR은 이러한 기업을 대상으로 주식가치를 평가하는 경우 PER 및 PBR보다 유리하다. 둘째, 매출액은 이익과 달리 시간에 따른 변동이 심하지 않으므로 PER보다 적용상 유리하다. 셋째, 순환되는 사업이나 이익이 존재하지 않는 기업을 대상으로 하는 경우 다른 주가배수에 비하여 PSR에 의한 가치평가가 적절한 것으로 나타난다. 넷째, PSR은 기업의 장기수익률과 상호 관련성이 높다는 점에서 이용가치가 있다.

반면, PSR은 다음과 같은 점에서 한계점을 가지고 있다. 첫째, PSR은 매출액의 성장이 있더라도 수익성이 낮은 기업들과 비용구조가 상이한 기업들을 대상으로 적용하기가 곤란하다. 둘째, PSR은 동종 기업들의 비교에는 의미가 있으나 매출액이익률이 다른 업종 간의 기업들에 대해서는 적용하기가 쉽지 않다. 셋째, 수익인식에 대한 회계처리기준이 상이할 경우 매출액에 편의(bias)가 존재하므로

PSR에 의한 분석에 문제가 따를 수 있다.[10]

4.4 주가현금흐름비율 모형

주가현금흐름비율(PCR)은 주가를 주당현금흐름으로 나눈 비율로, 주가가 주당현금흐름의 몇 배인가를 나타내는 지표이다.

$$PCR = \frac{\text{주가}}{\text{주당현금흐름}} \tag{5-15}$$

식 (5-15)에서 현금흐름에는 비현금성항목(non cash items)이 조정된 순이익, 영업현금흐름, 주주잉여현금흐름(free cash flow to equity ; FCFE), EBITDA (earnings before interest, taxes, depreciation and armotization) 등과 같이 다양하게 정의된 현금흐름이 사용된다.[11] 주주잉여현금흐름(FCFE)은 주주에게 제공되는 현금흐름으로, 기업잉여현금흐름(free cash flow to the firm ; FCFF)에서 채권자의 현금흐름(= 원금상환액 + 세후 이자비용 − 신규 차입액)을 차감하여 측정할 수 있다. 기업잉여현금흐름(FCFF)은 영업현금흐름(= 세후 영업이익 + 감가상각비)에서 총투자액을 차감한 금액을 의미한다.

PCR은 다음과 같은 점에서 유용성이 인정된다. 첫째, PCR을 구성하고 있는 것 중 분모인 현금흐름은 이익과 달리 쉽게 조정될 수 있는 있는 항목이 아니며, 이익보다는 현금흐름이 시계열적으로 안정적이므로 PER보다 적용이 용이하다. 둘째, 일반적으로 현금흐름은 이익의 질을 측정하는 단위가 되며, 기업의 장기수익률이 PCR과 깊은 관계를 지닌다는 점에서 의미가 있다.

한편, PCR에서 사용되는 현금흐름은 다양하게 정의될 수 있는데, 주주잉여현금흐름을 사용할 경우 현금흐름이 0보다 작은 음(−)의 값을 가질 수 있으므로 이러한 경우 PCR모형에 의한 분석이 어렵다.

---

10. 하지만 PSR은 PER이나 PBR보다 회계처리방법과 회계조작에 의해 영향을 덜 받는다는 점에서 활용도가 높다.

11. 우리나라의 경우 실무에서는 주당현금흐름을 다음과 같이 산출한다.

$$\text{주당현금흐름} = \frac{\text{순이익} + \text{감가상각비} - \text{우선주배당금}}{\text{평균발행주식 수(보통주)}}$$

4.5 EV/EBITDA비율 모형

EV/EBITDA비율(EV/EBITDA ratio)은 기업 전체의 가치(enterprise value ; EV)를 EBITDA로 나눈 값이다. 여기서 EV는 주식의 시가총액(주가 × 발행주식 수)에 순차입금(총차입금 − (현금 + 투자유가증권))을 더한 값이고, EBITDA는 이자비용, 법인세, 감가상각비 등을 차감하기 전의 이익에 해당한다. 따라서 EV/EBITDA비율은 EBITDA에 비해 기업가치가 상대적으로 어느 정도 수준을 차지하고 있는가를 비교하는 방식이다.

EBITDA가 이자비용 차감 전의 현금흐름과 유사한 의미를 가지므로 EV/EBITDA비율은 자본구조의 차이가 있는 기업들을 대상으로 상대평가하는 경우에 다른 지표보다 적용상 유리하다. 이익이 0이거나 음(−)일지라도 EBITDA는 양(+)의 값을 가지는 경우가 많으므로 EV/EBITDA비율은 PER보다 적용상 편리하다. 그러나 기업잉여현금흐름(FCFF)에 비해 EVITDA가 기업가치와 관련성이 적다는 일부 연구의 주장을 감안하면, 상대적 주가수준 평가 시 PCR에 비해 EV/EBITDA비율의 유용성이 떨어질 수 있다.

중요 용어

- 기본적 주식평가모형 (173)
- 일정성장배당평가모형 (175)
- 배당성장률 (175)
- 성장기회의 순현가 (176)
- 경제적 부가가치 (178)
- 세후 영업이익 (179)
- 가중평균자본비용 (179)
- 투하자본 (179)
- 시장부가가치 (180)
- 주가배수모형 (181)
- 주가수익비율 (182)
- 주가장부가치비율 (185)
- 주가매출액비율 (187)
- 주가현금흐름비율 (188)
- EV/EBITDA비율 (189)

사례연구 5-1

유일한 '적정 가격'은 없다

불특정 다수의 많은 투자자들이 거래하는 주식은 일반적으로 매수자와 매도자들의 경쟁에 의해 가격이 정해진다. 이때 투자자들은 얼마를 그 주식의 적정가로 생각하고 거래할까. 주식의 적정 가격이 존재한다면 현재 주가가 적정가보다 높은 고평가 상태에서 팔고 주가가 적정가보다 낮은 저평가 상태에서 사는 방안이 수익률을 높이는 투자전략으로 타당할 것이다. 하지만 여기서 근본적인 문제는 유일한 적정가는 존재하지 않는다는 것이다. 적정가를 구하기 위해 주식시장에서 가장 많이 사용되는 가치평가의 척도 중 하나는 주가를 기업의 주당순이익으로 나눈 값인 PER(주가수익비율)이다.

적정 PER 따라 고·저평가 여부 결정

현재 주가에서 PER이 낮을수록 저평가됐다고 말하고, PER이 높을수록 고평가됐다고 말한다. 적정 PER에 현재 주당순이익을 곱하면 적정가가 되므로 적정 PER이 얼마인가에 따라서 현재 가격이 저평가인지, 고평가인지가 결정된다. 적정 PER을 결정하는 데는 시중금리, 해당 기업의 이익성장률, 과거 몇 년간의 평균 PER, 같은 업종 내 다른 기업의 PER 등 여러 지표들이 사용된다.

옷도 어떤 계층을 대상으로 하고 어떤 목적으로 입는 옷이냐에 따라 적정한 가격이 크게 달라진다. 청소년을 대상으로 하는가, 20~30대 사무직 여성을 위한 정장인가, 캐주얼 의상인가, 파티복인가 등에 따라서 재료비 대비 판매가격이 달라지는 것이다. 주식의 적정가도 어떤 업종에 속하느냐에 따라 달라지는 것이 투자의 기본이다.

최근 기업공개(IPO)를 앞둔 천호식품의 경우 투자은행(IB)업계에서는 적정 PER을 11~14 수준으로 제시했는데, 이에 대한 근거로는 비슷한 사업을 하는 기업들의 PER을 들었다. 이러한 기업들의 작년말 기준 PER은 동우 8, 동서 9, 엠에스씨 8, 하림 13, 이지바이오 14, 한일사료 15, 푸드웰 16, 진바이오텍 29, 케이씨피드 30 등으로 평균이 15.7이다. 여기에 할인율을 약 20% 적용했다는 설명이다. 이처럼 동종 업계 기업들의 PER을 기준으로 할 때는 유사기업 사이의 상대적인 저평가와 고평가만 판단할 수 있으며 그 외 요소들의 영향은 고려되지 않는다. 이런 판단 방법은 같은 업종 내에서 주식을 사거나 팔 때 상대적으로 저평가된 것을 사고 상대적으로 고평가된 것을 파는 방식의 전략을 취할 때 도움이 된다. 공모가 산정에서 적정 주가에 할인율 20%를 적용하는 것이 불변의 진리라면 상장 후에는 공모가격보다 20% 정도 주가가 오르는 것이 정상이다. 하지만 그보다 훨씬 더 많이 오르거나 오히려 공모가 이하로 내려가는 경우들이 흔하다.

합리적인 전략인 저평가 매수 및 고평가 매도 전략을 모든 투자자들이 취한다면 업종 내 기업들의 주가는 업종 평균 PER을 중심으로 오르락내리락 하면서 변해야 한다. 하지만 업종 평균 PER보다 높은 종목의 주가가 내리기는커녕 계속 더 올라가고, 업종 평균 PER보다 낮은 종목의 주가가 오르기는커녕 계속 내려가는 경우를 쉽게 볼 수 있다. 주가가 많이 올라 PER이 높아져서 고평가됐으니 팔아야겠다는 생각으로 팔고 난 뒤 훨씬 더 많이 오르는 모습을 보면 수익을 내고도 기분이 상한다. 반대로 실적이 좋아져서 PER이 매우 낮은 만큼 주가가 오를 것으로 보고 계속 보유했는데 주가가 하락하는 경우도 나타난다. 이럴 때 그 종목을 사거나 파는 주체를 보면 PER을 기준으로 적정가를 판단할 줄 모르는 사람들이 많이 포함돼 있는 개인투자자가 아니라 전문투자집단인 국내기관, 외국기관, 연기금 등인 것을 쉽게 볼 수 있다.

국내 기업과 해외 기업 비교하기도

적정 PER과는 무관하게 주식을 매매하는 데는 다양한 이유들이 있다. 우선 비교대상 기업들을 선정하는 데 일률적인 기준이 없다. 완벽히 똑같은 제품만을 취급하는 기업들을 비교 기업으로 선정하려 해도 기업이 몇 개 되지 않아 통계적으로 의미가 없다. 결국 임의로 기준을 설정할 수밖에 없는 것이다. 똑같은 제품을 취급하더라도 그 외 제품은 서로 다른 경우들도 많다. 식품회사지만 사료도 만들고 신재생에너지 사업을 하는 회사도 있다. 천호식품의 비교대상 기업 중 이지바이오도 그런 경우다. 건설회사에서 건설업체 전부를 대상으로 할 것이냐, 해외건설업체를 대상으로 할 것이냐 식의 문제도 있다. 내수 부동산시장이 침체돼 건설회사들이 어려울 때 해외건설 수주를 많이 따면서 호황을 누리는 회사도 있다.

국내 기업이 아니라 해외 기업을 비교대상으로 삼기도 한다. 한국의 반도체기업과 미국 또는 대만의 반도체기업을 비교하거나, 한국의 자동차회사와 일본의 자동차회사를 비교할 수도 있다.

은행주는 제조업과는 다른 특성상 주당순자산이 기준인 PBR(주당순자산비율)이 PER보다 더 중요한 기준이 되기도 한다. 인도와 태국의 주요 은행들의 PBR은 2배와 1.5배, 싱가포르의 PBR는 1.2배 수준인 반면, KB금융과 하나금융은 0.5~0.7배에 불과하다. 이렇게 한국 은행들의 주가가 저평가됐다는 이유로 은행주 추천이 나오기도 한다. 다만, 한국과 외국의 내부적인 상황이 다르다는 점을 고려하지 않고 단순히 자산가치 평가로만 외국 기업과 국내 기업을 비교할 수 있을지는 잘 생각해야 한다.

테마주로 묶일 경우 반대 양상 보이기도

근래에는 테마주라는 이름 하에 시장의 인기도에 따라서 비교집단의 특성을 규정짓기도 한다. 과거에는 서로 다른 업종에 속하던 기업들이 새로운 정의에 의한 테마에 따를 경우 같은 집단에 속할 수도 있다.

증권시장의 기존 분류에 의하면 평균 PER이 낮은 업종에 속해 주식시장 전체 대비 저평가 종목이 어떤 계기로 특정 테마에 속하게 되면 그 테마 기업들의 평균 PER이 높아 주가도 갑자기 크게 오르는 현상이 나타난다. 예컨대 투자자들의 관심도가 낮은 건설회사로서 건설업종의 전반적인 PER에 비해 PER이 낮았던 기업이, 정부의 특정 개발사업에 연루되는 기업 리스트에 올라 PER이 매우 높아지는 수준까지 주가가 상승하는 경우도 있다. 지난 대선에서는 특수건설, 이화공영처럼 PER이 낮았던 종목이 새 정부의 대운하사업 관련 테마주에 들어가서 천정부지로 주가가 올랐었다. 주식시장 전체 기업을 대상으로 본다면 지표상 매우 저평가됐던 기업이 특정 테마에 들어가면서 대단한 고평가로 변한 것이다.

전통 제조업을 하던 기업이 새로운 IT 사업에 진출하면서 신규 사업부 매출이 기업 전체에서 차지하는 비중은 낮더라도 IT 업종 PER 수준으로 주가가 올라가기도 한다. 최근 박근혜, 안철수, 문재인 관련주 같은 테마주의 주가가 크게 움직인 것은 더더욱 비합리적이다. 기업 CEO가 대선주자와 인간적인 관계나 기타 관계가 있다는 이유로 기업 경영에 수혜를 받지는 않으며 대통령이 된 후 특정 기업에 수혜를 준다면 비리이기 때문이다.

업종이나 테마 전체의 평균 PER을 기준으로 그 업종에 속하는 종목의 적정 주가를 산출하는 것의 근본적인 문제는 업종 전체가 고평가인지 저평가인지는 고려되지 않는다는 점이다. 업종 평균 PER이 지나치게 고평가일 때 그 업종에 속하는 기업들 대부분의 주가가 내려간다면 업종 내에서 상대적 저평가이던 기업의 주가도 내려갈 수 있다. 이럴 때에는 업종 내 특정 종목의 PER이 상대적으로 낮은지 높은지는 투자에 별 참고사항이 되지 못한다. 예컨대 1990년대 말 인터넷기업들의 주가가 천정부지로 올라서 PER이 100이 넘는 종목들도 나타나고 업종 평균 PER이 수십 배에 달하던 시기가 그랬으며, 미국에서 나스닥시장도 그랬다. 그 뒤 2000년대 들어 추풍낙엽처럼 이들 종목의 주가가 동반 추락했던 것은 너무나도 잘 알려진 사실이다.

출처 : 머니위크(2012년 10월 16일) 수정

사례연구 5-2 코스피 PER · PBR, 여전히 낮은 수준

코스피가 3,000선을 돌파하면서 '버블(거품)' 논쟁이 일고 있는 가운데 한국 증시의 평가가치(밸류에이션) 지표는 여전히 주요 20개국(G20) 중 낮은 수준이라는 분석이 나왔다. 자본시장 최고경영자(CEO) 등 시장 전문가들은 최근 급등한 코스피 상승세가 버블이 아닌 저평가 해소 과정이라고 평가했다.

한국거래소가 분석한 'G20 주요국의 증시 평가지표'에 따르면 12개월 선행 기준 국내 증시의 주가수익비율(PER)과 주가순자산배수(PBR)는 2007년 이후 현재까지 주요국 대비 낮은 수준이다. 현재 모건스탠리캐피털인터내셔널(MSCI) 한국 지수의 12개월 선행 주가수익비율(PER)은 15.4배로, 미국 23.7배, 일본 23.6배, 중국 16.4배, 독일 16.3배보다 낮다. 12개월 선행 주가순자산비율(PBR)은 1.4배로 미국 4.0배, 대만 2.5배, 중국 2.0배, 독일 1.6

세계 주요국 PER · PBR 현황

PER(주가수익비율)

국가	2007년	2010년	2015년	2020년	2011~2020년 평균	2021년
미국	16.8	14.9	17.8	27.3	17.2	23.7
일본	15.9	15	15.3	23	14.8	23.6
중국	23.5	13.7	10.6	18.4	11.5	16.4
독일	13.8	11.8	13.8	21.9	13.4	16.3
한국	13.2	10.9	10.8	20	10.6	15.4
대만	13.8	14.9	12.1	20.5	14.8	13.5

PBR(주가순자산배수)

국가	2007년	2010년	2015년	2020년	2011~2020년 평균	2021년
미국	2.8	2.1	2.7	4.2	2.7	4
대만	2.1	2	1.6	2.5	1.8	2.5
중국	4.1	2.2	1.4	2.1	1.5	2
독일	2	1.5	1.7	1.6	1.5	1.6
일본	1.6	1.1	1.3	1.4	1.2	1.5
한국	1.7	1.5	1	1.3	1.1	1.4

자료 : 한국거래소

배, 일본 1.5배보다 낮다.

지난 2011년부터 2020년까지 미국 증시의 PER은 17.2인 반면 국내는 10.6에 불과하다. 이는 14.8배의 대만과 11.5배의 중국보다도 낮은 수준이다. 같은 기간 PBR 역시 미국이 2.7배인 데 비해 한국은 1.1배다. 대만은 1.8배, 중국은 1.5배, 일본은 1.2배를 기록했다.

각국 주요 증시 시가총액 1위 기업들과 비교해도 마찬가지다. 삼성전자의 PER은 15.1배로 미국의 애플 33.7배, 대만의 TSMC 25.4배보다 낮은 수준이다.

한국거래소는 "최근 글로벌 대비 국내 증시의 높은 상승률에도 불구하고, 국내 증시의 주식시장 평가지표는 주요국 대비 상대적으로 낮은 수준을 보이고 있다"며 "신흥국 증시와 대비해서도 지속적으로 저평가되어 온 한국 증시가 최근에서야 저평가가 해소되는 양상을 보이고 있다"고 설명했다. 거래소는 올해 실적 개선 기대감에 기인한 것으로 추정했다. 지난 9월만 하더라도 올해 코스피 영업이익은 전년 대비 39.5% 증가할 것으로 봤지만, 현재는 46.7%가 늘 것으로 관측된다.

통화량(M2) 대비 국내 증시 시가총액 규모도 G20 대비 상대적으로 낮은 수준을 유지하고 있다. 명목 국내총생산(GDP) 대비 시총의 비율은 큰 폭으로 상승해 130.2%를 나타냈다. 미국의 자본화율(207.9%)은 주요국에서 가장 높으며, 일본(141.5%), 한국은 그 다음으로 높다. 이는 G20 평균(128.7%)을 살짝 웃도는 수준으로 영국(128.7%), 중국(74.6%)보다 높다.

자본시장 유관기관장들과 증권사 사장 등 시장 전문가들은 현 상황을 한국 주식의 고질적 저평가가 해소되는 과정이라고 평가했다. 먼저 나재철 금융투자협회장은 14일 한국거래소에서 열린 '코스피 3,000 돌파 기념 자본시장 최고경영자(CEO) 좌담회'에서 "최근 주식시장이 활성화되면서 버핏지수가 100%를 넘자 증시 과열이라고 보는 시각이 있지만 지금은 혁신적이고 모험적 사업에 적합한 자본시장, 패러다임 전환이 본격적으로 이뤄지는 상황으로 봐야 한다"고 주장했다.

김신 SK증권 사장은 "현재 주식시장이 버블이라는 근거가 단순히 1년 만에 2배 상승했다는 것으로만 보면 곤란한다"며 "2007년 2,000선을 달성할 당시를 고려하면 그렇게 빠른 속도가 아니다"라고 지적했다. 이어 김 사장은 "과거에는 PER이나 PBR 중심으로 주식을 평가했다면 요즘은 새로운 가치평가 기준이 등장했다"면서 "가치를 보는 패러다임이 현재보다 미래에 초점을 맞추고 있는데 그렇다면 아직 우리 증시는 상승 여력이 있다"고 말했다.

코스피가 지수 3,000선을 유지하고 더 성장하기 위해서는 증시 체질이 개선돼야 한다는 조언도 나왔다. 손병두 거래소 이사장은 "개인투자자의 적극적인 참여와 글로벌 경기부양책도 증시 상승에 활력 불어넣은 주요 요인"이라며 "다만 최근 증시 상승세가 실물경기 회복세와 괴리를 보이는 현상, 시장 과열을 경계해야 한다는 목소리에 귀를 기울이고, 지속가능성과 성장을 위해 유동성 리스크도 관리해야 한다"고 조언했다.

출처 : 내일신문(2021년 1월 15일)

연습문제

※ 완성/선택형 문제

01. 주식의 경우 두 가지 종류의 현금흐름, 즉 대부분의 주식들이 정기적으로 지급하는 (   )과 주식을 처분하였을 때의 매도금액을 얻을 수 있다.

02. 일반적으로 배당성장률은 유보비율에 (   )을 곱하여 추정될 수 있다.

03. (   )는 영업활동을 통하여 얻은 이익에서 영업활동에 투자된 자본(부채 및 자기자본)과 관련된 비용, 즉 자본비용을 차감한 것과 같다.

04. (   )는 EVA의 현재가치로서, 자본시장이 효율적일 경우 자기자본의 시장가치에서 자기자본의 장부가치를 차감한 값에 해당한다.

05. (   )은 주가가 주당순이익의 몇 배인가를 나타내는 것으로, 기업의 주당순이익 1원에 대한 질적인 가치 또는 시장에서의 평가를 의미한다.

06. 수익성 측면에서 주가를 평가한 PER과 달리 (   )은 재무상태 측면에서 주가를 평가하는 지표라고 할 수 있다.

07. 투자수익률(ROIC)과 자본비용(WACC) 사이의 관계에 따라 다음과 같은 관계가 성립한다.

① 투자수익률(   )가중평균자본비용 → 예상 EVA의 총현재가치 > 0
→ 기업가치 > 투자자본

② 투자수익률(   )가중평균자본비용 → 예상 EVA의 총현재가치 = 0
→ 기업가치=투자자본

③ 투자수익률(   )가중평균자본비용 → 예상 EVA의 총현재가치 < 0
→ 기업가치 < 투자자본

08. 투자자들은 ㈜목멱이 매년 주당 1,000원씩의 배당금을 영구적으로 지급할 것으로 기대하고 있다. 만약 투자자들이 이 주식에 대하여 10%의 수익률을 요구한다면, 이 주식의 주당가격은 얼마인가?

① 5,000원 ② 10,000원
③ 15,000원 ④ 20,000원

09. ㈜금강산은 금년도에 주당 2,000원씩 배당하였다. 이 회사의 배당금은 매년 10%씩 증가하고 있으며, 이러한 증가율은 앞으로도 계속될 전망이다. 이 주식에 대한 요구수익률이 20%일 경우, 이 주식의 현재가치는 얼마인가?

① 12,500원 ② 22,000원
③ 33,600원 ④ 44,000원

10. ㈜서울은 1년도 말에 주당 1,100원의 배당금을 지급하고, 그 이후부터 매년 일정하게 2,200원의 배당금을 지급할 것으로 기대된다. 이 주식의 요구수익률이 10%라면, 이 주식의 현재가치는 얼마인가?

① 11,000원 ② 16,000원
③ 21,000원 ④ 26,000원

11. 다음 중 벤처기업 등 소규모 기업에 대한 가장 적절한 평가모형은?

① PER모형 ② PBR모형
③ PCR모형 ④ PSR모형

✲ 서술/계산형 문제

01. 우리나라 주식시장에서 성장기회가 주가에 반영된 사례를 조사하라.

02. 경영지표로서 EVA란 어떤 의미를 지니며, MVA와는 어떤 관계에 있는지를 설명하라.

03. 주가수익비율(PER)이 주식가치평가에 어떻게 활용가능한지를 설명하라.

04. 주가배수를 이용한 주식가치평가모형에서 사용되는 주가배수에는 어떤 것들이 있는지 소개하고, 각 모형들을 서로 비교하여 모형이 지니는 강점과 약점에 대하여 설명하라.

05. 배당평가모형

휴대폰 핵심 부품을 생산하는 ㈜목멱은 올해 주당 1,000원의 배당을 실시하였다. ㈜목멱은 앞으로 2년 동안 매년 10%씩 배당금을 증가시키고, 그다음 연도부터는 매년 5%씩 배당금을 계속 증가시키려고 한다. 이 주식의 요구수익률이 15%라고 할 경우, 이 주식의 현재가치는 얼마인가?

06. 성장주식의 가치

MP3 플레이어를 생산 · 판매하고 있는 종로㈜는 새로운 투자기회를 가지지 못한다면 영구적으로 매년 10억원을 벌 수 있다고 기대된다. 이 기업의 총 발행주식 수는 1백만 주이다. 이 기업은 다음 연도에 1억원이 소요되는 새로운 투자를 계획하고 있다. 이 새로운 투자로 인하여 MP3 플레이어의 수요가 증대되어 이 투자를 실시한 이후의 연도부터 매년 3천만원의 영구적인 수익(현금흐름)의 증가가 기대된다. 종로㈜ 주식의 요구수익률이 10%일 경우 물음에 답하라.

(1) 새로운 투자를 실시하지 않는 경우, 종로㈜의 주가는 얼마인가?

(2) 종로㈜가 계획하고 있는 새로운 투자안의 가치를 구하라.

(3) 새로운 투자를 실시하는 경우, 종로㈜의 주가는 얼마인가?

07. PER모형

20×1년도 말 현재 ㈜청운의 주가는 20,000원이며 주당순이익은 2,000원이다. 이 기업의 주당순이익은 매년 10%로 성장할 것으로 기대된다. 다음 물음에 답하라.

(1) 20×2년도 말에 기대되는 ㈜청운의 주가가 13,200원이라고 할 경우, 20×2년도 말의 주가수익비율을 구하라.

(2) 만약 20×1년 말 현재의 주가수익비율이 20×4년도 말에도 그대로 적용된다고 할 경우 20×4년도 말의 이론적 주가는 얼마인가?

기본적 분석

1. 기본적 분석의 의의와 체계
2. 경제분석
3. 산업분석
4. 기업분석
5. 기본적 분석의 한계점

06

[이 장의 개요]

우리는 주식시장에서 주가가 끊임없이 변해가는 과정을 쉽게 접할 수 있다. 이러한 가운데 대부분의 투자자들이 관심을 가지는 것은 첫째, '자신이 투자하고자 하는 주식의 가치가 현재 적정한가'라는 것이고, 둘째, '그 주식의 가격이 앞으로 어떻게 변할 것인가'이다. 이러한 투자자들의 관심사항은 증권분석(security analysis)을 통하여 어느 정도 해결될 수 있을 것이다. 증권분석이란 투자자가 보다 나은 투자성과를 거둘 수 있도록 주식가격의 적정성 평가와 미래의 주식가격 추이에 대한 예측을 통하여 투자의사결정에 유용한 정보를 정리, 요약, 분석하는 것을 말한다. 이러한 증권분석은 기본적 분석(fundamental analysis)과 기술적 분석(technical analysis)으로 구분된다.

기본적 분석이란 주식가치에 영향을 미치는 기업의 내적 요인, 외적 요인에 대한 분석을 통해 내재가치를 구한 후, 이를 시장가격과 비교하여 주식에 대한 투자 여부를 결정하는 방법이다. 제5장에서 살펴본 바와 같이 주식의 내재가치는 주식을 보유함으로써 얻을 수 있는 미래 현금흐름의 현재가치를 의미한다. 주식의 내재가치를 구성하고 있는 두 가지 중요한 요소는 주식의 미래 현금흐름과 할인율이며, 이것들은 경제적 요인, 산업요인, 기업요인 등 다양한 요인에 의하여 영향을 받는다.

본 장에서는 기본적 분석의 의의와 체계를 살펴보고, 경제분석, 산업분석, 기업분석 등 기본적 분석을 구성하는 각 단계별 분석에 대하여 설명한 후, 마지막으로 기본적 분석이 지니는 한계점을 살펴보기로 한다. 한편, 기술적 분석에 대해서는 제7장에서 다룰 것이다.

1. 기본적 분석의 의의와 체계

Investments & Security Analysis, Ch. Six

1.1 기본적 분석의 의의

기본적 분석이란 주식가치에 영향을 미치는 기업의 내적 요인, 외적 요인에 대한 분석을 통해 내재가치(intrinsic value) 또는 본질적 가치(fundamental value)를 구한 후, 개별주식에 대한 투자 여부를 결정하는 증권분석방법이다. 즉, 기본적 분석은 주식의 시장가치(market value)가 내재가치를 중심으로 변동한다는 가정에 기초하여 주식의 내재가치를 구한 후, 이를 시장가격과 비교하여 과소평가 혹은 과대평가된 주식을 선정해 나가는 과정이라 할 수 있다. 예를 들어, 어떤 기업의 현재 주식가격이 적정 가격보다 낮은(높은), 즉 과소(과대)평가된 상태라고 한다면 이성적인 투자자는 그 기회를 놓치지 않고 주식을 매입(매도)하려 할 것이다. 여기서 적정 가격이란 주식의 내재가치를 의미한다.

이론적으로 주식의 내재가치는 주식을 보유함으로써 얻을 수 있는 미래 현금흐름의 현재가치로 정의된다. 주식의 내재가치를 구성하고 있는 두 가지 중요한 요소는 주식의 미래 현금흐름과 할인율이다. 이것들은 시장에서 다양한 요인들에 의하여 영향을 받는데, 크게 다음과 같은 세 가지 영역으로 구분할 수 있다.

첫째, 경제적 요인이다. 주식의 미래 현금흐름과 할인율은 한 국가의 미래 경제활동 수준에 따라 영향을 받기 때문에 경제활동 수준을 대변하는 경제성장률, 물가, 통화량, 금리, 환율 등과 같은 거시경제요인 및 경제정책과 밀접한 관련이 있다.

둘째, 산업적 요인이다. 특정 기업이 속해 있는 산업의 성장률, 시장규모, 경쟁구조, 비용구조, 정부의 정책적 지원, 노사관계 등의 요인들은 당해 산업의 전망에 중요한 영향을 미치므로, 결국 특정 기업의 현금흐름에 영향을 주게 된다.

셋째, 기업적 요인이다. 비록 유망한 산업 내에 진출하고 있더라도 각 기업의 영업실적, 재무구조, 제품의 시장성 및 성장성, 시장점유율, 기업이미지, 경영자의 경영능력 등에 따라 현금흐름 창출능력은 큰 차이를 보이게 된다.

그러므로 주식의 내재가치를 올바르게 평가하기 위해서는 이와 같은 세 가지

요인과 관련된 제반 환경, 즉 경제적 환경, 산업적 환경, 기업적 환경 등에 대한 분석이 선행되어야 할 것이다.

1.2 기본적 분석의 체계

기본적 분석은 [그림 6-1]에서와 같이 접근방식에 따라 크게 두 가지로 나뉜다. 하나는 거시적 접근방법(macro approach)으로서 경제분석, 산업분석, 기업분석 순으로 진행되는 **톱-다운방식**(top-down approach)이고, 다른 하나는 미시적 접근방법(micro approach)으로서 기업분석, 산업분석, 경제분석 순으로 이루어지는 **보텀-업방식**(bottom-up approach)이다.

일반적으로 기본적 분석에서는 거시적 접근방식이 많이 활용되는데, 이 방법을 따를 경우 경제분석, 산업분석, 기업분석 등의 각 단계에서 다루어질 내용은 다음과 같다.

첫 단계인 경제분석에서는 자산배분(asset allocation)과 관련된 의사결정이 이루어진다. 자산배분은 주식, 채권, 부동산 등 다양한 투자자산을 대상으로 포트

기본적 분석의 체계 그림 6-1

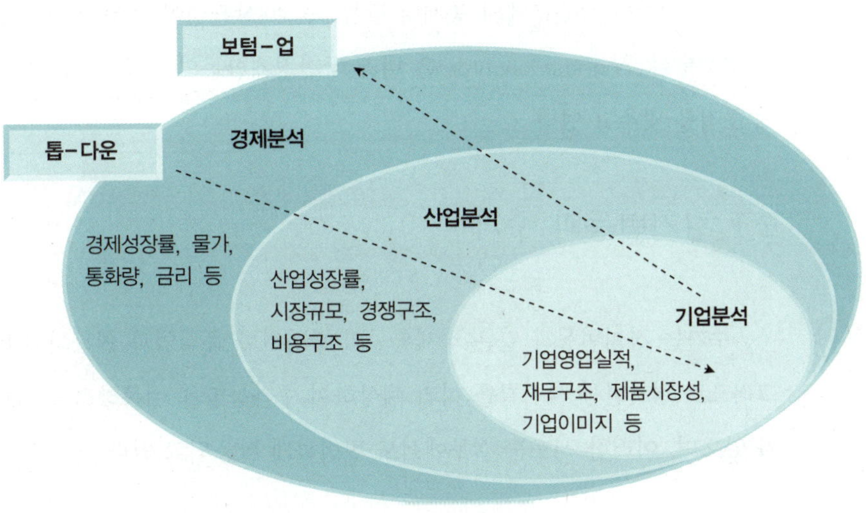

폴리오를 어떻게 구성할지를 결정하는 것이다. 이를 위해서는 경기변동, 환율, 이자율, 물가 등의 거시경제 동향에 대한 분석과 예측이 필요하다.

두 번째 단계인 산업분석에서는 경제분석의 결과를 기초로 추가적인 분석을 다룬다. 경제분석에 의해 주식이 투자대상으로서 적절하다면 산업분석에서는 어떤 업종 또는 산업의 주식이 과소·과대평가되어 있는지를 분석하고, 그 결과를 기초로 어떤 업종 또는 산업의 주식이 유망한지를 판단한다.

투자결정의 마지막 단계인 기업분석에서는 특정 산업 내 특정 주식의 선택으로 좁혀지는데, 영업실적, 재무구조, 업계에서의 경쟁적 지위, 경영능력 등을 평가하여 어떤 기업의 주식이 동종 산업 내에서 투자가치가 높은가를 판단하는 종목 선정이 이루어진다.

기본적 분석의 각 단계에서는 질적 분석과 아울러 양적 분석도 이루어진다. 경기지표의 분석을 통해 시장동향을 예측하거나, 재무제표 등 재무정보를 이용해 특정 주식의 재무적 건전도를 평가하는 계량적 접근은 대표적인 양적 분석에 속한다.

2. 경제분석

주식시장이 국민경제의 총체적 활동수준과 상관성이 매우 높다는 전제 하에서 **경제분석**(economic analysis)은 미래 국민경제활동의 수준과 변화를 예측하는 데 초점을 맞추고 있다.

2.1 경기변동과 주가

주가는 경기변동과 같은 경제활동의 광범위한 움직임과 연관되어 변동한다. 그러므로 경기변동 사이클을 미리 예상하여 주가동향을 예측하려는 시도는 의미가 있으며, 이러한 시도는 실무에서도 빈번하게 활용되고 있다.

경기변동의 의의

경기는 한 나라의 경제활동 수준을 의미한다. 경기수준이 기업의 미래 현금흐름에 영향을 미치기 때문에 경기수준과 주가 사이에 밀접한 연관성이 있다. 경기가 호전될수록 기업의 현금흐름이 증가하고, 경기가 침체될수록 감소하는 경향이 있기 때문이다. 그러므로 경기수준 및 변화를 나타내는 경제지표를 검토함으로써 경제활동 수준과 방향을 예측할 수 있다.

경기변동은 국민경제 전체의 활동수준이 반복적인 규칙성을 지니고 변동하는 것을 말한다. 일반적으로 경기변동은 [그림 6-2]와 같이 호황과 불황, 또는 확장과 수축으로 이분화된다. 경기변동을 더욱 세분화하면 회복, 활황, 후퇴, 침체 등의 4개 국면으로 구분할 수 있다. 한편, 경기변동은 단기변동, 중기변동, 장기변동 등 세 가지 유형으로 구분된다. 일반적으로 단기변동은 기업의 재고증감, 중기변동은 설비투자의 변동, 장기변동은 획기적인 기술혁신 등과 깊은 관련이 있다고 한다.

경기변동 그림 6-2

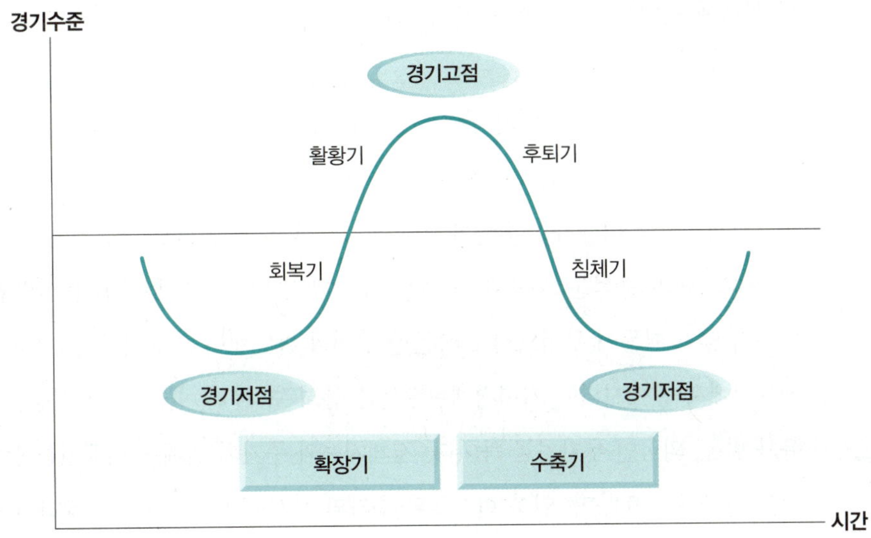

경기변동과 주가

주가는 경기변동이 있기 수개월 전부터 경기변동에 선행하여 나타나는 것으로 알려져 있다. 경기변동과 주가 사이의 관계를 다룬 실증연구에 따르면 경기후퇴는 증시의 약세시장(bear market)에 뒤이어 일어나고, 경기회복은 강세시장(bull market)에 뒤이어 나타나는 경향이 있다. 따라서 경기후퇴 또는 경제성장의 둔화가 예측된다면 투자자는 경기후퇴 수개월 전에 증권시장의 침체가 선행될 가능성이 높다고 판단할 수 있다. 반면, 경기회복이 예측된다면 이에 앞서서 증권시장이 강세시장으로 전환될 것으로 판단할 수 있다. 그러므로 경기예측이 보다 정확하게 이루어진다면 주가동향에 대한 예측이 용이해질 수 있다.

일반적으로 주식시장의 천장과 바닥은 경제상황의 전환점에 앞서서 나타나는 경향이 있다. 예를 들면, 국가경제적으로 악재가 출현하는 가운데에서도 오히려 주가가 상승하고, 반면 한창 경제활동이 호조를 보이는 상황에서 주가가 하락하는 현상이 나타날 수 있다. 이러한 점을 고려할 때, 경기변동의 전환점은 주식시장의 동향을 파악하는 데 중요한 정보가 될 수 있을 것이다. 다만, 특정 산업, 특정 주식의 추세는 주식시장 동향과는 약간의 차이를 보일 수 있으므로 특정 종목의 선택에 있어서는 유의할 필요가 있다.

2.2 주요 거시경제변수와 주가

경제분석에 이용가능한 경제지표는 다양하게 존재한다. 현실적인 면에서 보면 경제지표의 분석은 그 범위가 매우 넓을 뿐만 아니라 정형화된 분석방법이 존재하지 않기 때문에 무엇보다도 충분한 경험과 판단력이 요구된다. 일반적으로 경제분석에서 중요시되는 거시경제변수들은 통화량, 금리, 물가, 경제성장률, 환율, 유가 변동, 외국인 투자자금 등이다. 경제지표와 주가의 관계에 대해서는 앞으로도 많은 연구가 필요하며, 일부 변수들과 주가의 관계를 획일적으로 규정하기 어려운 측면도 있다.

통화량과 주가

케인즈(J. M. Keynes)의 견해에 의하면 통화량이 증가할수록 이자율이 하락하고 설비투자가 확대되어 기업의 수익성을 향상시킴으로써 주가에 긍정적으로 작용한다고 한다. 한편, 통화량이 지속적으로 증가할 경우에는 물가를 상승시키는 결과를 가져와서 이자율을 상승시키는 원인이 되기 때문에 주가가 하락할 수 있다는 주장도 있다.

상반된 두 견해 모두 통화량이 기업의 기대현금흐름과 할인율에 영향을 미치기 때문에 결국 기업가치에 영향을 미친다고 보지만 그 방향은 달라질 수 있다. 이러한 점을 고려할 때 통화량과 주가의 관계를 이론적으로 명확하게 정립하기란 쉽지 않다고 하겠다.[1]

금리와 주가

금리는 자금차입에 대한 대가로 지급하는 이자율을 의미한다. 금리는 자금에 대한 수급상황, 물가상승률, 자금의 사용기간, 채무불이행위험의 정도 등에 따라 달라진다. 금리가 상승할수록 기업의 자금조달이 어려워지고 금융비용의 부담이 커지기 때문에 기업의 수익력이 약화되어 주가에 부정적인 영향을 미치며, 반대로 금리가 하락할수록 자금조달이 수월해지고 설비투자가 증가하는 한편, 금융비용의 부담이 줄어들어 수익력이 호전됨으로써 주가에 긍정적으로 작용하는 경향이 있다. 또한 금리수준은 할인율에 직접적인 영향을 미친다.

물가와 주가

물가상승은 기업이 보유한 자산의 명목가치를 상승시키는 측면이 있는 반면, 원가상승으로 인한 투자위축과 실질소득의 감소에 따른 구매력 감소를 초래하여 기업활동에 나쁜 영향을 미치게 된다. 이러한 측면에서 물가상승은 주가를 떨어

1. 일반적으로 통화량이 증가하면 풍부한 유동성으로 인해 주식 수요가 증가하게 되며, 이는 주가에 긍정적인 영향을 미칠 수 있다.

뜨리는 요인으로 작용할 수 있다.

통화량의 증가, 재정지출의 확대 등 총수요 증가로 인하여 물가가 상승하는 경우에는 경기호황으로 기업활동에 좋은 영향을 미치나, 반면에 임금, 자본비용, 원자재 가격의 상승 등에 의하여 물가가 상승하는 경우에는 기업활동에 나쁜 영향을 미친다.

우리나라에서는 소비자물가지수와 생산자물가지수를 이용하여 전반적인 물가수준을 점검하고 있다. 소비자물가지수는 통계청에서 발표하고 있으며, 생산자물가지수는 한국은행에서 발표하고 있다.

경제성장률과 주가

경제활동 수준을 파악하는 데 이용되는 대표적인 지표로 국민총생산(gross national product ; GNP)이 있다. GNP는 일정 기간 동안 한 나라에서 생산된 최종생산물의 시장가치를 의미하는 개념으로, 모든 생산과정에서 창출된 부가가치에 감가상각비를 합산하여 측정된다. GNP는 각 경제부문의 생산활동, 소비활동, 투자활동, 수출활동 등을 함께 나타내는 종합지표에 해당하는데, GNP를 기초로 하는 경제성장률은 주가동향을 예측하는 데 유용한 정보가 된다.

경제성장률이 높을 때에는 생산 · 고용 · 판매 · 소득의 증가로 인한 경제 확대로 기업의 매출 및 이익이 증가하여 주가가 상승하고, 반대로 경제성장률이 둔화되거나 마이너스로 될 때는 경제활동이 위축되면서 주식시장이 침체되는 것이 일반적인 현상이다.

GNP는 당해 연도나 분기가 끝난 후에 측정되기 때문에 이를 통하여 경기수준이나 전망을 신속히 판단하기 어렵다. 그러므로 경기동향을 보다 신속하게 파악하기 위해서는 월별로 발표되는 여러 다른 형태의 경제지표를 이용해야 한다.

환율과 주가

환율(foreign exchange rate)은 타국통화와 자국통화 사이의 교환율을 의미한다. 환율은 기본적으로 외환의 수요와 공급에 의해 결정되지만 인플레이션, 금리,

국제수지, 정치적 요인 등의 복합적인 요인에 의하여 영향을 받는다.

수출이 증가하고 수입이 감소하여 무역수지 흑자가 확대될수록 환율은 하락한다. 무역수지 흑자폭이 확대될수록 해외자금의 유입이 늘어나면서 유동성이 풍부해지고, 유동성이 풍부해질수록 금리가 하락하기 때문에 기업활동에 좋은 영향을 미치게 된다. 그러나 급격한 환율하락은 수출을 감소시키고 수입을 증대시키기 때문에 우리나라와 같이 대외의존도가 높은 국가의 경제활동에 매우 심각한 영향을 미칠 수 있다.

한편, 수출이 감소하고 수입이 증가할수록 무역수지 적자폭이 확대되어 경제활동을 위축시킬 때 환율이 상승하게 된다. 따라서 환율상승은 수출비중이 높은 기업에게 유리하게 작용하는 측면이 있으나, 경제 전반에 걸쳐 물가상승과 경제성장의 둔화요인으로 작용하기 때문에 장기적으로 기업활동에 나쁜 영향을 미칠 수 있다.

유가와 주가

유가는 기업의 수익성과 물가에 영향을 미치며, 그 결과 기업가치에 영향을 미친다. 특히 에너지 의존도가 높은 우리나라의 경우 유가파동은 기업의 수익성에 직접적인 영향을 미친다.

외국인 투자자금과 주가

자본시장의 국제화가 진전되면서 우리나라 증권시장에 대한 외국인들의 관심이 점점 커지고 있다. 최근 외국인 투자자가 국내 증권시장에 미치는 영향은 상당한 수준에 이르러 관심의 대상이 되고 있다. 일반적으로 외국인 투자자들은 주가변화와 동시에 환율의 변화에도 관심을 가지는데, 주가상승률이 환율상승률보다 큰 경우 또는 주가하락률이 환율하락률보다 작은 경우에 외국인 투자자들의 투자가 활성화되는 경향이 있다.

이상으로 경제분석과 관련된 내용을 살펴보았으며, 〈표 6-1〉에서는 경제분석 사례를 소개하고 있다.

표 6-1 **경제분석 사례**

한국의 2020년 4분기 GDP가 전기비 1.1%(전년비 -1.4%) 성장하면서 2020년 연간 성장률은 예상치와 동일한 -1.0%로 집계됐다. 1998년 외환위기 이후 22년 만에 처음으로 마이너스 성장률을 기록했지만, 한국은행과 기재부의 성장률 전망치(각각 -1.1%)에 비해서는 선방했다. 2020년 4분기 GDP는 내수가 부진한 가운데 순수출이 성장을 견인하는 모습이 뚜렷하게 나타났다. 전기비 기준으로 내수부문의 기여도가 -0.3%p를 기록한 반면 순수출 기여도는 1.3%p를 기록했다.

세부적으로 지출항목별 GDP 기여도를 보면, 민간소비 타격이 예상보다 컸다. 코로나19 재유행과 사회적 거리두기 강화에 따른 여파가 여실히 드러나며 민간소비 기여도는 -0.8%p를 기록했다. 재화와 서비스 지출이 모두 감소했고, 1~2차 확산 당시보다 충격이 컸다. 설비투자는 반도체 업황 호조에 따른 기계류 투자가 지속되고 있지만, 운송장비 투자가 일부 감소하며 기여도상 소폭 감소(-0.2%p)했다. 반면 건설투자 기여도는 플러스 전환(+0.9%p)됐다. 지난 3분기에 장마 등 계절적 영향과 SOC 예산집행 축소로 건설투자가 크게 감소한 데 따른 기저효과로 건축과 토목부문이 모두 증가했다. 정부의 성장기여도는 소비와 투자를 아울러 +0.4%p를 기록했다. 대외부문은 수입개선 폭에 비해 수출회복 속도가 빨라 순수출이 호조를 보였다(+1.3%p).

2021년 한국의 경제성장률은 기존 전망대로 연평균 2.9% 성장이 예상된다. OECD와 한국 통계청 경기선행지수가 모두 지난해 상반기 이후 상승추세다. 분기별로는 기저효과가 반영돼 상고하저의 흐름을 보일 공산이 크다. 설비투자와 수출 주도의 성장이 유효하다. 설비투자에 선행하는 자본재 수입이 꾸준히 증가하고 있다. 미국 12월 ISM 제조업지수가 60.7p로 2018년 8월 이후 최고치를 기록하는 등 제조업 호조가 이어지며 수출개선을 지지하고 있다. 반도체, 무선통신기기 등 주요 품목 수출호조를 기대한다.

다만 올해 한국경제가 온전한 회복경로에 들어서기 위해서는 두 가지 조건이 충족되어야 할 것이다. 첫째, 정부에서 민간으로의 성장 주도권 바톤터치가 필요하다. 지난 2020년 성장률이 -1.0% 하락에 그칠 수 있었던 것은 정부의 영향이 주요했다. 정부기여도가 +1.0%p, 민간기여도가 -2.0%p를 기록했다. 올해도 확장재정 기조는 이어지겠지만 지난해만큼 정부지출이 크

한국 4Q GDP 전기비 1.1% 성장, 2020년 연간 -1.0% 기록

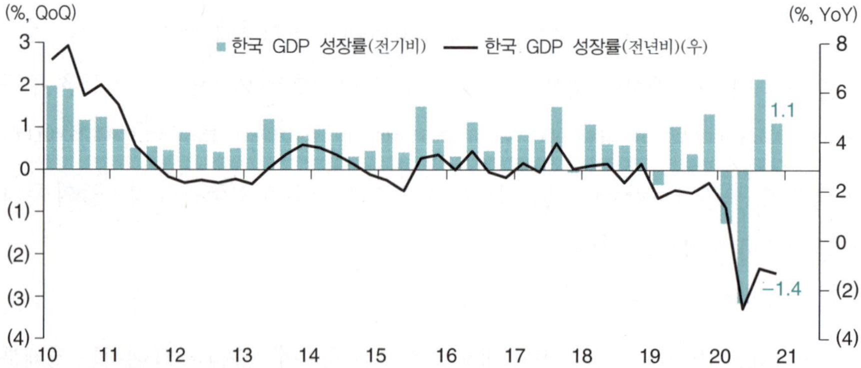

자료 : Thomson Reuters, 하나금융투자

게 단행될 개연성은 낮고, 정부의 성장기여도가 낮아질 것이다. 성장을 이끄는 주체가 민간으로 바뀌어야 한다. 둘째, 서비스업의 정상화가 이뤄져야 한다. 최근 고용 부진이 심각한 업종을 살펴보면, 여가서비스/숙박 및 음식점 등 대면서비스 업종이 대다수 포진되어 있다. 국내 서비스 매출물량도 여전히 코로나19 이전 수준에 못미친다. 특히 4분기에 크게 악화된 민간소비가 올해 중 빠르게 회복될 수 있을지 여부가 중요하다. 한국경제에 대한 초점이 경기침체 방어에서 성장동력 확보로 옮겨가야 할 때다.

자료 : 하나금융투자, 「Global Asset Research」(2021. 1. 16) 수정

3. 산업분석

Investments & Security Analysis, Ch. Six

3.1 산업분석의 의의

산업분석(industry analysis)은 산업의 경제적 위치와 전망을 분석하고 진단하여 유망한 산업을 선정하는 것이며, 다음과 같은 점에서 의의를 갖는다.

첫째, 일반적으로 개별기업의 경영성과는 산업의 평균적인 경영성과와 상관관계가 높다. 따라서 개별기업의 주가 또한 산업의 평균적인 주가흐름을 반영하여 나타나는 경향이 있다.

둘째, 산업의 성과는 경기변동에 따라 다양하게 나타난다. 산업에 따라서는 산업의 수익성이 경기변동과 일치하기도 하지만, 특정 산업은 경기변동과 무관하거나 역행하는 경향을 지니기도 한다. 따라서 어떤 산업이 유망한지는 경기변동에 따라 변화하게 되며, 그에 따라 투자전략도 수정되어야 할 것이다.

셋째, 장기적인 관점에서 개별기업의 경영성과는 산업의 추세와 밀접하게 연관되어 있다. 산업의 추세는 산업의 구조적 특성 및 수급상황 등에 의하여 영향을 받으므로 개별기업의 장기적인 성과 추정 시 이러한 점을 고려하여 한다.

3.2 산업분석의 유형

다음은 산업의 경쟁구조, 원가구조, 유통경로, 제품수명주기 등을 이용한 산업분석에 대하여 살펴보기로 하자.

산업구조분석

산업은 개별기업의 경영성과에 영향을 미치는 기업환경 그 자체로서 중요한 의미를 갖는다. 그러므로 산업의 장기전망과 수익성을 평가하기 위해서는 산업의 잠재적 시장규모뿐만 아니라 산업의 구조적 요인에 대한 분석이 이루어져야 한다.

기업의 성과는 산업의 경쟁강도에 따라 좌우되는 경향이 있다. 구조적으로 경쟁이 치열하지 않은 산업에 속한 기업들은 수익성이나 성장성이 우수한 데 반

그림 6-3 산업의 경쟁강도를 결정짓는 구조적 요인

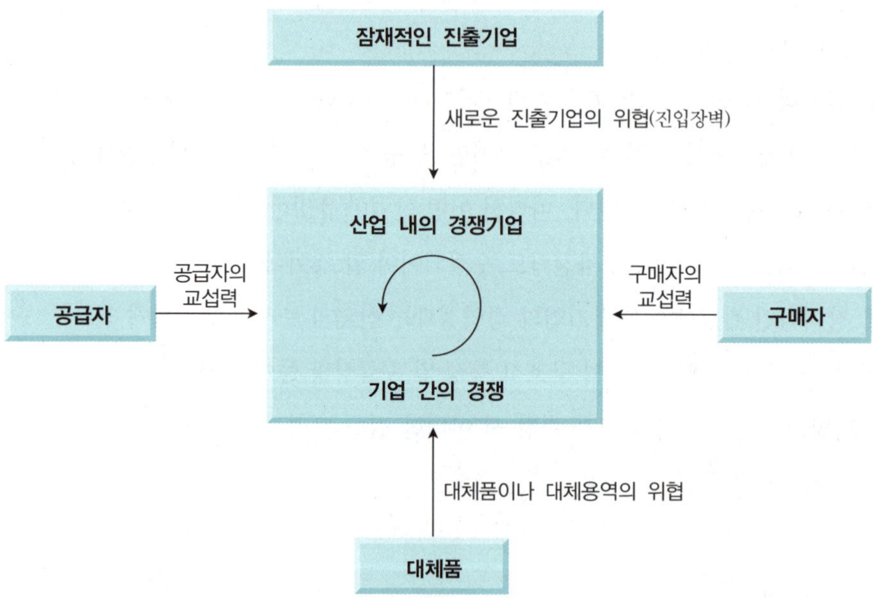

해, 경쟁이 치열하고 구조적으로 취약한 산업에 속한 기업들의 경영성과는 저조한 편이다. 그러므로 산업의 미래를 예측하기 위해서는 산업의 경쟁강도를 결정짓는 구조적 요인에 대한 분석이 중요하다.

포터(M.E. Porter)에 의하면 산업의 경쟁강도는 다섯 가지 구조적 요인들에 의하여 결정된다고 한다.[2] [그림 6-3]에서 볼 수 있는 바와 같이 산업의 구조적 요인은 기존 업체와의 경쟁, 신규 업체의 진입장벽, 상품의 대체가능성, 고객과의 관계, 원자재 공급업자와의 관계 등으로 분류된다. 이러한 요인은 산업 내의 경쟁 상태에 중요한 영향을 미치기 때문에 산업구조의 분석을 통하여 기업의 경쟁적 위치와 비교우위에 대한 정보를 얻을 수 있다.

▪ 기존 기업 간의 경쟁

산업의 경쟁구조는 경쟁업체 수, 경쟁행위의 유형, 제품차별화의 정도, 산업의 비용구조, 퇴출장벽(exit barriers) 등과 같은 요인에 의하여 결정된다. 산업 내에서 기존 기업 간의 경쟁강도는 경쟁업체 수와 경쟁행위의 강도에 비례하여 증가한다. 특히 산업의 전략적 중요성이 클수록 기존의 경쟁업체와의 경쟁행위가 더욱 격렬해지는 경향이 있다. 제품차별화(product differentiation)가 적을수록 가격경쟁에 의존하는 경향이 높아지며, 고정비용의 비중이 클수록 기업의 퇴출장벽이 높아지는 동시에 기업 간의 가격경쟁도 더욱 심해진다.

▪ 신규 기업의 진입장벽

산업 내의 경쟁도는 기존 업체 간의 경쟁뿐만 아니라 신규 업체의 진입가능성에 따라 영향을 받는다. 신규 업체의 진입가능성이 적을수록 산업 내의 경쟁도가 낮아진다. 신규 업체의 진입장벽은 소요자본의 규모, 규모의 경제성(economies of scale), 제품차별화의 정도, 기존 판매조직망의 견고성, 원가구조, 정부의 규제정책 등에 따라 좌우된다. 이를 구체적으로 살펴보면 다음과 같다.

첫째, 어떤 기업이 시장에 새로이 진입하는 데 거액의 자본이 요구되는 경우에는 시장진입에 따르는 많은 어려움이 존재한다. 예를 들어", 반도체, 자동차, 조선

2. M. E. Porter, "How Competitive Forces Shape Strategy," *Harvard Business Review* (1979), pp.86~93.

업 등과 같은 산업은 막대한 자본투자가 필요하기 때문에 신규 진입이 어려운 산업이다. 특히 생산시설투자, 대규모 광고투자, 연구개발비투자 등에서 많은 자금이 소요되는 산업의 경우에는 신규 진입이 어렵다.

둘째, 신규로 시장에 진입할 때 규모의 경제성을 실현할 수 있느냐의 여부는 단위당 생산비용과 밀접하게 관련되기 때문에 기업경영의 성패를 결정짓는 중요한 요인이 된다. 규모의 경제성은 생산규모가 증가함에 따라 단위당 생산비용이 하락하는 것을 의미한다. 신규 진입 시 규모의 경제성을 실현하지 못하는 경우 신규 진출 기업이 높은 단위당 생산비용을 감수하여야 할 뿐만 아니라 규모의 경제성을 실현하기 위하여 대규모의 투자가 요구되기 때문에 신규 진입이 어려워진다.

셋째, 기존 업체와의 제품차별화 전략은 단기간에 안정적으로 시장에 진입할 수 있는 수단이 된다. 신규로 시장에 진입할 때 기존 업체와의 제품차별화를 시도해야 한다. 이와 같은 제품차별화를 위하여 판매촉진, 광고 등과 같은 판매활동에 막대한 자금을 투자해야 하기 때문에 초기에는 상당한 손실을 각오하여야 하며, 경우에 따라 투입된 비용을 회수할 수 없는 상황에 처할 수도 있다.

넷째, 신규로 시장에 진입하는 기업에서 검토해야 할 중요한 과제는 제품의 유통경로를 확보하는 일이다. 기존 업체의 판매조직망이 잘 짜여져 있는 경우에 신규기업이 새로운 판매망을 구축하는 데 어려움이 많다. 가격 인하나 대대적인 광고활동을 통하여 새로운 판매망을 구축해야 하기 때문이다. 따라서 기존 판매조직망이 견고하게 구축된 경우에는 이윤의 감소를 감수해야 하므로 신규 진입이 어렵다.

다섯째, 신규 기업들이 아무리 사업규모를 늘리고 규모의 경제성을 이룩한다 하더라도 기존 기업들이 독점적인 생산기술, 원자재의 확보, 입지조건 등에서 비교우위를 확보하고 있는 경우가 많다. 이와 같은 환경에서 어떤 기업이 시장에 새로이 진출하는 경우 진입 초기에는 제품가격을 생산비용 수준이나 그 이하로 책정하여야 하기 때문에 상당한 결손을 각오하여야 한다. 따라서 기존 업체가 비용상의 우위에 있는 경우에는 시장진입이 어렵다.

여섯째, 국민보건상 중대한 영향을 미치거나 사회 전체적으로 영향을 미치는 경우에는 산업합리화 업종의 지정, 수질오염에 대한 규제, 정부의 사업허가나 사업규제 등을 통하여 신규 기업의 산업진입을 제한하거나 봉쇄하는 경우가 있다. 따라서 정부의 규제정책의 존재 여부에 의해 시장진입이 어려울 수 있다.

▪ 상품의 대체가능성

대체상품(substitute product)은 어느 특정 제품과 직접적으로 경쟁하지 않지만 그 특정 업체의 판매수익에 영향을 미치는 상품을 말한다. 과학기술의 발전에 따라 대체상품이 많아지고 있다. 대체상품은 가격뿐만 아니라 품질면에서도 경쟁적 위치에 있기 때문에 대체상품의 출현가능성에 대한 분석이 특히 중요한 의미를 갖는다. 대체상품의 출현가능성에 대응하기 위해서는 어느 한 기업의 노력보다 산업 전체의 집단적 대처가 더욱 효과적이기 때문에 산업 차원의 대처가 이루어지고 있는지에 대한 분석이 필요하다.

▪ 고객과의 관계

고객(customer)은 기업의 제품-시장전략(product-market strategy)에서 가장 중요한 분석대상이다. 현재의 고객과 잠재적 고객(potential customer)에 대한 분석을 통하여 고객의 구매동기가 무엇이고, 구매동기와 소비경향이 어떻게 변하고 있으며, 특정 제품과 서비스에 대한 고객들의 만족도가 어느 정도인가를 분석하여야 한다. 한편, 산업구조에서 고객의 역할은 경쟁상황과도 밀접한 관계를 맺고 있다. 경쟁업체가 많은 경우 고객으로부터 제품가격의 인하, 품질향상, 서비스 증대 등에 대한 압력을 받는다. 따라서 산업의 구조적 요인으로서 고객에 대한 분석은 매우 중요하다고 할 수 있다.

▪ 공급업체와의 관계

공급업체 수와 원재료의 중요성에 따라 원재료를 공급하는 공급업체(supplier)의 역할이 기업활동에 많은 영향을 미친다. 특히 공급업체 간의 담합에 따라 공급가격을 인상시키는 경우 기업의 원가부담을 가중시켜 기업의 존립에 심각한 영향을 줄 수 있다. 따라서 공급업체에 대한 분석을 통하여 거래환경이 어떻게 변화될 것인가를 살펴본 후 장기적인 수익성과 위험도를 분석해야 한다.

원가구조분석

일반적으로 대부분의 기업은 여러 사업분야에서 영업활동을 수행하고 있다.

따라서 어떤 사업분야에서 경쟁적 비교우위가 있으며, 높은 부가가치를 얻고 있는가를 평가하여 장기적인 수익성과 위험도를 분석해야 한다. 이와 같은 분석에서 요구되는 정보는 산업의 원가구조를 분석함으로써 얻어진다.[3]

한편, 기업의 생산과정은 원자재의 구입과정, 원자재의 처리과정, 조립생산과정 등으로 구분된다. 광업과 석유산업은 원자재 구입과정, 철강과 제지산업은 원자재 처리과정, 그리고 전기 · 전자 · 의류산업 등은 조립생산과정, 또한 시멘트산업과 화장품산업은 운송과정과 마케팅활동에서 높은 부가가치를 실현하고 있다. 따라서 탄광업체는 좋은 탄광자원의 보유, 철강업체는 능률적인 생산시설의 확충, 전기 · 전자 · 의류산업과 같은 조립생산업체는 효율적인 인력관리를 통해 원가관리 측면에서 비교우위를 점할 수 있다.

유통경로분석

유통경로분석을 통하여 기업이 현재 사용하고 있는 유통경로 이외에 또 다른 유통경로가 있는지, 유통경로상에 어떠한 변화가 일어나고 있는지, 그리고 유통경로에서 가장 큰 영향력을 미치는 집단이 어느 집단인지를 파악하여야 한다.

이와 같은 유통경로분석은 가장 효율적인 유통경로를 모색한다는 의미에서 마케팅전략의 효율화를 기할 수 있다. 기업이 최종소비자에게 직접 제품을 판매할수록 유통경로에 충분한 영향력을 행사할 수 있으나 영향력의 행사에 따른 마케팅상의 위험부담도 더욱 커진다. 따라서 유통경로상의 변화 추이를 파악하여 새로운 유통경로를 개발하는 것은 기업의 성장전략이라는 차원에서 중요한 의미를 갖고 있다.

유통경로상에서 가장 큰 영향력을 미치는 집단을 파악하는 일도 매우 중요하다. 일반적으로 제조업체에서 최종소비자에 이르는 유통경로상에 도매상, 소매상, 직영점, 대리점 등의 여러 집단이 존재하고 있다. 그러나 유통경로상의 영향력이 이들 집단 중에서 어느 한 특정 집단에 너무 치우쳐 있는 경우에는 유통구조가 바람직하지 않은 방향으로 정립될 수 있다. 따라서 유통경로분석을 통해서 산

3. 이학종, 『전략경영론』(박영사, 1992), pp.163~164.

업 내에서 영향력이 있는 유통구조를 파악하여 대처하는 동시에 유통경로상의 관련 집단 사이에 균형 있는 영향관계를 모색해야 할 것이다.

제품수명주기분석

산업분석의 궁극적인 목적은 장기적인 관점에서 산업의 전망과 성공요인을 분석·평가하여 그 산업에 속한 기업의 수익성과 위험에 미치는 영향을 분석하는 것이다. 따라서 산업의 수요동향과 추세를 파악하여 그 산업에 속해 있는 기업의 수익성과 위험에 미치는 영향에 초점을 맞추어 산업분석을 해야 한다.

산업동향과 추세는 제품수명주기(product life cycle)를 통하여 파악할 수 있다.[4] [그림 6-4]에서 보여주는 바와 같이 제품수명주기는 도입기, 성장기, 성숙기, 쇠퇴기 등 4단계로 구분된다. 제품수명주기는 산업과 기업의 장기적인 전망, 특정 단계에 속한 기업의 매출규모, 비용구조, 수익성, 위험 등에 대한 정보와 앞으로의 전망과 변화추세를 평가할 수 있게 한다.

제품의 수명주기 그림 6-4

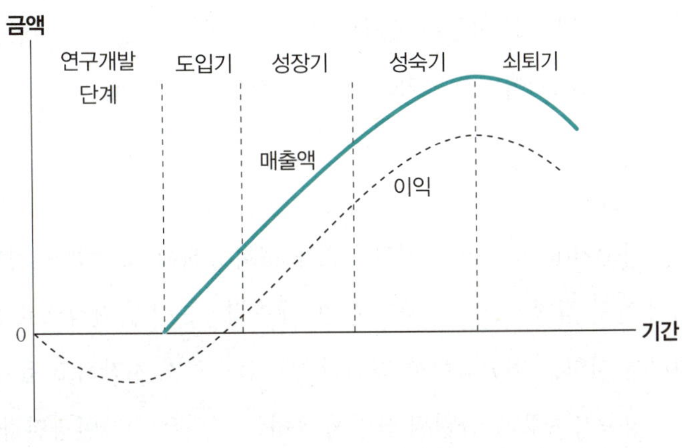

4. 제품수명주기는 다음 절에서 다룰 기업분석의 도구로도 활용가능하다.

▪ 도입기

도입기(introduction)는 신제품이 처음으로 시장에 소개되는 단계이다. 도입기에서는 매출이 완만하게 증가하고, 신제품의 도입과 더불어 시장개척에 따른 많은 광고비 지출, 저조한 매출로 인한 높은 제조원가 등의 비용이 많이 소요되기 때문에 손실이 발생하거나 이익이 거의 없는 상태가 된다. 따라서 도입기 제품을 다루는 산업에 속하는 기업은 수익성이 낮고 위험이 높은 특성을 보인다. 그러나 아직까지 경쟁업체 수가 적고 신제품이 덜 알려져 있기 때문에 마케팅능력에 따라 시장을 선점하여 매출을 증대시킴으로써 높은 수익을 실현할 수 있는 기반을 조성할 수 있는 단계이다.

▪ 성장기

성장기(growth)는 높은 매출성장률과 급격한 시장점유율의 확대로 이익이 현저하게 증가하지만 새로운 경쟁업체들이 시장에 진입하는 단계이다.

성장기 산업에 속하는 기업은 높은 성장률을 지속적으로 유지하기 위하여 품질을 개선시키는 한편, 신제품을 개발하여야 한다. 또한 광고를 통하여 경쟁제품에 대한 자사제품의 품질상 우위성과 성능에 대한 강점을 소비자들에게 인지시켜야 하며, 시장점유율의 확대를 위하여 제품가격도 인하하여야 한다. 높은 성장률의 유지와 관련된 비용이 증가함에도 불구하고 매출의 급격한 증대와 제조원가의 현저한 감소로 이익이 크게 증가하는 경향을 보인다.

▪ 성숙기

성숙기(maturity)는 시장수요가 포화상태에 도달하고 경쟁업체도 속출하여 기업 간의 경쟁이 격렬해지는 한편, 매출성장률이 점진적으로 둔화되는 단계이다. 따라서 이익은 최고점에서 점진적으로 감소하기 시작하고 유휴시설이 발생한다.

성숙기 제품과 관련된 산업에 속하는 기업은 시장변경전략, 제품수정전략, 마케팅믹스의 수정전략 등을 통하여 대처해 나간다. 시장변경전략(market modification strategy)은 기존 시장에서 신규 시장으로 진출을 모색하는 전략으로 제품의 상표인지도를 재정립하여야 한다. 제품수정전략(product modification strategy)은 신규 사용자나 사용률의 증대를 위하여 품질 및 디자인과 같은 제품의 특성을 변경하는 전략이며, 마케팅믹스의 수정전략은 하나 혹은 그 이상의 마케팅믹스 요소를 변경하여 매출을 증대시킬 수 있는 가능성을 모색하는 전략이다. 이 시기에서 경쟁력이 약한 기업은 탈락하게 되며, 경쟁적 우위를 확고히 점유한 기업만이 생존하게 된다.

▪ 쇠퇴기

쇠퇴기(decline)는 수요량이 감소하고 새로운 기술개발, 구매자의 기호 변화, 새로운 경쟁업자의 속출 등으로 이익이 최저가 되는 단계이다. 따라서 쇠퇴기 산업의 기업들은 생산활동이 축소되거나 전환되어 유통경로가 계속 단축되기 때문에 과거의 마케팅전략을 고수하거나 새로운 사업으로 진출하는 경영전략 중 하나를 선택하여야 한다.

이상으로 산업분석에 대하여 살펴보았다. 〈표 6-2〉는 음식료산업을 대상으로 실시한 산업분석 사례를 담고 있다.

표 6-2 　　산업분석 사례 : 음식료

주류업체, 내년 기저효과 기대

코로나19를 계기로 주류시장은 2년 연속 감소세를 이어갈 것으로 전망된다. 백신접종률 상승에 따라 내년은 기저효과를 기대할 수 있다. 2021년 연중내내 '사회적 거리두기'가 시행되었던 점을 감안 시 내년 실적 레버리지가 클 수 있다는 판단이다. 하이트진로의 맥주 매출은 올해 -4.1% 감소할 것으로 추정되나, 내년은 전년 대비 15% 증가할 것으로 전망된다. 롯데칠성의 2022년 제조 맥주 매출은 전년 대비 8% 증가할 것으로 예상된다. 롯데칠성은 2021년 신제품 출시 효과에 기인해 하이트진로 대비 매출성장률은 약하지만, 맥주 OEM 매출까지 합산할 경우 전년 대비 37% 큰 폭 증가할 것으로 기대된다. 하이트진로 및 롯데칠성의 2022년 연결 영업이익은 각각 전년 대비 19.3%, 19.5% 증가해 양사 실적 개선 폭은 유사할 것으로 전망된다. 2021년 2분기 실적 부진 이후 하이트진로/롯데칠성 주가는 고점 대비 각각 17%, 13% 하락했다. 2022년 유의미한 실적개선 감안 시 저가매수가 유효한 시점으로 판단된다.

농심, 판매가 인상에 따른 실적 레버리지 클 전망

농심은 2021년 4분기부터 내년까지 유의미한 실적개선을 기대할 수 있다. 2021년 3분기 연결 영업이익은 전년 대비 -9.6% 감소하겠으나 판매가 인상이 온전히 반영되는 4분기는 전년 대비 11.6% 증가할 것으로 추정된다. 2022년 분기별 별도 영업이익은 전년 대비 1분기 57.9%, 2분기 85.6%, 3분기 21.4%, 4분기 5.4% 증가할 것으로 예상된다. 2022년 별도 영업이익은 전년 대비 33%, 연결 영업이익은 전년 대비 26% 증가할 것으로 전망된다. 상기 추정치는 매우 보수적인 수치이다. 국내 라면 판매가 인상에 따라 하반기 수출 판매가 조정도 예상되기 때문이다. 더불어 해외법인도 판매가 인상가능성을 열어둘 수 있다. 중국법인 판매가 6% 인상 가정 시 기존 추정치 대비 연결 영업이익 60억원 내외 증가효과를 기대할 수 있겠다. 참고로 중국법인의 마지막 판매가 인상시점은 2017년 8월이다. 농심의 현 주가는 12개월 선행 PBR 0.8배에 거래 중이다. 역사적 밴드 하단에 위치하여 밸류에이션도 매력적이다.

투자의견

종목명	투자의견	TM(12M)	CP(8월 31일)
농심(004370)	BUY	500,000원	298,500원
하이트진로(000080)	BUY	48,000원	33,350원
롯데칠성(005300)	BUY	200,000원	145,500원

자료 : 하나금융투자, 「Equity Research」(2021. 9. 1) 수정

4. 기업분석

Investments & Security Analysis, Ch. Six

4.1 기업분석의 의의와 유형

기업분석(company analysis)은 특정 기업의 주식가격이 적정한지를 판단하는 데 필요한 주식의 내재가치를 구하는 작업이다. 주식투자에 있어서 최종적인 의사결정은 특정 주식의 매수 또는 매도에 관한 결정이다. 이러한 결정은 주식의 내재가치를 구한 후, 이를 시장가격과 비교하여 과소평가 혹은 과대평가된 주식을 선별해 나가는 과정에서 이루어진다.

기업분석은 업종이나 개별기업에 따라 접근방법에서 많은 차이를 보일 수 있어 정형화하기 어려우나, 일반적으로 질적 분석과 양적 분석으로 구분된다. 질적 분석은 분석대상 기업의 질적인 특성, 즉 기업연혁, 경영자 능력, 지배구조, 경영전략 및 전술, 브랜드 인지도, 기술경쟁력, 특허 및 신제품 생산에 관한 노하우, 조직구조의 형태, 경영의사결정 지원체제 등 계량화할 수 없는 것들을 중심으로 평가하는 것이다. 양적 분석으로는 기업의 재무제표를 기초로 산출된 재무비율을

이용하여 기업의 재무상태와 경영성과를 평가하는 분석방법, 즉 재무제표분석이 있다.

다음은 질적 분석과 양적 분석에 속하는 대표적인 방법으로서 제품포트폴리오분석과 재무제표분석에 대하여 살펴보기로 한다.

4.2 제품포트폴리오 관리

제품판매로부터 기업의 수익이 발생하기 때문에 제품구성과 시장지위를 평가함으로써 기업에 대한 현재와 미래의 수익력과 위험에 관한 정보를 얻을 수 있다.

제품포트폴리오 관리(product portfolio management ; PPM)는 기업의 외부환경과 내부여건 등이 시장에서의 제품지위에 영향을 미친다는 전제 하에 보스톤컨설팅그룹(Boston Consulting Group ; BCG) 매트릭스(matrix)기법을 이용하여 시장에서의 제품지위를 파악하는 것이다. BCG 매트릭스에서는 외부환경에 해당하는 시장성장률을 수직축, 내부여건에 해당하는 상대적 시장점유율을 수평축에 표시하여 시장에서의 제품지위를 분석할 수 있다. 상대적 시장점유율은 최대 경쟁기업의 시장점유율에 대한 상대적 비율로 표시되며, 시장성장률은 연평균 10%의 성장률을 기준으로 성장성이 높은 시장인지 낮은 시장인지의 여부를 판단한다.

시장에서의 제품지위는 시장점유율과 시장성장률의 두 지표에 의하여 [그림 6-5]와 같이 네 가지로 구분될 수 있다.

의문부호(question marks)제품은 시장의 성장잠재력은 높으나 진입 초기이기 때문에 시장점유율이 낮은 신제품을 의미한다. 이와 같은 제품은 연구개발에 대한 투자가 많기 때문에 현금유출과 위험이 크며, 시장점유율이 낮기 때문에 현금흐름이 음(-)으로 나타나고 단위당 생산원가가 높다. 스타(stars)제품은 성장잠재력이 높은 시장에서 시장점유율도 높은 제품이다. 이들 제품은 현금유입도 많지만 성장을 위한 순운전자본과 자본적 지출에 대한 투자가 많기 때문에 현금흐름이 크지 않다. 현금젖소(cash cows)제품은 시장이 성숙기에 도달하여 성장률이 낮기 때문에 운전자본과 자본적 지출로 인한 현금유출이 감소되고, 높은 시장점유율을 유지하고 있어 많은 현금흐름을 제공하는 제품이다. 개(dogs)제품은 성숙단계나 쇠퇴단계에 있는 시장에서 시장점유율도 낮은 제품이다. 따라서 시장을 확장시키는 일

그림 6-5 BCG 매트릭스

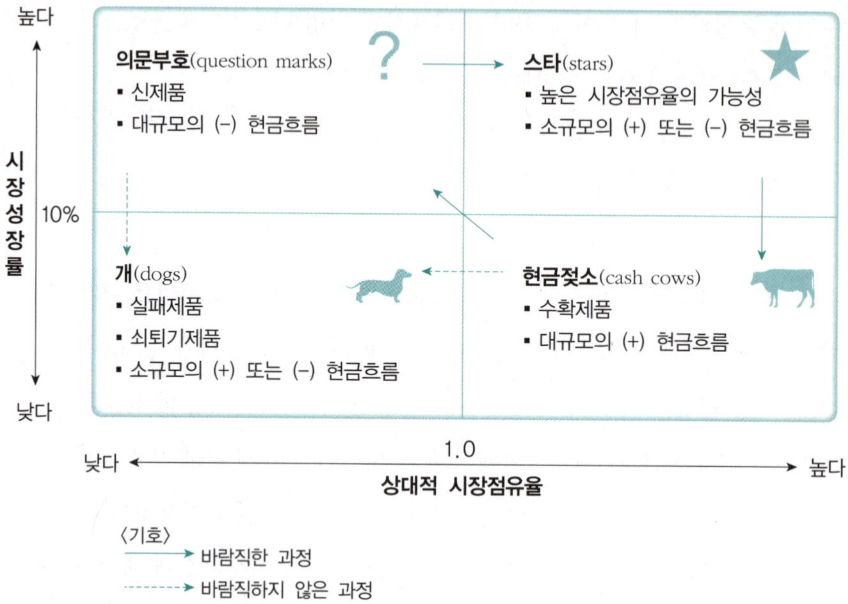

이 쉽지 않을 뿐더러 수익성이 낮고 현금흐름이 적기 때문에 개제품에 대한 추가적인 투자보다 적절한 시기에 제품을 철수시키는 것이 바람직하다.

현금젖소제품만 보유하고 있는 기업은 현금흐름이 풍부하여 현재의 수익성은 높지만, 현금젖소제품이 개제품으로 전락하는 경우에는 현금흐름이 줄어드는 한편, 스타제품이 없기 때문에 미래의 수익성이 악화될 것이다. 의문부호제품과 스타제품만을 보유하고 있는 기업은 성장을 위한 거액의 현금유출로 현금부족을 겪을 것이다. 따라서 현금젖소제품에서 창출되는 현금흐름을 의문부호제품, 스타제품 등에서 발생되는 현금부족에 충당함으로써 신제품개발에 따른 위험을 감소시키는 한편, 안정적인 현금흐름을 확보할 수 있다.

4.3 재무제표와 재무비율분석

재무제표

재무제표(financial statements ; F/S)는 기업이 회계기간 동안에 수행한 경영활동의 결과를 간결하게 요약한 재무보고서이다. 재무제표의 작성목적은 기업의 이해관계자들에게 다양한 형태의 재무정보를 제공하는 데 있다. 기업의 이해관계자들이 요구하는 정보욕구를 충족시켜 주기 위하여 작성되고 있는 가장 보편적인 재무보고서로 재무상태표, 손익계산서, 현금흐름표 등이 있다. 재무제표에는 기업의 미래이익과 배당, 현금흐름 등 기업의 재무의사결정에 필요한 많은 정보가 포함되어 있다.

■ 재무상태표

재무상태표(statement of financial position)는 일정 시점(결산기 말)에서 기업의 자산, 부채, 자본에 관한 정보를 제공하는 재무보고서로서 대차대조표(balance sheet ; B/S)라고도 한다. 재무상태표의 양식은 계정식과 보고식이 있다. 계정식에서는 차변에 자산이, 대변에 부채와 자본이 기재된다. 보고식에서는 위에서 아래 방향으로 자산, 부채, 자본의 순서로 기재된다.

재무상태표는 자금의 운용상태(자산)와 조달원천(부채와 자본)의 관계, 즉 재무상태를 나타낸다. 재무상태표에서 자산항목은 기업이 조달한 자금을 어떻게 활용하고 있는가 하는 자금의 운용상태(투자활동)를 나타내며, 부채와 자본항목은 기업이 자금을 어떻게 조달하였는가 하는 자금의 조달원천, 즉 자본구조(자금조달활동)를 나타내고 있다. 따라서 재무상태표는 기업의 투자활동과 자금조달활동의 결과를 한 시점에서 정리한 보고서를 의미한다. 〈표 6-3〉은 디지털미디어, 정보통신, 반도체 등의 사업을 하고 있는 가상의 기업인 한국전자㈜의 보고식 재무상태표를 예시한 것이다.

재무상태표에 기재되는 자산의 항목은 일반적으로 유동성이 높은 순서에 따라 배열한다. 유동성(liquidity)은 자산의 현금화 정도를 의미한다. 따라서 현금화가 용이한 자산을 유동성이 높은 자산이라고 한다. 〈표 6-3〉에서 볼 수 있는 바와 같이 자산항목으로 유동자산과 비유동자산이 배열되어 있다. 유동자산은 유동성의 정도에 따라 현금및현금성자산, 단기금융자산, 매출채권, 재고자산의 순으로 배열되며, 비유동자산은 투자자산, 유형자산, 무형자산, 기타비유동자산의 순으로

표 6-3 **재무상태표**

한국전자(주) (단위 : 백만원)

과목	20×0년 12월 말	20×1년 12월 말	20×2년 12월 말
유동자산	14,714	16,621	17,791
당좌자산	11,495	13,283	13,973
현금및현금성자산	978	2,027	2,360
단기금융자산	8,675	9,475	8,523
매출채권	1,842	1,781	3,090
재고자산	3,219	3,338	3,818
비유동자산	43,095	48,604	54,728
투자자산	12,645	17,122	21,653
유형자산	28,820	29,777	31,250
무형자산	523	568	653
기타비유동자산	1,107	1,137	1,172
보증금	611	701	861
장기선급비용	496	436	311
자산총계	57,809	65,225	72,519
유동부채	9,635	10,803	11,721
매입채무	1,869	1,936	2,388
단기차입금	3,623	3,487	4,352
기타유동부채	4,143	5,380	4,981
비유동부채	2,977	2,861	2,684
사채	1,222	1,508	1,194
장기차입금	787	584	608
퇴직급여채무	432	439	508
기타비유동부채	536	330	374
(부채총계)	12,612	13,664	14,405
자본금	898	898	898
자본잉여금	6,367	6,575	6,590
자본조정	−6,981	−8,747	−8,597
기타포괄손익누계액	557	1,873	3,807
이익잉여금	44,356	50,962	55,416
(자본총계)	45,197	51,561	58,114
부채와 자본총계	57,809	65,225	72,519

배열된다.[5]

유동자산(current assets)은 보고기간 말로부터 1년 이내에 현금으로 전환되거나 전환이 예상되는 자산을 말하며, 현금화의 용이성에 따라 당좌자산(quick assets), 재고자산(inventories)으로 분류된다.

비유동자산(non-current assets)은 정상적인 영업활동에 투자되어 1년 이내 현금화하기 어려운 자산으로서 그 사용형태가 급격하게 변하지 않는 자산이다. 비유동자산은 투자자산, 유형자산, 무형자산, 기타비유동자산으로 분류되며, 토지를 제외한 대부분의 유・무형자산은 감가상각(depreciation) 또는 상각(amortization)이라는 절차를 통해 장기간에 걸쳐 비용으로 처리된다. 투자자산(long-term investments)은 장기적인 투자수익을 목적으로 보유하는 채권 및 주식 등의 금융자산, 영업활동에 사용되지 않는 투자부동산(토지 및 건물), 특정 목적(퇴직금 지급, 설비확장, 채무상환 등)의 장기성 예금, 그리고 다른 기업에 대한 중대한 영향력 행사나 지배를 목적으로 장기간 보유하는 주식(관계기업투자주식)이 포함된다. 투자자산은 기업의 고유한 영업목적에 사용되지 않는다는 점에서 유형자산과 구분되며, 장기적으로 보유하고 있다는 점에서 단기투자 목적의 유동자산과 구분된다. 유형자산(property, plant and equipment)은 제품의 생산, 서비스의 제공, 타인에 대한 임대 또는 자체적으로 사용할 목적으로 장기간(1년 이상) 보유하는 물리적 형체가 있는 자산을 말하며, 토지, 건물, 비품, 기계장치, 건설 중인 자산 등을 포함한다. 무형자산(intangible assets)은 물리적 형체는 없지만 독자적으로 식별가능한 비화폐성자산으로서 특허권이나 실용신안권 등을 포함한 산업재산권, 저작권, 개발비, 영업권 등이 있다.[6] 기타비유동자산은 비유동자산 중 투자자산, 유형자산, 무형자산으로 분류될 수 없는 자산으로 임차보증금, 장기선급비용 등을 포함한다.

일반적으로 부채(liabilities)는 상환만기가 빠른 순으로 기록되며, 상환기간이 1년 이내인 유동부채와 1년 이상인 비유동부채로 구분된다. 유동부채(current

5. 현금성자산은 현금의 단기적인 운용을 목적으로 취득한 유동성이 가장 높은(만기가 3개월 이내) 금융자산을 의미한다. 그리고 단기금융자산은 기업이 여유자금의 활용 목적으로 보유하는 단기예금, 단기대여금, 유동자산으로 분류되는 금융자산 등의 단기보유목적 금융자산을 총칭하는 개념이다.

6. 이효익・최관・백원선, 『제2판 회계원리』(신영사, 2010), p.222.

liabilities)는 일상적인 상거래에서 발생하는 영업상의 채무와 만기가 1년 이내인 지급채무로 구성된다. 비유동부채(non-current liabilities)는 만기가 1년 이상인 장기성부채로서 사채, 장기차입금 등이 포함된다.

자본(stockholders' equity)은 기업의 소유자인 주주에게 귀속될 소유자지분을 의미한다. 자산총액에서 부채총액을 차감한 잔여지분인 자본은 자본금, 자본잉여금, 자본조정, 기타포괄손익누계액, 이익잉여금으로 분류된다. 자본금(capital stock)은 1주당 액면금액에 발행주식총수를 곱하여 산출되며, 우선주 자본금(preferred stock), 보통주 자본금(common stock)으로 구분된다. 자본잉여금(capital surplus)은 자본거래(증자, 감자 등)에서 발생된 잉여금이며, 이익잉여금 또는 유보이익(retained earnings)은 기업의 이익 중 사외에 유출되거나 자본금계정에 대체되지 않고 사내에 유보된 부분이다. 자본조정(capital adjustment)은 자본의 성격이 결정되지 않은 임시항목으로서 자본총계에 가감하는 형식으로 기재되며, 회사가 발행한 주식을 소각, 재매각 또는 임직원에게 상여금으로 줄 목적으로 임시취득한 자기주식(treasury stock)이 대표적인 예이다. 그리고 기타포괄손익누계액은 당기순손익을 제외한 기타포괄손익(other comprehensive income)의 누계잔액을 의미하며, 이에 해당되는 과목으로는 자산재평가이익, 기타포괄손익인식금융자산평가손익, 파생금융상품평가손익, 해외사업장의 외화재무제표환산손익 등이 있다.[7]

▪ 손익계산서

손익계산서(income statement ; I/S)는 일정 기간 동안 기업에서 발생한 수익과 비용을 대응시켜 당해기간의 손익을 표시한 보고서로서 기업의 종합적인 경영성과를 나타내는 재무제표이다. 가상의 기업인 한국전자㈜의 손익계산서를 예시하면 〈표 6-4〉와 같다.[8]

---

7. 포괄손익이란 증·감자나 이익배당과 같은 주주와의 거래가 아닌 거래나 사건으로 인해 일정 회계기간 동안 발생한 순자산의 변동을 총칭하는 것으로서, 이는 당기순손익과 기타포괄손익으로 구분된다.

8. 2011년부터 적용되고 있는 한국채택국제회계기준(Korean International Financial Reporting Standards ; K-IFRS)에서는 재무제표의 일부로서 〈표 6-4〉와 같이 전통적 손익항목만 표시하는 별개의 손익계산서를 작성할 경우, 기업은 손익을 자본에 직접 반영하는 기타포괄손익거래를 포

표 6-4 손익계산서

한국전자㈜ (단위 : 백만원)

과목	20×0년도	20×1년도	20×2년도
매출액	58,973	63,176	72,953
매출원가	42,360	46,847	55,381
매출총이익	16,613	16,329	17,572
판매비와 관리비	9,679	10,386	13,438
영업이익	6,934	5,943	4,134
금융수익	1,768	1,674	5,727
이자수익	1,239	1,279	1,401
외환차익	404	347	4,050
외화환산이익	125	48	276
금융비용	724	835	5,116
이자비용	303	332	284
외환차손	392	457	4,202
외화환산손실	29	46	630
기타수익	1,642	2,488	1,883
기타비용	404	640	720
법인세비용차감전순이익	9,216	8,630	5,908
법인세비용	1,300	1,205	382
당기순이익	7,916	7,425	5,526
주당손익			
기본주당순이익	5,282원	4,953원	3,768원
희석주당순이익*	5,206원	4,895원	3,734원

* 발행주식 수를 증가시킬 수 있는 전환사채, 신주인수권부사채 등의 전환을 고려하여 산출됨.

매출액(sales)은 주된 영업활동을 통하여 재화 또는 용역을 제조 · 판매한 대가로 발생하는 수익을 말한다. 매출원가(cost of sales)는 재화 또는 용역을 생산하는 과정에서 발생하는 비용으로 재화 또는 용역의 취득원가를 의미한다. 매출총이익(gross profit)은 매출액에서 매출원가를 차감한 것이며 생산효율성을 측정하는

함시킨 포괄손익계산서를 추가로 작성하도록 요구하고 있다.

포괄손익계산서
당기순이익
± 기타포괄손익
당기총포괄이익

근거가 된다. 영업이익(operating income)은 영업활동의 결과 발생된 이익으로 매출총이익에서 판매비와 관리비를 차감하여 산출된다. 법인세비용차감전순이익(earnings before taxes)은 영업이익에 금융수익 및 기타수익을 가산한 후 금융비용 및 기타비용을 차감하여 산출된다. 당기순이익(net income)은 최종적인 경영활동의 결과로서 주주에게 귀속되는 이익이며, 법인세비용차감전순이익에서 법인세비용을 차감하여 측정된다.[9]

▪ 현금흐름표

현금흐름표(statement of cash flows)는 일정한 기간에서 기업이 조성한 현금과 사용한 현금의 내역을 정리한 보고서를 말한다. 현금흐름표에서는 현금의 변동내용을 명확하게 보고하기 위하여 당해 회계기간에 속하는 현금유입과 현금유출의 내용을 영업활동, 투자활동, 재무활동 등 세 가지 활동부문으로 구분하여 표시하고 있다. 따라서 현금흐름표를 통하여 일정한 기간 동안에 일어난 현금흐름의 변동원인, 미래의 현금흐름창출능력 및 현금결제능력 등에 관한 유용한 정보를 얻을 수 있다.

현금흐름표는 직접법과 간접법 등 두 가지 방법으로 작성된다. 두 방법은 영업활동으로 인한 현금흐름의 표시방법에 차이가 있다. 〈표 6-5〉는 간접법으로 작성된 한국전자㈜의 현금흐름표를 예시한 것이다.

간접법에 의한 경우 영업활동 순현금흐름은 손익계산서 항목과 관련하여 나타나는 것으로서 먼저 당기순이익에 조정항목 및 영업활동 관련 자산 · 부채의 변동을 가감하여 영업에서 창출된 현금을 계산한 후, 이자의 수취, 이자의 지급, 법

---

9. 기업이 특정 사업부문을 폐기 또는 처분할 경우 이 사업부문을 중단사업이라 하고, 여기서 발생한 중단사업손익을 계속사업부문의 손익과 별도로 표시한다. 〈표 6-4〉에서 법인세비용차감전순이익 이하는 다음과 같이 표시된다.

  법인세비용차감전계속사업이익
− 계속사업손익법인세비용
―――――――――――――
  계속사업이익
± 중단사업손익(법인세효과 차감 후)
―――――――――――――
  당기순이익

표 6-5 현금흐름표

한국전자(주) (단위 : 백만원)

과목	20×0년도	20×1년도	20×2년도
영업활동 현금흐름	12,874	13,264	10,633
영업에서 창출된 현금	13,238	13,522	9,898
당기순이익	7,916	7,425	5,526
조정	5,437	6,604	6,805
영업활동 관련 자산·부채의 변동	−115	−507	−2,433
이자의 수취	1,239	1,279	1,401
이자의 지급	−303	−332	−284
법인세 납부액	−1,300	−1,205	−382
투자활동 현금흐름	−10,481	−9,688	−9,290
투자활동 현금유입액	4,780	4,030	5,639
투자활동 현금유출액	−15,261	−13,718	−14,929
재무활동 현금흐름	−2,469	−2,527	−1,010
재무활동 현금유입액	176	118	166
재무활동 현금유출액	−2,645	−2,645	−1,176
현금및현금성자산의 증가(감소)	−76	1,049	333
기초 현금및현금성자산	1,054	978	2,027
기말 현금및현금성자산	978	2,027	2,360

인세 납부액 등을 반영하여 구한다.[10] 영업활동 현금흐름은 기업의 정상적인 경영활동의 성과를 측정하는 척도로서 수익력과 위험을 나타내는 척도가 된다.

투자활동 현금흐름은 기업의 수익창출을 위해 장기간에 걸쳐 그 효과가 나타날 것으로 기대되는 재무상태표의 투자자산, 유형자산 및 무형자산 등과 관련하여 발생하는 현금흐름으로서, 투자활동 현금유입에서 현금유출을 차감하여 측정된다. 그리고 재무활동 현금흐름은 기업의 자금을 조달한 방법과 자금상환 내역 및 재무자산의 취득과 처분에 대한 현금흐름으로 재무상태표의 장단기 대여금, 비유동부채 및 자본 그리고 일부 단기부채의 항목들과 관련하여 발생하며, 재무활

---

10. 당기순이익의 조정항목

+ 현금유출이 없는 비용(감가상각비, 유가증권평가손실 등)
− 현금유입이 없는 수익(유가증권평가이익, 외화환산이익 등)
+ 투자와 재무활동으로 인한 비용(유형자산처분손실, 사채상환손실 등)
− 투자와 재무활동으로 인한 수익(유형자산처분이익, 사채상환이익 등)
+ 이자비용 − 이자수익 + 법인세비용

동 현금유입에서 현금유출을 차감하여 측정된다.

재무비율분석

▪ 재무비율분석의 의의

재무상태표, 손익계산서, 현금흐름표 등과 같은 재무제표를 분석하여 기업의 재무상태와 경영성과를 파악할 수 있다. 그러나 재무제표의 내용이 매우 복잡하기 때문에 재무제표를 직접 분석하여 의사결정에 필요한 정보를 얻는 것은 쉬운 일이 아니다. 따라서 재무제표에 포함된 유용한 정보를 쉽게 파악할 수 있는 수단이 필요하며, 이를 위해 고안된 것이 재무비율이다.

재무비율(financial ratio)은 경제적 의미와 논리적 관계가 분명한 재무제표의 두 항목을 상대적 비율로 나타낸 것이다. 따라서 재무비율분석은 재무비율의 경제적 의미를 분석하여 기업의 재무상태와 경영성과를 평가하는 기법이라 할 수 있다. 재무비율분석의 기본 목적은 기업의 다양한 이해관계자에게 목적적합한 정보를 제공하는 데 있다.

증권투자 Tip

금융감독원의 전자공시 시스템

기업의 재무제표를 신속하고 저렴하게 수집할 수 있는 방법은 금융감독원(www. fss. or. kr)의 전자공시시스템(data analysis, retrieval and transfer system ; DART)을 이용하는 것이다. 전자공시시스템은 우리나라 기업이 금융감독원 등 관계기관에 제출하는 신고 또는 보고서 등을 인터넷을 통하여 전자문서로 제출하고 그 내용을 실시간으로 일반인에게 공시함으로써 공시의 신속성과 기업경영의 투명성을 제고하기 위한 종합적인 공시시스템이다. 기존의 공시는 서면에 의한 공시로서 제출대상 회사가 금융감독원, 한국거래소 등을 직접 방문하여 다량의 공시서류를 제출하였으나, 전자공시시스템은 금융감독원이 제공하는 전자문서 소프트웨어를 이용하여 공시서류를 작성하고 인터넷을 통하여 한 번만 제출하면 모든 공시의무가 완료된다. 따라서 방문에 따른 불편과 다량의 서면문서 작성으로 인한 자원의 낭비를 막을 수 있을 뿐만 아니라 일반인(투자자, 학생, 기타 이해관계인)들로 하여금 실시간으로 인터넷을 통해 해당 회사의 정보를 얻을 수 있게 한다.

재무제표분석에 필요한 자료를 얻기 위해서는 먼저 전자공시시스템(dart.fss.or.kr)에 접속하여 분석하고자 하는 회사의 사업보고서 등을 검색(상세검색)한다. 그 다음 검색된 기업의 사업보고서의 우측 상단에 있는 '다운로드'를 선택하여 재무제표자료(엑셀파일)를 다운로드받으면 재무제표분석에 필요한 자료를 쉽게 얻을 수 있다.

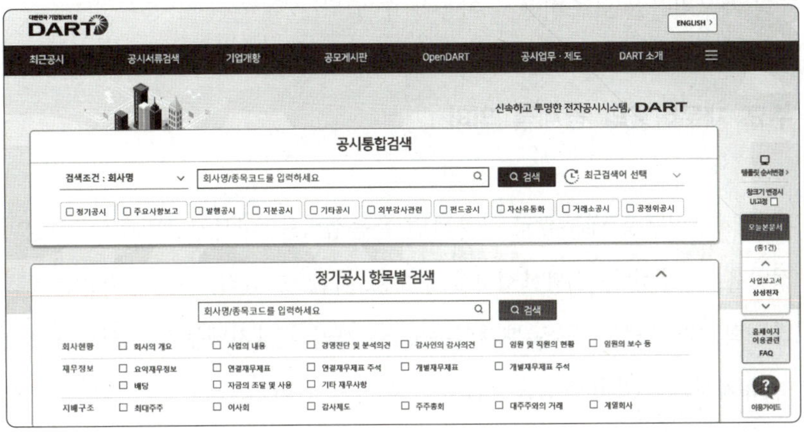

▪ 표준비율

재무비율을 이용하여 기업의 재무상태와 경영성과를 평가할 때 비교 · 평가의 기준이 되는 재무비율이 필요한데, 이를 **표준비율**(standard ratio)이라 한다.

- **분석기업의 과거비율** : 과거비율을 표준비율로 사용하는 경우에는 이 기업의 각종 재무비율을 기간별로 비교하여 기업경영성과의 변동 추이뿐만 아니라 특정 비율의 변동원인도 쉽게 파악할 수 있다.
- **경험적 재무비율** : 경험적 재무비율은 오랜 기간에 걸쳐 체험적으로 터득된 이상적인 재무비율을 의미한다.[11] 경험적 비율은 분석자의 입장에 따라 경험적 비율의 적정 수준이 다를 수 있기 때문에 절대적인 기준에 따라 경험적 비율을 설정하는 것이 오히려 적합하지 않을 수도 있다.
- **산업평균비율** : 산업평균비율은 표준비율로 가장 널리 사용되고 있으며, 산업평균비율을 표준비율로 이용하는 경우 재무비율을 산업평균비율과 비교

11. 예를 들면, 금융기관에서는 기업의 유동비율이 200% 이상 되어야 유동성이 양호하다고 평가한다. 또한 당좌비율 100% 이상, 자기자본비율 50% 이상, 고정비율 100% 이하 등도 경험적으로 설정된 비율이다. 이와 같은 경험적 비율은 미국 실무계에서 경험적으로 설정되어 온 것으로 '한국은행, 『기업경영분석』'에서도 동일한 경험적 비율을 제시하고 있다.

함으로써 양호한지 또는 불량한지를 평가할 수 있다.

- **경쟁기업의 재무비율** : 경쟁기업의 재무비율 또는 산업 내 대표적인 기업의 재무비율을 표준비율로 이용할 수 있다.

주요 재무비율의 경제적 의미

주요 재무비율을 대분류로 구분하면 유동성비율, 자본구조비율, 효율성비율, 수익성비율, 성장성비율, 생산성비율 등으로 나눌 수 있다. 유동성비율은 단기채무지급능력, 자본구조비율은 부채의존도 및 기업의 장기채무지급능력, 효율성비율은 보유자산의 이용효율성을 측정하는 데 이용된다. 그리고 수익성비율은 매출 또는 투자에 대한 수익성, 즉 경영의 총괄적 효율성, 성장성비율은 외형 및 수익의 성장가능성을 측정하는 데 주로 사용된다. 또한 생산성비율은 개별 생산요소의 기여도 및 성과 배분의 합리성 여부를 평가하는 지표이다.

대분류로 구분된 재무비율에 속하는 주요 재무비율을 중심으로 재무비율의 계산식과 재무비율이 지니는 경제적 의미를 살펴보면 〈표 6-6〉과 같다.

비율분석의 한계점

비율분석은 재무제표를 이용해 기업의 이해관계자들이 합리적 의사결정을 내리는 데 유용한 정보를 제공하기 때문에 가장 널리 이용되는 분석방법이다. 이용자의 분석목적에 따라 재무제표상의 두 항목을 선택하여 다양한 종류의 비율구성이 가능하다. 그리고 분석자료로 이용되는 재무제표는 수집이 용이할 뿐만 아니라 계산방법과 이해가 쉽다는 장점이 있는 반면에 다음과 같은 한계점을 가지고 있다.

첫째, 비율분석은 역사적 자료인 재무제표를 근거로 하여 과거 일정 기간의 경영성과와 재무상태가 미래에도 계속될 것이라는 가정 하에서 분석된다. 경영분석의 실질적인 목적은 정책수행의 결과로 나타나는 미래의 재무상태와 경영성과를 예측하는 데 있다. 그러나 미래의 상황이 불확실할 뿐만 아니라 경영환경이 빠른 속도로 변하기 때문에 과거자료를 이용하여 미래를 예측하는 것은 여러 가지

표 6-6 주요 재무비율과 경제적 의미

분류		계산식	경제적 의미
유동성 비율	유동비율(%)	(유동자산/유동부채) × 100	단기채무지급능력
	당좌비율(%)	(당좌자산/유동부채) × 100	유동성을 더욱 강조한 초단기 채무지급능력
	순운전자본구성비율(%)	(순운전자본/총자산) × 100	유동성 및 파산가능성
자본 구조 비율	부채비율(%)	(부채/자기자본) × 100	재무적 안정성 및 장기채무지급능력
	자기자본비율(%)	(자기자본/총자산) × 100	재무적 안정성 및 장기채무지급능력
	비유동비율(%)	(비유동자산/자기자본) × 100	재무적 안정성
	이자보상비율(배)	영업이익/이자비용	이자지급에 필요한 수익의 창출능력 및 파산가능성
효율성 비율	매출채권회전율(회)	매출액/매출채권	매출채권관리의 효율성
	매출채권회수기간(일)	365/매출채권회전율	
	재고자산회전율(회)	매출액/재고자산	재고자산관리의 효율성
	재고자산회전기간(일)	365/재고자산회전율	
	유형자산회전율(회)	매출액/유형자산	유형자산 이용의 효율성
	총자산회전율(회)	매출액/총자산	총자산 이용의 효율성
수익성 비율	총자산순이익률(%)	(순이익/총자산) × 100	기업의 총괄적 수익성
	자기자본순이익률(%)	(순이익/자기자본) × 100	자기자본의 성과
	매출액순이익률(%)	(순이익/매출액) × 100	기업의 총괄적 경영성과
성장성 비율	총자산증가율(%)	(기말총자산 – 기초총자산)/기초총자산 × 100	기업의 전체적인 성장규모
	매출액증가율(%)	(당기매출액 – 전기매출액)/전기매출액 × 100	기업의 외형적 신장세
	순이익증가율(%)	(당기순이익 – 전기순이익)/전기순이익 × 100	실질적 성장지표
생산성 비율	부가가치율(%)	(부가가치/매출액) × 100	매출액 중 생산요소에 귀속되는 소득의 비율
	노동생산성(원)	부가가치/종업원 수	종업원 1인당 부가가치
	자본생산성(%)	(부가가치/총자본) × 100	총자본투자효율, 자본의 단위당 투자효율

점에서 한계가 있다.

둘째, 개별기업마다 회계처리방법이 서로 다르기 때문에 비율분석을 통하여 상호 비교하는 것만으로 충분하지 않다. 비교기업 간에 감가상각방법 및 재고자산평가방법이 다르게 적용되는 경우에는 정확한 정보를 얻기가 어렵다.

셋째, 비율분석은 재무제표를 근간으로 하여 분석되는데, 이 중 재무상태표는 일정 시점을 기준으로 작성되어 회계기간 동안의 계절적 변동에 따른 영향이 큰 산업에 대한 고려뿐만 아니라 인플레이션 등에 의한 가치변동이 반영되지 않을 수 있기 때문에 이를 기계적으로 적용한다면 비율분석이 왜곡될 수 있다.

넷째, 특정한 재무비율이 양호한지 또는 불량한지의 여부를 일반화하기가 어렵다. 예를 들어, 한 기업의 유동비율이 높다는 것은 유동성 측면에서는 양호한 상태로 평가될 수 있으나, 과도한 현금의 보유는 수익성 측면에서 오히려 비효율적일 수도 있다. 마찬가지로 자산회전율이 높다는 것은 그 기업이 자산을 효율적으로 사용한다는 것을 의미하지만, 한편으로는 추가자산의 조달이 불가능한 기업임을 의미하기도 한다.

다섯째, 특정 기업에 있어서 일부 재무비율은 양호하고 다른 재무비율은 불량한 경우 그 결과를 종합적으로 판단하기가 어렵다. 이 경우에 재무비율들의 순효과(net effects)를 분석하기 위해서는 다른 추가적인 분석방법을 이용해야 한다.[12]

여섯째, 비율분석에서 비교기준이 되는 표준비율로 어느 것을 선택하느냐에 따라 평가가 달라질 수 있다. 그러나 선택된 표준비율이 특정 기업에 가장 적합한 최선의 비교기준이라고 판단할 근거가 없다. 또한 서로 다른 산업에 속하는 사업부를 운영하는 경우에는 특정 산업의 평균비율을 적용할 수 없기 때문에 이에 적합한 산업평균값을 산출하기가 어렵다.

일곱째, 기업의 유동성, 안정성, 효율성, 수익성, 성장성, 생산성 외에도 기업가치평가에 영향을 미치는 요인으로 경영자의 자질, 조직의 효율성, 시장점유율, 기업의 신용, 종업원의 기술정도 등을 들 수 있다. 이러한 질적인 요인들은 재무제표상에 수치화될 수 없으므로 비율분석만으로 평가를 한다는 것은 한계가 있다.

---

12. 재무비율의 종합적 평가방법으로는 듀폰의 ROI분석, 지수법 등이 있다.

이상으로 기업분석을 살펴보았다. 〈표 6-7〉은 농심에 대한 기업분석의 사례를 제시한 것이다.

표 6-7 **기업분석 사례 : 농심**

2021년 3분기 Pre : 국내 판매가 인상 9월부터 반영 시작

3분기 연결 매출액 및 영업이익은 각각 6,699억원(YoY 2.8%), 260억원(YoY -11.2%)으로 추정된다. 별도 매출액 및 영업이익은 각각 5,411억원(YoY 4.1%), 135억원(YoY -15.9%)으로 추정된다. 전년의 높은 베이스가 완화되기 시작하고 9월부터 라면 판매가 인상이 반영되면서 실적은 바닥을 통과할 것으로 전망된다.

① 라면 총매출액(국내+해외)은 YoY 4.3% 증가할 것으로 예상된다. 국내는 전년의 높은 베이스가 완화되면서 YoY 2.6% 증가세로 돌아설 전망이다. 9월부터 판매가 인상도 점진적으로 반영되기 시작한 것으로 파악된다. 수출은 높은 베이스를 상쇄시킬 만큼 견조하다. YoY 15% 내외 탑라인 성장이 예상된다. 국내 라면 점유율(금액기준)은 55.8%(YoY 0.3%p up)로 추정된다.

② 스낵 매출도 전년의 높은 베이스가 완화되기 시작하면서 매출 감소세가 진정될 것으로 판단된다.

③ 해외법인 합산 매출은 YoY 증가세가 지속되고 있는 것으로 파악된다. 특히 미국(캐나다 포함)은 전년의 높은 베이스에도 불구하고 견조한 성장세(YoY 10% 추정)를 시현할 것으로 기대된다. 중국은 YoY -8% 매출 감소가 전망된다.

2021년 4분기부터 내년까지 편안

2022년 별도 영업이익은 YoY 43.7% 증가한 690억원으로 추정된다. 9월부터 국내 라면 판매가 인상효과가 반영되기 시작하면서 향후 QoQ 가파른 손익 개선세가 기대된다. 국내 라면 판매가 인상에 따라 하반기 수출판매가도 자연스럽게 조정될 것으로 예상되어 긍정적이다. 실적 업사이드를 기대할 수 있는 대목이다. 해외법인도 판매가 인상 가능성을 열어둘 수 있다. 중국법인 판매가 6% 인상 가정 시 기존 추정치 대비 연결 영업이익 60억원 내외 증가 효과를 기대할 수 있겠다. 참고로 중국법인의 마지막 판매가 인상시점은 2017년 8월이다.

주가 역사적 하단 위치

현 주가는 12개월 예상PBR 0.8배에 거래 중으로 역사적 밴드 하단에 위치한다. 2021년 4분기부터 가파른 실적 개선 감안 시 적극적인 매수전략이 유효해 보인다.

Financial Data

투자지표	단위	2019	2020	2021F	2022F	2023F
매출액	십억원	2,343.9	2,639.8	2,622.8	2,798.1	2,924.0
영업이익	십억원	78.8	160.3	100.6	131.5	146.2
세전이익	십억원	103.5	190.6	132.0	166.4	183.7
순이익	십억원	71.0	148.5	100.7	129.7	142.2
EPS	원	11,672	24,416	16,555	21,319	23,384
증감률	%	(15.77)	109.18	(32.20)	28.78	9.69
PER	배	20.60	12.29	16.88	13.11	11.95
PBR	배	0.73	0.86	0.78	0.74	0.70
EV/EBITDA	배	5.73	5.11	6.07	4.77	3.99
ROE	%	3.72	7.50	4.86	5.99	6.25
BPS	원	330,234	347,662	360,414	377,930	397,512
DPS	원	4,000	4,000	4,000	4,000	4,000

주 : 농심 재무제표

자료 : 하나금융투자, 「기업분석」(2021. 10. 1) 수정

5. 기본적 분석의 한계점

Investments & Security Analysis, Ch. Six

기본적 분석이란 주식가치에 영향을 미치는 기업의 내적 요인, 외적 요인에 대한 분석을 통해 내재가치를 구하고, 이를 이용하여 개별주식에 대한 투자 여부를 결정하는 증권분석방법이다. 기본적 분석은 다음 장에서 설명할 기술적 분석에 비하여 접근방식이 매우 논리적이라는 평가를 받고 있지만 다음과 같은 점에서 한계를 지닌다.

첫째, 실무적으로 주식가치를 구하는 방법이 다양하게 존재하므로 어떤 방식이 절대적으로 타당하다고 할 수 없다. 따라서 다양한 방법에 의하여 산출된 주식가치의 평가결과가 서로 획일적이지 않고 격차가 크게 발생하는 경우 어떠한 값을 내재가치로 인정하는가 하는 문제가 발생한다.

둘째, 내재가치를 산정하는 데 사용되는 자료의 원천은 주로 회계자료이다.

회계자료는 역사적 사건의 결과물로서 미래 현금흐름을 대변하기 어렵다. 또한 다양한 회계처리방법이 인정되므로 기업마다 서로 상이한 회계처리방법을 사용할 경우 이러한 회계자료를 기초로 산정된 내재가치는 적정한 것으로 보기 어려우며, 이를 활용한 기업 간 비교분석도 무의미할 수 있다.

셋째, 기본적 분석을 수행하는 데에는 장기적인 시간이 요구된다. 기본적 분석은 주식가치에 영향을 미치는 경제적 · 산업적 · 기업적 요인 등을 총체적으로 감안하여 실시되므로 많은 시간이 소요된다. 따라서 수시로 변하는 시장상황에 신속하게 대처하기에는 무리가 따를 수 있으므로 유의하여야 한다.

넷째, 주식가치는 이성적 요인과 더불어 심리적 요인에 의해서도 영향을 받을 수 있다. 주가는 단순히 기업의 내 · 외적 요인뿐만 아니라 시장의 전반적인 분위기 및 투자자들의 심리적 요인이 반영되어 변동하기도 한다. 만약 이러한 주가의 변동이 일정한 패턴을 가지고 움직인다고 할 경우, 기본적 분석과 더불어 주가의 변화 방향을 미리 예상하여 투자전략에 활용하는 기술적 분석을 병행하는 것이 적절하다고 할 것이다.

중요
용어

기본적 분석 (200)
내재가치 (200)
톱-다운방식 (201)
보텀-업방식 (201)
경제분석 (202)
경기변동 (203)
통화량 (205)
금리 (205)
물가상승 (205)
국민총생산 (206)
환율 (206)
유가 (207)
산업분석 (209)
제품수명주기 (215)
기업분석 (218)
제품포트폴리오 관리 (219)
재무제표 (221)
재무상태표 (221)
손익계산서 (224)
현금흐름표 (226)
재무비율 (228)
표준비율 (229)

사례연구 6-1 "애널리스트 설 자리 없어지나" … AI가 보고서 쓰는 시대

미래에셋증권 리서치센터가 오는 9월부터 '인공지능(AI) 애널리스트'가 쓴 보고서를 내놓을 예정이다. 2020년 7월에는 한국투자증권이 AI 리서치 서비스를 선보인 바 있다. 국내 자기자본 1위 증권사인 미래에셋증권이 AI 활용에 본격적으로 뛰어듦에 따라 증권사들 간 'AI 서비스 경쟁'이 치열해질 전망이다. AI는 상대적으로 난이도가 낮은 실적 리뷰 보고서 정도는 현재도 충분히 쓸 수 있는 것으로 알려졌다. 기업들이 발표하는 매출 영업이익 당기순이익 등의 데이터를 분석해 설명하는 수준이기 때문이다. 앞으로 AI가 학습을 통해 데이터를 축적하면 업황과 종목을 분석하고, 시장상황을 예측하는 보고서까지 집필이 가능할 것으로 증권사들은 예상하고 있다.

AI 보고서가 활성화되면 증권사의 커버리지(분석 대상 기업)가 넓어지는 효과가 있다. 코스피 및 코스닥 상장사 숫자가 2,200여 곳에 이르는데, 현재 한 증권사 리서치센터가 커버하는 기업은 보통 200여 개에 불과하다. 한 증권사 리서치센터장은 "인건비 부담으로 증권사가 애널리스트를 늘리는 것에 한계가 있다"며 "AI 리서치 서비스가 본격 도입되면 그동안 증권사들이 분석하지 않았던 국내 중소형 상장사와 해외 상장사를 커버할 수 있을 것"이라고 말했다. 애널리스트들은 AI 도입이 "달갑지만은 않다"고 했다. AI가 보고서를 잘 쓰게 되면 '인간 애널리스트'의 필요성이 줄어들어 증권사들이 인력 감축에 들어갈 수 있어서다.

한 증권사 애널리스트는 "실적 리뷰 보고서를 AI가 담당해준다면 당장은 업무 부담이 감소하겠지만 장기적으로 애널리스트가 설 자리가 없어지는 것 아니냐"고 말했다. 또 다른 애널리스트는 "지금도 동종 업계 사람들끼리 '투자자들이 애널리스트보다 유명 증권 유튜버들을 더 신뢰하는 마당에 AI의 도전까지 받아야 한다니 두렵다'는 우스갯소리를 종종 한다"고 전했다.

출처 : 한국경제(2021년 6월 8일) 수정

사례연구 6-2 주린이, 주가 오르고 거래량 급증한 주식에 더 투자

개인투자자들이 주가가 급등하거나 거래량이 급증한 주식을 매입하는 비이성적인 투자경향을 보인다는 연구결과가 나왔다. 올해 하반기 미국의 테이퍼링(자산매입 축소)에 따라 국내 증시 상승세도 이전보다 주춤할 것으로 예상되는 만큼 신중한 투자가 요구된다. 2021년 10월 3일 자본시장연구원은 '주식시장 개인투자자의 행태적 편의'란 보고서에서 지난 2020년 3월부터 10월까지 개인투자자 약 20만명의 상장주식 거래내역을 토대로 분석한 결과를 바탕으로 이같이 밝혔다.

보고서에 따르면 개인투자자의 개별주식 매수일 전후 누적수익률과 누적초과수익률 추이는 매수일에 가까워질수록 가파른 주가상승 추세가 나타난다. 매수일 이전 40일, 20일, 10일, 5일을 기준으로 각각 19.2%, 12.6%, 8.2%, 5.1로 나타났다. 즉, 분석기간에 개인이 매수한 주식은 주가가 급등한 주식일 가능성이 높다고 설명했다. 게다가 매수일 전후 일간 거래회전율을 분석한 결과 매수 40일 전 거래회전율은 6.7%인데 이후 꾸준히 상승해 매수일 전에는 15.4%, 매수일 당일에는 22.7%에 이른다. 즉, 개인이 매수한 주식은 거래량이 급증한 주식인 반면 매수일 이후 거래회전율은 급격히 감소했다고 분석했다.

김준석 자본시장연구원 연구위원은 "이런 결과는 개인투자자들이 자신의 예측이나 평가가 정확하며 투자능력이 평균 이상이라고 믿는 과잉확신 경향에서 기인한다"며 "이는 과도한 거래와 투기적 거래를 유발하는 핵심 원인으로도 평가된다"고 말했다. 김 연구위원은 "투자자들은 다양한 선택지와 많은 정보에 노출됐을 때 주의를 끄는 대상이나 활용하기 쉬

매수일 전후 누적수익률 추이

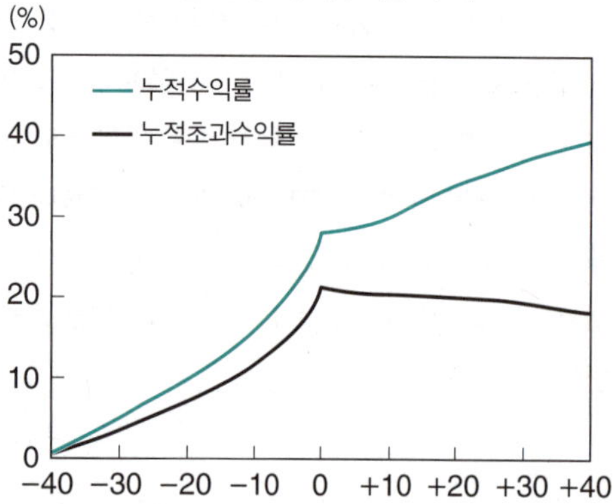

0 = 매수시점

매수일 전후 거래회전율 추이

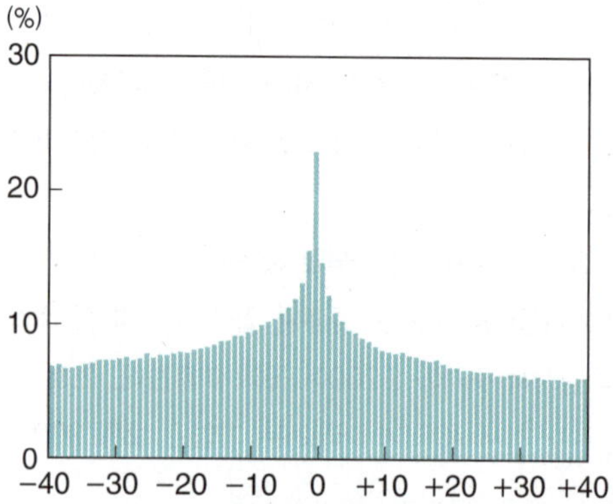

0 = 매수시점

운 정보를 선택하는 경향이 있다. 정보처리 능력에는 한계가 있고 비용도 들기 때문"이라며 "정보가 이해하기 어려운 형식일 경우 간과하기 쉽고 미디어에 자주 노출된 주식이나 주가나 거래량이 급등한 주식에 우선순위를 두기 쉽다"고 지적했다.

또한 국내 개인투자자들은 최근 주가가 오를 경우 서둘러 매도하고 떨어질 경우 매도를 미루고 보유하는 모습을 보였다. 보고서에 따르면 주식을 매수한 다음 날 이익포지션의 41%를 매도한 반면 손실포지션은 22%만을 매도했다. 손실포지션의 78%는 좀 더 지켜보기로 결정했다는 뜻이다. 매수 후 10일간 보유한 경우에도 이익포지션은 11%를 매도하고 89%는 보유하는 반면 손실포지션은 5%를 매도하고 95%는 보유했다고 설명했다. 김 연구위원은 "이익의 실현은 서두르고 손실의 실현은 미루는 모습을 보이고 있다. 즉, 조금만 올라도 파는 경우가 많다는 뜻"이라며 "다수의 연구결과처럼 여전히 개인들의 주식투자 성과는 시장수익률을 상회하지 못하는 경향이 있다"고 말했다.

2021년 하반기 미국 테이퍼링이 예정된 만큼 국내 주식시장도 이전만큼 강한 상승장을 이어가진 못할 것이란 전망이 우세하다. 게다가 국내 기준금리 추가 인상도 예정된 상황이지만, 개인투자자들의 매수세는 물론 신용공여잔고 비율도 증가하고 있다. 자본시장연구원에 따르면 2020년 2월부터 지난 7월까지 개인의 누적 순매수 대금은 130조원에 이른다. 이 중 절반이 코스피지수 3,000을 돌파한 뒤 유입된 것으로 나타났다. 올해 개인투자자의 월간 거래대금은 450조원, 거래비중은 70~75%로 지난해 하반기와 유사한 수준이다. 전문가들은 2021년 하반기에는 상반기보다 강한 상승장이 이어지지 않을 가능성이 높은 만큼, 개인투자자들의 보다 이성적이고 신중한 투자가 필요하다고 조언했다.

김 연구위원은 "주가에 영향을 주는 요인은 매우 다양하고 주식에 투자하는 것은 위험을 감수하는 행위다. 주식에 대한 이해도와 직접투자 능력에 대한 냉정한 평가도 필요하다"며 "본인이 충분한 투자역량을 갖추지 못했다고 판단된다면 간접적인 투자수단을 선택하는 것도 방법"이라고 조언했다.

출처 : 뉴시스(2021년 10월 8일) 수정

사례연구 6-3 죽은 남편의 은행금고에서 찾은 주식이 … '160배 대박'

밥 커비(Bob Kirby)는 오마하의 현인으로 불리는 워런 버핏(Warren Buffett)이 최고의 주식 매니저라고 부른 전설적인 투자자였다. 하지만 그는 30대 초반까지만 해도 여타 액티브(active) 매니저와 별 다름이 없었다. 즉, 최적의 마켓 타이밍을 골라 저평가된 주식을 사고파는 행위를 반복했다. 그러다 1950년대 중반 그에게 일대 전환을 가져다 준 사건이 일어났다.

그 당시 그는 약 10년 동안 한 부유한 부부에게 주식투자를 자문하며 그 부부의 주식계좌를 관리해 주고 있었다. 이때 그는 부인 명의의 주식계좌에서 남편과 의논하며 주식을 사고팔았다. 그러던 어느 날 갑자기 남편이 죽게 되어 부인이 남편의 재산을 상속받게 됐다. 그런데 그를 놀라게 한 것은 죽은 남편이 자신도 모르게 주식투자를 하고 있었다는 점이었다. 미망인도 죽은 남편이 생전에 부인 명의의 주식계좌 이외에 따로 주식투자를 하고 있었다는 사실을 전혀 눈치채지 못했다. 왜냐하면 남편이 주식을 산 뒤에 증서를 발급받아 은행의 비밀 금고에 넣어두었기 때문이었다. 하지만 그의 놀라움은 거기서 그치질 않았다. 죽은 부자의 은행 금고에 들어 있던 주식투자 내역을 살펴보던 그는 할 말을 잃었다. 왜냐하면 죽은 부자는 생전에 자신이 속한 투자자문사가 매수 추천한 주식을 5천 달러씩 꼬박꼬박 사들여 그걸 고스란히 비밀 금고에 넣어두었던 것이다.

그럼 이 은행 금고 안에 들어 있던 주식은 어떻게 됐을까? 상당수의 주식들은 주가가 반토막 나 있었다. 그러나 주가가 20배 뛰어 주식가치가 10만 달러로 치솟은 종목이 대여섯 개 있었고, 또 주가가 160배 넘게 뛰어 주식가치가 80만 달러를 초과한 종목도 1개 들어 있었다(이 주식이 바로 복사기의 대명사였던 제록스(Xerox)였다). 종국적으로 그를 충격에 빠뜨린 것은 죽은 부자가 은행 비밀 금고 속에 숨겨둔 주식의 총가치가 자신이 10년간 관리한 부인 명의의 주식계좌의 가치를 훌쩍 뛰어넘는다는 사실이었다. 이러한 차이가 난 이유는 자신이나 죽은 부자나 똑같이 매수 추천된 종목에 투자했지만 단지 자신은 나중에 팔았고, 죽은 부자는 은행 금고에 고스란히 묻어두었다는 것밖에 없었다. 그는 망치로 머리를 맞은 것 같았다. "펀드매니저인 자신이 온 신경을 다해 관리한 투자보다 죽은 부자가 그냥 비밀 금고에 넣어두고 아무것도 안한 결과가 더 낫다니!" 충격 그 자체였다.

커비가 이 사건으로 얻은 교훈은 주식투자할 때 제록스(오늘날의 애플이나 구글)처럼 160배 대박을 낳는 종목을 잘 골라야 한다는 게 아니었다. 그가 얻은 진정한 교훈은 저평가된 주식을 매수하고 아무것도 안 하는 게 시장의 등락을 살펴보며 샀다 팔았다 하는 노력보다 훨씬 우수한 결과를 낳는다는 점이었다. 커비는 나중에 죽은 부자와 같은 주식투자 기법을 옛날 서부 개척시대에 사람들이 저금할 목적으로 커피캔에 돈을 넣고 침대 밑에 넣어둔 것에 비유해 '커피캔 포트폴리오'(coffee can portfolio)라 불렀다. 심지어 그는 이를 재무학 학술지에 발표까지 했다(Journal of Portfolio Management, 1984).

이와 비슷한 사례는 또 있다. 세계 최대의 인덱스펀드 회사인 뱅가드(Vanguard)의 창업자인 존 보글(John Bogle)은 2009년 중반까지 5년간 상장지수펀드(exchange traded fund ; ETF)에 투자한 사람들의 수익률을 조사해 봤다. ETF를 거래하는 투자자들은 시황의 변동에 따라 샀다 팔았다를 반복한다. 따라서 샀다 팔았다를 하지 않고 계속 보유하는 경우와 실수익률 측면에서 차이가 난다. 그런데 보글의 연구에 따르면 ETF를 거래한 투자자들은 샀다 팔았다 하지 않고 5년간 계속 보유했던 경우에 비해 연평균 4.5퍼센트 포인트나 수익률이 낮았다. 보글의 연구는 커비의 '커피캔 포트폴리오' 투자기법이 요즘에도 여전히 잘 적용되고 있음을 보여준다.

우리는 어려서부터 열심히 노력하면 좋은 결과를 얻을 수 있다고 배워왔다. 그런데 '커피캔 포트폴리오' 얘기는 주식투자 세계에서 이 말이 적용되지 않는다는 걸 시사한다. 주식투자자들은 더 높은 수익을 얻으려고 종목을 샀다 팔았다 하지만, 이러한 행동이 종국적으로 결코 좋은 결과를 낳지 않는다는 것이다. 즉, 주식으로 성공하려면 '오래 묻어두어야 한다'는 얘기다.

출처 : 머니투데이(2014년 1월 9일) 수정

연습문제

❀ 완성/선택형 문제

01. (　　　　)이란 기업가치에 영향을 미치는 기업의 내적 요인, 외적 요인에 대한 분석을 통해 내재가치를 구하고, 개별기업에 대한 투자 여부를 결정하는 증권분석방법이다.

02. 기본적 분석의 접근방법은 두 가지로 나눌 수 있는데, 하나는 거시적 접근방법으로서 경제분석, 산업분석, 기업분석 순으로 진행되는 (　　　　)이고, 다른 하나는 미시적 접근방법으로서 기업분석, 산업분석, 경제분석 순으로 이루어지는 (　　　　)이다.

03. 특정 산업의 경쟁강도를 결정하는 다섯 가지 구조적 경쟁요인들은 기존 업체와의 경쟁, 신규 업체의 (　　　　), 상품의 (　　　　), 고객과의 관계, 원자재 공급업자와의 관계 등이다.

04. (　　　　)는 산업과 기업의 장기적인 전망, 특정 단계에 속한 기업의 매출규모, 비용구조, 수익성, 위험 등에 대한 정보와 앞으로의 전망과 변화추세를 평가할 수 있게 한다.

05. 기업분석은 업종이나 개별기업에 따라 접근방법에서 많은 차이를 보일 수 있어 정형화하기 힘들지만, (　　　　)은 대표적인 양적 분석에 해당한다.

06. 재무비율은 경제적 의미에 따라 (　　　　), 자본구조비율, 효율성비율, (　　　　), 성장성비율, (　　　　) 등으로 분류할 수 있다.

07. 다음 중 그 성격이 가장 다른 하나는?

① 재무제표분석　　② 산업구조분석
③ 원가구조분석　　④ 유통경로분석

08. 기본적 분석에서 거시적 접근방식(톱-다운방식)으로 적절한 것은?

① 경제분석 → 기업분석 → 산업분석

② 산업분석 → 경제분석 → 기업분석

③ 경제분석 → 산업분석 → 기업분석

④ 기업분석 → 산업분석 → 경제분석

09. 주요 거시경제변수들과 주가와의 일반적인 관계를 설명한 것이다. 가장 적절하지 않은 것은?

① 경제성장률이 증가하면 주가도 상승한다.

② 금리가 인하되면 주가는 상승한다

③ 환율이 인하되면 수출이 개선되어 주가가 상승한다.

④ 무역수지가 개선되면 주가는 상승한다.

10. 다음의 재무비율 중에서 그 성격이 다른 하나는?

① 유동비율 ② 당좌비율

③ 순운전자본구성비율 ④ 부채비율

✲ 서술/계산형 문제

01. 기본적 분석의 의의 및 한계점에 관하여 설명하라.

02. 주요 거시경제변수가 주가에 미치는 영향에 대하여 설명하라.

03. 포터(M.E. Porter)에 의하면 산업의 경쟁강도는 다섯 가지 구조적 요인들에 의하여 결정된다고 한다. 다섯 가지 구조적 요인들을 중심으로 한 산업의 경쟁강도분석에 대하여 설명하라.

04. 재무제표분석에서 사용되는 주요 재무비율의 경제적 의미를 간단하게 설명하고, 재무비율분석의 한계점을 지적하라.

기술적 분석

1. 기술적 분석의 의의와 가정
2. 다우이론과 엘리어트 파동 이론
3. 캔들차트분석
4. 이동평균선분석
5. 기타 기술적 분석지표
6. 기술적 분석의 한계

07

[이 장의 개요]

성공적인 주식투자를 위해서는 매매시점 선정과 관련하여 신속한 의사결정이 이루어져야 한다. 제6장에서 살펴본 바와 같이 기본적 분석은 분석대상 자료들이 광범위하고 전문적인 경우가 많기 때문에 분석에 있어서 상당한 시간을 필요로 한다. 그러므로 주식투자 시 기본적 분석에만 의존할 경우 자칫 매매시점을 놓칠 수 있다. 기본적 분석에 의하여 과소 또는 과대평가된 주식을 발견하였다 하더라도 매매시점을 놓친다면 예상한 만큼의 투자수익을 얻기 어려울 것이다. 이와 같은 기본적 분석이 지니고 있는 결점을 보완해주는 것이 기술적 분석이다. 기술적 분석(technical analysis)은 과거의 주가나 거래량 같은 자료를 이용해 주가 변화의 추세를 발견하여 미래의 주가를 예측하는 방법으로서, 주식의 매매시점을 파악하는 데 유용하다.

본 장에서는 기술적 분석의 의의와 가정, 기술적 분석의 모체가 되는 다우이론과 엘리어트이론을 살펴본 후, 캔들차트 및 이동평균선, 그리고 기타의 다양한 기술적 분석지표를 이용한 분석방법에 대하여 설명하고, 마지막으로 기술적 분석이 가지고 있는 한계점에 대하여 살펴보기로 한다.

1. 기술적 분석의 의의와 가정

1.1 기술적 분석의 의의

기술적 분석(technical analysis)은 과거의 주가나 거래량 같은 자료를 정형화하고 이를 분석하여 주가 변화 추세를 찾아내고 미래주가를 예측하는 방법이다. 기술적 분석에서는 주로 차트를 활용한 분석이 이루어지므로 흔히 차트분석(chart analysis)이라고도 하며, 이는 주식의 매매시점을 파악하는 데 유용한 정보를 제공한다.

기술적 분석은 기본적 분석에 비하여 용이하고 간단하여 한눈에 알아볼 수 있다는 장점을 가지고 있다. 그리고 주가에는 계량화하기 어려운 심리적 요인까지도 영향을 미치기 때문에 기본적 분석만으로 주가를 평가하는 데 한계가 있으며, 이와 같은 기본적 분석의 한계점을 기술적 분석이 보완해주기도 한다.

그러나 기술적 분석은 과거의 자료를 가지고 미래의 주가를 예측하는 방법이므로 항상 오류가능성을 내포하고 있으며, 동일한 대상에 대하여 서로 다른 분석결과를 도출함으로써 혼란을 초래하기도 한다. 따라서 기술적 분석만을 맹신하여 기술적 분석만으로 투자에 임할 경우 위험한 결과가 나타날 수 있음을 유의하여야 한다. 기술적 분석이 제시하는 것은 단지 그렇게 될 가능성이 높다는 것을 말하는 것에 불과할 뿐 과학적 법칙을 알려주는 것이 아니다.

1.2 기술적 분석의 가정

기술적 분석은 기본적 분석과 달리 기업의 내재가치에 영향을 미치는 경제요인, 산업요인, 기업요인 등에 대한 분석을 하지 않고, 단지 과거의 주가 및 거래량 등의 자료만으로 미래의 주가를 예측하는 것이다. 이와 같은 기술적 분석은 일정한 전제 또는 가정 하에서 그 효과를 기대할 수 있는데, 기술적 분석이 성립하기 위한 가정은 다음과 같다.

첫째, 주가 움직임에는 모든 정보가 반영되어 있다. 주가 움직임은 수요와 공급이라는 수급현상에 의해 나타난다. 주식의 수요와 공급은 경제적 요인과 비경제적 요인, 이성적 요인과 비이성적 요인 등 다양하고 복합적인 요인에 의해 결정된다. 따라서 주가 움직임의 이유가 경제적이든 정치적이든 또는 심리적이든 그것은 별로 중요하지 않으며, 차트상에 나타나는 주가 움직임에 주식투자와 관련된 모든 정보가 총체적으로 반영되어 있다고 볼 수 있다. 이와 같은 경우 단지 주가 움직임을 나타내는 그래프(graph)를 연구하는 것만으로도 충분한 의미가 있는 것이다.

둘째, 주가는 추세를 가지고 움직인다. 주가는 사소한 변동을 무시할 경우 커다란 흐름, 즉 추세를 형성하면서 움직이는 경우가 많다. 일단 추세가 형성되면 그 반대방향으로 움직이려는 힘보다는 계속 진행하려는 힘이 강하기 마련이다. 주식시장에서 어떤 새로운 정보가 발생했을 때 이 정보의 영향은 서서히 주가에 반영되므로, 주가의 움직임은 특정한 추세를 장기간 형성하면서 변화한다. 기술적 분석이 필요한 이유 중의 하나는 이러한 주가의 추세 변화를 찾아내어 적절한 매매시점을 포착하려는 데 있다. 추세 및 추세의 변화는 주식시장에서 주가가 움직이는 양상을 도표로 나타내어 분석함으로써 파악될 수 있다.

셋째, 추세 및 주가 행태는 반복된다. 차트에 나타나는 패턴들을 분석할 경우 각 패턴들은 그 당시 시장참여자들의 심리상태를 잘 반영하고 있다고 볼 수 있다. 차트는 주가 움직임을 객관적으로 나타낸 것에 불과하지만, 차트상에 나타나는 주가 움직임이란 결국 투자자들에 의해 형성된 것이다. 그러므로 주가 움직임은 투자자들의 심리가 반영된 결과라 할 수 있기 때문에 투자자들의 투자심리가 바뀌지 않는 한 과거의 패턴들이 미래에도 지속될 가능성이 높다고 할 수 있다.

1.3 기본적 분석과 기술적 분석

흔히 증권분석이라 함은 기본적 분석과 기술적 분석을 일컫는다. 앞의 제6장에서 살펴본 바와 같이 기본적 분석은 특정 기업의 주가가 본질적 가치(또는 내재가치)에 비하여 과소 · 과대평가되었는지 여부를 판단할 수 있도록 함으로써 종목선정에 유용한 정보를 제공한다. 기본적 분석에서의 핵심은 본질적 가치라고 할 수 있다. 그런데 본질적 가치는 재무이론에 근거하여 도출된 개념으로서 일반인들이 이해하기란 쉽지 않으며, 실제 이를 추정하는 데 많은 시간과 노력을 필요로 한다. 이러한 점은 기본적 분석이 지닌 유용성에도 불구하고 그 활용 가치를 떨어뜨리는 요인으로 작용한다.

기술적 분석은 과거 주가 및 거래량의 흐름과 패턴을 분석하여 향후 주가의 변동을 예측함으로써 매매시점을 포착하는 데 유용한 방법이다. 기본적 분석이 종목 선정을 위한 분석이라고 하면 기술적 분석은 매매시점을 파악하기 위한 분석이라는 점에서 구별된다. 기술적 분석은 전적으로 차트(chart)를 활용한 방법으로서 기본적 분석과 달리 복잡한 재무이론과 관련된 전문 지식을 필요로 하지 않는다. 이러한 점에서 기술적 분석은 기본적 분석에 비해 이해하기 쉽고 분석에 있어서 상대적으로 시간과 노력을 줄일 수 있다.

기본적 분석은 증권의 본질적 가치에 영향을 미치는 요인을 경제요인, 산업요인, 기업요인 등으로 나누어 체계적으로 분석하는 구조를 지닌다는 점에서 논리적이다. 이에 반해 기술적 분석은 다소 비현실적인 가정에 근거하며, 특히 심리적인 측면을 반영하고 있다는 점에서 논리적이지 못하다는 지적을 받는다.

한편, 기본적 분석과 기술적 분석은 비효율적인 자본시장을 전제로 한 투자전략이라는 점에서 유사한 면을 지닌다. 즉, 이들 분석은 공통적으로 효율적인 자본시장에서는 무의미한 투자전략에 해당한다.[1]

2. 다우이론과 엘리어트 파동 이론

Investments & Security Analysis, Ch. Seven

2.1 다우이론

다우이론(Dow theory)은 주식가격의 변동을 이용하여 주식시장의 추세를 예측하는 방법이다. 이는 다우존스사(Dow Jones Company)의 설립자이며, 1900년경 월스트리트 저널(Wall Street Journal)의 편집자였던 찰스 다우(Charles Dow)에

---

1. 이와 관련된 보다 자세한 내용은 '제13장 효율적 자본시장'을 참조 바람.

의해 주장된 이론으로서, 기술적 분석 중에서 가장 오래되고 유명한 분석방법이라 할 수 있다. 다우이론은 1930년대 미국의 대공황을 정확하게 예측하게 된 계기로 널리 알려지게 되었다.

다우이론에 의하면, 주가의 움직임은 단기변동(daily fluctuations), 중기변동(secondary movements), 장기변동(primary trends) 등 세 가지 변동으로 구성된다. 단기변동이란 매일매일의 주가 움직임을 의미하며, 중기변동은 몇 개월 동안 형성되는 주가의 추세를 말한다. 장기변동은 주변동이라고도 하며, 여러 해에 걸친 증권시장의 흐름을 말한다. 우리가 흔히 이야기하는 강세시장(bull market)이나 약세시장(bear market)은 주가의 장기변동에 기초를 두고 있다.

다우이론에서는 대체로 단기적인 주식가격의 변동을 고려하지 않는다. 즉, 다우이론은 주가의 단기변동보다는 중기변동을 중심으로 미래 주가의 장기추세를 예측하여 주식시장의 변화 방향을 예측하는 기법이라 할 수 있다. 다우이론은 불임점(abortive point)을 활용하여 다음과 같은 원칙에 의해 미래 증권시장의 장기변동 및 시장의 추세를 예측하는 데 이용된다.[2]

- 새로운 중기변동의 최고점이 바로 직전의 최고점 이상으로 상승하지 못하면, 장기추세는 하락국면으로 접어드는 것이다.
- 새로운 중기변동의 최저점이 바로 직전의 최저점 이하로 떨어지지 않으면, 장기추세는 상승국면으로 접어드는 것이다.

2.2 엘리어트 파동 이론

엘리어트 파동 이론(Elliot wave theory)은 장기간의 주가흐름 속에서 주가변동은 일정한 법칙 하에서 반복적으로 움직인다는 이론이다. 이러한 엘리어트 파동 이론은 기존의 기술적 분석과 달리 차트분석상의 일정한 패턴들이 왜 발생하며, 어떻게 진행될 것인지를 설명해주는 동시에 시장 움직임에 대한 포괄적 시각을 갖게 한다. 또한 추세완성 전에 예상되는 고점과 저점들을 예측하는 데 도움을

2. 불임점은 이제까지 유지되어 온 장기추세가 더 이상 유지되지 못하고 반대방향으로의 새로운 장기추세로 전환되는 시점을 의미한다.

그림 7-1 엘리어트 파동의 기본 형태

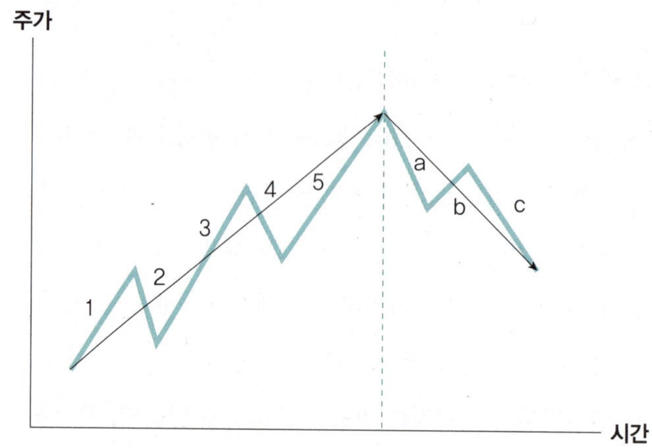

주므로 기존의 기술적 분석보다는 진일보된 이론이라 할 수 있다.

엘리어트(Elliot)가 주장한 파동원리는 크게 파동의 패턴, 파동의 크기, 지속 시간 등 세 가지의 중요한 개념으로 구성되어 있다. 엘리어트 파동 이론에 따르면 일반적인 형태의 주가 움직임은 [그림 7-1]과 같이 상승추세선을 이루는 5개의 파동과 하락추세선을 이루는 3개의 파동으로 구성된다.

[그림 7-1]에서 주된 추세의 방향과 같은 방향으로 움직이는 파동을 충격파동(impulse wave)이라 하고, 추세와 반대되는 방향으로 움직이는 파동을 조정파동(corrective wave)이라 한다. 1, 3, 5번 파동과 a, c파동은 충격파동이며, 2, 4번 파동과 b파동은 조정파동이다. 5개의 파동으로 구성된 상승추세선이 끝나면 반드시 3개의 파동으로 구성되는 하락추세선이 이어지며, 이로써 하나의 주기(cycle)가 완성된다. 그리고 이 주기는 그보다 한 등급 높은 주기의 1번 및 2번 파동을 구성하는 것이 된다. 즉, 큰 파동은 수많은 작은 파동으로 구성되며, 수많은 작은 파동은 큰 파동을 구성한다는 것이다.

엘리어트는 200년 이상의 기간이 소요되는 초장기주기(grand super cycle)로부터 몇 시간에 완성되는 초미세주기(sub-minute cycle)에 이르기까지 9단계의 등급으로 구분하고, 이와 같은 주가의 순환파동을 분석함으로써 미래의 주가를 예측할 수 있다고 주장하였다.

3. 캔들차트분석

캔들차트분석(candle chart analysis)은 다음 절에서 소개할 이동평균선분석과 더불어 가장 널리 사용되는 기술적 분석방법 중의 하나이다. 여기서는 캔들의 구조 및 캔들차트를 이용한 매매기법에 대하여 살펴보고자 한다.

3.1 캔들의 구조

캔들(candle)의 전형적인 형태는 직사각형의 몸통(real body)과 몸통 위 · 아래의 가는 선인 그림자(shadow), 즉 꼬리로 구성된다. 직사각형의 몸통은 시가와 종가 사이의 범위를 나타내며, 그림자는 장중 고가와 저가를 나타낸다. 따라서 캔들은 시가, 종가, 고가, 저가의 네 가지 가격에 대한 정보를 알려준다. 몸통 위에 있는 그림자를 윗그림자(upper shadow)라 하며, 몸통 아래에 있는 그림자를 아랫그림자(lower shadow)라 한다. [그림 7-2]에 제시된 바와 같이, 캔들은 양선

캔들의 구조 그림 7-2

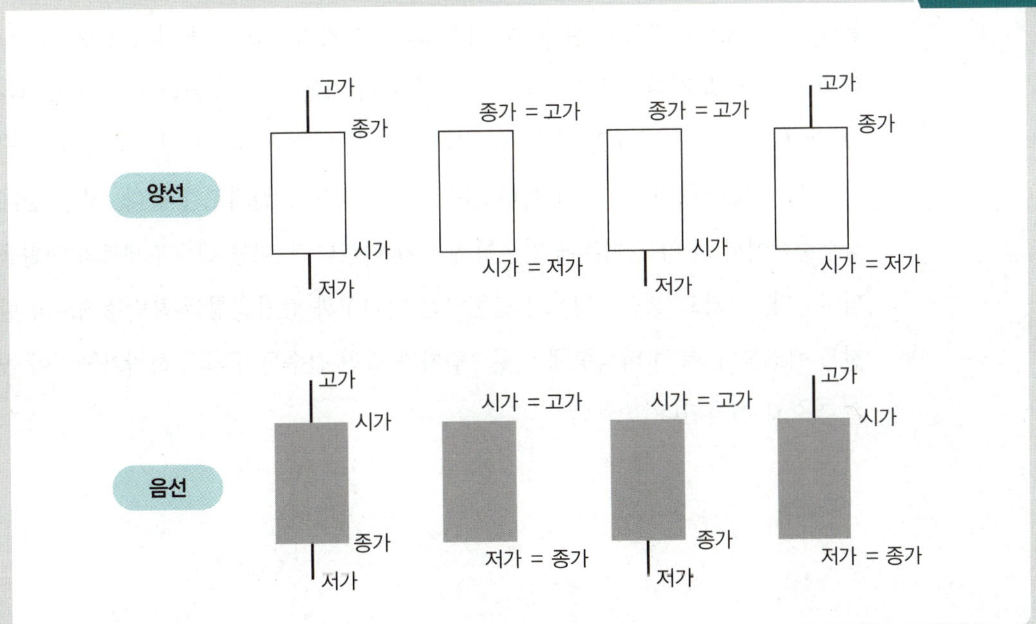

그림 7-3 도지의 종류

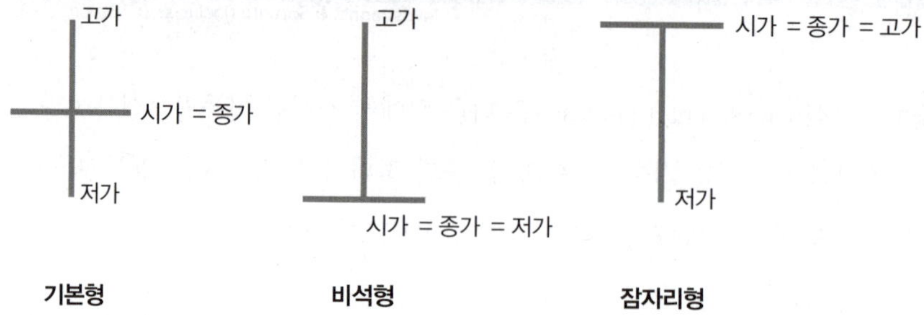

(white candle)과 음선(black candle)으로 구분된다. 양선은 종가가 시가보다 높은 경우를 나타낸 것으로서 양봉이라 하며, 적색 또는 흰색으로 표시된다. 음선은 종가가 시가보다 낮은 경우를 나타낸 것으로서 음봉이라 하며, 청색 또는 흑색으로 표시된다. 그리고 캔들은 다양한 기간별 주가를 대상으로 적용될 수 있다. 예를 들어, 일봉은 일별 주가를 대상으로 하며, 주봉은 주별 주가, 월봉은 월별 주가를 반영한 것이다.

한편, 캔들의 변형된 형태인 도지(doji)가 있다. 도지는 몸통이 매우 작고 캔들을 구성하는 네 가지 가격 중 두 가지 또는 세 가지가 같거나 비슷한 경우를 나타낸 것이다. 도지의 유형은 [그림 7-3]과 같이 기본형, 비석형(gravestone), 그리고 잠자리형(dragonfly) 등이 있다. 이러한 도지는 추세전환의 신호로 활용될 수 있는데, 대체로 주가의 바닥권보다 천장권에서 적용상 신뢰도가 높다. 예를 들어, 상승추세에서 긴 양선 이후에 기본형 도지가 나타나면, 이는 하락추세로의 전환을 의미한다. 그리고 상승추세에서 출현하는 비석형과 잠자리형은 하락추세로의 반전을 예고한다. 특히 비석형에서 윗그림자가 길면 길수록 주가의 하락가능성이 높은 것으로 해석된다.

우산형

그림 7-4

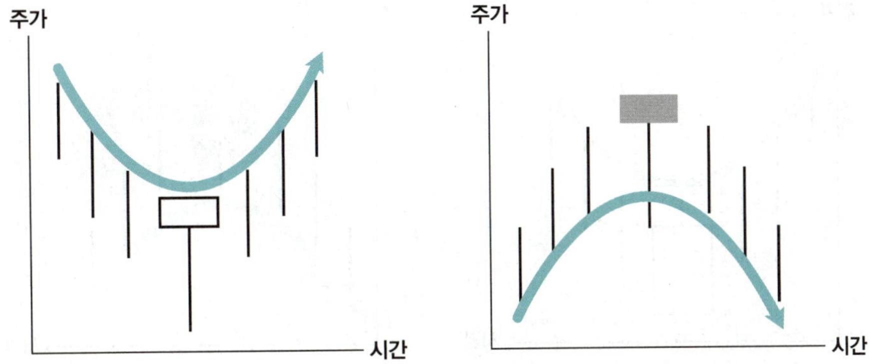

망치형　　　　행인맨형

3.2 캔들차트를 이용한 기초적 분석

우산형

우산형(umbrella)은 짧은 몸통에다 아래로 긴 그림자가 있는 반면, 윗그림자가 없는 우산모양의 캔들을 말한다. 우산형이 추세의 천장권이나 바닥권에서 나타나면 추세전환의 중요한 신호로 인식될 수 있다. [그림 7-4]와 같이 우산형에는 망치형(hammer)과 행인맨형(hanging man)이 있다.

하락추세에서 아랫그림자가 긴 양선의 망치형이 나타나면, 이는 주가가 더 이상 하락하지 않고 상승추세로 돌아설 가능성이 높은 것으로 해석된다. 한편, 상승추세에서 아랫그림자가 긴 음선을 갖는 행인맨형은 향후 주가가 하락추세로 반전할 가능성이 높다는 것을 의미한다. 일반적으로 망치형은 양선, 행인맨형은 음선일 경우 적용상 신뢰도가 높아진다.

그림 7-5 살바형

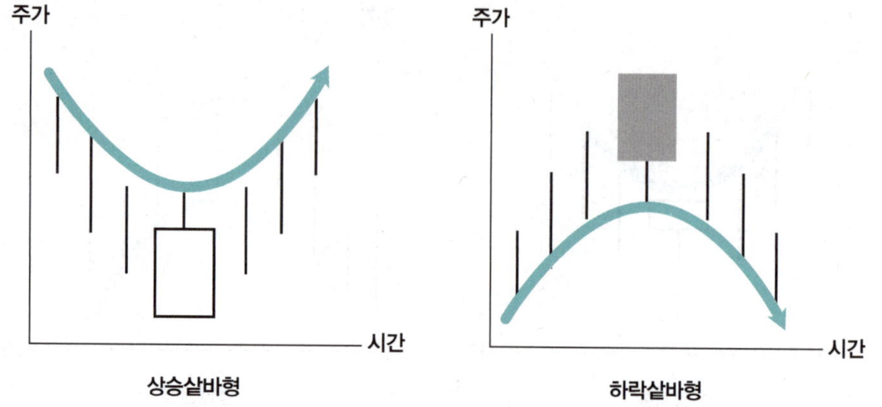

살바형

살바형(belt-hold line)은 샅바처럼 긴 몸통을 지닌 캔들을 말한다. 샅바형은 씨름선수가 상대방의 샅바를 잡고 모래판 바깥으로 밀어낸다는 의미를 담고 있다. 즉, 샅바형이 나타나면 이전까지 유지해오던 추세가 시장 바깥으로 밀려나고 새로운 추세가 형성된다는 뜻이다. 샅바형에는 [그림 7-5]와 같이 상승샅바형과 하락샅바형이 있다.

상승샅바형은 하락추세에서 시가가 당일 저가로서 당일 중에 지속적인 상승을 시도하여 긴 몸체를 가진 양선을 말하며, 하락샅바형은 상승추세에서 시가가 당일 고가가 되며 당일 중에 계속 하락을 거듭하여 긴 몸통을 가진 음선을 말한다. 샅바형에서 캔들의 몸통이 길면 길수록 적용상 신뢰도가 높아진다. 한편, 샅바형은 우산형에 비하여 적용상 신뢰도가 떨어지는 경향이 있다.

장악형

장악형은 몸통이 짧은 일봉과 긴 일봉이 연이어 나온 형태로, 다음날의 일봉이 전날의 일봉을 제압하고 있는 모습을 하고 있다. 장악형에서는 캔들이 그림자

장악형 그림 7-6

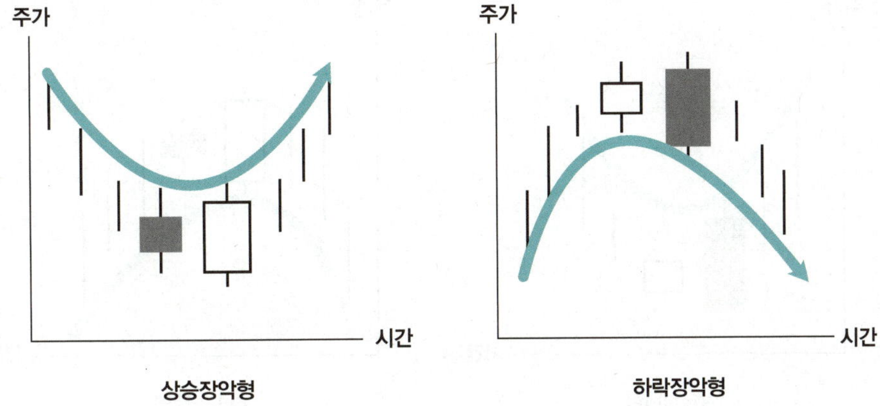

보다 몸통의 길이가 더 중요시된다. [그림 7-6]과 같이 장악형에는 상승장악형과 하락장악형이 있다. 상승장악형은 하락추세에서 전일보다 몸통이 긴 양선을 나타낸 형태이고, 하락장악형은 상승추세에서 전일보다 몸통이 긴 음선을 나타낸 것이다. 상승장악형은 하락추세에서 상승전환신호로, 하락장악형은 상승추세에서 하락전환신호로 볼 수 있다. 장악형은 기존 추세의 힘이 약화되고 새로운 추세의 힘이 강화되고 있음을 의미한다. 따라서 전일 몸통과 다음날 몸통의 길이 차이가 클수록 새로운 추세의 힘이 강력한 것으로 판단할 수 있다.

잉태형

잉태형은 엄마가 아이를 잉태한 모습처럼 몸체가 긴 일봉과 몸체가 짧은 일봉이 연이어 나온 모양을 지칭하는 형태이다. 이러한 잉태형은 장악형과 대조되는 형태를 지닌다. 잉태형은 [그림 7-7]과 같이 상승잉태형과 하락잉태형으로 구분된다. 상승잉태형에서는 음선 이후에 양선, 하락잉태형에서는 양선 이후에 음선이 나타나면 적용상 신뢰가 높다. 이러한 경우 상승잉태형은 하락추세에서 상승전환의 신호로, 하락잉태형은 상승추세에서 하락전환의 신호로 해석될 수 있다.

그림 7-7 잉태형

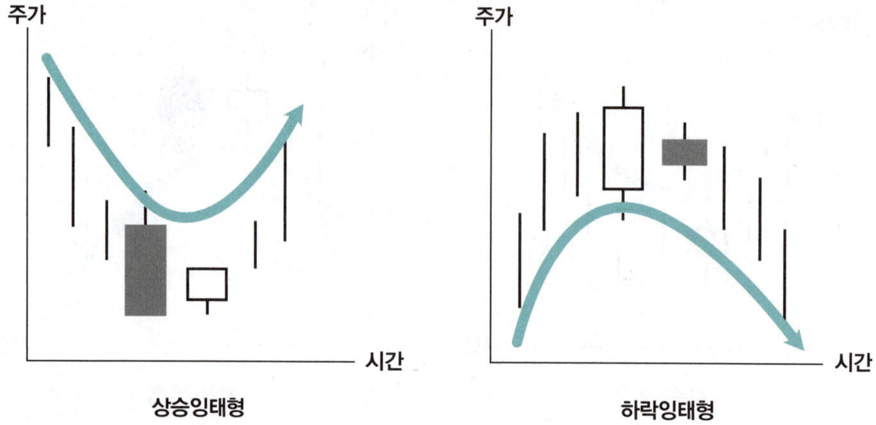

3.3 캔들차트를 이용한 패턴분석

캔들차트를 이용한 패턴은 전환형 패턴과 지속형 패턴으로 나눌 수 있다. 전환형 패턴은 시세의 방향이 바뀌고 있다는 신호를 파악하는 데 유용하며, 지속형 패턴은 시세가 일정한 방향으로 진행될 것이라는 신호를 파악하는 데 도움이 된다.

전환형 패턴

▪ 헤드 앤 쇼울더형

헤드 앤 쇼울더형(head and shoulder)은 세 개의 봉우리로 구성되는데, 삼봉형이라고도 한다. [그림 7-8]에서 볼 수 있는 바와 같이 주가의 상승과 하락이 3번씩 나타나며, 가운데 봉우리가 다른 좌우의 봉우리보다 높은 것이 일반적인 형태이다. 여기서 가운데 봉우리를 머리(head), 왼쪽 봉우리를 왼쪽 어깨(left shoulder), 오른쪽 봉우리를 오른쪽 어깨(right shoulder)라고 한다.

거래량이 증가하면서 왼쪽 어깨를 형성하나, 머리 부근을 지나면서는 거래량이 감소세를 보인다. 즉, 패턴이 완성되어 가면서 거래량은 점점 감소하는 현상을

헤드 앤 쇼울더형

그림 7-8

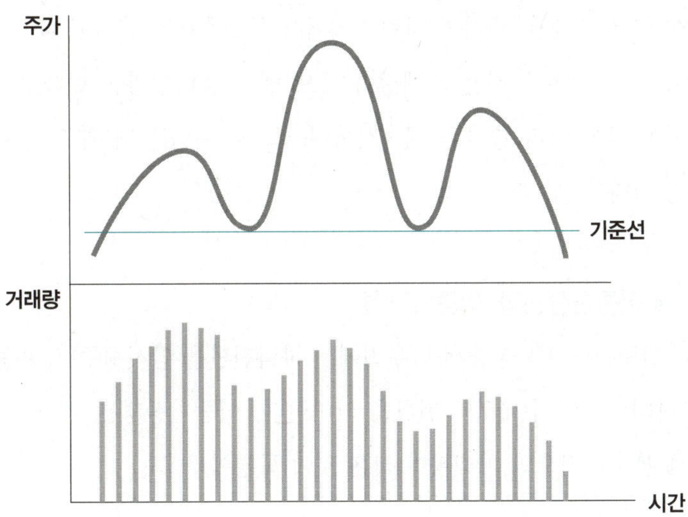

나타낸다. 헤드 앤 쇼울더형이 완성된 경우 주가의 방향은 기존 추세의 전환을 예고하는 것으로 상승추세에서 하락추세로 전환된다.

역 헤드 앤 쇼울더형

그림 7-9

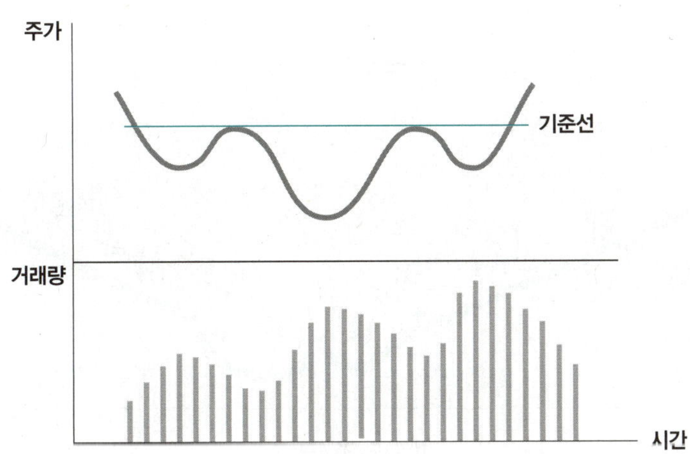

▪ 역 헤드 앤 쇼울더형

역 헤드 앤 쇼울더형(reverse head and shoulder)은 헤드 앤 쇼울더형을 뒤집어 놓은 형태로, 주가가 하락추세에서 상승추세로 전환될 때 주로 발견되는 패턴이다. 이것의 특징은 거래량이 헤드 앤 쇼울더형과는 반대로 패턴이 점점 완성되어 감에 따라 증가한다는 것이다. [그림 7-9]는 역 헤드 앤 쇼울더형을 나타낸 것이다.

▪ 이중천장형과 이중바닥형

이중천장형은 상승세 마무리에서 하락전환을 암시해주나, 이중바닥형은 이와는 반대로 상승추세로의 전환을 의미한다. 이중천장형은 첫 번째 봉우리보다 두 번째 봉우리에서의 거래량이 적은 것이 특징이다.

그림 7-10 이중천장형과 이중바닥형

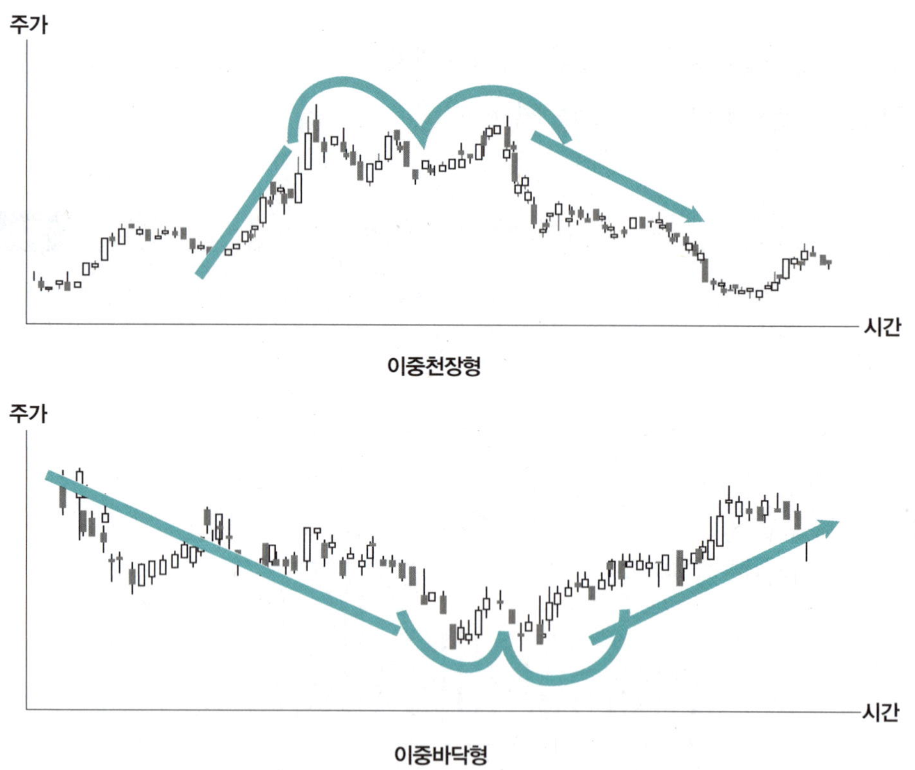

원형천장형과 원형바닥형 그림 7-11

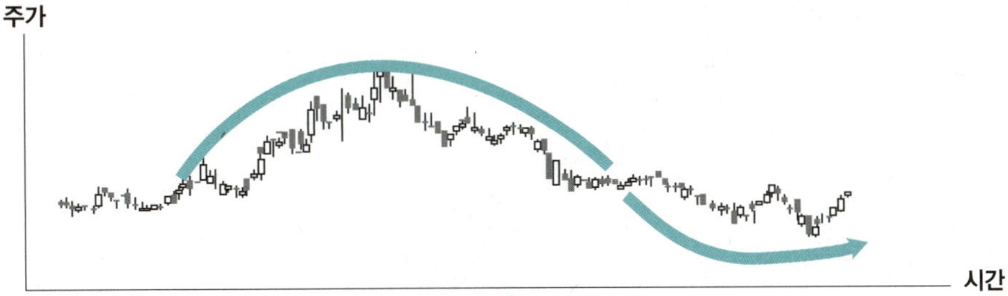

원형천장형

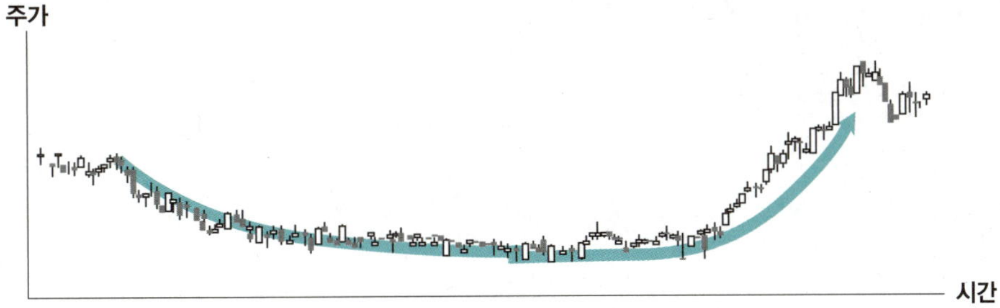

원형바닥형

▪ 원형천장형과 원형바닥형

원형천장형은 일명 접시형이라고도 부르는데, 주가가 서서히 하락세로 전환하려고 할 때 나타나는 패턴이다. 원형천장형은 이해하기 쉽고 정확성이 높은 패턴에 속한다. 원형바닥형은 주가가 바닥권을 탈피하고 서서히 상승세로 전환하려는 패턴으로서, 판독하기가 쉽고 실제 적용상 신뢰도가 높은 패턴으로 알려져 있다. 원형바닥형과 원형천장형은 충분한 시간을 가지고 패턴의 완성도를 볼 수 있는 형태이다.

지속형 패턴

▪ 삼각형

삼각형은 주가가 반복적인 등락을 하다가 그 등락폭이 줄어들어 삼각형 모양

그림 7-12 삼각형

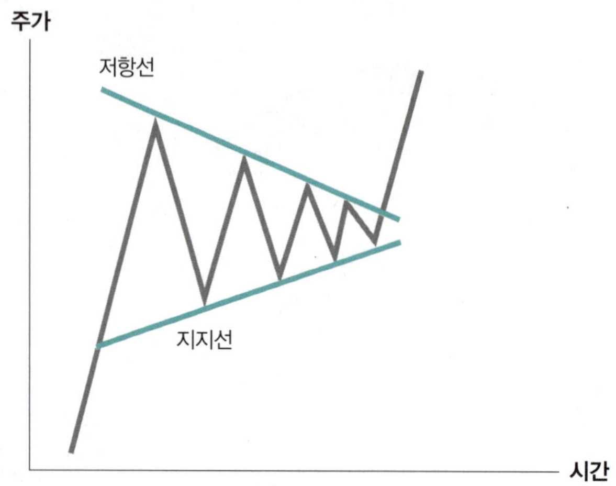

이 되는 형태이다. 삼각형은 일률적인 것이 아니라 이등변, 상승형, 하락형, 역삼각형 등 여러 가지가 있다. 한편, 삼각형에서 고점을 이은 선은 저항선 역할, 저점을 이은 선은 지지선 역할을 한다. [그림 7-12]는 삼각형의 전형적인 형태에 해당되는데, 주가가 저항선을 돌파하여 상승추세를 이어가는 것을 보여준다.

▪ 깃발형과 패넌트형

깃발형(flag)과 패넌트형(pennant)은 주가가 거의 수직에 가까울 정도로 급상승할 때 발생하는 형태이다. 이러한 패턴들은 주가가 급상승 시 일부 차익세력들이 물량을 다른 세력에게 넘기는 단계에서 나타나며, 주로 깃발과 패넌트 모양을 하고 있다. 깃발형과 패넌트형에서는 패턴 성립 이전 주가가 단기간에 강한 상승세를 보이고, 주가의 상승추세와는 달리 깃발과 패넌트 모양은 하향 모양을 지니는 특징이 있다.

▪ 쐐기형

쐐기형(wedge)은 깃발형과 패넌트형의 혼합형으로서 서로 유사한 형태를 지닌다. 쐐기형은 다른 지속형 패턴과 마찬가지로 기존 추세를 더욱 강화시켜주는 패턴

깃발형과 패넌트형

그림 7-13

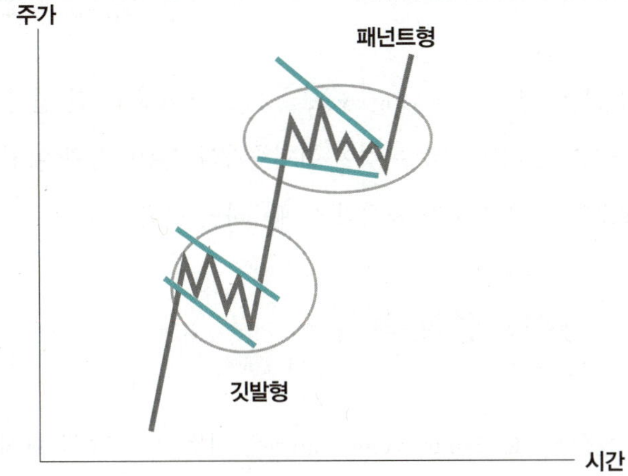

쐐기형

그림 7-14

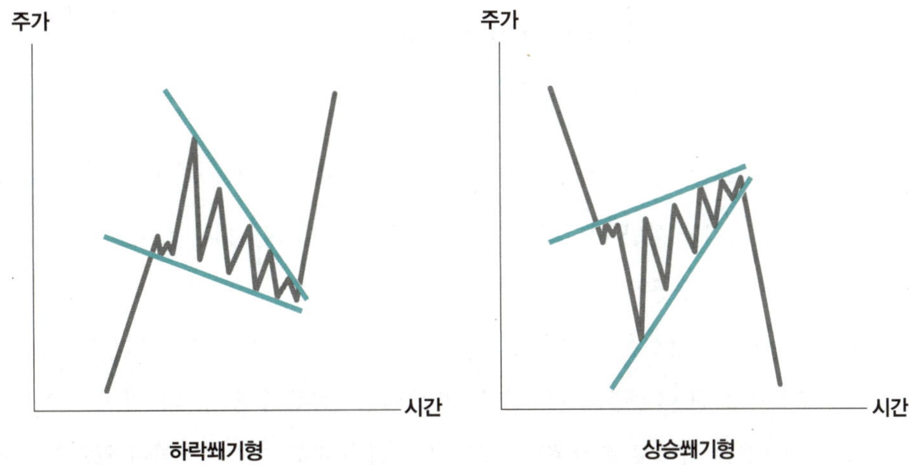

이다. 쐐기의 모양은 추세방향과 반대방향으로 만들어지는데, 상승추세에서 하락쐐기형, 하락추세에서 상승쐐기형이 만들어진다. 대체로 쐐기형을 만드는 시기에는 거래량이 감소하고, 쐐기형을 이탈할 때에는 거래량이 증가하는 경향이 있다.

4. 이동평균선분석

이동평균선분석(moving average line analysis)이란 일정 기간 동안의 평균적인 주가흐름을 확인하고, 이것이 현재주가의 진행방향과 어떤 관계가 있는지를 분석함으로써 미래의 주가 움직임을 예측하는 방법이다.

4.1 이동평균선의 의의

이동평균선(moving average line)은 일정 기간 동안 형성된 주가들의 평균값들을 선으로 연결하여 나타낸 것이다. 주가들의 평균값, 즉 이동평균값은 다음과 같이 산정된다.

$$MA_t = \frac{P_t + P_{t-1} + \cdots + P_{t-(N-1)}}{N} \tag{7-1}$$

여기서 MA_t : t시점에서 N일간의 이동평균값

P_{t-k} : $t-k$시점에서의 주가 $(k = 0, 1, \cdots, N-1)$

이동평균선은 주가가 연속적으로 변동하는 상황에서 주가의 흐름을 일관성 있게 제시할 뿐만 아니라 주가의 추세를 하나의 대표되는 값으로 나타낼 수 있다는 점에서 유용하다.

이동평균선은 단기, 중기, 장기 이동평균선으로 나눌 수 있는데, 일반적으로 5일과 20일 이동평균선은 단기, 60일 이동평균선은 중기, 120일 또는 200일 이동평균선은 장기로 분류된다. 그러나 이러한 분류는 절대적이지 않으며 사용자의 편의에 따라 조정될 수 있다. 이와 같이 이동평균선에는 기간의 개념이 포함되어 있어 기간별로 서로 다른 특징을 지닌다. 단기 이동평균선은 중·장기 이동평균선에 비하여 시장가격에 민감하므로 후행성(time lag)을 줄일 수 있다는 장점을 지니나, 추세반영에 있어서 정확성이 떨어진다는 한계를 지닌다.[3] 그러므로 이동평

3. 후행성(time lag)이란 가격 변화에 있어서 주가와 이동평균선으로 제시된 주가의 평균값과의 시

균선분석에서는 한 종류의 이동평균선만을 사용하기보다는, 단기, 중기, 장기 이동평균선을 함께 이용하는 것이 효과적이다.

4.2 이동평균선을 이용한 매매기법

이동평균선을 이용한 분석방법에는 여러 가지가 있지만, 여기에서는 일반적으로 사용되는 지지선과 저항선 분석, 배열도분석, 교차분석, 추세분석 등에 대하여 살펴보기로 한다.

지지선과 저항선 분석

지지는 주식시장에서 주가의 하락을 주도하던 매도세를 충분히 극복할 수 있을 정도로 매수세가 강해져 추가 하락을 저지해주는 시장가격 수준이다. 지지와 달리 저항은 주가가 일정 수준에 도달하면 매도세가 매수세를 압도해 추가 상승을 저지하는 시장가격 수준이다. 이러한 지지와 저항은 각각 주가흐름의 상승추세와 하락추세에서 더욱 중요한 의미를 지닌다. [그림 7-15]와 같이 지지는 상승장에서의 저점, 저항은 하락장에서의 고점에 해당된다. 한편, 지지와 지지(횡보국면의 저점과 저점 포함)를 연결한 선을 **지지선**이라 하고, 저항과 저항(횡보국면의 고점과 고점 포함)을 연결한 선을 **저항선**이라 한다. 이러한 지지선과 저항선이 만들어내는 모양과 패턴은 주가예측 및 추세분석에 중요한 정보로 활용된다.

이동평균선에 표시된 주가는 일정 기간 동안의 평균적인 주가로서 주식거래 시 적정 주가 판단의 기준이 된다. 즉, 투자자들은 이동평균주가를 이용하여 현재의 주가수준이 적정한지 판단한다. 따라서 현재주가가 이동평균주가보다 높아지면 차익거래를 노리는 매도물량이 증가하고, 반대의 경우에는 매수물량이 증가하는 경향이 있다. 이러한 점에서 이동평균선은 상승추세에서 지지선 역할을 하며 하락추세에서 저항선 역할을 한다고 볼 수 있다. 그러므로 이동평균선을 이용한 지지선과 저항선 분석은 중요한 의미를 갖는다.

간적 괴리를 말한다. 이러한 후행성은 실제 주식투자 시 투자자에게 큰 손실을 초래하는 원인이 되기도 한다.

그림 7-15 지지와 저항

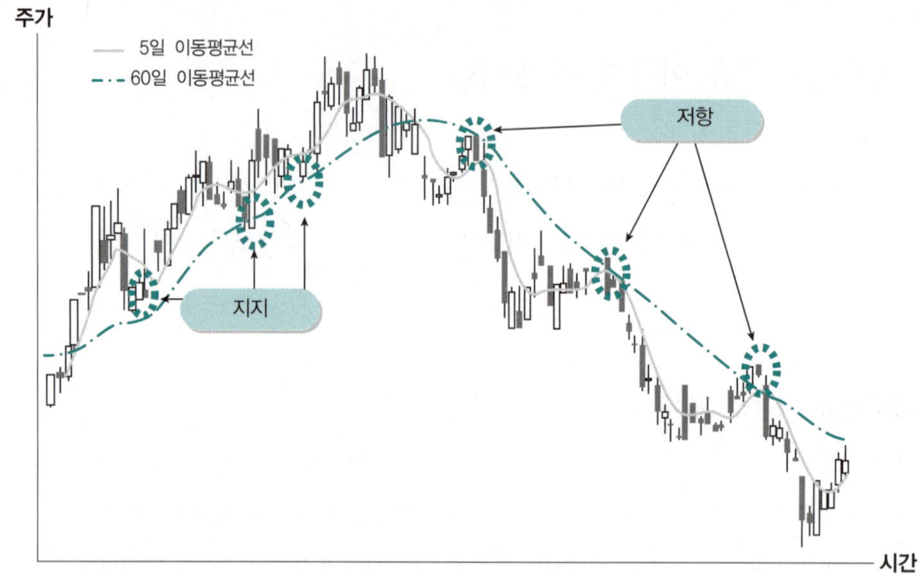

그림 7-16 지지선과 저항선 분석

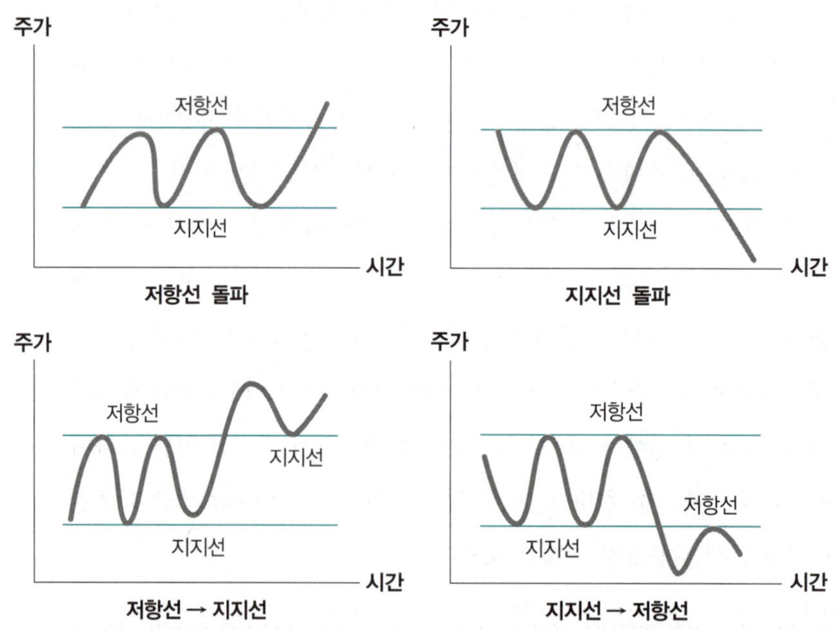

한편, 지지선과 저항선은 서로 상반된 성질을 가지면서 동시에 밀접한 연관성을 갖고 있다. [그림 7-16]과 같이 주가가 기존의 저항선이나 지지선을 일단 돌파하면, 기존의 저항선은 지지선의 역할, 기존의 지지선은 저항선의 역할을 하게 된다. 그리고 주가가 지지선과 저항선을 돌파한 시점에서 대규모 거래가 수반될수록 추세전환의 강도가 강해지는 경향이 있다.

배열도분석

주가가 하락국면에서 탈피하여 상승국면으로 전환될 때에는 단기 이동평균값이 먼저 상승하고 중기, 장기 이동평균값들이 시차를 두고 상승하게 된다. 반면, 주가가 상승국면에서 하락국면으로 전환될 때에는 단기 이동평균값이 먼저 하락하고 중기, 장기 이동평균값이 시차를 두고 하락하게 된다. 그러므로 주가의 상승추세에서는 「단기 이동평균선 > 중기 이동평균선 > 장기 이동평균선」의 순서가 되는데, 이를 **정배열** 상태라고 한다. 하락추세에서는 「단기 이동평균선 < 중기 이동평균선 < 장기 이동평균선」의 순서가 되는데, 이를 **역배열** 상태라고 한다.

이동평균선의 배열 그림 7-17

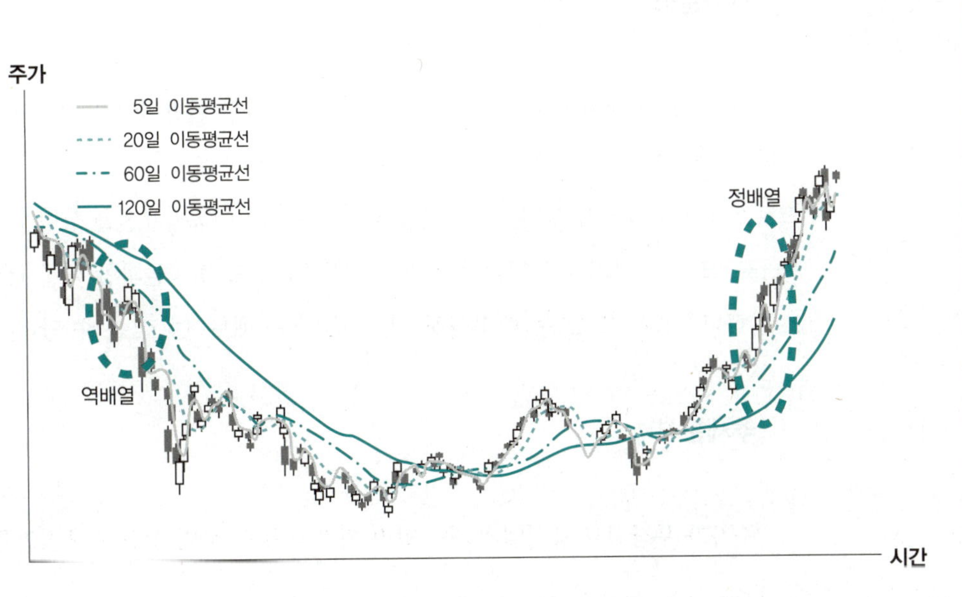

그림 7-18 골든크로스와 데드크로스

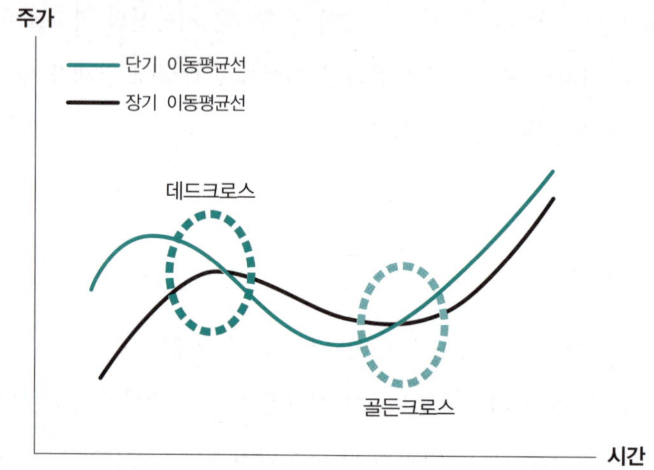

일반적으로 주가는「정배열 전환-정배열-역배열 전환-역배열-정배열 전환」의 주기로 움직인다고 볼 수 있다. 따라서 이를 매매에 이용할 경우 정배열 전환은 매수신호, 역배열 전환은 매도신호로 활용될 수 있다.

교차분석

이동평균의 교차(cross)를 이용한 매매기법은 가장 일반적이고 널리 사용되는 기법 중 하나이다. 교차에는 [그림 7-18]과 같이 골든크로스(golden cross)와 데드크로스(dead cross)가 있다. 단기 이동평균선이 장기 이동평균선을 상향돌파할 때를 **골든크로스**, 단기 이동평균선이 장기 이동평균선을 하향돌파할 때를 **데드크로스**라 한다.[4] 골든크로스는 매수신호, 데드크로스는 매도신호로 볼 수 있다.

추세분석

주가가 무작위로 움직일지라도 일정 기간을 두고 보면 일관된 움직임을 보이

4. 데드크로스는 역배열 전환, 골든크로스는 정배열 전환에 해당된다.

추세분석 그림 7-19

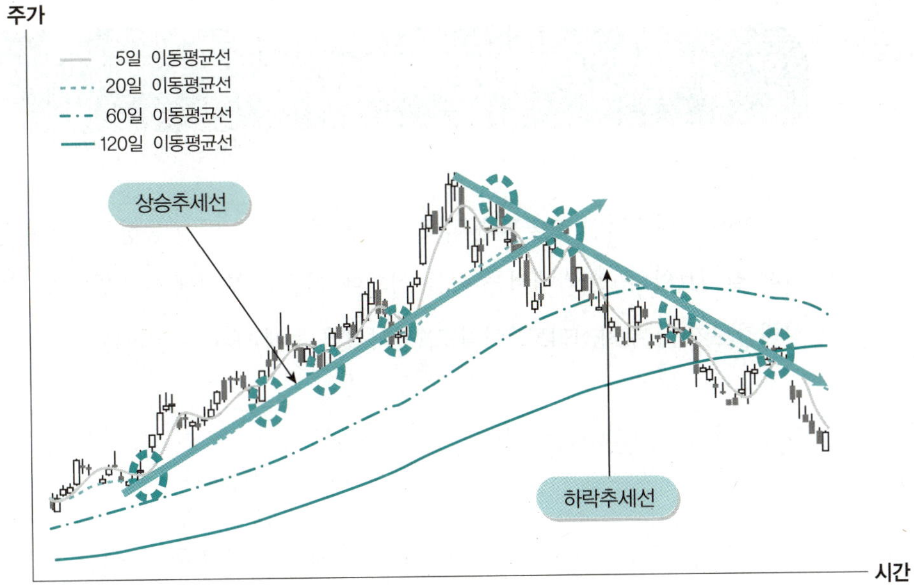

면서 산(고점)과 골짜기(저점)를 형성하는데, 이를 추세라고 한다. 추세선은 주가의 일정한 움직임, 즉 추세를 나타내는 선으로서, 시장가격의 저점들이나 고점들을 하나의 직선으로 연결했을 때 나타난다. 추세선을 그리기 위해서는 최소한 두 개 이상의 저점이나 고점들이 필요하다. 상승추세가 진행 중일 때는 저점과 저점을 연결하여 앞으로의 상승방향을 가늠할 수 있으며, 이때의 추세선은 지지선의 역할을 한다. 반면, 하락추세가 진행 중일 때는 고점과 고점을 연결함으로써 앞으로의 하락방향을 짐작할 수 있으며, 이때의 추세선은 저항선으로 작용한다. 추세선의 길이가 길면 길수록 추세가 명확해지면서 그만큼 신뢰도가 증가한다고 볼 수 있다.

한편, 주가흐름의 방향을 알 수 없는 상황을 횡보 또는 보합이라고 한다. 횡보는 시장의 수요와 공급이 균형을 이루는 기간으로, 상승추세나 하락추세의 형성을 위한 에너지가 축적되는 단계로 볼 수 있다. 대개의 경우, 추세가 확실하지 않은 횡보에서는 추세를 찾지 못해 당황하거나 억지로 추세를 끼워맞추는 식으로 매매하여 손실을 보는 경우도 있는데, 추세를 찾아내기 힘들 때는 추세를 발견할 때까지 쉬는 것도 좋은 전략이 될 수 있다. [그림 7-19]에서는 추세분석의 예를 제시하고 있다.

5. 기타 기술적 분석지표

Investments & Security Analysis, Ch. Seven

앞에서 대표적인 기술적 분석에 속하는 캔들차트 및 이동평균선분석 등에 대하여 살펴보았다. 여기에서는 이들 이외에 기술적 분석에서 빈번하게 사용되는 상대강도지수, 투자심리도, 이격도, 필터기법 등에 대하여 살펴본다.

5.1 상대강도지수

상대강도지수(relative strength index ; RSI)는 가격변동 중 상승의 강도를 나타내는 것으로서, 일정한 기간을 기준으로 그 기간의 가격변동액 중 상승액이 어느 정도 비중을 차지하고 있느냐를 나타내는 지표이다. 상대강도지수는 다음과 같이 산출된다.

$$RSI = \left(\frac{AU}{AU + AD}\right) \times 100 \tag{7-2}$$

여기서 AU : 일정 기간 동안 주가상승액의 평균
AD : 일정 기간 동안 주가하락액의 평균

만약 일정 기간 동안 주가상승액의 평균(average up ; AU)이 50이고, 일정 기간 동안 주가하락액의 평균(average down ; AD)이 50이라고 하면 상대강도지수는 50이 될 것이다. 그러나 AU가 AD에 비해 커질수록 상대강도지수는 50에서 100에 가깝게 될 것이고, 반대로 AD가 커질수록 상대강도지수는 0에 가까워질 것이다. 따라서 상대강도지수는 50을 중심으로 상승강도와 하락강도를 파악할 수 있게 하므로 시장의 추세를 판단하는 데 유용하다.

상대강도지수가 '0'에 가깝다는 것은 그 일정 기간 중 하락강도가 매우 강하다는 것으로, 현재의 주가는 더 이상 하락하기 힘든 충분히 싼 수준이므로 매입을

상대강도지수를 이용한 매매시점 분석

그림 7-20

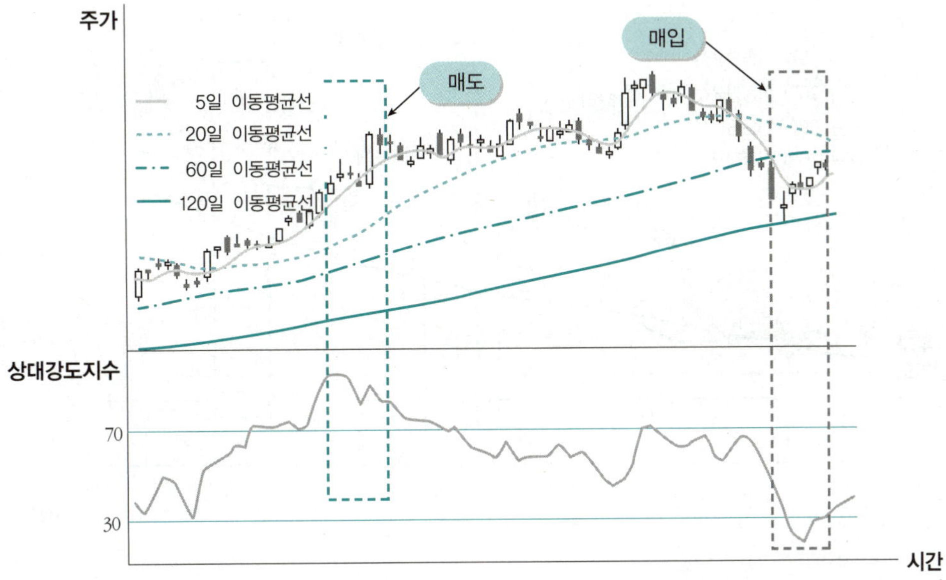

서둘러야 한다는 것을 의미한다. 한편, 상대강도지수가 '100'에 가깝다는 것은 그 일정 기간 중 상승강도가 매우 강하다는 것으로, 현재의 주가가 더 이상 상승하기 힘든 충분히 비싼 수준이므로 매도를 서둘러야 한다는 것을 나타낸다.

일반적으로 상대강도지수를 매매에 활용하는 방식은 다음과 같다.

- 상대강도지수가 70을 넘어서면 매도 포지션을 취함
- 상대강도지수가 30을 하회하면 매수 포지션을 취함

5.2 투자심리도

투자심리도는 일정 기간을 대상으로 주식의 인기, 즉 과열 및 침체도를 파악하는 지표이다. 투자심리도는 다음과 같이 최근 일정 기간 동안의 전일 대비 상승일 수를 일정 기간 수로 나누어 백분율로 나타낸다.

그림 7-21 투자심리도를 이용한 매매시점 분석

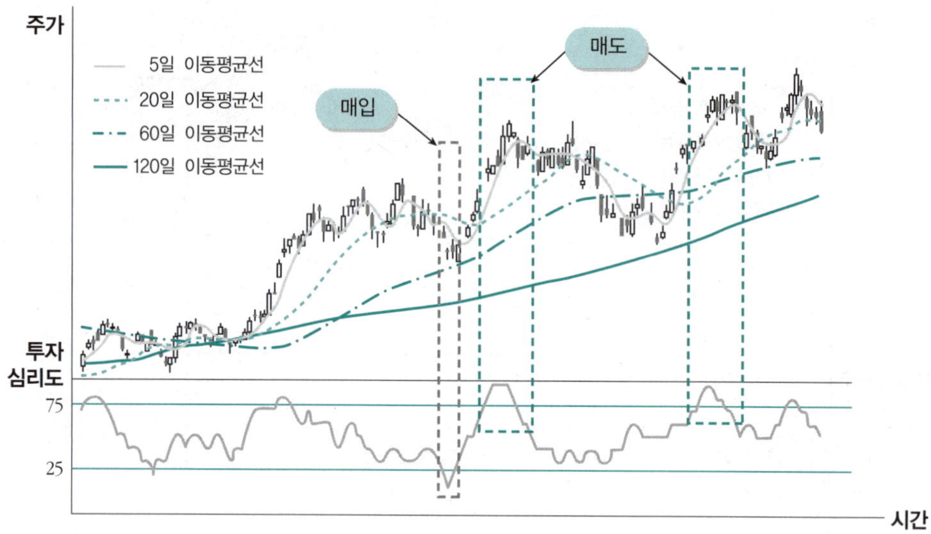

$$투자심리도 = \left(\frac{N일간\ 전일\ 대비\ 상승일\ 수}{N} \right) \times 100(\%) \quad (7-3)$$

따라서 주가가 거래일을 기준으로 매일 오른다면 투자심리도는 100%가 되며, 반대로 매일 내린다면 0%가 된다. 투자심리도가 75% 이상일 때는 투자환경이 밝고 매입세력이 왕성한 때이므로 매도시점이 된다. 반대로 25% 이하라면 투자환경이 어둡고 매도물량이 지나치게 많은 때이므로 매입시점이 된다. 25%에서 75%에 해당하는 상태를 중립지대라고 한다.

한편, 보다 정확한 매매시점을 선정하고자 투자심리도가 75% 이상에서 그 이하로 내려가는 시점을 매도시점으로, 25% 이하에서 그 이상으로 올라가는 시점을 매입시점으로 선정하기도 한다.

5.3 이격도

이격도란 당일의 주가수준과 이동평균선 간의 간격을 의미하는 것으로서, 당일의 주가를 이동평균 주가로 나눈 비율로 측정된다.

이격도를 활용한 매매시점 분석

그림 7-22

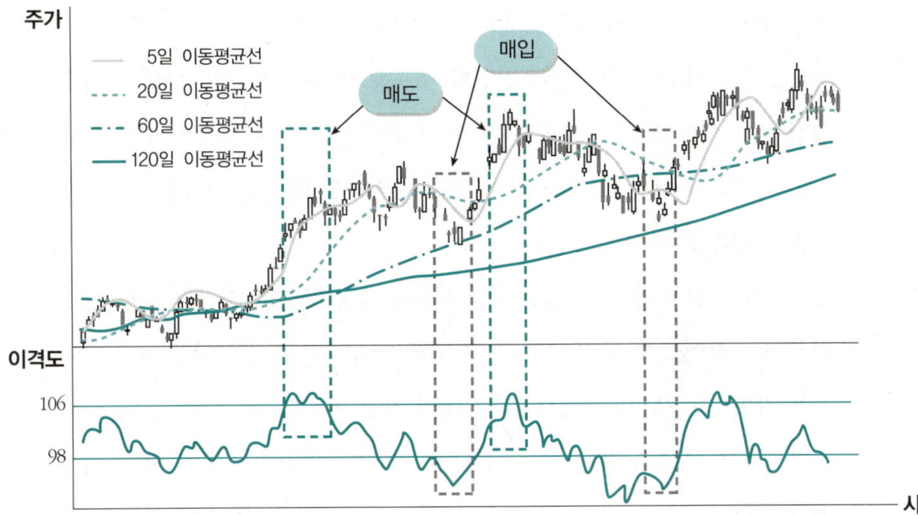

$$이격도 = \frac{당일\ 주가}{이동평균\ 주가} \times 100(\%) \qquad (7-4)$$

이격도가 100% 이상이면 당일의 주가가 이동평균선보다 위에 있는 상태, 반대로 100% 이하이면 주가가 이동평균선 아래에 있는 상태를 의미한다. 매일의 주가수준과 이동평균선 간의 간격이 어느 정도 떨어지면 주가가 상승 또는 하락하여 그 간격을 줄이려는 경향이 있으므로, 이격도가 일정 범위를 초과할 경우 단기적인 매수 또는 매도의 시점으로 삼을 수 있다.

매매시점 선정을 위해 이격도를 활용하는 경우 이격도 계산 시 사용된 이동평균선의 유형과 주식가격의 추세에 따라 달리 적용된다. 예를 들면, 단기 이동평균선을 사용하는 경우 상승추세에서는 이격도가 98% 이하이면 매수, 106% 이상이면 매도한다. 하락추세에서는 92% 이하이면 매수, 102% 이상이면 매도한다. 장기 이동평균선을 사용할 경우 상승추세에서 이격도가 98% 이하이면 매수, 110% 이상이면 매도한다. 하락추세에서는 88% 이하이면 매수, 104% 이상이면 매도하는 식으로 활용한다. 실제 주식투자에서 이격도를 활용할 경우 주식종목에 따라 차이가 있으므로 종목별로 매매시점을 위한 이격도 수준을 찾는 것이 중요하다.

5.4 필터기법

필터기법(filter rule)은 주식가격이 일정 기간 동안 최저가격에서 일정 비율 이상으로 상승하면 상승국면에 진입한 것으로 보아 매입하고, 반대로 최고가격에서 일정 비율 이하로 하락하면 하락국면에 진입한 것으로 보아 매도하는 투자기법을 말한다. 여기서 주식의 매입과 매도를 결정하는 일정한 비율의 상승폭 혹은 하락폭을 필터라고 한다.

기술적 분석의 유효성을 주장하는 논리에 따르면 주가가 일단 상승 또는 하락국면에 접어들게 되면 한동안 그 추세를 유지하는 경향이 있다고 한다. 이러한 점에 착안하여 주가가 최근의 저가에서 일정 비율만큼 상승했을 때를 상승국면에 진입한 것으로 보고 매입하며, 반대로 최근의 고가에서 일정 비율만큼 하락했을 때를 하락국면으로 보고 매도하는 행위는 유용하다고 볼 수 있다. 즉, 필터기법에 의한 투자전략이 주식을 단순하게 매입하여 보유하는 전략보다 높은 투자수익을 올릴 수 있을 것이다.

[그림 7-23]은 S전자 주식을 대상으로 5% 필터를 설정하여 필터기법을 적용

그림 7-23 필터기법에 의한 매매시점 분석

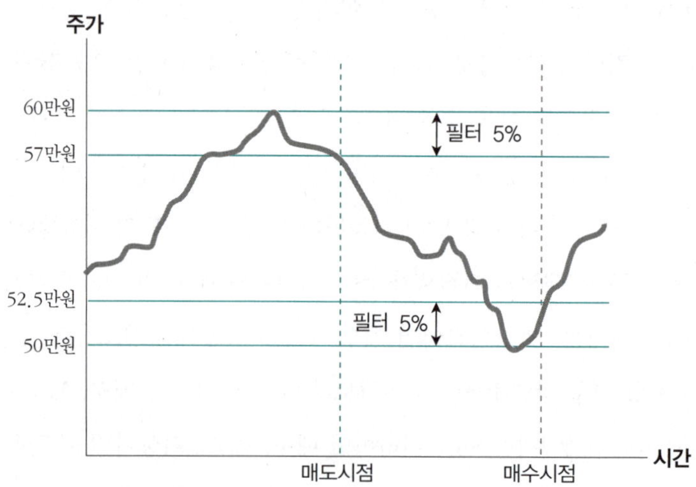

한 경우이다. 최근의 고가인 60만원에서 5%(3만원)만큼 떨어지는 시점에서 매도가 실시되고, 최근의 저가인 50만원에서 5%(2.5만원)만큼 상승하는 시점에서 매입이 이루어진다. 이러한 필터기법은 투자자의 입장에서는 분석이 용이하고 투자시점을 간단히 포착할 수 있다는 장점을 가진다. 그러나 필터의 크기를 결정하는 데 있어서 객관적인 기준이 없고 주관적인 경험에 의존할 수밖에 없다는 것이 큰 단점으로 지적된다.

6. 기술적 분석의 한계

기술적 분석은 기본적 분석과 달리 주식평가에 대한 이론적 지식이 없어도 사용할 수 있다는 점에서 유용하다. 하지만 기술적 분석은 다음과 같은 점에서 한계를 가진다.

첫째, 주가가 반복된다는 기술적 분석의 가정이 지니는 한계점이다. 과거의 주가흐름은 단지 그 당시의 경제상황, 산업특성, 기업가치, 투자자들의 심리적 요인에 의해 이루어지는데, 그럼에도 불구하고 주가흐름이 일정한 변동을 갖고 되풀이된다는 주장은 비현실적이다.

둘째, 동일한 주가변화 양상을 기초로 분석한다고 하더라도 어느 시점이 주가변동의 시작점인가 하는 해석이 분석자마다 달라질 수 있다. 이와 같은 경우 동일한 기술적 분석기법을 사용하더라도 분석자에 따라 다양한 투자전략이 사용될 수 있기 때문에 혼란이 초래될 수 있다.

셋째, 주가의 내재가치를 무시하고 주가의 단기적 변동에 집착하기 때문에 주가가 변동하는 원인을 파악할 수 없다.

중요 용어

기술적 분석 (246)
다우이론 (248)
엘리어트 파동 이론 (249)
캔들 (251)
우산형 (253)
샅바형 (254)
장악형 (254)
잉태형 (255)
전환형 패턴 (256)
지속형 패턴 (256)
헤드 앤 쇼울더형 (256)
역 헤드 앤 쇼울더형 (258)
이중천장형, 이중바닥형 (258)
원형천장형, 원형바닥형 (259)
삼각형 (259)
깃발형, 패넌트형 (260)
쐐기형 (260)
이동평균선 (262)
지지선, 저항선 (263)
정배열, 역배열 (265)
골든크로스, 데드크로스 (266)
추세선 (267)
상대강도지수 (268)
투자심리도 (269)
이격도 (270)
필터기법 (272)

사례연구 7-1

기술적 분석으로 미래 주가를 예측할 수 있을까?

미래 주가는 과거 주가와 독립적으로 움직임 … 내재가치 기반의 투자가 정석

가상 주식의 초기 주가를 50이라고 하자. 이 주식의 가격은 동전을 던져 나온 결과에 따라 등락한다. 앞면이 나오면 주가가 0.5포인트 올라 50.5가 되고, 뒷면이면 0.5포인트 떨어져 49.5가 되는 것이다. 이 가상 주식의 주가는 무작위로 오르내린다. 버튼 맬키엘 미국 프린스턴대학 경제학 교수는 이런 규칙에 따라 그린 가상 주식의 그래프를 어느 차티스트에게 보여줬다. 그 차티스트는 그래프를 보자마자 "당장 이 주식을 매수해야 한다"고 말했다. '랜덤워크 이론'을 쓴 맬키엘 교수는 이 일화를 들어 차티스트와 차티스트의 기술적 분석을 조롱했다.

기술적 분석은 앞으로 주가가 어떻게 움직일지 예측하기 위해 주가와 거래량의 과거 흐름을 분석하는 작업을 뜻한다. 과거 자료를 정리한 도표(차트)를 보고 기술적 분석을 하는 차티스트는 과거에 나타난 주가의 패턴이 일정 조건이 충족될 경우 앞으로 다시 나타난다고 믿는다.

그로테스크한 형태의 차트에 현혹되지 말라

기술적 분석의 '기술'은 여러 갈래로 개발됐다. 그중 하나가 볼린저밴드다. 볼린저밴드는 주가가 상한선과 하한선을 경계로 한 밴드에서 등락하는 경향이 있다고 가정하고 주가의 '20일 이동평균선'을 중심으로 상한선과 하한선을 구해 밴드를 구성한다. 엘리어트 파동 이론은 주가가 상승 5파와 하락 3파로 움직이며 이 8개의 파동이 하나의 사이클을 형성해 상승과 하락을 반복하는 패턴을 보인다고 주장한다. 이 밖에 캔들차트를 활용하는 기술적 분석도 있는데, 캔들차트린 일정 기긴의 주기 추이를 막대기 모양으로 나타낸 것으로, 초(캔들)를 세워놓은 것 같다고 해서 그렇게 불린다.

개인 주식투자자 중 기술적 분석을 활용해 매매하는 이들의 비중이 얼마나 되는지는 알려진 바 없다. 다만 『기술적 분석 못하면 절대 주식투자 하지 마라』, 『주식차트 성공비법』, 『차트분석 무작정 따라하기』, 『신 차트의 맥』과 같은 책이 잇따라 나오고 기술적 분석 투자기법 강의가 계속 열리는 것으로 미루어, 개인 주식투자자 상당수가 이 방법을 따르는 것으로 짐작된다.

기술적 분석에 대한 단편적인 비판은 이미 충분히 나왔다. '오마하의 현인'이라 불리는 워런 버핏은 "차트를 뒤집어놓고 봤을 때 (차트가 바로 놓였을 때와) 다른 답이 나오지 않는 걸 보고 (기술적 분석이) 별 도움이 되지 않는다는 것을 깨달았다"는 일화가 전해진다. 유럽 증권계의 '위대한 유산'이라는 칭호를 받은 앙드레 코스톨라니는 『돈, 뜨겁게 사랑하고 차갑게 다루어라』에서 "그로테스크한 형태의 차트에 현혹되는 것은 돈을 죽이는 일"이라고 말했다.

한편 멜키엘 교수가 차티스트의 예측력을 비웃는데 쓴 기법은 정공법이 아니다. 그의 판별법은 마치 영상의학과 의사의 역량을 평가한다며 가짜 X선 사진을 보여주고 "환자의 질병을 알아맞혀 보라"고 주문하는 것과 비슷하다. 제대로 된 검증 방법은 실제 주가 그래프를 차티스트에게 보여준 후 그의 예측력을 유의미한 횟수에 걸쳐 따져보는 것이다.

필자 역시 기술적 분석이 오류라고 생각하며 이 글에서는 기술적 분석을 논리적으로 검토하고자 한다. 논리 전개에 앞서 다음 몇 가지 물음을 제시한다.

- 태풍 차바가 10월 초 남부 내륙지방을 강타했다. 10월에 태풍이 상륙하기는 태풍을 관측한 지난 112년 중 10차례에 불과했다. 다음 10월 태풍이 언제 한반도에 올지 예측할 수 있을까?
- 휴대전화가 스마트폰으로 진화하고 이에 발맞춘 통신기술의 발달로 모바일 경제가 급성장하면서 제조업과 서비스업의 생태계가 오늘날과 같이 변모하리라고 누가 상상했나?
- 세계에서 손꼽히는 빈곤·독재 국가였던 한국이 자동차·반도체·스마트폰·가전·철강·조선·석유화학 등 주요 산업에서 세계적인 플레이어로 도약하고 민주주의로 이행하리라고 누가 전망했나?

이들 물음에 대한 대답은 다음에 서술하는 일련의 주장을 확인해주는 사례 중 일부다. 경제에서 많은 변수가 앞으로 어떻게 될지 정확하게 예측하기란 불가능하다. 기존 변수 외에 우리가 전혀 예상하지 못한 변수가 불거질 수 있으며 그 변수의 영향이 얼마나 크고 오래 갈지 결코 예단할 수 없다. 왜냐하면 해당 변수의 힘은 자체적으로 변할 수 있으며 우리가 어떻게 대응하는지에 따라서도 달라지기 때문이다. 마지막으로 미래는 만들어나가는 사람의 몫이다. 이 부분 또한 예측할 수 없는데, 그건 과연 누가 미래를 어떻게 개척할지 또한 아무도 모른다는 사실에서 기인한다.

다수가 비슷하게 해석하는 차트의 활용

이들 주장은 주식시장에도 그대로 적용된다. 주가에 영향을 주는 많은 변수가 어떻게 될지 미리 알기란 불가능하다. 게다가 주식시장에는 예측을 더 어렵게 하는 요인이 있다. 투자자의 심리와 상호작용이다. 주식시장을 움직이는 모든 변수가 똑같더라도 투자자들이 미래를 어떻게 내다보는지에 따라 주가의 흐름이 달라진다. 주가의 움직임은 투자심리에 되먹임되고 이는 다시 주가 등락으로 순환된다. 이 과정은 비이성적인 과열과 버블 형성으로 치닫기도 하고 주가의 과도한 폭락으로 나타나기도 한다. 버블이 형성될지, 언제 터질지, 버블 붕괴 후 지나친 하락이 얼마나 지속될지는 아무도 모른다. 이는 경제주체와 관련 당국의 대응에 따라 달라진다. 따라서 주가의 등락은 결코 같은 양상으로 반복되지 않는다. 기술적 분석은 일시적으로는 통할지 모르지만 장기적으로는 맞을 수 없다.

다만 많은 투자자들이 비슷한 판단을 내리는 차트 모양은 참고할 필요가 있다. 경제학자 존 메이나드 케인스가 '미인대회'에 비유해 설명한 것처럼 주가는 (실제로는 그렇지 않더라도) 많은 투자자들이 어떻다고 판단하면 그에 따라 움직이기 때문이다. 코스톨라니가 기술적 분석 결과 중 도움이 된다고 평가한 '이중상승'이나 '이중하락'이 그런 경우다. 코스톨라니는 이중상승을 "마지막 최고 시세가 다음 시세에 의해 초과되는 경우"라며 "이중상승이 몇 번 반복되면 주가가 계속 상승할 것이라고 결론지을 수 있다"고 말했다. 이어 "반대로 주가가 이전 최저점을 넘어서 떨어지면 이는 계속 하락할 것이라는 신호"라고 설명했다. 이중상승과 이중하락이 그런 신호가 된다면 그건 많은 사람이 그렇게 생각한 결과일 수 있다.

기술적 분석에 의존할 수 없다면 대안은 무엇인가. 주가를 보는 대신 주식의 내재가치를 분석해 투자해야 한다. 주식의 내재가치는 주가를 가리키는 시장가치와 대비되는 개념으로, 기업의 수익성이나 순자산가치를 바탕으로 산정한다. 물론 앞서 미래 예측과 관련해 설명한 것처럼, 기업의 향후 수익을 전망하는 일은 매우 어렵다. 또한 내재가치가 높더라도 상당 기간 투자자들의 관심을 받지 못할 수 있다.

좋은 곳에 이르는 길은 쉽지 않다. 성공에 이르는 투자의 길은 좁고 험하다. 그 길은 기업의 내재가치를 분석하는 데서 시작한다. 주가가 내재가치보다 많이 떨어졌거나 향후 내재가치가 현재 주가에 비해 크게 성장할 주식을 선택해 매매하는 것이 투자의 정도(正道)다.

백우진 한화증권 편집위원

출처 : 이코노미스트(2016년 10월 24일) 수정

사례연구 7-2 주식투자 손실 키우는 10가지 실수

주식투자에 멋모르고 발을 들여놨다가 뜨거운 맛을 본 초보 주식투자자들을 보면 공통적으로 저지르는 실수가 몇 가지 있다. 이런 실수만 좀 줄여도 손실을 축소할 수 있다. 다음은 증권교육방송 스탁스토리에서 강사로 활동하고 있는 샤라포바(필명)가 제시한 초보 주식투자자들의 10가지 유형의 실수를 제시한 것이다.

1. 비싸게 산다.

2~3% 올랐을 때, 오르는 것을 확인하고 들어가는데 이때는 보통 일단 다시 소폭 밀리는 경우가 대부분이다. 이때 손절매하게 되면 대부분 역사이클에 걸리게 된다. 결국 손절이 반복되어 손해만 커지는 경우가 많은데, 손절매 없이 그냥 보유하고 있는 경우에도 큰 손실을 부르게 된다. 처음부터 매수타이밍 자체가 잘못됐기 때문에 생기는 현상이다.

2. 정보를 너무 믿는다.

많은 사람들이 아는 정보인 뉴스 또는 리포트를 보고 그 종목에 대해서 맹신하는 경향이 있다. 이 같은 기대심리로 인해 실제로 어느 정도는 올라간다. 일단 초반에는 기대치 이상인 경우가 많기 때문에 추격매수를 하면 또 올라간다. 하지만 가격이 제시된 풍문이나 소문은 대부분 그 가격까지 못 간다. '소문에 사서 뉴스에 팔아라'라는 속담이 괜히 있는 게 아니다.

3. 로스컷이 없다.

손해를 보더라도 자신의 판단이 잘못됐다고 생각되면 일정 폭까지 손실을 생각하고 손절매해야 한다. 그러나 떨어져도 무대응으로 방치하는 경향이 있다. 아무리 내 눈에 좋아보이는 종목일지라도 생각지도 못한 시장의 변수가 발생할 수 있다. 한번 크게 손해가 나면 회복할 수 없는 지경에 이를 수 있음을 명심해야 한다. 적어도 이 정도 떨어지면 반드시 손절매하겠다는 자기만의 매매기준이 있어야 한다.

4. 비중조절을 할 줄 모른다.

손실이 자주 나는 사람은 쓸데없는 상상에 기대어 몰빵(분산투자를 하지 않음을 의미하는 속어)하는 경우가 많다. 손실을 빨리 복구하려고 몰빵을 하면 필패한다. 소폭의 마이너스에 민감하게 반응해서 빨리 추가매수를 해서 비중을 늘려버리면 나중에 주가가 더 떨어졌을 때 추가매수할 돈이 없게 된다. 매수를 할 때는 여러 종목을 분할 매수해 리스크를 관리하고, 매도할 때는 분할 매도를 통해 수익을 극대화해야 한다.

5. 자기만의 종목 선정 기준이 없다.

보통 초보 주식투자자들은 당일 매수할 종목을

선정하는 경우가 많다. 그러나 매수할 때는 반드시 신중해야 한다. 가장 기본적인 재무구조나 공시는 확인해봐야 한다. 또 수익이 많이 날 것 같다고 리스크가 큰 투자유의종목이나 관리종목에 투자하는 일도 없어야 한다. 이런 종목은 피하는 게 상책이다.

6. 너무 공부를 안 한다.

개인투자자들은 기술적 분석이나 종목 움직임 자체에 대해 너무 모른다. 주식은 연구하면 할수록 확실히 실력이 는다. 공부가 당장 수익으로 연결되지 않을 수도 있지만 노력도 안 해보고 모든 것을 운에 맡기는 사람에게 절대 수익은 없다. 꾸준한 노력은 자신의 나쁜 투자습관을 드러나게 하고, 영감이 떠오르게 만든다.

7. 통계적 확률보다 순간적인 감정에 의지한다.

초보 주식투자자의 특징 중 하나가 순간적인 감정에 의지한다는 것이다. 상승하고 있는 종목이 빨리 오르지 않거나 조금만 떨어져도 매도를 하게 되며 매매 횟수와 수수료가 증가하는 단기매매에 집중하는 경향이 있다. 주식은 상승과 하락이 반복되는 자본시장이다. 초보 주식투자자라면 단기매매보단 중장기 투자를 하면서 계좌 관리 및 마인드컨트롤 훈련을 먼저 해야 할 것이다.

8. 적정 수익 실현을 못한다.

자신이 정해놓은 목표가에 도달했을 경우 그것에 만족해야 한다. 그러나 팔고 난 종목이 더 오르면 아쉬워하고 또 산다. 왜냐면 오르면 더 오를 것 같다고 생각하는 게 사람 심리이기 때문이다. 그런데 실제로 전문가들도 어떤 종목을 최고점에 매도할 수 있는 경우는 별로 없다. '주식은 무릎에서 사서 어깨에서 매도해라'란 말이 있다. 전 상승률을 다 먹으려는 것은 어리석은 생각이며 만족할 만한 수익이 났을 때 미련 없이 나와야 한다.

9. 우량주는 안전하다고 믿는다.

회사가 튼실하고 좋으면 주가가 올라가는 것은 당연하다. 장기적인 관점에서는 물론 그렇다. 그러나 아무리 좋은 종목이고 우량한 종목이라도 좋은 시즌이 지나면 나쁜 시즌이 온다. 따라서 좋은 종목도 나쁜 타이밍, 즉 비쌀 때 매수하게 되면 본전까지 오는 데 상당히 많은 시간이 소모될 것이다. 세상에 안전한 종목은 없다. 안전한 타이밍만 있을 뿐이다. 다시 말해, 언제 매수하느냐가 중요하지 어떤 종목을 매수하느냐는 크게 중요한 것이 아니다.

10. 절대적인 비법, 기술이 존재한다고 믿는다.

100% 수익이 나는 기법은 아무리 연구해도 나올 수 없다. 왜냐면 주가는 미리 정해져 있는 것이 아니기 때문이다. 단지 확률이 높은 기법이 있을 뿐이다. 10번 사서 8～9번 수익이 나는 경우는 있다. 만약 승률이 높은 최신 기법이 있다 할지라도 올해 맞았던 것이 내년에는 안 맞을 수 있고 과거에 그렇게 움직였던 것도 앞으로 예외의 상황이 생기면 확률이 나빠질 수 있다. 사실 확실한 기법이 존재하지 않기 때문에 주식시장이 존재할 수 있는 것이다. 개인투자자들은 기존에 나와 있는 기법들을 절대적으로 믿지 말고 단지 투자에 활용하는 차원으로 이용해야 할 것이다.

출처 : 머니투데이(2009년 12월 31일)

사례연구 7-3 차트분석이 필요한 이유

주식투자에서 기술적 분석은 어디까지 유용할까? 차트분석은 기술적 분석의 대표적인 방법 중 하나다. 캔들과 거래량, 각종 보조지표 등을 활용해 주가의 패턴을 예측하고 투자하는 방식이다. 이는 기본적 분석, 즉 기업의 내재가치와 사업전망 등을 토대로 주가를 예측하는 방법과 대조된다. 기본적 분석을 중시하는 이들은 차트분석에 큰 의미를 두지 않는다. 차트를 아무리 파헤쳐 봐야 결국 과거의 정보일 뿐, 미래를 예측하는 데 도움이 되지 않는다는 것이다.

차트가 지나간 정보만을 보여주는 것은 맞지만 그렇다고 완전히 무시할 만한 것은 아니다. 최근의 추세(패턴)를 보여주기 때문이다. 주가 움직임과 거래량 등 최근 흐름을 파악하는 것은 투자에 있어 중요한 요소가 된다. 일례로 대량의 거래량을 동반하며 주가가 크게 하락한 경우, 통계상 추가 하락으로 이어지는 경우가 많다. 주가 차트는 이러한 정보를 제공한다.

최근 잘나가던 중소형주에 이상이 생기기 시작했다. 지난 8월부터 두 달여 간 중소형주의 약진이 이어져 왔다. 덕분에 460대에 머물던 코스닥지수도 540선까지 오르기도 했다. 이는 같은 기간 유가증권시장과 비교해 훨씬 더 나은 결과이다. 이상 조짐은 보름 전부터 시작됐다. 지난 15일 코스닥시장은 하반기 들어 최대 거래대금을 기록하며 하루 만에 2% 가까이 빠졌다. 장중에는 3% 넘게 폭락하는 등 단기 급등에 따른 차익실현 매물이 쏟아졌다. 차트상으로 보면, 이날 코스닥은 장중 하반기 최고점을 찍은 뒤 긴 음봉을 형성했다. 기술적 분석에서 볼 때 전형적인 매도 신호다. 이후 코스닥은 연일 하락을 거듭하며 500선마저 위태로운 상황에 놓여 있다. 코스피도 크게 다르지 않다. 차트분석상 지난 10일이 고비였다. 이날 코스피는 박스권을 하향 이탈하며 1,950을 무너뜨렸다. 이후 소폭의 반등 움직임은 있었지만 7거래일 연속 음(-)의 차트를 보이며 투자심리가 위축된 모습을 보였다. 결국 코스피는 1,900선마저 무너졌다.

이상의 예에서 알 수 있는 바와 같이, 차트분석이 결코 정답이 될 수는 없다. 그러나 차트분석은 투자심리에 취약한 개인투자자들에게 일종의 원칙을 제시해줄 수 있다. 아쉬움에 못 팔고 있을 때 차트는 강력히 매도 사인을 보내기도 하고, 불안함에 매수에 가담하지 못할 때 지금이 사야 할 때라고 외치기도 한다. 차트분석 신봉자들은 이 방법이야말로 허약한 투자심리를 극복하고 원칙에 따른 투자를 할 수 있는 가장 좋은 수단이라고 주장하기도 한다. 물론 반대의 경우도 있다. 소위 '세력'에 의해 차트가 조작되는 경우다. 인위적으로 매도해야만 할 것 같은 차트를 만든 뒤 순식간에 주가를 들어 올리는 일도 있고 그 반대의 경우도 종종 발생한다.

차트분석으로 백전백승할 수는 없겠지만, 기업에

대한 깊이 있는 분석과 더불어 차트분석을 적절히 활용한다면 분명 수익률 제고에 도움이 될 수는 있다. 10년간 삼성전자만 투자했다는 한 50대 주부는 삼성전자 주가 상승률의 3배가 넘는 수익률을 거뒀다고 한다. 비결을 묻자 그녀는 이렇게 답했다. "그냥 욕심부리지 않고 삼성전자가 내리면 사고 오르면 팔았어요." 차트분석은 양날의 검이지만 잘 갈고 닦으면 좋은 무기가 될 수도 있다.

출처 : 이데일리(2012년 11월 1일) 수정

연습문제

※ 완성/선택형 문제

01. (   )은 과거의 주가나 거래량 같은 자료를 이용해 주가변화의 추세를 발견하여 미래의 주가를 예측하는 방법으로서, 주가의 매매시점을 파악하는 데 유용하다.

02. 다우이론에 의하면, 주가의 움직임은 (   ), (   ), (   ) 등 세 가지 변동으로 구성된다.

03. 엘리어트 파동 이론에서 장기적으로 주가 움직임은 상승추세선을 이루는 (   )파동과 하락추세선을 이루는 (   )파동으로 구성된다고 한다.

04. (   )은 시가, 종가, 고가, 저가의 네 가지 가격으로 구성되어 있다. 직사각형 부분은 몸통(real body)이라 하며, 시가와 종가 사이의 거래 범위를 나타낸다. 그리고 몸통의 위·아래 가는 선은 그림자(shadow)라고 하며, 기간별 장중 고가와 저가를 나타낸다.

05. (   )란 캔들의 변형된 형태로, 몸통이 매우 작고 캔들을 구성하는 시가, 종가, 고가, 저가의 네 가지 가격 중 두 가지 또는 세 가지가 같거나 비슷한 경우에 나타난다.

06. (   )은 주가가 연속적으로 변동하는 상황에서 주가의 흐름을 일관성 있게 제시할 뿐만 아니라 주가의 추세를 하나의 대표되는 값으로 나타낼 수 있다는 점에서 유용하다.

07. (   )는 주식시장에서 주가의 하락을 주도하던 매도세를 충분히 극복할 수 있을 정도로 매수세가 강해져 추가 하락을 저지하는 시장가격 수준이고, (   )은 주가가 일정 수준에 도달하면 매도세가 매수세를 압도하여 추가 상승을 저지하는 시장가격 수준이다.

08. (　　　　)은 주식가격이 일정 기간 동안 최저가격에서 일정 비율 이상으로 상승하면 매입하고, 반대로 최고가격에서 일정 비율 이하로 하락하면 매각하는 투자기법을 말한다.

09. 다음은 기술적 분석에 대한 설명이다. 가장 적절하지 않은 것은?

① 기술적 분석의 핵심은 주식의 내재가치에 있다.
② 기술적 분석은 일명 차트분석이라고도 한다.
③ 기술적 분석에서는 주가가 추세를 지닌다고 가정한다.
④ 기술적 분석은 기본적 분석에 비하여 이용이 편리하다.

10. 다음 중 기술적 분석과 가장 관련성이 없는 것은?

① 삼성전자 주가는 6개월 간격으로 오르고 내리기를 반복하므로 이를 투자에 활용한다.
② 삼성전자 주가가 어제 많이 내려 오늘은 반등이 예상된다.
③ 삼성전자 주가는 유럽의 신시장 개척으로 오를 것이다.
④ 나투자 씨는 단지 캔들차트를 이용한 주식투자로 높은 수익률을 획득할 수 있었다.

11. 캔들을 구성하고 있는 것으로 가장 적절하지 않은 것은?

① 시가　　② 종가
③ 저가　　④ 지정가

12. 이동평균선을 이용한 분석에서 주식 매입시점으로 가장 적절한 것은?

① 단기 이동평균선이 중 · 장기 이동평균선을 뚫고 내려올 때
② 중 · 장기 이동평균선이 단기 이동평균선을 뚫고 올라갈 때
③ 단기 이동평균선이 중 · 장기 이동평균선을 뚫고 올라갈 때
④ 중 · 장기 이동평균선이 단기 이동평균선을 뚫고 내려올 때

13. 다음 중 그 성격이 가장 다른 하나는?

① 이동평균선분석　　② 캔들차트분석
③ 상대강도지수분석　　④ 제품수명주기분석

14. 기술적 분석의 한계점에 대한 설명이다. 가장 적절치 못한 것은?

① 주가가 일정한 변동을 갖고 반복해서 미래에 나타난다고 주장하는 것은 경제 여건이 변화하는 상황에 비추어 볼 때 상당히 비현실적이다.

② 동일한 주가변화 양상을 기초로 분석한다고 하더라도 어느 시점이 주가변동의 시발점인가 하는 해석이 분석자마다 달라질 수 있다.

③ 기술적 분석은 주식의 내재가치를 측정하여 주식의 과대 또는 과소평가를 판단하는 것으로서 장기간의 시간과 노력이 소요된다.

④ 효율적 시장에서는 기술적 분석을 통한 매매시점 분석이 모든 투자자에게 동일하게 적용가능하므로 이럴 경우 기술적 분석은 그 의미를 상실할 수 있다.

✻ 서술/계산형 문제

01. 기술적 분석의 가정 및 한계점에 관하여 설명하라.

02. 기술적 분석과 기본적 분석을 비교하여 설명하라.

03. 캔들차트의 구조를 설명하고, 캔들차트를 이용한 매매기법에 대하여 설명하라.

04. 이동평균선의 의의와 이동평균선을 이용한 매매기법에 대하여 설명하라.

05. 다음은 기술적 분석에 사용되는 지표들이다. 아래 지표들의 개념에 대하여 설명하고 이들 지표를 활용한 매매시점 결정방법에 대하여 설명하라.

(1) 상대강도지수 (2) 투자심리도

(3) 이격도 (4) 필터기법

채권투자

chapter 8 채권가격과 수익률

chapter 9 채권투자관리

Investments & Security Analysis part three

채권가격과 수익률

1. 채권의 특성과 종류
2. 채권가격과 수익률
3. 채권수익률의 기간구조
4. 채권수익률의 위험구조

08

[이 장의 개요]

채권(bond)은 일정한 기간 동안 정기적으로 약정된 이자를 지급하고, 만기일에 원금, 즉 채권의 액면가를 상환할 것을 약속한 증서이다. 주식과 마찬가지로 채권은 발행주체(발행자)가 다수의 투자자로부터 직접 자금을 조달하는 주요 수단이며, 만기가 1년 이상인 장기금융시장, 즉 자본시장(capital market)에서 거래된다. 주식과 달리 채권거래는 주로 금융기관이나 법인 등 기관투자자에 의해 이루어졌으나, 최근 채권거래제도의 개선 등에 힘입어 일반투자자들의 채권투자에 대한 관심이 높아지고 있다.

본 장에서는 채권에 대한 기본적인 개념의 이해를 돕기 위해 채권의 특성과 종류, 채권가격과 수익률, 채권수익률의 기간구조, 채권수익률의 위험구조 등을 설명한다.

1. 채권의 특성과 종류

1.1 채권의 특성

채권은 차입자(정부, 공공기관, 일반기업체, 금융기관 등)가 투자자들로부터 자금을 조달하기 위해 발행하는 일종의 채무증서이다. 일반적으로 채권의 발행자는 일정한 기간 동안 정기적으로 약정된 이자를 지급하고 만기일에 원금, 즉 채권의 액면가를 상환한다. 채권을 발행할 때는 채권의 액면가(face value), 액면(표면)이자율(coupon rate), 그리고 만기(maturity) 세 가지가 반드시 표시되어야 한다.

채권은 발행 시에 이자 및 원금(액면가) 등 소득이 확정된 확정소득증권(fixed income securities)이며, 주식과는 달리 원리금의 상환기간이 발행 시에 정해져 있는 기한부증권이다. 또한 채권투자는 원금과 이자를 확실하게 받을 수 있는 안전성, 중도에 돈이 필요할 때 현금화 가능 여부인 유동성 등의 장점을 갖추고 있으나, 주식 등에 비해 예상되는 수익(수익성)이 낮다는 단점이 있다. 주식과 채권의 차이점을 요약하면 〈표 8-1〉과 같다.

표 8-1 주식과 채권의 비교

구분	주식	채권
자본의 성격	자기자본	타인자본(부채)
증권소유자의 지위	주주	채권자
증권소유자의 권리	▪ 의결권 및 경영참가권 ▪ 배당청구권 ▪ 잔여재산청구권	▪ 회사 정리절차 등에서 채권단에 참여 ▪ 이자 및 원금상환권 ▪ 주식에 우선하는 잔여재산청구권
증권의 존속기간	영구적	한시적
위험성	크다	작다

1.2 채권의 종류

발행주체, 이자지급방법 등에 따라 채권을 다음과 같이 분류할 수 있다.

발행주체에 따른 분류

채권은 발행주체에 따라 국채(government bond), 지방채(municipal bond), 특수채(specific laws bond), 금융채(financial bond), 회사채(corporate bond)로 구분된다. **국채**는 중앙정부가 발행하고 원리금의 지급을 보증하는 채권이며, **지방채**는 지방자치단체가 발행하는 채권이다. **특수채**는 상법 이외의 특별법에 의해 설립·운영되는 특별법인(한국전력, 도로공사, 예금보험공사 등)에 의해서 발행되는 채권이며, **금융채**는 은행 등 금융기관에 의해서 발행되는 채권이다. **회사채**(또는 사채)는 주식회사(corporation)가 거액의 자금을 장기간 조달할 목적으로 발행하는 채권이다. 일반적으로 국채, 지방채 및 특수채를 포괄하여 국공채로 부르기도 한다. 발행주체에 따라 분류된 채권의 종류를 예시하면 〈표 8-2〉와 같다.

표 8-2 발행주체에 따른 분류

구분	종류
국 채	국고채권, 재정증권, 외국환평형기금채권, 국민주택채권 등
지방채	지하철공채, 지역개발공채, 도로공채, 상수도공채 등
특수채	한국전력채권, 예금보험기금채권, 부실채권정리기금채권 등
금융채	통화안정증권, 산업금융채권, 주택금융채권 등
회사채[1]	보증사채, 담보부사채, 전환사채(CB), 신주인수권부사채(BW) 등

1. 보증사채(guaranteed bond)는 원리금의 상환을 발행회사 이외의 제3자가 보증하는 채권으로서, 우리나라에서는 주로 신용보증기금이나 은행에서 보증한다. 전환사채(convertible bond ; CB)는 만기 이전의 일정 기간 내에 정해진 가격으로 발행회사의 보통주로 전환할 수 있는 권리가 부여된 채권이다. 그리고 신주인수권부사채(bond with warrant ; BW)는 주어진 기간 내에 정해진 가격으로 발행회사의 주식을 매입할 수 있는 권리가 부여된 채권으로서, 신주인수권 행사에 의해 주식을 취득하더라도 여전히 사채권자로서의 자격을 갖는다.

이자지급방법에 따른 분류

채권은 이자지급방법에 따라 이표채(coupon bond), 순수할인채(pure discount bond, zero-coupon bond), 복리채(compound interest bond)로 구분된다. **이표채**는 약정된 이자를 일정한 기간마다 지급하고(일반적으로 1년에 4번, 즉 매분기마다 이자지급) 만기에 원금을 상환하는 채권이다. **순수할인채**는 이자를 지급하지 않고 만기에 원금만 상환하는 채권으로서, 이자를 지급하지 않는 대신 그만큼 할인하여 발행되는 채권이다. **복리채**는 이자를 지급하지 않고 복리로 재투자하여 만기상환 시에 원금과 이자를 동시에 지급하는 채권이다. 이자지급방법에 따라 분류된 채권의 종류를 예시하면 〈표 8-3〉과 같다.

또한 지급이자 변동 여부에 따라 고정금리채권(fixed rate bond)과 변동금리채권(floating rate bond)으로 구분할 수도 있다. **고정금리채권**(대부분의 회사채와 국공채)은 채권발행일에 약정된 액면이자율이 만기까지 계속 유지되는 채권이며, **변동금리채권**(산업금융채 등 일부 금융채와 일부 회사채)은 액면이자율이 기준금리에 연동되어 일정 기간마다 재조정되는 채권이다.

표 8-3 이자지급방법에 따른 분류

구분	종류
이 표 채	대부분의 회사채, 3년 이하 국고채 등
순수할인채	재정증권, 통화안정증권 등
복 리 채	국민주택채권, 지역개발공채 등

증권투자 Tip

후순위채

후순위채(subordinated debt)는 채권 발행기업이 도산할 경우 채권의 상환순위에 있어 담보부사채나 무담보사채, 기타 은행대출채권 등의 일반사채보다는 뒤지나 우선주나 보통주보다는 우선한다. 주식보다는 우선하지만 다른 여타 채권보다 상환순위가 늦기 때문에 신용이 양호한 금융기관만 발행할 수 있다. 특히 중간에 상환을 요청할 수 없고 상환기간을 5년 이상으로 하기 때문에 발행기관에서는 후순위채를 자기자본으로 분류한다. 예를 들어, 미국, 영국 등지에서는 은행의 자기자본 충실화를 위해 장기성 후순위채를 일정 범위 내에서 자기자

■ 부산저축은행 후순위채권 피해자들이 부산저축은행과 경영진 등을 상대로 손해배상 청구소송을 제기한 뒤 기자회견(2011년 6월 13일)을 갖고 전액보상을 촉구하는 구호를 외치고 있다.

본으로 산입시키는 것을 인정하고 있어 최근 이 채권의 발행이 늘고 있다. 또 이들 나라에서는 최근 들어 은행, 금융기관 이외의 제조업자들도 자금조달수단으로 후순위채권을 활용하는 사례가 늘고 있다. 후순위채를 발행하면 부채비율 상승에 따른 신용평가 및 기채 조건의 악화를 회피할 수 있다는 점 때문에 발행이 선호되고 있는 것이다. 우리나라의 경우 은행감독 규정에 따라 은행들이 후순위채를 발행하면 자기자본의 50% 범위에서 채권발행액 전액을 자기자본으로 인정하도록 하고 있다. 따라서 후순위채 발행은 곧바로 자기자본비율을 끌어올리게 되며, 국제결제은행(BIS) 기준 8% 이상으로 자기자본을 확충하기 위해 대출을 회수하던 은행들의 대출여력이 후순위채 발행액의 12.5배만큼 늘어나게 된다.

후순위채는 다른 채권보다 상환순위가 늦어 상대적으로 위험하기 때문에 투자자에게 높은 표면금리를 제시하는 것이 특징이다. 따라서 일반 채권의 이자율(또는 수익률)에 만족하지 못하면서 주식에 대한 투자는 부담스러운 투자자에게 후순위채는 좋은 투자대상이 될 수 있다. 그러나 일반 채권자보다 채권상환 순서가 뒤로 밀리기 때문에 후순위채에 투자하는 경우에는 채권발행자의 신용도를 최우선으로 검토하여 투자 여부를 결정하여야 한다. 중도해지 및 담보대출은 불가능하나 양·수도 절차를 통해서 양도는 가능하며, 증권회사를 통하여 매도할 수 있다. 채권의 발행일로부터 상환일까지의 기간이 10년 이상이며 3년 이상 보유한 채권은 금융소득 종합과세에 대비하여 채권이자소득에 대해 분리과세(33.0%)를 신청할 수 있다.

2. 채권가격과 수익률

Investments & Security Analysis, Ch. Eight

2.1 채권의 가격결정

증권의 가치는 증권으로부터 얻을 수 있는 미래 현금흐름을 적절한 할인율로 할인해 구한 현재가치의 종합이라 할 수 있다. 따라서 채권의 이론적 가치는 미래에 받을 수 있는 액면이자(coupon) 및 액면가(원금)의 현재가치를 모두 합한 값이다.

증권투자 Tip

자산유동화 증권

자산유동화증권(asset backed securities ; ABS)은 유동화전문회사(special purpose company ; SPC)가 자산보유자로부터 양도받은 자산의 현금흐름과 신용도에 기초하여 발행한 증권을 의미하며, 그 발행과정은 다음과 같다.

유동화증권은 자산보유자가 자산을 유동화전문회사(SPC)에 매각하기 때문에 자산보유자의 신용도와는 관련이 없으며, 자산담보를 안전장치로 갖추고 있기 때문에 자산보유자가 직접 발행한 채권보다 높은 신용등급으로 평가된다. 일반적으로 자산담보부증권이라고 불리어 왔으나 1998년 9월 30일 '자산유동화에 관한 법률'이 제정되면서 '유동화증권'이라는 용어를 사용하게 됐다. 유동화증권 중에 주택저당대출을 담보로 한 것은 주택저당증권(mortgage backed securities ; MBS)이라고 한다. 이들 기법은 해외자금조달뿐 아니라 부동산시장, 매출채권시장 등에서 광범위하면서 다양한 형태로 활용되고 있다.

이자지급방법에 따라 순수할인채와 이표채로 구분하여 채권가격을 평가하는 방법을 살펴보자.[2] 순수할인채는 이자를 지급하지 않고 만기일에 액면가만을 상환하는 채권이며, 이표채는 만기까지 약정된 액면이자(액면가 × 액면이자율)를 매 기간 말에 지급하고 만기일에는 액면가를 상환하는 채권이다. 따라서 n기간 말에 액면가 F만을 상환하는 순수할인채와 n기간 말까지 매 기간 말 액면이자 C를 지급하고 만기일인 n기간 말에 원금 F를 상환하는 이표채의 현금흐름유형을 각각 나타내면 [그림 8-1]과 같다.

채권가격은 그 채권을 소유함으로써 얻을 수 있는 미래 현금흐름을 적절한 할인율(시장이자율 또는 채권수익률)로 할인하여 현재가치로 환산한 값이다.[3] 순수할인채의 가격은 액면가의 현재가치로서 식 (8-1)과 같이 나타낼 수 있다.

---

2. 복리이자율(즉, 재투자수익률)과 할인율이 동일한 경우 복리채와 이표채의 가치는 같아진다.
3. 적절한 할인율은 채권투자자가 요구하는 최소한도의 수익률로서 채권투자에 대한 기회비용이라 할 수 있다.

그림 8-1 채권의 현금흐름유형

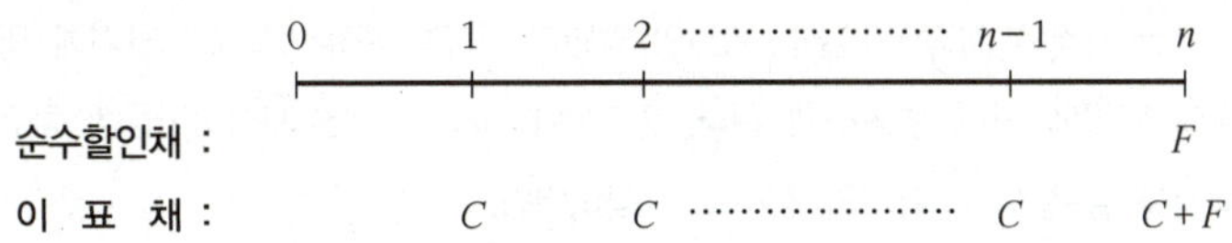

여기서 F : 액면가(원금)
C : 액면이자(액면가 × 액면이자율)
n : 만기

$$\text{순수할인채의 가격} = \frac{F}{(1+r)^n} \tag{8-1}$$

여기서 r : 시장이자율 또는 채권수익률

순수할인채는 만기까지 발생할 이자의 현재가치에 해당하는 금액만큼 할인하여 발행되나, 시간이 경과함에 따라 발생된 이자만큼 채권가격이 상승하게 된다. 그 결과 만기일에 순수할인채의 가치는 액면가와 같아진다.

그리고 이표채의 가격은 액면이자의 현재가치와 액면가의 현재가치를 합하여 식 (8-2)와 같이 구할 수 있다.

$$\text{이표채의 가격} = \frac{C}{1+r} + \frac{C}{(1+r)^2} + \cdots + \frac{C}{(1+r)^n} + \frac{F}{(1+r)^n} \tag{8-2}$$

식 (8-1)과 식 (8-2)에서 볼 수 있는 바와 같이 채권가격은 액면이자(C), 액면가(F), 만기까지의 기간(n), 그리고 시장이자율(r)에 의해 결정된다. 채권의 발행시점에서 채권의 액면이자, 액면가, 만기 등이 결정되기 때문에 채권가격은 주로 시장이자율(채권수익률)에 의해 변동됨을 알 수 있다. 시장이자율이 상승하면, 채권투자자가 받을 수 있는 미래 현금흐름(액면이자 및 원금)의 현재가치, 즉 채권가격이 떨어진다. 따라서 시장이자율과 채권가격은 역의 관계를 가지고 움직인다는 것을 알 수 있다.

액면이자율이 시장이자율보다 높을 경우 채권은 액면가보다 높은 가격으로 발행되는데, 이와 같은 채권을 **할증채**(premium bond)라고 한다. 그 반대로 액면

증권투자 Tip

채권가격정리

채권가격은 시장이자율과 채권의 액면가, 액면이자율, 그리고 만기에 의해서 결정되며, 이들의 변화에 따라 변동하게 된다. 말키엘(B. Malkiel)은 시장이자율과 채권가격 간의 관계를 다음과 같은 다섯 가지의 정리로 요약하였다.[4]

- **정리 1** : 채권가격과 시장이자율은 역(-)의 관계를 가진다.
- **정리 2** : 만기가 길수록 시장이자율의 변화에 따른 채권가격의 변동폭이 더 커진다.
- **정리 3** : 시장이자율 변화에 대한 채권가격의 변동폭은 만기가 길어짐에 따라 체감하면서 증가한다.
- **정리 4** : 만기가 일정할 경우 시장이자율 하락으로 인한 채권가격의 상승폭은 같은 크기의 이자율 상승으로 인한 채권가격의 하락폭보다 크다.
- **정리 5** : 액면이자율이 낮을수록 시장이자율 변화에 따른 채권가격의 변동폭이 더 커진다.

이자율이 시장이자율보다 낮을 경우 채권은 액면가보다 낮은 가격으로 발행되는데, 이와 같은 채권을 **할인채**(discount bond)라고 한다. 한편, 액면이자율이 시장이자율과 같을 경우 채권은 액면가로 발행되는데, 이와 같은 채권을 **액면채**(par bond)라고 한다. 할증채, 할인채 등 모든 채권가격은 시간이 경과함에 따라 액면가에 접근하게 되며, 만기시점에서는 모두 액면가와 같아지게 된다. 시간이 경과함에 따라 할증채의 가격은 하락하여 자본손실(capital loss)이 나타나는 반면, 할인채의 가격은 상승하여 자본이득(capital gain)이 발생하게 된다.

예제 8-1 순수할인채의 가치평가

만기는 5년 후이며, 액면가는 100만원인 순수할인채의 가치는 얼마인가? (단, 시장이자율은 5%이다.)

해답

$$\text{순수할인채의 가치} = \frac{100}{(1+0.05)^5} = 78.35\text{만원}$$

4. Burton G. Malkiel, "Expectations, Bond Prices, and the Term Structure of Interest Rates," *Quarterly Journal of Economics*, Vol. 76(May 1962), pp. 197~218.

예제 8-2 이표채의 가치평가

새나라주식회사는 액면가 10,000원, 만기 3년, 액면이자율 8%(단, 이자는 매년 말에 지급됨)인 사채를 발행하였다.

(1) 시장이자율이 6%인 경우 사채의 발행가격은?

(2) 시장이자율이 8%인 경우 사채의 발행가격은?

(3) 시장이자율이 10%인 경우 사채의 발행가격은?

해답

(1) 사채의 가격 $= \frac{800}{1+0.06} + \frac{800}{(1+0.06)^2} + \frac{800+10,000}{(1+0.06)^3} = 10,535$원

→ 시장이자율 < 액면이자율 : 할증발행

(2) 사채의 가격 $= \frac{800}{1+0.08} + \frac{800}{(1+0.08)^2} + \frac{800+10,000}{(1+0.08)^3} = 10,000$원

→ 시장이자율 = 액면이자율 : 액면발행

(3) 사채의 가격 $= \frac{800}{1+0.1} + \frac{800}{(1+0.1)^2} + \frac{800+10,000}{(1+0.1)^3} = 9,503$원

→ 시장이자율 > 액면이자율 : 할인발행

2.2 채권수익률

채권수익률(bond yield)은 채권에 투자하여 얻을 수 있는 수익의 크기를 나타내는 척도로서 예금의 이자율과 유사한 개념이며, 채권의 투자성과를 측정하거나 채권가격을 평가할 때 사용될 수 있다.[5] 채권수익률에는 이용목적과 산정방법에 따라 만기수익률, 단순수익률, 실현수익률 등 다양한 형태가 있으나, 가장 대표적인 것은 채권으로부터 얻을 수 있는 미래 현금흐름의 현재가치와 채권의 시장가격을 일치시켜 주는 할인율, 즉 만기수익률(yield to maturity ; YTM)이다.

만기수익률

만기수익률은 만기까지의 현금유입액이 투자원금에 대하여 연간 어느 정도의 수익을 가져오는가를 나타내는 예상수익률이며, 가장 대표적인 채권수익률이라

5. 채권의 투자자는 약정이자수익, 이자를 재투자해서 얻는 재투자수익, 그리고 채권의 시장가치와 투자원금의 차액인 자본이득(또는 손실) 등 세 가지 원천으로부터 수익을 얻을 수 있다.

증권투자 Tip

이자율과 수익률

이자율(금리)과 수익률은 모두 투자수익을 나타내는 용어이다. 다만, 수익이 확정된 경우에는 이자율을 사용하고, 수익이 확정되지 않은 나머지 경우에는 수익률을 사용한다. 지급액이 확정된 은행 정기예금의 수익은 이자율로 표현하고, 이표채에서 이자로 지급하는 액면가의 일정 비율은 액면(표면)이자율 또는 액면(표면)금리로 표현한다. 실적상품인 은행의 신탁상품과 투자신탁의 수익증권, 그리고 주식, 채권 등 수익이 불확실한 자산의 수익은 모두 수익률로 표현한다.

시장이자율(금리), 시중이자율(금리), 실세금리, 시장수익률은 모두 자금시장에서 수요와 공급에 의해 결정된 이자율과 수익률을 말하는데, 특별히 구분할 필요가 없는 경우에는 혼용되고 있다. 거의 모든 금융상품의 이자율이나 수익률이 시장에서 결정되기 때문에 이들은 사실상 시장이자율과 시장수익률이다. 하지만 이러한 용어들은 대표적인 자금(금융상품)에 대해서 사용하는 것이 일반적이다. 예를 들어, 콜, 91일물 CD, 1년 만기 은행 정기예금, 3년 만기 금융기관보증 회사채 등에 대해서 시장이자율(금리) 또는 시장수익률이라는 표현을 사용한다.

임석필, 「증권투자의 이해」(창민사, 2001년), p.325

할 수 있다. 즉, 만기수익률은 현재시점에서 채권(이표채 등)을 매입하여 만기까지 보유하는 경우에 투자자가 얻을 수 있는 연간 평균수익률을 의미하며, 채권의 시장가격과 그 채권을 소유할 경우 얻을 수 있는 미래 현금흐름(액면이자 및 액면가)의 현재가치를 일치시켜 주는 할인율로 정의된다.[6] 채권가격을 알고 있는 경우 앞의 식 (8-2)를 이용하여 만기수익률(r)을 구할 수 있다.[7]

$$\text{채권가격} = \frac{C}{1+r} + \frac{C}{(1+r)^2} + \cdots + \frac{C}{(1+r)^n} + \frac{F}{(1+r)^n} \qquad (8-2)'$$

식 (8-2)′에 의해 계산된 만기수익률은 만기 전에 받는 액면이자의 재투자수익률과 만기수익률이 동일하다는 가정 하에 계산된 것이다. 그러므로 재투자수익률과 만기수익률이 다를 경우 실제수익률이 만기수익률과 달라질 수 있음을 유의해야 한다. 발행시장에서 채권이 발행되어 처음 매출될 때의 발행수익률과 매출된 채권이 유통시장에서 계속 매매되는 과정에서 시장의 여건에 따라 형성되는

6. 특히 순수할인채의 만기수익률을 현물이자율(spot interest rate)이라 한다.
7. 식 (8-2)′을 만족시키는 할인율(만기수익률)을 찾기 위해서는 시행착오법(trial-and-error method)으로 근사치를 구해야 하는데, 이는 Excel 등을 이용하여 쉽게 계산할 수 있다.

증권투자 Tip

Excel의 활용 : 채권가격과 만기수익률의 계산

마이크로소프트사의 엑셀(Microsoft Excel™)에서 이용할 수 있는 재무함수 중 채권가격 또는 만기수익률을 계산하는 데 이용할 수 있는 함수식은 다음과 같다.

계산하고자 하는 값	함수식
현재가치(채권가격)	= *PV*(rate, nper, pmt, fv, type)
이자율(만기수익률)	= *RATE*(nper, pmt, pv, fv, type)
내부수익률(만기수익률)	= *IRR*(values, guess)

주 : 1. pmt, pv, fv는 각각 정기적립액(액면이자 = 액면가 × 액면이자율), 현재가치, 미래가치(액면가)를 나타냄. (지출되는 금액은 음수(−)로 표시하고, 받을 금액은 양수(+)로 표시함.)

2. rate, nper는 각각 기간당 이자율, 투자기간을 나타냄. (이자율은 투자기간 단위와 일치해야 함. 예를 들어, 투자기간 단위가 월이라면 이자율은 월간 이자율을 사용해야 함.)

3. type은 정기적립액이 있는 경우 적립시점(기말 : 0, 기초 : 1)을 나타내며, type을 생략하면 0으로 간주됨.

4. values는 일련의 현금흐름이 입력되어 있는 셀의 범위(최소한 1번 이상의 현금유입(+)과 1번 이상의 현금유출(−)이 있어야 함)이며, guess는 시행착오법에 의해 IRR을 계산할 때 초기치(initial value)로 사용되는 수익률(생략하면 기본값인 10%로 간주)을 나타냄.

	A	B	C	D	E	F	G
1	<예제 8-2> 채권가격의 계산						
2	액면가	10,000					
3	만기	3					
4	액면이자율	8%					
5	시장이자율	6%	8%	10%			
6			=PV(B5, B3, -B2*B4, -B2)				
7	(1) 사채가격	10,535	=PV(C5, B3, -B2*B4, -B2)				
8	(2) 사채가격	10,000	=PV(D5, B3, -B2*B4, -B2)				
9	(3) 사채가격	9,503					
10							
11	<만기수익률의 계산>						
12	1. =RATE(nper, pmt, pv, fv, type) 함수				2. =IRR(values, guess)함수		
13	액면가	1,000			기 간	현금흐름	
14	만기	2			현 재	-980	
15	액면이자율	10%			1년도 말	100	
16	사채의 현재가격	980			2년도 말	1,100	
17			=RATE(B14, B13*B15, -B16, B13)			=IRR(F14:F16)	
18	만기수익률	11.17%			11.17%		
19							

유통수익률은 모두 만기수익률로 표시된다.

단순수익률

단순수익률(current yield)은 액면이자가 채권가격에서 차지하는 비율로서 경

그림 8-2 만기수익률, 단순수익률, 액면이자율의 관계

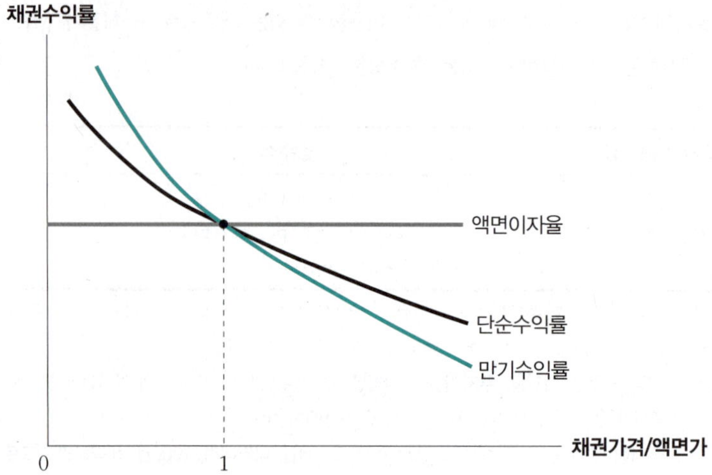

상수익률, 직접수익률 또는 이자수익률이라고도 한다. 단순수익률은 주식에서의 배당수익률과 동일한 의미를 가지는 것으로 볼 수 있다.

$$단순수익률 = \frac{액면이자}{채권가격} \tag{8-3}$$

단순수익률은 만기 시 자본이득(또는 손실)이나 재투자수익 등을 고려하지 않고 액면이자 수입만을 평가하는 수익률 척도라 할 수 있다. 따라서 이자수익을 중시하는 투자자에게는 중요한 지표이며, 계산식이 간단하기 때문에 자주 이용된다.

채권이 액면가보다 높게 발행될 경우, 즉 할증발행(채권가격/액면가 > 1)될 경우 단순수익률은 액면이자율(액면이자/액면가)보다 낮아지나, 채권에 내재된 자본손실을 고려한 만기수익률보다는 높을 것이다. 한편, 채권이 액면가보다 낮게 발행될 경우, 즉 할인발행(채권가격/액면가 < 1)될 경우 단순수익률은 액면이자율보다 높아지나, 채권에 내재된 자본이득을 고려한 만기수익률보다는 낮을 것이다. 만기수익률, 단순수익률, 액면이자율의 관계를 그림으로 나타내면 [그림 8-2]와 같다.

실현수익률

실현수익률(realized compound yield)은 일정 투자기간, 즉 투자시점(채권매입시점)에서부터 투자종료일(채권매도시점)까지 얻을 수 있는 실현총수익의 투자금액(채권매입가격)에 대한 비율을 연복리 방식으로 계산하여 구한 연간 수익률이다. 즉, 채권을 일정 기간(n년) 동안 보유했을 경우에 그 채권의 실현수익률은 다음과 같이 산출될 수 있다.

$$\text{실현수익률} = \sqrt[n]{\frac{\text{실현총수익}}{\text{채권매입가격}}} - 1 \quad (8-4)$$

여기서 실현총수익 = 투자종료일의 채권가격 + 액면이자의 투자종료일 가치

만기수익률은 액면이자의 재투자수익률이 매입 당시의 만기수익률과 동일하다는 다소 비현실적인 가정 하에서 산출되지만, 실현수익률은 시장이자율의 변동에 따라 재투자수익률을 각각 다르게 적용하여 계산된다. 또한 만기수익률은 만기에 투자원금을 액면금액으로 회수하는 것을 전제로 하여 투자손익을 계산하고 있음에 반해, 실현수익률의 경우에는 일정 투자기간 종료일 현재 채권의 시장가격에 의해 계산된다.

만기수익률은 원리금이 약정대로 지급된다는 가정 하에서 계산된 사전적 수익률로서 약속수익률(promised yield)이라고 한다. 이에 비해 실현수익률은 일정 기간 동안 채권을 보유하였을 때 실제로 얻을 수 있는 수익률로서 사후적 수익률이라 할 수 있다.

예제 8-3 만기수익률, 단순수익률, 실현수익률

새나라주식회사는 액면가 10,000원, 만기 3년, 액면이자율 8%(단, 이자는 매년 말에 지급됨)인 채권을 발행하였다. 이 사채의 현재 시장가격은 10,535원이다.

(1) 이 채권의 만기수익률은 얼마인가?

(2) 이 채권의 단순수익률은 얼마인가?

(3) 현재 이 채권을 매입하여 2년간 보유할 예정이다. 시장이자율이 계속 상승하여 시장이자율(만기수익률)이 1년 후에는 7%, 2년 후에는 8%가 될 경우 이 채권의 실현수

익률은 얼마인가?

(4) 물음 (3)에서 만기일(3년 후)까지 보유할 경우 실현수익률은 얼마인가?

해답

(1) $10,535원 = \frac{800}{1+r} + \frac{800}{(1+r)^2} + \frac{800+10,000}{(1+r)^3}$ → 만기수익률(r) = 6%

(2) 단순수익률 $= \frac{800}{10,535} = 0.0759$ (또는 7.59%)

(3) ▪ 현재(투자시점) 채권의 매입가격 = 10,535원

▪ 투자종료일(2년 후)의 채권가격 $= \frac{800+10,000}{1+0.08} = 10,000$원

(투자종료일인 2년 후 이 채권의 잔존 만기는 1년이며, 그 시점에서의 적절한 할인율은 8%임.)

▪ 액면이자의 투자종료일 가치 $= 800(1+0.07)+800 = 1,656$원

(1년 후 받게 되는 액면이자는 그 시점에서의 시장이자율 7%로 1년간 재투자할 수 있음.)

→ 실현수익률 $= \sqrt{\frac{10,000+1,656}{10,535}} - 1 = 0.0519$ (또는 5.19%)

(4) ▪ 현재(투자시점) 채권의 매입가격 = 10,535원

▪ 만기일(3년 후)의 채권가격(액면가) = 10,000원

▪ 액면이자의 만기일 가치 $= 800(1+0.07)(1+0.08)+800(1+0.08)+800$

$= 2,588.48$원

→ 실현수익률 $= \sqrt[3]{\frac{10,000+2,588.48}{10,535}} - 1 = 0.0612$ (또는 6.12%)

(만약 시장이자율이 발행 시의 만기수익률과 동일한 6%를 계속 유지한다면, 실현수익률은 만기수익률과 동일한 6%가 됨.)

3. 채권수익률의 기간구조

Investments & Security Analysis, Ch. Eight

3.1 채권수익률의 기간구조의 의의

채권의 위험 및 다른 발행조건이 동일하더라도 채권의 만기까지의 기간이 달라짐에 따라 채권수익률은 달라질 수 있다. **채권수익률**(또는 이자율)**의 기간구조**(term structure)는 채권수익률과 만기의 관계를 설명하는 곡선을 의미하는 것으로서 수익률곡선(yield curve)이라고도 한다.

채권수익률의 기간구조 그림 8-3

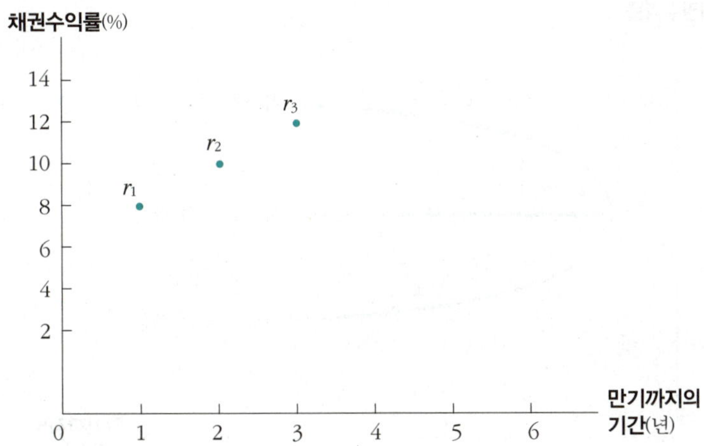

[그림 8-3]에서 채권수익률의 기간구조의 한 형태를 예시하였다. [그림 8-3]에서는 만기가 길어질수록 채권수익률이 증가하고 있는 기간구조를 보여준다. 즉, $r_1 < r_2 < r_3$이다. [그림 8-3]과 같이 주어진 채권수익률의 기간구조는 단지 특정 시점(예를 들어, 20×1년 5월 1일 AM 10 : 00)에만 존재하는 것이다. 극단적으로 만약 시간이 약간만 지나가도 그 기간구조는 바뀌게 된다. 즉, 20×1년 5월 1일 AM 10 : 01에는 또 다른 기간구조가 존재하게 된다.

3.2 채권수익률의 기간구조이론

채권수익률의 기간구조를 설명하는 이론으로 기대이론, 유동성선호이론, 시장분할이론 등이 있다

기대이론

기대이론(expectation theory)은 채권수익률의 기간구조가 미래이자율에 대한 투자자들의 평균적인 기대를 정확히 반영하여 결정된다는 것을 의미한다.[8]

그림 8-4 기대이론과 채권수익률의 기간구조

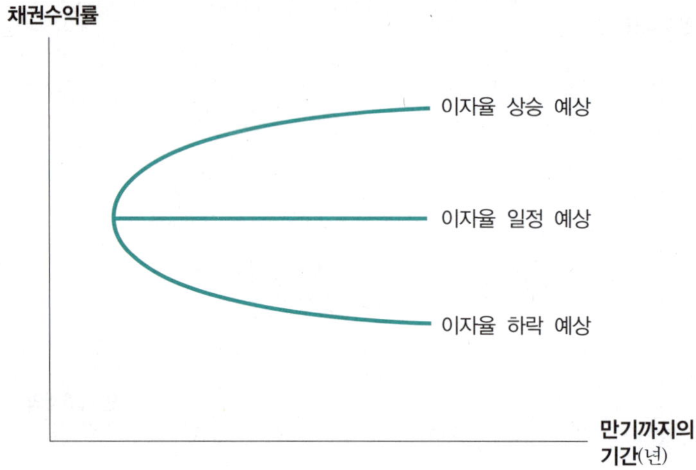

기대이론 : 채권수익률 = 미래 예상이자율

예를 들어, 미래이자율이 높아질 것으로 예상되면 채권수익률의 기간구조는 우상향하는 형태가 되며, 미래이자율이 낮아질 것으로 예상되면 채권수익률의 기간구조는 우하향하는 형태가 된다. 그리고 미래이자율이 일정할 것으로 예상되면 이자율의 기간구조는 수평의 형태가 된다. 이와 같은 기간구조들을 그림으로 나타내면 [그림 8-4]와 같다.

유동성선호이론

유동성선호이론(liquidity preference theory)은 일반적으로 투자자들이 단기채권을 더 선호하기 때문에 장기채권에 투자할 경우 예상 미래이자율 외에 추가적인 프리미엄, 즉 유동성프리미엄(liquidity premium)을 요구한다는 이론이다.[9]

---

8. 기대이론을 불편기대이론(unbiased expectation theory) 또는 순수기대이론(pure expectation theory)이라고도 한다.
9. 기대이론에서는 위험을 고려하지 않는 위험중립형 투자자를 가정하고 있는 반면, 유동성선호이론

유동성선호이론과 채권수익률의 기간구조 그림 8-5

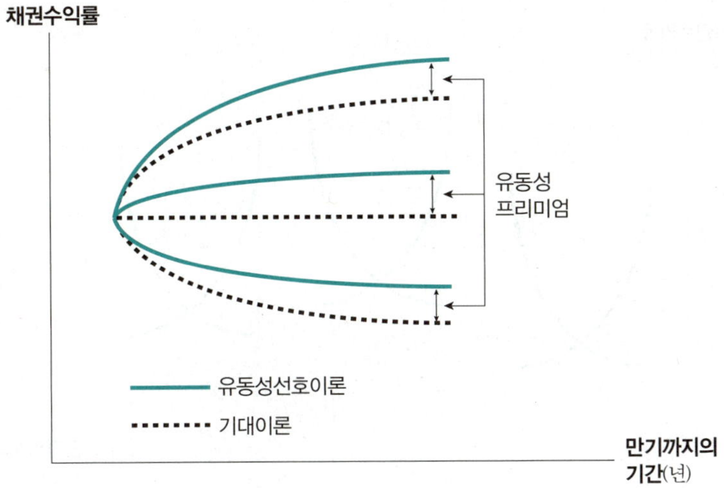

즉, 만기가 길수록 원금 및 이자지급에 대한 불확실성과 미래이자율 변동에 따른 채권가격의 변동가능성이 더 커지기 때문에 이에 대한 보상, 즉 유동성프리미엄을 요구하게 된다.

유동성선호이론 : 채권수익률 = 미래 예상이자율 + 유동성프리미엄

유동성선호이론에 의하면 채권수익률의 기간구조는 기대이론에 의한 경우보다 유동성프리미엄을 반영하여 상향(upward)으로 조정되어 나타나게 된다. 유동성선호이론을 그림으로 나타내면 [그림 8-5]와 같다.

시장분할이론

시장분할이론(market segmentation theory)은 투자계층이 서로 다른 단기채권과 장기채권의 수익률은 각각 분할된 시장에서 독립적으로 결정된다는 이론이다.

(유동성프리미엄이론이라고도 함)에서는 위험을 싫어하는 위험회피형 투자자를 가정하고 있다.

그림 8-6 시장분할이론과 채권수익률의 기간구조

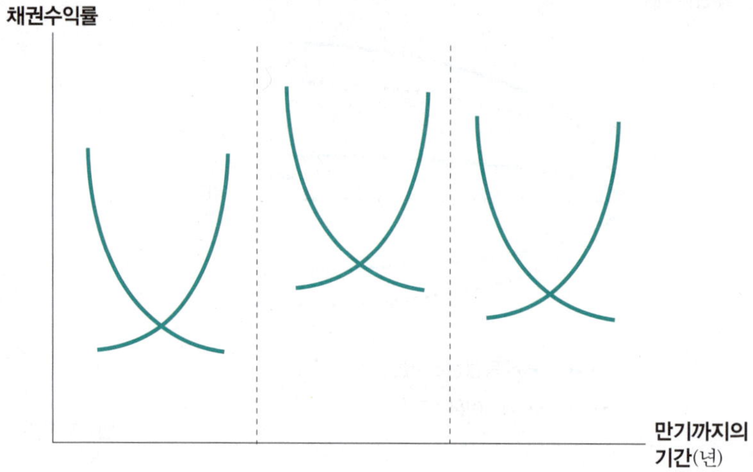

즉, 단기채권의 수익률은 단기자금의 수요와 공급에 의해서 결정되고, 장기채권의 수익률은 장기자금의 수요와 공급에 의해서 결정된다는 것이다. 이 이론은 투자자들이 완전한 위험회피성향을 가지고 있으며, 또한 제도적인 요인에 의해 특정 만기를 선호하기 때문에 단기채권과 장기채권은 상호 대체투자수단이 될 수 없다고 가정하고 있다. 예를 들어, 단기채무가 많은 개별기업이나 상업은행 등은 단기채권에 주로 투자하는 반면, 보험회사나 연기금 등은 장기채권 투자를 더 선호한다는 것이다. 시장분할이론에 의한 이자율의 기간구조는 [그림 8-6]과 같이 나타낼 수 있다.

시장분할이론에 의하면 이자율의 기간구조는 미래이자율에 대한 기대나 유동성프리미엄 등에 의해서 결정되는 것이 아니라, 채권만기의 선호도에 따라 분할된 단기채권시장 또는 장기채권시장에서의 수요 · 공급의 원리에 의해서 결정된다. 그러나 이 이론은 시장의 효율성과 차익거래의 기회를 무시하고 있기 때문에 현실적인 설득력이 약하다고 할 수 있다.[10]

---

10. 이와 같은 문제점을 보완한 이론으로서 투자자들이 특정 만기를 선호하지만, 충분한 대가(위험프리미엄)만 주어진다면 다른 만기의 채권에도 투자할 수 있다는 선호영역이론(preferred habitat theory)이 있다.

4. 채권수익률의 위험구조

채권은 만기까지의 이자와 원금의 상환액이 계약에 의해 보장되어 있는 확정이자부증권으로서 다른 금융상품에 비해 비교적 안전성이 높은 것으로 알려져 있다. 그러나 채권투자의 위험이 전혀 없는 것은 아니다. 발행주체(발행자)의 영업실적이 악화되어 원리금 지급불능의 상황이 발생될 수 있으며, 임의상환과 같은 계약조건에 따라 투자수익의 위험 또는 불확실성이 커질 수 있다. 이와 같이 채권의 발행주체 또는 발행조건으로 인한 위험 때문에 채권수익률의 체계적 차이가 발생될 수 있다.

4.1 채무불이행위험과 채권수익률의 위험구조

채무불이행위험(default risk)이란 채권의 발행주체가 이자와 원금을 약속한 대로 지급하지 못할 가능성을 말하며, 이와 같은 채무불이행위험과 채권의 만기수익률 간의 체계적인 관계(다른 조건이 일정할 경우 채무불이행위험이 높을수록 채권의 만기수익률은 높아짐)를 **채권수익률**(또는 이자율)**의 위험구조**(risk structure)라 한다.

채무불이행이 발생하지 않는다고 가정하여 계산된 위험채권의 만기수익률인 약속수익률(promised yield)과 국공채 등 무위험채권의 만기수익률인 무위험수익률(default-free yield)의 차이를 채권의 **수익률스프레드**(yield spread)라 한다. 그리고 약속수익률과 채무불이행가능성을 고려하여 계산된 수익률의 기대값인 기대수익률(expected yield)의 차이를 **채무불이행프리미엄**(default premium)이라 하며, 기대수익률과 무위험수익률의 차이를 **위험프리미엄**(risk premium)이라 한다.[11] 그러므로 수익률스프레드는 채무불이행프리미엄과 위험프리미엄을 합한 것과 같다.

11. 채권의 기대수익률은 실현가능한 수익률의 확률분포에 의해 계산될 수 있다.

그림 8-7 위험채권의 수익률 구성

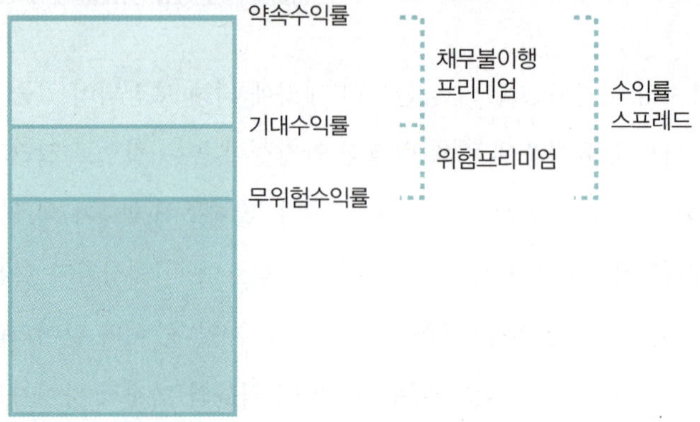

$$\begin{aligned} \text{수익률스프레드} &= \text{약속수익률} - \text{무위험수익률} \\ &= (\text{약속수익률} - \text{기대수익률}) + (\text{기대수익률} - \text{무위험수익률}) \\ &= \text{채무불이행프리미엄} + \text{위험프리미엄} \end{aligned}$$

채무불이행프리미엄은 채무불이행가능성에 대한 프리미엄이며, 위험프리미엄은 기대수익률의 불확실성에 대한 프리미엄이다. 기대수익률의 불확실성은 미래 현금흐름의 불확실성, 임의상환위험 등에 기인한다. 위험채권의 약속된 만기수익률은 무위험수익률에 채무불이행프리미엄과 위험프리미엄을 합한 값으로서 [그림 8-7]과 같이 구성된다. 결론적으로 다른 조건이 일정할 경우 채무불이행위험이 높을수록 채권의 만기수익률은 높아진다.

예제 8-4 수익률스프레드

3년 만기 사채의 만기수익률은 8%이며, 채무불이행가능성을 고려하여 계산된 기대수익률은 6%이다. 3년 만기 국채수익률이 5%일 경우 사채의 수익률스프레드, 채무불이행프리미엄, 위험프리미엄을 각각 구하라.

해답

- 수익률스프레드 = 8% − 5% = 3%
- 채무불이행프리미엄 = 8% − 6% = 2%
- 위험프리미엄 = 6% − 5% = 1%

4.2 채권등급평가

채권등급평가(bond rating)는 신용평가기관(bond rating agency)이 채권의 원리금상환에 대한 발행주체의 능력을 평가하여, 이를 이해하기 쉬운 기호나 문장으로 등급을 매겨 투자자에게 전달하는 제도를 의미한다. 채권등급평가의 목적은 특정 채권의 채무불이행위험에 관한 정보를 투자자에게 전달함으로써 투자자를 보호하는 데 있다.

세계적으로 가장 권위있는 신용평가기관은 미국의 S&P(Standard and Poor's Corporation)와 무디스(Moody's Investors Service)이다. S&P와 무디스의 평가기준, 평가방식, 평가결과는 거의 비슷하지만 신용등급의 부호에 다소 차이가 있다. S&P와 무디스의 회사채 등 장기채권의 등급은 〈표 8-4〉에서 볼 수 있는 것과 같이 최상급(S&P : AAA, 무디스 : Aaa)에서 최하급(S&P : D, 무디스 : C)으로 크게 9~10등급으로 나누어, 각 등급을 다시 3등급으로 구분(S&P : 기본 등급에 +, - 부여, 무디스 : 기본 등급에 1, 2, 3 부여)하고 있다. S&P의 BBB- 또는 무디스의 Baa3등급 이상의 채권은 투자적격채권으로 볼 수 있으나, S&P의 BB+ 또는 무디스의 Ba1등급 이하의 채권은 채무불이행위험이 높은 투기적 성격의 채권으로 정크본드(junk bond)라 불린다.

우리나라의 경우 신용평가제도가 도입된 것은 한국산업은행의 출자로 한국기업평가㈜가 설립된 1983년부터이다. 본격적인 도입은 1985년 2월 26일 투자금융회사를 중심으로 한 제2금융권의 출자로 한국신용평가㈜가 설립되면서 시작되었다. 그 후 1986년 9월 시중은행의 출자로 한국신용정보㈜(2007년 11월 평가사업부문의 물적 분할로 한신정평가㈜ 설립된 후, 2011년 9월 NICE 신용평가㈜로 사명 변경)가 설립되면서 3개의 전문신용평가회사를 중심으로 한 현재의 신용평가제제가 확립되었다. 우리나라의 채권등급평가도 S&P 또는 무디스와 유사하다.

표 8-4 S&P와 무디스의 회사채등급의 분류와 그 의미

S&P	무디스	의미
AAA	Aaa	최상급채권으로 원리금지급능력이 극히 강함.
AA+ AA AA-	Aa1 Aa2 Aa3	상급채권으로 원리금지급능력이 매우 강함.
A+ A A-	A1 A2 A3	중상급채권으로 원리금지급능력은 강하지만, 경제적 상황의 변화에 따라 문제가 발생할 가능성도 약간 있음.
BBB+ BBB BBB-	Baa1 Baa2 Baa3	중급채권으로 원리금지급능력은 충분하지만, 경제적 상황의 변화에 따라 문제가 발생할 가능성이 다소 높음.
BB+ BB BB-	Ba1 Ba2 Ba3	저급채권으로 미래의 원리금지급능력이 불확실하고, 약간의 투기적 요소가 있음.
B+ B B-	B1 B2 B3	투자에 적합하지 않은 채권으로 원리금지급능력 또는 계약조건의 유지가능성이 낮음.
CCC+ CCC CCC-	Caa1 Caa2 Caa3	채무불이행가능성이 높음.
CC	Ca	매우 투기적이며, 채무불이행가능성이 매우 높음.
C D	C	최하급채권으로 극히 투기적이며, 채무불이행 상태에 있음.

4.3 채권등급과 만기수익률

채권의 만기수익률은 채무불이행위험에 의해 결정된다. 따라서 채권등급이 채무불이행위험을 대변하는 가장 좋은 측정치라면, 채권등급이 높을수록 채권의 만기수익률이 낮아질 것이다. 채권시장에서 채권등급에 의해 만기수익률이 결정되는 경우 등급평가 결과가 채권발행주체의 자금조달비용에 큰 영향을 미치게 된다. 그러므로 채권발행주체가 좋은 등급을 받기 위하여 평가에 필요한 내부자료 등을 신용평가기관에 적극적으로 제공하게 되고, 이에 따라 등급평가가 훨씬 정확하게 이루어질 수 있다.

표 8-5 **채권등급과 만기수익률**

(단위 : %)

신용등급 \ 만기	3개월	6개월	1년	2년	3년	5년
AAA	1.552	1.640	1.827	2.252	2.354	2.396
AA	1.664	1.738	1.893	2.329	2.440	2.493
A	1.987	2.063	2.240	2.645	2.875	3.380
BBB	3.190	3.696	4.587	6.201	6.936	7.167
BBB-	3.877	4.498	5.587	7.366	8.305	8.587

자료 : 2021년 12월 3일, 무보증공모회사채 기준, 한국자산평가㈜(www.koreaap.com)

중요 용어

채권 (288)
국채 (289)
지방채 (289)
특수채 (289)
금융채 (289)
회사채 (289)
이표채 (290)
순수할인채 (290)
복리채 (290)
고정금리채권 (290)
변동금리채권 (290)
채권가격 (292)
할증채 (293)
할인채 (294)
액면채 (294)
채권수익률 (295)
만기수익률 (295)
단순수익률 (297)
실현수익률 (299)
채권수익률의 기간구조 (300)
기대이론 (301)
유동성선호이론 (302)
유동성프리미엄 (303)
시장분할이론 (303)
채무불이행위험 (305)
채권수익률의 위험구조 (305)
수익률스프레드 (305)
채무불이행프리미엄 (305)
위험프리미엄 (305)
채권등급평가 (307)
정크본드 (307)

사례연구 8-1 누구나 투자하는 블록체인 채권

개인투자자들이 스마트폰 앱을 내려받아 다양한 해외 채권을 하루에도 수차례 사고팔 수 있는 시대가 가까워지고 있다. 기관투자가의 전유물인 사모채권 등 금융상품을 매우 적은 비용으로 쪼개 팔 수 있는 기술이 실용화 단계에 접어들고 있어서다.

채권 발행비용 비교 (단위 : 천 달러)

항목	기존 방식	블록체인*
중개 및 판매	1,500	40
보고	1,200	100
정보 수집	1,200	350
적격 투자자 분류 및 배정	500	0
지급 및 결제	84	0

※ 그린본드 1억 달러, 20년 만기 기준
* 블록체인 완전 자동화 기준 추정 비용
자료 : HSBC, 지속가능디지털금융연합

홍콩통화청(HKMA)은 소액 투자자에게 그린본드(녹색채권)를 직접 판매하는 거래 플랫폼의 시범 서비스를 연내 선보일 예정이라고 최근 밝혔다. 국제결제은행(BIS)과 공동으로 개발 중인 이 플랫폼은 블록체인 기술을 적용해 발행자와 투자자를 직접 연결할 계획이다. 개인투자자가 참여하는 최초의 블록체인 기반 디지털 채권 사업이라는 관점에서 '프로젝트 제네시스'로 부르고 있다. 블록체인 본드(blockchain bond)는 실물 증서 없이 '디지털 토큰화'(security token offerings ; STO) 방식으로 발행한다. 여러 참여주체(node)가 채권 정보를 실시간으로 분산 저장하는 기술을 활용하기 때문에 거래소나 주관 증권사 같은 관리기관을 따로 두지 않아도 된다. 증권예탁결제기관(central securities depository ; CSD)도 필요 없다. 또 거래 당일 결제가 가능해 시간을 크게 아낄 수 있다. 현재 한국 채권시장의 결제일은 거래일+1일이다. 해외의 경우 길게는 거래일+3일이 걸리기도 한다. 또 하나의 큰 장점은 채권을 소액으로 쪼개 팔 때 발생하는 판매 및 관리 비용을 획기적으로 낮출 수 있다는 것이다. 그동안 사모채권이나 사모펀드는 투자자 자격, 각종 규정 준수 여부를 사람이 확인해야 해 투자자 수를 제한해야 했다. 반면 블록체인 본드는 이런 작업의 상당 부분을 자동화할 수 있다.

많은 장점에도 블록체인 본드가 아직 채권시장의 주류로 진입하지 못하는 이유는 법률과 기술표준 등이 시험 단계에 머물고 있기 때문이다. 최근 수년간 발행 사례는 세계은행, JP모간, 캐나다국립은행(NBC), HSBC, 싱가포르개발은행(DBS) 정도에 그친다. 하지만 최근 유럽과 홍콩, 싱가포르 등지에서 다양한 시도가 성공하면서 블록체인 본드 시장이 급성장할 것이란 기대를 키우고 있다. 유럽투자은행(EIB)은 지난 4월 최초로 전통적인 '공동주관사단(syndicate of banks)'을 활용한 블록체인 본드 발행에 성공했다. 디지털증권을 금융상품으로 인정하는 프랑스 법률에 따라 공동주관사인 골드만삭스와 소시에테제네랄, 산탄데르 등이 1억 유로 규모의 2년 만기 자금 조달을 지원했다. 홍콩통화청의 프로젝트 제네시스는 이산화탄소 배출 감소 등 그린본드의 환경 개선 효과를 측정해 투자자에게 전달하는 서비스도 제공할 계획이다. 투자한 돈이 어디에 쓰이고 있는지 정보를 투명하고 신속하게 제공할 수 있는 블록체인 본드의 매력을 알리기 위해서다.

개인의 블록체인 본드 투자 증가는 기존의 채권 발행 방식을 빠르게 대체하는 기폭제 역할을 할 수 있다. 채권의 유동성 개선은 기업들이 새로운 발행 방식을 선택하도록 이끌 핵심 변수다. 중소기업 채권 발행 활성화라는 한국 자본시장의 숙원을 이루는 계기가 될 수도 있다. 한국의 회사채 발행시장은

95% 이상이 대기업인 기형적 구조를 가지고 있다. 보수적인 소수 기관투자가만 참여하는 협소한 투자자 기반 탓이다. 개인투자자들이 채권시장에서 멀어진 데는 높은 판매 수수료도 한몫했다.

싱가포르 금융시장 전문가들은 블록체인 본드가 '자본시장 민주화'의 첨병 역할을 할 수 있다는 데 주목해야 한다고 말한다. 일반 개인투자자들이 접근할 수 없는 영역이었던 사모펀드, 헤지펀드, 사모부채 등에 이르기까지 '쪼개 팔기'를 확산시키는 도로를 깔아줄 것이란 전망에서다. 저금리 시대 마땅한 투자대상을 찾지 못해 부동산에 매달릴 수밖에 없었던 많은 개인투자자에게 미래에는 훨씬 다양한 선택지가 주어질 것이란 얘기다. 프로젝트 제네시스에 참여하고 있는 한국계 기업인 셰어러블에셋의 이원홍 창업자는 "개인투자자가 손쉽게 투자할 수 있는 자본시장을 디지털화하는 금융 인프라를 구축하고 있다"며 "블록체인 기술이 채권은 물론 글로벌 자산시장 전체에 지각변동을 가져올 것"이라고 말했다.

출처 : 한국경제(2021년 10월 2일) 수정

사례연구 8-2 회사채 투자, 이왕이면 ESG 채권

'착한 투자'의 시대가 활짝 열렸다. 국내 기업들의 '착한 경영' 바람이 ESG(environmental, social and governance), 즉 환경 · 사회 · 지배구조 채권 발행 열풍으로 이어지고, 이 채권을 사려는 기관들의 움직임도 빨라지고 있다. 같은 기업이 발행하는 회사채와 비교해 ESG 채권이 더 비싸게(낮은 금리에) 팔리기도 한다. 아직 모수가 작아 ESG 채권에 프리미엄이 있다고 단정짓기는 이르지만, 최근 수요예측 분위기 등을 보면 컨센서스 형성 이후 프리미엄이 고착화할 여지도 있다. 회사채 투자 때 이왕이면 안정성이 높은 것으로 인식되는 ESG 채권을 사려는 수요가 더 늘어날 수 있단 얘기다.

민간기업들의 ESG 채권 발행 시도는 거침이 없다. 올해 들어 발행 건수나 규모가 폭발적으로 늘어나고 있다. 연합인포맥스 ESG 채권 발행내역을 보면 민간기업들의 뜨거운 발행 열풍이 쉽게 확인된다. 국내 민간기업의 ESG 채권 발행액은 지난해 전체로 7천 700억원이었다. 올해 들어 지난 7일까지 발행액은 5조 7천억원에 달했다. 한 달 만에 작년 수준을 넘어섰고, 석 달여 만에 작년의 일곱 배 넘게 발행된 셈이다. 지난해 ESG 채권 발행 기업은 네 곳에 불과했지만, 올해는 현대차와 LG화학, 현대중공업, 롯데지주, 포스코건설 등 국내 굴지의 기업들이 참여했다. 삼성증권과 NH투자증권, KB증권, 신한금융투자 등 대형 증권사들의 참여도 눈에 띈다. 기업들의 ESG 채권 종류도 다변화하고 있다. 지금까지는 녹색채권과 지속가능채권 위주였다면 최근 사회적 채권 발행 사례도 등장했다. 민간기업으로는 SK하이닉스가 첫 스타트를 끊었다. SK하이닉스는 지난 7일 4천 400억원 규모의 사회적 채권 발행을 결정했다. 당초 2천 800억원 규모로 계획했으나 수요예측에 기관 자금이 몰리면서 그 규모를 대폭 늘린 것으로 전해졌다. 사회적 채권은 일자리 창출과 취약계층 지원 등 사회문제 해결을 위한 사업에 투자할 자금을 조달할 목적으로 발행하는 ESG 채권이다.

기업들이 ESG 채권을 대규모로 찍을 수 있는 데는 믿는 구석도 작용했을 것이다. 연기금과 은행,

자산운용사의 ESG 투자 욕구는 상당히 큰 편으로 전해진다. 보험권도 점차 투자를 늘려가려는 움직임이다. 국민연금은 내년까지 전체 자산의 50%를 ESG 기업에 투자하겠다고 밝혔다. 은행들도 앞다퉈 ESG 투자 확대를 선언하고 있다. 구체적으로 고탄소 배출 기업에 대한 대출과 투자를 줄이고 친환경 기업 관련 금융지원을 늘리겠다는 입장을 강조하고 있다.

ESG 채권에 대한 투자가 대단한 수익률을 보장해주지는 않는다. 지난 1분기 중 수요예측 결과를 보면 AA등급 기준으로 ESG 채권 발행금리가 일반 회사채보다 5bp가량 낮은 수준을 보였다. ESG 채권에 대한 시장의 관심도를 보여주는 결과지만, 이 수준의 금리차가 큰 메리트라고 보기는 어렵다. 아직 ESG 채권의 프리미엄에 대한 컨센서스도 완전히 형성된 상태는 아니다. 다만, ESG 채권 발행 기업은 대체로 신용도가 우수한 기업이라는 점, 기업 펀더멘털의 안정성을 일부 보장한다는 점 등이 점차 부각될 가능성이 있다. 회사채 투자의 최대 리스크 요인은 급격한 기업가치 훼손 우려다. ESG 채권 발행 기업은 이런 우려가 상대적으로 덜할 수 있다. 국내 기관보다 투자 노하우가 앞서 있는 글로벌 플레이어들의 ESG 투자 철학도 리스크 관리에 방점이 맞춰져 있다고 한다. 이제 시작 단계인 국내 투자자들의 ESG 채권 투자도 리스크 관리 차원에서 안정성을 높이는 관점에서 접근하는 게 좋아 보인다. 안정성을 다소 높이는 전략만으로도 ESG 채권의 투자 메리트는 한층 높아질 여지가 있다.

출처 : 연합인포맥스 금융시장부장 한창헌(2021년 4월 8일) 수정

연습문제

✲ 완성/선택형 문제

01. 채권을 발행할 때는 채권의 (   ), (   ), 그리고 (   ) 세 가지가 반드시 표시되어야 한다.

02. 액면이자율이 시장이자율보다 높은 채권을 (   ), 액면이자율이 시장이자율과 같은 채권을 (   ), 액면이자율이 시장이자율보다 낮은 채권을 (   )라 한다.

03. (   )은 현재시점에서 채권(이표채 등)을 매입하여 만기까지 보유하는 경우에 투자자가 얻을 수 있는 연간 평균수익률을 의미하며, 채권의 시장가격과 그 채권을 소유할 경우 얻을 수 있는 미래 현금흐름의 현재가치를 일치시켜 주는 할인율로 정의된다.

04. (   )은 일반적으로 투자자들이 단기채권을 더 선호하기 때문에 장기채권에 투자할 경우 예상 미래이자율 외에 추가적인 프리미엄, 즉 유동성프리미엄을 요구한다는 이론이다.

05. 수익률스프레드는 (   )과 (   )을 합한 것과 같다.

06. 채권의 특성에 대한 다음의 설명 중 거리가 먼 것은?

① 채권은 차입자가 투자자들로부터 자금을 조달하기 위해 발행하는 일종의 채무증서이다.

② 채권은 발행 시에 이자 및 원금(액면가) 등 소득이 확정된 확정소득증권이다.

③ 채권은 주식과는 달리 원리금의 상환기간이 발행 시에 정해져 있는 기한부증권이다.

④ 채권투자는 주식에 비해 안전성뿐만 아니라 수익성도 높다.

07. 만기는 5년 후이며, 액면가는 100만원인 순수할인채권의 현재가치는 얼마인가? (단, 시장이자율은 6%이다.)

① 73.23만원 ② 74.73만원
③ 75.34만원 ④ 76.21만원

08. 소망주식회사는 1년 전에 액면가 10,000원, 만기 3년, 그리고 액면이자율 5%인 사채를 발행하였다. 시장이자율이 6%라면, 이 사채가격은 얼마인가?

① 9,519.8원 ② 9,623.6원
③ 9,816.7원 ④ 10,423.8원

09. 연간 액면이자율이 10%인 채권이 있다. 그리고 현재의 시장이자율은 12%로 향후 일정하게 유지될 것으로 예상된다. 1년 후에 이 채권의 가격은 어떻게 되리라고 예상할 수 있는가?

① 지금보다 낮아진다.
② 지금보다 높아진다.
③ 지금과 동일하다.
④ 액면이자의 지급시기에 따라 다르다.

10. 만기수익률, 단순수익률, 액면이자율의 관계를 잘못 설명하고 있는 것은?

① 채권이 할증발행될 경우 단순수익률은 액면이자율보다 낮아진다.
② 채권이 할증발행될 경우 단순수익률은 만기수익률보다 높아진다.
③ 채권이 할인발행될 경우 만기수익률은 액면이자율보다 높아진다.
④ 채권이 할인발행될 경우 단순수익률은 만기수익률보다 높아진다.

11. 시장이자율과 채권가격의 관계에 대한 다음의 내용 중 잘못된 것은?

① 만기가 길수록 시장이자율의 변화에 따른 채권가격의 변동폭이 더 커진다.
② 시장이자율 변화에 대한 채권가격의 변동폭은 만기가 길어짐에 따라 체감하면서 증가한다.
③ 만기가 일정할 경우 시장이자율 하락으로 인한 채권가격의 상승폭이 같은 크기의 이자율 상승으로 인한 채권가격의 하락폭보다 작다.
④ 액면이자율이 낮을수록 시장이자율 변화에 따른 채권가격의 변동폭이 더 커진다.

12. 채권수익률의 기간구조에 대한 다음의 설명 중 잘못된 것은?

① 채권수익률의 기간구조는 일정 기간 동안 변하지 않는다.

② 기대이론은 채권수익률의 기간구조가 미래이자율에 대한 투자자들의 평균적인 기대를 정확히 반영하여 결정된다는 것을 의미한다.

③ 유동성선호이론에 의하면, 일반적으로 투자자들이 단기채권을 더 선호하기 때문에 장기채권에 투자할 경우 예상 미래이자율 외에 추가적인 프리미엄, 즉 유동성프리미엄을 요구한다.

④ 시장분할이론은 투자계층이 서로 다른 단기채권과 장기채권의 수익률은 각각 분할된 시장에서 독립적으로 결정된다는 이론이다.

13. 다음의 설명 중 잘못 기술된 것은?

① 채무불이행위험과 채권의 만기수익률 간의 체계적인 관계를 채권수익률의 위험구조라 한다.

② 약속수익률은 채무불이행이 발생하지 않는다고 가정하여 계산된 위험채권의 만기수익률이라 할 수 있다.

③ 채권등급이 높을수록 채권의 만기수익률이 높아진다.

④ 채무불이행프리미엄은 채무불이행가능성에 대한 부분이며, 위험프리미엄은 기대수익률의 불확실성에 대한 것이다.

14. 채권에 대한 다음의 설명 중 옳은 것은?

① 채권수익률의 기간구조에 의하면 장기채권의 만기수익률은 단기채권의 만기수익률보다 항상 높다.

② 시간이 경과함에 따라 할증채의 가격은 하락하여 자본손실이 나타나는 반면, 할인채의 가격은 상승하여 자본이득이 발생하게 된다.

③ 다른 조건이 동일하다면, 유동성위험이 큰 채권의 만기수익률은 유동성위험이 낮은 채권의 만기수익률보다 낮다.

④ 다른 조건이 동일하다면, 수의상환조항(채권의 발행자가 채권을 조기에 상환할 수 있는 권리를 명시한 조항)이 있는 채권의 만기수익률은 그 조항이 없는 채권의 만기수익률보다 낮다.

15. 다음 중 투자적격등급에 해당하지 않는 채권은?

① 채권등급이 BB+인 회사채
② 채권등급이 BBB인 회사채
③ 채권등급이 BBB-인 회사채
④ 채권등급이 A인 회사채

✲ 서술/계산형 문제

01. 주식과 채권의 차이점에 대해서 설명하라.

02. 채권수익률의 기간구조이론에 대해서 설명하라.

03. 채권등급평가의 의의, 그리고 채권등급과 만기수익률 간의 관계를 설명하라.

04. 순수할인채의 가치평가

만기는 10년 후이며, 액면가는 1,000만원인 순수할인채의 가치는 얼마인가? (단, 시장이자율은 5%이다.)

05. 시장이자율과 채권가격

한라주식회사는 지금 다음과 같은 사채를 발행하려고 한다.

- **액면가** : 10,000원
- **만기** : 2년
- **액면이자율** : 8%(1년에 두 번 이자지급)

(1) 시장이자율이 6%인 경우, 사채의 발행가격은?
(2) 시장이자율이 8%인 경우, 사채의 발행가격은?
(3) 시장이자율이 10%인 경우, 사채의 발행가격은?
(4) 시장이자율과 사채의 발행가격 사이의 관계는?

06. 채권의 가치평가

K씨는 현재 만기 5년, 액면가 10,000원인 S전자의 신규 발행사채를 액면가로 구입하였다. 이 5년 만기 사채는 매년 말 600원의 이자를 지급한다. 또한 K씨는 매년 말 400원의 이자를 지급하며, 만기까지 3년이 남아 있는 S전자의 다른 사채의 구입을 고려중이다. 이 사채의 액면가는 10,000원이다.

(1) 5년 만기 사채의 만기수익률은 얼마인가?

(2) 물음 (1)에서 계산한 만기수익률이 만기까지 3년 남아 있는 채권을 평가하는 데 적절한 할인율이라면, K씨는 3년 만기 채권을 얼마에 구입하여야 하는가?

07. 만기수익률, 단순수익률, 실현수익률

새나라주식회사는 액면가 10,000원, 만기 3년, 액면이자율 8%(단, 이자는 매년 말에 지급됨)인 채권을 발행하였다. 이 사채의 현재 시장가격은 9,503원이다.

(1) 이 채권의 만기수익률은 얼마인가?

(2) 이 채권의 단순수익률은 얼마인가?

(3) 현재 이 채권을 매입하여 2년간 보유할 예정이다. 시장이자율이 계속 하락하여 시장이자율(만기수익률)이 1년 후에는 9%, 2년 후에는 7%가 될 경우 이 채권의 실현수익률은 얼마인가?

(4) 물음 (3)에서 만기일(3년 후)까지 보유할 경우 실현수익률은 얼마인가?

90

채권투자관리

1. 이자율위험과 듀레이션
2. 소극적 채권투자관리
3. 적극적 채권투자관리

보론 금융기관의 자산 · 부채관리(ALM)

Investments & Security Analysis Ch. Nine

09

[이 장의 개요]

시장이자율의 변동으로 인하여 발생하는 채권투자위험은 회피하기 어려운 체계적 위험으로서 채권투자성과를 좌우하는 중요한 요인이다. 따라서 통제하기 어려운 이자율 변동에 따른 채권투자위험을 어떻게 관리하느냐가 채권투자관리의 핵심이라 할 수 있다. 특히 채권투자의 비중이 높은 기관투자자에게는 이자율 변동에 적절히 대처하는 채권투자관리의 중요성이 매우 높을 것이다.

채권투자관리는 소극적 채권투자관리와 적극적 채권투자관리로 구분될 수 있다. 소극적 채권투자관리는 채권시장이 효율적이라는 전제 하에서 채권투자위험을 최소화시키려는 채권투자전략이다. 한편, 적극적 채권투자관리는 채권시장이 비효율적일 수 있다는 전제 하에서 과소평가된 채권을 발견하거나 미래이자율 동향을 예측함으로써 높은 투자성과를 얻고자 하는 채권투자전략이다.

본 장에서는 먼저 이자율위험과 듀레이션에 대해 살펴본 후, 소극적 채권투자관리와 적극적 채권투자관리를 차례로 설명하고자 한다.

1. 이자율위험과 듀레이션

1.1 이자율위험

채권가격과 시장이자율(채권수익률) 사이에는 역의 관계가 존재하며, 미래의 시장이자율은 불확실하다. 이와 같은 경우 시장이자율이 변함에 따라 채권투자성과가 변동할 가능성을 **이자율위험**(interest rate risk)이라 한다. 국공채처럼 액면이자와 원금상환이 보장된 경우에도 시장이자율의 변동에 따라 보유채권의 가격 등이 변하기 때문에 채권투자위험이 발생하게 된다.

이자율위험은 가격위험(price risk)과 재투자위험(reinvestment risk)으로 나눌 수 있다. **가격위험**은 시장이자율이 변함에 따라 채권가격이 변동할 가능성을 의미한다. 시장이자율이 상승하거나 하락함에 따라 채권가격이 하락하거나 상승하게 되며, 채권투자자들은 자본손실(매매손실)이나 자본이득(매매차익)을 얻게 된다.

한편, **재투자위험**은 이표채의 경우 매 기간마다 지급받는 액면이자를 재투자할 때 시장이자율이 변동함에 따라 재투자수익이 변동할 가능성을 의미한다. 시장이자율이 상승하면 재투자수익은 증가하고, 시장이자율이 하락하면 재투자수익은 감소하게 된다.

이와 같이 시장이자율이 변함에 따라 채권투자성과(자본손익과 재투자수익)는 가격위험과 재투자위험으로 인하여 투자시점에서 예상했던 것과 달라질 수 있다.

1.2 듀레이션

듀레이션의 의의와 특성

제8장에서 설명한 바와 같이 만기가 길수록 이자율 변화에 대한 채권가격의 변동폭이 커진다.[1] 즉, 채권가격의 이자율 변화에 대한 민감도는 만기와 직접적인

1. 제8장의 '증권투자 Tip'에서 설명한 말키엘의 '채권가격정리 2' 참조.

관계가 있음을 알 수 있다. 그러나 만기 이전에 이자지급이 이루어지는 채권(이표채)의 경우 채권가격의 이자율 변화에 대한 민감도의 척도로서 만기보다 만기 이전에 발생되는 현금흐름을 고려하여 측정된 평균만기, 즉 듀레이션을 사용해야 한다.

듀레이션(duration)은 채권의 만기일까지의 각 기간을, 각 기간에 들어오는 현금흐름의 현재가치가 전체 현금흐름의 현재가치(채권가격)에서 차지하는 비율로 가중하여 합한 가중평균만기(weighted average maturity)를 의미한다. 이와 같은 듀레이션 개념은 매컬리(F. Macaulay)에 의해서 제시되었다.[2] 이와 같은 개념하에서 다음과 같은 현금흐름유형을 가지고 있는 채권의 듀레이션을 구해보자.

	0	1	2	……	n
		C_1	C_2	……	C_n
가중치 :		$\frac{C_1(1+r)^{-1}}{B}$	$\frac{C_2(1+r)^{-2}}{B}$	……	$\frac{C_n(1+r)^{-n}}{B}$

각 현금흐름의 연도와 그 가중치를 곱한 후 모두 합하여 채권의 듀레이션 D를 구하면 다음과 같다.

$$D = \frac{1 \cdot C_1(1+r)^{-1}}{B} + \frac{2 \cdot C_2(1+r)^{-2}}{B} + \cdots + \frac{n \cdot C_n(1+r)^{-n}}{B} \qquad (9\text{-}1)$$

여기서 C_t : t 시점에서의 현금흐름 ($t = 1, 2, \cdots, n$)

r : 시장이자율(또는 만기수익률)

B : 채권가격$\left(\frac{C_1}{1+r} + \frac{C_2}{(1+r)^2} + \cdots + \frac{C_n}{(1+r)^n}\right)$

만기일이 단지 채권의 최종 상환일에 대한 정보만을 제공하는 데 비해, 실현되는 현금흐름의 크기와 실현시기를 모두 고려하여 계산된 듀레이션은 채권의 이자율위험의 척도로서 투자자에게 보다 유용한 정보를 제공해준다.

일반적으로 이표채의 듀레이션은 만기보다 작아진다. 한편, 순수할인채의 듀레이션은 만기와 동일하고, 영구채의 듀레이션은 $\left(\frac{1+r}{r}\right)$과 같다.[3] 이표채와 순수

---

2. Fredrick R. Macaulay, *Some Theoretical Problems Suggested by the Movements of Interest Rates, Bond Yields, and Stock Prices in the United States since 1856* (New York : National Bureau of Economics Research, 1938).

3. 영구채(consols)는 원금의 상환 없이 영원히 이자만 지급하는 채권으로서, 그 가치는 이자지급액

그림 9-1 듀레이션과 만기의 관계

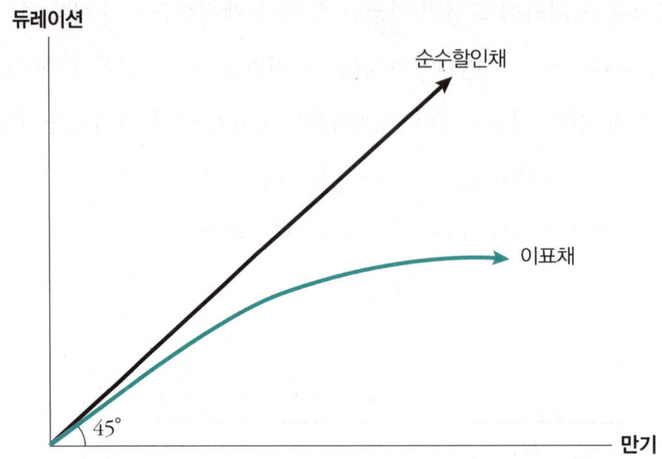

할인채에 대한 듀레이션과 만기의 관계를 그림으로 나타내면 [그림 9-1]과 같다.

그리고 채권포트폴리오의 듀레이션은 각 채권의 시장가치에 의한 구성비율로 가중평균하여 구할 수 있다.

$$D_p = W_1 D_1 + W_2 D_2 + \cdots + W_N D_N \tag{9-2}$$

여기서 D_p : 채권포트폴리오의 듀레이션

D_j : 채권 j의 듀레이션($j = 1, 2, \cdots, N$)

W_j : 채권 j의 구성비율$\left(\frac{\text{채권 } j\text{의 시장가치}}{\text{채권포트폴리오의 시장가치}}\right)$

듀레이션은 다음과 같은 특성을 가지고 있다.

첫째, 다른 조건이 동일하다면 일반적으로 만기가 길수록 듀레이션이 증가한다.[4]

둘째, 다른 조건이 동일하다면 액면이자율이 낮을수록 듀레이션이 증가한다.

을 시장이자율로 나누어 구할 수 있다. 즉, 영구채의 가격 = $\frac{\text{이자지급액}}{\text{시장이자율}}$

4. 액면이자율이 상당히 낮은 할인채(deep discount bond)의 경우 만기가 길수록 듀레이션이 증가하다가 만기가 일정 수준에 도달하면 듀레이션이 감소할 수도 있다.

이는 액면이자율이 낮을수록 만기일 원금상환액의 현재가치가 차지하는 상대적 비중, 즉 만기일의 가중치가 높아지기 때문이다.

셋째, 다른 조건이 동일하다면 시장이자율이 낮을수록 듀레이션이 증가한다. 이는 시장이자율이 낮을수록 만기일에 가까운 시점의 현금흐름의 현재가치가 높아져서, 만기일에 가까운 시점의 가중치가 상대적으로 높아지기 때문이다.

예제 9-1 듀레이션의 계산

㈜서울은 액면가 10,000원, 만기 3년, 액면이자율 5%(단, 이자는 매년 말에 지급됨)인 사채를 발행하였다. 시장이자율(또는 만기수익률)이 6%일 경우 다음의 물음에 답하라.

(1) 이 사채의 발행가격을 구하라.

(2) 이 사채의 듀레이션을 계산하라.

해답

(1) 사채의 가격 $= \dfrac{500}{1+0.06} + \dfrac{500}{(1+0.06)^2} + \dfrac{500+10,000}{(1+0.06)^3} = 9,732.70$원

(2) $D = 1\text{년} \times \dfrac{500/(1+0.06)}{9,732.7} + 2\text{년} \times \dfrac{500/(1+0.06)^2}{9,732.7} + 3\text{년} \times \dfrac{10,500/(1+0.06)^3}{9,732.7}$

$= 2.86$년

예제 9-2 채권포트폴리오의 듀레이션

국민연금은 현재 다음과 같은 채권포트폴리오를 보유하고 있다

채권	투자액(억원)	듀레이션(년)
A	30	7.0
B	20	5.6
C	40	4.2
D	10	2.5

이 채권포트폴리오의 듀레이션을 구하라.

해답

$$D_P = 7.0 \times \left(\frac{30}{100}\right) + 5.6 \times \left(\frac{20}{100}\right) + 4.2 \times \left(\frac{40}{100}\right) + 2.5 \times \left(\frac{10}{100}\right) = 5.15\text{년}$$

채권가격 변화와 듀레이션

일반적으로 만기가 길수록, 액면이자율이 낮을수록 듀레이션은 길어진다. 그러므로 듀레이션을 만기와 액면이자율을 동시에 고려한 상환기간으로 생각할 수 있다. 이자율 변동에 따른 채권가격 변동액은 다음과 같이 구할 수 있다.[5]

$$\Delta B = -\frac{D}{1+r} \cdot \Delta r \cdot B \tag{9-3}$$

여기서 ΔB : 채권가격의 변동액

B : 채권가격

Δr : 시장이자율의 변동

$\frac{D}{1+r}$: 수정듀레이션(modified duration)

예제 9-3 채권가격 변화와 듀레이션

액면금액이 10,000원이고, 액면이자율이 12%인 3년 만기 채권이 있다. 시장이자율이 8%일 경우 다음의 물음에 답하라.

(1) 이 채권의 현재 시장가치는 얼마인가?

(2) 이 채권의 듀레이션을 구하라.

(3) 이자율이 8%에서 10%로 인상될 경우, 채권의 가격은 어느 정도 변동하겠는가?

해답

(1) $B = \frac{1,200}{1+0.08} + \frac{1,200}{(1+0.08)^2} + \frac{11,200}{(1+0.08)^3} = 11,030.84$원

(2) $D = 1년 \times \frac{1,200/(1+0.08)}{11,030.84} + 2년 \times \frac{1,200/(1+0.08)^2}{11,030.84} + 3년 \times \frac{11,200/(1+0.08)^3}{11,030.84}$

$= 2.71년$

(3) $\Delta B = -\frac{D}{1+r} \cdot \Delta r \cdot B$이므로 채권가격의 변화율, 즉 $\frac{\Delta B}{B}$는 다음과 같다.

$$\frac{\Delta B}{B} = -\frac{D}{1+r} \cdot \Delta r = -\left(\frac{2.71}{1.08}\right)(0.02) = -0.05$$

즉, 이자율이 8%에서 10%로 2%포인트 상승하면, 채권가격은 약 5% 하락한다.

---

5. 식 (9-3)은 근사적으로 성립함을 유의해야 한다. 즉, 이 식에 의해 계산된 채권가격의 변동액은 근사값으로서 실제 채권가격의 변동액과 약간 다를 수 있다. 이 식의 도출과정은 '감형규·신용재, 『Perfect 재무관리 II』(유원북스, 2019), pp.248~249' 참조.

증권투자 Tip

Excel의 활용 : 듀레이션의 계산

엑셀에서 이용할 수 있는 재무함수 중 채권의 듀레이션을 계산하는 함수식은 다음과 같다.

= DURATION(settlement, maturity, coupon, yld, frequency, basis)

여기서 settlement : 채권구입일
maturity : 채권만기일
coupon : 액면이자율
yld : 만기수익률
frequency : 연간 이자지급횟수
basis : 날짜계산기준(1일 경우 실제일수로 계산하며, 생략 시 1개월은 30일, 1년은 360일로 계산)

	A	B	C	D	E
1	<예제 9-1> 듀레이션의 계산				
2	액면가	10,000			
3	만기	3	채권구입일	2013-03-05	
4			채권만기일	2016-03-05	
5	액면이자율	5%			
6	시장이자율	6%			
7			=PV(B6, B3, -B2*B5, -B2)		
8	(1) 채권가격	9,732.70			
9	(2) 듀레이션	2.86	=DURATION(D3, D4, B5, B6, 1, 1)		
10					
11					
12	<예제 9-3> 듀레이션의 계산				
13	액면가	10,000			
14	만기	3	채권구입일	2013-03-05	
15			채권만기일	2016-03-05	
16	액면이자율	12%			
17	시장이자율	8%			
18			=PV(B17, B14, -B13*B16, -B13)		
19	(1) 채권가격	11,030.84	=DURATION(D14, D15, B16, B17, 1, 1)		
20	(2) 듀레이션	2.71			
21					
22					

식 (9-3)에서 듀레이션(D)이 길어질수록 이자율 변화에 대해서 채권가격이 보다 민감하게 변함을 알 수 있다.

채권의 가격 변화와 볼록성

식 (9-3)과 같이 듀레이션에 의해서 채권가격의 변동액을 산출할 때 오차가 발생하게 되며, 이는 [그림 9-2]와 같이 채권가격이 원점에 대해 볼록한 형태를

그림 9-2 채권가격의 볼록성

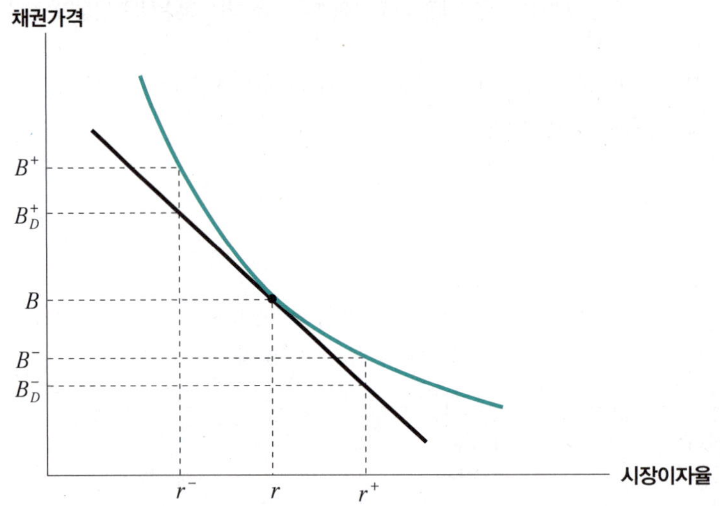

갖기 때문이다. [그림 9-2]에서 시장이자율이 r에서 r^+로 상승할 때 듀레이션에 의해서는 채권가격이 $(B - B_D^-)$만큼 하락한 것으로 측정되나, 실제로는 그것보다 작은 $(B - B^-)$만큼 하락하게 된다. 한편, 시장이자율이 r에서 r^-로 하락할 때 듀레이션에 의해서는 채권가격이 $(B_D^+ - B)$만큼 상승한 것으로 측정되나, 실제로는 그것보다 큰 $(B^+ - B)$만큼 상승하게 된다. 따라서 이자율 변동 시 듀레이션에 의해 측정된 채권가격은 항상 실제 채권가격보다 저평가되는 경향을 갖게 된다. 이와 같은 오차는 이자율 변동폭이 커질수록 더 확대된다. 그러므로 채권가격 변동액을 보다 정확하게 산출하기 위해서는 듀레이션뿐만 아니라 **볼록성**(convexity)도 고려해주어야 한다.

2. 소극적 채권투자관리

소극적 채권투자관리는 현재의 채권가격이 적정하다는 전제 하에서 이자율 변동에 따른 위험을 제거하거나 최소화하는 전략을 의미한다. 소극적 채권투자관리의 대표적인 것으로 채권지수펀드(bond index fund)를 구성하는 전략과 면역전략(immunization strategy)이 있다.

2.1 채권지수펀드 투자전략

투자자는 한 종류의 채권에 투자하는 것보다 다양한 여러 종류의 채권에 분산투자함으로써 채권투자에 따른 위험을 줄일 수 있다.[6] 채권지수펀드 투자전략은 채권투자의 성과가 채권지수의 성과와 같아지도록 채권지수와 동일한 종목과 구성비율로 채권포트폴리오를 구성하여 투자함으로써 채권투자위험을 줄이고자 하는 전략이다. 우리나라의 경우 한국거래소(KRX)에서 발표하는 채권지수 등을 활용할 수 있다.

현실적으로 개인투자자들은 투자자금과 거래비용 등의 제약으로 인하여 여러 종류의 채권에 분산투자하기 어렵다. 따라서 개인투자자들은 채권지수펀드와 유사하게 운용하고 있는 채권형 투자신탁에 투자함으로써 채권지수펀드에 투자하는 것과 동일한 효과를 얻을 수 있을 것이다. 그러나 채권지수를 구성하고 있는 채권의 수가 매우 많고, 거래도 원활하지 않기 때문에 채권지수와 동일한 채권지수펀드를 구성하기가 쉽지 않다. 또한 시간이 경과함에 따라 채권들은 만기상환되고 신규로 발행되기 때문에 이에 따라 포트폴리오를 재구성해야 하는 복잡한 문제도 발생하게 된다.

6. 분산투자에 따른 위험감소효과는 제12장에서 자세히 설명할 것이다.

2.2 면역전략

연기금과 같은 기관투자자들은 일정한 기간이 지난 후 도달해야 하는 투자목표(채권포트폴리오의 목표가치)를 달성하고자 하는 한편, 은행 등 금융기관은 이자율 변동으로부터 현재의 순자산가치를 보호하고자 한다.

목표시기면역전략

가장 단순한 방법으로 채권포트폴리오의 목표투자기간과 듀레이션을 일치시킴으로써 이자율 변동에 따른 채권투자수익 변동(이자율위험)을 없애는 전략, 즉 **목표시기면역전략**(target date immunization strategy)이 있다. 이 전략에 의해서 이자율 변동에 따른 채권가격 변동(가격위험)과 액면이자의 재투자수익 변동(재투자위험)이 서로 상쇄되어 순효과, 즉 채권투자수익 변동은 0이 될 수 있다. 이를 요약하여 나타내면 〈표 9-1〉과 같다.

목표시기면역전략은 연기금 등 기관투자자가 미래의 특정 시점에 지급해야 할 채무액의 확실한 확보에 관심을 가질 경우 사용할 수 있다. 그러나 이 전략은 시간의 경과에 따라서 잔여 투자기간과 듀레이션이 일치하도록 채권포트폴리오를 계속 재구성(rebalancing)하는 작업이 필요하다.[7]

표 9-1 목표시기면역전략과 이자율위험

채권투자수익 변동	이자율 상승	이자율 하락
채권가격 변동	−	+
재투자수익 변동	+	−
순효과	0	0

7. 채권포트폴리오의 듀레이션과 목표투자기간을 일치시키는 가장 간단한 방법은, 만기가 목표투자기간과 일치하는 순수할인채(듀레이션 = 만기)에 투자하는 것이다. 순수할인채에 투자할 경우 시간이 경과함에 따라 듀레이션과 목표투자기간이 같은 크기로 감소하기 때문에 채권의 듀레이션을 재조정할 필요가 없다.

순자산면역전략

은행 등 금융기관에서 자산과 부채의 만기구조가 다를 수 있다. 금융기관이 보유하고 있는 자산과 부채의 듀레이션이 서로 다른 경우, 이자율 변동에 따라 순자산가치(자기자본가치)가 변동하게 된다. 순자산면역전략(net worth immunization strategy)은 자산과 부채의 듀레이션을 적절히 조정하여 이자율 변동에 따른 순자산가치의 변동위험을 제거하기 위한 전략이다.

가장 대표적인 순자산면역전략은 은행 등 금융기관에서 주로 사용하는 갭관리(gap management)라고 불리는 자산 · 부채관리(asset and liability management ; ALM)이다. 이는 자산과 부채의 듀레이션의 차이(gap)를 일정한 수준으로 제한하는 데 초점을 둔다. 갭관리를 하는 하나의 효과적인 방법은 자산의 시장가치로 가중된 자산의 듀레이션과 부채의 시장가치로 가중된 부채의 듀레이션을 일치시킴으로써, 이자율 변동에 따른 순자산가치의 변동위험을 면역화시키는 것이다.

$$\text{자산의 듀레이션} \times \text{자산가치} = \text{부채의 듀레이션} \times \text{부채가치}$$

이와 같은 자산과 부채의 구성을 가지고 있는 금융기관의 경우 순자산가치의 듀레이션이 0이 되며, 그 금융기관은 이자율 변동에 관계없이 순자산가치를 유지할 수 있다.

현금흐름대응전략

미래에 지급해야 할 채무(현금유출)와 미래에 얻게 될 채권의 현금흐름(현금유입)을 정확하게 일치시키는 전략을 현금흐름대응전략(cash flow dedication strategy)이라 한다. 예를 들어, 1년 후 110만원이 필요하다면, 1년 후 원금과 이자를 포함하여 110만원이 되는 1년 만기 채권에 투자하는 것이다. 이 전략은 듀레이션의 계산이나 포트폴리오의 재구성이 필요 없다는 점에서 의미가 있으나, 현금유출 시점과 정확하게 일치하는 만기를 가진 채권확보가 어렵다는 문제를 가지고 있다.

3. 적극적 채권투자관리

적극적 채권투자관리는 채권시장의 비효율성을 이용하여 초과이익을 얻고자 하는 전략이다. 이는 주로 저평가된 채권을 발견하거나 이자율 예상에 따라 듀레이션을 조정함으로써 높은 투자성과를 얻고자 하는 채권투자전략이다.

적극적 채권투자관리는 채권스왑(bond swap), 투자기간분석(horizon analysis), 상황별 면역화(contingent immunization) 등으로 구분될 수 있다.

3.1 채권스왑

채권스왑은 과대평가된 채권을 과소평가된 채권으로 교환하여 더 높은 투자수익률을 얻고자 하는 전략이다.

대체스왑

대체스왑(substitution swap)은 위험, 만기 등이 동일하나 채권가격이 다른 경우 고평가 채권을 매도하고 저평가 채권을 매입하는 전략으로서, 이를 동종 채권 교환전략이라고도 한다. 대체스왑은 일시적인 채권가격 불균형을 이용하여 초과이익을 얻고자 하는 전략이다.

시장 간 스프레드스왑

시장 간 스프레드스왑(intermarket spread swap)은 채권시장에서 비정상적 스프레드가 일시적으로 형성될 때 유리한 채권으로 교환하는 전략으로서, 이를 이종채권 교환전략이라고도 한다. 예를 들어, 국채와 회사채의 수익률 스프레드가 비정상적으로 높을 경우 국채는 고평가되고 회사채는 저평가되었다고 볼 수 있다. 이 경우 국채를 회사채로 교환함으로써 초과이익을 얻을 수 있다.

이자율예상스왑

이자율예상스왑(rate anticipation swap)은 이자율이 하락할 것으로 예상되는 경우 채권의 듀레이션을 길게 하고(듀레이션이 긴 채권을 매입하고), 이자율이 상승할 것으로 예상되는 경우 채권의 듀레이션을 짧게 하는(듀레이션이 짧은 채권을 매입하는) 전략이다. 이와 같은 전략은 이자율 예측에 기초하여 투자전략을 수립하는 것이다.

순수수익률취득스왑

순수수익률취득스왑(pure yield curve swap)은 이자율위험을 부담하더라도 수익률을 극대화하기 위하여 만기수익률이 낮은 채권을 매도하고 만기수익률이 높은 채권을 매입하는 전략이다.

세금스왑

세금스왑(tax swap)은 세금상의 이점을 활용하기 위한 채권교환전략으로서 세후 수익률을 극대화하려는 전략을 의미한다. 예를 들어, 자본손실이 세금절감 목적상 유리한 경우에는 가격이 하락한 채권을 매도하거나, 고소득세율 투자자인 경우 세금을 줄이기 위해서 과세채권을 비과세채권으로 전환한다.

3.2 투자기간분석

투자기간분석은 수익률곡선 등에 의해 투자기간 말의 미래이자율을 예측하여 높은 수익률을 올리려는 전략이다. 대표적인 전략인 수익률곡선타기(riding yield curve)는 수익률곡선이 우상향하는 경우 채권의 잔존만기가 짧아지면서 수익률곡선을 타고 아래로 이동하여 수익률이 하락하게 되는데, 이로 인한 가격상승효과를 얻으려는 전략이다.

예를 들어, [그림 9-3]과 같은 우상향하는 채권의 수익률곡선이 있으며, 1년

그림 9-3 수익률곡선타기

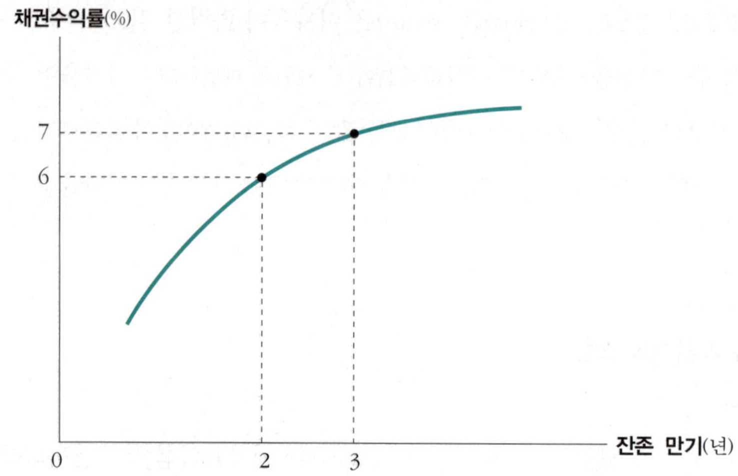

후에도 우상향하는 동일한 수익률곡선이 예상된다고 하자. 만약 투자자가 3년 만기 채권을 수익률 7%로 매입하는 경우 1년 후에는 수익률이 6%로 낮아진다. 이와 같은 경우 채권투자자는 1년간의 이자소득(액면이자)뿐만 아니라 잔존만기가 2년으로 짧아지면서 수익률의 하락으로 인한 자본이득(채권가격 상승으로 인한 채권매매차익)도 얻을 수 있다. 그러나 1년 후 수익률곡선이 예측과는 달리 우상향하는 형태가 아닐 경우 자본손실을 입을 수 있음을 유의해야 한다.

3.3 상황별 면역화

상황별 면역화는 목표가치(trigger point), 즉 최소허용가치(minimum acceptable terminal value) 이상에서는 적극적 투자전략을 운용하다가, 이 수준으로 하락하면 소극적 투자전략인 면역화전략으로 수정하는 전략을 말한다. 이와 같은 전략은 상황에 따라 적극적 채권관리와 소극적 채권관리를 적절하게 잘 배합함으로써 주어진 투자목표를 달성하려는 전략이라 할 수 있다.

증권투자 Tip

채권투자 대중화시대

주식과 달리 채권은 기관 전유물로 여겨진 투자처다. 하지만 주식을 투자해 봤다면 어려움 없이 거래소 일반채권시장에서 국공채나 회사채 등에 직접 투자할 수 있으며, 투자절차도 간단하다. 증권사에 증권계좌를 개설하고 주식투자와 마찬가지로 증권사에 전화, 또는 홈트레이딩시스템(home trading system ; HTS), 모바일트레이딩시스템(mobile trading system ; MTS) 등을 통해 주문을 내기만 하면 된다. 일반채권시장이란 개인 등 일반투자자들도 소액으로 채권을 자유롭게 매매할 수 있도록 운영되는 시장이다. 매매시작은 단돈 1,000원부터 가능하다.

채권거래를 위해선 증권계좌가 필수

증권계좌를 개설하려면 주민등록증이나 면허증과 같은 신분증과 거래인감이 필요하다. 채권거래는 위탁계좌와 저축계좌, CMA계좌 등 다양한 계좌를 통해 가능하며 상담을 통해 자신에게 맞는 계좌를 개설하면 된다. 증권계좌를 보유한 투자자라면 기존의 계좌를 이용할 수 있다. 기존 주식계좌로도 채권매매가 가능하다는 얘기다. 증권계좌 개설 후에는 HTS, MTS를 통해 거래소 채권시장에 주문을 직접 제출할 수 있다. 물론 온라인 증권계좌도 가능하다. 올해 2월 인터넷이나 휴대폰 애플리케이션(AP)을 이용한 계좌개설이 가능해지면서다.

"○○채권 100만원어치 주세요"

채권거래를 위해서는 거래증거금도 마련해야 한다. 보통 매수금액의 100%로 입금 후 증권사 HTS 또는 전화를 통해 주문을 제출하면 주식처럼 간편하게 매매가 가능하다. 주문 방식은 주식과 같다. 가격과 수량을 정해 제출하면 되는데 채권은 액면가 1만원 단위로 거래되기 때문에 1만원을 기준으로 가격을 정하고 매매수량을 제출하면 된다. 예를 들어, 현대상선(011200) 채권 100만원어치를 8,200원에 매수 또는 매도하는 호가를 제출할 수 있다. 다만 채권은 주식과 달리 이자율, 신용등급, 만기 등에 따라 가격이 달라지기 때문에 공인된 채권평가기관이 제공하는 가격을 참고해 주문을 내야 한다. 이런 평가가격은 증권사나 거래소 홈페이지에서 볼 수 있다.

소액으로 채권투자 가능

장외 채권시장에서는 개당 100억원씩 거래가 오간다. 하지만 거래소 일반채권시장에서는 최소 1,000원부터 채권투자가 가능하다. 채권의 액면 1단위(주식 1주 개념)가 1만원이므로 액면의 10분의 1 단위로 채권을 매매할 수 있는 것이다. 거래소 관계자는 "일반채권시장에서는 아주 적은 금액으로도 채권거래가 가능하므로 개인투자자도 얼마든지 채권을 저금리 시대 투자수단으로 활용할 수 있다"고 말한다. 거래소 일반채권시장은 국채와 지방채, 특수채는 물론 금융사와 일빈기업의 회사채까지 공모로 발행되는 모든 채권의 거래가 가능한 시장이다. 이날 현재 총 1만 2,616종목이 상장돼 있으며 국채 185종목, 특수채 3,889종목, 지방채

1,336종목과 회사채 7,206종목이 상장돼 있다.

채권매매를 위한 거래상대방 탐색과 매매가 용이

채권은 잔존만기와 금리, 신용등급 등 가격결정 요소들이 다양하고 적합한 거래상대방을 찾는 과정이 매우 중요하다. 장외 채권시장에서는 이런 역할을 브로커나 딜러가 수행한다. 하지만 지난 2008년 글로벌 금융위기 이후 금융기관에 대한 자본건전성 규제가 강화되며 브로커와 딜러의 역할이 위축된 게 사실이다. 전자시스템을 통해 주문을 한곳으로 집중해 거래하는 장내시장이 전 세계적으로 확산되는 이유다. 이런 매매방식의 장점은 주문이 집중됨에 따라 유동성이 풍부해져 거래상대방 탐색과정이 단축되고 그만큼 매매체결이 효율적이란 점이다. 또 전자스크린을 통해 호가정보나 매매체결정보가 실시간으로 투자자에 공개돼 시장의 투명성이 제고되고 신뢰도가 높아지는 장점이 있다.

"당일(T + 0)에 바로 결제"

거래소 일반채권시장에서는 매매체결이 이뤄진 당일(T + 0)에 바로 대금과 증권이 결제돼 자금운용이 신속하고 편리하다. 당일에 채권을 매도한 경우 당일 오후 4시 40분까지 매도대금이 증권계좌에 지급되기 때문에 필요자금을 편리하게 융통할 수 있다는 점도 장점이다. 장외에서는 보통 거래일 익일 결제가 이뤄진다. 채권이자 수령도 간편한 편이다. 증권계좌를 활용해 거래소 채권시장에서 채권을 매수한 경우 정해진 기일에 원리금이 계좌로 입금된다. 거래소 상장채권은 결제기관인 예탁결제원에 등록·예탁돼 있어 실물증권을 갖고 원리금을 별도로 청구할 필요가 없다. 보유채권 처분 시에도 마찬가지다. 불특정 다수의 투자자를 대상으로 자유롭게 매도할 수 있어 환금성이 높다. 장외에서 증권사를 통해 매도할 경우 신용등급이 낮은 회사채 등은 상대적으로 처분이 쉽지 않다.

주식과 유사한 채권투자도 가능?

가능하다. 보통 채권이라 하면 일정한 기간 동안 이자를 정기적으로 지급하는 증권을 말한다. 이런 채권은 이자율에 따라 채권가격이 변하는 특성을 보인다. 이와 달리 채권가격이 이자율 외에도 주가와 연동되는 주권 관련 사채가 있다. 이런 주권 관련 사채는 채권 안정성에 주식 전환 시 시세차익이나 배당까지 얻을 수 있는 메리트가 있어 투자자 선호도가 높은 편이다. 거래소 일반채권시장에서는 주권 관련 사채인 전환사채, 신주인수권부사채, 교환사채 등이 상장돼 거래되고 있어 주식과 연계한 채권투자가 가능하다.

'만기까지 보유' vs '만기 전 매매'

채권투자에는 크게 채권을 만기까지 보유하는 방법과 만기 전에 채권을 매매해 차익을 얻는 두 가지 방법이 있다. 매매차익을 추구하는 방법은 채권수익률 수준과 그 방향성을 정확히 예측해야 가능하기 때문에 개인투자자에게는 상대적으로 어려운 방법이다. 따라서 채권투자에 익숙하지 않은 개인투자자들은 채권매수 시점의 수익률로 만기까지 투자수익을 확정할 수 있는 만기보유가 보다 적합하다. 다만 만기보유투자도 금리변동에 맞춰 금리상승기(가격하락)와 하락기(가격상승)에 맞는 투자전략을 활용할 수 있다. 예를 들어, 금리상승기에는 단기채 위주로 투자해 향후 금리가 오를 때마다 만기투자 수익률의 상승효과를 누릴 수 있다. 또 채권은 주식과 달리 만기라는 투자기한을 고려해야 하는데 보통 만기가 길수록 투자 위험도가 크기 때문에 초보 투자자에게는 만기가 짧은 채권이 보다 적합할 수 있다. 이자소득 절세를 위해서는 이자소득세가 표면이자율을 기준으로 부과되는 점을 감안해 표면금리가 낮은 채권이 높은 채권보다 유리하다. 수익률이 같다면 신용등급이 상대적으로 높은 것을 선택하고 신용등급이 같다면 수익률이 높은 채권이 유리하다. 다만 기대수익이 높을수록 투자위험이 커진다는 점은 채권에도 적용되는 투자의 제1원칙이므로 항상 유의해야 한다.

뉴스토마토, 2016. 8. 5. 수정

중요 용어

이자율위험 (322)
가격위험 (322)
재투자위험 (322)
듀레이션 (323)
볼록성 (328)
소극적 채권투자관리 (329)
채권지수펀드 투자전략 (329)
목표시기면역전략 (330)
순자산면역전략 (331)
자산 · 부채관리 (331)
현금흐름대응전략 (331)
적극적 채권투자관리 (332)
채권스왑 (332)
대체스왑 (332)
시장 간 스프레드스왑 (332)
이자율예상스왑 (333)
순수수익률취득스왑 (333)
세금스왑 (333)
수익률곡선타기 (333)
상황별 면역화 (334)

사례연구 9-1 ○△□ 오징어게임에 빠진 채권시장

▲ '오징어게임' 포스터(연합뉴스)

채권시장에 때 아닌 '오징어게임' 설이 나돌았다. 드라마 대사에도 나오듯 현실이 더 지옥 같은 분위기를 연출하면서 채권시장이 소위 데스게임 양상으로 치닫고 있기 때문으로 풀이된다. 모 대형증권사 손실이 100억원에 달한다는 소문까지 나돌았다. 여기에 국고채 30년물과 10년물 간 금리역전 상황이 정례화·고착화하자 비난의 화살이 기획재정부를 향하는 양상까지 벌어졌다.

2021년 10월 1일 채권시장에서는 '○△□ 채권 오징어게임 ○△□'이라는 제목의 글이 퍼졌다. 내용인즉슨 '첫 번째 게임 단기게임입니다. 단기 많은 놈 죽어. 두 번째 게임 커브게임입니다. 스팁 죽어. 세 번째 게임 듀레이션 게임입니다. 롱 죽어. 네 번째 게임 다시 커브게임입니다. 플랫 죽어. 다섯 번째 게임 30년 게임입니다. 30년 숏 죽어'다.

첫 번째와 세 번째, 네 번째 게임은 한국은행 기준금리 인상이 예상되고 실제 인상이 단행되면서 2021년 8월을 전후해 약세장이 본격화하는 상황을 빗댄 말로 보인다. 특히 9월 들어서는 미국 연준(Fed) 테이퍼링(양적완화 축소) 이슈까지 가세하면서 강세를 보인 날을 찾아보기 힘들었다. 실제, 7월말 대비 10월 1일 기준 양도성예금증서(CD) 91일물과

주요 채권금리

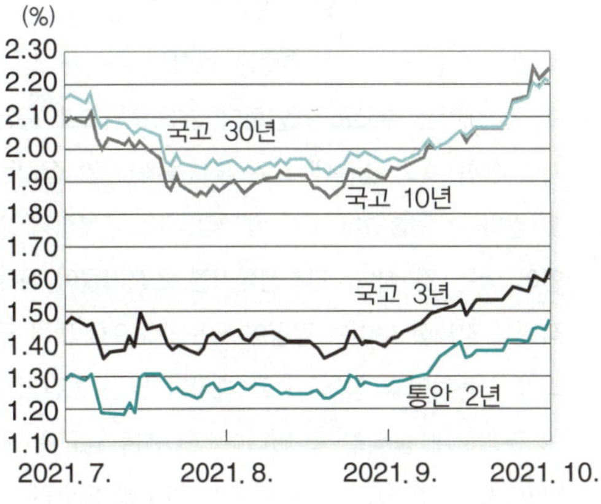

국고채 스프레드

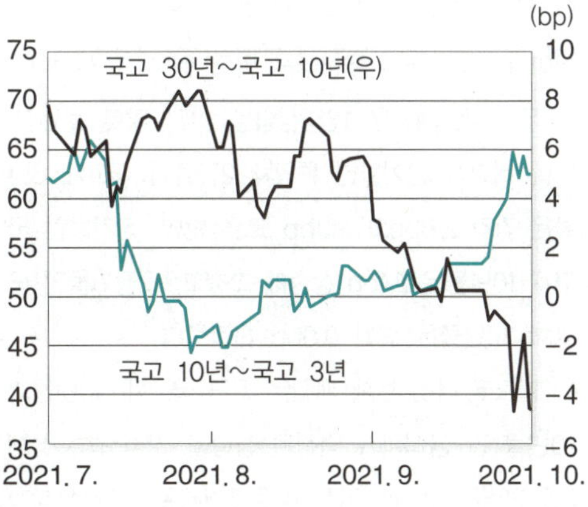

자료 : 금융투자협회

채권 수익률곡선 및 변동폭

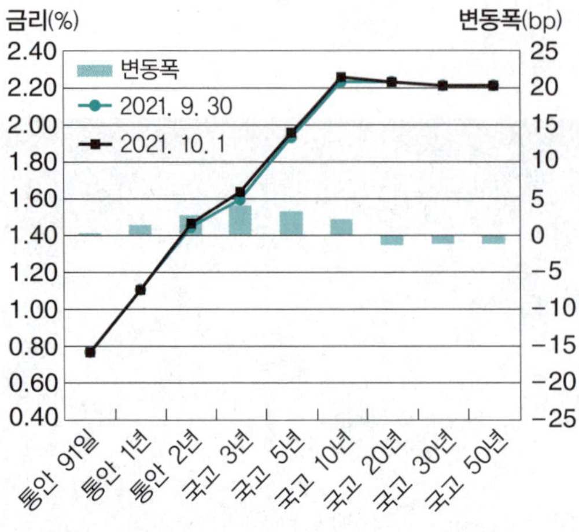

채권 수익률곡선

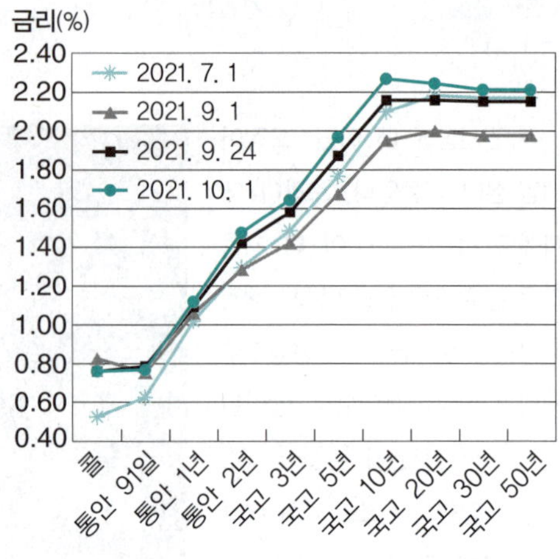

자료 : 금융투자협회

통안채 1년물 및 2년물 금리는 각각 34.0bp와 17.4bp, 21.8bp 급등했다(1bp = 0.01%p). 같은 기간 국고채 3년물과 10년물, 30년물 금리도 21.6bp, 38.4bp, 25.4bp씩 올랐다. 수익률곡선(yield curve)도 가팔라지는(steepening) 양상이다. 국고채 10년물과 3년물 간 금리차는 지난달 27일(60.2bp) 60bp대로 올라선 이래 안착하고 있다. 전달 28일엔 64.7bp까지 벌어져 7월 9일(65.8bp) 이후 2개월 만에 최대치를 경신했었다. 상황이 이렇게 되자 채권시장에서는 모 대형증권사가 100억원가량 손실을 봤다는 소문까지 나왔다. 이와 관련해 채권시장의 한 참여자는 "100억원에 0이 하나 더 붙어 손실이 1,000억원에 달한다는 말도 있다"고 전했다.

두 번째 게임은 1일 상황을 빗댄 말로 보인다. 이날 비교적 단기물인 통안채 2년물과 국고채 3년물은 각각 2.6bp와 4.0bp 오른 반면, 장기물인 국고채 10년물은 2.1bp 상승에 그쳤고, 초장기물인 국고채 30년물은 되레 0.9bp 하락했다.

끝으로 다섯 번째 게임은 최근 국고채 30년물과 10년물 간 금리차가 역전된 상황을 일컫는다. 실제 9월 23일(−1.0bp) 역전 이후 7거래일째 역전 상황이 계속되고 있다. 9월 30일 기재부가 구두개입에 이어, 10월 국고채 경쟁입찰 발행계획에서 9월 대비 물량을 30년물(2조 8,000억원)은 유지한 반면, 10년물(2조 1,000억원)은 2,000억원 줄였음에도 불구하고 역부족인 모습이다.

특히, 매년 30−10년물 간 금리역전이 정례화하고 있다는 점에서 채권시장 불만이 커지고 있다. A · B · C · D사 채권담당자는 "30−10년 금리역전이 매년 정례화하고 있다. 매년 하반기 역전이 수학 공식처럼 돼 버렸다"며 "30−10년 금리역전은 통상 장기 경기불황을 시사한다. 경기요인이 아닌 수급논리로 그렇게 되면서 기재부 잘못이 크다고 생각한다. 기재부가 애초부터 수요예측을 잘못했다"고 지적했다. 이들은 또 "30년물은 보험사 수요가 많다. 또 안 보이는 수요도 상당하다. 본드포워드로 증권사나 은행 숏이 많은데 그런 부분들에서 안 잡히는 것 같다"고 덧붙였다. E사 채권담당자도 "복합적 요인이 있는 것 같다. 긴축전환기엔 초장기물이 상대적으로 강세를 보이는 경향이 있는데다 9월 들어 금리가 급등하면서 상대적으로 베타가 낮은 초장기물이 둔감하게 움직인 탓"이라며 "30년물 공급이 줄었고, 분기 말 엔드 수요가 커진 가운데 외국인 수요까지 가세했다. 9월 옵션 발행이 미미했고, 모집으로 30년물 공급이 안 됐고, 10월에도 2조 8,000억원보다 더 하지 못한 것 등도 영향을 미쳤다. 기재부쪽에 아쉬움이 있다"고 말했다.

투기세력도 가세했다는 지적도 나왔다. F사 채권 담당자는 "금리가 오르면서 30년물을 사고 5년물을 밀어내는 30-5년 투기거래가 있었던 것 같다. 급속한 장기금리 상승에 10-3년 플랫으로 접근한 곳에서의 손절도 10년물이 30년물 대비 상대적으로 약했던 요인"이라고 봤다. 실제 2021년 국고채 발행 중 20~50년물 비중은 30±5%에 그친다. 이는 2020년 35±5% 대비 줄어든 것이다. 2020년 신종 코로나바이러스 감염증(코로나19) 발발 이후 채권시장 부담을 줄인다는 명목으로 장기물 발행 비중을 줄인데다, 2021년부터는 국고채 2년물을 새로 발행하기 시작한 때문이다. 이와 관련해 김이한 기재부 국채과장은 "IFRS 등에 보험사 수요가 많다. 역전 상황 역시 우리나라만의 문제는 아니다. 장기물에 대해서는 잘 보고 있다. 계속 상황을 보고 그때그때 검토해서 (대처)하려고 한다"며 "연도별 국고채 발행계획을 검토할 때도 은행·증권·보험쪽 등 의견을 듣고 있다. 내년 발행계획을 수립할 때도 기관들의 의견을 종합하겠다"고 말했다.

출처 : 이투데이(2021년 10월 3일) 수정

사례연구 9-2 채권투자, 액티브 전략이 필요하다

초저금리 기조가 이어지면서 충분한 인컴과 잠재 수익률을 확보하기 힘들지도 모른다는 채권투자자들의 불안감이 커지고 있다. 이에 일부 투자자들은 패시브(passive) 전략으로 눈을 돌리기도 한다. 하지만 요즘처럼 변동성이 높은 시장에서 패시브 전략은 금리 상승과 인플레이션 리스크에 취약하다는 약점이 있다. 반면 액티브(active) 전략은 여러 가지 대응방법을 통해 변화하는 환경에 기민하게 적용하는 것이 가능하다. 그렇다면 채권시장을 헤쳐나가는 데 필요한 액티브 전략에는 무엇이 있을까.

첫째, 듀레이션 관리로 금리 변동에 대한 리스크를 적절히 조절해야 한다. 듀레이션을 축소하면 금리 상승에 따른 변동성과 손실을 어느 정도 완화할 수 있으며 인플레이션 헤지 효과도 있다. 하지만 그렇다고 해서 자산을 현금으로 전환하거나 듀레이션을 지나치게 줄여서는 안 된다. 듀레이션이 긴 국채는 채권 수익률이 낮거나 마이너스인 경우에도 회사채 및 주식 관련 손실을 상쇄하는 역할을 한다. 즉, 위험자산이 고수익을 창출하는 기관차라면 듀레이션은 그 열차를 일직선으로 유지하는 선로라고 할 수 있다.

둘째, 서로 다른 리스크의 균형을 유지해야 한다. 듀레이션이 회사채 관련 손실의 완충장치 역할을 한다면 신용 리스크에 대한 적절한 배분은 위험자산의 가치가 상승할 때 상승 랠리에 탑승할 수 있게 해주는 역할을 한다. 실제로 국채 및 기타 금리에 민감한 자산과 성장 추구형 신용자산을 연계해 적극적으로 관리하는 '신용 바벨 전략'은 가장 효과적인 액티브 전략 중 하나다. 이러한 접근방식을 통해 액티브 매니저들은 금리와 신용 리스크 간의 상관관계를 파악하고 특정 순간에 어느 쪽으로 더 기울어야 할지에 대해 더 적절한 결정을 내릴 수 있다.

셋째, 현재 경제가 회복 구면에 들어섰기 때문에 크레디트 채권에서 기회를 모색해야 한다. 하이일드

(고수익) 회사채와 같은 위험자산은 인플레이션 기대치가 높아지는 금리 상승 환경에서 성과가 더 좋아지는 경향이 있다. 그뿐만 아니라 크레디트 채권은 매력적인 상대 수익률과 국채와의 낮은 상관관계로 인해 이러한 환경에서 방어적인 역할도 한다. 다양한 섹터와 지역에 걸쳐 회사채 포트폴리오를 다변화하는 것 역시 핵심 전략 중 하나다. 하지만 이 과정에서 선별적인 접근이 필수적이다. 펀더멘털의 중요성을 결코 간과해서는 안 된다.

글로벌 경제가 회복 국면에 들어선 것은 사실이지만 낮은 금리와 높은 불확실성의 시대가 금방 끝날 것 같지는 않다. 그러나 이러한 상황에서도 액티브 전략을 바탕으로 채권 포트폴리오를 운용한다면 하방 리스크 완화와 매력적인 인컴 및 잠재 수익률 창출이라는 두 가지 목표를 함께 달성할 수 있을 것으로 생각한다.

유재흥(AB자산운용 채권부문 선임 포트폴리오매니저)

출처 : 서울경제(2021년 5월 24일) 수정

연습문제

※ 완성/선택형 문제

01. 시장이자율이 변함에 따라 채권투자성과가 변동할 가능성을 이자율위험이라 하며, 이자율위험은 (　　　　)과 (　　　　)으로 나눌 수 있다.

02. (　　　　)은 채권의 만기일까지의 각 기간을, 각 기간에 들어오는 현금흐름의 현재가치가 전체 현금흐름의 현재가치에서 차지하는 비율로 가중하여 합한 가중평균만기를 의미한다.

03. 일반적으로 (　　　　)가 길수록, (　　　　) 또는 (　　　　)이 낮을수록 듀레이션은 길어진다.

04. (　　　　)은 자산과 부채의 듀레이션을 적절히 조정하여 이자율 변동에 따른 순자산가치의 변동위험을 제거하기 위한 전략이다.

05. (　　　　)는 채권시장의 비효율성을 이용하여 초과이익을 얻고자 하는 전략이다. 이는 주로 저평가된 채권을 발견하거나 이자율 예상에 따라 듀레이션을 조정함으로써 높은 투자성과를 얻고자 하는 채권투자전략이다.

06. 채권가격과 이자율의 관계에 대한 다음의 설명 중 잘못된 것은?

① 시장이자율이 변동할 때 확정이자부채권보다 순수할인채권의 가격변동폭이 더 크다.
② 시장이자율이 액면이자율보다 큰 경우 할인발행된다.
③ 시장이자율이 액면이자율보다 작을 경우 할증발행된다.
④ 만기가 짧을수록 시장이자율에 대한 채권가격의 변동폭이 커진다.

07. 시장이자율이 1%포인트 상승할 때, 다음 채권들 중에서 어느 채권의 가격하락률이 가장 클 것으로 판단되는가?

① 10년 만기 순수할인채권
② 액면이자율이 5%인 10년 만기 채권
③ 액면이자율이 10%인 10년 만기 채권
④ 액면이자율이 10%인 7년 만기 채권

08. 듀레이션에 대한 다음의 설명 중 잘못된 것은?

① 이표채의 듀레이션은 만기보다 작다.
② 시장이자율이 5%일 경우 5년 만기 순수할인채의 듀레이션은 5년이고, 영구채의 듀레이션은 21년이다.
③ 다른 조건이 동일하다면 액면이자율이 낮을수록 듀레이션이 감소한다.
④ 다른 조건이 동일하다면 시장이자율이 낮을수록 듀레이션이 증가한다.

09. 다음 중 소극적 채권투자전략이 아닌 것은?

① 채권지수펀드 투자전략 ② 채권스왑
③ 순자산면역전략 ④ 현금흐름대응전략

10. 면역전략에 대한 다음의 설명 중 잘못된 것은?

① 목표시기면역전략에 의해서 채권가격위험과 재투자위험이 서로 상쇄되어 순효과는 0이 될 수 있다.
② 목표시기면역전략은 연기금 등 기관투자자가 미래의 특정 시점에 지급해야 할 채무액의 확실한 확보에 관심을 가질 경우 사용될 수 있다.
③ 순자산면역전략은 자산과 부채의 듀레이션을 적절히 조정하여 이자율 변동에 따른 순자산가치의 변동위험을 제거하기 위한 전략이다.
④ 자산의 시장가치로 가중된 자산의 듀레이션을 부채의 시장가치로 가중된 부채의 듀레이션보다 크게 함으로써, 이자율 변동에 따른 순자산가치의 변동위험을 최소화시킬 수 있다.

11. 수익률곡선이 우상향하는 경우 채권의 잔존만기가 짧아지면서 수익률곡선을 타고 아래로 이동하여 수익률이 하락하게 된다. 다음 중 이로 인한 가격상승효과를 얻으려는 전략은?

① 순수수익률취득스왑 ② 수익률곡선타기
③ 이자율예상스왑 ④ 현금흐름대응전략

12. 목표가치 이상에서는 적극적 투자전략을 운용하다가, 이 수준으로 하락하면 소극적 투자전략인 면역화전략으로 수정하는 전략은?

① 순자산면역전략 ② 현금흐름대응전략
③ 대체스왑 ④ 상황별 면역화

13. 채권투자전략으로 가장 올바른 것은?

① 금리상승이 예상될 때 주로 장기채에 투자한다.
② 금리상승이 예상될 때 만기가 동일한 경우 액면이자율이 낮은 채권에 투자한다.
③ 국채와 회사채의 수익률 스프레드가 비정상적으로 높을 경우 국채를 회사채로 교환한다.
④ 수익률곡선타기는 수익률곡선이 우하향하는 경우에 적합한 채권투자전략이다.

✲ 서술/계산형 문제

01. 이자율위험을 구성하는 두 가지 위험에 대해서 설명하라.

02. 만기, 액면이자율, 시장이자율과 듀레이션의 관계에 대해서 설명하라.

03. 소극적 채권투자전략인 목표시기면역전략과 순자산면역전략을 비교 · 설명하라.

04. 적극적 채권투자관리가 어떤 경우에 필요한지를 설명하고, 또한 대표적인 적극적 채권투자전략인 채권스왑의 종류를 세 가지 이상 들고 각각의 의미를 간단히 설명하라.

05. 듀레이션의 계산

㈜서울은 액면가 10,000원, 만기 3년, 액면이자율 4%인 사채를 발행하였다. 시장이자율이 4%일 경우 다음의 물음에 답하라.

(1) 이 사채의 발행가격을 구하라.

(2) 이 사채의 듀레이션을 계산하라.

06. 이자지급기간과 듀레이션의 계산

S전자는 현재 다음과 같은 사채를 발행하려고 한다.

- **액면가** : 10,000원
- **만기** : 2년
- **액면이자율** : 6%(매 6개월 말 이자지급)

시장이자율이 8%일 경우 다음의 물음에 답하라.

(1) 이 사채의 발행가격은?

(2) 이 사채의 듀레이션은?

07. 채권포트폴리오의 듀레이션

연기금은 현재 다음과 같은 채권포트폴리오를 보유하고 있다.

채권	투자액(억원)	듀레이션(년)
A	40	6.5
B	20	5.2
C	10	4.0
D	30	2.5

이 채권포트폴리오의 듀레이션을 구하라.

08. 채권가격 변화와 듀레이션

액면금액이 10,000원이고, 액면이자율이 6%인 3년 만기 채권이 있다. 시장이자율이 8%일 경우 다음의 물음에 답하라.

(1) 이 채권의 현재 시장가치는 얼마인가?

(2) 이 채권의 듀레이션을 구하라.

(3) 이자율이 8%에서 7%로 하락할 경우, 채권의 가격은 어느 정도 변동하겠는가?

09. 목표시기면역전략

투자자 K는 액면가 10,000원, 잔존만기 2년, 액면이자율 4%인 사채를 매입하려고 한다. 시장이자율이 6%일 경우 다음의 물음에 답하라.

(1) 투자자 K의 채권매입가격은?

(2) 투자자 K가 매입하려는 채권의 듀레이션은?

(3) 채권투자에 따르는 이자율위험을 제거하기 위해 투자자 K는 투자기간을 얼마로 해야 하는가?

보론 금융기관의 자산 · 부채관리(ALM)

Investments & Security Analysis, Ch. Nine

시장가치로 작성된 금융기관의 재무상태표는 다음과 같으며, 자산과 부채의 듀레이션은 각각 D_A, D_L이라고 하자.

재무상태표

자산의 가치(A)	부채의 가치(L) 자기자본가치(E)

앞의 식 (9-3)을 이용하면 자기자본가치의 변동(ΔE)을 다음과 같이 측정할 수 있다.

$$\Delta E = \Delta A - \Delta L$$
$$= \left(-\frac{D_A}{1+r_A} \cdot \Delta r_A \cdot A\right) - \left(-\frac{D_L}{1+r_L} \cdot \Delta r_L \cdot L\right) \qquad (9A-1)$$

여기서 r_A : 자산의 수익률(대출이자율)

r_L : 부채의 이자율(예금이자율)

식 (9A-1)에서 r_A와 r_L이 모두 시장이자율 r과 같다면, 식 (9A-1)을 다음과 같이 나타낼 수 있다.

$$\Delta E = -(D_A \cdot A - D_L \cdot L)\left(\frac{\Delta r}{1+r}\right) \qquad (9A-1)'$$

단, $r_A = r_L = r$

식 (9A-1)′에서 자기자본가치의 변동(ΔE)을 0으로 만들기 위해서는, 즉 이자율 변동에 따른 위험을 제거하기 위해서는 다음과 같은 관계를 가지도록 자산과 부채를 구성하면 된다.

$$D_A \cdot A = D_L \cdot L \qquad (9A-2)$$

예제 9A-1 자산 · 부채관리(ALM)

K은행의 재무상태표의 구성은 다음과 같으며, 만기가 3년인 장기채권은 10%의 이자를 매년 말 지급하고, 만기가 1년인 정기예금은 10%의 이자를 연말에 지급한다.

재무상태표 (단위 : 억원)

장기채권	1,000	정기예금	700
		자 본 금	300

(1) 이자율이 11%로 상승할 경우 자기자본의 가치 변화를 계산하라.

(2) 이자율이 11%로 상승할 경우 자산과 부채의 듀레이션을 이용하여 자기자본가치의 변화를 계산하라.

(3) 물음 (1)과 (2)의 가치 변화에 차이가 있다면 그 이유에 대하여 설명하라.

(4) 이자율 변동에 따른 위험을 제거하기 위해서는 부채의 듀레이션을 얼마로 하여야 하는가? (단, 자산의 듀레이션은 변경할 수 없다.)

해답

(1) 이자율이 11%로 상승하는 경우 K은행의 장기채권(A')과 정기예금(L')의 현재가치를 구하면 다음과 같다.

- $A' = \dfrac{100}{1+0.11} + \dfrac{100}{(1+0.11)^2} + \dfrac{1{,}100}{(1+0.11)^3} = 975.56$억원
- $L' = \dfrac{770}{1+0.11} = 693.69$억원

$\rightarrow E' = A' - L' = 975.56 - 693.69 = 281.87$억원

그러므로 자기자본가치의 변동액(ΔE)은 다음과 같이 구할 수 있다.

$\Delta E = E' - E = 281.87 - 300 = -18.13$억원

또는

$\Delta E = \Delta A - \Delta L = (A' - A) - (L' - L)$

$= (975.56 - 1{,}000) - (693.69 - 700) = -18.13$억원

(2) 자산과 부채의 듀레이션을 구하면 다음과 같다.

- $D_A = \dfrac{1 \times \left(\dfrac{100}{1.1}\right) + 2 \times \left(\dfrac{100}{1.1^2}\right) + 3 \times \left(\dfrac{1{,}100}{1.1^3}\right)}{1{,}000} = 2.7355$년
- $D_L = \dfrac{1 \times \left(\dfrac{770}{1.1}\right)}{700} = 1$년

따라서

$$\Delta E = -(D_A \cdot A - D_L \cdot L)\left(\frac{\Delta r}{1+r}\right)$$
$$= -(2.7355 \times 1{,}000 - 1 \times 700)\left(\frac{0.01}{1+0.1}\right)$$
$$= -18.50\text{억원}$$

(3) 듀레이션에 의해서 채권가격 변동액을 산출할 때는 이자율과 채권가격 간의 함수가 선형이라는 가정이 포함되어 있다. 그러나 실제로는 이자율과 채권가격이 비선형관계, 즉 원점에 대해 볼록한 형태를 갖기 때문에 오차가 발생하게 된다.

(4) ΔE가 0이 되기 위해서는 $D_A \cdot A = D_L \cdot L$이 성립해야 한다.

$2.7355 \times 1{,}000 = D_L \times 700 \rightarrow D_L = 3.9079$년

즉, 부채(정기예금)의 듀레이션을 3.9079년으로 늘릴 경우 이자율 변동에 따른 위험을 제거할 수 있다.

파생금융상품

chapter 10 선물

chapter 11 옵션

IV

Investments & Security Analysis part four

선물

1. 선물거래의 기초개념
2. 선물시장의 구조와 증거금제도
3. 선물거래자의 유형과 선물시장의 경제적 기능
4. 선물의 가격결정
5. 선물거래에 의한 위험의 헤징

10

[이 장의 개요]

선물계약(futures contract)은 미래의 일정한 시점에서 정해진 가격으로 자산을 사거나 팔기로 약정한 것이다. 선물계약(이하 선물이라 약칭함)은 제11장에서 설명할 옵션과 더불어 가장 기본적인 파생상품(derivatives) 중의 하나이다. 선물은 실물상품(농산물, 축산물, 금속, 에너지 등)뿐만 아니라 금융상품(주가지수, 금리, 통화 등)을 대상으로 매우 다양하게 개발되고 있으며, 1970년대 이래 특히 금융선물시장이 급격히 성장하고 있다.

선물의 역사는 아주 오래 되었지만, 현재와 같이 조직화된 선물거래는 1848년에 설립된 미국의 시카고상품거래소(Chicago Board of Trade ; CBOT)에서 시작되었다고 할 수 있다. 그리고 시카고상업거래소(Chicago Mercantile Exchange ; CME)의 부속거래소로 1972년 설립된 국제통화시장(International Monetary Market ; IMM)에 금융선물이 도입되면서 선물거래는 획기적인 발전의 전기를 맞게 된다. 2007년 7월에 시카고상품거래소(CBOT)와 시카고상업거래소(CME)가 CME그룹(www.cmegroup.com)으로 통합되었다. 그리고 2008년 8월에는 CME그룹이 뉴욕상업거래소(New York Mercantile Exchange ; NYMEX)를 인수하여 미국 최대 파생상품거래소가 되었다. 우리나라에서도 코스피200에 대한 주가지수선물시장이 1996년 5월 3일에 처음 개설되면서 급속하게 발전하고 있다.

본 장에서는 먼저 선물거래 및 선물시장에 대한 기본적 개념을 살펴본 후, 선물의 가격결정, 위험관리 등을 차례로 설명하고자 한다.

1. 선물거래의 기초개념

Investments & Security Analysis, Ch. Ten

1.1 선물거래의 의의와 종류

선물거래의 의의

선물거래(futures trading)란 품질과 가격 등이 표준화된 일정량의 상품(현물)을 현재시점에서 약정된 가격으로 미래의 일정 시점에 매입 또는 매도하기로 조직화된 거래소 내에서 약정하는 거래이다. 선물거래의 대상이 되는 특정 상품을 기초자산(underlying asset), 시장에서 거래되고 있는 기초자산의 현재가격을 현물가격(spot price), 선물계약이 이행(결제)되는 미래의 일정 시점을 만기일(maturity date) 또는 인도일(delivery date), 만기일의 약정된 가격을 선물가격(futures price)이라고 한다. 여기서 선물가격은 만기일에 기초자산을 거래하기로 약정한 가격을 의미하는 것이지, 선물계약 자체의 가치(내재가치)를 의미하는 것은 아니다. 다시 말하면, 선물가격은 현재시점에서 약정된 만기일에서의 상품 인수 · 도 가격이다.

선물거래는 매매계약의 체결과 동시에 매매대상물(상품)의 인수 · 도와 대금 결제가 이루어지는 현물거래(spot trading)와 대비되는 개념이다.[1] 선물거래와 현물거래의 차이를 그림으로 나타내면 [그림 10-1]과 같다.

선도거래(forward trading)는 기초자산을 현재시점에서 약정된 가격으로 미래의 일정 시점에 매입 또는 매도하기로 약정하는 거래라는 점에서 본질적으로 선물거래와 같다고 할 수 있다.[2] 그러나 선물거래와 선도거래는 다음과 같은 몇 가지 점에서 서로 구분된다. 첫째, 선도거래는 특정한 장소 없이 장외시장(over-

1. 현재시점에 상품을 인수 · 도하고 일정한 기간이 지난 후 대금을 결제하는 거래를 외상거래 또는 신용거래라 하며, 이는 현물거래에 포함된다.
2. 채소를 재배하는 농부가 수확기의 가격하락위험을 제거하기 위해 채소도매상과 미리 정해진 가격으로 계약을 맺어 채소를 판매하는 방법, 속칭 '밭떼기' 등이 선도거래의 좋은 예라고 할 수 있다.

그림 10-1 선물거래와 현물거래

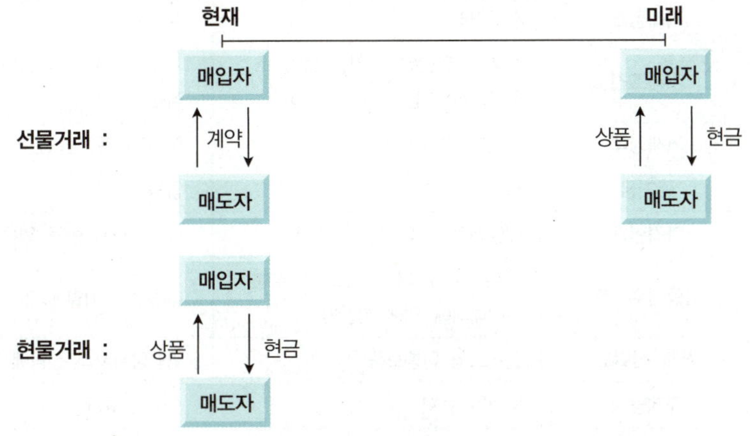

the-counter market)에서 당사자 간 직접계약에 의해 이루어지는 반면, 선물거래는 조직화된 공식적인 시장, 즉 선물거래소(futures exchange)에서 공개입찰을 통해 이루어진다. 따라서 선물거래는 선도거래에 비해 계약상대방을 훨씬 쉽게 찾을 수 있으며, 높은 시장성으로 인하여 선물가격은 수요와 공급이 일치하는 균형수준에서 보다 쉽게 결정될 수 있다. 둘째, 선물계약은 거래소가 정한 계약조건(거래상품, 거래단위, 만기일 등)에 의해 표준화되어 있지만, 선도계약은 거래당사자 간 합의에 의해 거래조건이 결정된다. 선물거래는 거래조건을 표준화함으로써 계약체결을 용이하게 하고 거래 자체의 유동성을 높여, 만기일 이전이라도 언제든지 필요한 시점에서 계약을 제3자에게 양도할 수 있게 한다. 셋째, 선물거래에서는 결제소(clearing house)가 거래의 상대방으로서 모든 선물계약의 청산에 대하여 책임을 지며 계약의 이행을 보증하는 역할을 수행하기 때문에 청산위험이 거의 없으나, 선도거래의 경우 계약자 쌍방 간의 직접거래이므로 계약당사자의 신용도에 따른 위험이 존재한다. 선물거래에서는 계약의 이행을 보증하려는 제도적 장치로 일일정산(marking to market), 증거금(margin) 등의 제도를 두고 있다.

이상에서 설명한 선물거래와 선도거래의 차이점을 요약하면 〈표 10-1〉과 같다.

표 10-1 **선물거래와 선도거래의 비교**

구분	선물거래	선도거래
거래장소	선물거래소	장외시장
거래조건	상품, 거래단위, 만기일 등이 표준화되어 있음	거래당사자 간의 협의에 의해 결정됨
거래상대	알려져 있지 않음	직접거래로 알려짐
증거금	있음	없음
가격변동	매일매일 가격변동(일일정산)	만기일까지 변동 없음
상품인수 · 도	인수 · 도가 거의 없고, 대부분 반대매매에 의해 청산됨	대부분 만기일에 인수 · 도됨
거래 신뢰도	결제소의 이행보증	거래당사자의 신용에 달려 있음
규제방식	엄격한 규제	자율적 규제
시장구조	완전시장	불완전시장

선물거래의 종류

선물은 그 기초자산의 종류에 따라 크게 두 가지로 분류된다. 즉, 주요 원자재인 원유, 구리, 금, 은, 옥수수, 밀, 대두 등 일반상품을 기초자산으로 거래하는

표 10-2 **선물계약의 분류**

분류			기초자산
상품선물	농림산물선물		옥수수, 밀, 대두, 설탕, 고무, 원면, 목재 등
	축산물선물		생우, 생돈, 냉동삼겹살 등
	귀금속선물		금, 은, 백금 등
	비철금속선물		구리, 알루미늄, 납, 아연, 주석 등
	에너지선물		원유, 천연가스, 가솔린, 난방유, LPG 등
금융선물	금리선물	장기금리	미국 T-bonds 등
		중기금리	미국 T-notes, 한국 국채 등
		단기금리	Eurodollars 등
	통화선물		미국 달러, 유럽연합 유로, 일본 엔, 영국 파운드, 중국 위안, 호주 달러, 캐나다 달러 등
	주가지수선물		코스피200, 코스닥150, S&P500, Dow Jones30, NASDAQ100, Nikkei225 등

상품선물(commodity futures)과 주가지수, 금리, 통화 등을 기초자산으로 거래하는 금융선물(financial futures)로 구분될 수 있다. 우리나라의 경우 현재 개별주식선물, 주가지수선물(코스피200선물, 미니코스피200선물, 코스닥150선물 등), 금리선물(3년, 5년, 10년 국채(KTB)선물), 통화선물(미국달러선물, 엔선물, 유로선물, 위안선물), 상품선물(금(gold)선물, 돈육선물) 등이 거래되고 있다. 선물계약에 대한 자세한 분류는 〈표 10-2〉와 같다.

1.2 선물거래의 손익

선물거래는 선물의 매입(long position)과 매도(short position)로 구분된다. 선물의 매입은 만기일에 약정된 가격(선물가격)으로 기초자산을 매입할 것을 계약한 것이며, 선물의 매도는 만기일에 선물가격으로 기초자산을 매도할 것을 계약한 것이다. 선물의 매입자가 그 상태를 벗어나기 위해서는 만기일에 기초자산을 실제로 인수하거나, 만기일 이전에 매입했던 선물을 다시 매도하여야 한다. 반면, 선물의 매도자가 그 상태를 벗어나기 위해서는 만기일에 기초자산을 실제로 인도하거나, 만기일 이전에 매도했던 선물을 다시 매입하여야 한다. 선물포지션(futures position)을 마감하기 위하여 매입했던 선물을 만기일 이전에 재매도하는 것을 전매(轉賣) 또는 재매도청산(liquidation, long covering)이라 하고, 매도했던 선물을 만기일 이전에 재매입하는 것을 환매(還買) 또는 재매입청산(short covering)이라 한다. 이와 같이 반대매매(reversing trade)에 의해서 선물거래자가 선물포지션을 없애고 선물시장에서 빠져나오는 것을 선물포지션의 청산(close out)이라고 표현한다.

선물의 매입자는 기초자산의 가격이 오를수록 선물가격이 상승하여 이익을 보게 되는 반면, 선물의 매도자는 기초자산의 가격이 하락할수록 선물가격이 하락하여 이익을 보게 된다. 선물의 청산일에서의 선물거래에 따른 이익은 다음과 같다.

- 선물매입거래의 이익 = $F_{t,T} - F_{0,T}$
- 선물매도거래의 이익 = $F_{0,T} - F_{t,T}$

여기서 $F_{0,T}$: 현재시점(선물의 계약일)에서 만기가 T인 선물의 가격
$F_{t,T}$: t시점(선물의 청산일)에서 만기가 T인 선물의 가격[3]

예를 들어, 선물가격이 배럴(barrel)당 50,000원인 원유선물의 매입자와 매도자를 생각해보자. 선물의 청산일에 원유의 선물가격이 배럴당 60,000원으로 상승하는 경우 원유선물 매입자와 매도자의 이익(배럴당)은 다음과 같이 계산된다.

- 원유선물 매입자의 이익 = 60,000원 - 50,000원 = 10,000원
- 원유선물 매도자의 이익 = 50,000원 - 60,000원 = -10,000원

원유선물의 매입자는 배럴당 60,000원인 선물을 50,000원에 매입할 수 있기 때문에 10,000원의 이익을 얻을 수 있다. 그러나 원유선물의 매도자는 배럴당 60,000원인 선물을 50,000원에 매도해야 하기 때문에 10,000원의 손실을 보게 된

그림 10-2 선물거래 종료일, 즉 청산일(t)에서의 선물거래에 따른 손익

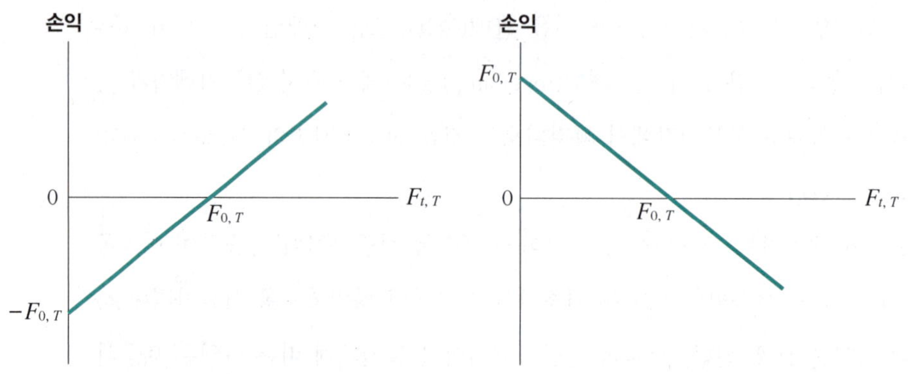

(a) 선물매입자의 손익 (b) 선물매도자의 손익

3. 선물가격은 만기일에 가까워질수록 현물가격에 수렴하며, 만기일에서 선물가격은 현물가격과 일치한다.

다. 한편, 선물가격이 하락하는 경우에는 정반대로 원유선물의 매입자가 손실을 입는 만큼 원유선물의 매도자는 이익을 보게 된다.

이상에서 보는 바와 같이 선물거래의 매입포지션에 따른 이익(또는 손실)과 매도포지션에 따른 손실(또는 이익)은 그 크기가 항상 동일하기 때문에 모든 선물거래의 손익은 정확하게 상쇄되어 0이 된다.[4] 따라서 선물거래를 제로섬게임(zero-sum game)이라 할 수 있다. 선물거래에 따른 손익을 그림으로 나타내면 [그림 10-2]와 같다.

2. 선물시장의 구조와 증거금제도

Investments & Security Analysis, Ch. Ten

2.1 선물시장의 구조

선물시장은 선물거래소, 결제소, 선물중개회사 등으로 구성되어 있다. 선물시장의 구조를 그림으로 나타내면 [그림 10-3]과 같다.

선물시장의 구조 그림 10-3

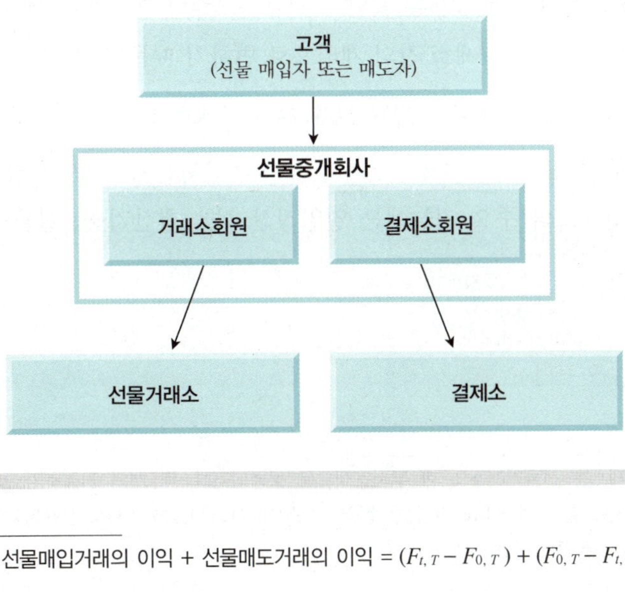

4. 선물거래의 이익 = 선물매입거래의 이익 + 선물매도거래의 이익 = $(F_{t,T} - F_{0,T}) + (F_{0,T} - F_{t,T}) = 0$

선물거래소

선물거래소(futures exchange)는 거래소회원(exchange member)인 장내거래자가 고객의 선물거래 또는 자신의 계산에 의한 선물거래를 상호 경쟁적으로 체결시키는 장소이다. 일반적으로 선물거래소는 일정액을 출자한 거래소회원에 의해 설립·운영되는 비영리회원 조직의 형태를 띤다. 선물거래소의 주요 기능은 조직화된 선물시장을 개설·운영하며, 선물거래가 원활하고 공정하게 이루어질 수 있도록 각종 관련 규정이나 규칙 등을 제정·시행하는 것이다.

결제소

결제소(clearing house)는 선물거래소에서 이루어지는 모든 거래를 결제하는 결제기관으로서 거래소와 동일하게 비영리회원 조직의 형태로 운영된다.[5] 결제소는 법적으로 선물매입자에 대하여 매도자 의무, 선물매도자에 대하여 매입자 의무를 지게 된다. 즉, 결제소는 선물거래소에서 이루어지는 모든 선물계약에 대한 거래의 상대방으로서 선물계약의 이행을 보증하는 역할을 한다. 결제소가 없는 선도거래의 경우에는 매입자와 매도자가 직접적인 거래의 당사자가 되어야 하기 때문에 거래의 이행 여부는 거래당사자의 신용에 좌우된다. 그러나 선물거래의 경우 결제소의 존재로 인하여 선물시장에서 성립되는 계약은 개인 간의 계약이 아닌 개인과 결제소 간의 계약으로 변하기 때문에, 선물거래 참여자들이 거래상대방의 신용상태를 우려할 필요 없이 거래를 할 수 있게 되어 시장의 유동성이 제고된다.

결제소의 주요 기능에는 일일정산기능, 청산기능, 실물인수·도기능 등이 있다.

---

5. 결제소는 선물거래소의 한 부서조직으로 운영되거나, 몇 개의 거래소가 공동으로 설립하여 운영하기도 한다. 우리나라의 경우 한국거래소(KRX)의 파생상품시장이 선물거래소 및 결제소의 역할을 모두 하고 있다.

▪ 일일정산기능

선물거래는 선도거래와 달리 시장에서 매일매일 거래가 이루어지고, 그 가격이 변하게 된다. 따라서 결제소는 매일매일 형성되는 정산가격(settlement price)을 기준으로 모든 거래참여자들의 미결제약정(open interest)에 대한 손익을 계산하여 반영하며, 이를 일일정산(marking to market)이라 한다. 선물의 정산가격은 시장 마감 직전에 거래된 선물계약을 대표하는 가격(종가 또는 평균가격)이며, 미결제약정은 반대매매 또는 만기일의 인수·도 등에 의해서 청산되지 않고 남아 있는 선물계약을 의미한다.

이와 같은 일일정산을 통해 당일의 모든 선물 미결제약정에 대하여 매일 당일의 정산가격으로 재평가함으로써 실질적으로 매일 결제를 하는 것과 같은 효과를 볼 수 있다. 결제소의 일일정산제도에 의해 선물가격 변동으로 인한 손실이 누적되지 않고 매일매일 정산되기 때문에 계약당사자들의 계약불이행위험을 줄일 수 있다. 그러나 만기일에 결제되는 선도거래와 달리 선물거래는 일일정산으로 인하여 수시로 현금의 유·출입이 발생될 수 있기 때문에 선물거래자는 이에 필요한 현금을 확보해야 한다는 단점이 있다.

▪ 청산기능

결제소는 기존의 선물포지션을 쉽게 마감 또는 청산(liquidation)할 수 있도록 해준다. 선물거래자가 선물을 매입(매도)하였지만 이를 이행할 의도가 없는 경우 선물을 매도(매입), 즉 반대매매함으로써 계약이행의 의무를 벗어날 수 있다. 이와 같이 반대매매를 통하여 선물거래가 청산될 때 결제소는 확정이익과 손실을 청산 당일에 지급 또는 수취하게 된다. 확정이익이 났을 때는 예탁했던 증거금과 이익금을 함께 지급하며, 확정손실이 났을 때는 증거금과 손실액의 차액을 지급한다. 그러나 손실액이 예탁한 증거금을 초과할 때는 그 차액을 해당 회원으로부터 징수한다.

▪ 실물인수·도기능

선물의 만기일까지 반대매매에 의해 청산되지 않은 선물포지션을 보유하고 있을 경우, 매입포지션에 있는 자는 현물을 인수하여야 하고, 매도포지션에 있는 자는 현물을 인도하여야 한다. 이때 결제소는 인도자와 인수자를 연결하여 실물의 인수·도가 원활하게 이루어지도록 서류상 처리를 하고 실물을 직접 취급하지는 않는다.

선물중개회사

선물중개회사(futures commission merchant ; FCM)는 고객의 주문에 따라 선물계약 체결, 증거금 및 계좌 관리 등의 서비스를 제공하고 수수료를 받는다. 선물중개회사는 먼저 거래소회원인 경우와 거래소회원이 아닌 경우로 구분되는데, 거래소회원만이 투자자의 주문을 직접 처리할 수 있고, 비회원인 중개회사는 거래소회원인 중개회사를 통해서 투자자의 주문을 처리할 수 있다. 그리고 이와 같은 회원제도의 운영은 결제제도에도 동일하게 적용된다. 선물중개회사를 결제소회원(clearing member)이냐 비회원이냐로 구분하고, 비결제소회원일 경우에는 결제소회원에게 결제업무를 위임하여 수행하도록 하고 있다.

2.2 증거금제도

매매계약의 체결과 동시에 상품의 인수·도와 대금결제가 이루어지는 현물거래와 달리, 선물거래는 미래 일정 시점에서 정해진 가격으로 상품을 인수·도하고 대금을 결제하기로 약속한 것이기 때문에 결제일에 계약당사자가 약속을 이행하지 않을지도 모른다는 우려가 있을 수 있다. 즉, 선물을 매입한 후 선물가격이 하락하거나 선물을 매도한 후 선물가격이 상승한 경우, 계약자가 계약이행에 따른 손실을 회피하기 위하여 계약을 이행하지 않을 가능성이 있다. 따라서 선물거래에서는 계약의 이행을 제도적으로 보장하는 것이 필요하며, 이와 같은 계약이행 보증을 위한 제도의 하나가 증거금제도이다.

한편, 이와 같은 증거금제도로 인해 선물거래자는 큰 금액을 맡기지 않고도 많은 포지션을 가질 수 있어 선물은 다른 금융상품들보다 매우 큰 레버리지효과(leverage effect)를 갖게 된다. 레버리지가 높다는 것은 계약불이행 등으로 인한 위험이 높다는 것을 의미하지만, 선물시장에서의 계약불이행 사례는 거의 없다.

증거금의 구분 : 위탁증거금과 거래증거금

그림 10-4

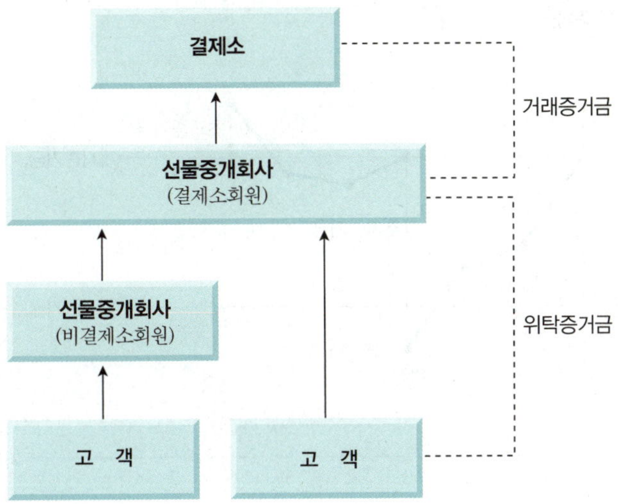

이는 일일정산제도, 증거금제도 등의 제도적 장치에 기인한 것이라 할 수 있다.

증거금(margin)은 일일정산 시 발생될 수 있는 계약불이행을 방지하기 위한 수단으로, 예치해야 하는 현금 또는 현금성자산(유동성이 높은 유가증권 등)을 의미한다. 증거금에는 [그림 10-4]에서 볼 수 있는 바와 같이 고객이 선물중개회사에 납부하는 위탁증거금(customer margin)과 결제소회원인 선물중개회사가 결제소에 납부하는 거래증거금(clearing margin)이 있다.

위탁증거금

위탁증거금은 개시증거금과 유지증거금으로 구분된다.

▪ 개시증거금

개시증거금(initial margin)은 고객이 신규 또는 추가적으로 선물을 매수 또는 매도할 때 선물중개회사에 예치해야 하는 증거금을 의미한다. 개시증거금 수준은 기초자산의 가격수준과 변동성, 선물거래동기 등에 따라 다소 차이가 있으며, 한

그림 10-5 위탁증거금: 개시증거금과 유지증거금

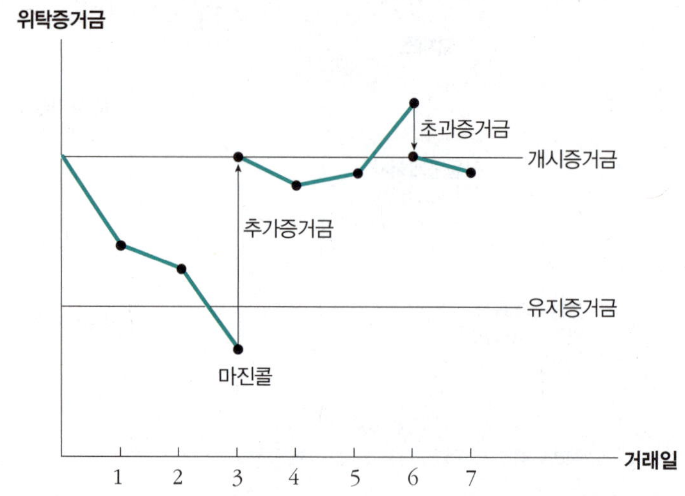

국거래소(KRX)는 분기마다 한 번씩 변동성 등을 감안하여 개시증거금률을 조정해 공표하고 있다.[6]

■ 유지증거금

유지증거금(maintenance margin)은 고객이 자신의 선물거래 포지션을 유지하는 데 필요한 최소한의 증거금을 의미하며, 일반적으로 유지증거금은 개시증거금의 2/3 수준에서 결정된다. 선물거래에서는 시장가격 변동에 따라 발생하는 손익이 매일 일일정산되어 고객의 증거금에 반영되는데, 만일 선물가격이 크게 하락하여 손실금액이 고객의 증거금을 초과하게 되면 증거금은 그 기능을 상실하게 된다. 따라서 [그림 10-5]에서 볼 수 있는 바와 같이 증거금이 일정한 수준(유지증거금) 이하로 떨어지게 되면, 선물중개회사는 고객에게 증거금을 당초의 개시증

6. 우리나라 KOSPI200선물을 거래하기 위하여 계좌를 개설한 후, 미결제약정을 보유하지 않은 투자자가 신규의 매도 또는 매수를 위탁하는 때에는 거래소가 정한 규정에 따라 일정액의 현금 또는 당해 금액에 상당하는 유가증권(대용증권)을 선물의 기본예탁금으로 증권회사(선물중개회사)에 납입하여야 한다. 기본예탁금은 선물거래를 하기 위한 최소한의 기본 금액을 설정한 것으로, 투자자의 위탁증거금이 기본예탁금 이하에서 결정되는 경우에도 미결제약정을 보유하고 있는 한 기본예탁금을 인출할 수 없다.

거금 수준까지 현금으로 충당하도록 요구하며, 이를 마진콜(margin call)이라 한다. 이와 같이 증거금이 유지증거금 수준 이하로 떨어지는 경우 개시증거금 수준으로 회복시키기 위하여 고객이 추가적으로 납부해야 하는 증거금을 추가증거금(variation margin)이라 한다. 만일 고객이 요구받은 증거금(추가증거금)을 충당하지 않는 경우 선물중개회사는 개시증거금 부족분에 해당하는 고객의 미결제약정을 임의로 반대매매한다. 한편, 증거금이 개시증거금 수준을 초과하는 경우, 그 초과분을 초과증거금(excess margin)이라 한다. 이와 같은 초과증거금에 대한 인출은 일부 선물거래소에서 허용되고 있다.

거래증거금

거래증거금은 결제소회원인 선물중개회사가 자신 또는 고객의 미결제약정을 성실하게 이행하겠다는 증거로 결제소에 예치하는 것이며, 선물중개회사가 고객으로부터 납입받은 증거금 중에서 일부를 결제소에 예치하는 것이 일반적이다. 대부분의 경우 거래증거금은 유지증거금 수준에서 결정된다. 그리고 결제소회원이 아닌 선물중개회사는 결제소회원인 중개회사를 통하여 거래증거금을 결제소에 예치한다. 결제소회원의 거래증거금계좌도 고객의 위탁증거금계좌와 같은 방법으로 일일정산된다. 일일정산에 의해 거래증거금이 감소되는 경우 그만큼을 보충해야 하며, 거래증거금을 초과하는 금액은 인출될 수 있다. 결제소회원의 경우 위탁증거금에서의 유지증거금제도는 없고 개시증거금(거래증거금)제도만 있다고 할 수 있다.

예제 10-1 일일정산과 증거금

이매입은 3월 6일 현재, 3월 만기인 코스피200선물 10계약을 270.40포인트에 매입하였다. 반면 박매도는 3월 6일 현재, 3월 만기인 코스피200선물 10계약을 270.40포인트에 매도하였다. 거래일 이후 3월물 코스피200선물의 가격(종가)은 다음과 같다. (단, 최종거래일의 정산가격과 최종결제가격은 동일함.)

(단위 : 포인트)

일자	3월물 코스피200 선물가격
3월 6일	270.40
7일	265.20
8일	262.20
9일*	268.40

*최종거래일

두 거래자 모두 최종거래일까지 포지션을 유지한다고 가정한다. 일일정산의 결과에 따른 이매입과 박매도의 일자별 손익, 그리고 위탁증거금 변동내역을 계산하라. (단, 선물 1계약의 크기는 「코스피200 선물지수(가격) × 25만원」이며, 개시증거금률은 9%, 유지증거금률은 6%라 가정한다.)

해답

(1) 이매입의 일자별 손익, 위탁증거금 변동의 계산

3월 6일(선물계약일)에 이매입의 총거래금액(선물매입 계약액), 개시증거금, 유지증거금은 다음과 같다.

- 총거래금액 = 코스피200 선물지수(가격) × 25만원 × 10계약
  = 270.40 × 25만원 × 10 = 67,600만원
- 개시증거금 = 총거래금액 × 0.09
  = 67,600만원 × 0.09 = 6,084만원
- 유지증거금 = 총거래금액 × 0.06
  = 67,600만원 × 0.06 = 4,056만원

그리고 일일정산에 따른 이매입(선물매입자)의 일일정산이익(또는 손실)은 다음과 같이 계산된다.

- 이매입의 일일정산이익 = 당일 정산가격 − 전일 정산가격

(단위 : 포인트, 만원)

일자	선물가격	일일정산이익(손실)	누적이익(손실)	증거금	추가증거금
3. 6	270.40			6,084	
3. 7	265.20	(1,300)[1]	(1,300)	4,784	
3. 8	262.20	(750)[2]	(2,050)	4,034	2,050[4]
3. 9	268.40	1,550[3]	(500)	7,634	

주 : 1. (265.20 − 270.40) × 25만원 × 10 = −1,300만원
2. (262.20 − 265.20) × 25만원 × 10 = −750만원
3. (268.40 − 262.20) × 25만원 × 10 = 1,550만원
4. 6,084 − 4,034 = 2,050만원

최종거래일(3. 9)에 이매입의 총이익(또는 손실)은 다음과 같이 계산될 수 있다.

이매입의 총이익 = (최종결제가격 − 선물약정가격) × 25만원 × 10계약

= (268.40 − 270.40) × 25만원 × 10 = −500만원

즉, 이매입은 선물거래로 인해 500만원의 총손실이 발생하였다. 이는 최종거래일에서의 누적손실 500만원, 또는 증거금의 총감소액 500만원과 동일함을 알 수 있다.

증거금의 변동액 = 최종거래일의 증거금 − (개시증거금 + 추가증거금)

= 7,634 − (6,084 + 2,050) = −500만원

(2) 박매도의 일자별 손익, 위탁증거금 변동내역

증거금은 포지션의 종류와 관계없이 동일하다. 따라서 3월 6일(선물계약일)에 박매도의 총거래금액(선물매도 계약액)은 67,600만원, 개시증거금은 6,084만원, 유지증거금은 4,056만원으로 이매입의 경우와 같다.

그리고 일일정산에 따른 박매도(선물매도자)의 일일정산이익(또는 손실)은 다음과 같이 계산될 수 있다.

▪ 박매도의 일일정산이익 = 전일 정산가격 − 당일 정산가격

(단위 : 포인트, 만원)

일자	선물가격	일일정산이익(손실)	누적이익(손실)	증거금	추가증거금
3. 6	270.40			6,084	
3. 7	265.20	1,300[1]	1,300	7,384	
3. 8	262.20	750[2]	2,050	8,134	
3. 9	268.40	(1,550)[3]	500	6,584	

주 : 1. (270.40 − 265.20) × 25만원 × 10 = 1,300만원
2. (265.20 − 262.20) × 25만원 × 10 = 750만원
3. (262.20 − 268.40) × 25만원 × 10 = −1,550만원

최종거래일(3. 9)에 박매도의 총이익(또는 손실)은 다음과 같이 계산될 수 있다.

박매도의 총이익 = (선물약정가격 − 최종결제가격) × 25만원 × 10계약

= (270.40 − 268.40) × 25만원 × 10 = 500만원

즉, 박매도는 선물거래로 인해 500만원의 총이익이 발생하였다. 이는 최종거래일에서의 누적이익 500만원, 또는 증거금의 총증가액 500만원과 동일함을 알 수 있다.

증거금의 변동액 = 최종거래일의 증거금 − (개시증거금 + 추가증거금)

= 6,584 − (6,084 + 0) = 500만원

3. 선물거래자의 유형과 선물시장의 경제적 기능

3.1 선물거래자의 유형

선물거래의 동기에 따라 선물거래자는 헤저(hedger), 투기자(speculator), 차익거래자(arbitrageur) 등 세 가지 유형으로 구분될 수 있다.

헤저

헤저는 선물의 매입 또는 매도를 통해서 예상하지 못한 현물의 가격변동으로 인해 발생될 수 있는 손실을 최소화시킬 목적으로 선물거래를 하는 사람을 의미한다. 헤저의 선물거래 목적은 현물가격 변동에 따른 위험을 최소화하는 데 있다. 이 과정에서 헤저는 기회손실을 입을 수 있으나, 이는 현물포지션으로부터의 손실을 방어하기 위해 지불하는 대가로 보아야 할 것이다.

투기자

투기자는 현물시장에서의 포지션과 관계없이 선물가격 변동에 따른 시세차익을 얻기 위하여 선물거래를 하는 사람을 의미한다. 투기자의 선물거래 목적은 향후 기초자산 가격이 오를 것으로 전망되는 경우 선물 매입포지션을 취하고, 반대로 기초자산 가격이 내릴 것으로 예상되는 경우 선물 매도포지션을 취해 높은 투기적 이익을 얻는 데 있다. 그러나 예상이 빗나갈 경우 큰 손해를 볼 수도 있다. 이와 같이 투기자들은 보호되지 않은 포지션(uncovered position)을 보유함으로써 선물가격 변동에 따른 위험을 감수하더라도 높은 투기적 이익을 얻고자 한다. 투기자는 선물시장에서 헤저의 위험을 떠맡을 뿐만 아니라 선물시장의 안정을 도모하는 중요한 경제적 역할을 수행한다. 투기와 도박은 위험을 대가로 수익을 얻고자 한다는 점에서는 유사하지만, 투기는 사회적으로 유익한 기능을 수행하나 도박은 백해무익하다는 점에서 다르다.

차익거래자

차익거래자는 현물가격과 선물가격 간의 일시적인 불균형을 이용하여 무위험 이익을 얻을 목적으로 선물거래를 하는 사람을 의미한다. 현물가격 또는 선물가격이 균형에서 이탈하여 차익거래이익(arbitrage profit)이 존재하는 경우 이를 얻기 위하여 차익거래가 발생하게 되며, 이와 같은 차익거래과정에 의해 현물가격과 선물가격이 균형상태로 되돌아가게 된다.

3.2 선물시장의 경제적 기능

선물시장은 다음과 같은 몇 가지 중요한 기능을 수행한다.

가격변동위험의 관리

시장에서는 미래의 가격변동에 따른 위험이 항상 존재한다. 예를 들어, 특정 원재료를 계속적으로 필요로 하는 제조업자의 경우에는 원재료의 가격상승에 따른 위험에 직면하게 되는 반면, 농산물을 생산하는 농부의 경우에는 수확기 농산물의 가격하락에 따른 위험에 직면하게 된다.

선물시장은 예상하지 못한 가격변동으로 인한 손실위험을 사전에 방지할 수 있는 수단을 제공한다. 현물시장에서의 포지션과 반대되는 포지션(예를 들어, 현물 : 매입(또는 매도), 선물 : 매도(또는 매입))을 선물시장에서 취함으로써 위험을 회피할 수 있다. 이 경우 위험을 회피하려는 거래자, 즉 헤저로부터 위험을 부담하여 보다 큰 투기적 이익을 추구하려는 거래자, 즉 투기자에게로 위험이 전가된다. 이와 같이 선물시장은 가격변동에 따른 위험을 관리할 수 있는 수단을 제공함으로써 경영자는 경영계획과 투자계획을 보다 안정적으로 수립할 수 있고, 한정된 투자자금을 훨씬 효율적으로 활용할 수 있다.

가격의 예시

선물가격은 미래 특정 시점의 현물의 수요 · 공급에 대한 예상에 의해 결정되기 때문에 이것에 의해서 미래 현물가격의 동향을 사전에 예측할 수 있다. 이와 같은 선물시장의 가격예시기능(price discovery)으로 인하여 현물시장의 생산자나 투자자가 미래에 대한 일정한 예측을 할 수 있게 되어 장기적으로 현물시장의 안정을 가져온다.

시장효율성의 제고

선물시장은 전문적으로 시장정보를 수집하고 평가하는 다수의 투기자를 시장에 참여시킴으로써 시장정보의 양과 질을 높이고 거래비용을 절감시킨다. 즉, 선물거래는 시장효율성을 높이고, 이에 따라 경제 전체의 자원배분 효율성을 증대시킨다.

자본형성의 촉진

선물시장은 투기자의 부동자금을 헤저의 산업자금으로 이전시키는 자본형성기능(capital formation function)을 간접적으로 수행한다. 선물시장이 효율적인 투자장소로 운영되면 투기자의 부동자금이 금융시장으로 유입되고, 이 자금은 다시 건전한 산업자금으로 활용될 수 있다.

특히 금융선물은 은행, 증권회사, 투자신탁 등 금융기관이 직면하는 주가변동위험과 이자율변동위험을 관리하는 데 있어 중요한 수단을 제공함으로써 저축과 투자의 흐름을 개선시킨다. 즉, 선물시장을 이용하여 주가 및 이자율변동위험을 효과적으로 관리함으로써 주식과 채권 등 증권에 대한 수요가 증가하여 저축을 증대시킬 수 있다. 이 경우 기업의 자금조달이 용이해지고 자금조달비용이 감소하게 되기 때문에 투자가 촉진되어 궁극적으로 국가 전체의 부를 증진시킬 수 있다.

4. 선물의 가격결정

Investments & Security Analysis, Ch. Ten

4.1 보유비용모형

선물의 이론적 가격은 차익거래기회가 존재하지 않는다는 전제 하에서 도출되며, 이와 같은 선물가격결정모형을 **보유비용모형**(cost-of-carry model) 또는 현물-선물 패리티이론(spot-futures parity theorem)이라 한다. 차익거래는 자금을 추가로 투자하지 않고 위험도 부담하지 않으면서 얻을 수 있는 이익, 즉 **차익거래이익**(arbitrage profit)을 얻기 위한 거래를 의미한다. 만약 선물가격이 일시적으로 이론적 가격을 이탈하면, 즉각적으로 차익거래자에 의해 차익거래가 일어나 선물가격은 이론적 가격으로 되돌아가고 더 이상 차익거래가 일어나지 않게 된다.

먼저 보유비용모형을 도출하기 위하여 필요한 가정을 설명하면 다음과 같다.

첫째, 일일정산 및 증거금이 존재하지 않는다.(선물가격 = 선도가격)

둘째, 거래비용(예를 들어, 위탁매매수수료, 거래소수수료, 매수-매도 호가차이 등)과 세금이 존재하지 않는다.

셋째, 공매도(short selling)에 대한 제한이 없고, 공매도에 의해 취득한 자금을 전액 사용할 수 있다.

넷째, 모든 투자자들은 무위험이자율로 얼마든지 자금을 차입하거나 대출할 수 있으며, 차입이자율과 대출이자율이 같다.

이와 같은 완전시장의 가정 하에서 보유비용모형을 도출하기 위하여 다음과 같은 두 거래를 고려해보자.

- **거래 I** : 현재시점에서 만기일이 T인 선물을 $F_{0,T}$로 매입함.
- **거래 II** : 현재시점에서 현금을 S_0만큼 차입한 후, 그 자금으로 현물(기초자산)을 매입함.

이상과 같은 두 거래로 인한 현재 및 만기일에서의 현금흐름을 살펴보면 〈표 10-3〉과 같다.

표 10-3 **거래 Ⅰ과 Ⅱ의 현금흐름**

거래		현금흐름	
		현재(0시점)	만기일(T시점)
거래 Ⅰ	선물을 $F_{0,T}$로 매입	0	$F_{T,T} - F_{0,T} = S_T - F_{0,T}$
거래 Ⅱ	현물을 S_0로 매입	$-S_0$	$S_T - C_T + D_T$
	현금 S_0 차입	S_0	$-S_0(1+r_T)$
	합계	0	$S_T - S_0(1+r_T) - C_T + D_T$

여기서 S_0 : 현재시점에서의 현물가격, S_T : 만기일에서의 현물가격
$F_{0,T}$: 현재시점에서 만기일이 T인 선물가격, $F_{T,T}$: 만기일에서의 선물가격
r_T : 현재시점에서 만기일인 T시점까지 기간의 무위험이자율[7]
C_T : 현물보유비용(보험료, 창고료, 수송비, 진부화 및 파손으로 인한 손실 등)의 T시점에서의 가치
D_T : 현물보유수익(이자수익, 배당금 등)의 T시점에서의 가치

거래 Ⅰ과 Ⅱ 모두 현재시점에서 추가적인 자금의 지출 없이 만기에 현물을 보유하는 동일한 거래이다. 따라서 차익거래기회가 존재하지 않기 위해서는 만기일의 현금흐름이 같아야 한다.

$$S_T - F_{0,T} = S_T - S_0(1+r_T) - C_T + D_T$$

그러므로

$$F_{0,T} = S_0(1+r_T) + C_T - D_T \tag{10-1}$$

식 (10-1)에 의하면 이론적 선물가격은 현물가격에 만기일까지 발생한 모든 보유비용(carry costs)을 합한 후, 보유수익(carry returns)을 차감한 값이라 할 수 있다.[8]

---

7. r_T를 연율로 환산한 이자율, 즉 연리(annual interest rate)를 r이라 하고, 만기 T를 연 단위로 환산(예를 들어, 3개월 = 0.25년)하여 나타낸다면, 복리계산방법에 따라 차입금의 원리합계를 $S_0(1+r)^T$ 또는 $S_0 \cdot e^{rT}$와 같이 나타낼 수도 있다.
8. 본서에서는 편의상 차입금에 대한 이자비용과 현물보유비용을 구분했지만, 이자비용도 현물보유

선물가격 = 현물가격 + 보유비용 − 보유수익

기초자산이 금융상품인 경우에는 배당, 이자수익 등의 보유수익이 발생될 수 있으나, 보험료, 창고료, 수송비, 진부화 및 파손으로 인한 손실 등의 보유비용(이자비용 제외)은 발생되지 않는다. 반면에, 기초자산이 실물상품인 경우에는 보험료, 창고료, 수송비, 진부화 및 파손으로 인한 손실 등의 보유비용이 발생될 수 있으나, 보유수익은 발생되지 않는 것이 일반적이다.

현재 시장에서 거래되는 선물가격이 식 (10−1)의 이론적 선물가격과 다른 경우에는 차익거래가 발생하게 된다. 먼저 선물가격이 이론적 선물가격보다 높은 경우, 즉 「$F_{0,T} > S_0(1+r_T)+C_T-D_T$」인 경우에는 과대평가된(overpriced) 선물을 매도하고, 과소평가된(underpriced) 현물을 매입하여 보유하는 차익거래에 의해서 「$F_{0,T}-S_0(1+r_T)-C_T+D_T>0$」의 차익거래이익을 얻을 수 있다. 이와 같은 차익거래를 매수차익거래 또는 현물보유차익거래(cash-and-carry arbitrage)라 하며, 그 차익거래과정을 요약하면 〈표 10−4〉와 같다.

〈표 10−4〉와 같이 양(+)의 차익거래이익이 존재하는 경우 모든 차익거래자들은 매수차익거래에 참여할 것이기 때문에, 선물매도가 증가하여 선물가격이 하락하고 현물매입이 증가하여 현물가격이 상승하게 된다. 매수차익거래는 선물가격이 이론적 선물가격과 같아질 때까지 지속적으로 발생하게 될 것이다.

한편, 선물가격이 이론적 선물가격보다 낮은 경우, 즉 「$F_{0,T} < S_0(1+r_T)+C_T-D_T$」인 경우에는 과소평가된 선물을 매입하고, 과대평가된 현물을 공매도하

표 10−4 「$F_{0,T} > S_0(1+r_T)+C_T-D_T$」일 경우의 차익거래 : 매수차익거래

차익거래	현금흐름	
	현재(0시점)	만기일(T시점)
선물을 $F_{0,T}$로 매도 현물을 S_0로 매입 현금 S_0 차입	0 $-S_0$ S_0	$F_{0,T}-S_T$ $S_T-C_T+D_T$ $-S_0(1+r_T)$
차익거래이익	0	$F_{0,T}-S_0(1+r_T)-C_T+D_T$

에 따른 기회비용의 성격을 가지고 있으므로 현물보유비용에 포함된다고 할 수 있다.

표 10-5 「$F_{0,T} < S_0(1+r_T)+C_T-D_T$」일 경우의 차익거래 : 매도차익거래

차익거래	현금흐름	
	현재(0시점)	만기일(T시점)
선물을 $F_{0,T}$로 매입	0	$S_T - F_{0,T}$
현물을 S_0로 공매	S_0	$-S_T + C_T - D_T$
현금 S_0 대출	$-S_0$	$S_0(1+r_T)$
차익거래이익	0	$S_0(1+r_T)+C_T-D_T-F_{0,T}$

는 차익거래에 의해서 「$S_0(1+r_T)+C_T-D_T-F_{0,T}>0$」의 차익거래이익을 얻을 수 있다. 이와 같은 차익거래를 **매도차익거래** 또는 역현물보유차익거래(reverse cash-and-carry arbitrage)라 하며, 그 차익거래과정을 요약하면 〈표 10-5〉와 같다.

〈표 10-5〉와 같이 양(+)의 차익거래이익이 존재하는 경우에 모든 차익거래자들은 매도차익거래에 참여할 것이기 때문에, 선물매입이 증가하여 선물가격이 상승하고 현물 공매도가 증가하여 현물가격이 하락하게 된다. 매도차익거래는 선물가격이 이론적 선물가격과 같아질 때까지 지속적으로 발생하게 될 것이다.

이상에서 설명한 바와 같이 선물가격이 이론적 선물가격과 다른 경우에는 차익거래가 발생하여 식 (10-1)이 성립하게 됨을 알 수 있다.

예제 10-2 보유비용모형

현재 금가격은 ₩46,000/g이고, 현재 무위험이자율은 연 4%이다. (단, 금선물의 거래단위는 100g이다.)

(1) 3개월 만기 금선물 1계약의 이론적 가격을 구하라.
(2) 3개월 만기인 금선물 1계약금액이 470만원인 경우 차익거래이익을 구하라.
(3) 3개월 만기인 금선물 1계약금액이 460만원인 경우 차익거래이익을 구하라.

해답

(1) $F_{0,T} = S_0(1+r_T)+C_T-D_T = 46,000 \times (1+0.01) =$ ₩46,460/g

그러므로 금선물 1계약금액은 464.6만원(= ₩46,460/g × 100g)이다.

(2) "3개월 금선물가격(470만원) > 3개월 금선물의 이론적 가격(464.6만원)"이므로 과대평가된 3개월물 금선물 1계약을 매도하고, 과소평가된 현물(금) 100g을 매입하는 매수차익거래에 의해서 다음과 같은 차익거래이익 5.4만원을 얻을 수 있다.

차익거래	현금흐름(만원)	
	현재(0시점)	만기일(3개월 후)
3개월물 금선물 1계약 매도	0	$470 - S_T$
금 100g 매입	−460	S_T
현금 460만원 차입	460	$-460(1 + 0.01) = -464.6$
차익거래이익	0	5.4

(3) 「3개월 금선물가격(460만원) < 3개월 금선물의 이론적 가격(464.6만원)」이므로 과소평가된 3개월물 금선물 1계약을 매입하고, 과대평가된 현물(금) 100g을 공매도하는 매도차익거래에 의해서 다음과 같은 차익거래이익 4.6만원을 얻을 수 있다.

차익거래	현금흐름(만원)	
	현재(0시점)	만기일(3개월 후)
3개월물 금선물 1계약 매입	0	$S_T - 460$
금 100g 공매도	460	$-S_T$
현금 460만원 대출	−460	$460(1 + 0.01) = 464.6$
차익거래이익	0	4.6

※ 우리나라 상품선물의 거래제도

구분	금선물	돈육선물*
기초자산	순도 99.99%의 금괴	돈육 대표가격(산출기관 : 축산품질평가원)
거래단위	100g	1,000kg
가격의 표시	원/g	원/kg
호가가격단위	10원	5원
최소가격변동금액	1,000원(100g×10원)	5,000원(1,000kg×5원)
결제방법	현금결제	현금결제

* 2021년 1월부터 새로운 결제월 종목의 거래개시(상장)가 중지됨(휴면 지정).

4.2 주가지수선물의 가격결정

주가지수선물의 거래제도

주가지수(stock price index)는 특정 주식시장에 상장된 주식들의 가격수준을 나타내는 지표로서, 지수산정방법에 따라 시가총액가중식 주가지수, 가격가중식 주가지수 등으로 나눌 수 있다. 시가총액가중식 주가지수는 비교시점의 시가총액을 기준시점의 시가총액으로 나누어 구하는 반면, 가격가중식 주가지수는 비교시점의 단순주가평균을 기준시점의 단순주가평균으로 나누어 구한다.[9] 주가지수는 주식가격의 움직임을 나타내는 지수에 불과하지만, 주가지수를 금액으로 환산하여 이를 선물거래의 대상으로 한 것이 **주가지수선물**(stock index futures)이다.

주가지수는 실체가 없는 추상적인 수치로서 만기일에 현물결제가 불가능하므로 현금결제를 통하여 주가지수선물거래를 청산하게 된다. 현재 우리나라에서 거래되고 있는 주요 주가지수선물의 거래제도는 〈표 10-6〉과 같다.[10]

표 10-6 주가지수선물의 거래제도

구분	코스피200선물	미니코스피200선물	코스닥150선물	개별주식선물
기초자산	코스피200지수	코스피200지수	코스닥150지수	한국거래소 상장주식*
거래승수**	1포인트당 25만원	1포인트당 5만원	1포인트당 1만원	10주
호가가격 단위	0.05포인트	0.02포인트	0.1포인트	▪ 코스피 : 10～1,000원 ▪ 코스닥 : 1～100원
최소가격 변동금액	12,500원 (0.05p×25만원)	1,000원 (0.02p×5만원)	1,000원 (0.1p×1만원)	▪ 코스피 : 100～10,000원 ▪ 코스닥 : 10～1,000원
결제방법	현금결제	현금결제	현금결제	현금결제

* 개별주식선물의 기초자산은 주식시장에 상장되어 있고 유통주식 수가 200만 주 이상, 소액주주 수가 2,000명 이상, 1년간 총거래대금이 5천억원 이상인 보통주식 중에서 시가총액과 재무상태를 감안하여 선정된다.

** 선물 1계약금액(거래단위) = 해당 선물지수 × 거래승수

---

9. 시가총액가중식 주가지수인 코스피200지수(기준시점 : 1990. 1. 3.)의 산출식은 다음과 같다.

$$\text{코스피200지수} = \frac{\text{코스피200 구성종목의 비교시점 시가총액 합계}}{\text{코스피200 구성종목의 기준시점 시가총액 합계}} \times 100$$

여기서 시가총액 = 보통주 주가 × 보통주 상장주식 수

10. 코스피200섹타지수선물, 배당지수선물, 유로스톡스50선물 등도 거래되고 있다. 그리고 이와 유

표 10-7 **코스피200선물 시세표**(20×1년 3월 2일 현재) (단위 : 포인트, 계약)

종목	종가	전일 대비	시가	고가	저가	거래량	미결제약정
20×1년 3월물	350.30	-0.50	349.30	350.60	348.70	175,202	121,790
20×1년 6월물	349.30	-0.45	348.05	349.40	347.65	512	2,453
20×1년 9월물	349.55	-1.55	349.55	349.55	349.55	1	1,176
20×1년 12월물	0.00	0.00	0.00	0.00	0.00	0	183
20×2년 6월물	0.00	0.00	0.00	0.00	0.00	0	85
20×2년 12월물	0.00	0.00	0.00	0.00	0.00	0	36
20×3년 12월물	0.00	0.00	0.00	0.00	0.00	0	0

그리고 〈표 10-7〉은 코스피200선물 시세표를 예시한 것이다. 〈표 10-7〉에서 종가는 당일의 마지막 거래에 적용된 선물가격으로서 일일정산의 기준이 되며, 다음날 거래의 기준가격이 된다. 시가는 당일의 첫 거래에 적용된 선물가격이며, 고가와 저가는 각각 당일 거래 중 가장 높은 가격과 낮은 가격을 의미한다. 여기서 종가로 산출된 20×1년 3월물 코스피200선물의 1계약금액은 8,757.5만원(350.30 × 25만원)이 된다. 그리고 미결제약정은 반대매매 또는 만기일의 인수·도 등에 의해서 청산되지 않고 남아 있는 선물계약을 의미한다.

주가지수선물의 가격결정

주가지수선물의 가격은 앞에서 설명한 보유비용모형에 의해서 결정될 수 있다. 주가지수의 경우 이자비용을 제외한 현물보유비용은 발생하지 않고, 보유수익인 배당이 발생하는 자산으로 볼 수 있다.[11] 그러므로 식 (10-1)에 의해서 주가지수선물의 가격을 구하면 다음과 같다.[12]

사한 상품으로 코스피200변동성지수선물, 상장지수펀드(ETF)선물 등도 거래되고 있다.

11. 현금배당이 지급되는 경우 주가지수가 감소(배당락)하게 된다. 따라서 주가지수선물가격은 현금배당에 해당하는 만큼 감소하게 된다. 그러나 현물(주가지수와 동일한 포트폴리오)의 소유자는 현금배당을 받을 수 있으며, 이는 현물보유로 인한 수익, 즉 보유수익이라 할 수 있다.

12. 코스피200선물의 이론가격은 다음과 같이 계산된다.

$$\text{이론선물가격} = \text{코스피200지수} \times \left[1 + (\text{연간 이자율} - \text{연간 배당수익률}) \times \frac{\text{잔여 만기일 수}}{365}\right]$$

$$F_{0,T} = S_0(1 + r_T) - D_T \tag{10-2}$$

여기서 $F_{0,T}$: 현재시점에서 만기일이 T인 주가지수선물의 가격(지수)
S_0 : 현재시점에서의 주가지수
r_T : 현재시점에서 만기일까지 기간의 무위험이자율
D_T : 현재시점에서 만기일까지 기간 동안 지급된 배당(지수)의 T시점에서의 가치

또는

$$F_{0,T} = S_0(1 + r_T - d_T) \tag{10-2)$'$$

여기서 d_T : 현재시점에서 만기일까지 기간 동안 현물(주가지수)의 배당수익률($\frac{D_T}{S_0}$)

앞에서 설명한 바와 같이 식 (10-2) 또는 (10-2)′이 성립하지 않을 경우 차익거래가 발생할 수 있다. 주가지수차익거래(index arbitrage)는 주가지수와 거의 같은 성격을 갖도록 만들어진 지수포트폴리오(indexed portfolio of stock) 또는 주가지수의 움직임을 잘 반영하는 소수의 대표적인 주식들로 구성한 포트폴리오 등을 이용함으로써 이루어진다. 그리고 대부분의 경우 주가지수차익거래는 프로그램거래(program trading)를 통해 이루어진다. **프로그램거래**란 기관투자자들이 자신의 투자전략(예를 들어, 차익거래전략 등)을 컴퓨터에 프로그래밍해 두어 시황변동 시 컴퓨터가 자동적으로 매매시점을 포착하여 알려주면, 기관투자자들이 시장 내·외의 상황을 종합적으로 판단한 후 주문을 발주하여 거래가 이루어지도록 하는 고도의 투자기법이다.

그러나 주가지수와 동일한 포트폴리오 구성의 어려움, 정확한 배당예측의 어려움, 다수의 거래로 인한 높은 거래비용 발생 등으로 인하여 완전한 주가지수차익거래가 어려울 수 있다. 따라서 선물가격과 이론적 선물가격 사이에 다소의 괴리가 존재할 수 있음을 유의해야 한다.

증권투자 Tip

쿼드러플 위칭데이

쿼드러플 위칭데이(quadruple witching day)는 증권시장에서 코스피200선물, 코스피200옵션, 개별주식옵션, 개별주식선물 등 4가지 주식 관련 상품의 만기가 동시에 겹치는 날을 의미한다. 즉, 코스피200선물, 코스피200옵션, 개별주식옵션, 개별주식선물이 동시에 만기일이 되는 3, 6, 9, 12월이 쿼드러플 위칭데이이다. 쿼드러플 위칭데이는 '네 명의 마녀'가 심술을 부리듯이 선물이나 옵션의 만기일에 선물·옵션과 현물의 포트폴리오(차익거래에 의해 구성된 포트폴리오)를 청산하거나 포지션을 변경함으로써 현물시장에서 주식거래량이 늘어남과 동시에 주가의 변동성이 커지는 것을 의미한다.

한국시장의 선물·옵션 거래량은 전 세계 파생상품 거래량 중 으뜸으로, 꼬리가 몸통을 흔드는 현상, 즉 '왝더독'(wag the dog) 현상도 자주 나타나곤 하는데, 특히 쿼드러플 위칭데이에 심하다. 가끔 조용히 지나가는 경우도 있기는 하지만 쿼드러플 위칭데이가 가까워지면 투자자들은 심리적으로 위축되기 쉽다. 따라서 대부분의 경우 쿼드러플 위칭데이에는 투자자의 투자심리가 위축되면서 약세장이 펼쳐지기 때문에 투자자들은 평상시보다 좀 더 신중하게 주식거래를 해야 한다. 그러나 쿼드러플 위칭데이에는 무조건 현물 주식시장이 약세를 보이는 것은 아니다. 선물·옵션과 연계돼 매물화될 수 있는 매수차익거래(현물매수, 선물·옵션매도)의 잔고에 대한 청산물량이 많고 적음에 따라 장 분위기가 결정되기 때문이다. 매수차익거래의 잔고에 대한 청산물량이 적으면 증시충격은 그만큼 줄어들고, 많으면 증시악영향이 불가피하게 된다. 따라서 실제 증시에 미치는 영향의 정도는 심리적인 측면이 강한 쿼드러플 위칭데이보다는 그 시점에서 매수차익거래의 잔고에 대한 청산물량이 어느 정도인가에 따라 결정된다고 할 수 있다.

예제 10-3 주가지수선물의 가격결정모형

최매입은 현재 만기가 3개월 남아 있는 코스피200선물 1계약을 매입하려고 한다. 현재 코스피200지수는 260포인트, 무위험이자율은 연 6%, 그리고 코스피200지수에 포함되어 있는 주식들의 가중평균배당수익률은 연 4%이다. (단, 배당은 연중 균등하게 지급되며, 1개월은 30일이라고 가정한다.)

(1) 최매입이 현재 매입하려고 하는 3개월 만기인 코스피200선물 1계약의 이론적 가격은?
(2) 현재 3개월 만기인 코스피200 선물지수가 262.10포인트라면, 최매입은 차익거래를 하려고 할 것이다. 이와 같은 경우 최매입이 얻을 수 있는 계약당 차익거래이익은 얼마인가?
(3) 현재 3개월 만기인 코스피200 선물지수가 258.20포인트라면, 최매입은 차익거래를 하

려고 할 것이다. 이와 같은 경우 최매입이 얻을 수 있는 계약당 차익거래이익은 얼마인가?

해답

(1) $F_{0,T} = S_0(1 + r_T - d_T) = 260 \times \left[1 + (0.06 - 0.04) \times \frac{90일}{360일}\right] = 261.30$포인트

따라서 3개월물 코스피200선물 1계약의 이론적 가격은 6,532.5만원(= 261.30p. × 25만원)이다.

(2) 「코스피200 선물지수(262.10포인트) > 이론적 코스피200 선물지수(261.30포인트)」이므로 과대평가된 코스피200선물을 매도하고, 과소평가된 현물(코스피200 복제포트폴리오)을 매입하는 매수차익거래에 의해서 다음과 같이 계약당 40만원의 차익거래이익을 얻을 수 있다.

차익거래	현금흐름(만원)	
	현재(0시점)	만기일(3개월 후)
코스피200선물 1계약 매도[1]	0	$6,552.5 - S_T$
코스피200 복제포트폴리오 매입[2]	−6,500	$S_T + 6,500\left(\frac{0.04}{4}\right)$
현금 차입	6,500	$-6,500\left(1 + \frac{0.06}{4}\right) = -6,597.5$
차익거래이익	0	20

주 : 1. 코스피200선물 1계약 매도금액 = 선물지수 × 거래승수 = 262.10 × 25만원 = 6,552.5만원
2. 코스피200 복제포트폴리오 매입금액 = 현물지수 × 거래승수 = 260 × 25만원 = 6,500만원

(3) 「코스피200 선물지수(258.20포인트) < 이론적 코스피200 선물지수(261.30포인트)」이므로 과소평가된 코스피200선물을 매입하고, 과대평가된 현물(코스피200 복제포트폴리오)을 공매하는 매도차익거래에 의해서 다음과 같이 계약당 77.5만원의 차익거래이익을 얻을 수 있다.

차익거래	현금흐름(만원)	
	현재(0시점)	만기일(3개월 후)
코스피200선물 1계약 매입	0	$S_T - 6,455$
코스피200 복제포트폴리오 공매	6,500	$-S_T - 6,500\left(\frac{0.04}{4}\right)$
현금 대출	−6,500	$6,500\left(1 + \frac{0.06}{4}\right) = 6,597.5$
차익거래이익	0	77.5

4.3 금리선물의 가격결정

금리선물의 거래제도

금리선물(interest rate futures)이란 이자율에 의해서 가격이 결정되는 기초자산(채권)에 대하여 거래되는 선물계약을 의미한다. 현재 우리나라에서 거래되고 있는 금리선물의 거래제도를 살펴보면 〈표 10-8〉과 같다.

표 10-8 금리선물의 거래제도

z 구분	3년 국채선물	5년 국채선물	10년 국채선물
기초자산	3년 만기 국고채권 (표면금리 5%, 6개월 단위 이자지급)	5년 만기 국고채권 (표면금리 5%, 6개월 단위 이자지급)	10년 만기 국고채권 (표면금리 5%, 6개월 단위 이자지급)
거래단위	액면가 1억원	액면가 1억원	액면가 1억원
가격의 표시	액면가 100원당 원화 (백분율 방식)	액면가 100원당 원화 (백분율 방식)	액면가 100원당 원화 (백분율 방식)
호가가격단위	0.01포인트	0.01포인트	0.01포인트
최소가격변동금액*	10,000원	10,000원	10,000원
결제방법	현금결제	현금결제	현금결제

* 3년(5년, 10년) 국채선물의 최소가격변동금액 = 0.01% × 1억원 = 10,000원

금리선물의 가격결정

우리나라에서 거래되고 있는 3년 국채선물의 가격($F_{0,T}$)은 다음과 같이 구할 수 있다.[13]

$$F_{0,T} = \frac{2.5}{1+\frac{r}{2}} + \frac{2.5}{(1+\frac{r}{2})^2} + \cdots + \frac{2.5}{(1+\frac{r}{2})^6} + \frac{100}{(1+\frac{r}{2})^6} \quad (10\text{-}3)$$

여기서 r : 선도이자율

13. 5년, 10년 국채선물의 가격도 3년 국채선물과 유사한 방식으로 계산할 수 있다.

선도이자율(forward interest rate)이 5%라면 3년 국채선물가격은 100.00(1계약금액=100.00%×1억원=10,000만원), 4.99%라면 3년 국채선물가격은 100.03(1계약금액=100.03%×1억원=10,003만원), 5.01%라면 3년 국채선물가격은 99.97(1계약금액=99.97%×1억원=9,997만원)이 된다.[14]

4.4 통화선물의 가격결정

통화선물의 거래제도

외환(foreign exchange)을 기초자산으로 하는 **통화선물**(foreign exchange futures, foreign currency futures)은 1970년대 초반 국제통화제도가 고정환율제도에서 변동환율제도로 변화함에 따라 급격한 환율변동에 따른 위험을 회피하기 위한 수단으로 거래되기 시작하였다. CME그룹에서는 유럽연합 유로(EURO ; €), 일본 엔(Japanese Yen ; ¥), 영국 파운드(British Pound ; £), 캐나다 달러(Canadian Dollar ; C$), 호주 달러(Australian dollar ; A$) 등 주요 통화에 대한 통화선물이 거래되고 있다.

표 10-9 통화선물의 거래제도

구분	미국달러선물	엔선물	유로선물	위안선물
기초자산	미국 달러화	일본 엔화	유로화	중국 역외위안화*
거래단위	US $10,000	JP ¥1,000,000	EU €10,000	CNH ¥100,000
가격의 표시**	원/$	¥100당 원화	원/€	원/CNH ¥
최소가격변동폭	0.10원	0.10원	0.10원	0.01원
최소가격변동금액	1,000원 ($10,000×0.10원)	1,000원 (¥1,000,000/100 ×0.10원)	1,000원 (€10,000 ×0.10원)	1,000원 (100,000위안 ×0.01원)
결제방법	인수도결제	인수도결제	인수도결제	인수도결제

* 중국 역외위안화(Chinese Yuan in Hong Kong ; CNH)는 중국 정부가 위안화를 국제 기축통화로 육성하려는 노력에서 생겨난 것으로, 중국 본토에서 거래되는 위안화(Chinese Yuan ; CNY)와는 달리 역외시장인 홍콩에서 거래되는 위안화를 말한다.

** 자국통화표시환율(외국통화 한 단위의 가격을 자국통화로 나타내는 방법)

14. 선도이자율은 현재시점에서 결정된 미래 일정 기간의 이자율을 의미한다.

현재 우리나라에서 거래되고 있는 통화선물의 거래제도를 살펴보면 〈표 10-9〉와 같다.

한국거래소(KRX)의 파생상품시장에서 미국달러선물 매입자는 만기일에 원화를 지급하고 미국 달러를 매입하게 되며, 미국달러선물 매도자는 만기일에 미국 달러를 매도하고 원화를 받게 된다.

통화선물의 가격결정

통화선물의 가격도 앞에서 설명한 보유비용모형에 의해서 결정될 수 있다. 통화선물의 경우 기초자산이 외환이므로 현물(외환)매입에 대한 기회비용인 이자비용을 제외한 현물보유비용은 발생하지 않으나, 현물(외환) 보유에 따른 보유수익(이자수익)이 발생한다. 그러므로 식 (10-1)에 의해서 통화선물의 가격을 구하면 다음과 같다.

$$F_{0,T} = S_0(1 + r_T^D) - D_T \tag{10-4}$$

여기서 $F_{0,T}$: 현재시점에서 만기일이 T인 통화선물의 가격(선물환율)
S_0 : 현재시점에서의 현물(외환)의 가격(현물환율)
r_T^D : 현재시점에서 만기일까지 기간 동안의 무위험이자율(자국 내)
D_T : 현재시점에서 만기일까지 기간 동안 현물(외환)을 해당국(외국)에 투자하여 얻을 수 있는 무위험이자수익의 T시점에서의 가치

또는 보유수익부분을 차감한 가치, 즉 $\frac{S_0}{1 + r_T^F}$를 현물로 하는 경우 통화선물의 가격을 다음과 같이 나타낼 수 있다.

$$F_{0,T} = S_0\left(\frac{1 + r_T^D}{1 + r_T^F}\right) \tag{10-4}'$$

여기서 r_T^F : 현재시점에서 만기일까지 기간의 무위험이자율(외국)

통화선물가격(환율)이 식 (10-4) 또는 (10-4)′에서 도출된 이론적 선물가격(환율)과 나를 경우, 매수차익거래 또는 매도차익거래가 지속적으로 발생하여 선물환율은 이론적 선물환율과 같아지게 된다.

예제 10-4 통화선물의 가격결정

대미달러화 현물환율은 ₩980.60/U$이고, 국내 이자율은 연리 6%이며, 미국 내 이자율은 연리 5%이다. 1년 만기 미국달러선물 1계약의 가격은?

해답

먼저 1년 만기 미국달러선물의 환율을 구하면 다음과 같다.

$$F_{0,T} = S_0\left(\frac{1+r_T^D}{1+r_T^F}\right) = ₩980.60/U\$ \times \left(\frac{1+0.06}{1+0.05}\right) = ₩989.90/U\$$$

그러므로 1년 만기 미국달러선물 1계약의 가격은 ₩49,495,000(₩989.90/U$ × U$50,000)이 된다.

4.5 소비자산에 대한 선물의 가격결정

선물의 가격결정과정은 기초자산의 특성에 따라 차이가 있다. 즉, 선물의 기초자산이 투자목적으로 보유하는 자산(예를 들어, 금융상품, 귀금속 등)이냐 또는 소비목적으로 보유하는 자산(예를 들어, 비철금속, 에너지, 농림산물, 축산물 등)이냐에 따라 선물가격의 결정과정은 차이가 있다. 투자자산(investment assets)에 대한 선물의 가격은 차익거래 논리에 의해 도출될 수 있다. 그러나 소비자산(consumption assets)에 대한 선물의 가격결정에는 차익거래 논리를 적용하기가 어렵다.

투자가치 때문이 아니라 소비가치를 생각해서 상품을 보유하는 투자자들은 상품(현물)을 매도하고 선물을 매입하는 거래 등을 꺼리게 된다. 왜냐하면 선물계약은 소비할 수 없기 때문이다. 따라서 차익거래 논리에 의해서 도출된 보유비용모형을 그대로 적용하기는 어렵다.

편의가치와 선물가격

소비목적으로 보유하는 상품의 경우 상품보유에 따른 혜택 또는 잠재적 효용, 즉 편의가치(convenience value)가 존재하며, 이를 보상받지 못한다면 그 자산을 매도하고 선물을 매입하는 차익거래를 하지 않을 것이다. 상품보유로 인한 편의

가치는 앞에서 설명한 배당 또는 이자수익 등의 보유수익과 유사한 개념으로 볼 수 있다. 따라서 편의가치가 존재하는 경우 보유비용모형은 다음과 같이 수정될 수 있다.

$$F_{0,T} = S_0(1 + r_T) + C_T - D_T - V_T \qquad (10-5)$$

여기서 V_T : 현재시점에서 T시점까지 기간 동안 발생한 편의수익의 T시점에서의 가치

그러나 편의가치는 측정이 용이하지 않고 자산보유자에 따라 그 가치가 달라질 수 있다는 점에서 보유수익과는 다르기 때문에 식 (10-5)를 실제로 적용하는 데는 문제가 있다.

선물가격과 기대현물가격 간의 관계

시장의 불완전성과 선물거래 대상인 기초자산의 특성상의 차이(예를 들어, 보관이 불가능한 상품 등)로 인해 차익거래기회가 존재하지 않을 선물가격의 범위는 확대된다. 특히 농산물 등 보관이 불가능한 상품의 경우에는 차익거래 논리를 거의 적용하기 어렵기 때문에 보유비용모형에 의해서는 선물가격의 범위도 정할 수 없을 것이다. 그러므로 지금까지 설명한 보유비용모형에 의해서 모든 선물의 가격을 제시하기는 어렵다.

이와 같은 경우 선물가격을 설명하는 대표적인 세 가지 가설은 다음과 같다.[15]

첫째, **기대가설**(expectation hypothesis)에 의하면 선물가격은 만기일의 기대현물가격과 일치한다.

$$F_{0,T} = E(S_T) \qquad (10-6)$$

여기서 $E(S_T)$: 만기일의 기대현물가격

15. 보유비용모형에서 선물가격은 기대현물가격이 아닌 현물가격에 의해서 결정된다. 따라서 보유비용모형에 의해서 선물가격을 도출할 때는 투자자들의 위험에 대한 태도를 고려할 필요가 없음을 유의해야 한다.

기대가설은 투자자들이 위험중립적이라는 다소 비현실적인 가정 하에서 도출된 것이다.

둘째, 정상적 백워데이션 가설(normal backwardation hypothesis)에 의하면 선물가격은 만기일의 기대현물가격보다 낮게 형성된다.

$$F_{0,T} < E(S_T) \tag{10-7}$$

이와 같은 상황은 헤저들이 선물시장에서 매도포지션을 취하여 선물의 매도초과현상이 발생되는 경우, 헤저들은 투기자들이 선물을 매입하도록 유인하기 위하여 선물가격을 기대현물가격보다 낮게 형성시킨다는 것을 의미한다. 기대현물가격과 선물가격 간의 차이는 헤저가 자신의 위험헤지에 대한 대가(투기자에게 위험을 전가하는 대가)로서 투기자에게 지급하는 위험프리미엄의 성격을 가지고 있다.

셋째, 콘탱고 가설(contango hypothesis)에 의하면 선물가격은 만기일의 기대현물가격보다 높게 형성된다.

$$F_{0,T} > E(S_T) \tag{10-8}$$

이와 같은 상황은 헤저들이 선물시장에서 매입포지션을 취하여 선물의 매입초과현상이 발생되는 경우, 헤저들은 투기자들이 선물을 매도하도록 유인하기 위하여 선물가격을 기대현물가격보다 높게 형성시킨다는 것을 의미한다. 선물가격과 기대현물가격 간의 차이는 헤저가 자신의 위험헤지에 대한 대가(투기자에게 위험을 전가하는 대가)로서 투기자에게 지급하는 위험프리미엄의 성격을 가지고 있다.

선물가격은 만기가 다가옴에 따라 기대현물가격에 접근하는 경향이 있다. 왜냐하면 만기일의 선물가격은 현물가격과 일치하기 때문이다. 즉, 정상적 백워데이션 하에서는 선물가격이 계속 상승하여 만기일에 현물가격과 같게 되며, 콘탱고 하에서는 선물가격이 계속 하락하여 만기일에 현물가격과 같게 된다. 이와 같은 관계를 그림으로 나타내면 [그림 10-6]과 같다.[16]

선물가격과 기대현물가격의 관계

그림 10-6

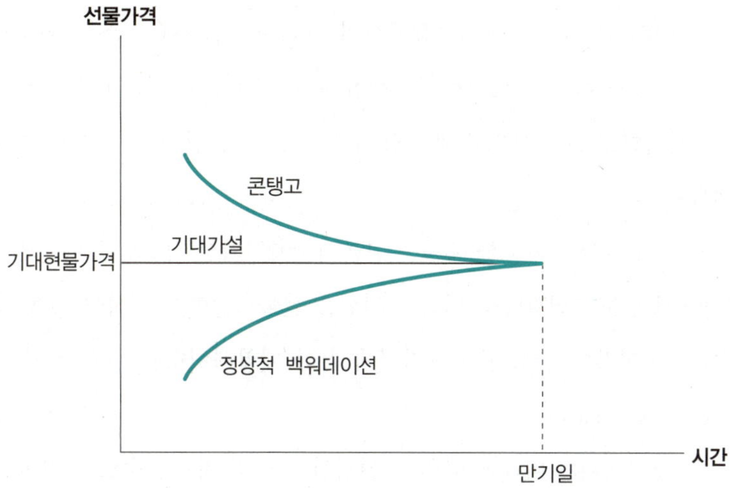

5. 선물거래에 의한 위험의 헤징

Investments & Security Analysis, Ch. Ten

옵션, 선물 등 파생상품은 자산의 가격변동위험을 헤징할 필요에 따라 성장·발전되었다. 그러나 영국 베어링(Barings)은행, 일본 다이와은행, 미국 오렌지카운티(Orange County), 한국 SK증권 등이 파생상품 투자로 인해 엄청난 손실을 입은 사례를 접하면서 파생상품은 매우 위험한 상품이라는 인식을 가질 수 있다. 이와 같은 사례는 파생상품이 위험헤지라는 본래의 목적과 달리 투기적인 목적으로 사용되었기 때문에 나타난 부작용이라 할 수 있다. 이와 같은 부작용에도 불구하고 기업의 투자위험에 대한 효율적인 관리를 위해서는 파생상품의 이용이 필수적이다.

---

16. [그림 10-6]에서는 기대현물가격이 일정하다고 가정함.

5.1 헤지의 기본 원리

헤지(hedge)는 현물시장에서의 가격위험(price risk)을 줄이는 것을 의미한다. 선물을 이용함으로써 현물시장에서의 예측하지 못한 가격변동에 따른 위험을 저렴하고 효율적으로 제거할 수 있다. 이는 선물의 주요한 존재이유 중 하나이다.

선물시장을 이용한 헤지는 현물시장에서의 가격위험을 제거하기 위해 현물시장에서의 포지션과 반대되는 포지션을 선물시장에서 취하는 것을 의미한다. 헤지를 선물시장에서 취하는 포지션에 따라 매입헤지(long hedge)와 매도헤지(short hedge)로 나눈다.

매입헤지는 미래에 구입할 예정인 현물의 가격상승으로 인한 손실을 방지하기 위하여 선물을 매입하는 것을 의미한다. 매입헤지로 인하여 미래 현물가격의 변동에 관계없이 미래에 구입할 현물의 가격을 현재시점에서 고정시킬 수 있다. 예를 들어, 정유회사가 원유가격 변동으로 인한 위험을 제거하기 위하여 앞으로 구입할 원유에 대하여 선물계약을 맺는 경우, 이를 매입헤지라 한다. 그러나 원재료인 원유가격의 변동에 따라 생산제품인 석유제품의 판매가격이 연동하여 변할 경우 원재료(원유)에 대한 헤징을 함으로써 오히려 제품(석유제품)의 가격변동에 따른 위험에 노출될 수 있다. 따라서 제품의 판매가격이 안정되어 있을 때 미래에 구입할 원재료에 대한 선물을 매입, 즉 매입헤지를 함으로써 위험을 제거할 수 있음을 유의해야 한다.

한편, 매도헤지는 현재 보유하고 있는 현물의 미래 판매가격 하락으로 인한 손실을 방지하기 위하여 선물을 매도하는 것을 의미한다. 매도헤지로 인하여 미래 현물가격의 변동에 관계없이 미래에 판매될 현물의 가격을 현재시점에서 고정시킬 수 있다. 예를 들어, 농부가 농산물가격 변동으로 인한 위험을 제거하기 위하여 앞으로 수확할 농산물을 매도하는 선물계약을 맺는 경우, 이를 매도헤지라 한다.

선물을 이용한 헤징의 목적은 미래의 불확실한 현물가격을 현재시점에서 고정시키는 것이지, 보다 많은 이익을 보장받는 것은 아니라는 점을 유의해야 한다. 즉, 현물가격이 불리하게 변동했을 때는 선물의 이익으로 인하여 현물에서의 손실이 상쇄될 수 있지만, 현물가격이 유리하게 변동했을 때는 선물의 손실이 오히려 현물에서의 이익을 상쇄시킬 수 있다.

5.2 베이시스위험

베이시스(basis)는 선물가격과 현물가격 간의 차이를 말한다.[17]

베이시스 = 선물가격 − 현물가격

선물가격이 현물가격으로 수렴하는 특성에 의해서 만기일의 베이시스는 0이 된다. 그러나 만기일 이전에는 베이시스가 0이 되지 않으며, 그 크기 또한 일정하지 않다. 시간 변화에 따른 베이시스의 변동은 [그림 10-7]과 같다.

시간 변화에 따른 베이시스의 변동 그림 10-7

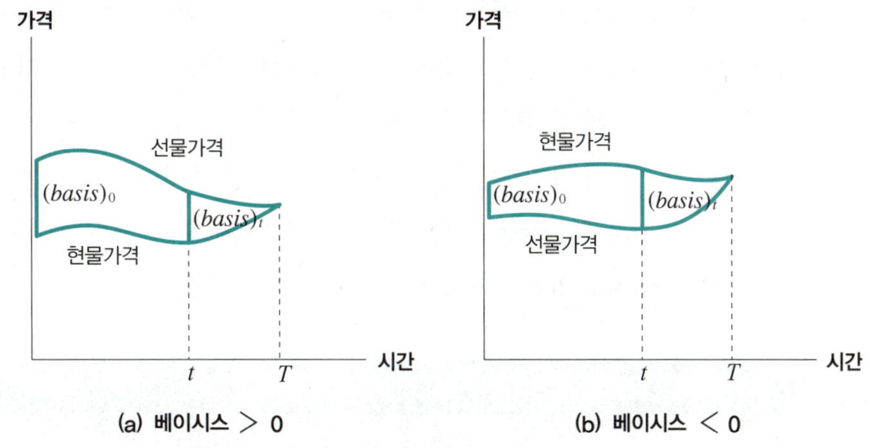

선물의 만기일(T시점) 이전인 헤지종료일(t시점)에서 헤저의 손익은 현물의 손익과 선물의 손익을 합하여 다음과 같이 구할 수 있다.

---

17. 베이시스를 "현물가격 − 선물가격"으로 정의하기도 한다.

- 매입헤지의 손익 $=(S_0-S_t)+(F_{t,T}-F_{0,T})=(F_{t,T}-S_t)-(F_{0,T}-S_0)$
  $=(basis)_t-(basis)_0$
- 매도헤지의 손익 $=(S_t-S_0)+(F_{0,T}-F_{t,T})=(F_{0,T}-S_0)-(F_{t,T}-S_t)$
  $=(basis)_0-(basis)_t$

(여기서 S_0 : 현재의 현물가격, S_t : t시점의 현물가격, $F_{0,T}$: 현재시점에서의 만기일이 T인 선물가격, $F_{t,T}$: t시점에서의 만기일이 T인 선물가격)

헤저의 손익은 현재와 헤지종료일 간 베이시스의 차이라 할 수 있다.

현재시점(0 시점)의 베이시스는 알려져 있으나, 헤지종료일(t 시점)에서의 베이시스는 불확실하다. 따라서 베이시스가 변동하는 경우 헤저는 가격위험 대신에 **베이시스위험**(basis risk)을 부담하게 된다. 베이시스위험은 헤지포지션에 영향을 미친다. 베이시스가 예상보다 축소되는 경우에는 매도헤지가 유리한 반면, 베이시스가 예상보다 확대되는 경우에는 매입헤지가 유리하다. 그러나 베이시스가 일정하거나 헤지종료일과 선물의 만기일이 같은 경우에는 베이시스위험이 제거된다.[18]

이상에서는 현물과 선물의 기초자산이 동일하다는 전제 하에서의 베이시스위험을 살펴보았다. 그러나 선물거래는 일부 표준화된 상품에 대해서만 이루어지고 있기 때문에 현물과 동일한 자산에 대한 선물을 발견하기는 어렵다. 따라서 실제로는 현물과 선물의 기초자산이 정확하게 일치하지 않을 수 있으며, 이와 같은 경우의 헤지를 **교차헤지**(cross hedge)라 한다. 교차헤지에서는 현물과 선물의 기초자산 간의 불일치로 인한 추가적인 베이시스위험이 발생하게 된다.

예제 10-5 헤저와 투기자의 손익

6월 1일 현재 상품 A에 대한 현물과 선물가격은 다음과 같다.

(6월 1일)	
현물 A	100만원
선물 A	110만원

18. 베이시스가 일정하다면, '$(basis)_0=(basis)_t$'이다. 따라서 헤저의 손익이 0, 즉 위험이 제거된다. 또는 헤지종료일이 선물의 만기일과 일치한다면, $(basis)_t=0$이다. 따라서 헤저의 손익은 현재시점에서 확정된 값(상수)인 $(basis)_0$이므로 역시 위험이 제거된다고 할 수 있다.

6월 30일의 상품 A에 대한 현물과 선물가격이 다음과 같을 경우 현물을 보유(매입)하고 선물을 매도한 헤저와 그 거래의 상대방인 투기자의 이익은 각각 어떻게 되겠는가?

(1)

(6월 30일)
현물 A : 130만원
선물 A : 140만원

(2)

(6월 30일)
현물 A : 130만원
선물 A : 100만원

(3)

(6월 30일)
현물 A : 130만원
선물 A : 145만원

해답

선물계약시점(6월 1일)의 베이시스 = 선물가격 − 현물가격
= 110만원 − 100만원
= 10만원

(1) 베이시스 = 140만원 − 130만원 = 10만원(베이시스 일정) → 완전헤지

구분	헤저의 손익	투기자의 손익
현물 A 선물 A	30만원(= 130 − 100) −30만원(= 110 − 140)	 30만원(= 140 − 110)
합계	0	30만원

* 헤저의 손익 = $(basis)_0 - (basis)_t$ = 10만원 − 10만원 = 0

(2) 베이시스 = 100만원 − 130만원 = −30만원(베이시스 축소) → 불완전헤지

구분	헤저의 손익	투기자의 손익
현물 A 선물 A	30만원(= 130 − 100) 10만원(= 110 − 100)	 −10만원(= 100 − 110)
합계	40만원	−10만원

* 헤저의 손익 = $(basis)_0 - (basis)_t$ = 10만원 − (−30만원) = 40만원

(3) 베이시스 = 145만원 − 130만원 = 15만원(베이시스 확대) → 불완전헤지

구분	헤저의 손익	투기자의 손익
현물 A 선물 A	30만원(= 130 − 100) −35만원(= 110 − 145)	 35만원(= 145 − 110)
합계	−5만원	35만원

* 헤저의 손익 = $(basis)_0 - (basis)_t$ = 10만원 − 15만원 = −5만원

중요 용어

사례연구 10-1

"하루 만에 수천만원 날렸습니다" … 도박개미들 '비명'

올 들어 국내 개인투자자의 해외파생상품 거래대금이 5,000조원을 넘어섰다. 고위험을 감수하면서 큰 수익을 얻고자 하는 투기적 수요가 늘어난 영향이라는 분석이다. 2021년 10월 10일 금융투자협회에 따르면 올해 1~8월 국내 개인투자자의 해외파생상품 거래금액은 4조 3,076억 달러(약 5,144조원)로 집계됐다. 지난해 같은 기간(3조 7,510억 달러)보다 14.8% 증가했고, 2019년(2조 4,427억 달러)과 비교하면 76.4% 급증했다. 나스닥100지수 선물 등 해외파생상품은 최대 수십 배의 레버리지를 일으킬 수 있고, 단타 거래가 대부분이다. 여기에 기초자산의 변동성까지 더해지면 거래대금은 기하급수적으로 커진다.

글로벌 증시가 조정을 받고 원자재 가격이 급등한 2021년 9월에는 개미들의 '베팅' 규모가 더 커졌다. 9월 한 달간 국내 5개 증권사(KB, 대신, 메리츠, 신한, 키움)를 통한 해외파생상품 거래대금은 452조 4,194억원을 기록했다. 8월보다 11.8% 늘었다. 전문가들은 선물·옵션 투자로 단기간에 큰 손실을 입을 수 있는 만큼 유의해야 한다고 지적했다. 2020년까지 개인투자자는 해외파생상품 투자에서 큰 손실을 봤다. 금융감독원에 따르면 2020년 개인투자자는 해외파생상품 투자에서 9,126억원의 순손실을 입었다. 2019년 손실 규모(4,159억원)보다 119.4% 급증했다. 2021년에는 2020년보다 거래대금이 증가하며 손실 규모도 더 커진 것으로 금융당국은 파악하고 있다. 금감원 관계자는 "해외파생상품에 투자할 때는 상품가격 변동과 환율 변동 위험을 종합적으로 고려해야 한다"며 "해외파생상품은 손익구조가 복잡하기 때문에 특정 정보에만 의존한 '묻지마식 투자'는 큰 손실을 불러올 수 있다"고 말했다.

지지부진한 증시 … 해외선물 몰려든 '도박개미'
"변동성 극심 … 투자 유의해야"

30대 직장인 A씨는 2021년 해외주식 투자를 시작했다. 미국 주가가 계속 오른 2021년 8월까지 안정적으로 수익을 거뒀지만 10% 안팎의 수익률에 만족하지 못했다. 단기간에 많은 수익을 얻고 싶다는 생각에 해외파생상품 시장에 뛰어들었다. '미국 주식은 우상향한다'는 말을 믿고 지수 상승에 '베팅'했다. 하지만 2021년 9월 말 미국 증시가 일제히 급락하면서 하루 만에 수천만원을 잃었다. 서학개미 열풍이 해외파생상품 시장으로 번지고 있다. 최근 글로벌 증시가 주춤하고 원자재 가격이 급등하자 많은 수익을 얻고자 하는 투기성 수요가 해외파생상품 시장으로 몰리고 있다.

증가하는 개인투자자 해외파생상품 거래대금
(단위 : 억 달러)

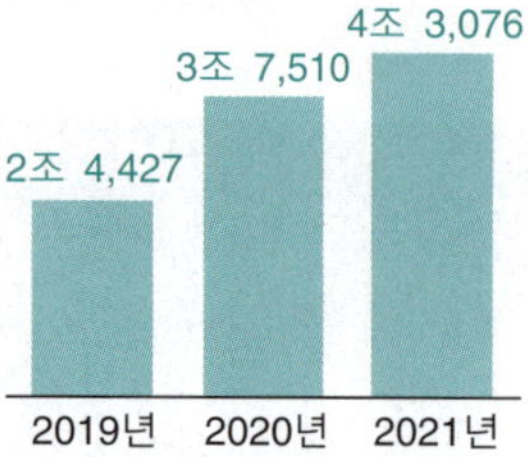

※ 각 해 1~8월 기준
자료 : 금융투자협회

개인투자자 해외파생상품 거래 손실 규모
(단위 : 억원)

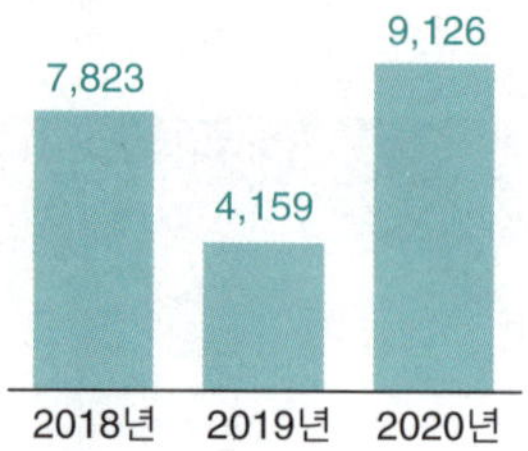

자료 : 금융감독원

해외선물 거래 구조

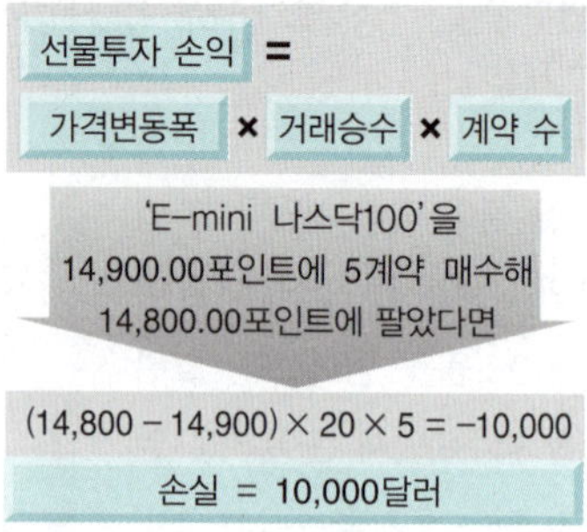

※ 거래승수는 선물 상품마다 다름

미국 지수 · 원자재 선물 '인기'

올 들어 8월까지 국내 개인투자자가 가장 많은 금액을 거래한 해외파생상품은 'E-mini 나스닥100'이었다. 이 상품은 나스닥 시가총액 상위 100개 종목으로 구성된 '나스닥100 지수'를 추종한다. 2021년(1~8월) 개인투자자의 'E-mini 나스닥100' 거래대금은 1조 7,083억 달러로 전년 동기(1조 1,795억 달러) 대비 44.8% 늘었다. 최근 원자재 가격이 급등하면서 원자재 관련 파생상품에 투자하는 개인투자자도 많아졌다. 뉴욕상업거래소에서 거래되는 '크루드오일 서부텍사스원유(WTI)' 선물 거래대금은 올해 3,407억 달러로 전년 동기 대비 34.6% 증가했다. 뉴욕상업거래소에 상장된 구리 선물 거래대금은 838억 달러로 전년 동기보다 178.2% 급증했다.

해외파생상품 시장에서 개인투자자는 '큰손'이다. 2021년 8월까지 국내 증권사의 해외파생상품 거래대금은 6,997억 달러로, 개인투자자 거래대금(4조 3,076억 달러)의 5분의 1 수준에도 못 미쳤다. 은행과 투신의 거래대금은 각각 1,367억 달러, 834억 달러에 불과했다.

리스크 크고 수수료 비싸

파생상품은 주식, 채권, 원자재, 통화 등을 기초자산으로 해 기초자산의 가치 변동에 따라 가격이 결정되는 금융상품을 말한다. 선물 · 옵션이 대표적이다. 선물 · 옵션 거래는 증거금(위탁증거금 + 유지증거금)만 있으면 최대 수십 배의 레버리지를 일으킬 수 있어 '초고위험' 상품으로 꼽힌다. 해외선물 투자의 손익은 '가격변동폭 × 거래승수 × 계약 수'로 계산된다. 가격이 조금만 움직여도 손익이 크게 널뛰는 이유다. 예를 들어 'E-mini 나스닥100'을 14,900.00포인트에 5계약 매수해 14,800.00포인트에 팔았다면 지수는 100.00포인트 움직였지만 손실은 1만 달러(100 × 20 × 5)에 이른다.

상품마다 만기(월물)가 있기 때문에 장기투자도 어렵다. 단타 거래를 할 수밖에 없는 구조다. 계약당 수수료가 6~12달러에 육박해 수수료 비용이 천정부지로 치솟기도 한다. 계약당 수수료가 6달러인 선물 상품을 하루 동안 5계약씩 사고판다면 총 수수료는 300달러(6달러 × 5계약 × 10회)에 육박한다.

투자 상품이냐, 도박판이냐

업계에 따르면 최근 글로벌 증시와 원자재 가격의 변동성이 커지면서 해외파생상품 투자자의 손실 규모가 큰 것으로 추정된다. 증권업계 관계자는 "지난주 증시가 급락한 이후 당분간 하락장이 계속될 것으로 예상한 투자자가 많았는데 증시가 반등하면서 큰 손실을 봤다"며 "원자재 가격을 고점으로 생각하고 매도포지션을 취한 투자자도 많았다"고 전했다.

해외파생상품을 '투자 상품'과 '도박' 중 무엇으로 볼 것인지에 대해 전문가들의 의견은 분분하다. 일각에서는 개인투자자의 금융 이해도가 높아지면서 자연스럽게 해외파생상품 투자가 늘어난 것이라는 분석이 나온다. 한 증권사 해외파생팀 관계자는 "과거에는 선물 · 옵션을 도박으로 접근했다면 최근에는 포트폴리오 일부로 분산투자하는 사람이 많아졌다"며 "현물과 선물에 각각 투자해 위험 회피(헤징)를 하거나 지수와 원자재 선물에 나눠 투자하는 전략을 쓰기도 한다"고 했다. 반면 개인투자자의 해외파생상품 거래 자체를 우려하는 목소리도 있다. 이채원 라이프자산운용 의장은 "해외파생상품이 추종하는 기초자산의 변동성이 큰 시기에는 하루 만에 투자금을 모두 날릴 수도 있다"며 "수수료와 환차손 비용이 크기 때문에 헤징 수단으로도 적절하지 않다"고 강조했다.

출처 : 한국경제(2021년 10월 11일) 수정

사례연구 10-2

성공적인 선물거래를 위한 다섯 가지 황금률

선물거래는 기본적으로 미래의 불확실성을 피하기 위해 고안되었지만 많은 투자자들이 미래가격 예측을 통해 이익을 얻고자 선물거래에 참여하고 있다. 선물거래의 저변이 확대되면서 많은 개인투자자들이 시장에 참여하고 있다. 선물투자 시 전문가들이 공통적으로 조언해주는 사항을 참고한다면 실패의 위험을 줄이고 성공의 가능성을 키울 수 있을 것이다.

자신만의 선물투자 계획을 고수하라

선물투자를 하기 전에 자신의 투자자금 한도를 설정하고 투자비중 등을 결정한 후 사전에 정한 원칙을 고수하며 투자에 임해야 한다. 또한 어느 정도 이익을 확보했을 때는 이익을 취하고, 손실을 입었을 때는 손실을 최소화하는 자신만의 계획을 설정해야 한다. 시장의 흐름에 휩쓸리거나 다른 사람의 의견에 따라 원칙을 어기고 투자한다면 상대적으로 위험이 높은 선물투자에서 쉽게 실패할 것이다.

시장의 흐름을 따르라

다른 투자와 마찬가지로 선물투자도 시장의 흐름을 파악하는 것이 중요하다. 단기적인 상승과 하락에 집착하여 거래하다 보면 전반적으로 상승하는 장에서 매수포지션을 잡고서도 단기하락에 휩쓸려 많은 이익을 취할 기회를 놓치기도 하고, 반대로 하락하는 장에서 일시적으로 가격이 오를 때 매수포지션을 잡았다가 낭패를 볼 수도 있다. 선물거래는 시장의 흐름과 추세를 잘 판단하고 그에 따라 투자하는 것이 중요하다.

쉬는 것도 훌륭한 투자전략이다

투자에 한 번 성공하면 계속 수익을 올릴 수 있을 것 같은 자신감에 도취되어 투자금액도 커지고, 예측이 어려운 상황에서도 높은 위험을 감수하며 계속 투자하는 경우가 있다. 또한 투자에 실패해서 손실을 입게 되면 손실을 만회하기 위해 비이성적으로 투자하게 되고, 급기야 도박하는 심정으로 매매하는 경우도 있다. 투자도 일하는 것과 마찬가지로 휴식을 취해 시장을 객관적으로 볼 수 있는 시야를 갖는 것이 필요하다. 특히 큰 수익을 올렸거나 손실이 났을 때는 더욱 그렇다.

투자자금을 한 번에 증거금으로 사용하지 말라

과도한 포지션은 한 번의 거래실패로 재기불능 상태에 빠질 수 있다. 선물거래는 거래대상 금액의 일부인 증거금만으로 거래가 가능하다.

만약 자신이 설정한 투자자금을 모두 증거금으로 사용했을 때 자신이 투자한 것과 반대로 시장이 움직인다면 단 며칠 만에 모든 자금을 잃을 수도 있다. 또한 자금 여유가 없기 때문에 자신의 전략을 구사할 기회가 줄어들 뿐만 아니라, 마음의 여유도 잃어버려 올바른 투자판단을 내릴 수가 없게 된다. 따라서 개인투자자가 선물거래에 투자할 때에는 손실에 대비한 여유자금을 남겨놓고 시장에 참여해야 한다.

모의투자로 경험을 쌓아라

선물 및 옵션 거래는 위험이 큰 시장이기 때문에 투자 관련 지식뿐 아니라, 투자경험을 쌓는 것도 중요하다. 이론적으로 배운 투자원칙이나 요령 등을 모두 실천할 수 있다면 투자에 쉽게 성공할 수 있으나 실상은 그렇지 못하다.

자신의 성격이나 습관을 감안한 투자방법을 발견하기 위해서는 실제로 투자에 참여해보는 것이 가장 좋다. 하지만 초보자들이 거금을 들여 트레이딩을 경험하는 것은 부담스러운 일이다. 다행스럽게도 이런 초보자들을 위해 증권회사, 선물회사 및 기타 많은 선물·옵션 투자 사이트에서 모의투자시장을 운영하고 있어 이를 적극적으로 활용하는 것이 좋다. 모의투자란 사이버머니를 가지고 코스피200 선물 및 옵션 등의 상품에 투자하는 것을 말한다. 물론 사이버머니이기 때문에 실제 금전적인 이익이나 손실은 발생하지 않는다. 그러나 이러한 모의시장은 실시장과 동일하게 운영되기 때문에 투자경험을 통해 사소한 실수를 예방할 수 있을 뿐 아니라, 자신의 투자습성을 가늠해볼 수 있는 좋은 기회가 된다.

간혹 증권사 등에서 모의투자대회를 개최해서 수익률이 높은 사람에게 시상을 하기도 하니, 이를 잘 활용하면 일석이조의 효과를 거둘 수도 있다. 다만, 모의투자의 성격상 실제 손익이 발생하지 않아 가볍게 투자할 수 있다는 단점이 있다. 실제로 자신의 자금이 투입될 경우에는 투자에 대한 판단이 흐려지는 것이 다반사이기 때문에 모의투자라 할지라도 실전처럼 진지하게 임하는 것이 중요하다.

출처 : 한국거래소, 「시민을 위한 증권투자이야기」(한국경제신문, 2005), pp.173~176

연습문제

※ 완성/선택형 문제

01. 선물의 대상이 되는 특정 상품을 ( ), 시장에서 거래되고 있는 대상자산의 현재가격을 ( ), 선물계약이 이행(결제)되는 미래의 일정 시점을 ( ), 미래 일정 시점에서의 약정된 가격을 ( )이라고 한다.

02. ( )에 의해서 선물거래자가 선물포지션을 없애고 선물시장에서 빠져나오는 것을 선물포지션의 청산이라고 표현한다.

03. 선물계약은 주요 원자재인 원유, 구리, 금, 은, 옥수수, 밀, 대두 등 일반상품을 기초자산으로 거래하는 ( )과 주가지수, 금리, 통화 등을 기초자산으로 거래하는 ( )로 구분될 수 있다.

04. ( )은 일일정산 시 발생될 수 있는 계약불이행을 방지하기 위한 수단으로, 예치해야 하는 현금 또는 현금성자산을 의미한다.

05. 이론적 선물가격은 현물가격에 만기일까지 발생한 ( )을 합한 후, ( )을 차감한 값이라 할 수 있다.

06. 헤지를 선물시장에서 취하는 포지션에 따라 ( )와 ( )로 나눈다.

07. 선물거래와 선도거래에 대한 다음의 설명 중 잘못된 것은?

① 선도거래와 선물거래 모두 계약의 이행을 보증하려는 제도적 장치로 일일정산, 증거금 등의 제도를 두고 있다.

② 선도거래는 장외시장에서 당사자 간 직접계약에 의해 이루어지는 반면, 선물거래는 선물거래소에서 공개입찰을 통해 이루어진다.

③ 선물계약은 표준화되어 있지만, 선도계약은 거래당사자 간 합의에 의해 거래조건이 결정된다.

④ 선물거래에서는 청산위험이 거의 없으나, 선도거래의 경우 계약자 쌍방 간의 직접거래이므로 계약당사자의 신용도에 따른 위험이 존재한다.

08. 선물결제소의 역할과 가장 거리가 먼 것은?

① 거래이행의 보증

② 일일정산

③ 규정이나 규칙 등의 제정 · 시행

④ 실물인수 · 도

09. 증거금제도에 대한 다음의 설명 중 적절하지 못한 것은?

① 선물거래에서 계약이행 보증을 위해 실시하는 제도이다.

② 증거금은 반드시 현금으로 납부되어야 한다.

③ 고객이 선물중개회사에 납부하는 위탁증거금과 결제소회원인 선물중개회사가 결제소에 납부하는 거래증거금으로 구분된다.

④ 위탁증거금은 개시증거금과 유지증거금으로 구분된다.

10. 다음 중 현물가격과 선물가격 간의 일시적인 불균형을 이용하여 무위험이익을 얻을 목적으로 선물거래를 하는 사람은?

① 차익거래자　　② 헤저

③ 투기자　　④ 딜러

11. 선물시장의 경제적 기능에 대한 다음의 설명 중 거리가 먼 것은?

① 가격변동위험의 관리　　② 가격의 예시

③ 시장효율성의 제고　　④ 투기적 거래의 방지

12. 보유비용모형에서 선물가격을 결정하는 요인과 가장 거리가 먼 것은?

① 현물가격 ② 선물만기일의 기대현물가격
③ 이자비용 ④ 보유수익

13. 선물의 가격결정과 관련된 다음의 설명 중 옳지 않은 것은?

① 이론적 선물가격은 현물가격에 만기일까지 발생한 모든 보유수익을 합한 후, 보유비용을 차감한 값이라 할 수 있다.
② 선물가격이 일시적으로 이론적 가격을 이탈하면, 즉각적으로 차익거래자에 의해 차익거래가 일어나 선물가격은 이론적 가격으로 되돌아가고 더 이상 차익거래가 일어나지 않게 된다.
③ 선물가격이 이론적 선물가격보다 높은 경우에는 과대평가된 선물을 매도하고, 과소평가된 현물을 매입하여 보유하는 매수차익거래에 의해서 차익거래 이익을 얻을 수 있다.
④ 선물가격이 이론적 선물가격보다 낮은 경우에는 과소평가된 선물을 매입하고, 과대평가된 현물을 공매도하는 매도차익거래에 의해서 차익거래이익을 얻을 수 있다.

14. 주가지수선물에 대한 다음의 설명 중 옳지 않은 것은?

① 주가지수는 실체가 없는 추상적인 수치로서 만기일에 현물결제가 불가능하므로 현금결제를 통하여 주가지수선물거래를 청산하게 된다.
② 주식을 보유하고 있는 투자자는 주가지수선물을 이용하여 체계적 위험을 줄일 수 있다.
③ 우리나라에서 거래되고 있는 코스피200선물과 코스닥150선물의 거래승수는 모두 1포인트당 25만원이다.
④ 주가지수차익거래는 주가지수와 거의 같은 성격을 갖도록 만들어진 지수포트폴리오 또는 주가지수의 움직임을 잘 반영하는 소수의 대표적인 주식들로 구성한 포트폴리오 등을 이용함으로써 이루어진다.

15. 선물가격과 기대현물가격 간의 관계에 관한 다음의 설명 중 옳지 않은 것은?

① 기대가설(expectation hypothesis)에 의하면 선물가격은 만기일의 기대현물가격과 일치한다.

② 정상적 백워데이션 가설(normal backwardation hypothesis)에 의하면 선물가격은 만기일의 기대현물가격보다 낮게 형성된다.

③ 콘탱고 가설(contango hypothesis)에 의하면 선물가격은 만기일의 기대현물가격보다 높게 형성된다.

④ 선물의 만기가 다가옴에 따라 선물가격과 기대현물가격의 차이가 확대되는 경향이 있다.

16. 헤지에 대한 다음의 설명 중 거리가 먼 것은?

① 선물을 이용함으로써 현물시장에서의 예측하지 못한 가격변동에 따른 위험을 저렴하고 효율적으로 제거할 수 있다.

② 선물시장을 이용한 헤지는 현물시장에서의 가격위험을 제거하기 위해 현물시장에서의 포지션과 동일한 포지션을 선물시장에서 취하는 것을 의미한다.

③ 매입헤지로 인하여 미래 현물가격의 변동에 관계없이 미래에 구입할 현물의 가격을 현재시점에서 고정시킬 수 있다.

④ 선물을 이용한 헤지의 목적은 미래의 불확실한 현물가격을 현재시점에서 고정시키는 것이지, 보다 많은 이익을 보장받는 것은 아니다.

✲ 서술/계산형 문제

01. 선물거래와 선도거래를 비교하여 설명하라.

02. 결제소의 기능과 선물시장의 증거금제도에 대하여 설명하라.

03. 선물거래에 의한 위험의 헤징에 대해서 사례를 들어 설명하라.

04. **일일정산이익과 총이익**

이매입은 3월 15일 현재, 3월 만기인 코스피200선물 10계약을 262.30포인트에 매입하였다. 반면, 박매도는 3월 15일, 3월 만기인 코스피200선물 10계약을 262.30포인트에 매도하였다. 거래 후 3월물 코스피200선물의 가격(종가)은 다음과 같다.

(단위 : 포인트)

일자	코스피200 선물가격(3월물)
3월 15일	260.40
16일	261.20

일일정산의 결과에 따른 이매입과 박매도의 일자별 손익, 그리고 3월 16일 거래종료 후 선물거래로 인한 총손익을 계산하라.

05. 주가지수선물의 가격결정

최매입은 현재 만기가 3개월 남아 있는 코스피200선물 1계약을 매입하려고 한다. 현재 코스피200은 265.00포인트, 무위험이자율은 연 8%, 그리고 코스피200에 포함되어 있는 주식들의 가중평균배당수익률은 연 4%이다.

(1) 최매입이 현재 매입하려고 하는 3개월 만기인 코스피200선물 1계약의 이론적 가격은?

(2) 현재 3개월 만기인 코스피200 선물지수가 270.10포인트라면, 최매입은 차익거래를 하려고 할 것이다. 이와 같은 경우 최매입이 얻을 수 있는 계약당 차익거래이익은 얼마인가?

(3) 현재 3개월 만기인 코스피200 선물지수가 258.20포인트라면, 최매입은 차익거래를 하려고 할 것이다. 이와 같은 경우 최매입이 얻을 수 있는 계약당 차익거래이익은 얼마인가?

06. 금리선물의 가격결정

현재 12월 만기인 5년 국채선물의 호가가 106.19일 경우 5년 국채선물 1계약에 대한 금액은 얼마인가?

07. 통화선물의 가격결정

대미달러화 현물환율은 ₩1,060.20/U$이고, 국내 이자율은 연리 4%이며, 미국내 이자율은 연리 6%이다. 3개월 만기 미국달러선물 1계약의 가격은?

옵션

1. 옵션의 기초개념
2. 옵션의 결합 : 풋-콜 패리티
3. 옵션의 가격결정

보론1 옵션투자전략
보론2 이항옵션가격결정모형

11

[이 장의 개요]

옵션(option)은 그 소유자에게 지정된 시기 또는 그 시기 이내에 정해진 가격으로 특정 자산을 사거나 팔 수 있는 권리를 주는 특별한 계약이다. 옵션의 가장 일반적인 형태로 주식에 대하여 사거나 팔 수 있는 권리가 주어진 주식옵션(stock option)을 들 수 있다. 주식옵션은 주식을 기초자산으로 하여 만들어진 새로운 유가증권으로서 가장 대표적인 파생증권(derivative securities)의 하나이다.

옵션에 대한 거래는 1973년 미국의 조직화된 거래소인 시카고옵션거래소(Chicago Board of Options Exchange ; CBOE)에서 주식옵션에 대한 거래가 이루어진 이후 급성장하고 있다. 한편, 우리나라에서는 현재 한국거래소(Korea Exchange ; KRX)의 파생상품시장에서 코스피(KOSPI) 200 옵션, 미니코스피200옵션, 개별주식옵션, 미국달러옵션 등이 거래되고 있다.

본 장에서는 먼저 기초적 개념으로서 옵션의 의의와 유형에 대해서 살펴본 후, 옵션의 결합, 옵션의 가격결정 등에 대해서 설명하고자 한다.

1. 옵션의 기초개념

Investments & Security Analysis, Ch. Eleven

1.1 옵션의 의의

옵션은 특정 자산(주로 주식)을 지정된 날짜 또는 그 이전에 미리 약정된 가격으로 사거나 팔 수 있는 권리를 그 소유자에게 부여하는 계약을 의미한다.[1] 옵션은 반드시 이행할 의무는 없으며 유리할 경우에만 그 권리를 행사할 수 있는 독특한 형태의 재무적 계약이다.

옵션거래에서 옵션을 매입한 사람을 매입자 또는 소유자(buyer, owner, holder)라 하며, 그 거래상대방인 옵션을 매도한 사람을 매도자 또는 발행자(seller, writer)라 한다. 옵션거래는 기초자산인 주식의 발행자(해당 기업)와 관계없이 옵

증권투자 Tip

옵션 관련 용어

- 옵션의 행사(exercising the option) : 옵션의 행사는 옵션계약을 통해 기초자산을 사거나 파는 행위를 의미한다.
- 기초자산(underlying asset) : 기초자산이란 옵션계약의 대상이 되는 자산으로서, 주식옵션일 경우 기초자산은 주식이 된다.
- 행사가격(striking or exercise price) : 행사가격이란 옵션계약 시 약정된 기초자산의 매입 또는 매도가격을 의미한다.
- 만기일(expiration date) : 옵션의 만기일은 옵션을 행사하여야 하는 최종일로서, 만기일이 지나면 그 옵션은 사라지게 된다.
- 미국형 옵션(American option)과 유럽형 옵션(European option) : 미국형 옵션은 만기일 이내 언제든지 행사가 가능하나, 유럽형 옵션은 만기일에만 행사할 수 있다.
- 콜옵션(call option)과 풋옵션(put option) : 콜옵션은 기초자산을 살 수 있는 권리가 부여된 옵션이고, 풋옵션은 기초자산을 팔 수 있는 권리가 부여된 옵션이다.

1. 옵션은 주식을 대상으로 하는 주식옵션이 가장 보편적이지만, 주가지수에 대한 옵션(주가지수옵션), 외환에 대한 옵션(통화옵션), 채권에 대한 옵션(금리옵션), 선물계약에 대한 옵션(선물옵션) 등 특수한 형태의 옵션도 존재한다.

옵션의 매입자와 매도자 간 권리-의무관계

그림 11-1

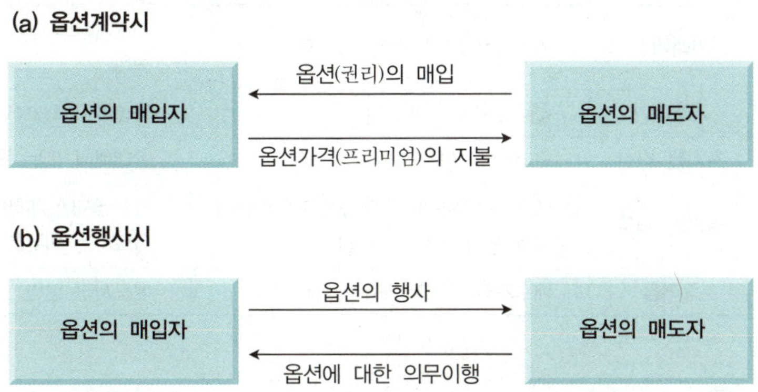

션거래소(한국거래소의 파생상품시장)를 통해 옵션의 매입자와 매도자 간에 이루어지는 특별한 계약이다. 옵션의 매입자는 향후 옵션을 행사할 권리를 가지는 대가로서 일정한 금액(옵션가격 또는 옵션프리미엄)을 옵션의 매도자에게 지불하게 된다. 이와 달리 옵션을 매도한 사람은 일정한 금액을 받게 되나, 향후 옵션의 매입자가 옵션을 행사할 때 반드시 이를 이행하여야 할 의무를 지게 된다. 이와 같은 관계는 [그림 11-1]에 나타나 있다.[2]

제10장에서 설명한 선물거래는 계약쌍방이 그 계약을 이행하여야 할 의무가 있다는 점에서 권리를 나타내고 있는 옵션과 근본적으로 다르다. 옵션의 소유자(매입자)는 옵션의 행사가 자신에게 불리한 경우 그 옵션의 행사를 포기할 수 있지만, 선물계약은 계약당사자가 임의적으로 그 계약을 파기할 수 없다. 이와 같은 선물거래와 옵션거래의 차이점을 요약하면 〈표 11-1〉과 같다.

2. 옵션의 매입자와 매도자 간의 손익관계는 매입자(또는 매도자)가 얻게 되는 이익만큼 매도자(또는 매입자)에게 손실이 발생하는 제로섬게임(zero-sum game)의 관계라 할 수 있다.

표 11-1 선물거래와 옵션거래의 비교

구분	선물거래	옵션거래
거래대상	기초자산 그 자체에 대한 매매계약	기초자산의 매수 또는 매도에 대한 권리
거래대가	없음(선물의 가치 = 0)	옵션가격(프리미엄)
포지션 청산	반대매매 또는 실물인수 · 도	반대매매 또는 옵션행사
권리와 의무	매수자와 매도자 모두 선물계약이행에 대한 권리 · 의무를 가짐	옵션행사에 대하여 매수자는 권리, 매도자는 의무를 가짐
증거금	매수자와 매도자 모두 납입	매도자만 납입

1.2 만기일에서의 옵션가치

콜옵션

콜옵션은 그 소유자에게 기초자산(주식 등)을 지정된 날짜 또는 그 이전에 미리 약정된 가격으로 살 수 있는 권리를 부여한다. 예를 들어, 어떤 사람이 옵션거래소를 통해 3개월 후 또는 그 이전에 A기업 주식 1주를 30,000원에 살 수 있는 콜옵션을 매입하였다고 생각해보자. 이 경우 콜옵션의 기초자산은 'A주식 1주', 만기일은 '3개월 후', 행사가격은 '30,000원'으로서, 이는 A기업과 전혀 관계없이 옵션거래소를 통해 개개인들간, 즉 콜옵션의 매입자와 매도자 사이에 이루어진 계약이다.

만기일에서의 옵션의 가치는 기초자산인 보통주의 만기일 가치에 의해 결정된다. 만기일(T)에 보통주의 가치(S_T)가 행사가격(X)보다 크다면, 콜옵션의 소유자가 보통주의 가격보다 낮은 행사가격으로 주식을 구입할 수 있기 때문에 콜옵션의 가치는 그 차이인 ($S_T - X$)가 된다. 이와 같이 $S_T > X$라면, 콜옵션을 '가치가 있다' 또는 '내가격'(in the money ; ITM)이라고 한다. 예를 들어, 만기일에 행사가격이 30,000원이며 기초자산인 보통주의 가격이 35,000원인 콜옵션이 있다면, 그 소유자는 콜옵션을 행사하여(콜옵션의 매도자에게 30,000원을 지불하여) 35,000원의 가치를 가진 보통주를 취득할 것이다. 따라서 만기일에서의 콜옵션의 가치는 그 차액인 5,000원(35,000원 − 30,000원)이 된다.

그러나 만기일(T)에 보통주의 가치(S_T)가 행사가격(X)보다 작다면, 콜옵션의 소유자는 보통주의 가격보다 높은 행사가격을 가진 콜옵션을 행사하여 주식을 구입하기보다는 직접 주식시장에서 그 주식을 구입하는 것이 더 유리하기 때문에 콜옵션을 행사하지 않을 것이다. 따라서 그 옵션의 가치는 0이 된다. 이와 같이 $S_T < X$라면, 콜옵션을 '가치가 없다' 또는 '외가격'(out of the money ; OTM)이라고 한다.[3] 예를 들어, 만기일에 행사가격이 30,000원이며 기초자산인 보통주의 가격이 25,000원인 콜옵션이 있다면, 그 소유자는 콜옵션을 행사하여(콜옵션의 매도자에게 30,000원을 지불하여) 25,000원의 가치를 가진 보통주를 취득하지는 않을 것이다. 콜옵션의 소유자는 그 권리를 포기하게 되므로 그 콜옵션의 가치는 0이 된다.

따라서 만기일에서의 보통주의 가치에 따라 콜옵션의 가치는 다음과 같다.

$$C_T \begin{cases} S_T - X \ , & \text{만약 } S_T > X \text{라면} \\ 0 \ , & \text{만약 } S_T \leq X \text{라면} \end{cases} \tag{11-1}$$

여기서 C_T : 만기일(T)에서 콜옵션의 가치

앞의 식 (11-1)을 수학적 기호를 사용하여 하나의 식으로 나타내면 다음과 같다.[4]

$$C_T = \text{Max}[S_T - X, 0] \tag{11-2}$$

이상에서 살펴본 만기일에서의 콜옵션의 가치를 그림으로 나타내면 [그림 11-2]와 같다.

[그림 11-2]에서 볼 수 있는 바와 같이 콜옵션의 가치는 결코 0보다 작을 수

---

3. $ST = X$일 경우 콜옵션의 행사 여부에 관계없이 그 가치는 0이며, 이를 '등가격'(at the money ; ATM)이라고 한다.

4. $\text{Max}[S_T - X, 0]$는 수학적 기호로서 괄호 안의 두 값 중 큰 것을 취한다는 것을 의미한다. $S_T > X$인 경우 $(S_T - X) > 0$이므로 $(S_T - X)$가 되며, 반대로 $S_T \leq X$인 경우 $(S_T - X) \leq 0$이므로 0이 된다.

그림 11-2 콜옵션의 만기일 가치

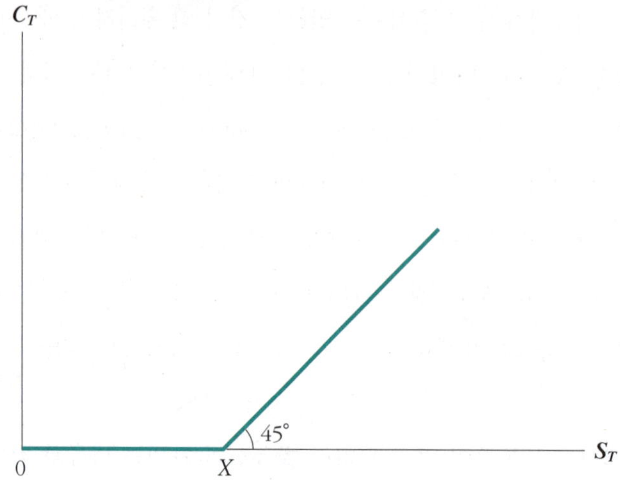

없다는 점을 유의하여야 한다. 이는 콜옵션이 유한책임증권(limited-liability instrument)임을 나타내는 것으로, 옵션매입자의 손실은 콜옵션의 매입가격에 한정된다. 옵션의 매입자(소유자)는 옵션의 행사가 자신에게 불리할 경우 그 권리를 포기하면 된다.

풋옵션

풋옵션은 콜옵션과 상반되는 것으로서, 그 소유자에게 기초자산(주식 등)을 지정된 날짜 또는 그 이전에 미리 약정된 가격으로 팔 수 있는 권리를 부여한다. 예를 들어, 어떤 사람이 옵션거래소를 통해 3개월 후 또는 그 이전에 A기업 주식 1주를 30,000원에 팔 수 있는 풋옵션을 매입하였다고 생각해보자. 이 경우 풋옵션의 기초자산은 'A주식 1주', 만기일은 '3개월 후', 행사가격은 '30,000원'으로서, 이는 A기업과 전혀 관계없이 옵션거래소를 통해 개개인들 간, 즉 풋옵션의 매입자와 매도자 사이에 이루어진 계약이다.

만기일에서의 풋옵션의 가치를 결정하는 상황은 콜옵션의 경우와 상반된다. 만기일에 보통주의 가치(S_T)가 행사가격(X)보다 작다면, 풋옵션의 소유자가 보통주의 가격보다 높은 행사가격으로 풋옵션의 발행자(또는 매도자)에게 주식을 매도할 수 있기 때문에 풋옵션의 가치는 그 차이인 $(X-S_T)$가 된다. 이와 같이 $S_T<X$라면, 풋옵션을 '가치가 있다' 또는 '내가격'이라고 한다. 예를 들어, 만기일에 행사가격이 30,000원이며 기초자산인 보통주의 가격이 25,000원인 풋옵션이 있다면, 그 소유자는 풋옵션을 행사하여(풋옵션의 매도자로부터 30,000원을 받고서) 25,000원의 가치를 가진 보통주를 매도할 수 있다. 따라서 만기일에서 풋옵션의 가치는 그 차액인 5,000원(30,000원 − 25,000원)이 된다. 그러나 만기일(T)에 보통주의 가치(S_T)가 행사가격(X)보다 크다면, 풋옵션의 소유자는 보통주의 가격보다 낮은 행사가격을 가진 풋옵션을 행사하여 주식을 매도하기보다는 직접 주식시장에서 그 주식을 매도하는 것이 더 유리하기 때문에 풋옵션을 행사하지 않을 것이다. 따라서 그 옵션의 가치는 0이 된다. 이와 같이 $S_T>X$라면, 풋옵션을 '가치가 없다' 또는 '외가격'이라고 한다. 예를 들어, 만기일에 행사가격이 30,000원이며 기초자산인 보통주의 가격이 35,000원인 풋옵션이 있다면, 그 소유자는 풋옵션을 행사하여(풋옵션의 매도자로부터 30,000원을 받고서) 35,000원의 가치를 가진 보통주를 매도하지는 않을 것이다. 풋옵션의 소유자는 그 권리를 포기하게 되므로 그 풋옵션의 가치는 0이 된다.[5]

따라서 만기일에서의 보통주의 가치에 따라 풋옵션의 가치를 다음과 같이 나타낼 수 있다.

$$P_T \left\langle \begin{array}{ll} X-S_T, & \text{만약 } S_T<X\text{라면} \\ 0, & \text{만약 } S_T\geq X\text{라면} \end{array} \right. \qquad (11-3)$$

여기서 P_T : 만기일(T)에서 풋옵션의 가치

식 (11−3)을 앞의 식 (11−2)와 같이 수학적 기호를 사용하여 하나의 식으로 나타내면 다음과 같다.

$$P_T=\mathrm{Max}[X-S_T,\ 0] \qquad (11-4)$$

5. 콜옵션과 마찬가지로 풋옵션의 가치도 역시 0보다 작을 수 없다. 즉, 풋옵션도 유한책임증권이다.

그림 11-3 풋옵션의 만기일 가치

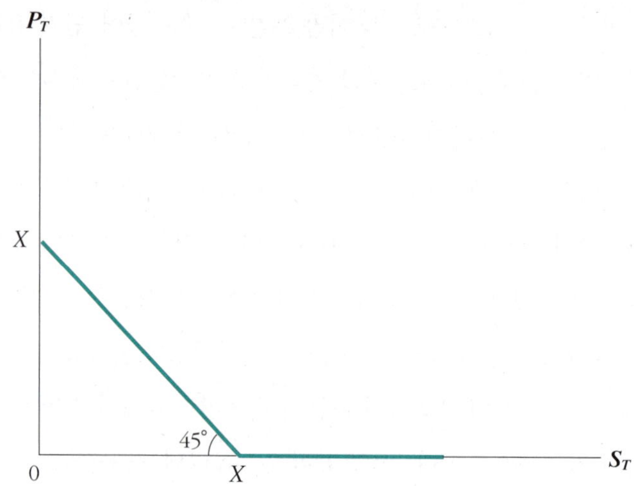

이상에서 살펴본 만기일에서의 풋옵션의 가치를 그림으로 나타내면 [그림 11-3]과 같다. [그림 11-3]을 앞의 [그림 11-2]와 비교해보면, 콜옵션은 주가가 행사가격보다 높을 때 가치가 있으나 풋옵션은 주가가 행사가격보다 낮을 때 가치가 있음을 알 수 있다. 그러므로 콜옵션은 향후 주가가 행사가격보다 높을 가능성이 있을 때 매입하는 반면, 풋옵션은 주가가 행사가격보다 낮을 가능성이 있을 때 매입하게 된다.

옵션의 매도

콜옵션을 매도한 사람은 콜옵션 소유자가 그 옵션을 행사할 때 옵션계약상의 기초자산인 주식을 행사가격으로 인도할 의무를 져야 한다. 만기에 보통주의 가격(S_T)이 행사가격(X)보다 낮으면 콜옵션은 행사되지 않을 것이며, 매도자의 의무는 없어진다. 그러나 만기에 보통주의 가격(S_T)이 행사가격(X)보다 높으면 콜옵션은 행사될 것이며, 이 경우 매도자는 매입자가 얻게 되는 이익인 (S_T-X)만큼의 손실을 입게 된다.

반면, 풋옵션을 매도한 사람은 풋옵션 소유자가 그 옵션을 행사할 때 옵션계약상의 기초자산인 주식을 행사가격으로 인수할 의무를 져야 한다. 만기에 보통주의 가격(S_T)이 행사가격(X)보다 높으면 풋옵션은 행사되지 않을 것이며, 매도자의 의무는 없어진다. 그러나 만기에 보통주의 가격(S_T)이 행사가격(X)보다 낮으면 풋옵션은 행사될 것이며, 이 경우 매도자는 매입자가 얻게 되는 이익인 ($X-S_T$)만큼의 손실을 입게 된다. 이상에서 설명한 콜옵션과 풋옵션 매도자의 만기일에서의 성과를 요약하면 〈표 11-2〉와 같다.[6] 그리고 콜옵션과 풋옵션 매도자의 만기일에서의 성과를 그림으로 나타내면 [그림 11-4]와 같다.

표 11-2 **콜옵션과 풋옵션 매도자의 만기일 성과**

구분	만기일 성과	
	$S_T < X$	$S_T \geq X$
콜옵션의 매도자	0	$-(S_T - X)$
풋옵션의 매도자	$-(X - S_T)$	0

콜옵션과 풋옵션 매도자의 만기일 성과 **그림 11-4**

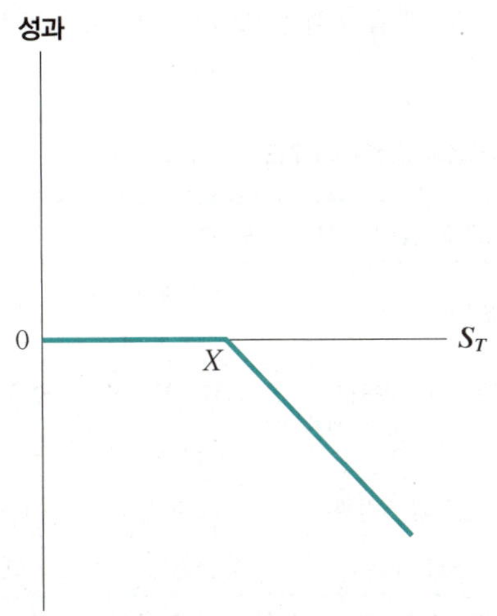

(a) 콜옵션 매도자의 만기일 성과

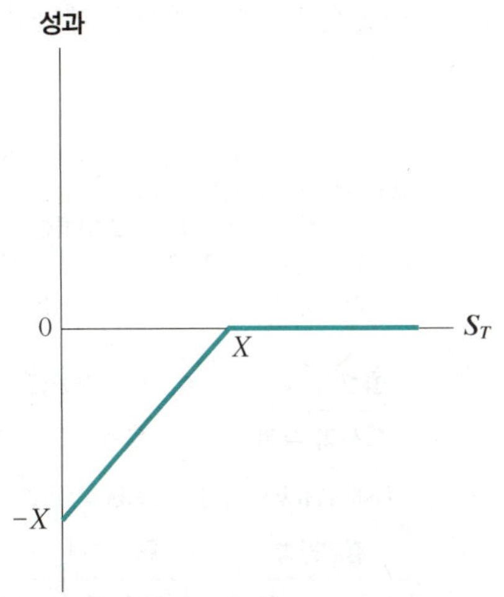

(b) 풋옵션 매도자의 만기일 성과

6. 옵션의 매도자는 옵션소유자가 옵션을 행사할 때 그 상대방으로서 의무를 이행해야 할 책임을 져야 한다. 따라서 옵션매도자의 만기일에서의 성과는 항상 0보다 작은 값을 가지게 된다.

1.3 옵션의 종류

현재 우리나라에서는 코스피200옵션, 미니코스피200옵션, 개별주식옵션, 미국달러옵션 등이 거래되고 있다.[7] 우리나라에서 거래되고 있는 옵션들에 대한 거래제도의 개요는 〈표 11-3〉에 나타나 있다.

이 중 **코스피200옵션**은 실물이 없는 추상적인 코스피200지수(한국거래소의 유가증권시장에 상장된 주권 200종목의 시가총액기준으로 산출된 지수, 산출기준시점 1990. 1. 3)를 대상으로 하고 있다. 코스피200옵션의 경우 실체가 없는 주가지수를 거래대상으로 하고 있기 때문에 권리행사 시에 기초자산(주가지수)을 주고받을 수 없고, 당사자 간에 사전 설정된 주가지수(행사가격)와 만기일에서의 주가지수와의 차이에 거래승수(1포인트당 25만원)를 곱한 금액으로 결제가 이루어진다.

〈표 11-4〉는 코스피200옵션 시세표 일부를 예시한 것이다. 종가는 당일의 마지막 거래에 적용된 옵션가격으로, 다음날 거래의 기준가격이 된다. 시가는 당일의 첫거래에 적용된 옵션가격이며, 고가와 저가는 각각 당일 거래 중 가장 높은 가격과 낮은 가격을 의미한다. 여기서 행사가격이 355.0포인트인 20×1년 5월물 콜옵션 1계약을 종가로 매입하는 경우 매입금액은 925,000원(3.70×25만원)이며,

표 11-3 우리나라의 옵션거래제도

구분	코스피200옵션	미니코스피200옵션	개별주식옵션	미국달러옵션**
기초자산	코스피200지수	코스피200지수	한국거래소 상장기업 주식*	미국 달러화(USD)
옵션의 종류	콜옵션과 풋옵션	콜옵션과 풋옵션	콜옵션과 풋옵션	콜옵션과 풋옵션
옵션의 유형	유럽형	유럽형	유럽형	유럽형
거래단위(승수)	1포인트당 25만원	1포인트당 5만원	10주	US $10,000
결제방법	현금결제	현금결제	현금결제	현금결제

* 개별주식옵션의 기초자산은 주식시장에 상장되어 있고 유통주식 수가 200만 주 이상, 소액주주 수가 2,000명 이상, 1년간 총거래대금이 5천억원 이상인 보통주식 중에서 시가총액과 재무상태를 감안하여 선정된다.
** 2021년 1월부터 새로운 결제월 종목의 거래개시(상장)가 중지됨(휴면 지정).

7. 개별주식옵션과 유사한 주식워런트(equity linked warrant ; ELW)는 만기에 정해진 가격으로 주식을 사거나(call) 팔(put) 수 있는 권리로서 금융기관에 의해 발행된다. 그러나 한국거래소에 의해 결제가 보증되는 옵션과 달리 발행자(금융기관)에 따라 결제위험이 존재할 수 있다.

표 11-4 코스피200옵션 시세표(20×1년 4월 16일 현재) (단위 : 포인트, 계약)

구분	결제월	행사가격	종가	전일 대비	시가	고가	저가	거래량	미결제약정수량
콜	20×105	355.0	3.70	+0.60	3.95	4.00	3.25	13,318	6,866
풋	20×105	355.0	4.25	−1.35	4.45	5.05	4.10	6,675	9,251

풋옵션 1계약을 종가로 매입하는 경우 매입금액은 1,062,500원(4.25×25만원)이 된다. 그리고 미결제약정수량은 현재 만기일이 도래하지 않았거나 반대매매에 의해서 청산되지 못한 옵션의 계약 수를 의미한다.

증권투자 Tip

코스피200 옵션거래의 결제방법

프리미엄(옵션가격)의 수수

옵션거래가 성립한 경우에는 매도고객은 매수고객으로부터 옵션대금을 결제금액으로 지급받는다. 또한, 이러한 옵션대금이 수수된 후에는 동일 종목의 옵션 매도·매수가격이 같아지게 되므로, 선물거래와 같이 동일 종목의 매도·매수수량은 같은 수량에서 자동 상계 소멸하게 된다. 즉, 3포인트로 옵션 1계약을 매도한 자가 동일 종목을 2포인트로 1계약 매수한 경우 1포인트(매도 3포인트 − 매수 2포인트)를 지급받은 후 매도·매수의 같은 수량 1계약은 자동 소멸되어 미결제약정은 없어진다.

권리행사 및 권리행사의 포기

코스피200옵션거래는 최종거래일에만 권리행사를 할 수 있다. 즉, 최종거래일의 매매거래시간 종료시까지 소멸되지 않은 매수 미결제약정을 보유하고 있는 고객은 매매거래시간 종료 후 1시간 30분 이내에 증권사에 권리행사를 하겠다는 의사표시 신고를 해야 한다. 그러나 0.01포인트(2,500원) 이상의 이익이 발생하는 때에는 권리행사의 신고가 없더라도 신고한 것으로 본다. 권리행사할 경우 오히려 손해가 발생하는 옵션매수의 미결제약정을 보유한 자는 권리행사를 포기할 수 있다. 권리행사의 포기는 특별한 의사표시가 필요하지 않으며, 권리행사 신고시한까지 신고하지 않은 경우에는 포기한 것으로 보아 미결제약정은 자동 소멸된다. 만기일의 권리행사 시 현금결제방식에 따라 옵션의 매도자는 매수자에게 아래와 같은 권리행사 차금을 지급하여야 한다.

- 콜옵션 : (권리행사결제기준가격 − 옵션행사가격) × 종목별 미결제약정수량 × 25만원
- 풋옵션 : (옵션행사가격 − 권리행사결제기준가격) × 종목별 미결제약정수량 × 25만원

2. 옵션의 결합 : 풋-콜 패리티

2.1 옵션의 결합

콜옵션과 풋옵션을 이용하면 다양한 형태의 금융상품을 만들 수 있다.[8] 예를 들어, 주식을 하나 매입하고 동시에 그 주식에 대한 풋옵션을 매입하여 새로운 금융상품(또는 포트폴리오)을 만든다고 생각해보자. 만약 만기일에서의 주가(S_T)가 행사가격(X)보다 더 크다면, 풋옵션은 가치가 없게 되어 주식과 풋옵션을 결합하여 만든 새로운 금융상품의 가치는 주식의 가치(S_T)와 동일하게 된다. 그러나 만기일에서의 주가(S_T)가 행사가격(X)보다 작다면 풋옵션의 가치는 ($X - S_T$)가 되므로, 이것과 주식의 가치(S_T)를 합하여 새로운 금융상품의 가치를 구하면 행사가격(X)과 같게 된다. $S_T < X$인 경우 주식과 풋옵션의 결합가치가 항상 일정한 값, 즉 행사가격을 갖게 되는 것은 주식가치의 하락이 풋옵션의 가치상승에 의해서 정확히 상쇄되기 때문이다. 이상의 결과를 요약하면 〈표 11-5〉와 같다.

그리고 이와 같은 관계를 그림으로 나타내면 [그림 11-5]와 같다. [그림 11-5]에서 볼 수 있는 바와 같이 주식과 풋옵션을 결합하는 경우 주가가 폭락하더라도 결합가치를 최소한 풋옵션의 행사가격(X)만큼 보장받을 수 있게 된다. 즉, 주가가 떨어지더라도 손실을 일정 수준에 묶어둘 수 있는 보험효과를 가질 수 있다. 이와 같은 결합전략을 **방어적 풋**(protective put)이라 하며, 이는 가장 단순한 형태의 포트폴리오보험(portfolio insurance)이라 할 수 있다.

표 11-5 주식과 풋옵션의 결합

포트폴리오	만기일 가치	
	$S_T < X$	$S_T \geq X$
(1) 주식 매입	S_T	S_T
(2) 풋옵션 매입	$X - S_T$	0
(1) + (2)	X	S_T

8. 콜옵션과 풋옵션을 이용한 다양한 옵션투자전략에 대해서는 본 장의 [보론 1]을 참조할 것.

주식과 풋옵션의 결합 그림 11-5

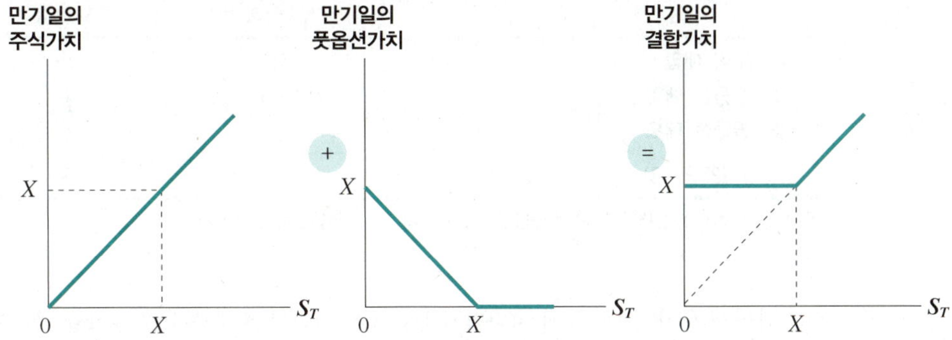

2.2 풋-콜 패리티

[그림 11-5]에서 주식과 풋옵션의 결합가치는 앞의 [그림 11-2]의 콜옵션 매입가치와 같은 형태이나, [그림 11-4] (a)의 콜옵션 매도가치와는 정반대 형태를 가지고 있다. 이는 옵션을 이용함으로써 위험을 제거할 수 있는 가능성을 보여준다.[9] 즉, 주식과 풋옵션을 각각 하나씩 매입하고, 콜옵션을 하나 매도함으로써 무위험포트폴리오 또는 헤지포트폴리오(hedge portfolio)를 구성할 수 있다. 이 경우 콜옵션과 풋옵션은 유럽형 옵션으로서 동일한 주식에 대하여 설정되며, 그 행사가격과 만기가 모두 같아야 한다. 이와 같이 구성된 포트폴리오의 성과는 〈표 11-6〉에 나타나 있다. 〈표 11-6〉에서 포트폴리오의 만기일 성과(또는 가치)는 미래의 주가 변동에 관계없이 항상 일정한 값, 즉 행사가격(X)을 가지기 때문에 이 포트폴리오는 무위험포트폴리오이다. 무위험포트폴리오의 구성을 위한 현재의 투자액은 $(S+P-C)$이며, 그것에 대한 만기일(T)에서의 성과는 행사가격(X)으로서 위험이 없다.

9. 정반대로 움직이는 두 자산을 결합함으로써 위험을 완전히 제거할 수 있다.

표 11-6 무위험포트폴리오의 구성

포트폴리오	투자액	만기일(T)의 성과	
		$S_T < X$	$S_T \geq X$
(1) 주식 매입	S	S_T	S_T
(2) 풋옵션 매입	P	$X - S_T$	0
(3) 콜옵션 매도	$-C$	0	$-(S_T - X)$
(1) + (2) + (3)	$S + P - C$	X	X

주 : S = 주식의 현재가치, P = 풋옵션의 현재가치, C = 콜옵션의 현재가치

따라서 균형상태 하에서(차익거래에 의한 이익이 존재하지 않는 상황 하에서)는 다음과 같은 관계가 성립한다.

$$S + P - C = \frac{X}{1 + r_T} \tag{11-5}$$

여기서 r_T : 현재부터 만기일인 T시점까지 기간의 무위험이자율

식 (11-5)를 **풋-콜 패리티**(put-call parity)라 하며, 이는 동일한 행사가격과 만기를 가진 유럽형 풋옵션과 콜옵션가치 사이의 균형관계를 말한다. 식 (11-5)를 약간 변형하면 다음과 같다.

$$P = C - S + \frac{X}{1 + r_T} \tag{11-5$'$}$$

콜옵션의 현재가치가 구해지면, 식 (11-5)′을 이용하여 풋옵션의 현재가치도 구할 수 있다.

예제 11-1 풋-콜 패리티

A기업의 주식에 대한 콜옵션과 풋옵션의 행사가격이 모두 33,000원으로 동일하며, 두 옵션은 유럽형 옵션으로 만기일 전에 행사할 수 없다고 가정하자. 그리고 만기일은 1년 후이며, 현재주가는 28,000원으로서 만기일에 주가가 35,000원 또는 24,000원이 된다고 한다. 또한 1년간의 무위험이자율은 10%로 알려져 있다.

(1) 주식, 풋옵션, 콜옵션을 이용하여 무위험포트폴리오를 구성하라.

(2) 콜옵션의 현재가격이 1,124원일 경우 풋옵션의 현재가치는 얼마인가?

해답

(1) 주식과 풋옵션을 각각 하나씩 매입하고, 콜옵션을 하나 매도함으로써 주가에 관계없이 만기일의 성과가 행사가격인 33,000원으로 일정한 무위험포트폴리오를 구성할 수 있다.

포트폴리오	투자액	만기일(T)의 성과	
		$S_T = 24{,}000$	$S_T = 35{,}000$
주식 매입	28,000	24,000	35,000
풋옵션 매입	P	9,000(= 33,000 − 24,000)	0
콜옵션 매도	$-C$	0	−2,000[= −(35,000 − 33,000)]
합계	$28{,}000 + P - C$	33,000	33,000

(2) 풋-콜 패리티를 이용하면, 다음과 같이 풋옵션의 가격을 구할 수 있다.

$$P = 1{,}124 - 28{,}000 + \frac{33{,}000}{1 + 0.1} = 3{,}124$$

3. 옵션의 가격결정

Investments & Security Analysis, Ch. Eleven

지금까지 만기일에서의 옵션가치에 대해서 살펴보았다. 그러면 현재시점에서의 옵션가치는 어떻게 결정되는가? 여기서는 현재시점에서의 옵션가치가 어떠한 요인들에 의해서 결정되는지를 살펴보도록 하자.

3.1 옵션가치의 결정요인

콜옵션가치의 결정요인

■ 행사가격

행사가격은 콜옵션을 행사하여 주식을 매입할 때 지불하여야 하는 금액이다.

따라서 다른 모든 것이 일정하다면, 행사가격이 높을수록 콜옵션의 가치가 하락하게 된다.

▪ 만기

미국형 콜옵션은 만기일 이전에 언제든지 옵션의 행사가 가능하다. 따라서 미국형 콜옵션의 경우 만기가 길면 길수록 옵션을 행사할 수 있는 기회를 보다 더 많이 가지게 되므로 옵션의 가치가 상승하게 된다.[10]

▪ 주식가격

콜옵션은 주가가 행사가격보다 높을 때 가치를 가진다. 따라서 현재의 주식가격이 높을수록 만기일에 주가가 행사가격 이상일 가능성이 높아지기 때문에 콜옵션의 가치가 상승하게 된다.

▪ 주식의 변동성

주식의 변동성이 커지면, 콜옵션의 가치가 상승하게 된다. 옵션은 유한책임증권으로서 주식가격이 큰 폭으로 변동한다 하더라도 옵션가치가 있는 부분(주가가 행사가격보다 큰 경우)만 옵션의 가치에 영향을 미친다. 따라서 주식의 변동성이 증가하는 경우 주가가 크게 상승하거나 하락할 수 있으나, 크게 상승하는 부분만이 옵션의 가치에 영향을 미치게 되어 콜옵션의 가치가 상승하게 된다.

이는 기초자산에 대한 옵션을 보유하는 것과 기초자산 그 자체를 보유하는 것이 근본적으로 다름을 의미한다. 위험회피형 투자자의 경우 주식에 직접 투자할 경우 위험이 작은 주식을 선택할 것이나, 콜옵션을 매입할 경우 변동성이 더 높은 주식에 대한 콜옵션을 선택하게 된다.

▪ 무위험이자율

콜옵션가격은 이자율의 수준에 의해서도 영향을 받는다. 콜옵션의 매입자는 옵션을 행사할 때까지 행사가격을 지불하지 않을 것이다. 이와 같이 행사가격의

---

10. 옵션의 경우 현금배당이 조정되지 않기 때문에 이러한 관계가 유럽형 콜옵션에서는 성립하지 않을 수 있다.

지불을 연기하는 것은 이자율이 낮을 때보다 높을 때 훨씬 큰 가치를 가진다.[11] 그러므로 콜옵션의 가치는 이자율과 정(+)의 상관관계를 가진다.

풋옵션가치의 결정요인

앞에서 설명한 콜옵션가치의 결정요인을 이용하여 풋옵션가치의 결정요인에 대해서도 설명해보기로 하자.

▪ 행사가격

행사가격은 풋옵션을 행사하여 주식을 매도할 때 받게 되는 금액이다. 따라서 다른 모든 것이 일정하다면, 행사가격이 높을수록 풋옵션의 가치가 높아진다.

▪ 만기

미국형 풋옵션은 만기일 이전에 언제든지 옵션의 행사가 가능하다. 따라서 미국형 풋옵션의 경우 만기가 길면 길수록 옵션을 행사할 수 있는 기회를 보다 더 많이 가지게 되므로 옵션의 가치가 상승하게 된다.[12]

▪ 주식가격

풋옵션은 주가가 행사가격보다 낮을 때 가치를 가진다. 따라서 현재의 주식가격이 높을수록 만기일에 주가가 행사가격 이하일 가능성이 낮아지기 때문에 풋옵션의 가치가 하락하게 된다.

▪ 주식의 변동성

주식의 변동성이 커지면, 풋옵션의 가치가 상승하게 된다. 풋옵션도 콜옵션과 마찬가지로 유한책임증권으로서 주식가격이 큰 폭으로 변동한다 하더라도 옵션가치가 있는 부분(주가가 행사가격보다 낮은 경우)만 옵션의 가치에 영향을 미친

11. 이자율이 높을수록 콜옵션 행사가격의 현재가치는 작아진다.
12. 유럽형 풋옵션의 경우 만기가 길수록 행사가격의 현재가치는 낮아지기 때문에 이러한 관계가 성립하지 않을 수 있다.

표 11-7 **옵션가치에 영향을 미치는 요인**

요인	콜옵션	풋옵션
행사가격	−	+
만기*	+	+
기초자산의 가치(주식가격)	+	−
기초자산(주식)의 변동성	+	+
무위험이자율	+	−

* 이 관계는 유럽형 옵션의 경우에는 성립하지 않을 수 있음.

다. 따라서 주식의 변동성이 증가하는 경우 주가가 크게 상승 또는 하락할 수 있으나, 크게 하락하는 부분만이 옵션의 가치에 영향을 미치게 되어 풋옵션의 가치가 상승하게 된다.

■ 무위험이자율

풋옵션의 매입자는 옵션이 행사될 때까지 행사가격을 받지 못할 것이다. 이자율이 높을 때 풋옵션의 매입자가 받게 되는 행사가격의 현재가치가 작아지기 때문에 풋옵션의 가치가 하락하게 된다. 그러므로 풋옵션의 가치는 이자율과 음(-)의 상관관계를 가진다.

지금까지 설명한 옵션가치에 영향을 미치는 다섯 가지 요인들이 옵션가치에 어떤 영향을 미치는지를 요약하면 〈표 11-7〉과 같다. 〈표 11-7〉에서 볼 수 있는 바와 같이 다섯 가지 요인 중 행사가격, 기초자산의 가치 및 무위험이자율이 콜옵션가치와 풋옵션가치에 미치는 영향은 서로 상반됨을 알 수 있다.

3.2 옵션가격결정모형

옵션가격결정모형(option pricing model ; OPM)으로는 콕스, 로스, 그리고 루빈슈타인(J. Cox, S. Ross, and M. Rubinstein)에 의해서 개발된 이항옵션가격결정모형(binomial option pricing model)과 블랙과 숄즈(F. Black and M. Scholes)에 의해서 개발된 블랙-숄즈 옵션가격결정모형(Black-Scholes option pricing model) 등이 있다.[13] 여기에서는 이들 모형의 전개과정을 생략한 채 결론만 간단히 소개하기로 한다.

이항옵션가격결정모형

이항옵션가격결정모형은 주가가 이산적(discrete)으로 변하며, 그 변동은 상승 또는 하락 두 가지로 한정된다는 가정 하에서 도출된 모형이다. 주가가 옵션의 만기일까지 한 번만 변할 경우 이항옵션가격결정모형에 의해서 콜옵션의 가치(C)를 구하면 식 (11-6)과 같다.[14]

$$C = \left[C_u \left(\frac{(1+r_T)-d}{u-d} \right) + C_d \left(\frac{u-(1+r_T)}{u-d} \right) \right] \div (1+r_T) \qquad (11-6)$$

여기서 C_u : 주가상승 시 콜옵션의 가치

C_d : 주가하락 시 콜옵션의 가치

u : 주가상승계수($\frac{\text{상승 시 주가}}{\text{현재주가}}$ = 1 + 주가상승률)

d : 주가하락계수($\frac{\text{하락 시 주가}}{\text{현재주가}}$ = 1 + 주가하락률)

r_T : T기간 동안의 무위험이자율

예제 11-2 이항옵션가격결정모형

현재주가는 20,000원이며, 1년 후 24,000원으로 상승하거나 18,000원으로 하락한다. 그리고 무위험이자율은 연 10%이다. 행사가격이 21,000원이고 만기가 1년 후인 유럽형 콜옵션의 가치를 구하라.

해답

- $C_u = \text{Max}[24{,}000 - 21{,}000,\ 0] = 3{,}000$
- $C_d = \text{Max}[18{,}000 - 21{,}000,\ 0] = 0$
- $u = \frac{24{,}000}{20{,}000} = 1.2,\ d = \frac{18{,}000}{20{,}000} = 0.9,\ r_T = 0.1$

---

13. J. Cox, S. Ross, and M. Rubinstein, "Option Pricing : A Simplified Approach," *Journal of Financial Economics*, Vol. 7(Sep. 1979), pp.229~263.
F. Black and M. Scholes, "The Pricing of Option and Corporate Liabilities," *Journal of Political Economy*, Vol. 81(May–June 1973), pp.637~659.

14. 이항옵션가격결정모형, 즉 식 (11-6)의 도출과정은 본 장의 [보론 2] 참조.

그러므로 콜옵션의 가치를 다음과 같이 구할 수 있다.

$$C = \left[3{,}000 \times \left(\frac{(1+0.1)-0.9}{1.2-0.9}\right) + 0 \times \left(\frac{1.2-(1+0.1)}{1.2-0.9}\right)\right] \div (1+0.1) = 1{,}818.18$$

블랙–숄즈 옵션가격결정모형

블랙과 숄즈는 몇 가지 엄격한 가정 하에서 콜옵션의 가치를 계산하기 위한 다음과 같은 수학적 모형을 개발하였다.[15] 블랙–숄즈 옵션가격결정모형에 따르면 콜옵션의 가치는 다음과 같다.

$$C = SN(d_1) - Xe^{-rT}N(d_2) \tag{11-7}$$

여기서 $d_1 = \dfrac{ln\dfrac{S}{X} + (r + \dfrac{1}{2}\sigma^2)T}{\sigma\sqrt{T}}$, $d_2 = d_1 - \sigma\sqrt{T}$

S : 현재의 주가

X : 행사가격

e : 자연지수(2.71828…)

r : 무위험이자율(연리)

T : 연 단위로 환산된 만기일까지의 잔여기간

$N(d)$: d에서의 누적정규확률분포의 값[16]

ln : 자연로그(natural logarithm)

σ : 주식 연간 수익률의 표준편차

---

15. 이 모형을 도출하기 위한 기본적인 가정은 다음과 같다.
    1. 공매도(short selling)에 대한 제약과 부담금은 없다.
    2. 거래비용과 세금이 존재하지 않는다.
    3. 유럽형 옵션을 전제로 한다.
    4. 주식(기초증권)은 배당을 지불하지 않는다.
    5. 주가는 갑작스러운 변동 없이 연속적으로 변동한다.
    6. 무위험이자율은 알려져 있으며 일정하다.
    7. 주가는 로그노말분포(lognormal distribution)를 이룬다.

16. $N(d)$의 값은 오른쪽 그림의 표준정규분포 그래프에서 채색된 부분의 면적을 의미한다.

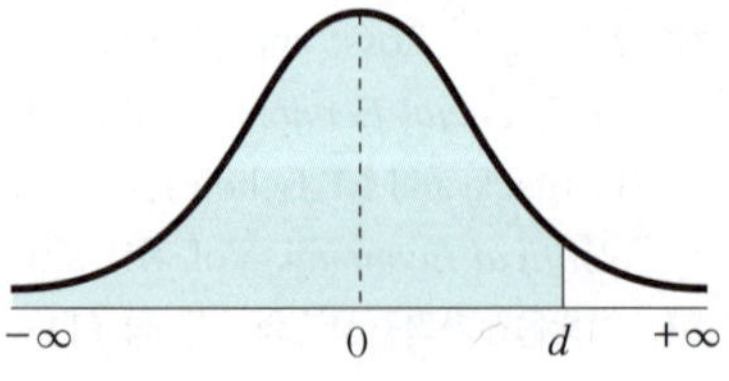

식 (11-7)에서 콜옵션의 가치를 결정하는 요인은 현재주가(S), 행사가격(X), 만기(T), 무위험이자율(r), 주가의 변동성(σ)의 다섯 가지라는 것을 확인할 수 있다. 블랙-숄즈 옵션가격결정모형은 복잡한 식으로 표현되어 있지만, 사실은 재무론의 다른 어떤 모형들보다 이용하기가 훨씬 간편하다. 왜냐하면 이 모형에서 콜옵션의 가치를 계산하는 데 필요한 다섯 가지 변수들, 즉 S, X, T, r, σ 중에서 σ를 제외하고는 쉽고 확실하게 알 수 있기 때문이다.

예제 11-3 블랙-숄즈 옵션가격결정모형

청솔주식회사의 주가는 현재 20,000원이다. 이 주식에 대한 콜옵션이 존재하며, 그 콜옵션의 만기일은 6개월 후이고, 행사가격은 21,000원이다. 그리고 주식 연간 수익률의 표준편차는 0.8이고, 연간 무위험이자율은 10%이다. 블랙-숄즈의 옵션가격결정모형을 이용하여 콜옵션의 현재가치를 계산하라.

해답

$S = 20{,}000$원, $X = 21{,}000$원, $T = 0.5$년, $r = 0.1$, $\sigma = 0.8$이므로 먼저 d_1과 d_2의 값을 구하면 다음과 같다.

$$d_1 = \frac{ln\frac{S}{X} + (r + \frac{1}{2}\sigma^2)T}{\sigma\sqrt{T}} = \frac{ln\left(\frac{20,000}{21,000}\right) + [0.1 + \frac{1}{2}(0.8)^2](0.5)}{(0.8)\sqrt{0.5}} = 0.2850$$

$$d_2 = d_1 - \sigma\sqrt{T} = 0.2850 - (0.8)\sqrt{0.5} = -0.2807$$

본서의 〈부표-5〉를 이용하여 $N(d_1)$과 $N(d_2)$의 값을 구하면 다음과 같다.[17]

- $N(d_1) = N(0.2850) \fallingdotseq N(0.29) = 0.5 + 0.1141 = 0.6141$
- $N(d_2) = N(-0.2807) \fallingdotseq N(-0.28) = 0.5 - 0.1103 = 0.3897$

따라서 콜옵션의 가치(C)를 다음과 같이 구할 수 있다.

$$C = SN(d_1) - Xe^{-rT}N(d_2)$$
$$= (20,000)(0.6141) - (21,000)e^{-(0.1)(0.5)}(0.3897) = 4,497.42\text{원}$$

17. 보간법 또는 통계분석프로그램을 이용하여 표준정규분포의 누적확률을 보다 정확히 계산할 수 있으나 여기서는 근사치를 사용한다.

중요 용어

옵션 (406)

콜옵션 (408)

유한책임증권 (410)

풋옵션 (410)

코스피200 옵션 (414)

방어적 풋 (416)

풋-콜 패리티 (418)

옵션가격결정모형 (422)

이항옵션가격결정모형 (423)

블랙-숄즈 옵션가격결정모형 (424)

사례연구 11-1

옵션이 로또보다 100배 낫다

옵션을 공부할 때, 복권과 자주 비교한다. 이해를 돕기 위해서다. 그러나 그러한 비유는 이해를 돕기는커녕 방해가 된다. 옵션이 복권과 다른 점은 너무나 많고, 다르다는 사실은 자명하다. 옵션이 복권과 같은 점이 없는 것은 아니다. "그거 해서 돈 벌기 힘들다. 그거 사서 성공했다는 사람 주변에는 없다." 강력한 공통점이다. 그러나 그 정도 공통점은 경마에도 있고, 고스톱에도 있으니 별로 특별할 것은 없다. 로또는 가장 진화한 형태의 복권이다. 로또 발행자는 '땅 짚고 헤엄치기'로 돈을 번다. 로또는 인간이 생각해낼 수 있는 가장 완벽한 형태의 사기다. 로또의 환급률은 50%다. 로또 발행자는 리스크가 전무한 상황에서 매출액의 50%를 수익으로 올린다. 일반 추첨식 복권은 생각보다 리스크가 크다. 복권을 10만 장 발행했는데, 딱 한 장만 팔릴 수 있다. 그리고 그 팔린 한 장이 1등에 당첨될 수 있다. 실수로 같은 번호가 2장 인쇄되었는데, 마침 그 번호가 1등에 당첨될 수도 있다. 로또는 그런 위험이 없다. 1등이 수없이 나와도 아무런 위험이 없다.

가장 완벽한 형태의 복권인 로또와 옵션은 질적으로 다르다.

첫째, 발행자의 의무에서 다르다. 로또 발행자는 모든 위험을 통제한다. 환급률을 발행자가 통제한다. 리스크는 없다. 옵션 발행자(옵션 매도자)는 어떤 위험도 통제하지 못한다. 시장을, 최대 손실가능액을 옵션 발행자가 통제하지 못한다. 옵션 발행자도 시장가격의 순응자일 뿐이다.

둘째, 옵션의 가격은 변한다. 옵션은 남아 있는 시간의 길이(잔존기간), 시장의 변동성, 이자율, 기초자산의 가격 등의 영향을 받아 가격이 변한다. 한번 빌헹하면 어떠한 번화에도 영향을 받지 않는 복권과는 다르다. 옵션의 가격 변화가 옵션을 어렵게 만든다. 조금만 이익을 보면 팔고 싶고, 손해가 나면 좌불안석이다. 그런 면에서 옵션이 복권에 비해 불리하다. 너무 많은 심리적 스트레스에 노출된다. 그 스트레스 때문에 스스로 무너지는 것이 옵션이란 게임이다.

셋째, 옵션은 제로섬게임이다. 옵션의 수수료와 제반 비용은 아주 낮은 수준이다(투자자의 입장에서는 적지 않다). 그러나 경마의 30% 구전, 로또의 50% 구전에 비하면 할아버지다.

로또가 발행자 입장에서 완벽한 사기라면, 옵션은 매수자 입장에서 가장 유리한 도박이다. 공통점을 찾아보자. 첫째는 맨 처음에 지적한 '돈 벌기 힘들다'는 점이다. 둘째는 대박의 신화다. 큰돈을 빨리 벌 수 있다는 신화다. 꿈을 가지고 복권을 사듯이 꿈을 가지고 옵션을 한다. 그 점에서 많이 닮았다. 인간의 나약한 허상을 노리는 사기가 복권이라면, 옵션도 그런 면이 없지 않다.

옵션이 로또에 비해 유리함에도 불구하고, 옵션으로 성공하기는 복권으로 성공하는 것만큼 어렵다. 복권은 구조적으로 매수자를 파멸시키지만, 옵션은 심리적으로 매수자, 매도자를 모두 파멸시킨다. 쉽게 흔들리는 자, 돈에 욕심을 내는 자 모두 스스로 파멸하는 심리게임이다. 돈을 놓고 게임을 하면서, 돈을 탐하지 말아야 한다는 사실을 어떻게 받아들일 수 있고, 그것이 어떻게 가능하겠는가? 그래서 옵션은 스스로 무너지는 게임이다. 옵션에서 성공하기 위해서는 복권이 아닌 것처럼 하면 된다. 즉, 타워팰리스를, 렉서스를, 해외여행을, 멋진 인생역전을 머릿속에 그리지 말라. 욕심 없이, 겸손한 마음가짐으로 옵션매도도 해보고, 다양한 옵션 합성전략을 짜보라. 옵션에서 성공하기 위해서는 복권인 것처럼 하면 된다. 복권 사서 망했다는 사람 없지만, 옵션으로 망했다는 사람은 부지기수다. 왜 유리한 게임을 하는데 매번 실패하나? 베팅을 잘못하기 때문이다. 복권 1,500만원 사는 사람 있나? 돈 생기는 족족 복권 사는 사람 있나? 없다. 옵션을 사되 복권처럼 조금씩만 사면, 로또보다 10,000% 훌륭한 상품이다.

출처 : 머니투데이(2004년 7월 28일)

사례연구 11-2

세계경제 뒤흔든 블랙-숄즈 방정식

최근의 경제위기를 불러온 원인은 무엇일까. 경제위기 원인은 백가쟁명(百家爭鳴)이다. 작게는 파생상품이나 신용부도스왑(credit default swap)에서부터 크게는 자본주의와 자유주의의 모순에 이르기까지 각양각색이다. 따라서 처방도 다양하다. 경제학 교과서를 완전히 다시 써야 한다는 주장에서부터, 찻잔 속 태풍에 불과하다는 시각도 있다. 그럼에도 이번 위기의 주범으로 가장 많이 회자되는 것이 바로 서브프라임과 그것의 이론적 토대를 만들어준 금융공학(financial engineering)이다. 이 중 서브프라임은 워낙 많이 거론되었고, 주택저당과 관계있는 용어라서 이제 그리 낯설지 않다. 반면, 금융공학은 누구에게나 아직도 생소하기만 하다.

실제 금융공학은 수학적인 도구와 경영·경제·산업공학 등의 이론을 융합시켜 주식과 채권, 원자재 등의 현물시장과 선물, 파생시장을 분석하는 분야다. 금융공학이 발달하면서 특정한 기초자산을 근거로 수없이 많은 선물과 파생상품이 쏟아져 나왔다. 특히 금융공학은 1990년대 이후 냉전 종식으로 미국의 우주개발에 대한 투자가 감소하면서, 물리학자들이 금융계로 몰려들어 급속히 발전했다고 한다. 금융공학의 발전에 가장 핵심적인 기여를 한 것은 바로 1973년에 발표된 블랙-숄즈(Black-Scholes) 방정식이다. 이 방정식은 일본 이토(Ito) 교토대 교수의 확률미적분이론을 이용해 파생상품인 옵션의 가격을 계산한 모델이다.

이토 교수는 공기 중에 피어오르는 연기나 물 위를 떠다니는 꽃가루와 같은 불규칙한 운동을 수학적으로 설명해냈는데, 블랙-숄즈 모델은 이토 이론을 응용한 특정한 방정식을 통해 옵션과 같은 금융상품의 가격결정 원리를 풀어냈다. 즉, 위험이 전혀 없는 차익거래는 불가능하다는 공리를 세우고 주식의 현물과 선물, 옵션, 그리고 위험이 거의 없는 국채, 리보(런던은행간대출금리) 간 관계식을 세워 방정식을 유도해 옵션가격을 결정하는 방법을 정립했다. 이 과정에서 블랙-숄즈는 물리학의 열 방정식을 기초로 확률론적인 방법으로 해(解)를 구했다고 한다. 이 모델이 등장한 이후 월가에는 수없이 많은 파생상품이 쏟아져 나왔고, 투자은행들은 한동안 천문학적인 수익을 올렸다. 1980년대에는 노벨상 수상자와 수학자, 물리학자 등이 직접 헤지펀드의 효시가 된 LTCM(Long-Term Capital Management)을 만들기도 했다. 숄즈는 파생상품을 발전시켜 금융의 영역을 크게 넓힌 기여로 1997년 노벨 경제학상을 받았다. (그러나 블랙은 안타깝게도 1995년 암으로 사망해 사후에는 노벨상을 수여하지 않는 전통에 따라 수상하지 못했다. 대신 숄즈와 헤지펀드를 같이 만든 머튼 교수가 공동 수상했다.)

결국 블랙-숄즈 방정식으로 파생상품의 가치평가가 가능하게 되었으며, 이에 따라 옵션을 부여한 상품도 세상에서 빛을 보게 된 것이다. 이 방정식 하나로 지난 십여 년간 월스트리트는 역사상 최대 호황을 누렸고, 미국은 세계의 금융산업을 제패했었다. 그러나 역시 이론은 이론이다. 엄격한 가정과 조건 속에서만 작동하는 모델을 변동성이 너무 큰 시장에 무리하게 적용하다가 오늘의 파국을 맞은 게 아니겠는가.

정갑영 교수(연세대학교 경제학부) 기고

출처 : 매경이코노미(2009년 5월 20일)

연습문제

※ 완성/선택형 문제

01. (　　　　)은 특정 자산(주로 주식)을 지정된 날짜 또는 그 이전에 미리 약정된 가격으로 팔 수 있는 권리를 그 소유자에게 부여하는 계약을 의미한다.

02. 만기일에서의 옵션의 가치는 기초자산인 보통주의 (　　　　)에 의해 결정된다.

03. 주식옵션의 경우 기초자산의 가격인 주가와 그 콜옵션의 행사가격 사이의 관계에 따라 다음과 같은 용어를 사용한다.

- 주가 > 행사가격　(　　　　)
- 주가 = 행사가격　(　　　　)
- 주가 < 행사가격　(　　　　)

04. 주식과 풋옵션을 각각 하나씩 매입하고, 콜옵션을 하나 매도함으로써 (　　　　)를 구성할 수 있다.

05. 옵션가치에 영향을 미치는 다섯 가지 요인들이 옵션가치에 어떤 영향을 미치는지에 대한 다음의 표를 완성하라. (단, 양의 관계는 +로, 음의 관계는 -로 표기할 것.)

요인	콜옵션	풋옵션
행사가격	(　　)	(　　)
만기일*	(　　)	(　　)
기초자산의 가치(주식가격)	(　　)	(　　)
기초자산(주식)의 변동성	(　　)	(　　)
무위험이자율	(　　)	(　　)

* 이 관계는 유럽형 옵션일 경우 성립하지 않을 수 있음.

06. 옵션에 대한 다음의 설명 중 잘못된 것은?

① 옵션거래는 기초자산인 주식의 발행자(해당 기업)와 관계없이 옵션거래소를 통해 옵션의 매입자와 매도자 간에 이루어진 특별한 계약이다.

② 미국형 옵션은 만기일 이내 언제든지 행사가 가능하나, 유럽형 옵션은 만기일에만 행사할 수 있다.

③ 만기일에서 보통주의 가치가 행사가격보다 작을 경우 그 풋옵션을 외가격 상태에 있다고 한다.

④ 옵션은 유한책임증권으로서 옵션매입자의 손실은 옵션의 매입가격에 한정된다.

07. 다음 중 현재 우리나라에서 거래되는 옵션이 아닌 것은?

① 코스피200옵션　② 개별주식옵션
③ 미국달러옵션　④ 3년 국채옵션

08. 다음 중 주가가 상승할 것으로 예상하여 주식을 매입한 투자자가 예상외의 주가하락으로 인한 위험을 회피할 수 있는 방법은?

① 콜옵션을 매입한다.　② 콜옵션을 매도한다.
③ 풋옵션을 매입한다.　④ 풋옵션을 매도한다.

09. 다음 중 주식과 풋옵션을 결합하여 주가가 폭락하더라도 결합가치를 최소한 풋옵션의 행사가격만큼 보장받을 수 있게 하는 투자전략은?

① 방어적 풋　② 방비 콜　③ 나비스프레드　④ 스트래들

10. 풋-콜 패리티에 대한 다음의 설명 중 잘못된 것은?

① 옵션을 이용함으로써 위험을 제거할 수 있는 가능성을 보여준다.

② 콜옵션과 풋옵션은 미국형 옵션으로서 동일한 주식에 대하여 설정되며, 그 행사가격과 만기가 모두 같아야 한다.

③ 동일한 행사가격과 만기를 가진 유럽형 풋옵션과 콜옵션의 가치 사이의 균형관계를 말한다.

④ 주식의 가격에 풋옵션의 가격을 더하고 콜옵션의 가격을 차감한 값은 무위험이자율로 할인된 행사가격의 현재가치와 같다.

11. 다음 중 주식 1주를 매입하는 것과 동일한 성과를 얻을 수 있는 투자전략은?

① 콜옵션 1개 매입, 풋옵션 1개 매도, 그리고 무위험채권 매입(대출)
② 콜옵션 1개 매도, 풋옵션 1개 매도, 그리고 무위험채권 매입(대출)
③ 콜옵션 1개 매입, 풋옵션 1개 매입, 그리고 무위험채권 매입(대출)
④ 콜옵션 1개 매도, 풋옵션 1개 매도, 그리고 무위험채권 매도(차입)

12. 다음 중 무위험포트폴리오(헤지포트폴리오)를 구성하기 위한 투자전략은?

① 주식 1주 매입, 콜옵션 1개 매입, 풋옵션 1개 매도
② 주식 1주 매입, 콜옵션 1개 매도, 풋옵션 1개 매입
③ 주식 1주 매입, 콜옵션 1개 매입, 풋옵션 1개 매입
④ 주식 1주 매도, 콜옵션 1개 매도, 풋옵션 1개 매입

13. 옵션가치의 결정요인에 대한 다음의 설명 중 잘못된 것은?

① 행사가격이 높을수록 콜옵션의 가치는 낮아지게 된다.
② 주식의 변동성이 커지면, 콜옵션의 가치는 증가하게 된다.
③ 미국형 콜옵션과 풋옵션의 경우 모두 만기가 길면 길수록 항상 옵션의 가치는 증가하게 된다.
④ 주식의 변동성이 커지면, 풋옵션의 가치는 감소하게 된다.

14. 옵션에 대한 다음의 설명 중 잘못된 것은?

① 콜옵션과 풋옵션은 모두 유한책임증권이다.
② 콜옵션의 가격은 현재의 주식가격보다 더 클 수 없다.
③ 현재의 주가가 행사가격보다 높을 경우 미국형 콜옵션의 가격은 주가에서 행사가격을 뺀 것보다 더 작을 수 있다.
④ 포트폴리오보험의 가장 단순한 형태는 방어적 풋이다.

✲ 서술/계산형 문제

01. 현재 우리나라에서 거래되고 있는 옵션의 종류 및 의미, 거래제도 등을 한국거래소(http://www.krx.co.kr)에서 조사하라.

02. 행사가격, 만기일, 기초자산가격, 기초자산의 변동성, 무위험이자율 등이 콜옵션과 풋옵션의 가격에 미치는 영향을 설명하라.

03. 콜옵션의 만기일 가치와 손익

박매입은 행사가격이 260.00포인트이고, 1달 후에 만기가 되는 코스피200 콜옵션 10계약을 계약당 5포인트의 가격으로 매입하였다. (단, 거래승수는 1포인트당 25만원임.)

(1) 만기일의 코스피200이 268.06포인트일 경우, 콜옵션의 만기일 가치와 손익은?

(2) 만기일의 코스피200이 258.80포인트일 경우, 콜옵션의 만기일 가치와 손익은?

04. 풋-콜 패리티

㈜서울의 주식에 대한 콜옵션과 풋옵션의 행사가격이 모두 21,000원으로 동일하며, 두 옵션은 유럽형 옵션으로 만기일 전에 행사할 수 없다고 가정하자. 그리고 만기일은 1년 후이며, 현재주가는 19,000원으로서 만기일에 주가가 18,000원 또는 23,000원이 된다고 한다. 또한 무위험이자율은 연간 5%로 알려져 있다.

(1) 주식, 풋옵션, 콜옵션을 이용하여 무위험포트폴리오를 구성하라.

(2) 콜옵션의 현재가격이 743원일 경우 풋옵션의 현재가치는 얼마인가?

05. 이항옵션가격결정모형

㈜새나라전자의 현재 주식가격은 10,000원이다. 이 회사의 지금으로부터 6개월 후 주식가격은 다음과 같이 예상된다.

상황	확률	주가
상승	0.5	15,000원
하락	0.5	7,500원

이 회사의 주식에 대한 콜옵션은 12,000원의 행사가격으로 단지 6개월 후에만 행사될 수 있다. 무위험이자율이 연 6%일 때 다음의 물음에 답하라. (단, 기초주식의 주가 변동은 단일 기간의 이항분포를 따른다고 가정한다.)

(1) 콜옵션의 가격(프리미엄)은?

(2) 콜옵션과 만기와 행사가격이 동일한 풋옵션의 가격(프리미엄)은?

06. 블랙-숄즈 옵션가격결정모형

한빛주식회사의 주가는 현재 45,000원이다. 이 주식에 대한 콜옵션이 존재하며, 그 콜옵션의 만기일은 6개월 후이고, 행사가격은 52,000원이다. 그리고 주식 연간 수익률의 분산은 0.5이고, 연간 무위험이자율은 6%이다. 블랙-숄즈의 옵션가격결정모형을 이용하여 콜옵션의 현재가치를 계산하라.

보론 1 옵션투자전략

Investments & Security Analysis, Ch. Eleven

옵션을 이용하여 다양한 형태의 투자성과를 가져다 주는 포트폴리오를 구성할 수 있다. 여기서는 옵션을 이용한 대표적인 투자전략을 살펴보고자 한다. 단, 각 투자전략을 나타내는 그림에서 현재주가는 S, 콜옵션의 가격(프리미엄)은 C, 풋옵션의 가격(프리미엄)은 P, 행사가격은 X로 표기한다.

A1.1 기본 포지션

기본 포지션(naked position)은 콜옵션 또는 풋옵션 1개에 투자하는 전략을 말한다.

콜옵션

주가가 상승할 것으로 예상할 때는 콜옵션을 매입하는 반면, 주가가 하락할 것으로 예상할 때는 콜옵션을 매도하게 된다. 콜옵션 매입 또는 매도에 따른 손익은 만기일 성과에서 투자액(콜옵션의 매입가격)을 차감한 것으로서, 이를 나타내면 [그림 11A-1]과 같다.

풋옵션

주가가 하락할 것으로 예상할 때는 풋옵션을 매입하는 반면, 주가가 상승할 것으로 예상할 때는 풋옵션을 매도하게 된다. 풋옵션 매입 또는 매도에 따른 손익은 만기일 성과에서 투자액(풋옵션의 매입가격)을 차감한 것으로서, 이를 나타내면 [그림 11A-2]와 같다.

그림 11A-1 콜옵션의 손익

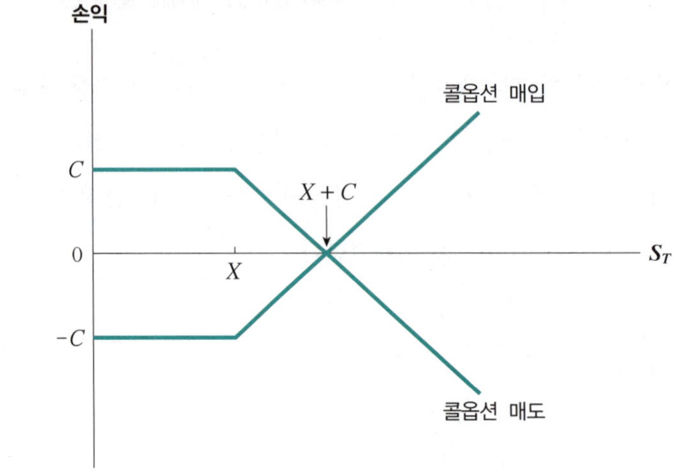

그림 11A-2 풋옵션의 손익

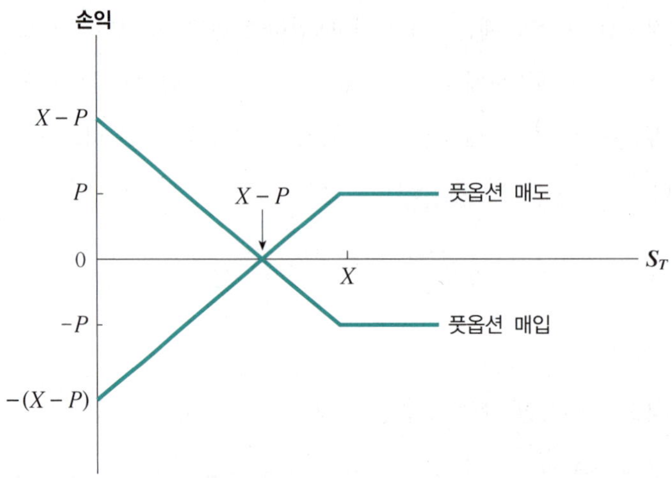

A1.2 헤지포지션

헤지포지션(hedge position)은 투자손실위험을 제거하기 위해서 주식과 옵션을 결합하여 투자하는 전략이다.

방비 콜

방비 콜(covered call)은 주식 1주를 매입하고 동시에 그 주식에 대한 콜옵션 1개를 매도하는 전략을 말한다. 여기서 방비의 의미는 콜옵션 발행에 따라 부담하는 주식 매도 의무가 주식을 보유함으로써 커버됨을 말한다. 방비 콜의 손익은 [그림 11A-3]에 나타나 있다.

방비 콜의 손익

그림 11A-3

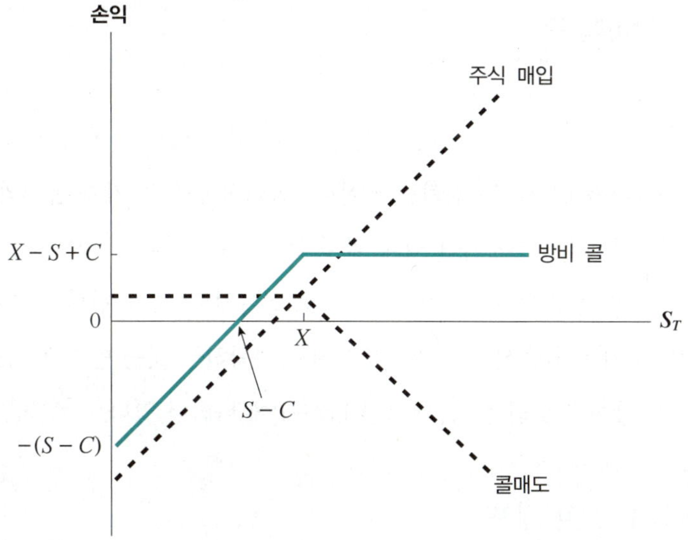

그림 11A-4 방어적 풋의 손익

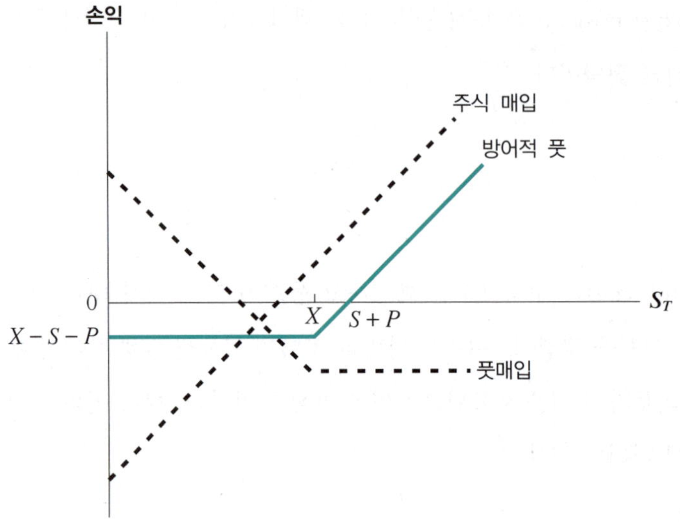

방어적 풋

방어적 풋(protective put)은 주식 1주를 매입하고 동시에 그 주식에 대한 풋 옵션 1개를 매입하는 전략을 말한다. 방어적 풋은 주가가 옵션의 행사가격 이하로 하락할 경우 투자자가 입게 될 손실을 풋옵션 행사에 따른 이익으로 상쇄시켜 주며, 주가상승에 따른 이익은 그대로 실현될 수 있게 한다. 방어적 풋은 포트폴리오의 가치가 옵션의 행사가격 이하로 하락하는 것을 방지해주는 보험기능을 갖는다. 방어적 풋의 손익은 [그림 11A-4]에 나타나 있다.

A1.3 스프레드

스프레드(spread)는 두 개 이상의 같은 종류 옵션(두 개 이상의 콜 또는 두 개 이상의 풋)을 결합하는 전략을 의미한다.

강세스프레드의 손익

그림 11A-5

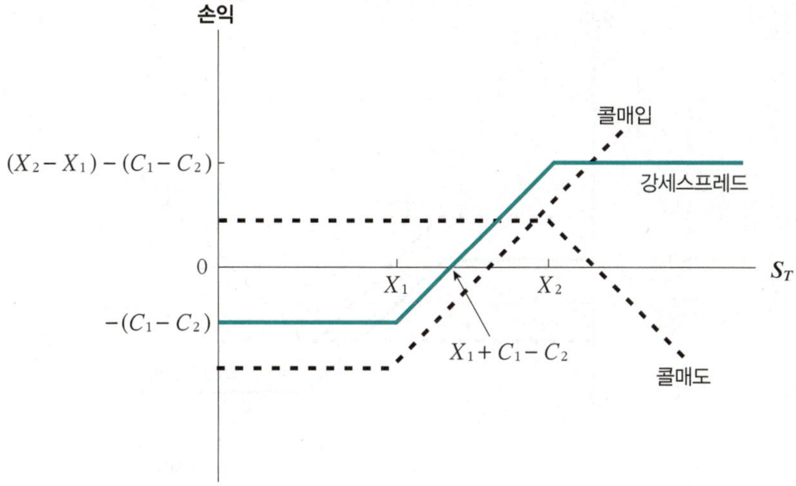

강세스프레드

강세스프레드(bull spread)는 만기는 동일하나, 행사가격이 서로 다른 두 개의 콜옵션을 결합(행사가격이 낮은(X_1) 콜옵션을 C_1 가격으로 매입하고, 행사가격이 높은(X_2) 콜옵션을 C_2 가격으로 매도)하는 전략이다. 강세스프레드의 손익은 [그림 11A-5]에 나타나 있다. [그림 11A-5]에서 볼 수 있는 바와 같이 강세스프레드는 주가가 상승할 경우 얻을 수 있는 이익과 하락할 경우에 발생하는 손실을 모두 일정한 수준에 한정시킨다. 강세스프레드는 행사가격이 X_1인 콜옵션을 매입한 투자자가 행사가격이 X_2인 콜옵션을 매도함으로써 주가상승 시 얻을 수 있는 이익의 일부를 포기한 전략이라 할 수 있다. 강세스프레드는 행사가격이 낮은 풋옵션을 매입하고 행사가격이 높은 풋옵션을 매도하는 전략에 의해서도 만들 수 있다.

약세스프레드

약세스프레드(bear spread)는 만기는 동일하나, 행사가격이 서로 다른 두 개

그림 11A-6 약세스프레드의 손익

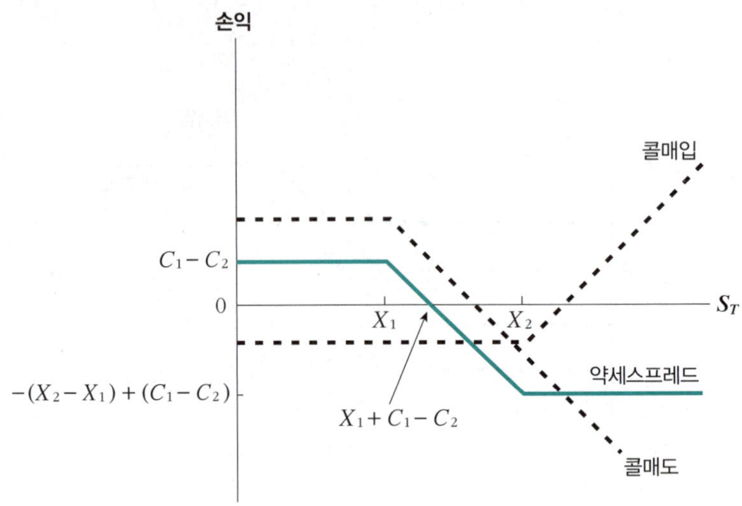

의 콜옵션을 결합(행사가격이 높은(X_2) 콜옵션을 C_2 가격으로 매입하고, 행사가격이 낮은(X_1) 콜옵션을 C_1 가격으로 매도)하는 전략이다. 약세스프레드의 손익은 [그림 11A-6]에 나타나 있다. [그림 11A-6]에서 볼 수 있는 바와 같이 약세스프레드는 주가하락 시 얻을 수 있는 이익과 상승 시 발생하는 손실을 모두 일정한 수준에 한정시킨다. 약세스프레드는 행사가격이 높은 풋옵션을 매입하고 행사가격이 낮은 풋옵션을 매도하는 전략에 의해서도 만들 수 있다.

나비스프레드

나비스프레드(butterfly spread)는 만기는 동일하나 행사가격이 상이한 세 가지 옵션을 결합하는 전략이다. 즉, 나비스프레드는 상대적으로 행사가격이 낮은(X_1) 콜옵션 1개와 행사가격이 높은(X_3) 콜옵션 1개를 각각 C_1, C_3 가격으로 매입하고, 행사가격이 X_1과 X_3의 중간수준(X_2)인 콜옵션 2개를 C_2 가격으로 매도하는 전략이다. 나비스프레드의 손익은 [그림 11A-7]에 나타나 있다. [그림 11A-7]에서 볼 수 있는 바와 같이 나비스프레드는 만기일의 주가가 X_2와 크게 차이가

나비스프레드의 손익

그림 11A-7

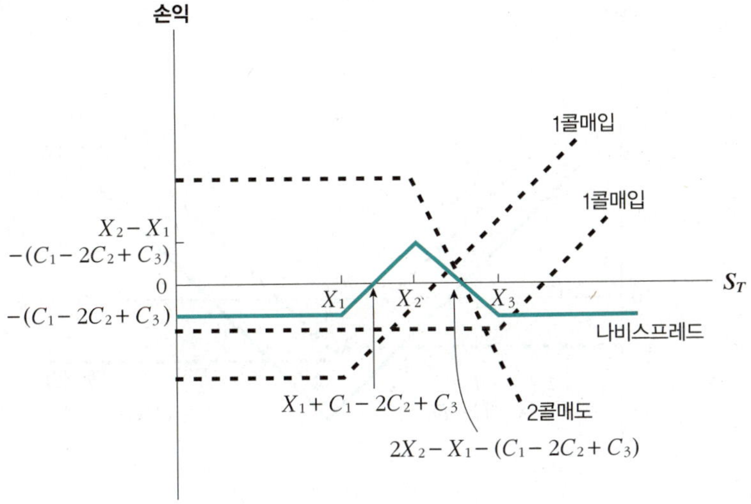

나지 않으면 이익을 얻고, 주가가 크게 상승하거나 하락하면 약간의 손실을 본다. 이 전략은 주가가 큰 폭으로 변하지 않을 것으로 예상되는 경우 취하는 전략이다. 나비스프레드는 상대적으로 행사가격이 낮은 풋옵션 1개와 행사가격이 높은 풋옵션 1개를 매입하고, 행사가격이 중간수준인 풋옵션 2개를 매도하는 전략에 의해서도 만들 수 있다.

A1.4 콤비네이션

콤비네이션(combination)은 동일한 주식에 대한 콜옵션과 풋옵션을 동시에 발행하거나 매입하는 전략, 즉 서로 다른 종류의 옵션을 결합하는 전략이다.

스트래들

스트래들(straddle)은 행사가격과 만기일이 동일한 콜옵션과 풋옵션을 매입하는 전략이다. 이는 현물가격이 크게 변동할 것으로 예상되지만, 그 변동의 방향

그림 11A-8 스트래들의 손익

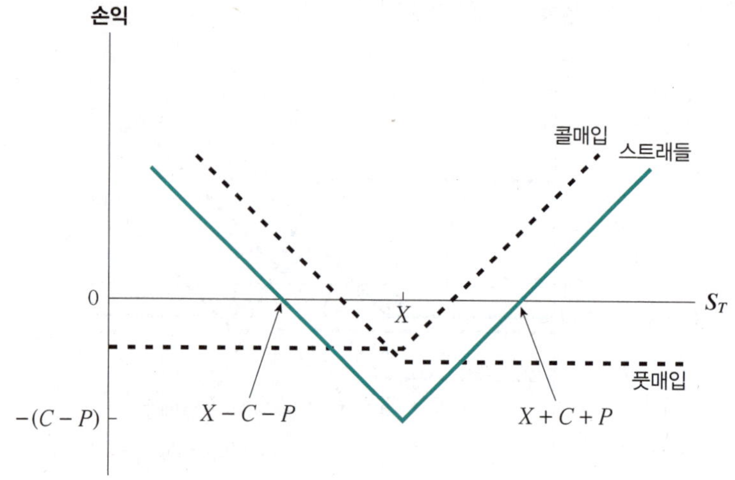

이 불확실한 경우 사용하는 전략이다. 스트래들의 손익은 [그림 11A-8]에 나타나 있다.

스트립과 스트랩

스트립(strip)은 만기일과 행사가격이 같은 콜옵션 1개와 풋옵션 2개를 매입하는 전략이며, **스트랩**(strap)은 만기일과 행사가격이 같은 콜옵션 2개와 풋옵션 1개를 매입하는 전략이다. 스트립과 스트랩의 손익은 [그림 11A-9]에 나타나 있다. [그림 11A-9]에서 볼 수 있는 바와 같이 주가가 큰 폭으로 변동될 것으로 예상되며, 그 방향은 약세일 가능성이 높다고 판단되는 경우 스트립을 취한다. 한편, 주가가 큰 폭으로 변동될 것으로 예상되며, 그 방향은 강세일 가능성이 높다고 판단되는 경우에는 스트랩을 취한다.

스트랭글

스트랭글(strangle)은 만기일이 같으나 행사가격이 서로 다른 콜옵션(X_2)과 풋

스트립과 스트랩의 손익

그림 11A-9

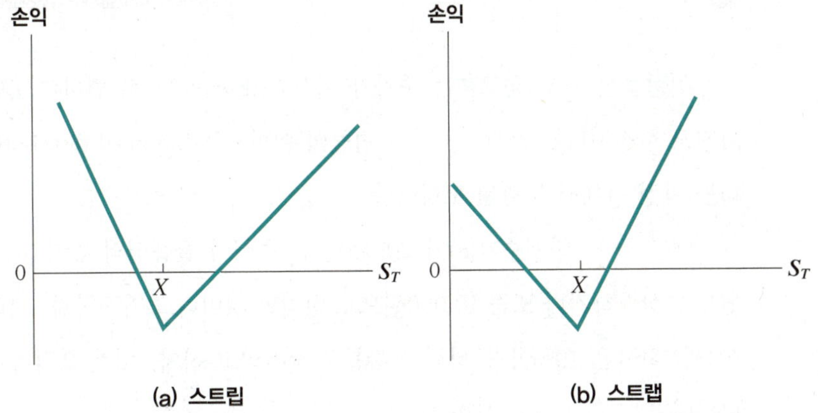

스트랭글의 손익

그림 11A-10

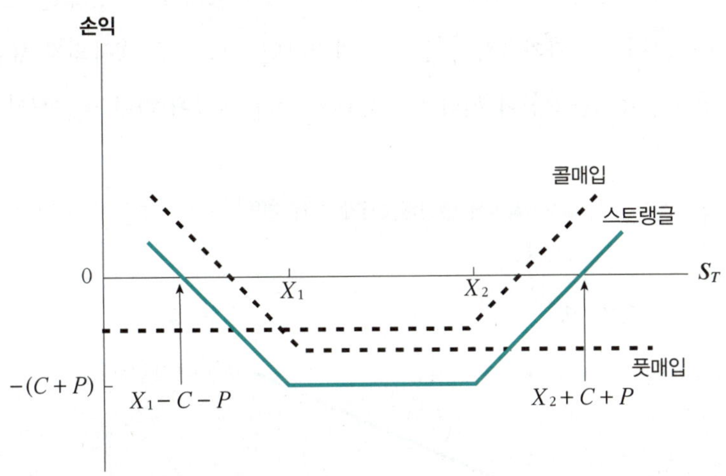

옵션(X_1)을 매입하는 전략이다. 스트랭글은 미래의 주가가 큰 폭으로 변동할 때 이익을 얻을 수 있으며, 예상과 달리 주가 변동이 적더라도 손실을 일정 수준으로 막을 수 있는 전략이다. 스트랭글의 손익은 [그림 11A-10]에 나타나 있다.

보론 2 이항옵션가격결정모형

Investments & Security Analysis, Ch. Eleven

이항옵션가격결정모형은 주가가 이산적(discrete)으로 변하며, 그 변동은 두 가지로 한정된다는 가정, 즉 주가 변동이 이항분포(binomial distribution)를 따른다는 가정 하에서 도출된 모형이다.

예를 들어, 현재주가(S)가 20,000원인 주식이 콜옵션의 만기일(T)에 24,000원으로 상승하거나 또는 18,000원으로 하락할 것이라고 가정하자. 그리고 주가가 상승할 확률은 70%이며, 하락할 확률은 30%라고 하자. 이를 요약하여 그림으로 나타내면 [그림 11A-11]과 같다.

[그림 11A-11]에서 u는 주가의 상승계수($\frac{24,000}{20,000}=1.2$), d는 주가의 하락계수($\frac{18,000}{20,000}=0.9$)를 의미한다.[18]

이제 행사가격(X)이 21,000원인 콜옵션을 생각해보자. 만기일에 주가가 24,000원으로 상승하면, 콜옵션의 가치(C_u)는 3,000원(24,000원 − 21,000원)이 된다. 그리고 주가가 18,000원으로 하락하면, 콜옵션은 행사되지 않으므로 콜옵션의 가치(C_d)는 0원이 된다. 이와 같이 주가 변화에 따른 콜옵션의 가치는 [그림

그림 11A-11 콜옵션 만기일에서의 주가 변동[19]

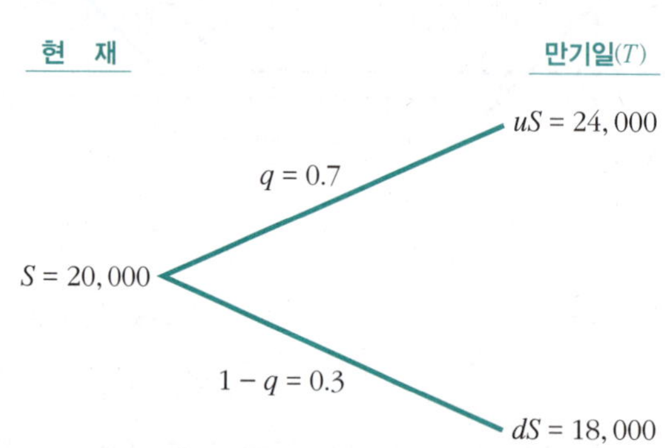

18. $u > (1 + \text{무위험이자율}) > d$

19. 여기에서는 단순화를 위하여 주가가 만기일에 단 한 번 변한다고 가정한다.

주가 변화에 따른 콜옵션의 가치 그림 11A-12

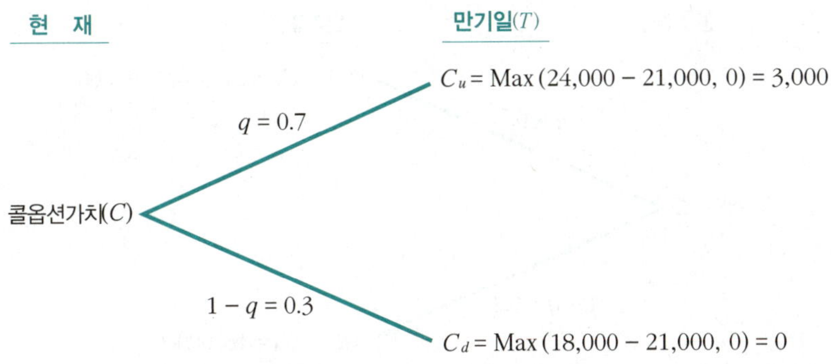

11A−12]에 나타나 있다.

[그림 11A−12]에서 볼 수 있는 바와 같이 콜옵션의 가치가 만기일에서 3,000원(70%의 확률) 또는 0원(30%의 확률)이 될 때, 이 콜옵션의 현재가치(C)는 얼마인가? 이에 대한 해답을 얻기 위하여, 주식을 α주 매입하고 그 주식에 대한 콜옵션 1개를 매도하는 포트폴리오를 구성해보자. 이와 같이 구성한 포트폴리오의 성과는 [그림 11A−13]과 같다.

[그림 11A−13]에서 $(\alpha S - C)$는 주식을 α주 매입하고 그 주식에 대한 콜옵션 1개를 매도하는 포트폴리오를 구성하기 위하여 필요한 금액(투자액)이며, $(\alpha uS - C_u)$와 $(\alpha dS - C_d)$는 각각 주가가 상승하거나 하락하였을 때의 포트폴리오의 만기일에서의 성과를 의미한다.

위험이 없는 무위험포트폴리오, 즉 **헤지포트폴리오**(hedge portfolio)를 구성하기 위해서는 주가의 상승 또는 하락과 관계없이 만기일에서의 포트폴리오의 성과가 항상 일정해야 한다.

$$\alpha uS - C_u = \alpha dS - C_d \tag{11A−1}$$

식 (11A−1)을 α에 관해서 풀면 다음과 같다.

그림 11A-13 포트폴리오의 성과

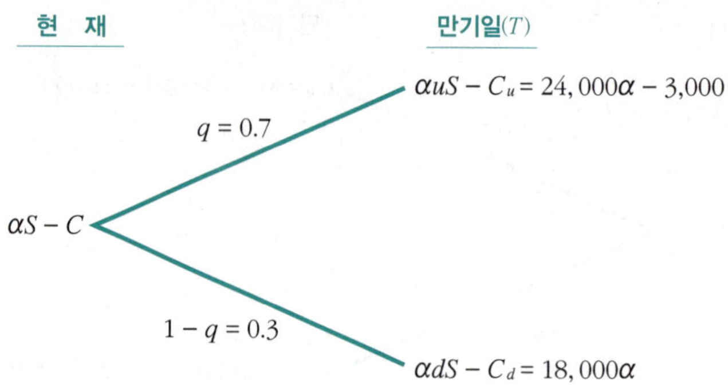

$$\alpha = \frac{C_u - C_d}{(u-d)S} \tag{11A-2}$$

식 (11A-2)에서 α는 **헤지비율**(hedge ratio)로서, 무위험포트폴리오를 구성하기 위해 콜옵션 1개를 매도(매입)할 때 매입(매도)하여야 하는 주식의 수를 의미한다. 이상의 예에서 헤지비율 α를 구하면 다음과 같다.

$$24,000\alpha - 3,000 = 18,000\alpha \rightarrow \alpha = 0.5$$

현재 20,000원인 주식 0.5주를 매입하고, 이 주식에 대한 콜옵션 1개를 매도하여 구성한 포트폴리오의 만기성과는 주가의 변동에 관계없이 9,000원[24,000(0.5) − 3,000 = 18,000(0.5)]으로 항상 일정하게 된다.[20]

이와 같이 구성한 헤지포트폴리오의 수익률은 무위험이자율 r_T가 되어야 할 것이다. 따라서

$$(\alpha S - C)(1 + r_T) = \alpha uS - C_u = \alpha dS - C_d \tag{11A-3}$$

20. 또는 주식 1주를 매입하고 동시에 콜옵션 2주를 매도하는 경우에도 헤지포트폴리오를 구성할 수 있다.

이제 식 (11A-2)와 식 (11A-3)을 이용하여 콜옵션의 가격 C를 구하면 다음과 같다.

$$C = \left[C_u\left(\frac{(1+r_T)-d}{u-d}\right) + C_d\left(\frac{u-(1+r_T)}{u-d}\right)\right]\left(\frac{1}{1+r_T}\right) \tag{11A-4}$$

만기까지의 무위험이자율이 10%라고 한다면, 앞의 예에서 콜옵션의 가격을 구하면 다음과 같다.[21]

$$[(0.5)(20,000) - C](1+0.1) = (0.5)(24,000) - 3,000$$

$$\therefore\ C = 1,818.18\text{원}$$

21. 앞의 [예제 11-2]에서 볼 수 있는 바와 같이 식 (11A-4)를 이용하여 콜옵션의 가치를 직접 구해도 동일한 결과를 얻을 수 있다.

포트폴리오 관리와 시장효율성

Investments & Security Analysis part five

포트폴리오관리

1. 기대수익률과 위험의 측정
2. 포트폴리오의 선택
3. 자본자산가격결정모형
4. 증권투자의 성과평가

Investments & Security Analysis Ch. Twelve

12

[이 장의 개요]

제Ⅱ부에서는 주로 주식 등 증권의 현재가격이 그것의 내재가치(intrinsic value)와 다르다는 전제 하에서 과소평가 또는 과대평가된 증권을 구분하거나 적절한 매매시점을 포착함으로써 초과수익을 얻기 위한 투자관리, 즉 적극적 투자관리를 설명하였다. 그러나 여기에서는 시장효율성(증권의 현재가격과 내재가치가 동일함)을 전제로 증권투자위험을 감소시키기 위한 투자관리, 즉 소극적 투자관리를 설명하고자 한다.

"계란을 한 바구니에 담지 마라"라는 전통적인 투자격언이 있듯이 대부분의 투자자들은 두 종목 이상의 증권에 분산투자를 한다. 이는 단일 종목에 투자함으로써 발생하게 되는 투자위험을 감소시키기 위함이라 할 수 있다. 이와 같이 여러 종목의 증권에 분산투자함으로써 투자위험을 감소시킬 수 있다는 것이 포트폴리오 관리의 핵심이다. 즉, 주어진 기대수익 하에서 투자위험을 최소화하는 것이 효율적 분산투자의 원리라 할 수 있다.

본 장에서는 먼저 기대수익률과 위험을 측정하는 방법에 대해서 설명한 후, 포트폴리오의 선택, 위험과 기대수익률의 관계, 그리고 투자성과의 측정 및 평가 등에 대해서 차례로 설명한다.

1. 기대수익률과 위험의 측정

Investments & Security Analysis, Ch. Twelve

1.1 개별증권의 기대수익률과 위험

수익률의 개념

투자자가 주식에 투자하여 단일 기간 동안 보유하였을 때의 수익률 r은 단일 기간 동안의 자본차익(기말의 주가 - 기초의 주가)과 배당소득을 기초의 주가(매입가격)로 나눈 것이다.

$$r = \frac{(\text{기말의 주가} - \text{기초의 주가}) + \text{배당금}}{\text{기초의 주가}} \tag{12-1}$$

투자시점(기초)에서 기초의 주가는 확실한 값이나, 기말의 주가와 배당금은 미래의 값, 즉 불확실한 값이다.

예를 들어, 현재 10,000원에 매입한 주식의 기말 주가가 경제상황에 따라 호황일 때는 13,000원, 보통일 때는 11,000원, 불황일 때는 9,000원이며, 경제가 호황일 가능성은 30%, 보통일 가능성은 40%, 불황일 가능성은 30%라고 하자. 이와 같은 경우 각 상황에 따라 주식수익률을 구해서 표로 나타내면 〈표 12-1〉과 같다. 〈표 12-1〉과 같이 주식수익률(확률변수)이 취할 수 있는 모든 값들과 그것

표 12-1 주식수익률의 확률분포표

상황	수익률	확률
호황[1]	0.3	0.3
보통[2]	0.1	0.4
불황[3]	−0.1	0.3

주 : 1. 주식수익률 $= \frac{13,000 - 10,000}{10,000} = 0.3$ 2. 주식수익률 $= \frac{11,000 - 10,000}{10,000} = 0.1$

3. 주식수익률 $= \frac{9,000 - 10,000}{10,000} = -0.1$

증권투자 Tip

확률변수와 확률분포표

확률변수(random variables)는 미래의 발생가능한 상황에 일정한 수치를 부여한 값이다. 예를 들어, 동전던지기를 시행하여 앞면이 나오면 1,000원을 받고 뒷면이 나오면 1,000원을 잃게 되는 게임이 있다면, 그것은 앞면과 뒷면이라는 발생가능한 상황들에 각각 1,000원과 −1,000원이라는 수치를 부여하여 게임을 구성한 것이다. 즉, 1,000원과 −1,000원은 발생확률이 각각 1/2인 확률변수이며, 이를 요약한 다음과 같은 표를 확률분포표라 한다.

동전던지기 게임의 확률분포표

상황	성과(확률변수)	확률
앞면	1,000원	0.5
뒷면	−1,000원	0.5

마찬가지로 투자성과를 살펴보는 경우 발생가능한 미래의 상황(예를 들어, 경제의 호황, 보통, 불황 등)에 일정한 수치(수익률)를 부여하여 확률변수와 확률분포표를 만들 수 있다.

들의 발생가능성(확률)을 나타낸 표를 **확률분포표**(probability distribution table)라 한다.

기대수익률과 위험의 측정

기대수익률(expected return)은 미래에 평균적으로 예상되는 수익률로서, 각 상황별로 발생가능한 수익률에 그 상황이 발생할 확률을 곱한 다음 이를 모두 합하여 구한다.

$$E(r) = (\text{수익률} \times \text{확률})\text{의 총합} \tag{12-2}$$

여기서 $E(r)$: 기대수익률

식 (12−2)에 의해 측정된 기대수익률은 미래에 예상되는 평균적인 수익률로서 미래의 실제수익률과 나를 수 있다. 이는 미래의 투자수익이 확정되지 못함으로써 나타나는 것으로, 미래에 발생할 실제수익률과 기대수익률의 차이(이를 편차라 함)가 크면 클수록 기대수익률을 달성하지 못할 가능성, 즉 위험이 커지게 된다.

수익률의 **분산**(variance)은 기대수익률이 실현되지 않을 가능성, 즉 위험을 나타내는 척도로서, 발생가능한 수익률과 기대수익률의 차이인 편차(deviation)를 제곱한 후 그것의 기대치를 구한 것이다.[1]

$$Var(r) = (\text{편차}^2 \times \text{확률})\text{의 총합} \tag{12-3}$$

여기서 $Var(r)$: 수익률의 분산

편차 = 수익률 − 기대수익률

그리고 분산의 제곱근을 **표준편차**(standard deviation)라 한다.

$$\sigma(r) = \sqrt{\text{분산}} \tag{12-4}$$

여기서 $\sigma(r)$: 수익률의 표준편차

이와 같은 수익률의 분산 또는 표준편차가 크면 클수록 미래수익률이 기대수익률로부터 이탈할 가능성, 즉 투자위험이 높아지게 된다.

〈표 12-1〉에 의해 기대수익률과 분산, 표준편차를 구하면 다음과 같다.

수익률	확률	수익률 × 확률	편차	(편차)^2	(편차)^2 × 확률
0.3	0.3	0.09	0.2	0.04	0.012
0.1	0.4	0.04	0	0	0
−0.1	0.3	−0.03	−0.2	0.04	0.012
		0.10			0.024

- 기대수익률 = 0.09 + 0.04 − 0.03 = 0.10
- 분산 = 0.012 + 0 + 0.012 = 0.024
- 표준편차 = $\sqrt{0.024}$ = 0.1549

1. 편차의 기대값은 항상 0이 되기 때문에 편차를 제곱하여 분산을 구한다.

표본의 평균수익률과 분산

기대수익률과 분산을 측정하기 위해서는 미래수익률의 확률분포(모집단)를 정확하게 예측할 수 있어야 한다. 그러나 실제로 미래수익률의 확률분포를 정확히 예측하는 것은 거의 불가능한 일이다. 따라서 일반적으로 기대수익률과 분산은 미래수익률의 확률분포 대신에 과거 일정 기간 동안의 실제수익률자료, 즉 표본(sample)을 이용하여 추정(estimation)한다. 표본의 평균수익률과 분산을 구하여 각각 모집단(미래수익률의 확률분포)의 기대수익률과 분산의 추정치로 이용한다.[2]

표본의 평균수익률은 표본기간 동안의 평균적인 수익률로서, 표본기간 동안의 모든 수익률을 합한 후 표본기간 수로 나누어 구한다.

$$\text{평균수익률} = \frac{\text{표본수익률의 총합}}{\text{표본기간 수}} \tag{12-5}$$

그리고 **표본수익률의 분산**은 표본수익률의 편차(표본수익률 − 평균수익률)를 제곱하여 합한 값을 자유도(degree of freedom), 즉「표본기간 수 − 1」로 나누어 산출한다.[3]

$$\text{분산} = \frac{\text{편차}^2\text{의 총합}}{\text{표본기간 수} - 1} \tag{12-6}$$

2. 표본수익률자료를 이용하여 측정한 평균수익률과 분산은 각각 모집단의 기대수익률과 분산의 추정치이므로 표본오차(sampling errors)가 발생할 수 있음을 유의해야 한다.
3. 자유도는 독립적인 변수의 수 또는 자유로이 취할 수 있는 변수의 총수로 정의되며, 총관측치의 수에서 미지의 모수 대신 사용한 추정치의 수를 제외한 값이다. 따라서 표본의 분산을 구할 때 모수인 기대수익률 대신에 표본의 평균수익률을 추정치로 사용하므로 자유도는 "표본기간 수 − 1"이 된다.

예제 12-1 표본의 평균수익률과 분산

다음은 주식 A의 기대수익률과 분산을 추정하기 위하여 수집한 과거 일정 기간 동안의 실제수익률 자료이다.

기간	수익률(%)
1	12.0
2	1.5
3	–8.6
4	–5.0
5	6.0

이 주식의 기대수익률과 분산, 표준편차를 추정하라.

해답

- 기대수익률 $= \dfrac{0.12 + 0.015 - 0.086 - 0.05 + 0.06}{5} = 0.0118$
- 분산 $= [(0.12 - 0.0118)^2 + (0.015 - 0.0118)^2 + (-0.086 - 0.0118)^2 + (-0.05 - 0.0118)^2 + (0.06 - 0.0118)^2]/(5 - 1) = 0.006856$
- 표준편차 $= \sqrt{0.006856} = 0.082802$

1.2 포트폴리오의 기대수익률과 위험

지금까지 개별증권에 대한 기대수익률과 위험에 대해서 살펴보았다. 그러나 대부분 투자자의 경우 하나의 자산에만 투자하지 않고 여러 자산(예를 들어, 여러 종목의 주식, 채권, 부동산 등)에 투자하는 것이 일반적이다. 이 경우 투자자가 보유하는 두 개 이상의 자산으로 구성된 조합을 **포트폴리오**(portfolio)라 한다.

포트폴리오의 수익률

설명의 단순화를 위해서 두 개의 증권으로 구성된 포트폴리오를 생각해보자. 이 경우 **포트폴리오의 수익률**은 다음과 같이 구할 수 있다.[4]

4. 구성비율의 합은 항상 1이다. 즉, $W_A + W_B = 1$

$$r_p = W_A r_A + W_B r_B \qquad (12-7)$$

여기서 r_p : 포트폴리오의 수익률

r_A : 증권 A의 수익률

r_B : 증권 B의 수익률

W_A : 증권 A의 구성비율(증권 A에 대한 투자금액/총투자액)

W_B : 증권 B의 구성비율(증권 B에 대한 투자금액/총투자액)

포트폴리오의 기대수익률과 위험

〈표 12-2〉와 같이 두 증권에 각각 50%($W_A = W_B = 50\%$)씩 투자하여 구성된 포트폴리오 P의 예에 의해서 기대수익률과 위험(분산 또는 표준편차)을 측정하는 방법을 생각해보자. 〈표 12-2〉에서 증권 A의 기대수익률과 분산, 표준편차를 구하면 다음과 같다.

- 증권 A의 기대수익률 = $0.4 \times 0.30 + 0.6 \times 0.05 = 0.15$
- 증권 A의 분산 = $0.4 \times (0.30 - 0.15)^2 + 0.6 \times (0.05 - 0.15)^2 = 0.015$
- 증권 A의 표준편차 = $\sqrt{0.015} = 0.1225$

그리고 증권 B의 기대수익률과 분산, 표준편차는 다음과 같다.

- 증권 B의 기대수익률 = $0.4 \times 0.10 + 0.6 \times 0.15 = 0.13$
- 증권 B의 분산 = $0.4 \times (0.10 - 0.13)^2 + 0.6 \times (0.15 - 0.13)^2 = 0.0006$
- 증권 B의 표준편차 = $\sqrt{0.0006} = 0.0245$

표 12-2 증권 A와 B의 수익률 확률분포표

상황	확률	수익률	
		증권 A	증권 B
호황	0.4	0.30	0.10
불황	0.6	0.05	0.15

표 12-3 포트폴리오 P의 수익률 확률분포표

상황	확률	포트폴리오 수익률
호황	0.4	$0.5 \times 0.30 + 0.5 \times 0.10 = 0.2$
불황	0.6	$0.5 \times 0.05 + 0.5 \times 0.15 = 0.1$

▪ 포트폴리오의 기대수익률

식 (12-7)에 의해 포트폴리오 P의 수익률 r_p의 확률분포를 구하면 〈표 12-3〉과 같다.

〈표 12-3〉과 같은 확률분포표에 의해서 포트폴리오 P의 기대수익률 $E(r_p)$를 구하면 다음과 같다.

$$E(r_p) = 0.4 \times 0.2 + 0.6 \times 0.1 = 0.14$$

또는 포트폴리오 P의 기대수익률 $E(r_p)$는 개별증권의 기대수익률을 가중평균하여 구할 수도 있다.

$$E(r_p) = E(W_A r_A + W_B r_B) = W_A E(r_A) + W_B E(r_B) \tag{12-8}$$

$$= 0.5 \times 0.15 + 0.5 \times 0.13 = 0.14$$

여기서 $E(r_A)$: 증권 A의 기대수익률
$E(r_B)$: 증권 B의 기대수익률

▪ 포트폴리오의 위험

먼저 〈표 12-3〉에 의해 포트폴리오 P의 분산 $Var(r_p)$, 표준편차 σ_p를 구하면 다음과 같다.

- $Var(r_p) = 0.4 \times (0.2 - 0.14)^2 + 0.6 \times (0.1 - 0.14)^2 = 0.0024$
- $\sigma_p = \sqrt{0.0024} = 0.04899$

또는 포트폴리오 P의 분산, 표준편차를 다음과 같이 구할 수 있다.[5]

$$Var(r_p) = Var(W_A r_A + W_B r_B)$$
$$= W_A^2 Var(r_A) + W_B^2 Var(r_B) + 2W_A W_B Cov(r_A, r_B) \quad (12-9)$$

여기서 $Var(r_A)$: 증권 A의 분산

$Var(r_B)$: 증권 B의 분산

식 (12-9)에서 $Cov(r_A, r_B)$는 두 증권수익률 간의 관계를 나타내는 통계치로서 공분산(covariance)이라 하며, 다음과 같이 정의된다.

$$Cov(r_A, r_B) = E[(r_A - E(r_A))(r_B - E(r_B))] \quad (12-10)$$

공분산은 두 증권수익률의 편차(수익률 - 기대수익률)를 서로 곱한 값의 기대치(평균)로서, 양(+) 또는 음(-)의 값을 가질 수 있다. 만약 공분산이 양(+)의 값을 가진다면, 이는 평균적으로 두 증권수익률이 서로 같은 방향으로 움직이고 있음을 의미한다. 그러나 공분산이 음(-)의 값을 가진다면, 이는 평균적으로 두 증권수익률이 서로 다른 방향으로 움직이고 있음을 의미한다.

두 증권수익률 간의 관계를 나타내는 공분산은 증권수익률의 크기에 따라 영향을 받기 때문에 공분산에 의해서 두 증권수익률 간의 관계를 정확히 설명할 수 없다. 그러므로 두 증권수익률 간의 관계를 정확히 설명하기 위해서는 증권수익률의 크기에 따라 나타날 수 있는 영향을 제거하여야 한다. 이와 같은 목적을 위하여 공분산을 각 증권수익률의 표준편차에 의해서 표준화시킨 것을 상관계수(correlation coefficient) ρ_{AB}라 하며, 이는 다음과 같이 정의된다.

---

5. $Var(r_p) = E[r_p - E(r_p)]^2 = E[W_A r_A + W_B r_B - W_A E(r_A) - W_B E(r_B)]^2$
$= E[W_A(r_A - E(r_A)) + W_B(r_B - E(r_B))]^2$
$= E[W_A^2(r_A - E(r_A))^2 + W_B^2(r_B - E(r_B))^2 + 2W_A W_B(r_A - E(r_A))(r_B - E(r_B))]$
$= W_A^2 E(r_A - E(r_A))^2 + W_B^2 E(r_B - E(r_B))^2 + 2W_A W_B E[(r_A - E(r_A))(r_B - E(r_B))]$
$= W_A^2 Var(r_A) + W_B^2 Var(r_B) + 2W_A W_B Cov(r_A, r_B)$

$$\rho_{AB} = \frac{Cov(r_A,\ r_B)}{\sigma_A \sigma_B} \tag{12-11}$$

여기서 σ_A : 증권 A의 표준편차
σ_B : 증권 B의 표준편차

이와 같은 상관계수는 두 증권수익률이 얼마나 밀접한 선형관계를 가지고 있는지를 나타내며, 그것은 항상 −1과 1 사이의 값을 가진다. 두 증권수익률이 정비례하는 직선관계를 가지고 움직일 때는 $\rho_{AB} = 1$이 되며, 반비례하는 직선관계를 가지고 움직일 때는 $\rho_{AB} = -1$이 된다. 그리고 두 수익률 간에 선형적인 관계가 없는 경우에는 $\rho_{AB} = 0$이 된다. 이와 같은 상관관계를 예시하면 [그림 12-1]과 같다.[6]

그림 12-1 상관계수의 예시

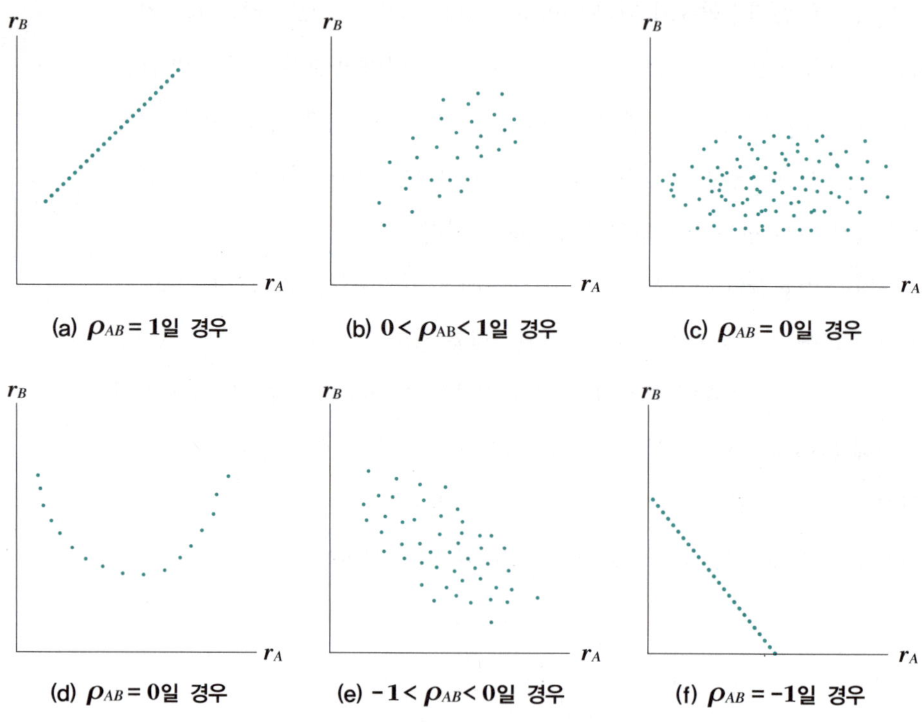

6. $\rho_{AB} = 0$이라는 사실은 증권 A와 증권 B의 수익률 간에 선형관계가 존재하지 않는다는 것을 의미하는 것이지, 다른 관계(예를 들어, 2차함수관계 등)도 존재하지 않는다는 것을 의미하는 것은 아니다. 즉, 상관계수는 선형관계의 정도만을 나타내는 통계값임을 유의해야 한다.

식 (12-10)과 식 (12-11)에 의해서 예로 제시된 증권 A, B 수익률 간 공분산과 상관계수를 구하면 다음과 같다.

- $Cov(r_A, r_B) = 0.4 \times (0.30 - 0.15)(0.10 - 0.13)$
  $+0.6 \times (0.05 - 0.15)(0.15 - 0.13) = -0.003$
- $\rho_{AB} = \dfrac{-0.003}{0.1225 \times 0.0245} = -1$

$\rho_{AB} = -1$이므로 두 증권수익률은 반비례하는 직선관계를 가지고 움직임을 알 수 있다.

이제 식 (12-9)에 의해 증권 A와 B에 각각 50%씩 투자하여 구성한 포트폴리오 P의 분산, 표준편차를 구하면, 〈표 12-3〉과 같은 확률분포표에 의해서 구해진 결과와 동일함을 알 수 있다.

- $Var(r_p) = (0.5)^2(0.015) + (0.5)^2(0.0006) + 2(0.5)(0.5)(-0.003) = 0.0024$
- $\sigma_p = \sqrt{0.0024} = 0.04899$

2. 포트폴리오의 선택

Investments & Security Analysis, Ch. Twelve

2.1 포트폴리오의 위험분산효과

상관계수와 위험분산효과

앞의 식 (12-9)를 식 (12-11)에 의해 다음과 같이 나타낼 수 있다.

$$Var(r_p) = W_A^2 Var(r_A) + W_B^2 Var(r_B) + 2W_A W_B \sigma_A \sigma_B \rho_{AB} \qquad (12\text{-}9)'$$

식 (12-9)′에서 상관계수 ρ_{AB}가 작을수록 포트폴리오의 분산(위험)이 감소한

표 12-4 증권의 기대수익률과 표준편차

증권	기대수익률	표준편차
1	0.14	0.06
2	0.08	0.03

다. 투자자가 포트폴리오를 구성하려는 이유는 일정한 기대수익률 하에서 투자위험을 최소화시킬 수 있는 포트폴리오의 **위험분산효과**(diversification effect)에 의해서 설명될 수 있다. 일반적으로 구성자산들 간의 관계를 나타내는 상관계수가 작을수록 포트폴리오의 위험분산효과가 크게 나타난다.

이와 같은 상관계수와 위험분산효과의 관계를 설명하기 위하여 〈표 12-4〉에서 예시된 두 증권에 각각 50%씩($W_1 = W_2 = 0.5$) 투자하여 포트폴리오를 구성하는 경우를 생각해보자. 〈표 12-4〉와 같은 두 증권에 각각 50%씩 투자하여 구성된 포트폴리오의 기대수익률과 분산, 표준편차를 식 (12-8)과 식 (12-9)′에 의해서 구하면 각각 다음과 같다.

- $E(r_p) = W_1 E(r_1) + W_2 E(r_2) = 0.5 \times 0.14 + 0.5 \times 0.08 = 0.11$
- $Var(r_p) = W_1^2 Var(r_1) + W_2^2 Var(r_2) + 2W_1 W_2 \sigma_1 \sigma_2 \rho_{12}$

$$= (0.5)^2(0.06)^2 + (0.5)^2(0.03)^2 + 2(0.5)(0.5)(0.06)(0.03)\rho_{12}$$
$$= 0.001125 + 0.0009\rho_{12}$$

- $\sigma_p = \sqrt{0.001125 + 0.0009\rho_{12}}$

예를 들어, $\rho_{12} = 1$, $\rho_{12} = 0$, $\rho_{12} = -1$일 때의 표준편차를 각각 구하면 다음과 같다.

- $\rho_{12} = 1$일 때, $\sigma_p = \sqrt{0.001125 + 0.0009 \times 1} = 0.045$
- $\rho_{12} = 0$일 때, $\sigma_p = \sqrt{0.001125 + 0.0009 \times 0} = 0.034$
- $\rho_{12} = -1$일 때, $\sigma_p = \sqrt{0.001125 + 0.0009 \times (-1)} = 0.015$

상관계수가 작을수록 포트폴리오의 표준편차, 즉 위험이 감소됨을 알 수 있다. 이와 같은 방식으로 구성비율의 변화에 따른 기대수익률과 표준편차를 주어

표 12-5 **포트폴리오의 기대수익률과 표준편차**

W_1	$E(r_p)$	σ_p		
		$\rho_{12}=1$	$\rho_{12}=0$	$\rho_{12}=-1$
0.0	0.080	0.030	0.030	0.030
0.2	0.092	0.036	0.027	0.012
0.4	0.104	0.042	0.030	0.006
0.5	0.110	0.045	0.034	0.015
0.6	0.116	0.048	0.038	0.024
0.8	0.128	0.054	0.048	0.042
1.0	0.140	0.060	0.060	0.060

단, $W_2 = 1 - W_1$

진 상관계수에 의해서 구하면 〈표 12-5〉와 같다.

상관계수에 따라 기대수익률과 표준편차의 관계를 나타내는 포트폴리오의 결합선을 〈표 12-5〉의 자료를 이용하여 나타내면 [그림 12-2]와 같다. [그림 12-2]에서 분산효과는 상관계수가 -1에 접근할수록 점점 커진다는 사실을 확인할 수 있다. 상관계수가 작을수록 분산투자의 이점이 점점 크게 나타남을 알 수 있다. 그러므로 포트폴리오를 구성할 때 다른 조건이 동일하다면 위험을 감소시키기 위하여 상관관계가 낮은 자산을 가지고 포트폴리오를 구성해야 한다.

포트폴리오의 결합선 그림 12-2

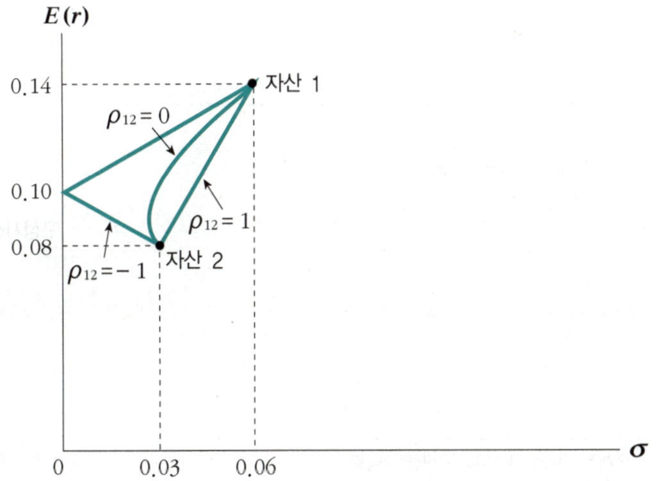

포트폴리오의 구성자산 수와 위험분산효과

앞에서 설명한 바와 같이 포트폴리오를 구성함으로써 위험을 감소시킬 수 있음을 알 수 있다. 이와 같은 위험분산효과는 [그림 12-3]에서 볼 수 있는 바와 같이 포트폴리오의 구성자산 수를 증가시킴에 따라 포트폴리오의 위험을 현저하게 감소시킬 수 있다.

[그림 12-3]에서 포트폴리오의 위험은 구성자산 수를 증가시킴에 따라 제거할 수 없는 부분, 즉 **체계적 위험**(systematic risk)과 제거할 수 있는 부분, 즉 **비체계적 위험**(unsystematic risk)으로 구성되어 있다.[7]

총위험 = 체계적 위험 + 비체계적 위험

그림 12-3 구성자산 수와 포트폴리오의 위험

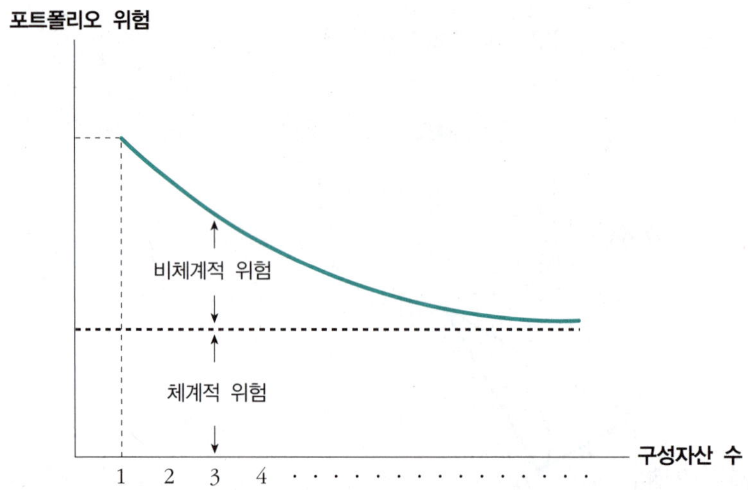

7. 체계적 위험 대신에 분산불가능한 위험(undiversifiable risk) 또는 시장위험(market risk), 비체계적 위험 대신에 분산가능한 위험(diversifiable risk) 또는 고유위험(unique risk)이라는 용어를 사용하기도 한다.

2.2 포트폴리오의 선택

포트폴리오의 기대수익률과 위험(분산 또는 표준편차)을 측정함으로써 선택가능한 모든 투자기회집합을 구성할 수 있다. 여기서는 투자자가 선택가능한 투자기회집합 중에서 어느 포트폴리오를 선택해야 하는지에 대해서 설명하고자 한다.

두 개 이상의 위험자산들로 구성된 포트폴리오의 기대수익률과 표준편차를 측정하여 기대수익률-표준편차 평면상에 표시하면 [그림 12-4]와 같은 선택가능한 투자기회집합(investment opportunity set)을 얻을 수 있다. 투자기회집합 내에 포함된 포트폴리오는 어떤 자산을 어떤 비율로 투자하는가에 따라 수없이 많이 존재할 것이다. 그러나 투자기회집합 내에 있는 수많은 포트폴리오를 모두 고려하여야 하는 것은 아니다.

지배원리(dominance principle)에 의해서 투자기회집합 내에 있는 포트폴리오 중 비효율적 포트폴리오를 제거한 후, 최종적으로 남은 효율적 포트폴리오만 고려하면 된다. 효율적 포트폴리오집합을 다음과 같은 두 가지 방법에 의해 구할 수 있다.

첫째, 먼저 주어진 기대수익률 하에서 가장 작은 위험을 갖는 포트폴리오들의 집합을 구한다. 이러한 포트폴리오들의 집합을 **최소분산포트폴리오집합**(minimum variance portfolio set)이라 하며, 이것은 [그림 12-4]에서 $\widehat{XGY}$에 해당한다.

최소분산포트폴리오집합 중 분산(또는 표준편차)이 가장 작은 포트폴리오를

증권투자 Tip

지배원리

일반적으로 사람들은 응분의 대가(이를 위험프리미엄이라 함) 없이 주어지는 위험을 싫어하기 때문에 자산들 간에는 다음과 같은 지배원리가 존재하게 된다.

첫째, 동일한 기대수익률을 가지는 투자대상 중에서는 위험이 작은 것이 큰 것을 지배한다.
둘째, 동일한 위험을 가지는 투자대상 중에서는 기대수익률이 큰 것이 작은 것을 지배한다.

지배원리에 의해서 그 지배관계를 말할 수 없는, 즉 그 우월성을 구분할 수 없는 자산들을 효율적인 자산이라 한다.

그림 12-4 효율적 포트폴리오집합

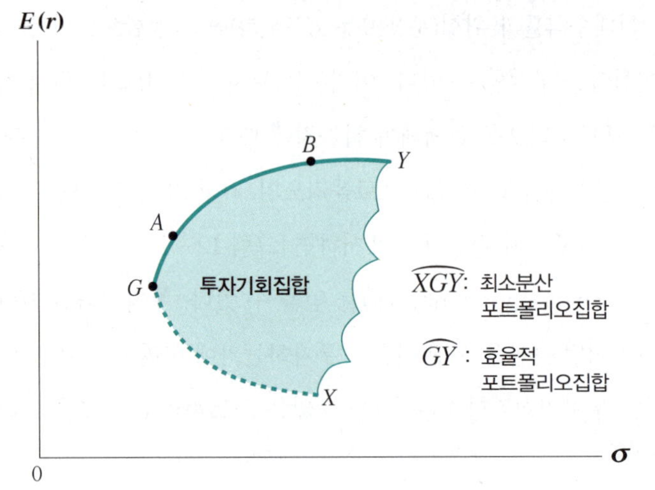

최소분산포트폴리오집합의 최저점(global minimum variance portfolio ; GMV portfolio)이라 하며, 이것은 [그림 12-4]에서 G점에 해당한다. 최소분산포트폴리오집합 중 그 최저점 위에 있는 포트폴리오들($\widehat{GY}$)은 그 최저점 아래에 있는 포트폴리오들($\widehat{GX}$)보다 주어진 위험 하에서 기대수익률이 더 크다. 그러므로 최소분산포트폴리오집합 중 그 최저점 위에 있는 포트폴리오집합($\widehat{GY}$)만이 **효율적 포트폴리오집합**(efficient portfolio set)이 된다. 이와 같이 위험자산만으로 구성된 효율적 포트폴리오집합 $\widehat{GY}$를 효율적 투자선(efficient frontier)이라고도 한다.

둘째, 주어진 분산(또는 표준편차) 하에서 가장 높은 기대수익률을 갖는 포트폴리오들의 집합을 구하면, 그것이 효율적 포트폴리오집합이다.

위험자산들의 효율적 포트폴리오집합이 찾아지면, 그것들 중에서 투자자는 자신의 위험에 대한 성향에 따라 하나의 포트폴리오, 즉 **최적포트폴리오**(optimal portfolio)를 선택하게 된다. 예를 들어, [그림 12-4]에서 위험을 아주 싫어하는 보수적 투자자들은 기대수익률은 낮으나 위험이 낮은 포트폴리오 A를 선택하는 반면, 위험을 상대적으로 덜 싫어하는 공격적 투자자들은 위험은 높으나 기대수익률이 높게 예상되는 포트폴리오 B를 선택할 것이다.

2.3 자본시장선

자본시장선

일반적으로 투자자의 투자대상에는 위험자산만이 아니라 정부가 발행하는 국공채 등의 무위험자산도 포함된다.[8] 이와 같은 무위험자산을 투자대상에 포함시킬 경우, 효율적 포트폴리오집합이 위험자산만을 투자대상으로 하는 경우와는 달라지게 된다.

위험자산만으로 구성된 효율적 포트폴리오집합 중 하나인 포트폴리오 A와 무위험이자율이 r_f인 무위험자산을 결합하여 구성한 새로운 포트폴리오들은 [그림 12-5]의 기대수익률-표준편차 평면상에서 r_f와 A를 연결한 직선 위에 존재하게 된다.[9]

이와 같은 방법으로 위험자산들만에 의해서 구성된 효율적 포트폴리오집합($\widehat{GY}$)상에 있는 한 점과 무위험자산을 결합하여 수많은 새로운 포트폴리오 결합선을 구할 수 있을 것이다. r_f에서 위험자산만으로 구성된 효율적 포트폴리오집합인 $\widehat{GY}$상에 그은 직선들 중 접하는 직선(r_f와 M을 연결한 직선)은 다른 모든 직선보다 주어진 위험 하에 기대수익률이 가장 높기 때문에 새로운 효율적 포트폴리오집합이 된다. 즉, 무위험자산이 존재하는 경우 투자자들은 항상 위험포트폴리오 M과 무위험자산으로 구성된 직선의 효율적 포트폴리오집합을 가진다. 이와 같이 무위험자산과 위험자산 등 모든 자산들로 구성된 새로운 효율적 포트폴리오집합을 **자본시장선**(capital market line ; CML)이라 하며, 이를 수식으로 나타내면 다음과 같다.

---

8. 무위험자산이 존재한다는 것은 동일한 무위험이자율로 언제든지 자금을 빌리거나 빌려줄 수 있다는 것을 의미한다.

9. $E(r_p) = WE(r_A) + (1-W)r_f$ (단, W : 위험자산포트폴리오 A의 구성비율)

$$\sigma_p = \sqrt{W^2\sigma_A^2 + (1-W)^2\sigma_{r_f}^2 + 2W(1-W)\sigma_A\sigma_{r_f}\rho_{A,r_f}}$$

$$= \sqrt{W^2\sigma_A^2} \quad (\because \sigma_{r_f} = 0)$$

$$= W\sigma_A \quad (\text{단, } W \geq 0)$$

$$\rightarrow E(r_p) = r_f + \left[\frac{E(r_A) - r_f}{\sigma_A}\right]\sigma_p$$

그림 12-5 자본시장선 : 효율적 포트폴리오집합

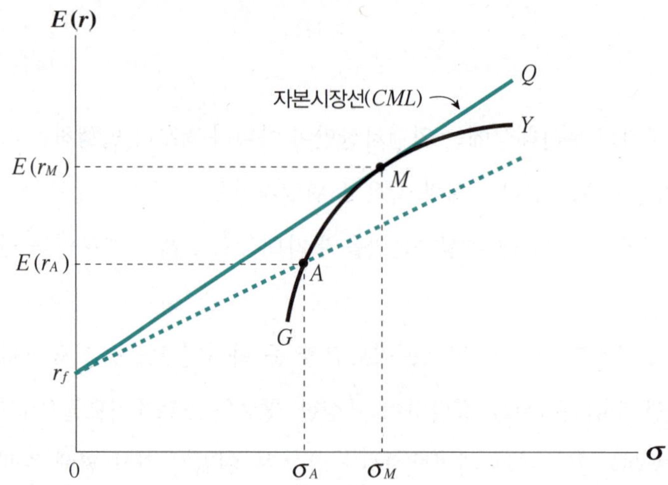

$$E(r_p) = r_f + \left[\frac{E(r_M) - r_f}{\sigma_M} \right] \sigma_p \quad (12-12)$$

자본시장선은 무위험자산이 존재하는 경우 효율적 포트폴리오의 위험(표준편차)과 기대수익률의 선형관계를 나타내는 직선을 의미한다. 이와 같은 자본시장선의 의미를 살펴보면 다음과 같다.[10]

효율적 포트폴리오의 기대수익률
= 무위험이자율 + 위험프리미엄
= 무위험이자율 + (위험의 균형가격) × (위험량)

식 (12-12)에서 자본시장선의 기울기는 추가적인 위험 한 단위에 대한 자본시장에서의 보상액인 위험의 균형가격(equilibrium price of risk ; EPR)을 나타낸

10. 자본시장선에 의해 개별증권 등 비효율적 포트폴리오의 위험과 기대수익률의 관계를 설명할 수는 없다.

다는 것을 알 수 있다.[11]

모든 자산들(무위험자산과 위험자산들)로 구성된 효율적 포트폴리오집합(자본시장선) 중 어느 포트폴리오를 선택하느냐는 투자자의 주관적인 위험회피성향에 의해서 결정된다. 일반적으로 높은 위험회피성향을 가지고 있는 보수적인 투자자는 $\overline{r_f M}$ 사이의 포트폴리오(기대수익률과 위험이 모두 낮은 포트폴리오)를 선택하며, 낮은 위험회피성향을 가지고 있는 공격적인 투자자는 $\overline{MQ}$ 사이의 포트폴리오(위험은 상당히 높으나, 그 기대수익률도 높은 포트폴리오)를 선택할 것이다. 여기에서 $\overline{r_f M}$ 사이의 포트폴리오는 현재 소유하고 있는 자금 중 일부를 무위험자산에 투자하고(무위험이자율로 돈을 빌려주고) 나머지를 포트폴리오 M에 투자하는 경우에 만들 수 있는 포트폴리오로서 대출포트폴리오(lending portfolio)라 한다. 그리고 $\overline{MQ}$ 사이의 포트폴리오는 무위험이자율로 차입한 자금과 현재 보유하고 있는 자금을 합하여 포트폴리오 M에 모두 투자하는 경우에 만들 수 있는 포트폴리오로서 차입포트폴리오(borrowing portfolio)라 한다.

증권투자 Tip

분리이론

포트폴리오 선택행위는 분리된 다음의 두 단계를 거쳐서 이루어진다.

첫 번째, 위험자산만으로 구성된 포트폴리오 M을 선택한다.
두 번째, 투자자는 위험자산들로 구성된 포트폴리오 M과 무위험자산을 어떻게 결합해야 하는지를 결정하여야 한다. 이는 투자자들의 개인적 특성인 주관적인 위험회피성향에 의해서 결정된다. 즉, 투자자들은 자신의 위험회피성향에 따라 차입 또는 대출의 비율을 조정함으로써 최적포트폴리오를 선택한다.

이와 같이 포트폴리오의 선택행위는 분리된 두 개의 단계에 의해서 이루어지며, 이를 토빈(J. Tobin)의 분리이론(separation theorem)이라고 한다. 토빈의 분리이론의 함축적인 의미는 경영자가 주주들의 위험에 대한 주관적 선호와 관계없이 시장에서 결정되는 위험의 균형가격(EPR)을 이용하여 투자결정을 할 수 있다는 것이다.

11. 효율적 포트폴리오의 위험은 표준편차에 의해서 측정될 수 있다.

시장균형과 시장포트폴리오

자본시장에 어떠한 장애요인도 존재하지 않는다는 사실을 의미하는 차입이자율과 대출이자율이 동일하다는 가정 이외에, 모든 투자자들이 자산의 수익률, 분산 그리고 공분산에 관해서 동일한 믿음을 가지고 있다는 동질적 기대(homogeneous expectation)의 가정을 추가한다면, 모든 투자자들은 각각의 위험회피성향에 관계없이 항상 위험자산의 포트폴리오 M을 선택하게 된다. 그리고 위험자산의 수요와 공급이 일치하는 시장균형 하에서는 모든 자산은 누군가에 의해서 소유되어야 한다. 따라서 모든 투자자가 동일한 위험자산의 포트폴리오 M만을 선택하는 균형상태 하에서는 위험자산의 포트폴리오 M에 포함되지 못하는 위험자산은 어떤 투자자도 소유하려 하지 않기 때문에 존재할 수 없다.

균형시장 하에서 위험자산의 포트폴리오 M은 현재 시장에서 거래되는 모든 위험자산을 포함하는 포트폴리오이며, 이와 같은 포트폴리오 M을 **시장포트폴리오**(market portfolio)라고 한다. 시장포트폴리오에서의 위험자산 j의 구성비율 W_j^M은 다음과 같다.

$$W_j^M = \frac{\text{위험자산 } j\text{의 총시장가치}}{\text{시장 전체 위험자산의 총시장가치}} \qquad (12-13)$$

투자자가 시장포트폴리오를 선택한다는 것은 시장포트폴리오와 동일한 구성비율을 가지는 위험자산 포트폴리오를 구성한다는 것을 의미한다.

$$W_{1j} = W_{2j} = \cdots = W_j^M \qquad (12-14)$$

여기서 W_{ij} : 투자자 i가 투자한 위험자산 포트폴리오에서 위험자산 j의 구성비율

모든 위험자산을 포함하고 있는 시장포트폴리오를 확인한다는 것은 현실적으로 거의 불가능하기 때문에 시장포트폴리오의 변화 양상을 비교적 잘 나타낸다고 추정되는 주가지수(우리나라의 경우 코스피지수를 주로 사용함)를 그 대용치(proxy)로 이용하는 것이 일반적이다.

예제 12-2 시장포트폴리오의 구성

단지 3개의 증권으로 구성된 주식시장이 있으며, 주식시장에서 400억원을 투자하려는 투자자 1과 600억원을 투자하려는 투자자 2와 같은 두 투자자만 존재한다고 하자. 주식시장에 관한 자료가 다음과 같을 경우 아래의 물음에 답하라. (단, 차입이자율과 대출이자율은 동일하며, 두 투자자는 주식수익률의 미래 확률분포에 대해서 동질적인 기대를 가지고 있다고 한다.)

주식	주가	발행주식 수	총시장가치	시장의 구성비율
A	20,000원	100만 주	200억원	20%
B	30,000원	100만 주	300억원	30%
C	10,000원	500만 주	500억원	50%
합계			1,000억원	100%

각 투자자는 각각의 주식에 얼마씩 투자하겠는가?

해답

무위험자산이 존재하고 동질적 기대를 가지고 있는 경우, 두 투자자는 모두 위험자산으로 구성된 포트폴리오 중 시장포트폴리오에 투자한다.

- 투자자 1 : $W_{1A} = 20\%$, $W_{1B} = 30\%$, $W_{1C} = 50\%$
- 투자자 2 : $W_{2A} = 20\%$, $W_{2B} = 30\%$, $W_{2C} = 50\%$

그러므로 투자자의 개별주식에 대한 투자금액은 다음과 같이 구할 수 있다.

투자금액 = 투자자의 총투자액 × 구성비율

이에 의해서 각 투자자의 개별주식에 대한 투자금액을 구하면 다음과 같다.

(단위 : 억원)

주식	투자자 1의 투자액	투자자 2의 투자액
A	400 × 0.2 = 80	600 × 0.2 = 120
B	400 × 0.3 = 120	600 × 0.3 = 180
C	400 × 0.5 = 200	600 × 0.5 = 300
합계	400	600

3. 자본자산가격결정모형

Investments & Security Analysis, Ch. Twelve

3.1 시장모형과 베타

시장모형(market model)은 시장을 대표하는 시장포트폴리오의 수익률과 개별증권의 수익률 간의 관계를 설명하는 모형으로서 다음과 같이 나타낼 수 있다.

$$r_{jt} = \alpha_j + \beta_j r_{Mt} + \varepsilon_{jt} \qquad (12-15)$$

여기서 r_{jt} : t 시점에서 증권(또는 포트폴리오) j의 수익률

r_{Mt} : t 시점에서 시장포트폴리오의 수익률

α_j : 회귀모형의 절편

β_j : 회귀모형의 기울기(베타계수)

ε_{jt} : 오차항(error terms)

식 (12-15)에서 모든 위험자산을 포함하고 있는 시장포트폴리오를 확인한다는 것은 현실적으로 거의 불가능하기 때문에 시장포트폴리오의 변화 양상을 비교적 잘 나타낸다고 추정되는 코스피지수를 그 대용치로 이용하는 것이 일반적이다.

$$r_{Mt} = \frac{\text{코스피지수}_t - \text{코스피지수}_{t-1}}{\text{코스피지수}_{t-1}} + \text{시장의 배당수익률} \qquad (12-16)$$

식 (12-15)의 시장모형을 그림으로 나타내면 [그림 12-6]과 같다. [그림 12-6]의 각 점들은 시장포트폴리오 수익률 r_M의 각각에 대응하여 증권 j의 수익률 r_j를 좌표에 나타낸 것이다. 이와 같이 나타난 각 좌표들을 가장 잘 설명할 수 있는 단순회귀식(simple regression line)은 다음과 같다.

$$\hat{r}_{jt} = \hat{\alpha}_j + \hat{\beta}_j r_{Mt} \qquad (12-17)$$

여기서 ^ : 추정치를 의미하는 기호

시장모형 : 증권특성선

그림 12-6

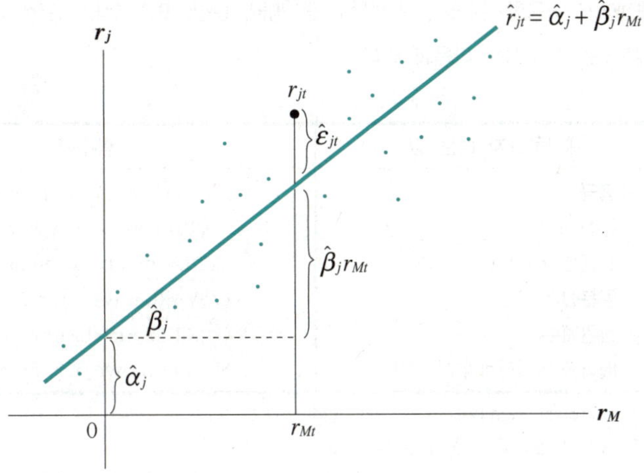

식 (12－17)에서 회귀선의 기울기 β_j를 최소자승법(ordinary least square method ; OLS)에 의해 추정하면 다음과 같다.

$$\hat{\beta}_j = \frac{Cov(r_j,\ r_M)}{Var(r_M)} \tag{12-18}$$

식 (12－17)과 같은 단순회귀식은 개별증권 수익률의 변동에 대한 기본적인 특성을 요약하고 있기 때문에 흔히 **증권특성선**(characteristic line ; CL)이라 부른다. 증권특성선의 기울기, 즉 β_j는 시장수익률의 변동에 대한 개별주식의 민감도(sensitivity)를 나타낸다. 이 **베타계수**(beta coefficient)가 큰 증권일수록 시장수익률의 변동(시장 전체의 경기변동)에 대하여 보다 민감하게 반응한다고 할 수 있다. 예를 들어, 베타계수가 2인 증권 A와 0.5인 증권 B가 있다고 할 때, 시장수익률이 1%포인트 변동한다면 증권 A의 수익률은 2%포인트 변동하고, 증권 B의 수익률은 0.5%포인트 변동하게 된다. 이러한 점에서 베타계수가 1.0보다 큰 주식을 공격적 주식(aggressive stock)이라 하며, 1.0보다 작은 주식을 방어적 주식(defensive stock)이라 한다.

증권투자 **Tip**

Excel의 활용 : 베타의 계산

엑셀에서 이용할 수 있는 통계함수 중 평균, 분산, 표준편차, 공분산, 상관계수, 베타계수를 계산하는 함수식은 다음과 같다.

계산하고자 하는 값	함수식
평균	= AVERAGE(number1, number2, …)
분산(표본)	= VAR(number1, number2, …)
표준편차(표본)	= STDEV(number1, number2, …)
공분산(모집단)	= COVAR(array1, array2)
상관계수	= CORREL(array1, array2)
베타계수(회귀식의 기울기)	= SLOPE(known_y's, known_x's)

주 : 1. number1, number2, … : 수치 인수(숫자 또는 숫자가 포함된 셀의 범위)
2. array1, array2 : 첫째 셀 범위, 둘째 셀 범위
3. known_y's, known_x's : 종속변수의 셀 범위, 독립변수의 셀 범위

(참고)

1. 위 표에서 표본의 분산과 표준편차는 자유도(degree of freedom), 즉 (자료 수 − 1)로 나누어 산출된 것임.
2. 모집단의 분산과 표준편차를 구할 경우 각각 VARP, STDEVP 함수식을 사용함.
3. 표본의 공분산을 구하는 식 : = COVAR(array1, array2) $\times \left(\dfrac{\text{자료 수}}{\text{자료 수} - 1}\right)$

	A	B	C	D	E	F	G	H
1	<과거 1년 동안 주식의 월 수익률 자료(표본)>							
2	기 간	주식 A			코스피지수			
3	1월	0.2401			0.1139			
4	2월	-0.0948			-0.0999			
5	3월	0.0218			-0.0101			
6	4월	-0.0299			0.0159			
7	5월	-0.1409			-0.0678			
8	6월	-0.0307			-0.0386			
9	7월	-0.0052			-0.0762			
10	8월	0.0691			0.1036			
11	9월	-0.0398			-0.0870			
12	10월	0.4093			0.1980			
13	11월	-0.0404			0.0776			
14	12월	-0.0268			0.0227			
15	평균	0.0277	=AVERAGE(B3:B14)		0.0127	=AVERAGE(E3:E14		
16								
17	분산	0.0233	=VAR(B3:B14)		0.0088	=VAR(E3:E14)		
18								
19	표준편차	0.1525	=STDEV(B3:B14)		0.0941	=STDEV(E3:E14)		
20								
21	공분산	0.0119	=COVAR(B3:B14, E3:E14)*(12/(12-1))					
22								
23	상관계수	0.8300	=CORREL(B3:B14, E3:E14)					
24								
25	베타계수	1.3458	=SLOPE(B3:B14, E3:E14)		또는	1.3458	=B21/E17	
26								
27								

3.2 자본자산가격결정모형 : 증권시장선

CAPM의 도출

앞에서 살펴본 바와 같이 동질적 기대의 가정이 성립하는 완전자본시장 하에서 모든 투자자들은 완전분산투자된 시장포트폴리오를 항상 선택하며, 이와 같은 분산투자를 통하여 비체계적 위험을 제거할 수 있다. 따라서 분산투자를 통해서도 제거할 수 없는 체계적 위험만이 투자자에게 적합한 위험(relevant risk)이라 할 수 있다.

모든 투자자들이 합리적인 분산투자의 원리에 따라 행동하는 경우, 투자자들에게 적합한 위험은 시장포트폴리오에의 공헌으로 측정되는 체계적 위험이다. 이와 같은 사실에 기초하여 샤프(W.F. Sharpe) 등은 개별증권을 비롯한 모든 자본자산의 적합한 위험(체계적 위험)과 기대수익률 사이에 존재하는 균형관계를 설명하는 모형, 즉 **자본자산가격결정모형**(capital asset pricing model ; CAPM)을 개발하였다.[12]

식 (12-12)의 자본시장선에서는 비체계적 위험이 존재하지 않는 효율적 포트폴리오의 위험과 기대수익률의 관계를 나타내기 때문에 적합한 위험의 측정치로 표준편차(총위험)를 사용할 수 있다. 그러나 비체계적 위험도 포함하고 있는 개별자산의 경우 적합한 위험의 측정치로 표준편차가 아닌 체계적 위험을 사용하여야 한다. 이와 같은 논리에 의해서 식 (12-12)의 위험 σ_p 대신 개별자산의 적합한 위험측정치인 체계적 위험(이는 베타계수로 측정됨)을 사용하여야 한다. 따라서 개별자산(또는 증권)의 체계적 위험과 균형기대수익률의 관계를 다음과 같이 나타낼 수 있다.

$$E(r_j) = r_f + [E(r_M) - r_f]\beta_j \qquad (12-19)$$

여기서 $E(r_j)$: 자산 j의 기대수익률, r_f : 무위험이자율
$E(r_M)$: 시장포트폴리오의 기대수익률

---

12. W. F. Sharpe, "Capital Asset Prices : A Theory of Market Equilibrium Under Conditions of Risk," *Journal of Finance*, Vol. 19(Sep. 1964), pp.425~442.

그림 12-7 증권시장선의 도출

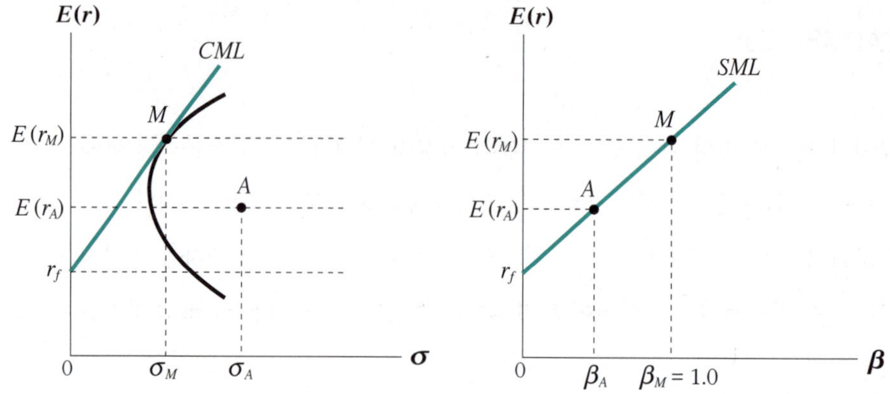

(a) 자본시장선 (b) 증권시장선

이와 같이 모든 위험자산의 체계적 위험과 기대수익률의 선형관계를 나타내는 직선의 식을 CAPM 또는 증권시장선(security market line ; SML)이라 한다.[13]

이상과 같은 증권시장선의 도출과정을 나타내면 [그림 12-7]과 같다.

[그림 12-7]에서 기대수익률-표준편차 평면상에 나타낸 자본시장선은 효율적 포트폴리오의 위험과 기대수익률의 관계를 설명할 수 있으나, 개별자산과 같은 비효율적인 투자기회의 위험과 기대수익률의 관계를 설명하지는 못한다. 예를 들어, 자본시장선은 체계적 위험과 비체계적 위험을 모두 가지고 있는 개별증권 A의 위험과 기대수익률의 관계를 설명하지 못한다. 그러므로 적합한 위험의 측정치로서 표준편차가 아닌 체계적 위험(베타)을 사용하여야 효율적 포트폴리오뿐만 아니라 개별증권 등의 비효율적인 투자기회까지 포함하는 모든 위험자산의 위험과 기대수익률의 관계를 설명할 수 있을 것이다. 기대수익률-베타 평면상에 그려진 증권시장선은 모든 위험자산의 위험과 기대수익률의 관계를 설명할 수 있다.

13. CAPM과 SML은 보통 같은 의미로 사용하지만 엄밀하게 구분하면, CAPM은 식 (12-19)와 같은 등식을 의미하며, SML은 이 등식을 그래프로 나타낸 것을 의미한다. 그러나 본서에서는 두 용어를 구분없이 사용할 것이다.

증권투자 Tip

CAPM의 기본 가정

현대 자본시장은 수많은 의사결정변수가 결합된 복잡한 구조를 갖고 있다. 이와 같이 복잡한 구조를 갖고 있는 시장의 모든 현상을 설명할 수 있는 모형을 개발하려면 시장에 영향을 미칠 수 있는 수많은 요인들을 동시에 고려해야 하는데, 이는 거의 불가능한 일이다. 그리고 복잡한 요인들을 동시에 고려하는 경우, 여러 요인들의 상호작용에 의해서 가장 중요한 요인의 효과가 희석되어 그것의 직접적인 효과를 살펴보기 어렵게 된다. 따라서 일반적으로 모형을 개발할 때 가장 단순화된 가상의 세계를 가정하여 기본적인 모형을 개발한 후, 점점 가정들을 완화시켜서 현실을 보다 잘 설명할 수 있도록 모형을 발전시켜 나가는 방법을 사용한다.

CAPM에서는 다음과 같이 가정하고 있다.

1) 투자자들은 위험회피형이며, 평균-분산 선택기준에 의해서 포트폴리오를 선택한다.
2) 모든 투자자는 단일의 투자기간을 가지며, 미래 증권수익률의 확률분포에 대하여 동질적 기대(homogeneous expectation)를 가진다.
3) 시장은 완전(perfect capital market)하며, 그것의 구체적인 필요조건은 다음과 같다.
   ① 투자자들은 동일한 무위험이자율로 얼마든지 자금을 차입하거나 대출할 수 있다.
   ② 증권투자이익(배당, 이자, 그리고 자본소득 등)에 대한 개인소득세, 거래비용 및 기타 증권거래를 저해하는 어떠한 장애요인도 존재하지 않는다.
   ③ 완전경쟁이 이루어져 소수의 투자자가 증권가격에 영향을 줄 수 없다.

이상의 가정들은 다소 비현실적이지만, 균형상태 하에서 위험과 기대수익률의 직접적인 관계를 도출할 수 있도록 설정된 것이다.

예제 12-3 증권시장선과 기대수익률

무위험이자율이 8%이며, 시장수익률이 10%로 기대된다.

(1) 증권시장선을 구하라.

(2) 베타가 1.5인 증권 K의 기대수익률을 구하라.

해답

(1) 증권시장선은 다음과 같다.

$$E(r_j) = r_f + [E(r_M) - r_f]\beta_j = 0.08 + (0.10 - 0.08)\beta_j = 0.08 + 0.02\beta_j$$

(2) 증권시장선에 의해 베타가 1.5인 증권 K의 기대수익률을 구하면 다음과 같다.

$$E(r_K) = 0.08 + 0.02\beta_K = 0.08 + 0.02 \times 1.5 = 0.11 \text{ 또는 } 11\%$$

CAPM의 의미와 활용

▪ 균형기대수익률

증권시장선은 균형시장(수요 = 공급)에서 자산(또는 증권)의 체계적 위험(베타)과 기대수익률의 선형관계를 나타내는 직선이다. 균형시장 하에서 모든 증권의 기대수익률은 증권시장선에 의해서 결정되므로, 각 증권들은 정확히 증권시장선 상에 위치하게 된다. 만약 [그림 12-8]에서의 증권 a 또는 증권 b와 같이 증권시장선을 이탈한 증권이 존재하는 경우, 시장은 증권에 대한 수요와 공급이 일치하지 않는 불균형상태가 된다. 그러나 완전자본시장 하에서는 이와 같은 불균형상태가 투자자들의 가격조정활동에 의해서 오래 지속되지 못한다.[14] 예를 들어, 증권시장선 아래에 있는 증권 a의 경우, 그것의 체계적 위험수준(β_A)에서 적절한 기대수익률인 $E(r_A)$보다 낮은 기대수익률 $E(r_a)$를 제공하므로(과대평가되어 있으므로) 이성적인 투자자라면 이와 같은 증권을 보유하려 하지 않는다.[15] 그러므로 증

그림 12-8 증권시장선과 균형기대수익률

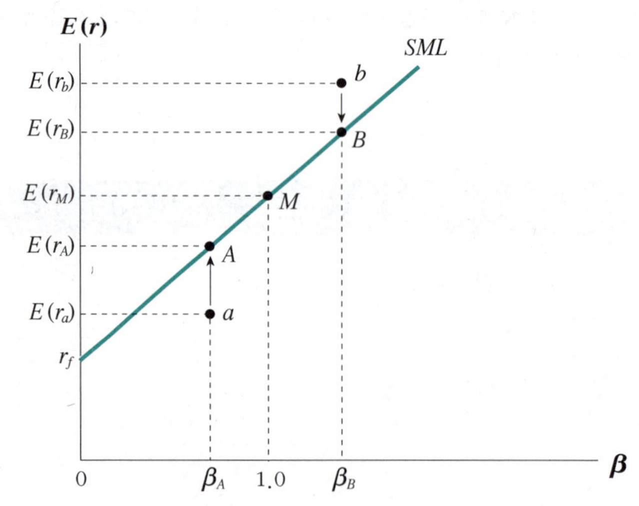

14. 이와 같은 가격조정활동을 차익거래과정(arbitrage process)이라 한다.

15. 증권의 기대수익률은 다음과 같이 계산된다.

권 a를 보유하고 있는 투자자는 이 증권을 매도(공급의 증가)할 것이며, 그 결과 그 증권의 가격은 하락하여 기대수익률이 증가하게 된다. 이와 같은 증권 a의 가격 하락은 그 증권의 기대수익률이 $E(r_A)$로 상승할 때까지 지속된다. 한편, 증권시장선 위에 있는 증권 b의 경우 그것의 체계적 위험수준(β_B)에서 적절한 기대수익률 $E(r_B)$보다 높은 기대수익률 $E(r_b)$를 제공하므로(과소평가되어 있으므로), 이성적인 투자자라면 이와 같은 증권을 매입하려 할 것이다. 그러므로 증가된 수요에 의해서 증권 b의 가격이 상승하고 기대수익률은 하락하게 된다. 이와 같은 증권 b의 가격상승은 그 증권의 기대수익률이 $E(r_B)$로 떨어질 때까지 지속된다.

완전자본시장 하에서 일시적인 불균형상태는 투자자들의 가격조정활동에 의해서 수요와 공급이 일치하는 균형상태로 곧 회귀하게 된다.[16] 그러므로 장기적으로 볼 때 균형상태가 유지되며, 이 경우 모든 증권들은 증권시장선상에 위치하게 된다.

위험자산의 체계적 위험(베타)이 추정되면, 균형상태 하에서 그 자산의 체계적 위험에 따른 적절한 보상인 기대수익률을 증권시장선에 의해서 측정할 수 있다. 증권시장선에 의해서 측정된 균형기대수익률은 투자자들이 체계적 위험에 대해서 요구하게 되는 최소한의 요구수익률(required rate of return) 또는 자본비용(cost of capital)이라 할 수 있다.

▪ CAPM에 의한 자산의 평가

일반적으로 위험자산의 가치는 자산을 소유하였을 때의 현금흐름과 적절한 할인율에 의해서 결정된다. 그리고 주식 등 위험자산을 평가할 때 필요한 할인율은 CAPM을 이용하여 구할 수 있다. 이와 같은 논리에 의해서 위험자산을 평가하는 과정을 나타내면 [그림 12-9]와 같다.

$$\text{기대수익률} = \frac{(\text{기말 기대증권가격} - \text{기초 증권가격}) + \text{기대배당금}}{\text{기초 증권가격}}$$

그러므로 기대수익률과 현재 증권가격(기초가격)은 음(-)의 관계를 가진다. 즉, 현재 증권가격이 높으면(낮으면), 기대수익률은 낮아진다(높아진다).

16. 물론 개인소득세, 거래비용 등의 거래를 방해하는 장애요인이 존재하는 경우, 즉 불완전자본시장에서는 이와 같은 투자자들의 가격조정활동이 제약을 받게 된다. 그러므로 불완전자본시장에서는 불균형상태가 장기적으로 지속될 수도 있다.

그림 12-9 CAPM에 의한 자산의 평가과정

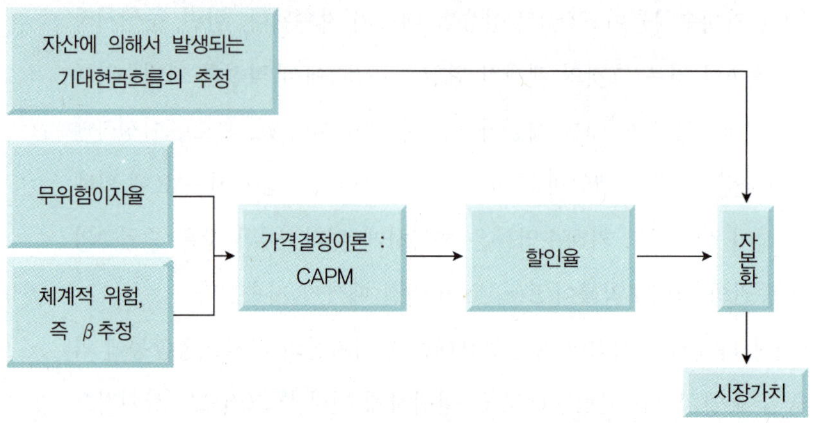

예제 12-4 CAPM에 의한 자산의 평가

A기업의 기말 주식가격은 20,000원으로 기대되며, 이 주식의 베타는 1.5이다. 또한 시장의 기대수익률은 12%이며, 무위험이자율은 8%이다. A기업의 현재 주식가치는 얼마인가? (단, 배당은 없다고 가정한다.)

해답

$$PV(\text{주식}) = \frac{20{,}000}{1+[0.08+(0.12-0.08)(1.5)]} = 17{,}544\text{원}$$

4. 증권투자의 성과평가

일반적으로 증권투자는 계획(plan)-실행(do)-평가(see)의 기본적인 3단계로 이루어진다. 계획단계에서는 먼저 적극적 투자관리 또는 소극적 투자관리를 할 것인가에 대한 정책적인 결정을 한 후, 그 결정에 따라 포트폴리오에 포함될 종목을 선정한다. 실행단계에서는 제7장에서 설명한 기술적 분석 등을 이용하여 매매시점을 결정한 후, 실제로 포트폴리오를 구성하거나 재조정한다. 마지막으로 평가단계에서는 포트폴리오의 성과를 측정한 후, 적절한 성과평가방법에 따라 이를 평가한다.

지금까지 계획 및 실행에 대해서 설명하였으나, 여기서는 투자관리의 마지막 단계와 관련된 성과평가방법에 대해서 설명하고자 한다. 단순하게 보유기간 동안의 투자수익률을 계산하여 이를 목표수익률, 시장수익률 등과 비교하여 증권투자의 성과를 평가할 수 있다. 그러나 이와 같은 성과평가는 구성된 포트폴리오의 위험을 고려하지 않은 것으로서 적절한 평가방법이라 할 수 없다. 따라서 증권투자의 성과를 적절하게 평가하기 위해서는 위험을 고려해야 한다. 위험을 고려한 성과평가방법들은 샤프(W. F. Sharpe), 트레이너(J. Treynor), 젠센(M. C. Jensen) 등에 의해서 개발되었다.

샤프는 자본시장선의 기울기를 이용한 포트폴리오의 성과측정치, 즉 **샤프지수**를 제시하였다.[17]

$$샤프지수 = \frac{\bar{r}_p - r_f}{\sigma_p} \tag{12-20}$$

여기서 $\bar{r}_p$: 포트폴리오의 평균수익률
r_f : 무위험이자율
σ_p : 포트폴리오의 표준편차

식 (12-20), 즉 샤프지수는 포트폴리오의 추가적인 위험(표준편차) 한 단위에 대한 자본시장에서의 보상액(위험프리미엄)을 나타낸다. 샤프지수가 높을수록 위험조정 후 투자성과가 더 좋음을 의미한다.

한편, 트레이너는 총위험(표준편차) 대신 체계적 위험을 사용한 포트폴리오의 성과측정치, 즉 **트레이너지수**를 제시하였다.[18]

---

17. W. F. Sharpe, "Mutual Fund Performance," *Journal of Business*, Vol. 39(Jan. 1966), pp. 119~138.

18. J. Treynor, "How to Rate Management of Investment Funds," *Harvard Business Review*, Vol. 43(Jan./Feb. 1965), pp. 63~75.

$$\text{트레이너지수} = \frac{\bar{r}_p - r_f}{\beta_p} \tag{12-21}$$

여기서 β_p : 포트폴리오의 베타[19]

그리고 젠센은 포트폴리오의 평균수익률과 CAPM에서 예측되는 수익률 간의 차이를 나타내는 포트폴리오의 성과측정치, 즉 젠센의 알파를 제시하였다.[20]

$$\alpha_p = \bar{r}_p - [r_f + (\bar{r}_M - r_f)\beta_p] \tag{12-22}$$

여기서 $\bar{r}_M$: 시장의 평균수익률

CAPM에 의하면 균형상태에서 α_p가 0이 되어야 하기 때문에 α_p가 양(+)의 값을 가지면 성과가 좋고, 음(-)의 값을 가지면 성과가 나쁘다고 평가한다.

이상에서 설명한 세 가지 성과측정방법은 항상 동일한 결과를 제공하지는 않는다. 이와 같은 경우 주어진 상황에 따라 적절한 평가방법을 선택해야 한다. 만약 투자자들이 총위험에 관심을 가진다면 샤프지수가 더 적절하며, 주로 체계적 위험에 관심을 가진다면 트레이너지수 또는 젠센의 알파가 더 적절하다고 할 수 있다.

예제 12-5 포트폴리오의 성과평가

3년 동안 운용한 포트폴리오의 운용성과와 코스피지수(시장포트폴리오)의 성과는 다음과 같다.

구분	포트폴리오	코스피지수
평균수익률	40%	30%
베타	1.5	1.0
표준편차	25%	20%

무위험이자율이 5%일 경우 다음의 물음에 답하라.

19. 포트폴리오의 베타(β_p)는 각 구성자산의 베타를 구성비율에 의해서 가중평균하여 구할 수 있다. 예를 들어, 증권 A와 증권 B로 구성된 포트폴리오의 베타, 즉 $\beta_p = W_A\beta_A + W_B\beta_B$이다

20. M. C. Jensen, "The Performance of Mutual Funds in the Period 1945～1964," *Journal of Finance*, Vol. 23(May 1968), pp.389～415.

(1) 샤프지수를 계산하여 포트폴리오의 투자성과를 평가하라.

(2) 트레이너지수를 계산하여 포트폴리오의 투자성과를 평가하라.

(3) 젠센의 알파를 계산하여 포트폴리오의 투자성과를 평가하라.

해답

(1) 포트폴리오의 샤프지수 $= \frac{40-5}{25} = 1.4$

시장포트폴리오의 샤프지수 $= \frac{30-5}{20} = 1.25$

샤프지수를 비교하면 포트폴리오의 투자성과는 시장보다 더 좋다.

(2) 포트폴리오의 트레이너지수 $= \frac{40-5}{1.5} = 23.33$

시장포트폴리오의 트레이너지수 $= \frac{30-5}{1.0} = 25$

트레이너지수를 비교하면 포트폴리오의 투자성과는 시장보다 좋지 않다. 이와 같은 결과는 샤프지수에 의한 평가결과와 상반되는 것이다.

(3) 포트폴리오의 α값 $= 40 - [5 + (30-5) \times 1.5] = -2.5$

시장포트폴리오의 α값은 0%이다. 따라서 젠센의 성과평가방법에 의하면 포트폴리오의 α값은 −2.5%로, 시장보다 좋지 않음을 알 수 있다.

중요 용어

수익률 (452)
확률분포표 (453)
기대수익률 (453)
분산 (454)
표준편차 (454)
표본의 평균수익률 (455)
표본수익률의 분산 (455)
포트폴리오 (456)
포트폴리오의 수익률 (456)
공분산 (459)
상관계수 (459)
위험분산효과 (462)
체계적 위험 (464)
비체계적 위험 (464)
지배원리 (465)
최소분산포트폴리오집합 (465)
효율적 포트폴리오집합 (466)
최적포트폴리오 (466)
자본시장선(CML) (467)
위험의 균형가격 (468)
시장포트폴리오 (470)
시장모형 (472)
증권특성선 (473)
베타계수 (473)
자본자산가격결정모형(CAPM) (475)
증권시장선(SML) (476)
샤프지수 (481)
트레이너지수 (481)
젠센의 알파 (482)

사례연구 12-1

글로벌 금융위기 이후 '패시브'가 대세 장악

액티브(active)와 패시브(passive) 투자 중 어느 것이 나을까. 논쟁은 1950년대로 거슬러 올라간다. 1929년 미국 대공황으로 '묻지마 투자'가 종결된 이후 월가의 전설적인 투자자 벤저민 그레이엄은 액티브 투자의 원형을 마련했다. 그는 1949년 저서 『현명한 투자자』로 기업가치를 평가해 가치에 비해 주가가 낮은 회사에 투자하는 '가치투자' 이론을 정립했다. 이 같은 투자철학은 그의 제자 워런 버핏을 통해 지금까지도 명맥을 이어오고 있다.

하지만 경제학계가 이에 강력한 반론을 제시했다. 기술적 분석의 일종인 '퀀트 투자'의 아버지로 불리는 시카고대 출신인 해리 마코위츠가 1952년 '포트폴리오 이론'이라는 논문을 내면서다.[21] 그는 최초로 자산의 위험을 변동성과 수익률로 측정했으며, 좋은 종목을 고르는 것보다 최적의 포트폴리오로 분산투자하는 것이 시장을 이기는 방법이라고 주장했다. 이후 퀀트투자 방법론은 이론적 토대를 쌓아가며 시장의 대세로 자리 잡기 시작했다. 가장 큰 변곡점은 1990년대 유진 파마 시카고대 교수가 케네스 프렌치 다트머스대 교수와 함께 만든 인덱스 투자 방법론이다.

파마 교수의 이론은 액티브 투자자로부터 잦은 공격을 받기도 했다. 2013년 파마 교수와 공동으로 노벨 경제학상을 받은 로버트 실러 예일대 교수는 '시장의 모든 정보는 주가에 반영돼 있다'는 파마 교수의 효율적 시장 가설을 정면으로 반박했다. 그는 "정보의 비대칭성과 인간의 동물적 야성이 시장 가격을 움직인다"며 인간행동의 영향력을 고려한 액티브 펀드의 유용성을 강조했다. 하지만 2008년 글로벌 금융위기가 패시브 투자와 액티브 투자의 승패를 갈랐다. 액티브 투자의 수익률이 급감한 반면, 패시브 투자의 위험관리 능력이 상대적으로 부각됐기 때문이다. 최근엔 패시브 투자에서 컴퓨터 인공지능을 활용한 기계학습(머신러닝) 기법까지 등장했다. 2014년 브리지워터 어소시에이츠, 포인트72 애셋 등 헤지펀드운용사들은 컴퓨터가 데이터를 수집하고 분석하며 스스로 오류를 점검할 수 있는 기계학습을 패시브 투자에 접목했다.

출처 : 한국경제(2016년 3월 15일) 수정

---

21. 퀀트(quant)는 quantitative(계량적)와 analyst(분석가)의 합성어로서 수학·통계에 기반한 투자모형을 만들거나 금융시장의 변화를 예측하는 사람을 의미한다. 이들은 주로 컴퓨터 알고리즘을 설계해 투자에 활용한다.

사례연구 12-2 자산배분 '이론'을 책에서 꺼내다

로보어드바이저(robo-advisor)가 자산관리의 중심에 섰다. 알파고의 이미지가 강했던 탓일까. 로보어드바이저를 너무 높게 평가하는 경향도 있다. 로보어드바이저 등장의 핵심은 우선적으로 자산관리의 대중화에 있다. 자산관리 수요가 늘어날수록 고객 데이터는 더욱 많이 확보되고 이를 통해 보다 섬세하게 발전할 것으로 보인다. 궁극적으로 로보어드바이저는 인공지능(artificial intelligence ; AI)과 결합돼 자산관리는 물론 여타 재무영역까지도 도움을 주는 형태로 발전할 것으로 보인다. 한편, 이론에만 불과했던 포트폴리오 모형을 실무에 적용할 수 있다는 점은 주목할 만하며 이에 대한 추가적 연구도 활발해질 것으로 기대된다.

로보어드바이저, 포트폴리오 이론의 '현실화'

로보어드바이저의 자산배분 알고리즘(algorithm)을 논하자면 빼놓을 수 없는 인물이 있다. 금융 관련, 그중에서도 자산배분 과정을 접한 사람이라면 한 번쯤 들어본 해리 마코위츠(Harry Markowitz)이다. 해리 마코위츠는 그의 이름을 딴 '마코위츠 모형'을 체계화했고, 이는 현대 포트폴리오 투자의 근간이 됐다. 마코위츠 모형의 핵심은 증권가격이 미래의 수익률과 위험에 의해 결정된다는 데 있다. 또 수익률을 기댓값에 대입해 산출하고 위험을 표준편차(변동성 개념)에 대입해 계량화한다. 이를 통해 포트폴리오 관리에 의해서 수익은 그대로 유지하면서 위험이 감소될 수 있다는 것을 증명했다. 즉, 분산투자의 효율성을 수학적으로 증명한 것이다.

마코위츠 분산모형과 효율적 투자선

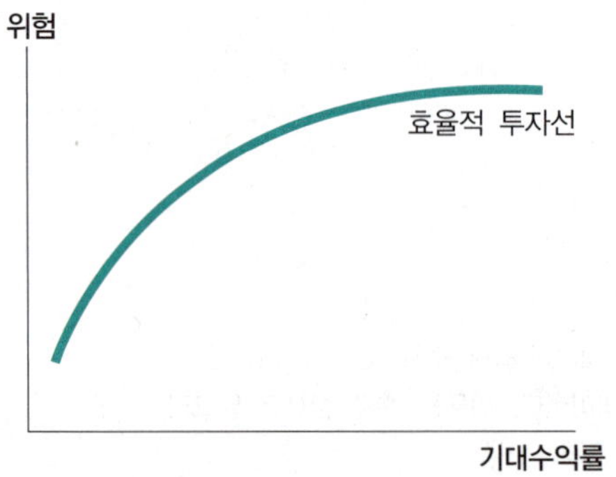

그러나 마코위츠 모형은 이론 측면에서는 탁월했지만 기대수익과 변동성을 과거치에 의존해 투자대상의 미래가치에 대해서는 여전히 불투명했다. 또 소수의 우월한 자산 쪽으로 과도하게 투자될 경우 포트폴리오 투자의 기본 취지와 멀어지게 된다는 점이 문제였다. 그래서 이를 보완하기 위한 모형이 등장했는데 이것이 바로 블랙-리터만 모형(Black-Litterman model)이다. 이 모형은 대표적 개인의 자산배분이 가능한 모든 자산의 시장가치에 따라 비례적이어야 한다는 균형 가정에서 출발한다. 마코위츠 모형이 수익률과 변동성을 토대로 비중을 계산했다면 블랙-리터만 모형은 변동성과 비중을 통해 기대수익률을 계산한다. 현재 블랙-리터만 모형은 마코위츠 모형보다 자산배분에 있어서 한 수 높게 평가받고 있다. 이는 마코위츠 모형의 가장 큰 문제점으로 지적된 쏠림현상을 해소했기 때문은 아니다. 바로 '베이즈 정리'의 방법론에 입각해 투자 자산군의 투자자의 기대를 반영한다는 점이 중요하다. 따라서 블랙-리터만 모형은 투자대상의 시장가치에 비례해 투자한다는 일명 '인덱스 투자'에 투자자의 기대가 더해져 해당 투자자에게 가장 적합한 자산배분이 달성되는 것이다. 이를 통해 자산쏠림을 방지하게 된 것이다. 로보어드바이저는 기본적으로 마코위츠 모형과 블랙-리터만 모형을 근간에 두고 있다고 할 수 있으나 이 또한 모든 로보어드바이저에 적용되는 것은 아니다.

일각에서는 시스템트레이딩 및 퀀트(quant) 서비스와 로보어드바이저를 동일시한다. 물론 알고리즘을 이용한다는 측면에서는 분명 같다. 하지만 시스템트레이딩이나 퀀트는 소수의 알고리즘 프로그램으로 작동되는 반면, 로보어드바이저는 수많은 퀀트를 재결합한 서비스로 다양한 변수를 고려한다는 것이 차이점이다. 이 차이에 대해 '숫자에 불과하다'는 지적을 할 수 있다. 그러나 수집하고 분석해야 할 데이터가 점점 늘어나는 상황에서 단순 알고리즘으로 자산배분을 한다는 것은 불가능하며 특히 맞춤형 자산관리가 늘어나는, 즉 수요 측면(고객)의 변수까지 고려하면 '알고리즘 숫자'의 차이는 간과할 수 없는 문제다. 그만큼 과거의 경우 기술 부족으로 마코위츠 모형과 블랙-리터만 모형을 개인 자산관리에 적극적으로 활용할 수 없었던 것이 사실이다. 그러나 각종 신기술의 등장은 이러한 문제점들을 점차 해소하고 있는 것이다.

로보어드바이저의 프로세스와 자산관리의 '대중화'

로보어드바이저의 업무 과정은 우선 질의응답을 통해 고객의 정보(나이, 소득, 재산, 투자기간 등)를 얻어 투자목적과 위험성향을 파악하는 것으로부터 시작된다. 이는 기존의 자산관리 프로세스의 첫 번째 과정으로 크게 변한 것은 없다. 하지만 여기서 얻은 고객의 정보를 통해 적절한 자산을 구성하는 두 번째 과정부터 달라진다. 이전에는 금융사들이 고객의 성향을 파악하고도 수수료 수익이 높은 금융상품을 추천하는 것이 다반사였다. 주식, 채권 혹은 여타 금융상품 등에 대한 자산배분은 뒷전에 둔 것이다. 이렇다 보니 자산 리밸런싱(rebalancing)도 문제가 될 수밖에 없으며 오로지 고액자산가들을 위한 절세상품 등에 목을 맸다. 포트폴리오 모형은 이론만 존재했을 뿐, 실제적으로 금융상품 수요자들을 위한 노력은 어디에도 없었다. 그러나 로보어드바이저는 두 번째 단계에서 고객의 성향에 맞는 자산구성을 배분하고 이어 세 번째로 최대한 낮은 비용(수수료)으로 거래를 집행한다. 이어 네 번째 단계에서는 자산가격 변화의 모니터링, 고객의 투자성향 변화 등을 감지해 포트폴리오를 재구성한다. 사람의 투자성향은 경험 누적에 따라 변화한다는 점을 반영한 것이다. 또 자산매각에 따른 과세 등을 고려하고 최종적으로 포트폴리오를 다시 분석하는 과정을 거친다.

로보어드바이저의 등장은 해묵은 자산관리의 문제점을 드러냄과 동시에 자산관리의 대중화를 유도할 전망이다. 자산관리는 고액자산가들의 전유물이었으며 그 외 여타 고객들은 자산이 많지 않다는 이유로 충분한 서비스를 받지 못했다. 하지만 로보어드바이저는 자산관리를 대중화시킨다는 점에서 우선적으로 중요한 의미를 지닌다.

또 시대가 변하면서 젊은 층의 자산관리에 대한 관심이 증대해 과거와는 다른 방식이 필요하다는 인식을 충족시킬 것으로 예상된다. 이뿐만 아니라 로보어드바이저는 자산관리 인력을 많이 필요로 하지 않는 만큼 전통 자산관리 방식 대비 수수료가 3분의 1 이상 저렴하다는 것이 특징이다. 아울러 수수료

로보어드바이저의 업무 흐름

고객 프로파일링	질의 응답으로 고객정보(나이, 소득, 재산, 투자기간 등)를 획득(투자목적과 위험성향 파악)
자산배분 및 포트폴리오 선택	고객 프로파일에 맞는 자산 구성(주식, 채권) 배분
거래 집행	최대한 낮은 비용(주로 ETF)으로 거래 집행
리밸런싱	자산가격의 변화, 현금 유·출입, 고객 프로파일 변화 등을 반영해 포트폴리오를 수시로 재구성
세금손실 최소화	자산매각 등에 부여되는 세금을 최대한 절약(다른 회사 계좌, 가족 계좌, 다양한 금융상품 등을 고려)

출처 : 유진투자증권

체계를 공개하고 투자자들이 인지하지 못하고 부가되는 추가비용을 제거함으로써 투명성을 강점으로 제시하고 있다.

현재 로보어드바이저는 일반인이 생각하는 것처럼 스스로가 학습하고 진화하는 인공지능(AI)이 아니다. 앞서 언급한 것처럼 알고리즘에 기반한 자동화된 자산배분 기능에 집중하고 있다. 그러나 향후 자산가격 예측, 트레이딩, 은퇴설계, 수입 및 지출 관리 등 다양한 재무적 컨설팅이 로보어드바이저의 주된 사업영업으로 확대되는 만큼 AI와의 결합은 반드시 필요하다. 그만큼 아직은 갈 길이 멀다.

한편, 로보어드바이저가 시장의 이슈로 떠오르고 있는 만큼 정책당국도 이에 대한 우호적인 시각을 가지고 있다. 로보어드바이저를 통해 자문서비스의 혁신과 대중화를 선도하고 자산관리서비스의 새로운 대안을 마련하기 위해 필요한 모든 조치를 강구할 예정이다. 하지만 현재 현행법상 자문/운용인력이 없으면 자문 및 일임이 불가능하다. 로보어드바이저를 통한 자산관리 대중화를 위해서는 반드시 규제 개선이 필요한 상황이다.

출처 : 이코노믹리뷰(2016년 8월 18일)

사례연구 12-3

'내 자산을 부탁해' … 증권가, 로보어드바이저 서비스 잰걸음

▲ '증권가가 빅데이터와 인공지능(AI)을 결합한 '로보어드바이저' 시장 선점을 위해 잰걸음이다. 사진은 서울 여의도 증권가 전경.

증권가가 빅데이터와 인공지능(artificial intelligence ; AI)을 결합한 '로보어드바이저' 시장 선점을 위해 잰걸음이다. 특히 최근 신사업으로 마이데이터(본인신용정보관리업)가 부상하면서 증권사들의 개인 맞춤형 로보어드바이저 서비스 개발과 협업은 더욱 탄력을 받을 것으로 점쳐진다. 로보어드바이저란 로봇(robot)과 투자전문가(advisor)의 합성어로 알고리즘을 통해 투자자산 배분을 자동화하는 일종의 자산관리서비스다. 객관적인 데이터 분석과 검증된 알고리즘을 바탕으로 펀드매니저나 프라이빗뱅커(PB)를 대신해 자산을 배분하고 관리한다.

202년 10월 15일 금융투자업계에 따르면 국내 증권사들은 로보어드바이저를 자체 개발하거나 전문기업과 협업해 서비스에 한창이다. 대신증권의 '대신 로보어드바이저'와 NH투자증권의 'NH로보EMP(ETF Managed Portfolio) 자산배분', 키움증권의 '키우GO'(키우고)는 모두 증권사가 자체적으로 개발해 운용하는 서비스다.

먼저 '대신 로보어드바이저'는 투자대상을 머신러닝 기법과 블랙-리터만 모형에 기반해 선택한다. 대신금융그룹의 금융공학 파트에서 개발한 알고리즘과 빅데이터를 이용하며 주관적인 판단은 배제된다. 금융위원회와 코스콤이 주관한 테스트 베드 1차에서 누적 수익률 부분은 동일 유형 평균을 상회했고, 위험에 대한 초과수익 정도를 나타내는 샤프지수도 동종 업계 최고 수준을 기록하는 등 우수한 성적을 냈다. NH투자증권의 'NH로보 EMP 자산배분'은 로보어드바이저 자문서비스를 EMP로 확대한 상품이다. 실시간 AI를 기반으로 실물·심리 지표를 자동 수집하고, 현재 시장상황에서 유효한 주식과 채권, 대체투자 자산군의 비중을 선배분한다. 이후 수치화된 주가 등락 모델인 모멘텀 스코어를 통해 국내 거래소에 상장된 상장지수펀드(ETF) 중 자산군별 최상위 ETF를 선정, 개인의 투자성향에 맞춘 포트폴리오를 완성한다. 특히 매월 시장상황에 최적화된 포트폴리오를 리밸런싱한다. 키움증권이 내놓은 '키우GO'는 이 증권사가 자체 개발한 AI 로보어드바이저가 투자목표와 기간, 금액, 성향 등을 종합적으로 분석해 금융시장 상황에 맞는 자산배분서비스를 제공하는 랩(Wrap) 서비스다. 행동재무학 기반의 강화학습 모델을 이용해 여러 자산군 간 최적의 투자 비율을 찾고, 시장상황에 따라 비율을 조정한다. 이를 위해 키움증권은 과거 30년간 170만 건의 금융데이터를 분석했다는 전언이다.

증권사와 로보어드바이저 기술을 보유한 전문 핀테크 기업과의 협업도 활발하다. KB증권은 디셈버앤컴퍼니자산운용과 제휴해 로보어드바이저 서비스인 '핀트'를 선보였고, 신한금융투자는 AI 전문 로보어드바이저 업체 파운트와 이 증권사 전용계좌를 개설해 투자하는 방식으로 서비스를 하고 있다. 계좌를 개설하면 로보어드바이저가 추천한 펀드 포트폴리오에 투자할 수 있게 하는 식이다. 파운트는 현대차증권과도 손을 잡았다. 지난 6월 현대차증권은 파운트와 업무협약을 체결하고 초개인화 맞춤형 금융서비스와 디지털 비즈니스를 위한 협력에 나섰다. 특히 로보어드바이저를 기반으로 상품을 추천하고 고객 맞춤형 서비스를 제공하는 등 고객 투자 진입 장벽을 낮춘다는 방침이다.

최근 마이데이터 사업을 허가받은 증권사가 늘고 있는 것도 로보어드바이저 서비스 시장의 성장을 예고한다. 금융위원회로부터 마이데이터 예비허가를 받은 증권사는 이날 기준 교보증권을 비롯해 신한금융투자, 현대차증권, KB증권, NH투자증권 등 총 5곳이다. 그다음 단계인 본허가까지 획득한 증권사는 미래에셋증권, 하나금융투자, 한국투자증권, 키움증권 등 4곳이다.

금융투자업계 관계자는 "증권사의 로보어드바이저 사업은 아직 전체 시장 대비 낮은 비중을 차지하지만, 마이데이터 선점 차원에서 증권사들의 사업 진출과 개인투자자들의 수요가 맞물려 시장은 계속 성장할 것"이라고 말했다.

출처 : 아이뉴스24(2021년 10월 15일) 수정

연습문제

❀ 완성/선택형 문제

01. 투자수익률(확률변수)이 취할 수 있는 모든 값들과 그것들의 발생가능성(확률)을 나타낸 표를 (   )라 한다.

02. 두 자산수익률이 정비례하는 직선관계를 가지고 움직일 때는 ρ_{AB} = (   )이 되며, 반비례하는 직선관계를 가지고 움직일 때는 ρ_{AB} = (   )이 된다.

03. 구성자산들 간의 관계를 나타내는 (   )가 작을수록, 포트폴리오의 (   )가 증가할수록, 포트폴리오의 위험은 감소한다.

04. 자산수익률의 분산(총위험)은 포트폴리오의 구성자산 수를 증가시킴에 따라 제거할 수 있는 부분, 즉 (   )과 제거할 수 없는 부분, 즉 (   )으로 구성되어 있다.

05. (   )은 효율적 포트폴리오의 위험(표준편차)과 기대수익률의 선형관계를 나타내는 직선을 의미하는 반면, (   )은 개별자산 등 모든 위험자산의 체계적 위험과 기대수익률의 선형관계를 나타내는 직선이다.

06. 베타계수가 1.0보다 큰 주식을 (   )이라 하며, 1.0보다 작은 주식을 (   )이라 한다.

07. 다음의 증권들 중 수익률이 가장 높을 것으로 기대되는 것은?

① 담보채　　② 무담보채
③ 국공채　　④ 주식

08. 투자안(또는 자산)의 위험을 나타내는 척도로서 가장 적합한 것은?

① 분산 또는 표준편차　　② 평균편차
③ 범위　　④ 중앙값

09. 포트폴리오에 대한 다음의 정의들 중 가장 타당한 것은?

① 두 개 이상의 채권으로 구성된다.
② 두 개 이상의 주식으로 구성된다.
③ 두 개 이상의 자산으로 구성된다.
④ 몇 개의 주식과 채권으로 구성된다.

10. 다음의 포트폴리오들 중 위험분산효과가 가장 크게 나타나는 것은?

① 자산 간 상관계수가 높고, 많은 자산으로 구성된 포트폴리오
② 자산 간 상관계수가 낮고, 많은 자산으로 구성된 포트폴리오
③ 자산 간 상관계수가 낮고, 적은 자산으로 구성된 포트폴리오
④ 자산 간 상관계수가 높고, 적은 자산으로 구성된 포트폴리오

11. 다음의 자본시장이론에 대한 설명 중 옳지 않는 것은 어느 것인가?

① 일정한 기대수익률 하에서 최소의 분산 또는 표준편차를 제공하는 포트폴리오 집합의 모든 포트폴리오는 효율적 포트폴리오이다.
② 자본시장선(CML)은 효율적 포트폴리오의 위험(σ_p)과 기대수익률의 선형관계를 나타내고 있으며, 증권시장선(SML)은 모든 자산의 체계적 위험(β_j)과 기대수익률의 선형관계를 나타낸다.
③ 무위험자산이 존재하는 경우 투자결정과 자본조달결정은 분리될 수 있다.
④ 자본시장에 대해서 모든 투자자가 동일한 정보를 가지고 있다면 모든 투자자들은 항상 동일한 위험자산 포트폴리오, 즉 시장포트폴리오를 선택한다.

12. 다음의 위험(risk)에 관한 여러 설명 중 옳은 것은?

① 시장포트폴리오의 베타는 항상 1로서 비체계적 위험은 모두 제거되어 있다.
② 총위험이 큰 주식의 기대수익률은 총위험이 낮은 주식의 기대수익률보다 항상 크다.
③ 상관관계가 1인 두 주식으로 포트폴리오를 구성하는 경우에도 미미하지만 분산투자의 효과를 볼 수 있다.

④ 증권시장선(SML)보다 위쪽에 위치하는 주식의 기대수익률은 과대평가되어 있으므로 매각하는 것이 바람직하다.

13. 다음과 같은 세 개의 주식과 무위험자산만이 존재하는 자본시장을 가정한다.

자산	시장가치(억원)
주식 A	300
주식 B	500
주식 C	200
무위험자산	100

이와 같은 경우 시장포트폴리오의 구성비율은?

① 주식 A = 27.3%, 주식 B = 45.4%, 주식 C = 18.2%

② 주식 A = 30%, 주식 B = 50%, 주식 C = 20%

③ 주식 A = 20%, 주식 B = 50%, 주식 C = 30%

④ 주식 A = 27.3%, 주식 B = 45.4%, 주식 C = 18.2%, 무위험자산 = 9.1%

14. 무위험이자율이 8%이며, 시장수익률이 10%일 때 베타가 1.5인 주식의 기대수익률은 얼마인가?

① 8% ② 9%

③ 10% ④ 11%

15. 자본자산가격결정모형(CAPM)에 대한 다음의 설명 중 가장 올바른 것은?

① 증권시장선(SML)에서 다른 조건은 동일하고 시장포트폴리오의 기대수익률이 커진다면 β가 1보다 매우 큰 주식의 균형수익률은 상승하지만, β가 0보다 크지만 1보다 매우 작은 주식의 균형수익률은 하락한다.

② 자본시장선(CML)에서 무위험자산과 시장포트폴리오에 대한 투자가중치는 객관적이지만, 시장포트폴리오에 대한 투자비율은 주관적이다.

③ 증권시장선(SML)의 기울기는 β값에 상관없이 항상 일정한 값을 가진다.

④ 자본시장선(CML)상에 있는 포트폴리오와 시장포트폴리오의 상관계수는 0이다.

16. CAPM에 대한 설명으로 틀린 것은?

① 시장위험프리미엄(market risk premium)은 항상 0보다 커야 한다.

② 위험자산의 기대수익률은 무위험자산의 수익률보다 항상 높아야 한다.

③ SML에 위치한다고 해서 반드시 CML에 위치하는 것은 아니다.

④ 개별자산의 진정한 위험은 총위험의 크기가 아니라 체계적 위험의 크기만으로 평가되어야 한다.

17. 다음 중 CAPM(자본자산가격결정모형)이 성립하는 시장에서 존재할 수 없는 경우는?

① A주식 : 기대수익률 = 8%, 표준편차 = 20%
B주식 : 기대수익률 = 20%, 표준편차 = 18%

② A주식 : 기대수익률 = 18%, 베타 = 1.0
B주식 : 기대수익률 = 22%, 베타 = 1.5

③ A주식 : 기대수익률 = 14.6%, 베타 = 1.2
시장포트폴리오의 기대수익률 = 13%, 무위험이자율 = 5%

④ A주식 : 기대수익률 = 20%, 표준편차 = 30%
시장포트폴리오 : 기대수익률 = 12%, 표준편차 = 16%
무위험이자율 = 4%

18. 다음 중 CAPM의 의미와 거리가 먼 것은?

① 투자자들에게 중요한 위험은 분산투자에 의해 제거되지 않는 체계적 위험이다.

② 균형시장에서 자산의 체계적 위험(베타)과 기대수익률은 선형관계를 갖는다.

③ 어떠한 경우에도 과소 또는 과대평가된 증권은 존재할 수 없다.

④ 개별투자자가 분산투자를 통하여 위험을 감소시켜서 자산의 가치를 증가시키려는 노력은 소용이 없다.

19. 무위험이자율은 3%, 시장포트폴리오의 기대수익률은 13%이다. 아래 두 자산 가격의 균형/저평가/고평가 여부에 대하여 가장 적절한 것은?

자산	β계수	기대수익률
A	0.5	9%
B	1.5	17%

① 두 자산의 가격은 모두 저평가되어 있다.
② 두 자산의 가격은 모두 고평가되어 있다.
③ 자산 A는 저평가되어 있고 자산 B는 고평가되어 있다.
④ 자산 A는 고평가되어 있고 자산 B는 저평가되어 있다.

✲ 서술/계산형 문제

01. 무위험자산이 존재하고 동질적 기대 가정이 성립하는 경우 합리적인 모든 투자자들은 항상 시장포트폴리오를 선택하게 된다. 이와 같은 경우 투자자가 고려해야 하는 개별증권의 위험은 무엇인가?

02. 자본시장선과 증권시장선을 비교 · 설명하라.

03. 증권투자의 성과평가방법에 대해서 설명하라.

04. **기대수익률, 분산, 표준편차의 측정**
다음과 같은 확률분포를 가지는 두 자산이 있다.

상황	확률	수익률	
		자산 A	자산 B
호황	0.6	0.40	0.15
불황	0.4	–0.05	0.20

(1) 자산 A와 B의 기대수익률, 분산, 표준편차를 각각 구하라.
(2) 두 자산에 각각 50%씩 투자하여 구성한 포트폴리오의 기대수익률, 분산, 표준편차를 구하라.

05. 상관계수와 포트폴리오의 위험

주식 A와 주식 B의 기대수익률과 분산은 각각 다음과 같다.

주식	기대수익률	분산
A	0.2	0.1
B	0.3	0.2

(1) 두 주식 사이의 상관계수가 0.5일 때, 총투자자금 중 60%를 주식 A에 투자하고 그 나머지 40%를 주식 B에 투자하여 구성한 포트폴리오의 기대수익률과 분산을 계산하라.

(2) 두 주식 사이의 상관계수가 −0.5일 때, 총투자자금 중 60%를 주식 A에 투자하고 그 나머지 40%를 주식 B에 투자하여 구성한 포트폴리오의 기대수익률과 분산을 계산하라.

(3) 상관계수가 포트폴리오의 위험에 미치는 영향을 설명하라.

06. 증권시장선과 투자안 평가

무위험이자율은 5%, 시장포트폴리오의 기대수익률은 10%이다. CAPM의 제 가정이 성립한다고 가정하여 다음의 물음에 답하라.

(1) 증권시장선을 구하라.

(2) 베타가 1.2인 투자안의 요구수익률을 구하라.

(3) 만약 베타가 0.8인 투자안에 대해서 9.8%의 기대수익률을 얻을 수 있다면, 이 투자안을 채택하여야 하는가?

(4) 만약 시장에서 주식 X의 수익률이 12%로 기대된다면, 이 주식의 베타는 얼마인가?

07. CAPM에 의한 자산의 평가

㈜서울의 기말 주식가격은 33,000원으로 기대되며, 이 주식의 베타는 1.5이다. 또한 시장의 기대수익률은 8%이며, 무위험이자율은 4%이다. ㈜서울의 현재 주식가치는 얼마인가? (단, 배당은 없다고 가정한다.)

08. 포트폴리오의 성과 평가

2년 동안 운용한 포트폴리오의 운용성과와 코스피지수(시장포트폴리오)의 성과는 다음과 같다.

구분	포트폴리오	코스피지수
평균수익률	35%	30%
베타	1.2	1.0
표준편차	40%	30%

무위험이자율이 6%일 경우 다음의 물음에 답하라.

(1) 샤프지수를 계산하여 포트폴리오의 투자성과를 평가하라.

(2) 트레이너지수를 계산하여 포트폴리오의 투자성과를 평가하라.

(3) 젠센의 알파를 계산하여 포트폴리오의 투자성과를 평가하라.

효율적 자본시장

1. 효율적 자본시장의 기초개념
2. 효율적 시장과 투자관리
3. 시장의 이례적 현상

13

[이 장의 개요]

효율적 자본시장(efficient capital market)이란 이용가능한 모든 정보가 증권가격에 신속하고도 충분하게 영향을 미치는 시장을 말한다. 증권투자와 관련하여 시장효율성의 성립 여부는 중요한 관심사 중의 하나이다. 만약 시장이 효율적이라고 한다면 증권의 시장가격은 내재가치와 일치하며, 비정상적인 초과수익을 얻기 위한 어떠한 투자전략도 무의미할 것이다. 반면, 시장이 비효율적이라고 한다면 증권의 시장가격이 내재가치와 다르게 형성되어 있으므로, 이를 이용하여 과소평가된 증권을 매입하고 과대평가된 증권을 매도함으로써 높은 수익을 얻을 수 있다.

본 장에서는 먼저 효율적 자본시장의 기초개념을 살펴본 후, 효율적 시장과 투자관리 사이의 관계에 대해서 설명한다. 마지막으로 효율적 시장에 반하는 시장의 이례적 현상에 대하여 살펴보기로 한다.

1. 효율적 자본시장의 기초개념

Investments & Security Analysis, Ch. Thirteen

1.1 효율적 자본시장의 의의

자본시장은 자금의 공급자와 수요자를 연결시켜 효율적으로 자금을 배분하는 역할을 담당한다. 이와 같은 측면에서 시장효율성은 정보효율성, 운영효율성, 분배효율성 등을 모두 포함하는 넓은 개념으로 이해될 수 있다.

먼저 **정보효율성**(informational efficiency)은 자본시장에서 이용가능한 모든 정보가 투자자에게 비용 없이 즉시 전달되어 증권가격에 충분히 반영되는 것을 의미한다. 그리고 **운영효율성**(operational efficiency)은 거래비용 등 장애요인 없이 증권거래가 원활하게 이루어지는 경우에 달성될 수 있다. 마지막으로 **배분효율성**(allocation efficiency)은 정보효율성과 운영효율성을 전제로 수요와 공급이 일치하여 형성된 균형가격에 의해 자원의 효율적 배분이 달성되는 것을 의미한다.

한편, 좁은 의미의 시장효율성은 정보효율성을 의미한다. 따라서 본 장에서는 **효율적 자본시장**(efficient capital market)을 증권가격에 영향을 미칠 수 있는 모든 정보가 증권가격에 '신속하게' 그리고 '충분히' 반영되는 시장이라 정의한다.[1] 즉, 이는 시장이 정보를 다루고 이를 반영시키는 데 있어 효율적인 경우를 의미한다. 시장에서의 증권가격은 그 시점에서의 모든 이용가능한 정보에 대한 정확한 평가에 기초를 두고 있다. 따라서 효율적 자본시장 하에서는 기업이 증권을 발행할 때나 투자자들이 증권투자를 할 때에 '공정한' 가격(내재가치 또는 본질적 가치)으로 거래된다.

---

1. 효율적 자본시장은 앞에서 설명한 완전자본시장보다 넓은 개념이다.

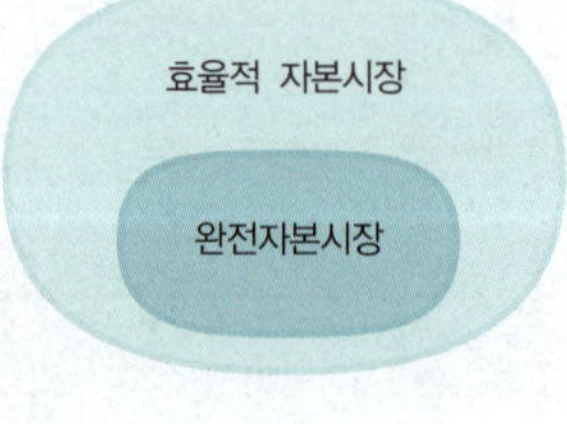

새로운 정보에 대한 주가의 반응

그림 13-1

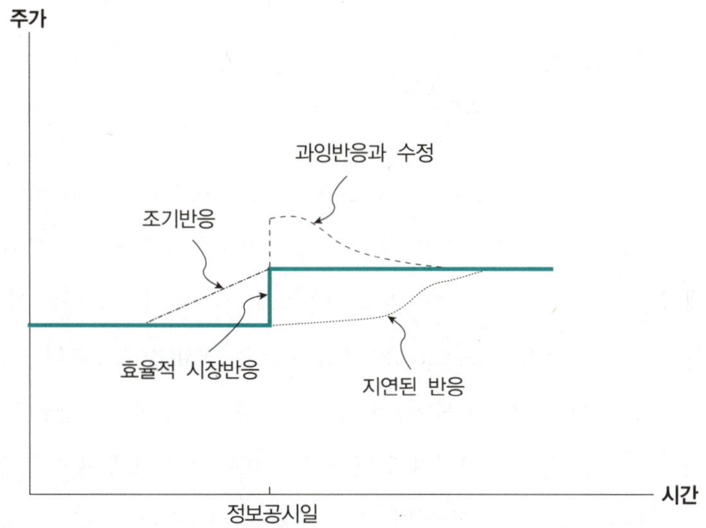

효율적 자본시장은 투자자와 기업에 대해 다음과 같은 의미를 가진다.

첫째, 정보가 즉각적으로 가격에 반영되기 때문에 투자자들은 정상적인 수익률만을 기대할 수 있다. 정보가 공시될 때 투자자들이 그 정보를 이용하여 비정상적인 초과수익을 얻을 수 없다. 왜냐하면 투자자가 공시된 정보를 이용하여 거래하기 전에 이미 그 정보를 반영하여 증권가격이 수정되기 때문이다.

둘째, 증권을 발행할 때 기업은 공정한 가격으로 발행하게 된다. 다시 말하면, 투자자들의 어리석음을 이용하여 정상적인 가격보다 높은 가격으로 증권을 발행할 수 없다.

[그림 13-1]은 자본시장에서 주가가 새로운 정보에 대하여 어떤 반응을 보이는지를 나타낸 것이다. 이 그림에서 볼 수 있는 바와 같이 자본시장이 효율적이라면, 새로운 정보가 주어짐과 동시에 주가는 주어진 정보를 즉각적으로 충분하게 반영할 것이다. 따라서 효율적 자본시장 하에서는 새로운 정보의 생성과 주가의 반응이 동시에 이루어지며, 어느 누구도 새로운 정보를 이용하여 균형기대수익률 이상의 비정상적인 초과수익을 얻을 수 없다. 그러나 기업에 관한 내부정보(inside information)가 공시 전에 누출될 경우, 주가는 조기반응(early response)을

보일 수도 있다. 한편, 자본시장이 비효율적이라면 주가는 새로운 정보에 대하여 지연된 반응을 보이거나, 일시적 과잉반응(overreaction)을 보일 수 있다.

1.2 효율적 시장 가설

주가에 영향을 미칠 수 있는 모든 정보가 주가에 '신속하게' 그리고 '충분히' 반영되고 있는가 하는 것은 하나의 실증적인 문제이다. 그러므로 효율적 시장의 개념은 현실적으로 성립하는가를 검정(test)하여야 하는 하나의 가설이며, 이를 **효율적 시장 가설**(efficient market hypothesis ; EMH)이라 한다. 이러한 효율적 시장 가설은 시장에서 이용가능한 정보를 이용하여 초과수익률을 기대할 수 없다는 것이지, 모든 정보가 의미가 없다는 것은 아니라는 점에 유의할 필요가 있다.

한편, 자본시장에서 어떤 정보는 다른 정보에 비해 보다 신속하게 주가에 영향을 미칠 수 있다. 파마(E.F. Fama)는 주가에 반영되는 정보의 유형에 따라 약형 효율적 시장 가설, 준강형 효율적 시장 가설, 강형 효율적 시장 가설 등 세 가지

그림 13-2 효율적 시장 가설

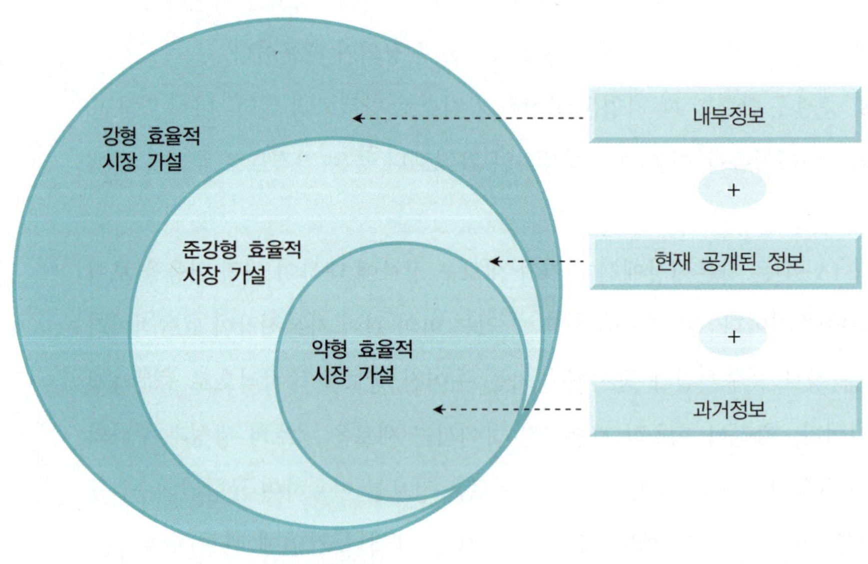

유형의 가설로 구분하였다.[2] 이를 그림으로 나타내면 [그림 13-2]와 같다.

약형 효율적 시장 가설

약형 효율적 시장 가설(weak form EMH)은 과거의 주가 움직임이나 거래량 등과 같은 역사적 정보가 주가에 충분히 반영된다는 가설이다. 약형 효율적 시장 가설이 성립한다면, 투자자들은 단순히 주가의 과거 변동양상만을 관찰해서는 평균적으로 보아 비정상적 초과수익을 얻을 수 없다.

증권분석에서 기술적 분석은 주가가 어떤 특정 형태를 취하면서 움직인다는 것을 가정하여 차트(chart)분석 등을 통해 과거 시계열상의 주가 움직임을 관찰함으로써 향후의 주가를 예측하려는 작업이다. 그러나 약형 효율적 시장 가설이 성립하는 증권시장에서는 과거의 주가정보가 이미 반영되어 있으며, 아울러 과거주가 변동과 미래주가 변동이 독립적이므로 과거의 주가정보를 이용하는 기술적 분석은 무의미해진다.

준강형 효율적 시장 가설

준강형 효율적 시장 가설(semi-strong form EMH)은 과거의 주가 움직임 등에 관한 정보뿐만 아니라 공개적으로 이용가능한 모든 정보(예를 들어, 이익, 배당, 주식분할, 유상증자 등)가 주가에 충분히 반영된다는 가설이다. 준강형 효율적 시장 가설이 성립한다면, 투자자들은 과거정보 또는 공개적으로 이용가능한 정보를 이용하여 비정상적 초과수익을 얻을 수 없다.

기본적 분석은 주식의 내재가치에 영향을 미치는 기업의 이익, 배당, 재무구조, 사업전망 등의 요인을 예측해 과소평가 또는 과대평가된 주식을 식별해냄으로써 초과수익을 얻으려는 시도이다. 공개된 정보라 하더라도 시장이 간과하고 있는 것이 있고, 증권가격에 반영되는 속도가 다르다는 가정에서 재무정보를 이용한다. 그러나 시장이 준강형 효율적이라면 현재주가는 사업보고서에서 분석될 수

---

2. E. F. Fama, "Efficient Capital Market : A Review of Theory and Empirical Work," *Journal of Finance*, Vol. 25(May 1970), pp.383~417.

있는 정보, 주요 경제분석 정보 등을 모두 반영한 것이기 때문에, 이들 공개된 정보에 기초해 투자전략을 수립하는 기본적 분석은 무의미해진다.

강형 효율적 시장 가설

강형 효율적 시장 가설(strong form EMH)은 과거의 주가에 대한 정보, 그리고 공개적으로 이용가능한 공시된 정보뿐만 아니라 비공개된 내부정보까지도 주가에 충분히 반영된다는 가설이다.

강형 효율적 시장 가설이 성립한다면 투자자들은 과거정보, 공개적으로 이용가능한 정보, 내부정보 등 어떠한 정보를 이용하더라도 비정상적 초과수익을 얻을 수 없다. 왜냐하면 다수의 투자자가 이용가능한 모든 정보를 경쟁적으로 수집하고 분석하여 이미 주가에 충분히 반영하였기 때문이다.

증권투자 Tip

효율적 시장 가설 vs 행동주의 경제학

금융위기가 발발하고 나서 효율적 시장 가설(EMH)은 아직은 유효한 것으로 평가받고 있지만, 이 가설에 대한 신뢰성은 많이 약해진 것으로 보인다. 대신, 효율적 시장 가설의 대항마인 '행동주의 경제학'이 신뢰성을 얻는 것으로 분석된다. 이코노미스트지(誌)는 최근 효율적 시장 가설을 여전히 옹호하는 마이런 숄즈 교수와 효율적 시장 가설에 문제점을 제기하는 조지프 스티글리츠 교수 등의 의견을 소개하며 금융위기 이후 금융공학의 흐름이 전개되고 있는 양상을 소개했다.

효율적 시장 가설은 이용가능한 모든 정보가 시장가격에 즉각적으로 반영되므로 특정 정보를 통해 미래가격을 예측하는 것은 불가능하다고 보는 가설이다. 즉, 시장은 누구도 예측할 수 없기 때문에 특정 주식을 선택해 시장평균 수익률을 초과하는 높은 수익을 장기간 올릴 수 없다는 것이다. 효율적 시장 가설의 태두라 할 수 있는 시카고대학의 유진 파마 교수는 효율적 시장 가설의 정수를 "금융자산의 가격은 가격과 관련된 이용가능한 모든 정보를 반영한다"고 표현하기도 했다. 그러나 월가는 효율적 시장 가설을 나름의 방식으로 적용했다. 월가는 금융자산의 가격이 균형가격을 향해 움직인다고 여겼다. 즉, 만약 특정 종목의 주가가 지나치게 낮으면 정보 우위의 투자자가 매입해 가격을 끌어올리고, 특정 종목의 주가가 지나치게 높으면 정보 우위의 투자자가 이를 매도해 가격을 끌어내린다고 생각했다. 따라서 시장에 거품이 형성될 수는 없으며, 거품이 형성되더라도 정보 우위의 투자자가 이를 제거할 것이므로 거품은 지속될 수 없다고 효율적 시장 가설 주창자들은 믿었다.

월가의 금융공학은 효율적 시장 가설을 바탕으로 나왔다. 그리고 금리옵션에서부터 신용부도스와프(CDS) 등 복잡한 금융상품들은 모두 효율적 시장 가설을 바탕으로 고안된 상품이다. 월가의 금융공학자들은 그들의 발명품이 이론적으로 탄탄하며, 금융시스템뿐 아니라 경제를 건전하고 안정되게 할 것으로 선전했다. 그러나 지난 2007년 금융위기가 발발하면서 효율적 시장 가설에 대한 믿음에 금이 가기 시작했다. 금융위기의 발발로 금융자산의 가격은 나락으로 떨어졌으며, 정보 우위의 투자자가 시장가격을 균형수준으로 끌어올린다는 효율적 시장 가설은 작동하지 않았다. 월가의 복잡한 금융상품들이 균형가격을 잃은 상태는 지금까지 이어져 오고 있다.

효율적 시장 가설이 힘을 잃으면서 행동주의 경제학이 미 학계를 중심으로 부상하고 있다. 행동주의 경제학은 경제학과 심리학을 결합한 것으로, 투자자들이 항상 합리적이고 이성적으로 행동하진 않으므로 심리적 요인을 경제학에 반영해야 한다는 사상이다. 행동주의 경제학자들은 투자자가 자신의 투자능력을 과신한 나머지, 현재의 추세가 앞으로도 지속될 것으로 믿는 경향이 있다고 보고 있다. 이러한 과신은 자산가격의 거품으로 이어진다. 반면, 이들은 투자자가 손실을 보기 시작하면 비정상적인 위험회피 성향을 보인다고 설명했다. 이는 거품붕괴 때 시장가격을 급격히 추락하게 한다.

행동주의 경제학은 금융위기와 같은 비정상적인 상황을 설명하는 데 유용한 것으로 보인다. 효율적 시장 가설은 이성적인 투자자를 가정하고 있어 현재의 시장 불균형을 설명할 수 없지만, 행동주의 경제학은 비이성적인 투자자를 가정하고 있어 이에 유용한 것으로 분석된다.

한편, 효율적 시장 가설의 유용성에 대한 의견은 학자마다 다른 것으로 보인다. 1997년 노벨 경제학상 수상자인 마이런 숄즈 스탠퍼드대 교수는 여전히 효율적 시장 가설을 지지하고 있었다. 숄즈 교수는 금융공학 모델과 모델을 실전에 적용하는 금융공학자를 구분해야 한다고 주장했다. 금융위기의 원인을 경제 이론과 가격모형에서 찾을 게 아니라 가격모형을 극단적인 수준으로 끌고 간 뉴욕 월가와 런던 금융가의 금융공학자를 비난해야 한다는 것이다. 그는 파생상품과 구조화 상품의 대부분이 가격모형에 따라 정확하게 움직였다고 주장했다. 대신, 금융공학자들이 금융모델의 변수에 지나치게 낙관적인 수치를 대입하면서 예외적인 상황을 고려하지 못했다고 지적했다. 숄즈 교수는 시장의 유동성이 예상보다 훨씬 더 빠르게 고갈되는 위험 등이 무시되거나 과소평가됐다고 말했다.

반면, 노벨 경제학상 수상자인 조지프 스티글리츠 컬럼비아대 교수는 효율적 시장 가설이 내포한 역설적인 측면을 지적했다. 스티글리츠 교수는 이용가능한 모든 정보가 시장가격에 즉시 반영된다면 정보 우위의 투자자가 시장가격을 균형수준으로 끌어올릴 여지가 없게 된다고 반박했다. 즉, 효율적 시장 가설은 시장이 효율적이라고 가정하지만, 시장은 실제로는 비효율적이기 때문에 정보 우위의 투자자가 가격을 균형수준으로 이끌 여지를 얻게 된다는 설명이다.

하버드대학의 안드레이 쉬레이퍼 경제학자는 '투자자 간 마찰적 요인'을 지적하며 효율적 시장 가설이 작동하지 않는다고 주장했다. 효율적 시장 가설은 정보 우위의 투자자가 정보 열위의 투자자를 압도할 것으로 가정하고 있다. 그러나 정보 우위의 투자자가 이들을 압도하려면 지나치게 큰 비용이 들 수 있다. 쉬레이퍼 교수는 정보 우위의 투자자가 시장가격을 정상으로 되돌리는 능력에는 한계가 있다고 지적했다. 정보 우위의 투자자가 펀더멘털에 입각해 매매하더라도 정보 열위의 투자자가 거래 규모와 수적인 측면에서 크게 우세하면 시장은 불균형 상태를 장기간 지속할 수 있다는 설명이다. 그는 이성적인 투자자라도 시장의 불균형 상태가 장기간 지속된다면 추세에 편승해 이익을 보려고 할 것이라며 정보 우위의 투자자가 균형가격을 회복할 것이라는 효율적 시장 가설은 작동하지 않을 수 있다고 진단했다.

연합인포맥스(2009년 7월 20일) 수정

1.3 효율적 시장과 관련된 논쟁

효율적 시장 가설이 제기된 이래 이와 관련한 많은 실증연구들이 이루어졌다. 그러나 그동안 진행된 효율적 시장에 관한 연구는 일관된 결과를 제시하지 못하고 있다. 이와 같은 측면에서 효율적 시장 가설을 둘러싼 논쟁은 쉽게 끝나지 않을 것으로 보인다. 논쟁의 빌미를 제공하는 주요 요인을 살펴보면 다음과 같다.

투자규모의 문제

1조원이라는 대규모의 자금을 관리하는 펀드매니저가 연 0.1%의 수익률을 추가적으로 증가시킬 수 있다면, 이 펀드매니저의 성과가 훌륭하다고 할 수 있겠는가? 코스피지수의 변동성이 연 30% 이상인 점을 감안한다면 0.1%의 추가적인 수익률은 극히 미미한 수준이라고 할 수 있다. 그러나 매년 10억원(1조원 × 0.1%)의 추가적인 수익을 얻어 자신의 보수 이상으로 기여한다는 측면에서 이 펀드매니저의 성과는 우수하다고 평가할 수 있을 것이다.

주가가 적정하게 형성되어 있는 시장이라 하더라도 대규모 자금을 운용하고 있는 펀드매니저가 미세한 가격불균형을 발견하여 수익률을 향상시킬 수 있는 기회는 존재할 수 있다. 이와 같은 경우 추가적인 수익을 얻기 위한 펀드매니저의 행동은 시장가격을 공정하게 형성하도록 하는 원동력이 될 수 있음을 의미한다. 이런 점에서 '시장이 효율적인가'라는 질문보다는 '시장이 얼마나 효율적인가'라는 질문이 시장효율성을 검증하는 데 있어서 더 적절할 수 있다.

선택편의의 문제

만약 어떤 사람이 뛰어난 투자기법을 지니고 있는 경우, 그는 다음과 같은 두 가지 선택을 할 수 있다. 하나는 이 기법을 시장에 공개하여 명성을 얻는 것이고, 다른 하나는 혼자 이 정보를 이용하여 많은 부를 얻는 것이다. 대부분의 사람들은 전자보다 후자를 선택하려고 할 것이다. 그러므로 시장에서 우수한 투자기법은 공개되지 않으며, 시장에 공개되는 기법들은 이미 비정상적인 초과수익을 달성하기 어려운 기법일 가능성이 높다. 이러한 점에서 우리가 검증하고자 하는 대상은 우수한 투자기법이 제외된 채 비정상수익률을 기대하기 어려운 투자기법에 한정될 수밖에 없으므로, 여기에는 선택편의(selection bias)의 문제가 존재하게 된다.

이와 같은 논리에서 접근하면 시장의 효율성을 검증한다고 하는 것은, 한편에서 보면 훌륭한 투자기법은 세상에 알려지지 않는다는 사실을 검증하는 것일 수 있다. 다시 말해, 검증하고자 하는 대상은 시장에 널리 알려진 보편적인 투자기법들로서, 이것들은 이미 시장에 반영된 것으로 볼 수 있다. 따라서 선택편의의 문제가 존재하는 경우 비정상적인 초과수익을 얻을 수 있는 투자기법의 존재 여부에 의해 시장효율성을 검증하려는 시도는 문제가 있을 수 있다.

행운의 문제

사람들은 가끔 신문이나 뉴스를 통해 성공한 투자자들에 관한 기사를 접한다. 이러한 기사를 보고 대부분의 사람들은 우수한 투자성과가 성공한 투자자들이 지닌 특별한 기법 때문이라고 믿고, 아울러 자신들도 그러한 기법을 이용하여 높은 성과를 낼 수 있으리라 믿는다.

주식투자로 단기간에 엄청난 수익을 올린 사례들은 효율적 시장 가설을 기각하는 증거로 볼 수 있다. 그러나 단기간에 엄청난 초과수익을 얻었다고 해서 효율적 시장과 배치되는 것은 아니다. 왜냐하면 이러한 투자성과가 운(luck)에 의하여 이루어질 수 있기 때문이다. 예를 들어, 동전던지기 게임에서 연속으로 앞면이 나온다고 해서 동전 던지는 사람에게 상당한 능력이 있다고 단정할 수는 없다. 그것은 단지 운이 좋았기 때문에 나타난 결과일 수도 있다. 이와 마찬가지로 주식투자도 운에 의해서 그 결과가 좌우될 수 있다.

2. 효율적 시장과 투자관리

Investments & Security Analysis, Ch. Thirteen

앞서 설명한 바와 같이, 효율적 시장에서는 비정상적인 초과수익을 얻을 목적으로 시도하는 어떠한 증권분석, 투자기법도 무의미하며, 투자전문가의 노력 또한 존재가치가 없다는 것이다. 이와 관련하여 효율적 시장에서 투자전략 및 증권분석가의 역할이 어떠한 의미를 지니는지를 살펴본다.

2.1 소극적 투자관리 및 적극적 투자관리

투자자들은 미래의 시장상황에 대한 예측과 개별증권에 대한 분석자료를 토대로 자신의 투자목적에 맞는 포트폴리오를 구성한다. 투자자들의 투자전략은 크게 소극적 투자관리와 적극적 투자관리로 구분될 수 있다.

소극적 투자관리란 자본시장이 효율적이라는 전제 하에 잘 분산투자된 포트폴리오를 구성하여 적정 이익 수준에서 위험을 최소화시키려는 데 그 목적이 있다. 반면, **적극적 투자관리**는 자본시장이 비효율적일 수 있다는 가정 하에서 다양한 증권분석 및 투자기법을 활용하여 투자자가 부담하는 위험수준에서 시장의 평균적인 수익률 이상의 투자성과를 얻고자 하는 전략이다.

소극적 투자관리와 적극적 투자관리 중에서 투자자가 어떤 투자전략을 선택할 것인가는 시장이 어느 정도 효율적인가라는 시장효율성에 대한 투자자의 판단에 달려 있다. 현재의 증권시장이 약형 효율적 시장이라고 믿는 투자자는 기본적 분석을 이용하여 비정상수익을 얻으려 할 것이며, 준강형 효율적 시장이라고 생각하는 투자자는 기업의 비공개된 내부정보를 이용하여 비정상 초과수익을 추구하는 것이 가능하다고 여길 것이다. 그러나 강형 효율적 시장이 성립한다고 생각하는 투자자는 어떤 정보에 의존하더라도 비정상 초과수익을 얻지 못한다는 사실을 인식하게 된다. 이러한 상황에서 투자자가 취할 수 있는 가장 바람직한 투자전략은 소극적 투자관리라 할 수 있으며, 이는 시장포트폴리오와 유사한 지수펀드 등에 투자하여 위험을 최소화시키는 것이다.

2.2 효율적 시장에서의 증권분석가의 역할

효율적 시장 가설에 따르면 약형 효율적 시장에서는 기술적 분석에 의한 초과수익을 기대할 수 없고, 준강형 효율적 시장에서는 기본적 분석을 통한 비정상적인 초과수익을 얻지 못한다. 다시 말해서, 효율적 시장에서는 초과수익을 기대할 목적으로 증권분석가(security analyst)가 사용하는 증권분석 또는 투자기법이 무의미하다는 것이다.

여기에서 한 가지 의문이 제기될 수 있다. 과연 효율적인 자본시장이라고 해서 초과수익을 얻고자 시도하는 증권분석가의 노력이 무의미하다고 할 수 있겠는가? 정보를 수집 · 분석하기 위해 많은 시간과 노력, 즉 비용을 투입한다면, 다른 투자자들이 발견하지 못한 정보를 먼저 찾아 이를 이용해 초과수익을 얻을 수 있는 기회가 존재할 수도 있다. 그로스만과 스티글리츠(S. Grossman and J. Stiglitz)에 의하면, 투자자가 새로운 정보를 발굴하거나 분석함으로써 그에 상응하는 높은 수익률을 기대할 수 있는 경우에 시간과 노력을 투자할 동기를 가질 수 있다.[3]

시장의 효율성과 증권분석은 서로 어긋나는 개념이라 할 수 없다. 증권분석은 시장을 효율적으로 만드는 데 유용할 뿐만 아니라 시장효율성 유지에 핵심적 역할을 한다는 하나의 역설(paradox)이 존재한다. 효율적 시장이 존재한다는 것은 많은 투자자들이 시장효율성을 부정하고 비정상적 초과이익을 얻고자 경쟁적으로 정보를 입수하여 분석하기 때문이다. 시장이 비효율적이라 믿고 증권분석가 등이 다양하고 깊이 있는 증권분석을 경쟁적으로 시도할수록, 결과적으로 대부분의 정보가 증권가격에 신속하게 반영되어 효율적 시장이 되어 가는 것이다. 이 과정에서 새로운 정보를 초기에 발견하고 즉시 이를 이용한 증권분석가 등 소수의 투자자만이 초과수익을 얻을 수 있을 것이다.

---

3. Sanford Grossman and J. E. Stiglitz. "The Impossibilty of Informationally Efficient Market," *American Economic Review*, Vol. 70(June 1980), pp.393 ~ 408.

3. 시장의 이례적 현상

1960년대 후반부터 미국을 중심으로 실제 운영되는 주식시장이 과연 정보효율성을 지니는가에 대한 관심이 집중되면서 많은 연구가 이루어졌다. 이 중 대부분의 연구들은 주식시장이 과거주가나 공시된 정보를 이용하여 비정상 초과수익률을 기대하기 어렵다고 주장한다. 그러나 1970년대 후반 이후 미국을 비롯하여 세계 여러 나라에서 진행된 많은 실증연구에서는 효율적 시장 가설을 기각하는 현상, 즉 시장의 이례적 현상(market anomalies)이 발견되었다. **시장의 이례적 현상**이란 CAPM 등 자산가격결정이론으로 설명되지 못하는 부분이 체계적이고 지속적으로 나타나는 현상을 말한다.

이러한 이례적 현상의 존재는 크게 두 가지 측면에서 중요한 의미를 지닌다. 하나는 이례적 현상이 자산의 가격결정에 체계적이고 지속적인 영향을 미친다면, 투자자들은 그 정보를 이용하여 보다 나은 투자전략을 수립할 수 있다는 것이다. 다른 하나는 CAPM의 타당성 여부와 관련하여 CAPM 사용에 의문이 제기될 수 있다는 것이다. 이것은 자산의 가격결정에 영향을 미치는 요인으로서 시장위험 이외의 다른 체계적 요인이 존재하는데, CAPM이 이를 고려하지 못함으로써 이례적 현상을 충분하게 설명할 수 없다는 것이다.[4] 그러나 시장모형 이외에 다른 대체모형들을 이용한 연구에서도 이례적 현상이 사라지지 않는다는 주장이 제기되고 있다.

일반적으로 시장의 이례적 현상으로는 저PER효과, 저PBR효과, 기업규모효과, 주말효과, 1월효과, 과잉반응효과, 최초공모주효과 등을 들 수 있다.[5]

---

4. 이러한 점에서 이례적 현상은 시장효율성을 검증하는 데 사용되는 모형(CAPM)이 정확하지 못한 관계로 발생된 것이지, 실제 존재하는 것이 아니라는 주장이 제기되었다. 즉, 주식수익률을 설명하는 변수로서 베타위험 이외에 PER, PBR, 기업규모 등 다른 위험 대용변수들이 존재한다는 것이며, 이에 대한 대표적인 연구는 다음과 같다.
   E. F. Fama and K. R. French, "Multifactor Explanations of Asset Pricing Anomalies," *Journal of Finance*, Vol. 51(March 1996), pp.55～84.
5. 윤영섭 외, 『주가 변동과 이례현상』(학현사, 1994).

3.1 저PER효과

PER이란 주가를 주당순이익으로 나눈 값으로서, 주가가 주당순이익의 몇 배 수준인가를 나타낸 지표이다. 선진국에선 오래전부터 주가수익비율이 주식투자자들에게 큰 관심사였는데, 그 이유는 PER이 낮은 주식이 PER이 높은 주식보다 평균적으로 높은 수익률을 얻는다고 분석되었기 때문이다. 이러한 현상을 **저PER효과**라고 하는데, 이는 미국의 주식시장을 대상으로 한 바수(S. Basu)의 연구에 의하여 처음으로 제기되었다.[6] 그는 1957년 5월부터 1971년 3월까지의 기간 중에 PER의 크기에 따라 표본을 5개의 그룹으로 나누어 투자성과를 분석하였는데, PER이 높은 주식보다 PER이 낮은 주식의 투자수익률이 더 높다는 연구결과를 제시하였다. 이와 같은 결과에 따라 바수는 CAPM이 위험과 기대수익률의 관계를 설명할 수 있는 적절한 모형이 아니라고 주장하였다.

라인가눔(M. Reinganum)도 체계적 위험이 같은 포트폴리오의 경우라 할지라도 PER이 낮은 포트폴리오가 PER이 높은 포트폴리오보다 더 높은 초과수익률을 얻을 수 있음을 발견하고, CAPM의 문제점을 지적하였다. 그러나 규모효과(size effect)가 PER과 관련이 있기 때문에 PER은 규모의 대용치(proxy)일 뿐이라고 주장하였다.[7] 이에 대해 바수는 PER과 기업규모 간에 상관관계는 있지만, PER효과가 기업규모효과와는 별도로 존재한다고 주장하였다.[8]

이상과 같이 저PER효과가 시사하는 바는, 낮은 수준의 PER을 지닌 종목의 주식에 투자함으로써 우월한 성과를 얻을 수 있다는 것이다. PER은 주당순이익 1원의 시장에서 평가된 가치를 의미하는데, 특정 기업의 PER이 다른 기업에 비해 낮다는 것은 특정 기업의 주가가 상대적으로 저평가되었다고 볼 수 있다. 그러므

---

6. S. Basu, "Investment Performance of Common Stocks in Relation to Their Price Earnings Ratios : A Test of the Efficient Market Hypothesis," *Journal of Finance*, Vol. 32(June 1977), pp.633~682.

7. M. R. Reinganum, "Misspecification of Capital Asset Pricing : Empirical Anomalies Based on Earnings Yields and Market Values," *Journal of Financial Economics*, Vol. 9(March 1981), pp.19~46.

8. S. Basu, "The Relationship Between Earnings' Yield, Market Value and the Return for NYSE Common Stocks : Further Evidence," *Journal of Financial Economics*, Vol. 12(June 1983), pp.129~156.

로 PER이 낮은 기업의 주가가 상승할 가능성이 그만큼 높을 수 있다는 것이다.

3.2 저PBR효과

PBR은 주가를 주당순자산(장부가치)으로 나눈 비율로서, 주가가 주당순자산의 몇 배인가를 나타내는 지표이다. PBR은 PER과 함께 주가의 상대적 수준을 나타내는 대표적인 지표에 속한다.

저PBR효과는 낮은 수준의 PBR을 지닌 주식의 수익률이 높은 수준의 PBR을 지닌 주식의 주식수익률보다 높게 나타나는 이례적 현상을 말한다. 이러한 저PBR효과는 파마와 프렌치(E. Fama and K. French)에 의하여 제기되었다.[9] 파마와 프렌치는 장부가치/시장가치 비율(book-to-market ratio)에 따라 주식을 열 개의 그룹으로 분류하여 1963년 7월부터 1990년 12월까지 각 그룹의 월별 평균수익률을 계산하였다. 이들은 장부가치/시장가치 비율이 가장 높은(PBR이 가장 낮은) 그룹의 월평균 수익률은 1.65%이지만, 이 비율이 가장 낮은(PBR이 가장 높은) 그룹의 경우는 0.72%에 불과하다는 결과를 제시하였다. 이들의 연구결과는 PBR이 낮은 기업의 주가가 상대적으로 저평가되어 있거나, 또는 PBR이 기대수익률에 영향을 주는 위험의 대용변수로서의 역할을 하는 것임을 시사하고 있다.

증권시장에서 이러한 저PBR현상이 지속적으로 나타난다고 할 경우 PBR을 이용한 성공적인 투자전략이 가능할 것이다. 다시 말해서, PBR이 낮은 주식에 투자함으로써 다른 투자전략보다 우월한 성과를 얻을 수 있을 것이다. PER과 마찬가지로 특정 기업의 PBR이 다른 기업에 비하여 낮다면, 특정 기업의 주가가 상대적으로 저평가되었다고 볼 수 있다.

---

9. E. F. Fama and K. R. French, "The Cross-Section of Expected Stock Returns," *Journal of Finance*, Vol. 47(June 1992), pp.427~465.

3.3 기업규모효과

기업규모효과(size effect)란 소형주일수록 초과수익률이 높게 나타나는, 즉 기업규모에 따라 수익률에 체계적인 차이가 존재하는 것을 말한다. 반즈(R. Banz)는 소규모 기업의 주식수익률이 대규모 기업에 비하여 높게 나타나는 현상, 즉 기업규모효과를 제기하였다.[10] 그는 1926년부터 1975년까지의 뉴욕증권거래소(NYSE)에 상장된 보통주를 시장가치기준으로 포트폴리오를 구성한 다음 초과수익률을 구해본 결과, 양자 사이에 유의한 음(−)의 상관관계가 존재한다고 하였다. 뉴욕증권거래소(NYSE)와 아메리칸증권거래소(AMEX) 주식을 대상으로 한 라인가눔(M. Reinganum)의 연구에서도 반즈와 동일한 결과가 제시되었다.[11] 그동안 우리나라에서도 기업규모효과에 대한 여러 연구들이 이루어졌으며, 대체로 우리나라에서도 어느 정도 기업규모효과가 존재한다고 알려져 있다.

기업규모효과에 의하면, 대규모보다 소규모 주식에 투자하는 전략을 취하는 경우에 비정상적인 초과수익률을 기대할 수 있다. 이러한 현상이 발생하는 원인은, 소규모 기업이 대규모 기업에 비하여 시장에서 소외된 기업으로서 거래가 빈번하지 못하고, 유동성 또한 상당히 약하기 때문이다. 즉, 소규모 기업이 대규모 기업에 비하여 다소 높은 위험을 지니고 있으므로 소규모 기업의 주식수익률이 대규모 기업의 주식에 비하여 높게 나타난다는 것이다.

3.4 주말효과

주말효과(weekend effect)는 월요일효과 또는 요일효과라고도 하는데, 주식수익률이 요일에 따라 달라 금요일의 수익률이 다른 요일에 비하여 높고, 월요일의 수익률이 다른 요일보다 낮게 나타나는 현상을 의미한다. 이는 증권시장과 경

---

10. R. W. Banz, "The Relationship between Return and Market Value of Common Stocks," *Journal of Financial Economics*, Vol. 9(March 1981), pp.3~18.

11. M. R. Reinganum, "Misspecification in Capital Asset Pricing : Empirical Anomalies Based on Earnings' Yields and Market Values," *Journal of Financial Economics*, Vol. 9(March 1981), pp.19~46.

제구조가 다른 많은 나라에서 공통적으로 발견되는 현상 중의 하나이다.

수익률이 시간과 비례하여 생성된다고 하면, 금요일 종가부터 월요일 종가를 이용한 수익률은 다른 요일에 비하여 높아야 할 것이다. 그러나 장기적으로 월요일의 수익률이 다른 요일과 달리 음(−)의 수익률이 발생하거나 다른 요일보다 상대적으로 낮은 수익률이 발생하는 현상이 지속적으로 존재하는데, 이는 월요일효과가 존재한다는 것을 의미한다. 하지만 투자행태나 제도적인 면에서 월요일이 다른 요일보다 특별하게 다른 점이 존재하지 않는다고 하면, 요일효과에 대한 이론적인 근거는 물론 설득력 있는 논리도 부족하다고 하겠다. 그럼에도 불구하고 통계적으로 유의한 요일효과의 존재가 여러 연구에서 확인되었기 때문에, 요일효과에 근거하여 장기적으로 반복매매를 할 경우에는 의미있는 성과를 거둘 수 있고, 이는 요일효과가 유용한 투자정보가 될 수 있음을 의미한다.

프렌치(K. French)는 미국시장에서 1953년부터 1977년까지 24년간의 일별 S&P500지수를 분석하여 월요일 평균수익률이 유의한 음(−)의 값을 갖는다는 결과를 제시하였다.[12] 또한 기번스와 헤스(M. Gibbons and P. Hess)도 주식수익률이 요일에 따라 다르며, 월요일의 수익률이 다른 요일의 수익률보다 지속적으로 낮게 나타난다고 주장하였다.[13] 우리나라에서도 그동안 여러 연구에서 장기간의 일별수익률을 분석한 결과 요일효과가 존재하는 것으로 나타났다.

요일효과를 증권투자전략에 활용할 경우 매입시점은 가급적 월요일로 하고, 매도시점은 가급적 금요일로 하는 것이 적절하다 하겠다. 호재는 가능한 한 빨리 투자자들에게 알리려 하고 악재는 지체하였다가 가급적 늦게 발표하고자 하는 경영자의 심리에 기인하여 요일효과가 나타난다고 할 수 있다. 다시 말해, 기업에 있어서 좋은 정보는 월요일에 발표하여 한 주일 내내 주가를 상승하게 만들고, 악재는 되도록 늦은 금요일에 발표하여 다음 월요일의 주가하락을 가져오게 한다는 것이다. 여기에는 기업이 악재를 금요일에 발표함으로써 휴일 동안 주가하락을 희석시키고자 하는 부차적인 의도도 내포되어 있다고 볼 수 있다.

---

12. K. R. French, "Stock Returns and Weekend Effect," *Journal of Financial Economics*, Vol. 8(March 1980), pp.55∼69.

13. M. R. Gibbons, and P. Hess, "Day of Weekend Effect and Asset Returns," *Journal of Business*, Vol. 54(Oct. 1981), pp.579∼596.

3.5 1월효과

1월효과(January effect)란 1월의 주식수익률이 다른 달의 주식수익률보다 높고, 이러한 차이가 지속적으로 발생하는 이례적 현상을 말한다.

굴테킨과 굴테킨(M. Gultekin and N. Gultekin)은 1970년부터 1979년까지 10년간의 세계 주요 17개국 주가지수의 월별수익률을 이용하여 월별효과를 검증한 결과, 17개국 가운데 12개국의 주가지수의 월별수익률이 통계적으로 유의한 차이가 있음을 발견하였는데, 1월의 평균수익률이 다른 달과 비교할 때 매우 높게 나타나는 1월효과가 존재한다고 주장하였다.[14] 카임(D. Keim)은 뉴욕증권거래소(NYSE)와 아메리카증권거래소(AMEX)에 상장된 종목을 대상으로 규모별 포트폴리오를 구성하여 분석한 결과 1월 이외의 달에서는 위험조정 후 초과수익률이 0에 가깝고 회사의 규모에 따라 유의한 차이가 나타나지 않았으나, 1월에는 소형주의 초과수익률이 유의한 양(+)의 값을 가진다고 주장하였다.[15]

한편, 미국의 경우 1월효과가 주장되는 근거로는 세금효과 가설을 들 수 있다. 미국에서는 주식투자 결과 손실이 발생하는 경우 이를 개인들의 손금으로 인정하여 세금혜택을 부여하는 제도가 허용되는데, 투자자들이 이 제도를 활용하고자 자본손실이 발생하면 연말에 즉각 주식을 매도하고 다음해 초에 주식을 다시 매입한다. 이러한 과정에서 대규모 자금이 1월 초에 유입됨으로써 주가를 상승시켜 주식수익률을 높게 만든다는 것이다.

3.6 과잉반응효과

심리학에서 대부분의 사람들은 예상치 못하였던 뉴스에 대하여 과잉반응을 한다고 한다. 그리고 주식시장에서도 이 같은 심리적인 현상이 존재할 수 있다. 과잉반응효과(overreaction effect)는 주가가 새로운 뉴스에 대하여 과도하게 반응

---

14. M. N. Gultekin and N. B. Gultekin, "Stock Market Seasonality : International Evidence," *Journal of Financial Economics*, Vol. 12(Dec. 1983), pp.469～481.
15. D. B. Keim, "Size-Related Anomalies and Stock Return Seasonality : Further Empirical Evidence," *Journal of Financial Economics*, Vol. 12(June 1983), pp.13～32.

함으로써 나타나는 이례적 현상을 말한다.

드봉과 탈러(W. DeBondt and R. Thaler)는 1926년부터 1982년까지 뉴욕증권거래소에 상장된 주식을 과거 3년 동안의 초과수익률을 기초로 수익률이 높은 승자포트폴리오(winner portfolio)와 수익률이 낮은 패자포트폴리오(loser portfolio)를 구성하여, 이들 포트폴리오의 향후 3년간 누적수익률에 평균회귀(mean reverting) 성향이 존재하는지 분석하였다.[16] 연구결과 패자포트폴리오는 20%의 초과수익률을 보인 반면, 승자포트폴리오는 −5%의 초과수익률을 보이는 것으로 나타나 평균회귀 성향을 지니는 것으로 나타났다. 이후 과잉반응이 존재하지 않는다는 결과를 제시한 연구들도 많았지만, 그럼에도 불구하고 초프라, 라코니쇼크, 그리고 리터(M. Chopra, J. Lakonishok, and J. Ritter)는 새로운 위험계수를 이용한 결과 과잉반응현상이 매우 강하게 존재할 뿐만 아니라, 이는 위험계수 측정과 무관한 것이라고 주장하였다.[17] 우리나라 주식시장에서도 단기간의 상승 및 하락폭이 큰 종목은 과잉반응이 나타나는 것으로 보고되었으며, 특정 사건 후의 주식수익률이나 분산의 형태에 관한 연구에서도 과잉반응이 존재하는 것으로 제시되고 있다.

3.7 최초공모주효과

기업공개에 있어서 발행기업과 인수기관은 공개대상인 주식에 대하여 정확한 시장수요를 모르는 상태에서 발행가격을 결정해야 하며, 동시에 일반투자자는 발행기업에 관한 정보가 부족한 상태에서 투자를 하기 때문에 최초공모주(initial public offerings ; IPO)의 발행에는 불확실성이 따른다. 따라서 IPO의 발행가격은 시장가격보다 높게 또는 낮게 정해질 수 있지만, 이와 관련된 연구들에 의하면 IPO가 실제가치에 비하여 체계적으로 낮은 가격에 발행되고 있는 것으로 나타나고 있으며, 이를 **최초공모주효과**라 한다.

---

16. W. DeBondt and R. Thaler, "Does the Stock Market Overreact?" *Journal of Finance*, Vol. 40(July 1985), pp.793～805.

17. M.Chopra, J. Lakonishok, and J. R. Ritter, "Measuring abnormal performance : Do Stock Overreact?" *Journal of Financial Economics*, Vol. 31(April 1992), pp.235～268.

이봇선, 신델라, 그리고 리터(R. Ibbotson, J. Sindelar, and J. Ritter)는 미국에서 IPO를 공모가격에 매입하여 상장 첫날 종가에 매도할 경우, 같은 기간의 시장수익률로 조정한 후 평균적으로 16.37%의 초과수익을 얻을 수 있었다는 결과를 제시하였다.[18] 우리나라에서도 1980년 후반 기업공개가 활발하던 시기에 IPO의 초기수익률이 평균 100%에 이를 만큼 공모가격이 시장가격보다 현저히 낮은 수준에서 결정되었다. 이와 같이 단순히 IPO에 투자함으로써 단기간에 막대한 초과수익을 얻을 수 있다는 것은 효율적 시장 가설에 반하는 현상이라고 할 수 있다.

18. R. G. Ibbotson, J. L Sindelar, and J. R. Ritter, "Initial Public Offerings," *Journal of applied Corporate Finance*, Vol. 1(Spring 1988), pp.37~45.

중요 용어

정보효율성 (500)

운영효율성 (500)

배분효율성 (500)

효율적 자본시장 (500)

효율적 시장 가설(EMH) (502)

약형 효율적 시장 가설 (503)

준강형 효율적 시장 가설 (503)

강형 효율적 시장 가설 (504)

선택편의 (507)

소극적 투자관리 (508)

적극적 투자관리 (508)

시장의 이례적 현상 (510)

저PER효과 (511)

저PBR효과 (512)

기업규모효과 (513)

주말효과 (513)

1월효과 (515)

과잉반응효과 (515)

최초공모주효과 (516)

사례연구 13-1 주식투자, 앵무새가 사람보다 잘했다

새가 제멋대로 고른 주식이 사람이 치밀한 전략을 세워 선택한 주식보다 더 높은 수익률을 기록한 것으로 나타났다. 증권 포털사이트인 팍스넷에 따르면 이 회사가 6월 25일부터 진행 중인 다섯 살짜리 파푸아뉴기니산 암컷 앵무새 '딸기'와 일반투자자 10명의 가상 투자대회인 '앵무새 vs 개인투자자'에서 딸기의 수익률이 사람들의 평균수익률을 크게 앞서고 있다. 5일 마감할 예정인 이 대회에서 3일 오후(주식시장 마감 기준)까지 딸기는 14.6%의 수익률을 올리며 전체 순위에서 3위를 달리는 중이다. 반면, 일반투자자 10명은 평균 −0.8%의 수익률을 거둬 '새만도 못한' 결과를 보이고 있다.

'딸기 투자'는 매주 한 번 코스피와 코스닥의 시가총액 상위 15개 기업의 이름이 적힌 조류용 장난감 공 가운데서 물어온 공에 적힌 종목을 구입하는 방식. 딸기는 지금까지 삼성전자, 메가스터디, 성광벤드 등을 선택했다. 일반투자자들은 총 6,000만원 한도 안에서 주식을 자유롭게 매매했다. 이번 대회 참가자 10명 중 6명은 투자 경력 5년 이상의 베테랑 개미들이다. 투자 경력 10년 이상인 참가자도 4명이나 된다. 그러나 두 명을 제외한 모든 투자자가 딸기보다 뒤처졌고 10명 중 7명은 마이너스 수익률 상태다.

미국 월스트리트저널도 2000년 7월 ~ 2001년 5월 펀드매니저와 일반투자자 각 4명과 원숭이가 참가하는 투자대회를 개최한 결과 원숭이가 −2.7%의 수익률로 각각 −13.4%와 −28.6%의 수익률을 올린 펀드매니저와 일반투자자를 눌렀다. 팍스넷 증권컨텐츠팀 정연대 부장은 "이번 투자대회의 결과는 단기투자에서도 잦은 단타매매보다는 우량주를 구입한 뒤 일정 기간 계속 보유하는 투자 전략이 훨씬 효과적이라는 것을 보여준다"고 말했다.

출처 : 동아일보(2009년 8월 4일) 수정

사례연구 13-2 월요일에 증시 하락하는 월요일효과(Monday Effect)

"나는 월요일이 오는 걸 싫어했다."

1980년대 피델리티 마젤란펀드를 운영한 전설적인 펀드매니저 피터 린치(Peter Lynch)는 월요일에 사람들이 주식을 내다 파는 경향이 많아 증시가 하락한다며 "월요일을 싫어했다"(used to hate Mondays)고 밝혔다.

지난 6일 코스피지수는 50.48포인트, 2.4% 하락하며 2012년 6월 4일(2.8% 하락) 이후 3년여 만에 가장 큰 하락률을 기록했다. 이날도 월요일이었다. 직전 주말 동안 실시된 그리스 국민투표에서 긴축 반대표가 압도적 우세로 나오자 그리스의 유로존 탈퇴 가능성이 급격히 대두되면서 월요일 국내 증시에 충격파를 던진 것이다. 직전 금요일 중국 증시가 5.8% 급락하며 패닉에 빠진 것도 영향을 줬다. 일부 언론에선 이날 증시 하락을 놓고 블랙 먼데이(black Monday)라 부르며 암울한 주식시장 분위기를 전했다.

증시에는 논리적으로 설명되지 않는 여러 비정상적인 현상들이 존재한다. 그중 하나가 월요일에 증시가 상승하기보다는 하락한다는 '월요일효과'(Monday effect)다. 실제로 지난 6월 이후 지금까지 총 6번의 월요일 중에서 코스피시장은 5번 하락했다.

"월요일에 주가 빠진다"

월요일에 증시가 하락한다는 역사적 증거는 꽤나 많다. 미 증시 역사상 최악의 폭락 5개 가운데 3개가 모두 월요일에 일어났다. 대표적인 게 하루 최대 하락률(-22.6%)을 기록해 블랙 먼데이라 불리는 '1987년 대폭락(10월 19일)'과 1930년대 경제 대공황(the Great Depression)을 촉발시킨 '1929년 주가 폭락(10월 28일)'이다. 가장 최근엔 하루 최대 하락폭(-777.68포인트)을 기록한 '2008년 주가 폭락(9월 29일)'도 다름아닌 월요일에 일어났다. 이뿐만 아니다. 블루 먼데이(blue Monday) 혹은 블랙 먼데이라고 구글에서 검색해 보면 전 세계 곳곳에서 월요일에 증시가 폭락한 사실들을 어렵지 않게 찾아볼 수 있다. 나아가 많은 재무학자들이 과거의 증시 데이터를 들여다보며 월요일효과의 존재를 조사했다. 그리고 다른 어느 요일에 비해 월요일에 주가가 오르기보다 떨어지는 경우가 많았음을 실증적으로 발견했다. 예를 들면, 하워드 실버블라트(Howard Silverblatt) 다우존스 시니어 애널리스트는 S&P500지수가 1928

년 이후 월요일에 떨어진 경우가 모두 52퍼센트에 달했다고 밝혔다(2012년). 그리고 다른 요일엔 주가가 오르는 경우가 더 많았음을 발견했다. 다우지수도 1900년 이후 비슷한 패턴이 있음을 보여줬다.

월요일효과는 주말효과(weekend effect)라고도 불리는데 피터 린치(Peter Lynch)도 그의 저서(『One Up on Wall Street』(2000))에서 언급했을 정도로 특이한 현상이다. 린치는 1955년부터 1985년까지 다우지수가 월요일에만 1,500포인트 이상 하락했다며 월요일효과의 존재를 인정했다.

그렇다면 투자자들은 왜 월요일에 주식을 내다 팔려고 할까? 여러 이유가 제기돼 왔으나 딱히 설득력 있는 이유를 찾기 어렵다. 그중 재미있는 몇 가지를 살펴보자. (사실 다른 어느 요일에도 증시가 오르고 내리는 이유를 딱히 알 수가 없기는 마찬가지다)

피터 린치는 "주말 동안 투자자들이 영문 모를 공포와 의심에 쌓여 월요일에 서둘러 주식을 팔기 때문"이라고 설명했다. 그는 "(주말 신문을 읽으면서) 모든 사람이 주말에 경제학자가 된다"며 이 주말 신문이란 게 보통 비관적인 내용들이 많아서 투자자들 자신도 비관적인 감정에 사로잡히게 된다는 것이다. 또 주말에 일어나는 사건이나 이슈들도 주로 나쁜 것들이 많아 영향을 받는다. 결국 주말에 생성된 비관적인 생각이 사람들로 하여금 월요일에 주식을 팔게 만든다.

하지만 투자자들의 비관은 그리 오래 가지 않는다고 린치는 지적한다. 즉, 투자자들은 월요일에 새로 나오는 뉴스를 접하면서 냉정함을 되찾게 되고 월요일 오후가 되면 주말에 쌓인 공포와 의심이 근거가 없다는 걸 깨닫게 된다. 실제로 한 재무연구에 따르면 월요일 주가 하락의 대부분은 개장 직후 1시간 동안에 발생한다고 밝혀 피터 린치의 설명에 실증적 증거를 뒷받침해주고 있다.

또 다른 이유로 기업들이 나쁜 뉴스는 주로 금요일 증시가 폐장한 이후에 공시를 내는데 투자자들이 결국 그 나쁜 뉴스를 듣고 주식을 내다 파는 첫 거래일이 바로 월요일이라는 것이다. 그리고 위험에 빠진 기업들이 유독 주말에 파산하기 때문에 월요일에 증시가 하락한다는 주장도 흥미롭다. 대표적인 게 2008년 글로벌 금융위기를 촉발시킨 투자은행 베어스턴스와 리먼브라더스의 파산은 모두 일요일에 일어났다.

어쩌면 피터 린치의 말대로 사람들이 그저 주말 동안에 좀 더 저기압이 되는지도 모른다. 그래서 그런지 공포지수라 불리는 VIX지수는 월요일에 오르는 경향이 있다.

하지만 월요일효과는 단지 요행에 불과하다는 지적도 있다. 상승장에는 여자들의 스커트 길이가 짧아진다든지, 미국 슈퍼볼 경기에서 내셔널리그 풋볼팀이 우승하면 증시가 오른다고 말하는 것과 마찬가지라는 것이다.

*A Random Walk Down Wall Street*의 저자인 프린스턴대 경제학교수인 버튼 말킬(Burton Malkiel)은 월요일효과를 "투자자들의 돈을 잃게 하는 기술적 패턴들의 또 다른 한 무리"라고 무시해버렸다. 월요일효과의 패턴을 믿고 주식시장에서 베팅을 하면 돈을 잃고 만다는 경고다. 하지만 말킬의 경고에도 불구하고 "그래도 증시가 월요일에 하락한다"는 패턴은 사실이다. 갈릴레이가 법정에서 지동설을 부인한 뒤 "그래도 지구는 돈다"고 말한 것처럼 말이다.

강상규 소장(머니투데이)

출처 : 머니투데이(2015년 7월 12일) 수정

사례연구 13-3 24년간 증시에서 '가장 잔인한 달'은 9월, 올해는?

코스피와 코스닥 모두 평균수익률이 가장 낮았던 달은 9월인 것으로 조사됐다. 1997년부터 2021년 8월 말까지 24년 8개월(296개월)간 평균수익률을 확인한 결과다. 2021년 9월 13일 NH투자증권에 따르면, 9월 평균수익률은 코스피가 −1.12%, 코스닥이 −2.82%로 집계됐다. 평균수익률이 코스피의 경우 −1%, 코스닥은 −2% 아래로 떨어진 달은 9월뿐이다. 한 증시 관계자는 "유명한 시에 '4월은 가장 잔인한 달'이라는 구절이 있는데 증시에서는 9월이 가장 잔인한 달인 셈"이라고 말했다. 전문가들은 통상 가을에 기업들 실적이 부진한 데다, 역대 증시를 흔들었던 굵직한 위기들이 8~9월에 집중됐던 점 등을 이유로 꼽는다.

2021년에도 9월 미국의 테이퍼링(채권 등 자산매입 축소) 실시를 두고 세계 금융시장이 긴장하고 있다. 미국이 코로나를 막고자 틀었던 자금 공급 수도꼭지를 잠그기 시작하면 신흥국에서 미국 등 선진국으로 해외 자금이 빠져나가 금융 불안이 일어날 수 있기 때문이다. 미국 경제신문 월스트리트저널(WSJ)은 "미국 연방준비제도(Fed)가 2021년 11월부터 테이퍼링을 시작하는 방안을 내부 준비 중이다"라며 "2021년 9월 21~22일 열리는 연방공개시장위원회(FOMC)에서 테이퍼링과 관련해 어떤 식으로든 시장에 신호를 줄 것"으로 보도했다.

3분기 기업 실적 하향 경향, 큰 위기 8·9월 집중

전문가들은 보통 기업 실적이 3분기(7~9월)에 나빠진다고 말한다. 이에 따라 기업 실적에 크게 영향을 받는 주가도 떨어진다는 것이다. 20년차 펀드매니저 A씨는 "증권사 애널리스트들의 연간 전망이 연초에 낙관적이다가 8월 즈음 실제 반기 실적이 나오면 하향 조정되는 경우가 다반사"라며 "기업들도 1~2분기엔 실적을 좋게 내려고 노력하다가 3분기엔 쉬어가는 경향이 강하다"고 말했다. 기업들이 상반기에는 일단 매출 증가에 집중하고 3분기에는 IT 등 고가 내구재들의 재고가 증가했다가 4분기에 소위 '밀어내기' 등으로 매출을 늘린다는 것이다.

월평균 수익률이 9월에 부진한 현상은 미국 S&P500에서도 마찬가지로 나타났다. 블룸버그에 따르면, 90년간(1930~2021년) 월평균 수익률에서 9월(−1.02%)이 압도적으로 나빴다. 둘째로 저조한 2월(−0.06%)은 9월에 크게 못 미쳤다. 편득현 NH투자증권 자산관리전략부장은 "회계연도가 9월 말에 끝나는 미국 펀드들은 이때 손실을 확정해 세금을 줄이고, 다음 해 기준 가격을 낮은 수준에서 시작하려 한다"며 "이때 미국 주가가 하락하고 한국 증시도 영향을 받는다"고 설명했다.

유독 8~9월에 글로벌 증시를 뒤흔든 금융위기들이 터진 점도 악영향을 미친 것으로 해석된다. 2001년 9·11테러와 2008년 9월 리먼브러더스 파산에 따른 글로벌 금융위기 촉발은 대표적 사례다. 2011년 8월엔 미국 국가 신용등급이 사상 처음으로 강등됐고, 북한이 5·6차 핵실험을 강행한 시점도 2016·2017년 9월이었다. 미국·중국은 2018·2019년 8~9월에 양국 간 관세 폭탄을 주고받는 등 무역 분쟁을 벌인 바 있다.

소나기는 일단 피하되 저점 매수도 노려볼 만

전문가들은 일단 8~9월엔 주식 비율을 줄이는 게 좋다고 조언한다. 7월 정도까지 증시가 호황을 보이는 '서머랠리'를 누린 후 차익을 실현해 놓고 소나기가 지나가길 기다리라는 것이다. 하이투자증권은 "연준의 테이퍼링이 가시화하는 10월쯤 경기선행지수가 꺾일 수 있다"며 그 전에 국내주식 비율을 줄이는 것을 추천했다. 하지만 오히려 역발상으로 저점 투자시점을 노려볼 만하다는 의견도 있다. 가을 하락장이 끝난 뒤엔 주가가 크게 올랐기 때문이다. 코스피의 평균수익률이 가장 높았던 달은 11월(3.42%)이었고, 1월(3.29%)이 둘째로 높았다. 이에 따라 증시에서 '1월효과'(January Effect)라는 말까지 생겼을 정도다. S&P500도 12월(1.33%)·1월(1.18%) 평균수익률이 연중 셋째·넷째로 높게 나타났다.

출처 : 조선일보(2021년 9월 13일) 수정

연습문제

※ 완성/선택형 문제

01. 시장효율성은 (   ), (   ), (   ) 등을 모두 포함하는 넓은 개념으로 이해될 수 있다.

02. (   )은 주가에 영향을 미칠 수 있는 모든 정보가 주가에 '신속하게' 그리고 '충분히' 영향을 미치고 있는 시장을 의미한다.

03. (   )이 성립하는 증권시장에서는 과거의 주가정보가 이미 반영되어 있으며, 아울러 과거주가 변동과 미래주가 변동이 독립적이므로 과거의 주가정보를 이용하는 기술적 분석은 무의미해진다.

04. (   )은 과거의 주가 움직임 등에 관한 정보뿐만 아니라 공개적으로 이용가능한 이익, 배당, 주식분할, 유상증자 등의 정보가 주가에 충분히 반영된다는 가설이다.

05. (   )이란 자산의 가격에 이론가격으로 설명되지 못하는 부분이 체계적이고 지속적으로 나타나는 현상을 말한다.

06. 효율적 자본시장에 대한 다음의 설명 중 옳지 않은 것은?

① 시장에서 이용가능한 모든 정보가 투자자에게 비용 없이 즉시 전달되어 증권가격에 충분히 반영된다.

② 정보가 공시될 때 투자자들이 그 정보를 이용하여 비정상적인 초과수익을 얻을 수 있다.

③ 증권을 발행할 때 기업은 공정한 가격으로 발행하게 된다.

④ 증권의 시장가격은 내재가치와 일치한다.

07. 과거의 주가 움직임 등에 관한 정보뿐만 아니라 공개적으로 이용가능한 모든 정보(예를 들어, 이익, 배당, 주식분할, 유상증자 등)가 주가에 충분히 반영된다는 효율적 시장 가설은?

① 약형 효율적 시장 가설　② 준약형 효율적 시장 가설
③ 준강형 효율적 시장 가설　④ 강형 효율적 시장 가설

08. 약형 효율적 시장에서 비정상적인 초과수익률을 달성할 수 있는 투자전략으로 가장 적절한 것은?

① 이동평균선 분석　② 필터기법
③ 캔들차트 분석　④ 기본적 분석

09. 다음 중 강형 효율적 시장 가설이 성립하는 시장에서 가장 합리적인 투자행위는?

① 기업 내부정보에 근거한 투자　② 저PER 종목 투자
③ 소극적 투자관리　④ 상대강도지수를 이용한 투자

10. 효율적 시장 가설을 둘러싼 논쟁과 거리가 먼 것은?

① 투자시기의 문제　② 투자규모의 문제
③ 선택편의의 문제　④ 행운의 문제

11. 다음 중 시장의 이례적 현상으로 적절하지 않은 것은?

① 고PER효과　② 저PBR효과
③ 기업규모효과　④ 과잉반응효과

12. 시장의 이례적 현상에 대한 다음의 설명 중 잘못된 것은?

① 낮은 수준의 PBR을 지닌 종목의 주식에 투자함으로써 우월한 성과를 얻을 수 있다
② 소규모보다 대규모 주식에 투자하는 전략을 취하는 경우에 비정상적인 초과수익률을 기대할 수 있다.
③ 1월의 주식수익률이 다른 달의 주식수익률보다 높고, 이러한 차이가 지속적으로 발생한다.
④ 최초공모주는 실제가치에 비하여 체계적으로 낮은 가격에 발행된다.

✲ 서술형 문제

01. 효율적 시장은 주가가 어떤 유형의 정보를 반영하는가에 따라 약형, 준강형, 강형 효율적 시장으로 분류되는데, 이러한 세 가지 형태의 효율적 시장 가설(EMH)에 대하여 설명하라.

02. 효율적 시장 가설과 관련된 논쟁에 대하여 설명하라.

03. **시장효율성의 의미**

시장효율성에 관한 다음 설명들의 타당성 여부를 확인하라?

(1) 시장효율성은 증권가격에 대한 완전한 예측능력을 의미한다.
(2) 시장효율성은 주가가 이용가능한 모든 정보를 반영하고 있다는 것을 의미한다.
(3) 시장효율성은 비이성적인 시장을 의미한다.
(4) 시장효율성은 증권가격이 변동하지 않는다는 것을 의미한다.
(5) 시장효율성은 투자자들 사이의 치열한 경쟁의 결과이다.

04. **효율적 자본시장과 주가반응**

오늘 ㈜대한제약은 신약개발에 성공하였다고 발표하였다. 어제 ㈜대한제약의 종가는 20만원이었다.

(1) 발표 후 ㈜대한제약의 주가는 어떻게 되겠는가?
(2) 다음과 같은 세 가지 상황이 나타날 수 있다고 할 때, 어떤 상황이 효율적 자본시장에 부합되는가?
   ① 발표 후 주가는 25만원으로 상승하였다. 그러나 다음날 하락하여 23만5천원이 되었다.
   ② 발표 후 주가는 23만5천원으로 상승하여 변동이 없었다.
   ③ 발표 후 주가는 다음주까지 조금씩 지속적으로 상승하여 23만5천원이 되었다.

05. "효율적 시장에서는 초과이익을 얻고자 하는 어떠한 투자전략이 존재할 수 없으므로, 증권분석 등을 통하여 비정상적 수익률을 획득하고자 하는 증권분석가의 노력이 무의미하다"라는 주장에 대하여 논평하라.

06. 시장의 이례적 현상에는 어떠한 것들이 있는지 언급하고, 각 이례적 현상을 구체적으로 설명하라.

부록

APPENDIX

부표 1 복리이자요소 $(CVIF_{r,n}) = (1+r)^n$

1원의 n기간 말의 미래가치

기간	이 자 율									
	1%	2%	3%	4%	5%	6%	7%	8%	9%	10%
1	1.0100	1.0200	1.0300	1.0400	1.0500	1.0600	1.0700	1.0800	1.0900	1.1000
2	1.0201	1.0404	1.0609	1.0816	1.1025	1.1236	1.1449	1.1664	1.1881	1.2100
3	1.0303	1.0612	1.0927	1.1249	1.1576	1.1910	1.2250	1.2597	1.2950	1.3310
4	1.0406	1.0824	1.1255	1.1699	1.2155	1.2625	1.3108	1.3605	1.4116	1.4641
5	1.0510	1.1041	1.1593	1.2167	1.2763	1.3382	1.4026	1.4693	1.5386	1.6105
6	1.0615	1.1262	1.1941	1.2653	1.3401	1.4185	1.5007	1.5869	1.6771	1.7716
7	1.0721	1.1487	1.2299	1.3159	1.4071	1.5036	1.6058	1.7138	1.8280	1.9487
8	1.0829	1.1717	1.2668	1.3686	1.4775	1.5938	1.7182	1.8509	1.9926	2.1436
9	1.0937	1.1951	1.3048	1.4233	1.5513	1.6895	1.8385	1.9990	2.1719	2.3579
10	1.1046	1.2190	1.3439	1.4802	1.6289	1.7908	1.9672	2.1589	2.3674	2.5937
11	1.1157	1.2434	1.3842	1.5395	1.7103	1.8983	2.1049	2.3316	2.5804	2.8531
12	1.1268	1.2682	1.4258	1.6010	1.7959	2.0122	2.2522	2.5182	2.8127	3.1384
13	1.1381	1.2936	1.4685	1.6651	1.8856	2.1329	2.4098	2.7196	3.0658	3.4523
14	1.1495	1.3195	1.5126	1.7317	1.9799	2.2609	2.5785	2.9372	3.3417	3.7975
15	1.1610	1.3459	1.5580	1.8009	2.0789	2.3966	2.7590	3.1722	3.6425	4.1772
16	1.1726	1.3728	1.6047	1.8730	2.1829	2.5404	2.9522	3.4259	3.9703	4.5950
17	1.1843	1.4002	1.6528	1.9479	2.2920	2.6928	3.1588	3.7000	4.3276	5.0545
18	1.1961	1.4282	1.7024	2.0258	2.4066	2.8543	3.3799	3.9960	4.7171	5.5599
19	1.2081	1.4568	1.7535	2.1068	2.5270	3.0256	3.6165	4.3157	5.1417	6.1159
20	1.2202	1.4859	1.8061	2.1911	2.6533	3.2071	3.8697	4.6610	5.6044	6.7275
21	1.2324	1.5157	1.8603	2.2788	2.7860	3.3996	4.1406	5.0338	6.1088	7.4002
22	1.2447	1.5460	1.9161	2.3699	2.9253	3.6035	4.4304	5.4365	6.6586	8.1403
23	1.2572	1.5769	1.9736	2.4647	3.0715	3.8197	4.7405	5.8715	7.2579	8.9543
24	1.2697	1.6084	2.0328	2.5633	3.2251	4.0489	5.0724	6.3412	7.9111	9.8497
25	1.2824	1.6406	2.0938	2.6658	3.3864	4.2919	5.4274	6.8485	8.6231	10.835
30	1.3478	1.8114	2.4273	3.2434	4.3219	5.7435	7.6123	10.063	13.268	17.449
40	1.4889	2.2080	3.2620	4.8010	7.0400	10.286	14.974	21.725	31.409	45.259
50	1.6446	2.6916	4.3839	7.1067	11.467	18.420	29.457	46.902	74.358	117.39
60	1.8167	3.2810	5.8916	10.520	18.679	32.988	57.946	101.26	176.03	304.48

* $CVIF > 99{,}999$

기간	이 자 율									
	12%	14%	15%	16%	18%	20%	24%	28%	32%	36%
1	1.1200	1.1400	1.1500	1.1600	1.1800	1.2000	1.2400	1.2800	1.3200	1.3600
2	1.2544	1.2996	1.3225	1.3456	1.3924	1.4400	1.5376	1.6384	1.7424	1.8496
3	1.4049	1.4815	1.5209	1.5609	1.6430	1.7280	1.9066	2.0972	2.3000	2.5155
4	1.5735	1.6890	1.7490	1.8106	1.9388	2.0736	2.3642	2.6844	3.0360	3.4210
5	1.7623	1.9254	2.0114	2.1003	2.2878	2.4883	2.9316	3.4360	4.0075	4.6526
6	1.9738	2.1950	2.3131	2.4364	2.6996	2.9860	3.6352	4.3980	5.2899	6.3275
7	2.2107	2.5023	2.6600	2.8262	3.1855	3.5832	4.5077	5.6295	6.9826	8.6054
8	2.4760	2.8526	3.0590	3.2784	3.7589	4.2998	5.5895	7.2058	9.2170	11.703
9	2.7731	3.2519	3.5179	3.8030	4.4355	5.1598	6.9310	9.2234	12.166	15.917
10	3.1058	3.7072	4.0456	4.4114	5.2338	6.1917	8.5944	11.806	16.060	21.647
11	3.4785	4.2262	4.6524	5.1173	6.1759	7.4301	10.657	15.112	21.199	29.439
12	3.8960	4.8179	5.3503	5.9360	7.2876	8.9161	13.215	19.343	27.983	40.037
13	4.3635	5.4924	6.1528	6.8858	8.5994	10.699	16.386	24.759	36.937	54.451
14	4.8871	6.2613	7.0757	7.9875	10.147	12.839	20.319	31.691	48.757	74.053
15	5.4736	7.1379	8.1371	9.2655	11.974	15.407	25.196	40.565	64.359	100.71
16	6.1304	8.1372	9.3576	10.748	14.129	18.488	31.243	51.923	84.954	136.97
17	6.8660	9.2765	10.761	12.468	16.672	22.186	38.741	66.461	112.14	186.28
18	7.6900	10.575	12.375	14.463	19.673	26.623	48.039	85.071	148.02	253.34
19	8.6128	12.056	14.232	16.777	23.214	31.948	59.568	108.89	195.39	344.54
20	9.6463	13.743	16.367	19.461	27.393	38.338	73.864	139.38	257.92	468.57
21	10.804	15.668	18.822	22.574	32.324	46.005	91.592	178.41	340.45	637.26
22	12.100	17.861	21.645	26.186	38.142	55.206	113.57	228.36	449.39	866.67
23	13.522	20.362	24.891	30.376	45.008	66.247	140.83	292.30	593.20	1178.7
24	15.179	23.212	28.625	35.236	53.109	79.497	174.63	374.14	783.02	1603.0
25	17.000	26.462	32.919	40.874	62.669	95.396	216.54	478.90	1033.6	2180.1
30	29.960	50.950	66.212	85.850	143.37	237.38	634.82	1645.5	4142.1	10143.
40	93.051	188.88	267.86	378.72	750.38	1469.8	5455.9	19427.	66521.	*
50	289.00	700.23	1083.7	1670.7	3927.4	9100.4	46890.	*	*	*
60	897.60	2595.9	4384.0	7370.2	20555.	56348.	*	*	*	*

부표 2 연금의 복리이자요소 $(CVIFA_{r,n}) = \left[\frac{(1+r)^n}{r} - \frac{1}{r}\right]$

일정 기간 동안 매 기간 말에 1원씩 지급하는 연금의 n기간 후의 미래가치

기간	이 자 율									
	1%	2%	3%	4%	5%	6%	7%	8%	9%	10%
1	1.0000	1.0000	1.0000	1.0000	1.0000	1.0000	1.0000	1.0000	1.0000	1.0000
2	2.0100	2.0200	2.0300	2.0400	2.0500	2.0600	2.0700	2.0800	2.0900	2.1000
3	3.0301	3.0604	3.0909	3.1216	3.1525	3.1836	3.2149	3.2464	3.2781	3.3100
4	4.0604	4.1216	4.1836	4.2465	4.3101	4.3746	4.4399	4.5061	4.5731	4.6410
5	5.1010	5.2040	5.3091	5.4163	5.5256	5.6371	5.7507	5.8666	5.9847	6.1051
6	6.1520	6.3081	6.4684	6.6330	6.8019	6.9753	7.1533	7.3359	7.5233	7.7156
7	7.2135	7.4343	7.6625	7.8983	8.1420	8.3938	8.6540	8.9228	9.2004	9.4872
8	8.2857	8.5830	8.8932	9.1242	9.5491	9.8975	10.260	10.637	11.028	11.436
9	9.3685	9.7546	10.159	10.583	11.027	11.491	11.978	12.488	13.021	13.570
10	10.462	10.950	11.464	12.006	12.578	13.181	13.816	14.487	15.193	15.937
11	11.567	12.169	12.808	13.486	14.207	14.972	15.784	16.645	17.560	18.531
12	12.683	13.412	14.192	15.026	15.917	16.870	17.888	18.977	20.141	21.384
13	13.809	14.680	15.618	16.627	17.713	18.882	20.141	21.495	22.953	24.523
14	14.947	15.974	17.086	18.292	19.599	21.015	22.550	24.215	26.019	27.975
15	16.097	17.293	18.599	20.024	21.579	23.276	25.129	27.152	29.361	31.772
16	17.258	18.639	20.157	21.825	23.657	25.673	27.888	30.324	33.003	35.950
17	18.430	20.012	21.762	23.698	25.840	28.213	30.840	33.750	36.974	40.545
18	19.615	21.412	23.414	25.645	28.132	30.906	33.999	37.450	41.301	45.599
19	20.811	22.841	25.117	27.671	30.539	33.760	37.379	41.446	46.018	51.159
20	22.019	24.297	26.870	29.778	33.066	36.786	40.995	45.762	51.160	57.275
21	23.239	25.783	28.676	31.969	35.719	39.993	44.865	50.423	56.765	64.002
22	24.472	27.299	30.537	34.248	38.505	43.392	49.006	55.457	62.873	71.403
23	25.716	28.845	32.453	36.618	41.430	46.996	53.436	60.893	69.532	79.543
24	26.973	30.422	34.426	39.083	44.502	50.816	58.177	66.765	76.790	88.497
25	28.243	32.030	36.459	41.646	47.727	54.865	63.249	73.106	84.701	98.347
30	34.785	40.568	47.575	56.085	66.439	79.058	94.461	113.28	136.31	164.49
40	48.886	60.402	75.401	95.026	120.80	154.76	199.64	259.06	337.88	442.59
50	64.463	84.579	112.80	152.67	209.35	290.34	406.53	573.77	815.08	1163.9
60	81.670	114.05	163.05	237.99	353.58	533.13	813.52	1253.2	1944.8	3034.8

* $CVIFA > 99{,}999$

기간	이 자 율									
	12%	14%	15%	16%	18%	20%	24%	28%	32%	36%
1	1.0000	1.0000	1.0000	1.0000	1.0000	1.0000	1.0000	1.0000	1.0000	1.0000
2	2.1200	2.1400	2.1500	2.1600	2.1800	2.2000	2.2400	2.2800	2.3200	2.3600
3	3.3744	3.4396	3.4725	3.5056	3.5724	3.6400	3.7776	3.9184	4.0624	4.2096
4	4.7793	4.9211	4.9934	5.0665	5.2154	5.3680	5.6842	6.0156	6.3624	6.7251
5	6.3528	6.6101	6.7424	6.8771	7.1542	7.4416	8.0484	8.6999	9.3983	10.164
6	8.1152	8.5355	8.7537	8.9775	9.4420	9.9299	10.980	12.136	13.406	14.799
7	10.089	10.730	11.067	11.414	12.142	12.916	14.615	16.534	18.696	21.126
8	12.300	13.233	13.727	14.240	15.327	16.499	19.123	22.163	25.678	29.732
9	14.776	16.085	16.786	17.519	19.086	20.799	24.712	29.369	34.895	41.435
10	17.549	19.337	20.304	21.321	23.521	25.959	31.643	38.593	47.062	57.352
11	20.655	23.045	23.349	25.733	28.755	32.150	40.238	50.398	63.122	78.998
12	24.133	27.271	29.002	30.850	34.931	39.581	50.895	65.510	84.320	108.44
13	28.029	32.089	34.352	36.786	42.219	48.497	64.110	84.853	112.30	148.47
14	32.393	37.581	40.505	43.672	50.818	59.196	80.496	109.61	149.24	202.93
15	37.280	43.842	47.580	51.660	60.965	72.035	100.82	141.30	198.00	276.98
16	42.753	50.980	55.717	60.925	72.939	87.442	126.01	181.87	262.36	377.69
17	48.884	59.118	65.075	71.673	87.068	105.93	157.25	233.79	347.31	514.66
18	55.750	68.394	75.836	84.141	103.74	128.12	195.99	300.25	459.45	700.94
19	63.440	78.969	88.212	98.603	123.41	154.74	244.03	385.32	607.47	954.28
20	72.052	91.025	102.44	115.38	146.63	186.69	303.60	494.21	802.86	1298.8
21	81.699	104.77	118.81	134.84	174.02	225.03	377.46	633.59	1060.8	1767.4
22	92.503	120.44	137.63	157.41	206.34	271.03	469.06	812.00	1401.2	2404.7
23	104.60	138.30	159.28	183.60	244.49	326.24	582.63	1040.4	1850.6	3271.3
24	118.16	158.66	184.17	213.98	289.49	392.48	723.46	1332.7	2443.8	4450.0
25	133.33	181.87	212.79	249.21	342.60	471.98	898.09	1706.8	3226.8	6053.0
30	241.33	356.79	434.75	530.31	790.95	1181.9	2640.9	5873.2	12941.	28172.3
40	767.09	1342.0	1779.1	2360.8	4163.2	7343.9	22729.	69377.	*	*
50	2400.0	4994.5	7217.7	10436.	21813.	45497.	*	*	*	*
60	7471.6	18535	29220.	46058.	*	*	*	*	*	*

부표 3 현가이자요소 $(PVIF_{r,n}) = \frac{1}{(1+r)^n}$

n기간 후에 받게 되는 1원의 현재시점의 가치

기간	이 자 율									
	1%	2%	3%	4%	5%	6%	7%	8%	9%	10%
1	0.9901	0.9804	0.9709	0.9615	0.9524	0.9434	0.9346	0.9259	0.9174	0.9091
2	0.9803	0.9612	0.9426	0.9246	0.9070	0.8900	0.8734	0.8573	0.8417	0.8264
3	0.9706	0.9423	0.9151	0.8890	0.8638	0.8396	0.8163	0.7938	0.7722	0.7513
4	0.9610	0.9238	0.8885	0.8548	0.8227	0.7921	0.7629	0.7350	0.7084	0.6830
5	0.9515	0.9057	0.8626	0.8219	0.7835	0.7473	0.7130	0.6806	0.6499	0.6209
6	0.9420	0.8880	0.8375	0.7903	0.7462	0.7050	0.6663	0.6302	0.5963	0.5645
7	0.9327	0.8706	0.8131	0.7599	0.7107	0.6651	0.6227	0.5835	0.5470	0.5132
8	0.9235	0.8535	0.7894	0.7307	0.6768	0.6274	0.5820	0.5403	0.5019	0.4665
9	0.9143	0.8368	0.7664	0.7026	0.6446	0.5919	0.5439	0.5002	0.4604	0.4241
10	0.9053	0.8203	0.7441	0.6756	0.6139	0.5584	0.5083	0.4632	0.4224	0.3855
11	0.8963	0.8043	0.7224	0.6496	0.5847	0.5268	0.4751	0.4289	0.3875	0.3505
12	0.8874	0.7885	0.7014	0.6246	0.5568	0.4970	0.4440	0.3971	0.3555	0.3186
13	0.8787	0.7730	0.6810	0.6006	0.5303	0.4688	0.4150	0.3677	0.3262	0.2897
14	0.8700	0.7579	0.6611	0.5775	0.5051	0.4423	0.3878	0.3405	0.2992	0.2633
15	0.8613	0.7430	0.6419	0.5553	0.4810	0.4173	0.3624	0.3152	0.2745	0.2394
16	0.8528	0.7284	0.6232	0.5339	0.4581	0.3936	0.3387	0.2919	0.2519	0.2176
17	0.8444	0.7142	0.6050	0.5134	0.4346	0.3714	0.3166	0.2703	0.2311	0.1978
18	0.8360	0.7002	0.5874	0.4936	0.4155	0.3503	0.2959	0.2502	0.2120	0.1799
19	0.8277	0.6864	0.5703	0.4746	0.3957	0.3305	0.2765	0.2317	0.1945	0.1635
20	0.8195	0.6730	0.5537	0.4564	0.3769	0.3118	0.2584	0.2145	0.1784	0.1486
21	0.8114	0.6598	0.5375	0.4388	0.3589	0.2942	0.2415	0.1987	0.1637	0.1351
22	0.8034	0.6468	0.5219	0.4220	0.3418	0.2775	0.2257	0.1839	0.1502	0.1228
23	0.7954	0.6342	0.5067	0.4057	0.3256	0.2618	0.2109	0.1703	0.1378	0.1117
24	0.7876	0.6217	0.4919	0.3901	0.3101	0.2470	0.1971	0.1577	0.1264	0.1015
25	0.7798	0.6095	0.4776	0.3751	0.2953	0.2330	0.1842	0.1460	0.1160	0.0923
30	0.7419	0.5521	0.4120	0.3083	0.2314	0.1741	0.1314	0.0994	0.0754	0.0573
40	0.6717	0.4529	0.3066	0.2083	0.1420	0.0972	0.0668	0.0460	0.0318	0.0221
50	0.6080	0.3715	0.2281	0.1407	0.0872	0.0543	0.0339	0.0213	0.0134	0.0085

* 소수 넷째 자리까지 0임

기간	이 자 율									
	12%	14%	15%	16%	18%	20%	24%	28%	32%	36%
1	0.8929	0.8772	0.8696	0.8621	0.8475	0.8333	0.8065	0.7813	0.7576	0.7353
2	0.7972	0.7695	0.7561	0.7432	0.7182	0.6944	0.6504	0.6104	0.5739	0.5407
3	0.7118	0.6750	0.6575	0.6407	0.6086	0.5787	0.5245	0.4768	0.4348	0.3975
4	0.6355	0.5921	0.5718	0.5523	0.5158	0.4823	0.4230	0.3725	0.3294	0.2923
5	0.5674	0.5194	0.4972	0.4761	0.4371	0.4019	0.3411	0.2910	0.2495	0.2149
6	0.5066	0.4556	0.4323	0.4104	0.3704	0.3349	0.2751	0.2274	0.1890	0.1580
7	0.4523	0.3996	0.3759	0.3538	0.3139	0.2791	0.2218	0.1776	0.1432	0.1162
8	0.4039	0.3506	0.3269	0.3050	0.2660	0.2326	0.1789	0.1388	0.1085	0.0854
9	0.3606	0.3075	0.2843	0.2630	0.2255	0.1938	0.1443	0.1084	0.0822	0.0628
10	0.3220	0.2697	0.2472	0.2267	0.1911	0.1615	0.1164	0.0847	0.0623	0.0462
11	0.2875	0.2366	0.2149	0.1954	0.1619	0.1346	0.0938	0.0662	0.0472	0.0340
12	0.2567	0.2076	0.1869	0.1685	0.1372	0.1122	0.0757	0.0517	0.0357	0.0250
13	0.2292	0.1821	0.1625	0.1452	0.1163	0.0935	0.0610	0.0404	0.0271	0.0184
14	0.2046	0.1597	0.1413	0.1252	0.0985	0.0779	0.0492	0.0316	0.0205	0.0135
15	0.1827	0.1401	0.1229	0.1079	0.0835	0.0649	0.0397	0.0247	0.0155	0.0099
16	0.1631	0.1229	0.1069	0.0930	0.0708	0.0541	0.0320	0.0193	0.0118	0.0073
17	0.1456	0.1078	0.0929	0.0802	0.0600	0.0451	0.0258	0.0150	0.0089	0.0054
18	0.1300	0.0946	0.0808	0.0691	0.0508	0.0376	0.0208	0.0118	0.0068	0.0039
19	0.1161	0.0829	0.0703	0.0596	0.0431	0.0313	0.0168	0.0092	0.0051	0.0029
20	0.1037	0.0728	0.0611	0.0514	0.0365	0.0261	0.0135	0.0072	0.0039	0.0021
21	0.0926	0.0638	0.0531	0.0443	0.0309	0.0217	0.0109	0.0056	0.0029	0.0016
22	0.0826	0.0560	0.0462	0.0382	0.0262	0.0181	0.0088	0.0044	0.0022	0.0012
23	0.0738	0.0491	0.0402	0.0329	0.0222	0.0151	0.0071	0.0034	0.0017	0.0008
24	0.0659	0.0431	0.0349	0.0284	0.0188	0.0126	0.0057	0.0027	0.0013	0.0006
25	0.0588	0.0378	0.0304	0.0245	0.0160	0.0105	0.0046	0.0021	0.0010	0.0005
30	0.0334	0.0196	0.0151	0.0116	0.0070	0.0042	0.0016	0.0006	0.0002	0.0001
40	0.0107	0.0053	0.0037	0.0026	0.0013	0.0007	0.0002	0.0001	*	*
50	0.0035	0.0014	0.0009	0.0006	0.0003	0.0001	*	*	*	*

부표 4 연금의 현가이자요소 $(PVIFA_{r,n}) = \left[\frac{1}{r} - \frac{1}{r(1+r)^n}\right]$

일정 기간 동안 매 기간 말에 1원씩 지급하는 연금의 현재가치

기간	이 자 율									
	1%	2%	3%	4%	5%	6%	7%	8%	9%	10%
1	0.9901	0.9804	0.9709	0.9615	0.9524	0.9434	0.9346	0.9259	0.9174	0.9091
2	1.9704	1.9416	1.9135	1.8861	1.8594	1.8334	1.8080	1.7833	1.7591	1.7355
3	2.9410	2.8839	2.8286	2.7751	2.7232	2.6730	2.6243	2.5771	2.5313	2.4869
4	3.9020	3.8077	3.7171	3.6299	3.5460	3.4651	3.3872	3.3121	3.2397	3.1699
5	4.8534	4.7135	4.5797	4.4518	4.3295	4.2124	4.1002	3.9927	3.8897	3.7908
6	5.7955	5.6014	5.4172	5.2421	5.0757	4.9173	4.7665	4.6229	4.4859	4.3553
7	6.7282	6.4720	6.2303	6.0021	5.7864	5.5824	5.3893	5.2064	5.0330	4.8684
8	7.6517	7.3255	7.0197	6.7327	6.4632	6.2098	5.9713	5.7466	5.5348	5.3349
9	8.5660	8.1622	7.7861	7.4353	7.1078	6.8017	6.5152	6.2469	5.9952	5.7590
10	9.4713	8.9826	8.5302	8.1109	7.7217	7.3601	7.0236	6.7101	6.4177	6.1446
11	10.3676	9.7868	9.2526	8.7605	8.3064	7.8869	7.4987	7.1390	6.8052	6.4951
12	11.2551	10.5753	9.9540	9.3851	8.8633	8.3838	7.9427	7.5361	7.1607	6.8137
13	12.1337	11.3484	10.6350	9.9856	9.3936	8.8527	8.3577	7.9038	7.4869	7.1034
14	13.0037	12.1062	11.2961	10.5631	9.8986	9.2950	8.7455	8.2442	7.7862	7.3667
15	13.8651	12.8493	11.9379	11.1184	10.3797	3.7122	9.1079	8.5595	8.0607	7.6061
16	14.7179	13.5777	12.5611	11.6523	10.8378	10.1059	9.4466	8.8514	8.3126	7.8237
17	15.5623	14.2919	13.1661	12.1657	11.2741	10.4773	9.7632	9.1216	8.5436	8.0216
18	16.3983	14.9920	13.7535	12.6593	11.6896	10.8276	10.0591	9.3719	8.7556	8.2014
19	17.2260	15.6785	14.3238	13.1339	12.0853	11.1581	10.3356	9.6036	8.9501	8.3649
20	18.0456	16.3514	14.8775	13.5903	12.4622	11.4699	10.5940	9.8181	9.1285	8.5136
21	18.8570	17.0112	15.4150	14.0292	12.8212	11.7641	10.8355	10.0168	9.2922	8.6487
22	19.6604	17.6580	15.9369	14.4511	13.1630	12.0416	11.0612	10.2007	9.4424	8.7715
23	20.4558	18.2922	16.4436	14.8568	13.4886	12.3034	11.2722	10.3741	9.5802	8.8832
24	21.2434	18.9139	16.9355	15.2470	13.7986	12.5504	11.4693	10.5288	9.7066	8.9847
25	22.0232	19.5235	17.4131	15.6221	14.0939	12.7834	11.6536	10.6748	9.8226	9.0770
30	25.8077	22.3965	19.6004	17.2920	15.3725	13.7648	12.4090	11.2578	10.2737	9.4269
40	32.8347	27.3555	23.1148	19.7928	17.1591	15.0463	13.3317	11.9246	10.7574	9.7791
50	39.1961	31.4236	25.7298	21.4822	18.2559	15.7619	13.8007	12.2335	10.9617	9.9148

기간	이 자 율								
	12%	14%	15%	16%	18%	20%	24%	28%	32%
1	0.8929	0.8772	0.8696	0.8621	0.8475	0.8333	0.8065	0.7813	0.7576
2	1.6901	1.6467	1.6257	1.6052	1.5656	1.5278	1.4568	1.3916	1.3315
3	2.4018	2.3216	2.2832	2.2459	2.1743	2.1065	1.9813	1.8684	1.7663
4	3.0373	2.9137	2.8550	2.7982	2.6901	2.5887	2.4043	2.2410	2.0957
5	3.6048	3.4331	3.3522	3.2743	3.1272	2.9906	2.7454	2.5320	2.3452
6	4.1114	3.8887	3.7845	3.6847	3.4976	3.3255	3.0205	2.7594	2.5342
7	4.5638	4.2883	4.1604	4.0386	3.8115	3.6046	3.2423	2.9370	2.6775
8	4.9676	4.6389	4.4873	4.3436	4.0776	3.8372	3.4212	3.0758	2.7860
9	5.3282	4.9464	4.7716	4.6065	4.3030	4.0310	3.5655	3.1842	2.8681
10	5.6502	5.2161	5.0188	4.8332	4.4941	4.1925	3.6819	3.2689	2.9304
11	5.9377	5.4527	5.2337	5.0286	4.6560	4.3271	3.7757	3.3351	2.9776
12	6.1944	5.6603	5.4206	5.1971	4.7932	4.4392	3.8514	3.3868	3.0133
13	6.4235	5.8424	5.5831	5.3423	4.9095	4.5327	3.9124	3.4272	3.0404
14	6.6282	6.0021	5.7245	5.4675	5.0081	4.6106	3.9616	3.4587	3.0609
15	6.8109	6.1422	5.8474	5.5755	5.0916	4.6755	4.0013	3.4834	3.0764
16	6.9740	6.2651	5.9542	5.6685	5.1624	4.7296	4.0333	3.5026	3.0882
17	7.1196	6.3729	6.0472	5.7487	5.2223	4.7746	4.0591	3.5177	3.0971
18	7.2497	6.4674	6.1280	5.8178	5.2732	4.8122	4.0799	3.5294	3.1039
19	7.3658	6.5504	6.1982	5.8775	5.3162	4.8435	4.0967	3.5386	3.1090
20	7.4694	6.6231	6.2593	5.9288	5.3527	4.8696	4.1103	3.5458	3.1129
21	7.5620	6.6870	6.3125	5.9731	5.3837	4.8913	4.1212	3.5514	3.1158
22	7.6446	6.7429	6.3587	6.0113	5.4099	4.9094	4.1300	3.5558	3.1180
23	7.7184	6.7921	6.3988	6.0442	5.4321	4.9245	4.1371	3.5592	3.1197
24	7.7843	6.8351	6.4338	6.0726	5.4509	4.9371	4.1428	3.5619	3.1210
25	7.8431	6.8729	6.4641	6.0971	5.4669	4.9476	4.1474	3.5640	3.1220
30	8.0552	7.0027	6.5660	6.1772	5.5168	4.9789	4.1601	3.5693	3.1242
40	8.2438	7.1050	6.6418	6.2335	5.5482	4.9966	4.1659	3.5712	3.1250
50	8.3045	7.1327	6.6605	6.2463	5.5541	4.9995	4.1666	3.5714	3.1250

부표 5 표준정규분포표

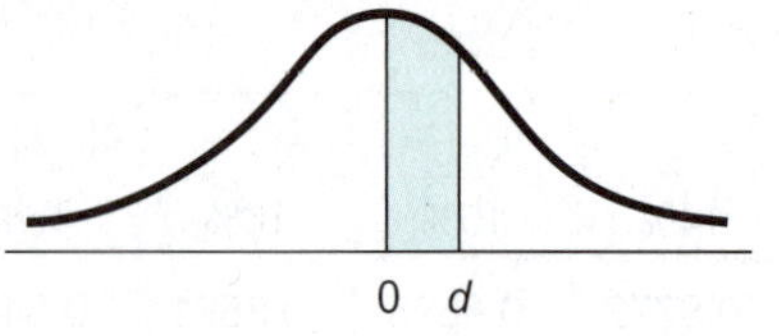

d	0.00	0.01	0.02	0.03	0.04	0.05	0.06	0.07	0.08	0.09
0.0	0.0000	0.0040	0.0080	0.0120	0.0160	0.0199	0.0239	0.0279	0.0319	0.0359
0.1	.0398	.0438	.0478	.0517	.0557	.0596	.0636	.0675	.0714	.0753
0.2	.0793	.0832	.0871	.0910	.0948	.0987	.1026	.1064	.1103	.1141
0.3	.1179	.1217	.1255	.1293	.1331	.1368	.1406	.1443	.1480	.1517
0.4	.1554	.1591	.1628	.1664	.1700	.1736	.1772	.1808	.1844	.1879
0.5	.1915	.1950	.1985	.2019	.2054	.2088	.2123	.2157	.2190	.2224
0.6	.2257	.2291	.2324	.2357	.2389	.2422	.2454	.2486	.2517	.2549
0.7	.2580	.2611	.2642	.2673	.2704	.2734	.2764	.2794	.2823	.2852
0.8	.2881	.2910	.2939	.2967	.2995	.3023	.3051	.3078	.3106	.3133
0.9	.3159	.3186	.3212	.3238	.3264	.3289	.3315	.3340	.3365	.3389
1.0	.3413	.3438	.3461	.3485	.3508	.3531	.3554	.3577	.3599	.3621
1.1	.3643	.3665	.3686	.3708	.3729	.3749	.3770	.3790	.3810	.3830
1.2	.3849	.3869	.3888	.3907	.3925	.3944	.3962	.3980	.3997	.4015
1.3	.4032	.4049	.4066	.4082	.4099	.4115	.4131	.4147	.4162	.4177
1.4	.4192	.4207	.4222	.4236	.4251	.4265	.4279	.4292	.4306	.4319
1.5	.4332	.4345	.4357	.4370	.4382	.4394	.4406	.4418	.4429	.4441
1.6	.4452	.4463	.4474	.4484	.4495	.4505	.4515	.4525	.4535	.4545
1.7	.4554	.4564	.4573	.4582	.4591	.4599	.4608	.4616	.4625	.4633
1.8	.4641	.4649	.4656	.4664	.4671	.4678	.4686	.4693	.4699	.4706
1.9	.4713	.4719	.4726	.4732	.4738	.4744	.4750	.4756	.4761	.4767
2.0	.4772	.4778	.4783	.4788	.4793	.4798	.4803	.4808	.4812	.4817
2.1	.4821	.4826	.4830	.4834	.4838	.4842	.4846	.4850	.4854	.4857
2.2	.4861	.4864	.4868	.4871	.4875	.4878	.4881	.4884	.4887	.4890
2.3	.4893	.4896	.4898	.4901	.4904	.4906	.4909	.4911	.4913	.4916
2.4	.4918	.4920	.4922	.4925	.4927	.4929	.4931	.4932	.4934	.4936
2.5	.4938	.4940	.4941	.4943	.4945	.4946	.4948	.4949	.4951	.4952
2.6	.4953	.4955	.4956	.4957	.4959	.4960	.4961	.4962	.4963	.4964
2.7	.4965	.4966	.4967	.4968	.4969	.4970	.4971	.4972	.4973	.4974
2.8	.4974	.4975	.4976	.4977	.4977	.4978	.4979	.4979	.4980	.4981
2.9	.4981	.4982	.4982	.4983	.4984	.4984	.4985	.4985	.4986	.4986
3.0	.4987	.4987	.4987	.4988	.4988	.4989	.4989	.4989	.4990	.4990
3.1	.4990	.4991	.4991	.4991	.4992	.4992	.4992	.4992	.4993	.4993
3.2	.4993	.4993	.4994	.4994	.4994	.4994	.4994	.4995	.4995	.4995
3.3	.4995	.4995	.4995	.4996	.4996	.4996	.4996	.4996	.4996	.4997
3.4	.4997	.4997	.4997	.4997	.4997	.4997	.4997	.4997	.4997	.4998
3.6	.4998	.4998	.4999	.4999	.4999	.4999	.4999	.4999	.4999	.4999
3.9	.5000									

[연습문제 해답]

1장 증권투자의 기초개념

※ 완성/선택형 문제

01. 시간적 보상, 위험보상
02. 투기, 도박
03. 실물투자, 금융투자
04. 계획, 실행, 평가
05. 화폐시장, 자본시장
06. 간접금융시장, 직접금융시장
07. 발행시장, 유통시장
08. 주식, 채권, 옵션, 선물
09. 투자신탁
10. 수익자, 주주
11. ①
12. ④
13. ③
14. ③

2장 발행시장

※ 완성/선택형 문제

01. 발행시장, 유통시장
02. 발행주체, 투자자, 발행기관
03. 기관투자자
04. 공모, 사모
05. 모집주선(또는 위탁모집), 잔액인수(또는 인수모집), 총액인수(또는 매입모집)
06. 매출
07. 기업공개
08. 발행시장업무
09. ④
10. ①
11. ③
12. ①
13. ④
14. ②

3장 유통시장

❋ 완성/선택형 문제

01. 장외시장
02. 상장
03. 직상장
04. 가격우선, 시간우선, 수량우선
05. 단일가매매
06. 접속매매
07. 호가
08. 상한가, 하한가
09. 서킷브레이커
10. 공시제도
11. 코스닥시장

12. ③ 13. ④ 14. ② 15. ④
16. ① 17. ② 18. ① 19. ①
20. ④

4장 온라인 증권거래와 주가정보

❋ 완성/선택형 문제

01. 온라인 증권거래
02. 홈트레이딩시스템(HTS)
03. 주가지수
04. 고객예탁금
05. 등락주선(ADL)
06. 위탁자미수금

07. ① 08. ④ 09. ② 10. ①
11. ④ 12. ③

❋ 계산형 문제

07.

(1) 기준시점의 단순주가평균과 가중주가평균은 다음과 같다.

$$\text{단순주가평균} = \frac{10,000 + 25,000}{2} = 17,500\text{원}$$

$$\text{가중주가평균} = \frac{200,000 + 250,000}{20 + 10} = 15,000\text{원}$$

(2)

$$\text{비교시점의 단순주가평균} = \frac{12{,}000 + 27{,}000}{2} = 19{,}500\text{원}$$

$$\text{가격가중식 주가지수} = \frac{19{,}500}{17{,}500} \times 100 = 111.43$$

(3)

$$\text{기준시점의 시가총액} = 200{,}000 + 250{,}000 = 450{,}000\text{만원}$$

$$\text{비교시점의 시가총액} = 240{,}000 + 270{,}000 = 510{,}000\text{만원}$$

$$\text{시가총액가중식 주가지수} = \frac{510{,}000}{450{,}000} \times 100 = 113.33$$

5장 주식의 가치평가

❀ 완성/선택형 문제

01. 배당금
02. 투자수익률
03. 경제적 부가가치
04. 시장부가가치
05. 주가수익비율(PER)
06. 주가장부가치비율(PBR)
07. >, =, <
08. ②
09. ②
10. ③
11. ④

✲ 계산형 문제

05.

연도	배당금	배당성장률
1년도	$1{,}000(1.1) = 1{,}100$	10%
2년도	$1{,}000(1.1)^2 = 1{,}210$	10%
3년도	$1{,}000(1.1)^2(1.05) = 1270.5$	5%
⋮	⋮	⋮

$$\text{㈜목멱의 주식가치} = \frac{1{,}100}{1+0.15} + \frac{1{,}210}{(1+0.15)^2} + \left(\frac{1{,}270.5}{0.15-0.05}\right)\frac{1}{(1+0.15)^2}$$
$$= 11{,}478.26\text{원}$$

06.

(1) EPS = 10억/1백만 주 = 1,000원, $P_0 = \frac{EPS_1}{r} = \frac{1,000}{0.1}$ = 10,000원

(2) 새로운 투자안의 총가치 = $\frac{-1억 + 3천만원/0.1}{1+0.1}$ = 181,818,181.82원

새로운 투자로 인한 종로㈜ 주식은 주당 181.82원(= 181,818,181.82원/1백만 주) 만큼 증가함.

(3) 새로운 투자 실시 후의 종로㈜의 주식가치 = 10,000 + 181.82 = 10,181.82원

07.

(1) 20×2년도 말에 기대되는 ㈜청운의 주가수익비율(PER)은 다음과 같이 구할 수 있다.

$$PER_1 = \frac{P_1}{EPS_1} = \frac{13,200}{2,000(1.1)} = 6(배)$$

(2) 20×1년도 말 현재의 주가수익비율(PER_0) = 20,000/2,000 = 10(배)

20×4년도 말 시점에서의 ㈜청운의 주당순이익은 다음과 같다.

$$EPS_3 = 2,000원(1+0.1)^3 = 2,662원$$

따라서 20×4년도 말의 이론적인 주가를 다음과 같이 추정할 수 있다.

$$P_3 = EPS_3 \times (P/EPS)^* = 2,662 \times 10 = 26,620원$$

6장 기본적 분석

※ 완성/선택형 문제

01. 기본적 분석

02. 톱-다운 방식(top-down approach), 보텀-업 방식(bottom-up approach)

03. 진입장벽, 대체가능성 **04.** 제품수명주기

05. 재무제표분석 **06.** 유동성비율, 수익성비율, 생산성비율

07. ① **08.** ③ **09.** ③ **10.** ④

7장 기술적 분석

※ 완성/선택형 문제

01. 기술적 분석
02. 단기변동, 중기변동, 장기변동
03. 5개, 3개
04. 캔들(봉)
05. 도지
06. 이동평균선
07. 지지, 저항
08. 필터기법
09. ①
10. ③
11. ④
12. ③
13. ④
14. ③

8장 채권가격과 수익률

※ 완성/선택형 문제

01. 액면가, 액면이자율, 만기
02. 할증채, 액면채, 할인채
03. 만기수익률
04. 유동성선호이론
05. 채무불이행프리미엄, 위험프리미엄
06. ④
07. ②
08. ③
09. ②
10. ④
11. ③
12. ①
13. ③
14. ②
15. ①

※ 계산형 문제

04. 순수할인채의 가치 $= \dfrac{1,000}{(1+0.05)^{10}} = 613.91$만원

05. 현금흐름(액면이자)이 발생하는 시점을 기준으로 기간과 이자율을 조정하여야 한다. 매 6개월 말(연간 2회) 지급되는 액면이자는 400원(= 10,000 × 0.08 ÷ 2)이 된다.

(1) 6개월간 시장이자율 = 6% ÷ 2 = 3%, 기간 = 2년 × 2 = 4기간

$$\text{사채가격} = \frac{400}{1+0.03} + \frac{400}{(1+0.03)^2} + \frac{400}{(1+0.03)^3} + \frac{400+10,000}{(1+0.03)^4} = 10,371.71\text{원}$$

(2) 6개월간 시장이자율 = 8% ÷ 2 = 4%, 기간 = 2년 × 2 = 4기간

$$\text{사채가격} = \frac{400}{1+0.04} + \frac{400}{(1+0.04)^2} + \frac{400}{(1+0.04)^3} + \frac{400+10,000}{(1+0.04)^4} = 10,000\text{원}$$

(3) 6개월간 시장이자율 = 10% ÷ 2 = 5%, 기간 = 2년 × 2 = 4기간

$$\text{사채가격} = \frac{400}{1+0.05} + \frac{400}{(1+0.05)^2} + \frac{400}{(1+0.05)^3} + \frac{400+10,000}{(1+0.05)^4} = 9,645.40\text{원}$$

(4) 시장이자율과 사채의 발행가격 사이에는 역의 관계가 존재한다.

- 시장이자율 < 액면이자율 : 할증발행
- 시장이자율 = 액면이자율 : 액면발행
- 시장이자율 > 액면이자율 : 할인발행

06.

(1) 만기수익률(= 액면이자율) $= \frac{600}{10,000} = 0.06$ (또는 6%)

(2) $\text{채권가격} = \frac{400}{1+0.06} + \frac{400}{(1+0.06)^2} + \frac{400+10,000}{(1+0.06)^3} = 9,465.40\text{원}$

07.

(1) $9,503\text{원} = \frac{800}{1+r} + \frac{800}{(1+r)^2} + \frac{800+10,000}{(1+r)^3}$ → 만기수익률(r) = 10%

(2) 단순수익률 $= \frac{800}{9,503} = 0.0842$ (또는 8.42%)

(3) ▪ 현재(투자시점) 채권의 매입가격 = 9,503원

▪ 투자종료일(2년 후)의 채권가격 $= \frac{800+10,000}{1+0.07} = 10,093\text{원}$

(투자종료일인 2년 후 이 채권의 잔존만기는 1년이며, 그 시점에서의 적절한 할인율은 7%임.)

▪ 액면이자의 투자종료일 가치 = 800(1 + 0.09) + 800 = 1,672원

(1년 후 받게 되는 액면이자는 그 시점에서의 시장이자율 9%로 1년간 재투자할 수 있음.)

→ 실현수익률 $= \sqrt{\frac{10,093+1,672}{9,503}} - 1 = 0.1127$ (또는 11.27%)

(4) ▪ 현재(투자시점) 채권의 매입가격 = 9,503원

▪ 만기일(3년 후)의 채권가격(= 액면가) = 10,000원

▪ 액면이자의 만기일 가치

= 800(1 + 0.09)(1 + 0.07) + 800(1 + 0.07) + 800 = 2,589원

→ 실현수익률 $= \sqrt[3]{\dfrac{10{,}000+2{,}589}{9{,}503}} - 1 = 0.0983$ (또는 9.83%)

(만약 시장이자율이 발행 시의 만기수익률과 동일한 10%를 계속 유지한다면, 실현수익률은 만기수익률과 동일한 10%가 됨.)

9장 채권투자관리

✻ 완성/선택형 문제

01. 가격위험, 재투자위험

02. 듀레이션

03. 만기, 액면이자율, 시장이자율

04. 순자산면역전략

05. 적극적 채권투자관리

06. ④

07. ①

08. ③

09. ②

10. ④

11. ②

12. ④

13. ③

✻ 계산형 문제

05.

(1) 사채의 가격 $= \dfrac{400}{1+0.04} + \dfrac{400}{(1+0.04)^2} + \dfrac{400+10{,}000}{(1+0.04)^3} = 10{,}000$원

(2) $D = 1\text{년} \times \dfrac{400/(1+0.04)}{10{,}000} + 2\text{년} \times \dfrac{400/(1+0.04)^2}{10{,}000} + 3\text{년} \times \dfrac{10{,}400/(1+0.04)^3}{10{,}000}$

$= 2.89$년

06.

(1) 현금흐름(액면이자)이 발생하는 시점을 기준으로 기간과 이자율을 조정하여야 한다. 매 6개월 말(연간 2회) 지급되는 액면이자는 300원(= 10,000 × 0.06 ÷ 2), 6개월간 시장이자율은 4%(= 8% ÷ 2), 기간 수는 4기간(= 2년 × 2)이 된다.

사채가격 $= \dfrac{300}{1+0.04} + \dfrac{300}{(1+0.04)^2} + \dfrac{300}{(1+0.04)^3} + \dfrac{300+10{,}000}{(1+0.04)^4} = 9{,}637$원

(2) $D = 0.5\text{년} \times \dfrac{300/(1+0.04)}{9{,}637} + 1\text{년} \times \dfrac{300/(1+0.04)^2}{9{,}637} + 1.5\text{년} \times \dfrac{300/(1+0.04)^3}{9{,}637}$

$+ 2\text{년} \times \dfrac{10{,}300/(1+0.04)^4}{9{,}637} = 1.91$년

07. $D_p = 6.5 \times \left(\frac{40}{100}\right) + 5.2 \times \left(\frac{20}{100}\right) + 4.0 \times \left(\frac{10}{100}\right) + 2.5 \times \left(\frac{30}{100}\right) = 4.79$년

08.

(1) 채권의 가격 $= \frac{600}{1+0.08} + \frac{600}{(1+0.08)^2} + \frac{600+10,000}{(1+0.08)^3} = 9,484.6$원

(2) $D = 1\text{년} \times \frac{600/(1+0.08)}{9,484.6} + 2\text{년} \times \frac{600/(1+0.08)^2}{9,484.6} + 3\text{년} \times \frac{10,600/(1+0.08)^3}{9,484.6}$

$= 2.83$년

(3) $\Delta B = -\frac{D}{1+r} \cdot \Delta r \cdot B$이므로 채권가격의 변화율, 즉 $\frac{\Delta B}{B}$는 다음과 같다.

$$\frac{\Delta B}{B} = -\frac{D}{1+r} \cdot \Delta r = -\left(\frac{2.83}{1.08}\right)(-0.01) = 0.0262$$

즉, 이자율이 8%에서 7%로 1%포인트 하락하면, 채권가격은 2.62% 상승한다.

09.

(1) 채권매입가격 $= \frac{400}{1+0.06} + \frac{400+10,000}{(1+0.06)^2} = 9,633.3$원

(2) $D = 1\text{년} \times \frac{400/(1+0.06)}{9,633.3} + 2\text{년} \times \frac{10,400/(1+0.06)^2}{9,633.3} = 1.96$년

(3) 투자자 K의 채권에 대한 투자기간 = 1.96년

10장 선물

※ 완성/선택형 문제

01. 기초자산, 현물가격, 만기일(또는 인도일), 선물가격

02. 반대매매

03. 상품선물, 금융선물

04. 증거금

05. 보유비용, 보유수익

06. 매입헤지, 매도헤지

07. ①

08. ③ **09.** ② **10.** ① **11.** ④

12. ② **13.** ① **14.** ③ **15.** ④

16. ②

✲ 계산형 문제

04.

(1) 일일정산에 따른 이매입(선물매입자)의 일일정산이익(손실)은 다음과 같다.

① 이매입의 일일정산이익 = 당일 정산가격 − 전일 정산가격

▪ 3월 15일 : 일일정산이익 = (260.40 − 262.30) × 25만원 × 10
= −475만원

▪ 3월 16일 : 일일정산이익 = (261.20 − 260.40) × 25만원 × 10
= 200만원

② 이매입의 총이익 = (최종결제가격 − 선물약정가격) × 25만원 × 10계약
= (261.20 − 262.30) × 25만원 × 10 = −275만원

그러므로 3월 16일 거래종료 후 선물거래로 인한 총손실은 275만원(= −475만원 + 200만원)이다.

(2) 일일정산에 따른 박매도(선물매도자)의 일일정산이익(손실)은 다음과 같다.

① 박매도의 일일정산이익 = 전일 정산가격 − 당일 정산가격

▪ 3월 15일 : 일일정산이익 = (262.30 − 260.40) × 25만원 × 10
= 475만원

▪ 3월 16일 : 일일정산이익 = (260.40 − 261.20) × 25만원 × 10
= −200만원

② 박매도의 총이익 = (선물약정가격 − 최종결제가격) × 25만원 × 10계약
= (262.30 − 261.20) × 25만원 × 10 = 275만원

그러므로 3월 16일 거래종료 후 선물거래로 인한 총이익은 275만원(= 475만원 − 200만원)이다.

05.

(1) $F_{0,T} = S_0(1 + r_T - d_T) = 265.00 \times \left[1 + (0.08 - 0.04)\left(\frac{3\text{개월}}{12\text{개월}}\right)\right] = 267.65$포인트

따라서 3개월물 코스피200 선물 1계약의 이론적 가격은 6,691.25만원(= 267.65 × 25만원)이다.

(2) 「코스피200 선물지수(270.10포인트) > 이론적 코스피200 선물지수(267.65포인트)」이므로 과대평가된 코스피200 선물을 매도하고, 과소평가된 현물(코스피200 복제포트폴리오)을 매입하는 매수차익거래에 의해서 다음과 같이 계약당 61.25만원의 차익거래이익을 얻을 수 있다.

차익거래	현금흐름(만원)	
	현재(0시점)	만기일(3개월 후)
코스피200선물 1계약 매도[1]	0	$6{,}752.5 - S_T$
코스피200 복제포트폴리오 매입[2]	−6,625	$S_T + 6{,}625\left(\frac{0.04}{4}\right)$
현금 차입	6,625	$-6{,}625\left(1+\frac{0.08}{4}\right) = -6{,}757.5$
차익거래이익	0	61.25

주) 1. 코스피200선물 1계약 매도금액 = 선물지수 × 거래승수
= 270.10 × 25만원 = 6,752.5만원

2. 코스피200 복제포트폴리오 매입금액 = 현물지수 × 거래승수
= 265.00 × 25만원 = 6,625만원

(3) 「코스피200 선물지수(258.20포인트) < 이론적 코스피200 선물지수(267.65포인트)」이므로 과소평가된 코스피200선물을 매입하고, 과대평가된 현물(코스피200 복제포트폴리오)을 공매하는 매도차익거래에 의해서 다음과 같이 계약당 236.25만원의 차익거래이익을 얻을 수 있다.

차익거래	현금흐름(만원)	
	현재(0시점)	만기일(3개월 후)
코스피200선물 1계약 매입	0	$S_T - 6{,}455$
코스피200 복제포트폴리오 공매	6,625	$-S_T - 6{,}625\left(\frac{0.04}{4}\right)$
현금 대출	−6,625	$6{,}625\left(1+\frac{0.08}{4}\right) = 6{,}757.5$
차익거래이익	0	236.25

06. 5년 국채선물 1계약금액 = 106.19% × 1억원 = 10,619만원

07. 먼저 3개월 만기 미국달러선물의 환율을 구하면 다음과 같다.

$$F_{0,T} = S_0\left(\frac{1+r_T^D}{1+r_T^F}\right) = ₩1{,}060.20/U\$\left(\frac{1+\frac{0.04}{4}}{1+\frac{0.06}{4}}\right) = ₩1{,}055.00/U\$$$

그러므로 3개월 만기 미국달러선물 1계약의 가격은 ₩52,750,000(=₩1,055.00/U$ ×U$50,000)이 된다.

11장 옵션

✽ 완성/선택형 문제

01. 풋옵션

02. 만기일 가치

03. 내가격, 등가격, 외가격

04. 무위험(또는 헤지)포트폴리오

05. 콜옵션(−, +, +, +, +), 풋옵션(+, +, −, +, −)

06. ③ **07.** ④ **08.** ③ **09.** ①

10. ② **11.** ① **12.** ② **13.** ④

14. ③

✽ 계산형 문제

03.

(1) 콜옵션의 만기일 가치 = Max[(주가지수 − 행사가격) × 25만원 × 10계약, 0]

= Max[(268.06 − 260.00) × 25만원 × 10계약, 0]

= 2,015만원

콜옵션의 손익 = 콜옵션의 만기일 가치 − 매입가격

= 2,015만원 − 5 × 25만원 × 10계약 = 765만원

(2) 콜옵션의 만기일 가치 = Max[(주가지수 − 행사가격) × 25만원 × 10계약, 0]

= Max[(258.80 − 260.00) × 25만원 × 10계약, 0]

= 0 (즉, 콜옵션의 행사를 포기함.)

콜옵션의 손익 = 콜옵션의 만기일 가치 − 매입가격

= 0 − 5 × 25만원 × 10계약 = −1,250만원

04.

(1)

포트폴리오	투자액	만기일(T)의 성과	
		$S_T = 18{,}000$	$S_T = 23{,}000$
주식 매입	19,000	18,000	23,000
풋옵션 매입	P	3,000(= 21,000 − 18,000)	0
콜옵션 매도	$-C$	0	−2,000[= −(23,000 − 21,000)]
합계	$19{,}000 + P - C$	21,000	21,000

주식과 풋옵션을 각각 하나씩 매입하고, 콜옵션을 하나 매도함으로써 주가에 관계없이 만기일의 성과가 행사가격인 21,000원으로 일정한 무위험포트폴리오를 구성할 수 있다.

(2) 풋-콜 패리티를 이용하면, 다음과 같이 풋옵션의 가격을 구할 수 있다.

$$P = 743 - 19{,}000 + \frac{21{,}000}{1 + 0.05} = 1{,}743\text{원}$$

05.

(1) ▪ $C_u = \text{Max}[15{,}000 - 12{,}000,\ 0] = 3{,}000$

▪ $C_d = \text{Max}[7{,}500 - 12{,}000,\ 0] = 0$

▪ $u = \dfrac{15{,}000}{10{,}000} = 1.5.\ \ d = \dfrac{7{,}500}{10{,}000} = 0.75,\ \ r_T = \dfrac{0.06}{2} = 0.03$

그러므로 콜옵션의 가치는 다음과 같이 구할 수 있다.

$$C = \left[3{,}000 \times \left(\frac{(1 + 0.03) - 0.75}{1.5 - 0.75}\right) + 0 \times \left(\frac{1.5 - (1 + 0.03)}{1.5 - 0.75}\right)\right] \div (1 + 0.03)$$

$$= 1{,}087.38\text{원}$$

(2) 풋-콜 패리티를 이용하면, 다음과 같이 풋옵션의 가격을 구할 수 있다.

$$P = 1{,}087.38 - 10{,}000 + \frac{12{,}000}{1 + 0.03} = 2{,}737.87\text{원}$$

06. 블랙-숄즈 옵션가격결정모형은 다음과 같다.

$$C = SN(d_1) - Xe^{-rT}N(d_2)$$

$S = 45{,}000$원, $X = 52{,}000$원, $T = 0.5$년, $r = 0.06$, $\sigma^2 = 0.5$이므로 먼저 d_1과 d_2의 값을 구하면 다음과 같다.

$$d_1 = \frac{ln\frac{S}{X} + (r + \frac{1}{2}\sigma^2)T}{\sigma\sqrt{T}} = \frac{ln\left(\frac{45,000}{52,000}\right) + [0.06 + \frac{1}{2}(0.5)](0.5)}{\sqrt{0.5}\sqrt{0.5}} = 0.0208$$

$$d_2 = d_1 - \sigma\sqrt{T} = 0.0208 - \sqrt{0.5}\sqrt{0.5} = -0.4792$$

본서의 〈부표 - 5〉를 이용하여 $N(d_1)$과 $N(d_2)$의 값을 구하면 다음과 같다.

$$N(d_1) = N(0.0208) \fallingdotseq N(0.02) = 0.5 + 0.0080 = 0.5080$$

$$N(d_2) = N(-0.4792) \fallingdotseq N(-0.48) = 0.5 - 0.1844 = 0.3156$$

따라서 콜옵션의 가치(C)는 다음과 같이 구할 수 있다.

$$C = SN(d_1) - Xe^{-rT}N(d_2)$$
$$= (45,000)(0.5080) - (52,000)e^{-(0.06)(0.5)}(0.3156) = 6,933.82\text{원}$$

12장 포트폴리오 관리

※ 완성/선택형 문제

01. 확률분포표
02. 1, -1
03. 상관계수, 구성자산 수
04. 비체계적 위험, 체계적 위험
05. 자본시장선, 증권시장선
06. 공격적 주식, 방어적 주식
07. ④
08. ①
09. ③
10. ②
11. ①
12. ①
13. ②
14. ④
15. ③
16. ②
17. ④
18. ③
19. ③

※ 계산형 문제

04.

(1) 자산 A의 기대수익률과 분산, 표준편차 :

- 자산 A의 기대수익률 = $0.6 \times 0.40 + 0.4 \times (-0.05) = 0.22$
- 자산 A의 분산 = $0.6 \times (0.40 - 0.22)^2 + 0.4 \times (-0.05 - 0.22)^2 = 0.0486$
- 자산 A의 표준편차 = $\sqrt{0.0486} = 0.22045$

자산 B의 기대수익률과 분산, 표준편차 :

- 자산 B의 기대수익률 = $0.6 \times 0.15 + 0.4 \times 0.20 = 0.17$
- 자산 B의 분산 = $0.6 \times (0.15 - 0.17)^2 + 0.4 \times (0.20 - 0.17)^2 = 0.0006$
- 자산 B의 표준편차 = $\sqrt{0.0006} = 0.0245$

(2) $E(r_p) = W_A E(r_A) + W_B E(r_B) = 0.5 \times 0.22 + 0.5 \times 0.17 = 0.195$

$$\begin{aligned} Cov(r_A, r_B) &= 0.6 \times (0.40 - 0.22)(0.15 - 0.17) \\ &\quad + 0.4 \times (-0.05 - 0.22)(0.20 - 0.17) \\ &= -0.0054 \end{aligned}$$

$$\begin{aligned} Var(r_p) &= W_A^2 Var(r_A) + W_B^2 Var(r_B) + 2W_A W_B Cov(r_A, r_B) \\ &= (0.5)^2(0.0486) + (0.5)^2(0.0006) + 2(0.5)(0.5)(-0.0054) = 0.0096 \end{aligned}$$

$\sigma_p = \sqrt{0.0096} = 0.09798$

05.

(1) $\rho_{AB} = 0.5$인 경우, 공분산은 다음과 같다.

$Cov(r_A, r_B) = \sigma_A \sigma_B \rho_{AB} = \sqrt{0.1}\sqrt{0.2} \times 0.5 = 0.07071$

그러므로

- $E(r_p) = W_A E(r_A) + W_B E(r_B) = (0.6)(0.2) + (0.4)(0.3) = 0.24$
- $Var(r_p) = W_A^2 Var(r_A) + W_B^2 Var(r_B) + 2W_A W_B Cov(r_A, r_B)$
  $= (0.6)^2(0.1) + (0.4)^2(0.2) + 2(0.6)(0.4)(0.07071) = 0.10194$
- $\sigma_p = \sqrt{0.10194} = 0.31928$

(2) $\rho_{AB} = -0.5$인 경우, 공분산은 다음과 같다.

$Cov(r_A, r_B) = \sigma_A \sigma_B \rho_{AB} = \sqrt{0.1}\sqrt{0.2} \times (-0.5) = -0.07071$

그러므로

- $E(r_p) = W_A E(r_A) + W_B E(r_B) = (0.6)(0.2) + (0.4)(0.3) = 0.24$
- $Var(r_p) = W_A^2 Var(r_A) + W_B^2 Var(r_B) + 2W_A W_B Cov(r_A, r_B)$
  $= (0.6)^2(0.1) + (0.4)^2(0.2) + 2(0.6)(0.4)(-0.07071) = 0.03406$
- $\sigma_p = \sqrt{0.03406} = 0.18455$

(3) 두 주식 간의 상관계수가 0.5에서 −0.5로 감소함에 따라 포트폴리오의 분산은 0.10194에서 0.03406으로 감소하였다. 즉, 상관계수가 작아질수록 포트폴리오의 위험이 감소됨을 알 수 있다.

06.

(1) $SML : E(r_j) = r_f + [E(r_M) - r_f]\beta_j = 0.05 + (0.10 - 0.05)\beta_j = 0.05 + 0.05\beta_j$

(2) $E(r_j) = 0.05 + 0.05\beta_j = 0.05 + 0.05 \times 1.2 = 0.11$ (또는 11%)

(3) 먼저 SML에 의해서 투자안의 균형기대수익률, 즉 요구수익률을 구하면 다음과 같다.

$E(r_j) = 0.05 + 0.05 \times 0.8 = 0.09$ (또는 9%)

투자안의 실제 기대수익률은 9.8%로서 투자안의 요구수익률 9%보다 크기 때문에 이 투자안을 채택하여야 한다. 이 투자안의 순현가(NPV)는 양(+)의 값을 가질 것이다.

(4) $E(r_X) = 0.05 + 0.05\beta_X = 0.12 \quad \therefore \beta_X = 1.4$

07. $PV(\text{주식}) = \dfrac{33,000}{1 + [0.04 + (0.08 - 0.04)(1.5)]} = 30,000$원

08.

(1) 포트폴리오의 샤프지수 $= \dfrac{35 - 6}{40} = 0.725$

시장포트폴리오의 샤프지수 $= \dfrac{30 - 6}{30} = 0.8$

샤프지수를 비교하면 포트폴리오의 투자성과가 시장보다 좋지 않다.

(2) 포트폴리오의 트레이너지수 $= \dfrac{35 - 6}{1.2} = 24.17$

시장포트폴리오의 트레이너지수 $= \dfrac{30 - 6}{1.0} = 24$

트레이너지수를 비교하면 포트폴리오의 투자성과가 시장보다 더 좋다. 이와 같은 결과는 샤프지수에 의한 평가결과와 상반되는 것이다.

(3) 포트폴리오의 α값 $= 35 - [6 + (30 - 6)1.2] = 0.2\%$

시장포트폴리오의 α값은 0%이다. 따라서 젠센의 성과평가방법에 의하면 포트폴리오의 α값은 0.2%로 시장보다 더 좋다는 것을 알 수 있다.

13장 효율적 자본시장

※ 완성/선택형 문제

01. 정보효율성, 운영효율성, 배분효율성
02. 효율적 자본시장
03. 약형 효율적 시장 가설
04. 준강형 효율적 시장 가설
05. 시장의 이례적 현상
06. ②
07. ③
08. ④
09. ③
10. ①
11. ①
12. ②

※ 서술형 문제

03.

(1) **틀림** : 시장효율성은 가격이 모든 이용가능한 정보를 반영한다는 것이지 향후 어떤 정보가 어떻게 반영된다는 것을 사전에 알고 있다는 것을 의미하는 것은 아니다. 가격에 반영되는 이용가능한 정보의 대부분은 불확실성 하에 놓여 있다. 시장의 효율성은 이와 같은 불확실성을 제거하는 것을 의미하지 않는다. 그러므로 시장의 효율성은 증권가격에 대한 완전한 예측능력을 의미하지는 않는다.

(2) **옳음** : 시장효율성은 가격이 모든 이용가능한 정보를 반영할 때 성립한다.

(3) **틀림** : 시장효율성은 시장의 참여자(투자자)가 이성적이어야 성립할 수 있다. 이성적인 사람은 새로운 정보를 입수하면 그 정보를 즉각적으로 이용하려 할 것이고, 이와 같은 행동에 의해 그 정보가 주가에 즉각적으로 반영될 수 있다.

(4) **틀림** : 시장효율성은 가격이 모든 이용가능한 정보를 반영한다는 것을 의미하기 때문에 새로운 정보가 이용가능할 때마다 가격은 변동할 것이다.

(5) **옳음** : 투자자들 사이의 경쟁이 없다면 정보는 쉽게 전달되지 않는다. 정보가 빨리 전달되지 않을 경우 가격은 즉각적으로 그 정보를 반영하지 못하며, 그 결과 시장은 효율적이지 못하게 된다.

04.

(1) ㈜대한제약의 주가는 긍정적인 정보가 발표된 직후 즉각적으로 상승할 것이다.

(2) 시장효율성 하에서는 이용가능한 모든 정보가 즉각적으로 충분하게 반영되어야 하

므로 ②가 옳다. ①의 경우는 시장이 과잉반응을 보인 후 다시 수정되어 제자리를 찾아가는 양상이고, ③의 경우는 시장이 공시된 정보에 대하여 지연된 반응을 보이는 것으로서 모두 시장효율성과 거리가 있다.

05. 시장의 효율성과 증권분석은 서로 상치되는 개념이라 할 수 없다. 증권분석은 시장을 효율적으로 만드는 데 유용할 뿐만 아니라 시장효율성 유지에 핵심적 역할을 한다는 하나의 역설(paradox)이 존재한다. 효율적 시장이 존재한다는 것은 많은 투자자들이 시장효율성을 부정하고 비정상적 초과이익을 얻고자 경쟁적으로 정보를 입수하여 분석하기 때문이다. 시장이 비효율적이라 믿고 증권분석가 등이 다양하고 깊이 있는 증권분석을 경쟁적으로 시도할수록, 결과적으로 증권가격에 대부분의 정보가 신속하게 반영되어 효율적 시장이 되어 가는 것이다. 이 과정에서 새로운 정보를 초기에 발견하고 즉시 이를 이용한 증권분석가 등 소수의 투자자만이 초과수익을 얻을 수 있을 것이다.

찾아보기(국문)

Investments & Security Analysis
fifth edition
Index

가

바

사

자

차

카

타

파

찾아보기(영문)

Investments & Security Analysis
fifth edition
Index

A

B

C

D

E

F

G

H

I

J

지은이에 대하여

감형규(甘炯奎)

성균관대학교 경영학과 졸업
성균관대학교 대학원 졸업(경영학 석사, 경영학 박사)
SK경제연구소 경영연구실 실장
한국재무관리학회 회장
한국기업경영학회 부회장, 한국생산성학회 상임이사
청운대학교 기획처장
현, 청운대학교(인천캠퍼스) 경영학과 교수
하나손해보험(주) 사외이사

주요 저서 및 논문

Perfect 재무관리 I, II(공저, 유원북스, 2019)
에센스 재무관리(제8판, 공저, 유원북스, 2023)
재테크 시작하기(제2판, 공저, 율곡출판사, 2024)
재테크와 금융상품(공저, 율곡출판사, 2022)
에센스 선물옵션(제2판, 공저, 유원북스, 2022)
파생금융상품(제2판, 공저, 유원북스, 2022)
경영분석(공저, 유원북스, 2022)
기본적 변수와 주식수익률의 관계에 관한 실증적 연구
정보유형과 주가변동성의 관계에 관한 연구 외 다수

신용재(辛容在)

성균관대학교 경영학과 졸업
성균관대학교 대학원 졸업(경영학석사, 경영학박사)
공인회계사 시험 출제위원
한국재무관리학회, 한국기업경영학회 부회장
한국재무학회 회장, 한국증권학회, 한국파생상품학회 이사
Brock U. Visiting Scholar
언론진흥기금 위험관리성과평가위원
현, 한경국립대학교 경영학과 교수

주요 저서 및 논문

에센스 재무관리(제8판, 공저, 유원북스, 2023)
재테크 시작하기(제2판, 공저, 율곡출판사, 2024)
재테크와 금융상품(공저, 율곡출판사, 2022)
에센스 선물옵션(제2판, 공저, 유원북스, 2022)
파생금융상품(제2판, 공저, 유원북스, 2022)
경영분석(공저, 유원북스, 2022)
Perfect 재무관리 I, II(공저, 유원북스, 2019)
Reducing Agency Conflicts with Target Debt Ratios
Momentum Profits and Idiosyncratic Volatility 외 다수

이의택(李義澤)

서울시립대학교 경영학과 졸업
서울대학교 대학원 졸업(경영학 석사)
성균관대학교 대학원 졸업(경영학 박사)
일본 구마모토학원대학 교환교수
대전대학교 대외협력실장
대전대학교 경영행정사회복지대학원 원장
대전대학교 경영대학 학장
대전대학교 경영학과 교수

주요 저서 및 논문

경영분석(공저, 유원북스, 2022)
경영과 생활(공저, 명경사, 2001)
경영학원론(공저, 고려출판사, 1997)
한국기업의 주식소유구조가 기업가치에 미치는 영향에 관한 실증적 연구
내부자거래와 주식시장의 효율성에 관한 실증적 연구
한국증권시장에서의 체계적 위험에 관한 연구 등 다수

김영규(金暎圭)

성균관대학교 경제학과 졸업
미 U. of Illinois-Urbana 대학원 졸업(경제학 석사, M. A., 재무학 석사, M.S.)
미 Texas Tech U. 대학원 졸업(경영학 박사, Ph. D.)
미 Wayland Baptist U. 교수 역임
공인회계사, 사법시험, 행정고시 출제위원
한국재무학회 회장, 한국재무관리학회 회장
성균관대학교 경영학부장 겸 경영대학원장
성균관대학교 경영학부 교수

주요 저서 및 논문

에센스 재무관리(제8판, 공저, 유원북스, 2023)
경영학원론(제2판, 박영사, 2006)
재무이론과 기업정책(공역, 대영사, 1990)
Chaos 모형을 이용한 한국 주식시장의 비선형 동태적 특성에 관한 연구
Response of Country Fund Returns, Premiums, and Trading Volume to News
외 다수

제5판 증권투자론

초 판 1쇄 발행 2006년 3월 2일
제2판 1쇄 발행 2010년 3월 5일
제3판 1쇄 발행 2013년 3월 5일
제4판 1쇄 발행 2017년 7월 20일
제5판 1쇄 발행 2022년 1월 20일
제5판 3쇄 발행 2025년 1월 5일

지은이 감형규 · 신용재 · 이의택 · 김영규
펴낸이 박기남
기획 · 영업 박정헌
펴낸곳 **율곡출판사**
주소 08590 서울시 금천구 가산디지털1로 84(에이스하이엔드 8차), 803호
전화 718-9872/3
팩스 718-9874
홈페이지 http://www.yulgokbooks.co.kr
이메일 yulgokbook@naver.com
등록 1989.11.10. 제2014-000031호
ISBN 979-11-91812-11-4 93320

정가 32,000원